A JOURNEY TO PSYCHOLOGY

심리학으로의 여행

이순열 지음

Σ 시그마프레스

심리학으로의 여행

발행일 | 2018년 12월 28일 1쇄 발행

지은이 | 이순열
발행인 | 강학경
발행처 | ㈜ **시그마프레스**
디자인 | 고유진
편 집 | 이호선

등록번호 | 제10-2642호
주소 | 서울특별시 영등포구 양평로 22길 21 선유도코오롱디지털타워 A401~403호
전자우편 | sigma@spress.co.kr
홈페이지 | http://www.sigmapress.co.kr
전화 | (02)323-4845, (02)2062-5184~8
팩스 | (02)323-4197

ISBN | 979-11-6226-137-8

• 이 책의 내용은 저작권법에 따라 보호받고 있습니다.
• 잘못 만들어진 책은 바꾸어 드립니다.

*책값은 뒤표지에 있습니다.
*이 도서의 국립중앙도서관 출판예정도서목록(CIP)은 서지정보유통지원시스템 홈페이지
 (http://seoji.nl.go.kr)와 국가자료공동목록시스템(http://www.nl.go.kr/kolisnet)에서
 이용하실 수 있습니다.(CIP제어번호 : CIP2018040582)

저자 서문

저자가 심리학에 관심을 가진 시기는 중학교 즈음부터였던 것 같다. 사춘기는 다른 어떤 때보다 자신과 다른 사람들의 심리에 관심을 가지게 되기 때문에 그 시기 심리학에 관심을 가진 것은 아마 저자만은 아니었을 것이다. 사춘기 때만이 아니더라도 수많은 사람들이 심리학에 관심을 가지고 있다. 하지만 심리학을 배우는 것은 최소한 심리학과가 개설되어 있는 대학교에 들어가서 교양과목으로 선택할 수 있는 여건이 될 때이다.

사실 심리학은 누구나 쉽게 접하고 활용할 수 있는 학문이다. 최소한 자신의 심리에 대한 최고의 전문가는 자기 자신이다. 다만 그것을 과학적으로 표현하거나 체계적으로 설명하기 어렵기 때문에 전문가의 도움이 필요할 뿐이다.

이 책에서는 심리학에 대해서 대학교에서 수업을 받지 않더라도, 전문적인 지식을 가지고 있지 않더라도 쉽게 접하고 읽어 볼 수 있는 내용으로 구성하기 위해서 노력했다. 그렇다고 기존의 심리학 참고서들의 틀을 크게 벗어난 것은 아니다.

심리학으로의 여행이라는 제목에서 보듯이 여행을 가듯 심리학에 대해서 알아보고 읽어나가길 바라는 마음이다. 하지만 복잡한 심리학 연구와 실험들을 이야기하는 부분은 쉽게 읽어 내려가기 어려울 수도 있다. 이러한 부분에서는 최대한 글을 쉽게 쓰고, 내용을 간략히 요약하고 싶다는 처음의 목표가 얼마나 제대로 충족되었는지 알 수 없어서 저자의 한계가 느껴지기도 한다.

이 책에서는 심리학에 대한 일반적인 내용을 중심으로 기술했다. 그리고 특징이 있다면 우선, 다른 개론서보다는 임상심리학이나 상담심리학에 대한 내용이 적을 수 있다. 현재 임상심리학자나 상담심리학자는 전체 심리학자의 절반을 차지할 정도로 많다. 그만큼 임상심리학과 상담심리학 부분은 활동 영역이 넓고 이론적 체계가 방대하기 때문에 겉핥기식으로 살펴보는 것보다는 따로 관련한 개론서를 살펴보는 것이 더 좋다고 생각하였기 때문에 이 책에서는 과감하게 내용을 빼거나 축소하였다. 그리고 이 책에서는 다른 개론서에서는 크게 다루지 않는 산업심리학을 소개하고 있다. 그것은 산업심리학이 저자가 대학원에서 주로 연구한 분야이기도 할 뿐만 아니라, 연구 규모와 관련된 이론에 비해서 다른 개론서에서 소홀히 다루어지고 있다고 생각하기 때문이다.

　이 책을 통해서 심리학이라는 방대한 영역이 조금이나마 기분 좋은 여행으로 느껴지기를 바란다. 저자가 심리학을 공부하고 가르쳐 오면서 느꼈던 기쁨과 즐거움이 이 책을 통해서 잘 소개되기를 소망한다.

2018년 겨울에…

차례

제6장

심리현상에 작용하는 기억과 사고

제7장

심리에 작용하는 학습의 영향과 지능

제8장

인간 발달

제9장 적응과 이상심리

제10장 인간 심리에 관여하는 동기와 정서

제11장 성격

제12장   개인 심리의 확장 : 사회와 문화

제13장   산업 심리와 직장 속의 인간 심리

1 심리학은 무엇인가

인간이 이룩해 온 학문의 범주는 크게 인간 자신에 대한 호기심인 내적 방향의 학문과 인간 외부 환경에 대한 호기심인 외적 방향의 학문으로 나눌 수 있다. 이런 의미에서 심리학은 인간의 마음을 연구 대상으로 하는 내적 성찰의 기본과 근간을 이루는 학문 분야라고 할 수 있다.

이번 장에서는 심리학이란 학문이 무엇을 어떻게 다루고 있는지를 살펴보고자 한다. 심리학이 인간을 탐구하는 학문이기는 하지만 다른 인문·사회과학들과는 다른 부분을 많이 가지고 있으며, 연구 방법에 있어서도 차이점이 있다. 이러한 차이는 심리학이 현대 과학으로 발전해온 기나긴 여정과 관계가 있다.

1. 심리학에 대한 오해

사람은 누구나 다른 사람들이 어떤 '생각'을 하고 어떤 '마음' 상태인지를 알고 싶어 한다. 물론 다른 사람만큼이나 자기 자신의 생각과 마음 상태도 알고 싶어 한다. 이런 호기심이 사람들을 때로는 관상이나 점술 혹은 종교 등으로 이끌어 가기도 하고 때로는 초감각적인 현상에 관심을 가지도록 만들기도 한다. 대개의 경우 사람들은 이러한 흥미가 '마음', 즉 심리에 관한 관심이라는 것을 깨닫지 못하는 경우가 많다. 하지만 심리학자들은 사람들이 가지고 있는 이런 호기심을 인간과 인간을 움직이는 '심리'에 대한 관심이라고 파악하고 있다.

사람들이 흔히 쓰는 '심리'란 단어는 어떤 사람의 '마음 속', '마음이 움직이는 방식', '마음가짐', 어떤 사건이나 자극에 대한 '마음의 움직임', '동기', '성격' 등과 같은 것들을 의미한다. 하지만 심리에 대해서 관심을 가지고 심리학에 관한 책을 읽다 보면 여러 가지 어려운 용어들이 먼저 나오는 경우가 많고, 심리학에 호기심을 가지게 했던 내용들이 언급되지 않는다고 실망하면서 책을 덮어 버리기도 한다.

대표적으로 사람들이 심리학을 다루고 있는 책에서 실망하는 경우는 다음과 같은 이유들 때문일 것이다. 우선, 심리학을 소개하거나 설명하는 책에서는 혈액형에 따라 사람들의 성격이 어떻게 다른지 한 마디도 언급하지 않는다. 또한 유령이나 귀신에 대한 내용도 없다. 독심술에 관한 것도 없으며, 사람들의 마음을 조정하는 방법에 대해서도 가르쳐주지 않는다. 최면에 관한 이야기도 나오지 않으며, 프로이트가 말한 무의식에 대한 이야기도 그렇게 많이 눈에 띄지 않는다. 심리학을 처음 접하는 사람들이 느끼는 이런 실망스러운 상황들은 사람들이 가지고 있는 심리학에 대한 선입견이 엉뚱한 기대를 만들어 냈기 때문이다. 그런 의미에서 심리학의 세계로 독자들과 함께 여행을 떠나보겠다는 거창한 포부로 시작한 이 책은 환상이나 마술과 같은 심리학의 세계가 펼쳐질 것을 기대하는 사람들에게는 실망과 지루함을 줄 수도 있을 것이다. 이 책의 목표는 독자들에게 심리학에 대한 올바른 이해를 돕는 것이다. 따라서 비록 생소하더라도 꾸준히 읽어 나간다면 현대심리학에 대해서 제대로 인식하게 될 것이고, 자신과 타인을 이해하는 데 도움이 되는 심리학적인 기초 지식과 개념들을 얻게 될 수 있을 것이다.

심리학에 대해 가지는 환상적인 기대는 심리학이 과학이라는 점을 이해하지 못해서 생기는 경우가 많다. 과학은 한 번에 모든 답을 주지 않는다. 과학은 연구된 것에 대해서만 답을 줄 수 있다. 게다가 과학이 말해 줄 수 있는 지식은 과학적으로 증명된 지식으로 제한된다. 앞에서 살펴본 것처럼 심리학은 다른 어떤 학문보다도 선입관과 편견이 많은 학문 분야이다. 대학생들이 심리학에 대해 가지고 있는 여러 편견에 대해 조사한 바에 따르면, 대학생들은 심리학을 프로이트의 정신분석과 거의 동일시하고 있다고 한다.

그러나 이런 생각이 얼마나 심리학에 대해서 가지고 있는 제한적인 시각인지는 이 책의 목차만 살펴보더라도 알 수 있을 것이다. 사람들은 자신과 주변 사람들이 생각하는 방식이나 행동을 경험하고, 관찰하며 나름의 이해를 가지고 있다. 따라서 '심리'에 대한 주제에 대해서는 누구나 어느 정도는 할 말이 있다. 사실 최소한 자기 자신의 '심리'에 대해서는 자신이 최고 전문가일 것이다. 하지만 '심리'에 대해서 안다는 생각은 '심리학'에 대한 잘못된 선입견과 합쳐지면서 엉뚱한 영향을 줄 수 있다. 계속해서 말하고 있지만 심리학이란 학문은 사람들이 생각하는 것과는 많이 다를 수 있다. 나아가 심리학이 보여주는 인간 심리에 대한 이론과 설명들도 일반인들이 알고 있거나 알고 있다고 생각하는 것과는 상당히 다를 수 있다. 따라서 심리학을 제대로 공부하고 이해하려는 사람들은 혼란과 실망이 있을 수 있음을 처음부터 염두에 두고 읽는 것이 좋다.

2. 현대심리학의 태동

1908년 독일의 심리학자인 에빙하우스(Ebbinghaus)는 심리학 개론서를 출판하면서 서문에 "심리학의 과거는 길다. 다만 역사가 짧을 뿐이다."라고 적어 넣었다. 에빙하우스는 인간의 자기 인식과 내면에 대한 성찰이 인류의 시작과 함께 출발한 장구한 과거를 가지고 있다는 것을 지적하면서, 동시에 현대 과학의 한 분야로서 실험과 검증을 바탕으로 한 심리학의 역사는 짧다는 것을 강조했다.

1) 현대심리학의 정의

심리학을 상징하는 기호

심리학의 영어 단어 'Psychology'는 '정신'이라는 라틴어 'Psyche(사이키)'와 '학문'이라는 라틴어 'Logos(로고스)'의 합성어이다. 그리스어로는 'Ψυχη(프시케)'라고 쓰는데 영어 'psi'의 기원이 된다. 심리학 분야가 국제적 문장으로 'Ψ(프사이)'를 사용하는 것은 바로 'Ψυχη(프시케)'라는 단어에 기반을 두고 있다.

심리학에 대한 정의는 심리학자들마다 다를 수 있지만 대다수의 학자들은 "심리학이 인간과 동물의 행동과 정신과정을 연구하는 과학"이라는 대략적인 정의에 큰 이의를 제기하지 않을 것이다. 1980년대까지만 하더라도 "심리학은 인간과 동물의 행동에 대해서 연구하는 과학이다."라는 정의가 널리 통용되었다. 낡은 정의라고 여겨질 수 있겠지만 이 정의를 주의해서 살펴본다면 심리학이란 학문의 성격을 이해하는 데 도움이 될 수 있다. "심리학은 인간과 동물의 행동에 대해서 연구하는 과학이다."라는 정의의 핵심은 크게 두 가지이다.

첫째, 심리학이 과학이라는 것이다. 과학이란 과학적 방법에 의해서 얻어진 체계화된 지식을 말한다. 주관적이거나 사적인 지식이 아니라 객관적인 지식을 얻는 첫 단계는 관찰을 하는 것이고, 더 나아가서는 측정이라는 방법을 사용하기도 한다. 관찰과 측정을 위해서 반드시 실험이 필요한 것은 아니지만 실험을 하게 되면 관찰과 측정을 할 수 있을 뿐만 아니라 관찰하는 조건을 엄밀히 통제할 수 있기 때문에 관찰 결과가 어떤 환경 조건에 의해서 발생하는가를 파악할 수 있다. 체계화된 지식은 대개 법칙들로 구성되어 있다. 어떤 것에 대한 법칙이나 원리가 있다면 우리는 그것을 이용해서 사람이나 동물의 행동을 예언하고 통제할 수 있다. 또 예언이나 통제를 못하는 경우라도 최소한 관찰된 행동을 이해할 수 있도록 도와준다. 따라서 심리학의 정의에서 과학적이라는 말은 심리학을 연구하고 공부하는 목적이 무엇인지를 분명히 해주는 역할을 한다. 즉, 사람이나 동물에 대해서 이해하고, 예언하고, 통제하는 것이 우리가 심리학을 공부하고 연구하는 목적이다.

심리학에 대한 정의에서 두 번째 핵심은 심리학이 행동에 대해서 연구를 한다는 것이다. 근래에는 인공지능(artificial intelligence, AI)과 뇌 스캔 기술이 발달하면서 심리학에서 정신과정에 대한 연구가 활발하게 이루어지고 있다. 하지만 1980년대의 심리학은 행동을 주요한 연구 대상으로 하는 과학이었다. 문제는 사람의 '마음'을 연구하는 것이 아니라 '행동'을 연구 대상으로 한다는 것이 '심리학'이라는 이름에 어울리지 않는다는 것이다. 하지만 행동을 연구한다는 것은 행동에만 머문다는 것이 아니라 행동을 만들어내는 심리과정을 연구한다는 의미를 가지고 있다. 행동을 통해서 심리과정을 연구할 수 있는 이유는 심리상태, 즉 '마음'은 행동이라는 방식을 통해서 반드시 드러나게 된다는 기본적인 전제에서 출발한다.

이제까지 1980년대에 널리 사용됐던 심리학의 정의를 살펴보았다. 하지만 40년이나 된 심리학의 정의가 현재 이루어지고 있는 심리학의 변화와 연구 성과들을 포함하기는 힘들 것이다. 학문에 대한 정의는 학문의 변화와 함께 바뀌게 된다. 심리학에 대한 정의 역시 시대와 과학 전체 범위의 변화를 반영하며 수정되어 왔다. 1980년대의 심리학은 행동과정을 강조했으나 1990년대 이후부터 심리학은 행동과정에 못지않게 정신과정도 강조한다. 이것은 2000년대에 들어오면서 의식에 대한 새로운 접근 방법들이 개발되었기 때문에 더욱 활발히 넓혀지고 있으며, 뇌 과학 및 인공지능의 발달과 더불어 새로운 영역으로 확장되어 가고 있다. 따라서 현대심리학에 대한 보다 정밀한 정의는 다음과 같이 수정될 수 있을 것이다.

> "심리학은 인간 행동 및 이와 관련된 심리적 · 생리적 · 사회적 과정 등을 과학적으로 연구하는 학문 분야이다."

2) 현대심리학의 배경

심리학의 배경과 발전 과정에서 철학은 인간 심리와 심신 작용에 대한 의문을 제시해주었고, 자연과학은 이러한 의문들을 과학적으로 해결하는 기초를 마련해주었다. 앞에서 살펴보았던 에빙하우스의 "심리학의 과거는 길다. 다만 역사가 짧을 뿐이다."라는 말은 현대심리학의 배경이 장구한 과거를 가지고 있음을 지적하고 있다. 즉, 인간에 대한 내적 고찰과 호기심, 철학사상 등에 뿌리를 두고 있음을 말한다.

(1) 철학적 배경

심리학에 관한 철학적 배경을 살펴보면, 서양에서는 기원전 그리스 철학, 동양에서는 중국과 인도의 고대 철학사상으로까지 거슬러 올라 갈 수 있다. 공통점은 객관적 검증보다는 직관과 논리를 사용하여 인간의 인식이나 지각 혹은 심리과정에 대한 호기심을 해결하기 위해서 노력한다는 것이다. 철학이 인간의 심리에 대해서 가졌던 가장 오래된 호기심은 심신관계론이다. 심신관계론은 인간의 마음과 몸이 어떻게 연결되어 작동하게 되는지에 대한 관심을 말한다.

고대 그리스 철학자 중 플라톤(Plato, BC 427~347)은 심신이원론을 주장했다. 그는 인간의 지식은 모두 생득적으로 가지고 태어나는 것이며, 마음은 신체와 별개로 존재한다고 주장했다. 이러한 플라톤의 관점은 현대심리학에서는 형태주의 심리학과 정신분석적 관점으로 이어진다고 볼 수 있다. 하지만 플라톤의 제자이기도 한 아리스토텔레스(Aristotle, BC 384~322)는 심신일원론을 주장했다. 그는 마음과 신체는 서로 다른 기능을 할 뿐 분리되는 것이 아니라고 주장했다. 그리고 신체에 생명이 있게 하는 것이 영혼이라고 주장하면서 생명체 속에 있는 영혼의 본질을 파악하려는 철학적 사유를 강조했다. 이러한 관점은 기독교 신학이론의 기초가 되기도 하였으며, 현대심리학에서는 기능주의 심리학과 행동주의 심리학으로 이어지게 되었다. 아리스토텔레스의 철학적 견고함과 탁월함은 중세시대까지 주류를 차지하며 인간의 몸과 마음에 대한 확고한 신념으로 자리 잡았다(Brett, 2009).

서양에서 플라톤과 아리스토텔레스가 초기 철학과 인식론, 심신관계론에 관한 견해를 확립해 갈 때쯤, 동양에서는 제자백가(諸子百家)라고 불리는 다양한 철학적 사유들이 대두하고 있었다. 그중에서도 심리학적 관점에서 눈여겨 볼 것은 노장사상(老莊思想)에서 장자(莊子, B.C. 4세기경)가 제시한 화두이다. 장자는 낮잠을 자다가 자신이 나비가 되는 꿈을 꾸었다. 잠에서 깬 장자는 인간인 자신이 나비가 되는

플라톤

아리스토텔레스

장자

꿈을 꾼 것인지, 나비인 자신이 인간이 되는 꿈을 꾸고 있는 것인지 확신할 수 없었다. 이러한 인식의 혼란은 인간이 인식한다는 것이 무엇인지에 대한 근원적인 의문을 제기하는 것으로, 이후 현대심리학에서 인지심리학적 관점과 무의식에 대한 탐구로 이어지게 된다.

서양에서는 주류를 이루던 아리스토텔레스의 심신일원론이 르네상스 시기를 거쳐 중세 이후부터는 변화를 겪게 된다. 데카르트(Descartes, 1596~1650)는 17세기 프랑스의 철학자이자 근대철학을 탄생시킨 학자이다. 데카르트는 심신이원론을 주장하면서 인간의 신체는 유기체라서 영혼과는 관계가 없다고 주장했다. 또한 정신과 육체는 분리되어 있으며 송과선(pineal gland : 제3뇌실 후부에 있는 작은 내분비기관, 7세까지 발달하여 성장 촉진에 관여하다가 점차 도태되어 없어짐)을 통해서 영혼과 신체가 상호작용한다고 주장했다. 이후 베이컨(Bacon, 1561~1626)이라는 철학자는 경험주의를 주장하면서 실험을 통한 검증의 중요성을 주장했다. 베이컨은 신념에 부합하는 사건들을 선택적으로 주목하고 기억하려는 경향성에 대해서 언급하면서 회의(懷疑)주의를 주장했다. 베이컨은 관찰자들에 의한 증명과 체계적 관찰 방법 등에 대한 연구를 장려하면서 현대 과학적 태도의 기틀을 마련했다고 볼 수 있다(Brett, 2009).

베이컨 이후, 스피노자(Spinoza, 1632~1677)는 다시 심신일원론적 측면을 수정한 심신양면설을 주장했다. 심신양면설은 마음과 몸은 종이의 양면과 같아서 동일한 실체이면서 동시에 양면으로 구분될 수 있다고 생각했다. 스피노자 이후, 라이프니츠(Leibniz, 1646~1716)는 심신병행론을 주장하면서 마음과 몸은 별개의 실체지만 기능상 병행한다는 이원론적 입장을 주장했다.

데카르트

베이컨

스피노자

라이프니츠

로크

칸트

헤겔

　이러한 서양 중세 이후의 인간 심신에 대한 활발한 토론과 논쟁은 비슷한 시기 우리나라에서도 찾아볼 수 있다. 바로 이황(李滉, 1501~1570)과 기대승(奇大升, 1527~1572)의 사칠논변(四七論辨)이다. 이황과 기대승은 1559년에서 1566년까지 8년여 동안 유학에서 제시한 사단칠정(四端七情, 심리학에서 말하는 도덕성의 발달이나 인식론 등과 관련된 주제들)에 관련한 논쟁을 통해서 인간 심리에 대한 고찰을 시도했다.

　근대철학으로 넘어오면서 서양에서는 로크(Locke, 1632~1704)에 의해서 관념연합설이 제시되었다. 관념연합설에서는 인간 심성은 백지(tabula rasa)와 같아서 어떤 그림을 그리는가에 따라 달라질 수 있다고 주장한다. 로크의 이러한 견해는 인간의 마음은 정신과정에 의해서 형성되는 것이라는 경험론적 주장으로 현대 교육학과 학습심리학 등에 지대한 영향을 주었다. 이후 칸트(Kant, 1724~1804)와 헤겔(Hegel, 1770~1831) 등의 철학자들은 선험철학(先驗哲學)을 주장했다. 선험철학은 인간의 인식에 대해서 비판적으로 사색함으로써 마음에 존재하는 것과 객관적 세계에 존재하는 것 사이에 발생하는 의문을 해결하려고 노력하는 것이다(Brett, 2009).

(2) 자연과학적 배경

심리학은 자연과학적 배경을 가지고 있기도 하다. 19세기 초 유기체의 기능에 머물렀던 생리학자들의 관심이 인간 심리와 생리과정으로 확대되었다. 이것을 계기로 이제까지 철학적 사유의 범주에 머물러 있던 심리학은 본격적으로 과학적인 학문으로 발전하게 되었다.

　앞서서 철학자로 분류되었던 데카르트는 유기체론을 통해서 심리학에 대한 자연과학적 배경을 최초로 제공했다. 유기체론은 르네상스 이후 모든 생명현상을 영혼의 작용만으로는 설명할 수 없다는 생각이 강해지면서 나타나게 되었다. 또한 인체 해부를 통해 신경생리학적 지식들이 축적되면서 제기된 이론이기도 하다. 데카르트 는 최초로 반사에 대해서 기술하면서 반사를 자극에 대한 자동적인 반응으로 파악했 다(Brett, 2009).

이후 19세기 독일의 뮐러(Müller, 1823~1900)는 신체에서 신호들이 신경을 따 라 전달하는 과정인 신경에너지 전달 원리를 밝혀내기도 했다. 또한 헬름홀츠 (Helmholtz, 1821~1894)는 눈과 귀의 감각 수용기로 들어오는 정보 인식 속도를 측 정하면서 신경 충격의 전이 속도에 대한 측정과 해석 과정을 밝혀내었다. 독일의 물 리학자인 페히너(Fechner, 1801~1887)는 정신물리학이란 용어를 만들었다. 정신물 리학에서 주로 다루는 것은 반사의 신경학적 기제와 감각의 물리학적 근거를 찾는 것이다. 페히너는 지각과 같은 정신적 사상을 정확히 측정하는 기초를 마련하였으 며, 정신물리학의 발전뿐만 아니라 현대심리학의 성립에도 기여했다. 이러한 정신 물리학에 대한 연구는 웨버(Weber, 1795~1878) 등의 학자들로 이어져 현대 생리심 리학이나 지 · 감각 심리학 분야로 확대되었다.

생리학자들뿐만 아니라 넓게는 다윈(Darwin, 1809~1882)의 진화론도 심리 학 발전에 기여했다고 볼 수 있다. 다윈은 1859년 종의 기원에서 자연도태설에 근 거한 진화론을 주장하면서, 심리작용이나 생명현상을 신의 영역이 아니라 과학적 인 방법으로 연구할 수 있는 기틀을 마련했다. 다윈의 사촌이기도 한 골턴(Galton, 1822~1911)은 진화론에 관련된 연구를 이어가면서 인간에게 유전적 특질에 따른 개 인차가 있다고 주장했다. 또한 사람들이 가진 특질의 차이를 측정할 수 있는 방법을 고안해 내면서 최초의 심리검사 제작을 시도하게 된다. 지문검사와 회귀법칙 등, 관

뮐러   헬름홀츠   페히너   골턴

카텔　　　　　　　피어슨　　　　　　　스피어먼

찰 결과로 얻어진 여러 이론을 제안했다(Brett, 2009).

　골턴의 연구 업적들은 이후에 개인차 심리학에 영향을 미치며, 카텔(Cattell, 1903~1998)에 의해서 미국에 소개된다. 골턴의 연구 결과에 고무된 카텔은 1890년 시각, 청각, 신체적 기술 등 다양한 검사를 기술하는 데 사용된 정신검사라는 단어를 처음으로 만들어내었다. 카텔은 1895년에는 미국심리학회 회장이 되었으며, 심리학자로서는 처음으로 미국 국립과학아카데미의 회원이 되었다. 피어슨(Pearson, 1859~1936)과 스피어먼(Spearman, 1863~1945) 등의 학자들은 자료들을 정리하기 위해 상관관계 기법을 개발하였는데, 이것은 현대심리학의 과학적 연구 방법에 크게 기여했다(Brett, 2009).

3. 현대심리학의 역사

지금까지 심리학의 정의와 배경이 되는 철학과 자연과학에 대해서 살펴보았다. 이제 심리학이 과학으로 태동되어 현대적인 학문으로 성립하게 된 이후의 역사를 살펴보자. 한 학문의 정의는 그 학문의 역사를 통하여 응결된다. 학문은 발전되는 과정에 따라 학파들이 잇달아 일어나는 시기가 있는데, 이러한 학파들은 그 학문의 정의를 놓고 경쟁을 벌인 결과로 부흥했다가 소멸되기도 한다. 따라서 학문의 정의를 어떤 학파가 주도하는가는 곧 학문의 역사라고 볼 수 있다. 그런 의미에서 현대심리학은 1870년대 구성주의라는 심리학파를 통해서 태동하게 된다.

1) 구성주의 심리학

구성주의 심리학(structuralism)은 1879년부터 1930년 정도까지 독일에서 주도한 심리학파를 일컫는다. 구성주의 심리학은 최초의 과학적 심리학을 탄생시켰다. 구성주의 심리학, 즉 현대심리학의 창시자는 빌헬름 막시밀리안 분트이다.

(1) 분트

분트

생리학자이기도 한 분트(Wundt, 1832~1920)는 최초로 심리학을 철학이나 생리학의 하위 영역이 아니라 독립된 학문 분야로 연구한 사람이다. 분트는 1862년 하이델베르크대학교에서 최초로 인간과 동물의 정신에 대한 심리학 강의를 시작하였고, 1874년에는 생리 심리학 원리(*Principles of Physiological Psychology*)를 출판했다. 이 책에서 사용된 '생리'라는 용어는 현대의 생리심리학 주제를 다루었기 때문에 붙은 것이 아니라 생리학자들이 사용하는 연구 방법을 적용한다는 의미를 가지고 있다(Brett, 2009).

분트는 1879년 라이프치히대학교로 옮겨와 최초의 심리학 실험실을 마련했다. 1879년 라이프치히대학교의 작은 연구실에서 과학으로서의 심리학이 드디어 탄생하게 된 것이다. 분트는 자신의 심리학에 대해서 '실험심리학', '의식심리학'이란 용어를 사용하였으며, 최초의 과학적인 현대심리학을 탄생시킨 학자로 자리매김하게 되었다. 분트는 평생에 걸쳐서 53만 페이지에 달하는 방대한 책과 논문을 저술하였으며, 심리학에 대한 선풍적인 인기를 조성했다. 분트에게 자극을 받은 학자들과 교육을 받은 제자들이 증가하면서 1900년까지 북미 지역에만 40개가 넘는 심리학 실험실이 만들어졌다(Brett, 2009).

분트는 뉴턴의 원자론에 영향을 받아 인간의 의식도 원자처럼 쪼개지지 않는 근원적인 요소들로 구성되어 있을 것이라고 가정하였으며, 여러 가지 의식 요소들이 결합되어 정신을 구성하고 있을 것이라고 생각했다. 이러한 생각들을 바탕으로 분트는 의식의 구성요소들을 파악하기 위한 방법으로 내성법(introspection : 조용히 자신의 의식을 살펴서 보고하는 방법)을 제안했다. 분트가 제안한 내성법을 사용할 수 있는 조건은 다음의 네 가지이다. 첫째, 관찰자는 내성법을 도입할 수 있는 것인지 없는 것인지를 먼저 결정한다. 둘째, 관찰자는 주의를 집중시킬 수 있는 상태를 만든다. 셋째, 관찰을 동일한 조건에서 여러 차례 반복할 수 있어야 한다. 넷째, 실험 조건은 통제된 자극의 조작에 따라 변화할 수 있어야 한다.

'과학적'이라는 거창한 말로 시작한 심리학이 허술해 보이는 내성법에 기초한다는 것은 앞뒤가 안 맞는 것 같지만 당시로서는 조용히 자신의 의식에 대해서 집중하는 것 말고는 심리내적 과정을 관찰할 수 있는 방법이 없었다. 따라서 이러한 내성법의 허술함은 곧 구성주의에 대한 비판으로 이어지게 된다. 구체적으로 내성법은 관찰한 이후의 보고에 의존하기 때문에 소위 말 잘하는 사람들이나 표현 능력이 부족한 사람들로 인해서 왜곡될 수 있다고 비판받는다.

하지만 내성법은 여러 가지 심리학적 연구와 관찰에 기여하기도 했다. 프로이트의 정신분석(psychoanalysis)은 자유 연상(free association)이라는 자기 내면 보고에 기초하고 있고, 꿈이나 실언(失言) 같은 내적 상태나 상황에 대한 보고가 중요한 의미를 가지기도 한다. 내성법의 약점은 주관적이라는 것인데, 주관성이 인정되는 정신질환이나 심리상담 혹은 심리치료와 같은 임상적 장면에서는 내성법이 여전히 유효하고 중요한 방법으로 살아남아 있다.

(2) 티치너

티치너(Titchener, 1867~1927)는 영국에서 독일로 유학온 분트의 제자이다. 번역가로도 활동하였으며, 분트와 자신의 심리학적 성과들을 종합하면서 '구성주의 심리학'이라고 이름을 붙인 장본인이기도 하다. 티치너는 분트와 마찬가지로 의식을 구성하는 기본 요소를 파악하고, 기본 요소들 간의 관련성을 밝히는 것이 심리학의 핵심 과제라고 생각했다. 또한 내성법을 보다 정교하게 다듬기도 했다(Brett, 2009).

티치너

1881년에는 독일에서 티치너와 분트를 중심으로 최초의 심리학 학술지를 창간하였으며, 1900년대에는 코넬대학교의 교수로 부임하여 초기 미국심리학회에 구성주의 심리학을 전파하는 데 기여하기도 했다. 한 가지 재미있는 사실은 티치너는 코넬대학교에 임용되기 전 영국의 옥스퍼드대학교 교수 임용에서 탈락했다는 것이다. 전통을 자랑하던 당시 영국 대학들은 심리학이라는 신생 학문의 파급력에 대해서 제대로 인식하지 못했다. 이러한 영국의 분위기는 1936년도까지 심리학과가 설립되지 못하는 상황으로 이어졌고, 영국이 유럽에서도 비교적 심리학의 전파나 발전이 더딘 나라가 된 이유가 되었다. 더불어 유럽에서 홀대받던 심리학이 미국으로 건너가 번창하는 계기가 되었다. 1927년 티치너가 사망하면서 구성주의 심리학도 쇠락해 갔는데, 이후 구성주의 심리학은 독일에서 형태주의 심리학이 태동하는 밑거름으로 작용하게 된다(Brett, 2009).

(3) 홀

홀

미국의 심리학자였던 홀(Hall, 1846~1924) 역시 분트의 제자이자 동료라고 볼 수 있다. 독일에서 분트에게 심리학을 배우고 미국으로 돌아온 홀은 1892년 존스홉킨스대학교에서 미국 최초의 심리학 연구실을 설립했다. 따라서 미국에서 심리학을 가장 먼저 연구한 사람은 홀이었고, 1892년 총회원 27명의 미국심리학회(American Psychiatric Association, APA)가 설립되었을 때에는 초대회장으로 선출되었다. 1896년에는 홀이 주축이 되어 미국 최초의 심리학 학술지를 창간했다. 홀 역시 구성주의 심리학자로 인간 의식 내용을 구성하는 요소를 찾아내는 것을 심리학이 해야 할 일이라고 생각했다. 예를 들어, 책을 읽을 때 의식에서 생겨나는 내용들을 관찰해서 기록하고 그 내용 속에서 가장 기본적인 것과 그렇지 못한 것을 파악한 후, 기본적인 요소가 어떻게 결합해서 책을 읽을 때 생겨나는 의식을 구성하는지를 알아내려고 했다.

구성주의 심리학자들의 공통적인 견해는 심리학의 연구 대상이 의식이라고 생각했다는 점이다. 구성주의 심리학은 심리, 즉 마음을 다루는 학문에 자연과학적인 사고방식과 관찰을 중요시하는 과학적 방법을 더한 것이다. 이 당시 근·현대 철학자들도 인간의 마음을 논리적으로 사색하고 연구하고 있었는데, 구성주의 심리학자들은 인간의 마음을 실험실에서 관찰할 수 있는 연구 대상이라는 용기 있는 견해를 주장하였고 이것을 증명하기 위해서 노력했다. 이러한 구성주의 심리학자들의 노력을 통해 현대심리학은 직관과 논리를 기반으로 하는 철학으로부터 분리되었으며, 과학으로 인정받는 독립된 학문으로 탄생하게 되었다.

2) 기능주의 심리학

심리학은 새로움과 생동감이 넘치던 미국으로 넘어오면서 비약적으로 발전하게 된다. 본격적으로 미국에서 심리학이 연구되던 1890년에서 1930년 사이에 기능주의

(functionalism) 심리학이 대두하게 된다. 철학적으로는 베이컨의 경험주의에 영향을 받았으며, 심리학을 학문적으로뿐만 아니라 일상생활에 적용하는 데도 관심을 가진 학파이다.

(1) 제임스

제임스(James, 1842~1910)는 하버드대학교의 철학과 교수이며 교육학자였다. 제임스는 하버드대학교에서 의학을 공부하던 중 철학과로 옮기게 되었으며 생리학이나 중세 철학 그리고 점성술이나 텔레파시, 강신술, 천리안 등 다양한 분야에 관심을 가지고 있었다. 여담이지만 문헌분류에서 10진 분류를 만든 듀이가 심리학 관련 책을 점성학이나 운명론 등과 비슷한 범주로 분류하는데, 제임스의 다양한 관심 분야들이 영향을 미쳤다는 이야기도 있다.

제임스

제임스는 심리학이 의식의 흐름에 따른 의식작용 과정과 기능을 연구해야 한다고 보았다. 제임스도 인간 의식이 심리학 연구의 핵심이라는 데는 구성주의자들과 의견이 일치했다. 하지만 내성법이라는 허술한 방법으로 의식 요소를 정확하게 파악하는 것은 불가능하기 때문에 심리학은 의식의 기능을 탐구하는 데 집중해야 한다고 주장했다. 제임스의 이러한 견해는 이후, 의식의 기능을 강조한다는 의미에서 '기능주의 심리학'이라고 불리게 된다.

제임스는 1875년 하버드대학교에서 미국 최초의 심리학 강의를 개설하였으며, 1896년에는 심리학 원리(*The Principles of Psychology*)라는 최초의 심리학 개론서를 출판하기도 했다. 다윈의 자연도태설에 영향을 받으면서 신체가 적응적으로 변화하듯이 마음도 적응적으로 기능할 것이라고 가정하였고, 마음이 어떻게 기능하는지를 탐구하는 데 집중했다. 미국의 실용주의 사상에도 영향을 받았으며, 심리학 관련 연구가 실제 삶에 어떻게 적용되는가에 관심을 가졌다. 심리학 연구 방법에 있어서도 내성법이 아니라 행동관찰법을 지지했다.

제임스가 주도한 미국의 기능주의 심리학은 듀이(Dewey, 1859~1952), 에인절(Angell, 1869~1949) 등의 학자들에게 이어진다. 듀이는 1886년 심리학(*Psychology*)이란 교재를 출판하였으며, 교육심리학과 실용주의 심리학을 주장했다. 듀이와 에인

듀이

에인절

뮌스터베르크

절은 모두 시카고대학교의 교수로 시카고학파(Chicago school)의 기둥이 되었으며, 실용주의 교육학과 심리학에서 주목할 만한 성과를 내기도 했다. 기능주의 심리학은 미국에서 행동주의 심리학이 번창하게 되면서 점차 쇠락해갔지만 발달심리학과 교육학 등에 상당한 영향을 미쳤다(Brett, 2009).

(2) 뮌스터베르크

뮌스터베르크(Münsterberg, 1863~1916)는 심리학을 실제 생활에 적용하는 응용심리학 분야의 창시자라고 볼 수 있다. 제임스의 초청으로 독일에서 미국으로 건너와서 제임스에 버금가는 명성을 얻었다. 저서와 연설을 통해서 심리학의 대중화에 앞장섰으며, 법과 산업, 교통과 안전, 교육, 심리치료 그리고 영화비평 등, 다양한 분야에서 심리학이 적용되도록 기여했다. 하지만 제1차 세계대전이 발발하고 뮌스터베르크가 독일의 스파이로 몰리면서 후학 없이 생을 마감하게 된다.

기능주의 심리학자들은 의식에 대한 내용 분석이 아니라 보고, 느끼고, 생각하고, 목표를 추구하는 등의 의식이 담당하는 기능을 연구 대상으로 한다는 공통점을 가지고 있다. 예를 들어, "사람이 본 것이 무엇이냐?"가 중요한 것이 아니라 "어떻게 사람이 볼 수 있느냐?"가 더 중요하다는 것이다. 사람이 가지고 있는 의식의 기능들은 사람이 환경에 적응하는 데 중요하다. 이러한 기능주의 심리학 입장에서는 사람이 어떻게 보느냐는 질문은 자연스럽게 어떻게 하면 더 잘 볼 수 있느냐는 질문으로 옮겨 가게 된다. 이때부터 심리학은 사람을 적응하는 존재로 보게 되고, 의식 기능과 행동은 적응을 돕는 도구라는 견해를 가지게 된다. 따라서 기능주의 심리학에서는 사람의 행동, 특히 적응적인 행동이 중요한 연구 대상이 되었다.

3) 행동주의 심리학

20세기에 들어오면서 미국에서는 구성주의와 기능주의 모두에 반대하는 심리학파가 등장하게 된다. 바로 행동주의(behaviorism) 심리학파이다. 행동주의라는 단어에서 나타나는 것처럼 행동주의 심리학은 심리학 연구가 의식이나 심리와 같이 눈에 보이지 않는 것이 아니라 눈에 보이는 행동이어야 한다고 주장한다.

(1) 왓슨

행동주의 심리학의 대표적인 학자는 왓슨(Watson, 1879~1958)이다. 왓슨은 심리학이 관찰 가능한 행동만을 연구해야 한다고 주장했다. 1915년에는 미국심리학회 회장으로 선출되면서 행동주의 심리학이 미국 심리학을 주도하는 데 기여했다(Brett, 2009).

왓슨

왓슨은 "심리학은 관찰 가능한 자극(외적 압력)과 외현적인 반응(행동)과의 관련성을 연구하는 학문"이라는 새롭고 파격적인 정의를 내놓으면서 인간의 모든 행동은 조건형성(conditioning)의 결과로 파악할 수 있다고 보았으며, 자극–반응(stimulus-response)을 인간을 이해하는 기본 공식이라고 주장했다. 더 급진적으로는 환경이 모든 것을 결정한다고 생각하였는데, 자신에게 12명의 아이들을 태어날 때부터 관리할 수 있는 권한을 준다면 마피아에서부터 검사까지 모든 직업을 가지도록 만들 수 있다고 주장하기도 했다. 행동을 조성하고 반응을 조작할 수 있다는 왓슨의 이러한 확신은 1921년 앨버트라는 아이에게 행해졌던 실험에서 정점을 이루었다. 왓슨은 엘버트에게 흰쥐를 무서워하도록 만드는 실험을 실시했다. 흰쥐에 공포 반응이 없었던 엘버트에게 흰쥐를 보여주면서 동시에 큰 소리로 겁을 주는 상황을 반복해서 만든 것이다. 공포 반응 조성 이후 왓슨의 생각처럼 엘버트는 소리 없이 흰쥐만 보아도 공포 반응을 나타내었다.

하지만 흰쥐를 무서워 한 엘버트를 다시 예전으로 돌려놓을 수는 없었다. 1921년 엘버트에 관한 실험을 돕던 조수와의 간통사건으로 학계를 떠나게 된 것이다. 엘버트의 흰쥐 공포 조성 실험은 왓슨의 신상에도 큰 문제를 만들었지만, 이후 실험 윤리(아이를 심리학 실험에 사용하는 문제와 동물을 실험에 사용하는 문제 등)에 대한 문제를 제기하는 계기가 되었다.

　　심리학자로서 학계에서의 활동은 제한되었지만 왓슨은 자신의 인간 행동 조성에 대한 연구 성과를 광고심리학에 적용하면서 조건과 행동 조성에 관련한 연구를 계속 진행했다. 이러한 행동주의 심리학의 강력한 매력은 1960년대까지 심리학계를 주도 했다(Brett, 2009).

(2) 우드워스와 손다이크

우드워스　　　　　**손다이크**

우드워스(Woodworth, 1869~ 1962)는 행동주의 심리학 에서 주장하는 자극-반응 (stimulus-response) 공식에 유 기체(organism)의 중요성을 강 조한 학자이다. 우드워스는 동물과는 다르게 인간의 행동 은 단순한 조건화가 잘 성립하 지 않는다는 것을 발견했다. 우드워스는 자극-반응 공식 사이에 유기체를 삽입하여 S-O-R의 공식을 제시했다. 자극과 반응 사이에 유기체의 특성이 어떠한가가 결정 적일 수 있음을 주장한 것이다.

　　손다이크(Thorndike, 1874~1949)는 행동주의에 학습효과를 결합하는 연구를 진 행했다. 대표적인 실험 연구에서 고양이가 우리에서 탈출하는 모습을 관찰하면서 연습 법칙(law of exercise)과 효과 법칙(law of effect)을 발견했다. 연습 법칙은 반복 은 학습을 강화한다는 것이다. 즉, 연습하면 할수록 수행의 질이 좋아진다는 것을 발견한 것이다. 효과 법칙은 보상이 학습을 강화한다는 것이다. 행동은 좋아하는 것 이 생기는 쪽으로 작동한다는 법칙을 발견한 것이다.

　　1910년대 이후부터 강력하게 대두하게 된 행동주의 심리학은 인간 의식이나 심리 내적 동기가 아니라 눈에 보이는 행동을 강조했다. 행동주의 심리학자들은 심리학 이 과학으로 제대로 인정받기 위해서는 관찰할 수 있는 것, 즉 행동만을 대상으로 해야 하며 의식이나 마음과 같은 것은 송두리째 버려야 한다고 주장했다. 행동주의 심리학에서는 지식의 객관성을 한층 강조하였고 심리학을 과학으로 특히 자연과학 으로 인정받기 위해서 노력했다. 행동주의 심리학이 강력해지면서부터 심리학에서 동물의 행동을 연구하는 것이 일부분으로 수렴되었으며, 심리학은 자연과학과 유사한 범주가 되기 위해서 움직여 갔다.

왓슨은 나중에 러시아의 생리학자인 파블로프의 조건반사 개념을 받아들여 모든 현상을 자극과 반응의 관계로 파악하려는 자신의 견해를 더욱 공고히 했다. 행동주의 심리학에서는 복잡한 습관도 여러 가지 자극-반응들의 연쇄 복합물로 본다. 행동주의 심리학은 자극과 반응의 관계를 알아내는 것이 심리학의 목적이라고 간주하며, 환경의 역할을 강조했다. 행동주의 심리학자들은 환경이 행동을 결정하고 나아가서는 성격까지도 결정한다고 생각했다. 행동주의는 1950년대 이후 스키너에 의해 계승되어 행동치료, 교수법, 사회설계 등에 적용되었다. 심리내적 과정을 관찰할 수 있는 과학 기술이 발전하면서 다소 세력이 약해지기는 하였지만 행동주의 심리학은 여전히 강력한 힘을 발휘하고 있다.

4) 형태주의 심리학

20세기 초 미국에서 행동주의 심리학이 세력을 얻어 갈 때 쯤, 독일에서는 형태주의(Gestalt) 심리학이 나타나게 된다. 형태주의 심리학 역시 기존의 구성주의 심리학과 기능주의 심리학에 대한 반동으로 시작되었지만 행동주의 심리학과는 다른 방향으로 나아갔다.

(1) 베르트하이머

형태주의 심리학은 베르트하이머(Wertheimer, 1880~1943)가 1912년 '운동지각에 대한 실험연구'를 출판하면서 태동하게 되었다. 영화 산업이 번창하면서 형태주의 심리학은 지각과 인지에 대한 연구를 중심으로 활성화되었다(Brett, 2009). 형태주의 심리학에는 유명한 격언이 있다. 바로 "전체는 부분들의 합 그 이상이다."라는 말이다. 전체가 부분을 합한 것 이상의 의미를 가진다는 말은 기존의 심리학에서 진행되어 온 의식의 내용을 분

베르트하이머

석하려는 시도보다는 부분들의 역동적인 조직에 대한 연구가 더 중요하다는 견해를 표현한 말이다.

형태주의 심리학자들이 강조하는 부분과 전체의 관계를 보여주는 대표적인 것은 파이 현상(Phi Phenomenon)이다. 파이 현상은 고정되어 있는 네온사인을 마치 움직

이는 것처럼 느끼도록 만드는 원리로 순차적인 빛의 점멸을 통해 움직임이라는 새로운 의미가 나타난 것을 말한다. 형태주의 심리학은 학습, 기억, 문제해결 등에서 지각 중심적인 해석을 강조하고 있으며, 지각 중심적인 해석은 이후 인지심리학 발달의 기초가 되었다.

(2) 베르트하이머의 제자들

코프카(Koffka, 1886~1941), 퀼러(Köhler, 1887~1867), 레빈(Lewin, 1890~1947) 등의 베르트하이머 제자들은 독일에서 활동하다 나치에 의해 추방된 후 미국에서 활동하게 된다. 이후 그들은 미국 심리학을 주도하는 행동주의 심리학에 대해서도 비판적 견해를 보이는데, 행동주의 심리학에 대한 주된 비판점은 다음의 두 가지이다. 첫째는 행동을 자극-반응 구조로 분해하는 것은 전체를 부분으로 나누는 잘못이라는 것이다. 둘째는 심리학이라면 행동보다는 의식적 경험을 연구해야 하는 것이 학문의 정합성에 부합하는 것이라는 점이다.

  코프카는 기억과 망각에 대한 연구를 주로 진행하면서 흔적이론과 기억흔적 개념을 도입했다. 현재의 조건을 통해서 과거의 영향을 설명하려고 시도하였으며, 시간을 기억과 망각의 중요한 요소로 보았다. 기억흔적으로 학습할 수 있는 것은 연속성, 시간 경과, 유사성, 친숙함 등이라고 지목했다. 퀼러는 제1차 세계대전 당시 카나리아 군도의 한 섬에 고립되면서 사육장의 원숭이들과 무료한 시간을 보내게 되었다. 퀼러는 원숭이들에게 매달린 바나나를 따먹게 하는 실험을 통해서 통찰학습에 대한 이론을 만들게 되었다. 통찰학습이란 단번에 문제를 해결하는 능력으로 시행착오 없이 떨어져 있는 부분적인 요소들을 한순간에 전체로 재구성하는 학습능력을 말한다. 이러한 통찰적인 문제해결은 갑자기 일어나는 것으로 '아하' 경험(頓悟)이

코프카

퀼러

레빈

다. 레빈은 장이론(field theory)을 통해 영향을 받는 공간인 '힘의 장'이 있다고 주장하면서 형태주의 심리학이 동기와 사회심리학에 영향을 미치도록 했다.

형태주의 심리학은 구성주의 심리학이 의식의 내용을 요소로 분석하려는 경향에 대해서도 반기를 들었다. 형태주의 심리학자들은 의식을 구성요소로 분해하면 원래의 전체적인 의식이란 사라지게 된다고 주장했다. 또한 다시 요소들을 결합하더라도 본래 의식내용일 수 없다고 보았다. 따라서 있는 그대로 전체적인 현상을 연구해야 하며, 분석을 하더라도 무턱대고 쪼개기보다는 전체 속에 '자연적으로' 구분되어 나오는 부분을 가려내어야 한다고 주장했다. 이와 관련해서 형태주의 심리학이 강조한 것은 전체가 가지고 있는 형태 또는 조직이다. 형태를 강조하면서 어떤 부분이든 그 자체의 절대적 속성이 없고 다른 부분과의 관계를 통해서 속성이 결정된다는 상대성을 강조했다. 예를 들어, 회색 종이는 흰 종이 옆에서는 검은색 종이로 보이고 검은색 종이 옆에서는 흰색으로 보인다는 것이다.

형태주의 심리학은 구성주의 심리학뿐만 아니라 행동주의 심리학이 가지고 있는 요소주의에 대해서도 반기를 들었다. 행동주의 심리학에서 제시하는 자극-반응의 기본 요소들이 모여 복잡한 전체적인 행동을 만들어낸다고 보았기 때문이다. 즉, 행동주의 심리학에서 기본적인 자극-반응을 조성하고 분석했다고 해서 복잡한 인간 행동을 제대로 아는 것이 아니라는 것이다. 형태주의 심리학은 무분별하게 의식과 행동에 대해 분석하는 경향에 제동을 걸었고 행동을 일반인이 의미 있다고 보는 수준에서 연구하도록 심리학의 탐구 방향을 제시하는 역할을 했다. 형태주의 심리학의 영향으로 현대심리학은 너무나 다양하고 복잡한 인간 의식과 행동을 연구하는 데 용기를 가질 수 있게 되었다.

구성주의와 기능주의, 행동주의와 형태주의 학파 이후 심리학계에는 학파라고 불릴 만큼의 뚜렷한 움직임은 나타나지 않고 있다. 심리학계를 주름잡는 하나의 조류보다는 과학 기술의 발전과 사회가 변화해 감에 따라 인간 심리에 대한 다양한 이론들이 서로 경쟁하는 시대로 접어들게 되었다(Brett, 2009).

5) 신행동주의이론 vs 스키너

1930년대 이후부터 1950년까지 신행동주의라고 부를 수 있는 흐름이 미국을 중심으로 나타났다. 신행동주의(Neo-behaviorism) 이론의 대표적인 학자는 톨먼(Tolman, 1866~1959)과 헐(Hull, 1884~1952) 그리고 그들의 제자인 스펜서(Spencer, 1907~

톨먼   헐   스펜서

밀러   스키너

1967)와 밀러(Miller, 1920~2012) 등을 꼽을 수 있다. 스펜서는 '지능(intelligence)' 이라는 용어를 최초로 사용하면서 심리학에 지능이 포함되도록 하였으며, 밀러는 심리학에서 '기적의 숫자(7±2)'라고 불리는 인지심리학의 중요한 이론을 발표하기도 했다. 톨먼, 헐, 스펜서와 밀러 등이 주도한 신행동주의는 왓슨이 제시한 행동연구와 함께 심리학 본연의 연구 분야인 동기나 욕구와 같은 유기체의 내적인 상태도 함께 연구해야 한다고 주장했다. 이러한 신행동주의 이론가들은 정확한 전제들로 구성된 이론을 통해서 인간의 심리작용에 대해서 예언하고 이것을 실험이나 관찰로 검증하는 연구 방식을 확립시키는 데 기여했다.

그러나 신행동주적인 심리학의 움직임에 반대한 학자가 있었다. 바로 스키너(Skinner, 1904~1990)다. 스키너는 외적 자극에 의해서 유기체의 모든 행동이 조정된다고 보았다. 스키너는 전통적인 행동주의 심리학보다도 더 보수적으로 "정신현상은 연구할 수도 없고, 연구할 가치도 없다."고 주장했다. 스키너는 음식(자극 : S)은 배고픔(동기 : M)에 대한 추론 없이도 섭식(반응 : R) 행동을 유발하기 때문에 자극과 반응의 연합 방식만 이해하면 어떤 행동도 이해하고 예언할 수 있다고 생각했

로터   반두라   나이서

다. 스키너는 정적인 결과(좋아하는)를 주는 결과에 대해서는 반응이 반복되고 부정적이거나(싫어하는) 중립적인 결과에서는 반응이 소멸된다고 주장했다. 손재주도 좋았던 스키너는 다양한 기계장치 상자를 만들어 비둘기와 같은 동물 실험을 통해 자신의 행동주의이론을 뒷받침하는 연구들을 진행했다. 하지만 이러한 스키너의 강력한 행동주의에 대한 옹호에도 불구하고 신행동주의이론은 여러 학자에게로 확대되어 갔다.

또 다른 신행동주의 심리학자로는 로터와 반두라 그리고 나이서 등을 꼽을 수 있다. 로터(Rotter, 1916~2014)는 사회적 학습이론을 주장했다. 사회적 학습이론은 사람들이 자신의 행동 결과와 받게 될 강화의 종류를 예측한다는 전제에서 출발한다. 사람들은 저마다 개인적으로 추구하는 가치가 다르다. 따라서 자신의 행동과 자신이 받을 강화에 대한 개인적인 가치 판단을 내린 후 선택적으로 행동한다는 것이다. 로터가 강조한 것은 통제의 중심이 어디에 있느냐 하는 것이다. 통제의 중심이 인간 내부에 있는 경우에는 강화가 자신의 노력에 달려 있다고 믿는 태도를 가지겠지만, 통제의 중심이 외부에 있을 경우에는 아마 반대되는 태도를 형성하게 될 것이다. 반두라(Bandura, 1925~)는 스탠퍼드대학교에서 보보 인형을 가지고 아이들을 대상으로 한 실험을 통해서 관찰학습에 대한 이론을 내놓기도 했다. 관찰학습은 아이들이 다른 사람을 보는 것만으로도 학습할 수 있다는 것이다. 실험을 통해서 보보 인형을 때리는 장면을 관찰한 아이들은 뚜렷한 강화물이 없어도 폭력적인 행동을 자발적으로 모방했다. 나이서 역시 극단적인 행동주의 심리학에는 반대하는 입장을 가졌다. 나이서(Neisser, 1928~2012)는 1967년 인지심리학(*Cognitive Psychology*)을 출간하면서 인지심리학 분야의 기틀을 마련했으며 감각기억에 대해서 최초로 언급한 학자가 되었다.

신행동주의 이론가들은 자신들의 이론들을 지각이나 인지 혹은 학습 심리학 등의 분야로 다양하게 적용시키면서 심리학의 범위를 확장시키는 데 기여했다. 신행동주의 이론가들에 의해서 자주 사용된 이론, 가설, 예언, 검증 등의 용어들은 심리학 연구에서는 빼놓을 수 없는 단어들이 되었다. 하지만 신행동주의이론들은 1960년대에 들어오면서 쇠퇴의 길을 걷게 된다. 왜냐하면 그동안 강력하게 심리학계를 이끌어오던 '행동하는 기계'로서의 인간관이 강력한 도전에 직면했기 때문이다. 심리학자들은 점차 인간을 환경을 이해하고 생각하는, 복잡하고 전체적인 존재로 파악해야 한다고 생각하게 되었다. 심리학에서 한때 거의 사라져버렸던 '마음'을 되찾으려는 움직임이 대두된 것이다.

이러한 움직임은 인지심리학적 접근이라 부를 수 있는 것인데, 이것을 심리학의 한 학파로 간주하지는 않는다. 왜냐하면 인지심리학이 나타났을 때는 이미 각 학파의 시대가 지난 후였고 또 인지심리학이 모든 심리학 분야에 영향을 준 것은 아니기 때문이다. 인지심리학의 대두가 구성주의로의 복귀나 비과학적인 방법으로의 복귀를 의미하는 것은 아니다. 인지심리학적 경향이 신행동주의와 다소 차이가 나는 것은 신행동주의가 '마음'의 작용을 직접 연구 대상으로 삼지 않은 데 반해 인지심리학은 '마음'의 작용 그 자체에 관심을 보인다는 것이다.

6) 정신분석이론

한때 심리학에 대해서 관심이 있다는 말은 정신분석(psychoanalysis)에 대해서 관심이 있다는 말과 동일한 뜻이었던 적이 있었다. 그만큼 정신분석은 심리학과 정신의학 분야에 큰 영향을 준 이론이다. 정신분석은 오스트리아의 정신과 의사였던 프로이트(Freud, 1856~1939)에 의해서 고안되었다. 프로이트는 자신을 찾아온 환자들을 면담하고 치료하면서 인간의 행동이나 사고는 의식보다는 무의식의 지배를 받는다는 것을 발견했다.

그리고 무의식을 분석해야만 인간에 대해 올바로 이해할 수 있다고 주장했다. 또한 프로이트는 무의식의 강조와 함께 성적인 추동과 5세 이전의 생애경험이 중요하다고 강조했다. 생득적인 본능이 부모와 사회에 의해 억압되면 그것이 무의식을 형성한다고 보았는데, 무의식은 은연 중의 행동이나 꿈, 신경증 혹은 실수나 실언 등을 통해서 발현된다고 보았다. 프로이트는 무의식을 살펴보고 분석하는 방법으로 자유연상법과 꿈에 대한 분석을 주장했다.

프로이트　　　　　　융　　　　　　　　아들러

호나이　　　　　에릭슨

　프로이트의 정신분석은 정신 의학자들뿐만 아니라 대중적으로도 선풍적인 인기를 끌었으며 수많은 동료와 제자들을 통해서 확장되고 변화되었다. 대표적인 정신분석이론의 기여자로는 개인의 무의식뿐만 아니라 집단에도 무의식이 있다는 주장을 한 융(Jung, 1875~1961)과 개인의 자아와 책임에 대해서 강조한 아들러(Adler, 1870~1937) 등이 있다. 이 밖에도 호나이(Horney, 1885~1952), 프롬(Fromm, 1900~1980), 에릭슨(Erikson, 1902~1994) 등에 의해서도 정신분석이론은 변형되고 발전되어 갔다. 정신분석이론은 성격 형성이나 이상행동에 큰 시사점을 주었으며, 임상심리학과 상담심리학의 발전에 커다란 공헌을 했다.

7) 인본주의이론

정신분석이나 행동주의는 인간을 성욕 덩어리나 기계장치로 단순화시키는 경향이 있었다. 분명하지만 너무나 단순하게 인간을 바라본다고 생각한 몇몇의 심리학자들은 인간 자체가 가진 가치와 본연의 모습에 집중할 필요가 있다고 주장했다. 이러한 견해들이 모여진 것이 바로 인본주의(humanistic) 심리학이다. 대표적인 인본주

로저스

매슬로

심리학자로는 로저스와 매슬로 등이 있다(Brett, 2009).

로저스(Rogers, 1902~1987)는 인본주의이론의 대표적인 학자로 상담과 정신치료에서 인간 중심치료 혹은 내담자 중심치료를 주장했다. 인본주의 이론은 정신분석과 극단적인 행동주의에 대한 반발로 나타났기 때문에 인간이 가진 자유와 성장 잠재력을 강조한다. 인간을 움직이는 가장 기본적인 욕구가 성장 잠재력의 실현 여부라고 주장했다.

매슬로(Maslow, 1908~1970)도 인본주의이론에 많은 기여를 남겼다. 인본주의 심리학의 아버지라고 불리는 매슬로는 초기에는 열렬한 행동주의자였으나 인본주의 심리학으로 전향한 학자이다. 그는 '실존하는 인간'을 무시하는 행동주의를 비판하면서 인간의 실존과 성장 노력이 인간 삶의 방향이라고 생각했다. 매슬로는 행동주의 심리학뿐만 아니라 형태주의 심리학과 베네딕트(Benedict, 1887~1948)와 같은 인류학자에게까지 영향을 받으며 인간 자체에 대한 관심을 가졌다. 매슬로는 욕구위계이론(need hierarchy theory)을 통해서 인간은 항상 더 상위의 욕구를 추구하는 존재라고 생각했다(Brett, 2009).

8) 기타 심리학의 번성

심리학이 변화하고 발전하면서 사회적으로 큰 영향을 끼친 강력한 심리학 이론들도 있고, 인간에 대한 견해와 새로운 입장을 가지도록 만든 수많은 심리학자들이 있다. 트리플렛(Triplett, 1861~1931)은 최초의 사회심리학적 실험을 실시하면서 사회 속의 개인이 어떠한 행동과 심리 상태를 나타내는지 보여주었다. 트리플렛은 남자 아이들이 혼자보다는 짝을 이루었을 때 낚시줄을 더 빨리 감는다는 가설을 실험하였는데, 이것을 통해 경쟁이 효율성을 높인다는 이론을 검증했다. 이것을 통해 단순 반복적인 작업은 경쟁을 시킬 때 능률이 높아진다는 것을 증명한 것이다. 이 밖에도 피아제(Piaget, 1896~1980)는 인간의 인지 발달 과정을 연구했다. 피아제는 인지 발달을 4단계로 구분하였으며 동화와 조절, 재인과 학습의 도식이론과 놀이이론 등 유아와 아동을 연구했다. 볼비(Bowlby, 1907~1990)도 아동을 중심으로 한 정서 발달

트리플렛   피아제   볼비

에 관심을 가졌는데 발달심리학의 중요한 이론 중 하나인 애착 이론에 대해서 많은
실험과 관찰 연구를 진행했다(Brett, 2009).

4. 심리학을 바라보는 다섯 가지 관점

사람의 행동과 심리 상태에 대해서 설명하는 것은 어떤 관점에서 접근하느냐에 따라
서 달라진다. 여기서 제시하는 다섯 가지 접근들은 모두 현대심리학 안에서 찾아볼
수 있는데, 심리학자는 문제의 성질에 따라 하나 또는 몇 가지 접근들을 함께 사용
해서 인간 심리와 행동을 연구한다. 심리학을 바라보는 이러한 견해들은 심리학파
와는 구별된다. 왜냐하면 오늘날 심리학자들은 필요에 따라 하나 또는 그 이상의 접
근을 임의로 선택해서 쓸 수 있기 때문이다. 심리학에 대한 다섯 가지 관점들은 상
호보완적이다. 심리학에 대해 가지는 관점이 다르면 상반되는 결론이나 문제해결에
도달할 수가 있다.

현대심리학을 바라보는 다섯 가지 관점은 신경생물학적 관점, 행동적 관점, 인지
적 관점, 정신분석적 관점, 현상학적 관점이다.

1) 신경생물학적 관점

신경생물학적 관점은 기능주의 심리학에서 많은 영향을 받았다. 신경생물학적으로
인간 행동과 심리 상태를 접근한다는 것은 모든 행동과 심리현상을 뇌와 신경계통의
활동으로 설명한다는 것이다. 인간의 행동과 심리현상에 대해 신체 내부, 특히 뇌와
신경계통에서 일어나는 전기적 · 화학적 작용을 기초로 이해하려는 관점이다.

사람이나 동물의 모든 행동과 정신과정은 신경계 및 분비선계와 불가분의 관계를

가진다. 행동과 정신과정의 기초는 이 두 가지 생리 계통에 의해서 지배된다. 과거에는 행동이나 정신과정과 뇌 신경계 및 분비선계가 어떠한 인과관계를 가지고 있는지 밝혀내기가 힘들었지만 최근에는 뇌 영상기술과 의학의 발달을 통해 차츰 베일이 벗겨지고 있다. 예를 들어, 뇌 영상기술을 통해 심리학자들은 눈앞에 여러 가지 도형을 제시할 때 뇌 세포에서 일어나는 미묘한 변화를 관찰할 수 있게 되었다. 그래서 도형 자극이 뇌의 일정한 부위에서 어떻게 전기반응을 발생시키는지 알아낼 수 있다. 이것은 지각 현상이 가지고 있는 신경학적 기초의 한 가지 사례에 불과하다. 학습이나 행동도 생리적 변화와 연결시켜서 연구할 수 있다. 또 약물을 투여했을 때 일어나는 기분의 변화도 연구할 수 있다. 이러한 접근은 모두 신경계통이나 분비선계통에서의 활동이 심리적 현상에 영향을 준다는 확신에 토대를 두고 있다. 신경생물학적 관점이 강한 심리학자일수록 의학자나 생리학자보다 뇌 연구에 더 많은 노력을 기울이기도 한다.

2) 행동적 관점

행동적 관점은 행동주의 심리학에 기반을 두고 있다. 행동적으로 접근한다는 것은 사람의 행동을 통해서 그 사람의 심리현상을 이해할 수 있다고 생각하는 것이다. 행동을 구조적으로 이해하기 위해서는 우선 기억과정 및 사고과정을 과학적으로 분석해야 한다. 행동적 접근을 통해서 심리를 연구하는 사람들은 감정이나 태도 그리고 성격 등과 같은 직접적 관찰이 불가능한 심리내적 현상들까지도 행동을 통해서 연구해야 한다고 생각한다.

  행동적 관점은 행동주의 심리학의 입장을 대표하는 것으로 객관적으로 관찰할 수 있는 행동이나 관찰 가능한 지표들에 초점을 맞춘다. 행동적 관점은 외부 환경에 영향을 주고 적응하는 과정에 관심을 가지고 있다. 자료의 객관성을 강조하고, 엄밀한 과학적 절차에 따라 연구가 진행되어야 함을 강조한다. 그리고 모든 심리학적 현상을 자극과 반응이라는 도식으로 이해하려고 한다. 이것을 통해 행동을 예언하고 통제할 수 있기를 바란다. 극단적으로는 의식을 직접 다루려고 하지 않고, 자극과 반응 사이에 일어나는 과정에 대해서는 알 수도 없으며 알 필요도 없다는 입장을 취하기도 한다.

  행동적 관점에서 자극-반응은 자연과학이나 공학에서 말하는 입력-산출과 유사하다. 행동적 접근은 의식을 부정하지는 않지만 의식을 직접적인 연구 대상으로 할 수 없다고 본다. 행동적 접근에서는 실제로 우리가 '마음'이라고 부르는 것의 상당부분은 행동을 설명하는 말에 불과하다고 보기 때문이다. 예를 들어, 애국심이라는 것은 국기를 국경일마다 달고(행동 1), 남의 나라의 이익에 앞서 자기 나라의 이익을 추구하고(행동 2), 논쟁에서는 자기 나라를 옹호하는(행동 3) 행동들을 요약하는 말이라고 주장한다.

또 다른 예로 의식은 말로 표현이 되는데, 말은 객관적인 자료이므로 연구할 수 있고 이것을 토대로 마음속에서 일어나는 생각이나 정신과정을 알아낼 수도 있다고 본다. 이러한 생각은 인지적 관점과 어느 정도 유사하다. 그러나 행동적 관점은 그런 생각이 발생하는 과정을 알아내는 일은 별로 중요치 않다는 생각을 가지고 있다는 점에서 인지적 관점과 차이가 있다. 행동적 관점은 행동에 미치는 환경 작용을 강조한다. 즉, 유기체와 환경 간의 접촉을 강조한다. 이에 비해 인지적 관점은 환경의 역할을 행동적 관점보다는 덜 강조한다.

3) 인지적 관점

인간은 자극을 능동적으로 받아들여서 그것을 다시 새로운 형태로 변경시켜 지각한다. 이러한 인간의 심리현상을 설명하기 위해서는 인지기능과 인지과정을 분석해야 한다. 들어오는 정보가 여러 가지 방법으로 선택, 비교, 조합, 변형되어 출력으로 나타나는 것과 같이 인간의 지각과 감각 및 인지 반응도 이러한 정보처리체계의 일환으로서 설명할 수 있다고 보는 입장이 바로 인지적 관점이다.

인지심리학자들은 컴퓨터 과학의 영향을 많이 받았다. 컴퓨터는 문제를 해결하기 위해서 정보를 처리한다. 즉, 컴퓨터에 정보가 입력되고 처리되면서 기억장치에 저장된다. 정보를 저장매체에 장기적으로 저장할 수도 있고, 처리하는 동안 일시적으로 저장할 수도 있다. 컴퓨터에 비유한다면 인간의 기억에도 장기기억과 단기기억(작업기억)이 있다. 따라서 많은 인지심리학자들은 인간이 수행하는 정보처리를 컴퓨터에 비유해서 이해하고자 한다. 즉, 정보 입력, 저장, 인출, 처리, 문제해결로 이어지는 과정이 바로 인지적 접근을 하는 심리학자들이 주로 연구하는 인간의 정보처리과정이다.

인지적 관점은 구성주의 심리학과 형태주의 심리학에 영향을 많이 받았다. 인지적 관점은 사람이 단순히 자극을 받아들여 피동적으로 반응하는 존재가 아닌 점을 강조한다. 사람의 몸은 눈에 들어온 광선 자극을 전기에너지로 바꾸고, 전기에너지를 신경통로를 통해 뇌로 가져간다. 여기까지는 신경생물학적 과정이다. 동시에 인간은 수용된 자극들을 해석하고, 선택하고, 보완하고, 비교하는 능동적인 과정을 수행한다. 인지적 관점은 이런 정신과정이 어떻게 조직되어 있고, 어떻게 기능하는지를 밝히는 데 주된 관심을 가지고 있다. 인지적 관점이 가장 두드러진 심리학 분야는 인지심리학이다(Brett, 2009).

인지적 관점은 자극과 반응을 수용하되 그 사이에서 일어나는 심리과정을 알아내는 데 일차적인 관심을 가지고 있으며, 행동 통제보다는 이해와 예언에 더 큰 관심이 있다. 행동적 관점과 마찬가지로 연구는 엄밀한 과학적 절차를 밟아 수행되어야한다고 믿으며, 객관적 자료를 사용할 것을 강조한다. 컴퓨터로 비유하면 인지적 관점은 어떤 로봇을 움직이는 소프트웨어의 원리를 알아내는 데 관심이 있는 것이고, 행동적 관점은 그 로봇이 어떤 상황에서 어떤 행동을 하는지에 관심을 가지는 것이다. 인지적 관점은 사람들에게 환경에 따라 행동하게 되는 저마다의 정신 모형이 있다고 가정한다. 인지적 관점은 지각과 사고, 기억이나 언어 등의 심리학 분야에서 가장 광범위하게 사용되지만 1970년대 후반부터는 사회심리학이나 발달심리학 등 전체 심리학 분야로 확장되어 강력한 영향을 미치고 있다.

4) 정신분석적 관점

정신분석적 관점은 정신분석이론에 기초한 접근을 말한다. 프로이트의 정신분석이론에서는 의식되지 않는 무의식에 대해 탐구하고, 무의식 속에 있는 내용을 해명하고, 무의식 속에서 진행되는 과정을 아는 것이 인간 이해를 확장시키는 방법이라고 생각한다. 성격 이상이나 비정상 행동, 사회적 적응문제 등 심리적으로 어려움을 겪고 있는 사람을 치료하고 연구하는 많은 심리학자들이 정신분석적 입장을 취하고 있다. 정신분석적 관점을 가지고 있는 심리학자들은 무의식 속에서 원인을 찾아내고, 그것을 해석함으로써 문제를 해결할 수 있다고 본다.

정신분석적 관점은 인간 행동이 무의식적 과정에 의하여 좌우될 수 있다는 점을 강조하고, 행동의 원동력이나 방향 결정자로서 동기나 본능의 역할을 강조한다. 그리고 무의식적인 동기는 꿈이나 실언, 실수 혹은 신경증이나 예술작품 등을 통해 알아낼 수 있다고 믿는다. 정신분석적 관점은 또 사람을 면접이나 다른 방법들을 동원해서 깊이 있게 관찰하고 연구하는 것을 선호한다. 겉에 드러나지 않는 깊이 묻혀있는 무의식적인 동기를 찾기 위해서 노력하기 때문에 정신분석학은 심층심리학이라고 불리기도 한다.

정신분석적 관점은 수량적이지 않으며 다른 심리학적 접근 방법보다 주관성이 허용된다. 정신분석적 관점이 비교적 덜 객관적이라는 인상을 주는 이유는 표준화된 절차가 없는 연구 방법을 사용하거나, 수량적인 자료를 제시하지 않기 때문이다. 정신분석적 관점이 오늘날에는 전면에 나타나 활약하는 빈도가 줄었지만 여전히 임상심리학, 성격심리학, 상담심리학 분야를 발전시켜 온 밑거름으로 영양분을 공급해 주고 있다.

5) 현상학적 관점

현상학적 관점은 인본주의 심리학과 밀접한 관련이 있으며, 실존주의와 현상학 같은 철학적 사조와도 깊은 관계를 맺고 있다. 현상학적 관점은 실존주의 철학이 심리학적인 관심에서부터 출발하면서 발생되었다고 볼 수 있다. 키에르케고르, 사르트르, 카뮈와 같은 실존주의 철학자들은 인간 인식의 주관성에 집중하면서 안다는 것, 인식한다는 것이 논리적으로 무엇을 말하는 것인지에 관심을 가졌다. 나아가 현대사회의 무의미와 소외에 관심을 가졌으며, 이러한 느낌들이 무감각이나 불안으로 나타난다고 생각했다. 불안은 여러 철학자와 심리학자에게서 인간 내·외적 문제의 가장 근원적인 원인이라고 지목된다. 실존주의 철학과 인본주의 심리학이 결합하면서 인간이 가진 고유한 잠재력과 자기실현의 능력을 존중해야 한다는 견해가 힘을 얻게 되었다(Brett, 2009).

현상학적 관점은 인간을 전체적으로 조망하기 위해서 노력한다. 인간의 긍정적 힘을 믿으며 통합된 인간 그 자체에 집중한다. 인간을 환경적·사회적 존재로 보고 환경 맥락 속에서 주관적으로 작용하는 인간 심리에 대해서 관심을 가진다. 현상학적 관점에서는 인간은 주관적일 수밖에 없기 때문에 인간 자신(self)과 자신의 환경을 어떻게 바라보는가를 제대로 아는 것이 중요하다고 지적한다. 현상학적 관점을 가지고 있는 심리학자들은 인간이 자기 나름의 정체성을 발견하고 인생의 의미를 찾기 위해서 책임을 가지고 주어진 자유를 활용해야 한다고 주장한다. 따라서 현상학적 관점을 가진 심리학자들은 사람들이 자신의 느낌에 온전히 집중하고, 자신의 잠재력을 실현하도록 도와주는 방법을 연구한다. 현상학적 관점에 따르면 모든 행동은 어떻게 생각하고 행동할 것인지를 선택하는 개인의 능력에 달려 있다. 이러한 선택은 각 개인이 세상을 어떻게 지각하는가에 달려 있다.

누군가가 세상을 호의적인 환경으로 판단한다면 그 사람은 행복감을 느낄 것이다. 세상을 위험하고 적대적인 환경으로 바라본다면 그 사람은 방어적인 태도를 가지며, 불안해할 것이다. 따라서 현상학적 관점에서는 심각한 정신병도 단지 개인의 지각이나 태도가 비관적이라는 표시일 뿐이라는 견해를 가진다. 현상학적 관점은 메이와 랭으로 대표되는 실존주의 심리학자들과 매슬로와 로저스가 주도한 인본주의이론을 반영한 것으로 1960년대 미국을 중심으로 한 '제3세력 심리학'으로 자리잡게 된다. 현상학적 관점은 주관적 경험을 중시한다. 현상학적 관점은 개인이 세상이나 자신에 대해 가지고 있는 개인적인 관점이나 생각이 가장 중요한 연구 대상이라고 생각한다. 또 현상학적 관점은 과정이 아닌 하나의 결과로서의 주관적 경험을 강조한다. 현상학적 관점에서는 주관적 느낌이나 생각(체험)이 어떤 과정을 거쳐 생겨났든 관계없이 지금 여기에서의 느낌이나 생각이 중요하다고 본다.

현상학적 관점은 네 가지 특징을 가지고 있다. 첫째, 현상학적 관점은 현재 어떤 사람이 가지고 있는 느낌이나 생각(체험)을 중시한다. 그것이 어떻게 생겨났느냐는 묻지 않는다. 둘째, 현상학적 관점은 외부 상황이 가지고 있는 의미를 중요하게 생각한다. 이것은 당사자에게 외부 상황이 어떤 느낌이나 생각을 가지게 하는지를 물어봄으로써 알 수 있다. 셋째, 현상학적 관점은 객관적 방법이 반드시 필요하다고는 생각하지 않는다. 넷째, 현상학적 관점은 일반적인 인간이 아닌 특정한 개인의 내적 세계에 대한 이해에 관심이 있고, 행동에 대한 예언이나 통제에 대해서는 관심이 적다.

5. 심리학의 여러 분야

심리학의 활동 분야는 광범위하다. 심리학을 연구하고 사용하는 분야들은 심리학적 지식을 활용하는 응용심리학 분야와 심리학적 지식 자체를 추구하는 이론심리학 분야로 구별할 수 있다. 응용심리학에서 가장 왕성히 활동하는 분야로는 임상심리학, 상담심리학, 산업심리학 등을 들 수 있다. 이론심리학에 포함되는 분야는 지각심리학, 학습심리학, 생리심리학, 사회심리학, 성격심리학, 발달심리학 등을 들 수 있다.

1) 임상심리학

임상심리학은 정서나 행동의 문제를 진단하고 치료하는 데 심리학 이론과 원리들을 적용한다. 주로 정신병원에서 의사, 간호사, 사회복지사 등과 함께 상호협력하며 정신 이상이나 심한 행동장애의 진단과 치료 활동에 참여한다. 임상심리학은 인간의 비정상적인 행동에 대한 연구와 진단 및 치료에 종사하는 분야이다. 임상심리학자의 주된 활동은 정신적 질병의 치료 및 예방이다. 임상심리학자는 일상생활의 위기 상황에서 심각한 정신 이상에 이르기까지 심리적인 문제를 진단하고 문제를 치료하도록 훈련받는다. 또한 의료기관이나 공공기관의 요청에 따라 심리검사를 실시, 채점 및 해석해서 그 결과를 제공하기도 한다. 임상심리학은 심리학의 분야 중 가장 많은 인원이 속해 있는 분야이다. 활동 무대가 비슷한 상담심리학자들까지 합친다면 그 수는 심리학 분야의 절반 정도에 달하기도 한다.

정신의학자와 정신간호사는 모두 의과대학이나 보건대학 교육과정을 통해서 훈련을 받는다. 임상심리학자는 심리학에 관한 기초훈련을 받고 임상심리학 전공으로 대학원 과정을 끝낸 사람들이다. 학위 과정의 마지막 1, 2년은 임상심리학자로서의 실습훈련을 받게 된다. 훈련은 주로 심리진단, 심리치료 및 이상심리의 원인에 대한 연구에 관한 것이다. 진단은 심리검사의 실시, 채점 및 해석에 관한 것이고 치료는 정신치료 또는 심리치료 방법을 배우고 실습하게 된다.

임상심리학자는 약물치료나 전기 충격요법을 쓰는 정신의학자와는 달리 주로 언어를 통한 심리치료 방법을 사용한다. 임상연구는 심리진단과 더불어 임상심리학자의 담당 업무 분야이다. 임상심리학자의 훈련에는 임상방법의 습득이 상당히 강조된다. 임상심리학자는 대개 진단, 치료 및 연구의 세 가지 업무에 대해 골고루 훈련을 받지만 실제 일에 종사할 때는 이 중 어느 하나에 치중하는 것이 보통이다. 임상심리학자가 일하는 장소는 주로 종합병원의 정신병동과 정신병원이고 그 밖에 개업을 한다든지 다양한 정신치료시설에서 근무할 수 있다.

2) 상담심리학

상담심리학자들은 임상심리학자들이 다루는 정신질환 환자들보다는 비교적 가벼운 성격적인 문제나 대인관계 문제를 가지고 있는 사람들을 만나게 된다. 상담심리학자들이 다루는 문제들은 일반적인 적응문제나 진로결정과 같은 생활지도에 관한 사항들일 수 있다. 행동수정과 같은 프로그램을 개발해서 문제 행동을 교정해주기도 한다.

상담심리학은 내담자가 당면한 환경에서 적응하는 데 중점을 두는 분야이다. 국내에서도 큰 대학의 학생생활연구소에 전임 상담심리학자가 있어서 직업, 진로, 학교 공부, 일상생활의 문제나 학과 성적 등에 대한 적응상의 문제를 상담해준다. 또한 일반인이나 산업체 직원을 대상으로 개인적 또는 집단적 상담을 실시하기도 한다.

상담심리학자는 의료시설 밖에서 일한다는 점에서도 임상심리학자와 다르다. 임상심리학자가 심각한 행동장애나 정신질환을 다루는 데 반해 상담심리학자는 정상인의 일시적인 정신적 문제, 직업선택, 학업문제, 결혼문제, 대인관계 등을 다룬다. 이것을 위해 상담심리학자는 사람들의 능력이나 흥미, 적성, 성격 등을 알아보기 위한 검사를 실시하여 그 결과를 알려주기도 하고, 그 밖에 필요한 정보를 주어 찾아온 사람이 합리적인 판단을 내리는 것을 돕는다. 상담은 문제를 가진 또는 어려운 선택을 해야 하는 당사자만이 아니라 이들의 부모, 교사 또는 상사를 상대로 할 수도 있다. 따라서 상담심리학자가 일하는 장소는 여러 곳에 펼쳐져 있다. 학교, 공장, 회사, 군대, 정부기관 등으로 다양하고 가장 일반적으로는 각종 상담소가 상담심리학자들의 일자리가 될 수 있다. 상담심리학자는 일반 상담자와는 달리 심리학 지식을 가지고 있으면서, 심리문제를 다루는 면담 훈련을 받아야 한다. 또한, 심리검사를 적절히 사용할 줄도 알아야 하며, 심리치료 방법에 대해서도 전문가여야 한다.

상담심리학자는 가벼운 신경증이나 성격장애와 같은 정신적 문제를 직접 심리치료로 해결하기도 하지만, 문제가 심각한 정신질환을 내포한다고 판단된다면 임상심리학자나 정신과 의사에게 환자를 보내 진단과 치료를 받게 해야 한다.

3) 산업심리학

직장 및 산업체에서 근로자들의 작업능률과 직무만족을 향상시키고 더 나아가 직장생활을 통한 삶의 질적 향상을 위해 심리학적 지식을 응용하는 분야가 바로 산업심리학이다. 이 분야는 직장 및 조직에 심리학적인 이론들을 적용하는 것이기 때문에 다양한 연구 주제가 있다. 예를 들어, "생산성과 근로자의 복지를 어떻게 향상시키는가?", "직무에 적합한 사람을 어떻게 적절히 선발하고 훈련하고 평가 및 보상을 할 것인가?", "어떻게 근로자의 직무만족을 향상시킬 것인가?"하는 것들이 산업심리학자의 연구 주제가 된다.

산업심리학은 크게 네 가지 분야로 구분할 수도 있다. 종업원을 선발하고 평가 및 훈련하는 인사심리학 분야와 선발된 조직원에 대한 성과와 효과, 리더십 같은 것들을 다루는 조직심리학 분야, 종업원과 기계 및 도구와의 효율 및 사고를 줄이기 위한 공학심리학과 안전심리학 분야 그리고 생산된 재화를 어떻게 소비자에게 노출시키고 구매를 촉진할 것인가를 다루는 마케팅 및 광고심리학 분야로 나눌 수 있다.

　산업장면, 즉 직장이나 산업체에서 일하는 심리학자들은 모두 산업심리학자라고 부를 수 있다. 초기의 산업심리학자들은 주로 지능검사나 적성검사를 실시하는 업무에 종사하였지만 현재는 조직과 산업의 발달에 따라 활동영역이 다양하게 확대되고 있다. 심리검사는 주로 신입사원의 채용이나 배치와 관련해서 사용된다. 이 경우 산업심리학자의 일은 주로 인사관리와 관계된 것들이다. 그 후 산업심리학자는 조직의 진단 및 개선, 사원 상담, 갈등 해소와 협력 증진, 사원 교육, 시장 조사, 홍보 등의 업무도 맡게 되었다. 그 밖에 또 새롭고 중요한 활동 분야는 공학심리학 또는 안전심리학이라 부르는 것으로, 사람이 쓰는 기계나 도구 설계에 관한 효율성과 안전에 관련한 업무이다. 이들은 기계설계자나 공학자와 함께 일하는데, 이도 크게 보면 산업심리학의 일부로 볼 수 있다. 산업심리학자들은 대기업이나 회사에 고용되어 일할 뿐만 아니라 산업심리학자들끼리 산업심리 서비스를 위한 회사를 창업해서 산업체나 기업에 산업서비스를 판매하기도 한다. 이때 이들이 하는 일은 크게 인원 선발, 종업원 교육 계획 수립 및 집행, 인간관계 진단, 시장 조사에 관한 자문이나 대행 등이다.

4) 지각심리학

지각심리학은 사람의 감각과 지각의 문제는 물론 사고(思考)의 문제까지도 포함하는 이론심리학의 한 분야이다. 감각심리학을 지각심리학과 구별해서 말할 때가 있다. 마찬가지로 사고심리학이란 말을 따로 지각심리학과 구별해서 쓸 때도 있다. 하지만 감각과 지각 그리고 사고까지 포함하는 것이 지각심리학이라고 볼 수 있으며, 심리학에서 가장 오랜 역사를 가진 분야이기도 하다.

5) 학습심리학

인간의 언어, 지식, 태도 등은 모두 학습된 것이다. 학습에는 단순한 연합학습과 인지학습이 있는데, 현대 학습심리학은 인지학습에 더 많은 관심을 가진다. 학습심리학은 학습이나 기억에 관한 문제를 다루는 분야 모두를 포함한다. 학습의 내용에 따라 조건형성, 언어학습, 개념학습, 또는 복합학습, 기억과 망각 등이 포함된다.

6) 생리심리학

뇌 기능과 신경계통 및 내분비계가 행동에 미치는 영향을 연구하는 분야가 바로 생리심리학이다. 생리심리학은 행동의 생물학적 기초를 연구하는 분야다. 예를 들어, "뇌 특정 부분에 생긴 문제가 파킨슨 병과 어떻게 관련되어 있는가?", 또는 "신체감각이 어떻게 정서를 조절하는가?" 등에 대한 연구이다.

생리심리학은 행동을 조성하는 생리적 기초를 연구하는 분야로, 주로 신경계통과 내분비선이 행동에 미치는 영향을 규명하려 한다. 따라서 심리학적 지식과 더불어 해부학 및 생물학적 지식이 필요하다. 요즘 생물심리학은 생리심리학보다도 더 광범위한 분야의 명칭으로 자주 쓰이기 시작하는데, 신체와 심리적 반응 간의 관계를 다룬다. 생리심리학이 주로 인체에 국한된 데 반해, 생물심리학은 다른 동물도 대상으로 하며, 약물이 심리적 반응에 미치는 영향을 다루는 약물심리학도 포함된다.

7) 사회심리학

인간의 사회화 과정을 기초로 다른 사람들과의 상호작용이 태도나 행동에 어떻게 영향을 미치는가에 관심을 가지는 심리학 분야가 바로 사회심리학이다. 사회심리학은 사람들이 어떻게 상호작용하며, 사회적 환경으로부터 어떤 영향을 받는가를 연구하는 분야로 개인뿐만 아니라 집단도 연구한다. 주요한 연구 주제들은 태도 형성 및 변화, 대인 매력, 편견, 집단역학, 폭력 및 공격성 등이다. 사회심리학은 사회장면에서 인간 행동을 연구하는 이론심리학의 분야라고 볼 수 있다. 흔히 사회심리학을 응용심리학이라고 오해하는 경우가 많지만 이론심리학의 한 분야이다.

사회심리학에서는 두 명 이상의 집단을 실험실에서 실험으로 연구하거나 자연 상태에서 관찰한다. 때로는 개인에게 사회적 장면을 제시하여 반응을 관찰하기도 한다. 사회심리학은 심리학에서뿐만 아니라 사회학에서도 다루고 있는데, 심리학 안에서의 사회심리학은 소집단 또는 개인을 중심으로 한 사회적 환경에 대한 연구가 주류를 이루고 있고, 사회학의 사회심리학은 보다 큰 사회 집단을 대상으로 하고 있으며 실험보다는 조사방법에 의존하는 경향이 있고, 개인보다는 사회 전체에 관심을 가진다.

8) 성격심리학

성격심리학은 인간 성격 형성 과정과 정상적인 성격과 이상한 성격이란 무엇인지를 탐구하는 심리학 분야이다. 또한 성격심리학에서는 사람들마다 성격에서 어떠한 차이가 나타나는지에 관심을 가지기도 한다. 따라서 성격에 따라 사람들을 분류하는 방법에도 관심을 가지며 이것을 알아보기 위한 관찰 및 심리검사 방법을 만들기 위해서 노력하기도 한다. 성격심리학은 같은 상황에서 어떻게 사람들이 서로 다른 행동을 하는지에 대해서도 관심을 가지며, 시간에 따른 개인 행동의 일관성과 변화를 설명하려는 심리학 분야이다.

성격심리학에서는 개인차에 대한 일반적인 법칙과 특정한 개인을 이해하는 데 필요한 지식과 기법을 다룬다. 따라서 성격심리학에서 중요하게 다루는 부분은 여러 가지 성격이론이며, 또 여러 특성이 내포하는 행동 특징들에 대한 지식이다. 임상심리학도 개인에 대한 이해를 목적으로 하지만, 주로 이상성격을 다루는 데 반해 성격심리학은 일반적이고 공통적인 성격을 다룬다. 또한 성격심리학자는 심리검사의 제작 및 사용을 위한 연구를 진행하며 이것을 위한 교육이 성격심리학자들을 양성하기 위한 중요한 부분을 이룬다. 검사의 제작, 평가, 평가법의 개선 등을 주요 업무로 하는 전문가를 심리측정 전문가라 하여 단순히 심리검사를 실시하고 해석하는 심리검사 요원과 구별한다.

2 심리학 연구 방법과 심리검사

심리학은 재미는 있지만 근거는 없는 이야깃거리가 되지 않기 위해서 줄기차게 노력해 왔다. 심리학의 정의에서 '과학'이라는 단어가 빠지지 않는 이유도 바로 과학으로 인정받기 위해 심리학이 펼쳐온 부단한 노력들 때문이다. 과학으로 인정받기 위해서는 심리학적인 내용들을 연구하는 방법이 과학적이어야만 한다.

　과학적 연구의 전형적인 단계는 다음과 같다. 첫째, 문제 정의 단계이다. 연구 과제에 대한 조사와 선행 연구 자료 분석을 통해 연구 문제에 대해 이론적으로 정립하고 개념화하여 정의하게 된다. 둘째, 가설 설정 단계이다. 연구 문제를 제기하고 구체적으로 가설을 설정한다. 셋째, 연구 설계 단계이다. 가설에 포함된 개념을 정리하고 변수와 변수 간의 관계를 정의하며, 자료 수집과 가설 검증을 위해서 연구를 어떻게 진행할 것인지를 결정하는 단계이다. 넷째, 자료 수집 단계이다. 설문조사, 면접, 참여관찰, 실험, 사례연구, 문헌조사 등 연구에 적합한 방법을 사용하여 자료를 수집한다. 다섯째, 자료 분석 및 가설 검증 단계이다. 수집된 자료를 분석하여 가설을 검증한다. 여섯째, 결과 평가 및 논의 단계이다. 가설 검증의 결과를 중심으로 연구 결과를 정리하고 평가하며 결과의 내용을 논의한다. 그리고 후속 연구 방향을 결정한다.

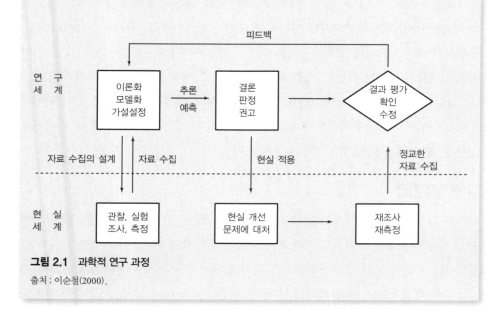

그림 2.1 과학적 연구 과정
출처 : 이순철(2000).

심리학은 과학이다. 과학이란 단순히 학문이란 말과는 다른 뜻이다. 모든 학문은 체계화된 지식의 모음이다. 지식들이 일정한 이론적 근거로 분류되고 배열될 때 우리는 그것을 체계화된 지식이라고 말할 수 있다. 그러나 과학이라는 말은 학문 그 이상의 의미를 가진다. 보이지 않는 마음속 주관적인 세계를 객관적인 과학의 세계로 표현해내고 증명해 보이는 것은 분명히 어려운 작업이다. 이것을 위해서 심리학자들은 다양한 연구 방법들을 만들어냈다.

1. 과학적 연구의 특성

경험주의, 체계적 접근, 체계적 관찰, 측정, 조작적 정의 등은 과학이 가지고 있는 특징이라고 할 수 있다. 여기에 더해서 심리학이 인간의 마음을 연구하기 위해서 사용하는 과학적 방법들은 더 많고 다양하다. 우선 공통적인 과학의 특징들에 대해서 살펴보자.

1) 경험주의

과학자는 관찰을 통해 새로운 사실에 대한 주장을 검증한다. 따라서 과학으로서의 심리학은 관찰을 통해서 심리과정에 관해 많은 것을 알 수 있다는 생각을 가장 기본적인 바탕으로 삼고 있다. 관찰이 아니라 영감이나 추측을 통해 또는 예전의 자료에만 의존해서 심리를 연구한다는 사람이 있다면, 그는 마음을 연구하는 사람일 수는 있겠지만 과학으로서의 심리학을 연구하는 심리학자라고는 볼 수 없다. 그런 의미에서 심리학자는 어떤 사람이 직접 체험한 것이라고 해서 그대로 받아들이지는 않는다. 왜냐하면 체험 혹은 경험 속에는 관찰된 사실과 함께 추측과 공상 등이 뒤섞여 있기 때문이다. 따라서 심리학은 경험주의에 근거하고 있지만 객관적으로 측정되고 '검증된 경험'만을 대상으로 한다는 특성을 가진다.

2) 체계적 접근

과학은 일정한 규칙을 가지고 관찰을 실시한다. 무엇을 관찰할 것인가를 정하고, 어떤 조건에서 관찰할 것인지도 미리 계획된 절차에 따르게 된다. 특히 어떤 현상의 규칙성이나 사건들 간의 인과관계를 확인하기 위해서 실시하는 관찰에서는 반드시 관찰조건이 체계적으로 잘 관리되고 통제되어야만 한다. 다시 말해, 연구자가 원인과 결과라고 설정한 관계를 확인하기 위해서 원인과 결과 변인 외에 다른 변인이 변해서는 안 된다.

예를 들어, TV 시청시간이 많아지면 공격성도 증가할 것이라는 연구가설을 관찰을 통해 검증한다고 생각해보자. 이때 다른 모든 조건이 동일한 상태에서 TV 시청시간만 달라진 상태를 관찰해야지만 TV 시청시간과 공격성의 관계를 파악할 수 있을 것이다.

　이처럼 관찰된 결과를 가지고 결론을 이끌어 내는 방법을 귀납법이라고 한다. 귀납법은 어떤 관찰 결과에서 어떤 일반적 결론, 법칙 또는 원칙을 이끌어낼 수 있도록 한다. 귀납법으로 결론을 이끌어내려면 일정한 기준을 가지고 관찰이 이루어져야 한다. 귀납에 의해 얻어지는 원리는 2개 또는 그 이상의 변인 간의 함수 형태로 표현된다. 예를 들어, "X이면 Y이다."라든가 "X는 Y를 유발한다."의 형태로 나타나게 된다. 다시 말해, 귀납법에 의해서 발견한 원인과 결과 관계는 글이나 수식을 통해서 제시할 수 있게 된다.

　귀납법과는 반대로 먼저 어떤 일반원칙이 주어지고 그 원칙에 부합하는 구체적 사례를 제시하여 결론을 내리는 논리적 방법은 **연역법**이다. 연역법을 통해서 얻은 결론은 과학에서는 다시 관찰을 통해서 입증해야 한다. 단순한 결론이 아니라 그것이 예언되기 위해서는 그 예언을 관찰로 확인할 수 있어야 하기 때문이다. 연역법을 통해 제시된 이론을 관찰로 검증하기 위해서는 용어의 정확한 정의가 필요하다.

3) 체계적 관찰

체계적 관찰 방법은 행동을 현장에서 관찰하고 기록하는 것 또는 질문지나 검사 등 도구를 사용하여 관찰 대상의 반응을 수집하는 일체의 방법을 말한다. 직접 대상자를 관찰하는 경우를 제외하면, 대개의 경우는 주로 대상자의 언어적인 반응을 기록하게 된다. 이때 관찰 대상자는 흔히 조사 대상 혹은 연구 대상이라고 부르며, 말이나 글로 자신의 행동 패턴이나 지식, 감정 상태 등을 질문에 따라서 알려준다. 관찰 대상자가 모르게 그의 행동을 관찰하는 것은 현장 관찰법이라고 하며 질문지를 사용하는 것은 **질문지법** 그리고 직접 대상자를 만나 구두로 반응을 듣는 방법을 **면접조사법**이라고 한다.

　체계적 관찰을 위해서는 관찰할 변인을 미리 정해 두고 관찰 절차도 체계적으로 계획해 두어야 한다. 또 변인을 측정해야 하는데, 일단 측정이 되면 변인들 간의 상관관계를 알아볼 수 있다. 상관관계에서는 변인들 간의 원인과 결과를 밝힐 수 있는 인과관계를 알아볼 수는 없지만 변인들 간의 관계성에 대해서는 알아볼 수가 있다. 체계적 관찰은 2개의 다른 집단 간 차이를 알아보는 연구에 많이 쓰인다. 왜냐하면 체계적 관찰은 여러 변인을 관찰하고 기록할 수 있기 때문이다. 체계적 관찰의 또 다른 장점은 실험을 할 수 없는 현상들을 연구할 수 있다는 점이다. 심리적인 현상 중에는 실험을 할 수 없거나 실험을 해서는 안 되는 것들이 있다. 복잡한 현상이나 사회적으로 중요한 현상 혹은 윤리적인 문제가 발생할 수 있는 현상에 대해서는 실험하기 어렵다. 이러한 문제가 발생할 때에 체계적 관찰을 사용할 수 있다.

4) 조작적 정의

눈에 보이지 않는 인간 심리를 정의 내리기는 쉽지 않은 문제이면서 동시에 아주 중요한 문제이다. 심리학 연구에서 사용하는 용어를 정확하게 정의해야지만 오해가 줄어들고 연구자들 간의 이해가 높아진다. 연구자들마다 사용하는 용어가 불분명하면 불필요한 논쟁이 생기기 쉽다. 또한 용어가 분명하게 정의되어 있어야지만 예언된 가설에 대해서 관찰로 확인할 수 있다. 용어를 분명히 정의하는 방법으로 과학에서 사용되고 있는 것이 바로 조작적 정의이다. 조작적 정의는 용어를 관찰이 가능한 것으로 변형하여 정의하는 것이다. 예를 들어, 지능에 대한 정의는 학자들마다 다를 수 있다. 하지만 지능에 대한 조작적 정의를 '타당도와 신뢰도가 인정된 지능검사의 점수'라고 규정한다면, 학자들마다 지능검사 점수를 지능으로 파악하고 측정과 연구를 진행할 수 있을 것이다.

5) 측정과 척도

심리학 연구에서는 인간 행동이나 심리과정을 어떻게 객관적으로 측정할 수 있는가 하는 문제와 인간의 심리현상 중 무엇을 측정할 것인지에 대한 문제가 무엇보다 중요하다. 이러한 문제들에 답하기 위해서는 우선 측정에 대해서 제대로 파악하고 있어야 한다. 측정이란 측정하고자 하는 대상을 척도로 재는 것을 말한다. 척도의 성질에 따라 측정치의 특성이 달라진다.

측정은 일정한 규칙에 따라 대상에 숫자를 붙이는 것이라고 정의할 수 있다. 무한히 많은 숫자들을 가지고 100명의 사람들에게 마음대로 숫자를 붙이는 경우를 생각해보자. 기분 내키는 대로 숫자를 100명에게 붙일 수 있다. 하지만 이런 방법은 정해진 규칙을 찾을 수 없다. 숫자가 100명의 사람들과 어떤 관계가 있는 것이어야 한다는 최소한의 기준을 가진다면 여기에는 몇 가지 규칙을 생각할 수 있을 것이다. 심리학에서는 이러한 측정이 가지는 의미를 보다 쉽게 파악할 수 있도록 크게 네 가지로 척도의 종류를 구분하고 있다.

표 2.1 척도 종류에 따른 특징

척도	SPSS의 변수 설정	정보의 내용	대푯값의 측정
명명척도	명목	집단 구분	최빈값
서열척도	순서	순위	중앙값
등간척도	척도	간격 비교 시간	평균값
비율척도	척도	절대적 크기 비교	평균값

명명척도 명명척도는 질적인 차이에 따라 숫자를 부여한 척도를 말한다. 예를 들어, 남자를 1로 여자를 2라고 분류함으로써 정보를 제공하는 것이다. 비연속적으로 분리되어 이름처럼 구분될 수 있는 척도라고 하여 명명척도라고 부른다.

서열척도 서열척도는 자료의 양적인 순서를 고려하여 숫자를 배정하는 척도를 말한다. 예를 들어, 성적이 제일 좋은 학생은 1등, 다음 학생은 2등과 같이 서열을 나타내는 수치로 표현한다. 이때 1등과 2등의 차이가 2등과 3등의 차이와 동일하지는 않다. 서열척도는 단지 분류와 서열에 대한 정보만을 제공한다.

등간척도 등간척도는 양적인 서열뿐만 아니라 그 크기가 비교될 수 있도록 간격으로 숫자를 배정한 척도를 말한다. 온도계의 눈금이 가장 대표적인 사례라고 할 수 있다. 10℃와 20℃ 사이의 차이와 20℃와 30℃ 사이의 차이는 등간이다. 지능지수인 IQ 점수도 등간척도이다.

비율척도 물리학에서 사용되는 cm(길이), g(무게), s(시간)의 척도가 대표적인 비율척도이다. 절대적인 영점(0)이 존재하기 때문에 비율척도에 배정된 숫자들은 비례적인 비교가 가능하다.

2. 통계

1) 자료와 통계

심리학자가 다루는 자료는 대부분 측정을 통해서 얻어진 것들이다. 예를 들어, 남자가 몇 명, 여자가 몇 명 하는 식의 자료는 남녀로 사람을 분류하고 각각의 유형에 속하는 사람을 세어서 얻은 수로 구성되어 있다. 이렇게 얻은 자료는 빈도의 형태를 취한다.

계수에는 유목이 전제되는데 유목에는 연속적인 유목과 비연속적인 유목이 있다. 남녀는 비연속적인 경우이고 '좋음', '약간 좋음', '중간', '약간 싫음', '싫음'과 같은 5개의 유목은 좋음-싫음 차원상에 있는 연속적인 유목의 사례가 된다. 만일 이들 연속적 유목들에 차례로 5, 4, 3, 2, 1 숫자를 대응시키면 이 수치는 좋음과 싫음의 정도를 나타내는 서열(혹은 등간척도, 비율척도 등)척도가 된다. 즉, 유목은 자연적인 유목 외에도 여러 가지 인위적인 방법으로 만들어 낼 수 있다. 측정은 유목을 만들어내는 한 가지 방법이다.

심리학에서는 객관성을 확보하기 위해서 연구에 사용하는 자료들의 수를 최대한 많이 모으려고 한다. 하지만 과학적 측정을 통해서 얻어진 자료들의 수가 너무 많아지게 되면 과연 수집된 자료들이 의미 있는 결과를 가지고 있는지를 알아내는 것이 또 다른 문제가 될 수 있다. 이러한 문제를 해결하기 위해서 심리학자들은 통계적인 방법을 사용하여 자료들을 체계적으로 정리하고 숨겨진 의미들을 찾아낸다. 심리학에서 사용하는 통계적 방법은 크게 두 가지로 나눌 수 있는데, 하나는 기술통계라고 하고, 또 다른 하나는 추리통계라고 한다.

2) 기술통계

기술통계란 자료를 분석하고 요약하여 자료의 특성을 한눈에 볼 수 있도록 정리한 결과물이다. 예를 들어, 실험에서의 실험집단이나 학교에서의 학급집단과 같이 어떤 집단의 특성을 통계적인 방법으로 요약해서 기술하는 것을 말한다. 가장 간단한 기술통계 방법은 집단에서 얻어진 자료들을 분포로 제시하는 방법이다. 가장 대표적인 기술통계치로는 집중경향치와 변산도 등이 있다.

집중경향치(central tendency)는 집단 분포가 어떤 점수에 집중되어 있는가를 통해 집단 특성을 설명하는 통계치를 의미한다. 대표적으로는 평균치, 중앙치, 최빈치가 있다. **평균치**(mean)는 등간척도 이상에서 사용하는 경우가 많은데, 자료들의 합을 자료 수로 나눈 값이다. 평균치는 극단 값이 있을 때 민감하게 반응하는 단점이 있기 때문에 표집이 안정되어 있다는 전제가 충족될 때 사용하는 것이 좋다. **중앙치**(median)는 서열척도 이상에서 사용하며 자료의 가장 중앙에 위치한 자료를 선정한다. 극단 값이 자료에 존재하거나 제한이 없는 개방형 분포일 때 주로 사용한다. **최빈치**(mode)는 명명척도 이상에서 사용하며 수집된 자료 중 가장 빈도가 높은 자료

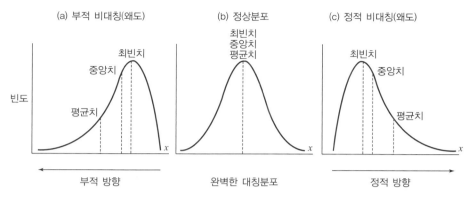

그림 2.2　집중경향치 종류와 모양

를 선정하게 된다. 변산도(variability)는 분포가 얼마나 넓게 퍼져 있는가 하는 분산의 정도를 나타내는 측정치로, 집중경향치와 함께 집단의 특성을 기술해준다. 편차 (deviation)는 변산도의 일종으로 표준편차, 평균편차, 4분 편차, 범위 등의 통계치로 표현할 수 있다.

　기술통계를 심리학 연구에 사용한다면 다음과 같은 사례를 들 수 있다. 한 학교의 학급에서 학생들의 지능점수를 얻게 되었다. 지능검사를 실시하고 얻게 된 지능검사 점수들을 크기대로 배열하고 분류하게 되면 점수들의 분포도를 얻을 수 있을 것이다. 대개 심리학에서 수집된 자료들의 분포는 엎어 놓은 종 모양처럼 보인다. 이런 분포에서 가장 집중된 점수가 무엇인지를 알아보기 위해서 평균치, 중앙치, 최빈치 등의 통계치를 계산하고 또 분포가 얼마나 넓게 퍼져 있는지를 알아보기 위해 표준편차(standard deviation)와 같은 변산도를 알려주는 통계치를 산출한다.

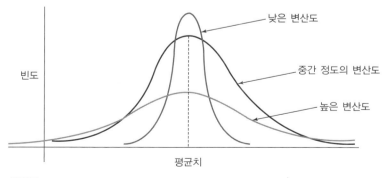

그림 2.3　변산도

기술통계에서 중요한 또 다른 통계치에는 상관계수가 있다. 상관계수는 연구 대상에 포함되어 있는 2개의 변인(예 : IQ와 학교 성적)에 관한 측정치를 살펴보고, 이두 수치를 X와 Y축에 그려서 위치한 값들이 2차 함수의 기울기에서 어떤 관계를 나타내는지를 살펴보는 것이다.

상관계수는 0에서부터 ±1까지의 값을 가질 수 있는데, 상관계수가 ±1이면 점들은 일직선에 놓이고, 0이면 둥글게 퍼져 있다는 뜻이다. 상관계수는 절대치가 클수록 X와 Y 두 변인의 관련성이 크다는 것을 의미한다. 한 변인(예 : IQ)의 수치가 커짐에 따라 다른 변인(예 : 학교 성적)의 수치도 커지면 상관계수는 +값을 가지게 된다. 이러한 +의 상관관계는 두 변인이 정적 상관관계에 있다고 말한다. 한 변인의수치가 커짐에 따라 다른 변인의 수치가 작아지면 이때 상관계수는 −값을 취하고, 두 변인은 부적 상관관계를 이룬다고 말한다.

3) 추리통계

관찰에 참여한 소수의 자료를 통계를 통해서 전체 집단에 대해 추론하여 결론을 내리는 통계적 방법을 **추리통계**라고 한다. 추리통계는 자료 수집에서부터 모집단에서추출된 표본을 대상으로 하기 때문에 오차가 생길 수밖에 없다. 이것을 보완하기 위해서 추리통계를 통해 나타난 결론은 확률에 근거하여 해석되고 제시된다. 예를 들어, 어느 학교에서 50명의 학생을 표본으로 추출하여 조사했더니 IQ 평균이 118로나타났다. 학교 전체의 IQ 평균은 얼마쯤 될까? 또 전교 학생의 IQ 평균이 118±20의 범위 안에 있다는 결론을 내렸을 때 그 결론이 맞을 확률이 얼마나 될까? 이런 질문에 답해주는 것이 추리통계를 실시하는 목적이다.

추리통계의 또 다른 과제는 차이의 유의도(significance level)를 검증하는 일이다. 어떤 연구에서 담배를 매일 피우는 사람과 피우지 않는 사람들을 구분해서 정신적인일을 시켰다고 가정해보자. 1차 작업이 끝난 후 각 피험자에게 담배를 피우게 하고이어서 다시 2차 작업을 시켰다. 1차 작업 점수와 2차 작업 점수 사이의 차이를 살펴보니 담배를 피우는 집단의 수행성적 차이는 +0.25였고 피우지 않은 집단과의 수행성적 차이는 −5.1로 나타났다. 하지만 문제는 두 집단의 수행성적 차이가 우연히관찰된 결과인지 담배를 피운 것 때문인지는 어떻게 알 수 있을까? 결과가 담배를피운 것 때문이라고 자신 있게 대답하기 위해서 심리학자들은 확률을 사용하는데, 이때 유의도를 검증하는 방법을 사용한다.

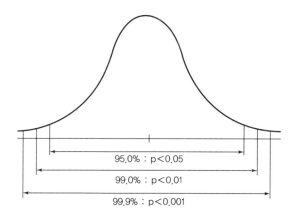

그림 2.4 유의도

관찰 혹은 실험의 결과가 우연히 생긴 것인지 아닌지는 우연히 그만큼 큰 차이가 생길 확률을 계산하여 그 확률이 100에 5보다 적으면 우연히 생긴 결과가 아니라고 결론을 내리는 것이 유의도 5%에서의 채택확률이다. 다시 말해, 연구 결과가 통계적으로 동일한 연구를 동일하게 수행한 100번의 연구에서 단지 다섯 번만 나타날 수 있는 독특하고 의미 있는 결과라고 파악하는 것이다. 심리학에서는 엄격한 결과의 유의도 검증을 위해서 100에 5(5% 수준)뿐만이 아니라 100에 1, 즉 1%의 유의도도 자주 사용한다.

3. 심리학의 여러 가지 연구 방법

심리학을 연구하는 과학적 방법은 변인과 변인 사이에서 가설적 명제들을 검증하고, 객관적이고 합리적이며 체계적인 평가과정을 거쳐서 밝혀진 내용을 교정하고 확정하는 과정을 거치는 것이다. 과학적 연구는 특정 변인에 주목하여 그 변인의 특성이나 다른 변인들과의 관계를 기술하고, 나타난 현상에 대해서 설명하고, 설명을 통해 보편 타당한 지식체계를 정립함으로써 주어진 현상을 예언하고, 현상을 통제할 수 있다. 이러한 목적을 달성하기 위해서 심리학에서는 관찰법, 설문조사법, 실험법, 사례연구법, 심리검사법 등을 사용한다. 어떤 연구 방법을 선정하더라도 공통적인 사항은 연구를 진행할 대상을 결정하는 표본과 표집이다.

1) 모집단, 표본, 표집

모집단(population)은 관심의 대상이 되는 모든 대상을 말한다. 따라서 심리학에서 모집단이란 전체 인류를 지칭하는 경우가 많다. 하지만 전체 인류를 연구하기에는 여러 가지 제약이 따르기 때문에 심리학적 연구는 모집단 중의 일부 표본을 표집하여 실시하게 된다. 표본(sample)은 실제 연구의 대상이 되는 집단으로 연구자들의 현실적인 연구 대상이며, 표집(sampling)은 연구 목적에 맞게 표본을 추출하는 과정을 말한다. 모집단을 잘 대표하는 표본을 표집하는 것은 과학적 연구의 기본이다. 표집을 통해서 외적 타당도를 획득하게 되는데, 일반화 가능성이 높아지도록 표집함으로써 연구 결과가 모집단을 대표한다고 주장할 수 있다.

표집은 크게 확률표집과 비확률표집으로 구분할 수 있다. 다시 **확률표집**은 단순무선확률표집과 층화 확률표집, 체계적 무선확률표집, 군집 확률표집으로 나눌 수 있다. **비확률표집**은 우연이나 우발적 사건에 의한 편의 표집과 연구자의 의도적 판단을 통해서 표집하는 의도적 표집으로 구분할 수 있다. 표집의 가장 기본적인 원리는 무선이다. 무선(random)은 연구에서 피험자들을 처치할 때 발생할 수 있는 체계적인 영향을 배제하는 절차를 말한다. 심리학적 연구에서는 여러 집단을 동시에 사용하는데 무선적으로 표집된 대상들을 다시 여러 집단에 무선적으로 할당하게 된다. 무선할당(random assignment)은 비체계적인 방식으로 독립변인의 다양한 처치 조건이나 수준에 사람들을 할당할 때 성립된다.

2) 관찰법

관찰법은 가장 역사가 깊은 연구 방법 중 하나이다. **관찰법**은 관찰하는 연구자의 주관적 인식이 좌우할 수 있기 때문에 객관성과 정밀성을 높이기 위한 보조적인 방법을 사용하게 된다. 대표적인 것이 관찰용지와 관찰척도를 사용하는 것이다.

관찰은 크게 두 가지 방법으로 이루어진다. 첫째는 일상생활에서 자연스럽게 발생하는 것으로 관찰 대상에 대한 어떠한 통제나 계획 없이 관찰하는 **비간섭 관찰법**이다. 둘째는 관찰을 통제하고 계획하는 **간섭 관찰법**이다. 예를 들어, 간섭 방법(obtrusive method)에서는 일정 기간 동안 직무수행을 하고 있는 종업원들을 관찰할 때, 종업원은 관찰자가 자신이 하는 직무의 특정한 측면을 연구한다는 사실을 알고 있다. **비간섭 방법**(unobtrusive method)에서는 연구 대상자가 연구자의 존재를 알 수도 있지만, 자신이 연구 대상이라는 사실을 알지 못한다.

　관찰법의 장점은 자연 상태가 훼손되지 않는다는 것인데, 외적 타당도가 매우 높고, 한 번에 많은 변인에 대한 자료를 동시에 수집할 수 있다는 장점이 있다. 또한 다른 연구 방법에 비해서 연구자의 편파가 개입될 가능성이 상대적으로 적다. 반면, 변인에 대한 조작이나 통제가 없기 때문에 인과성 추론을 거의 할 수 없고, 변인 측정도 실험법에 비하여 엄밀하지 않다는 것이 단점이다. 또한 연구 대상의 반응이 편파적이거나 전집을 대표하고 있지 못할 수도 있고, 관찰자의 주관이 개입되기도 쉽다.

3) 설문조사법

설문조사법(questionnaire method)은 심리학이 발전하면서 심리상태를 알아보는 가장 대표적인 방법이 되었다. 설문조사법은 제한된 시간 내에서 많은 자료를 비교적 쉽게 수집할 수 있다. 신분 노출을 꺼리는 연구나 정치적 성향이나 도덕적 성향 등 민감한 내용에 대해서도 실시할 수 있다. 하지만 이러한 설문조사가 타당하기 위해서는 우선 전체 모집단의 특성을 잘 대표하는 표본을 추출해야 한다는 전제가 만족되어야 한다. 그리고 자료 분석이 통계적으로 오류가 없도록 주의를 기울여야 한다. 설문조사로 얻은 자료를 통해서는 변인들 간의 관계를 알아볼 수는 있지만 인과관계를 알기는 어렵다는 한계가 있기도 하다.

4) 질적 연구

질적 연구(qualitative)는 정량적 연구의 대안이다. 질적 연구는 사례연구, 문헌연구와 같은 방식들이 있다. 우선, 사례연구는 희귀한 일, 사고나 훼손 등 윤리적으로 실험이 불가능한 경우에 사용된다. 변인의 통제는 불가능하며 잘못된 기억이나 기록에 의해서 왜곡이나 편견이 발생할 가능성이 있다. 사례연구를 통해서는 인과관계를 설명할 수 없다. 사례연구법은 주로 개인이나 조직이 성장해온 사례를 연구하여 결과를 도출하는 방법을 사용한다. 기억이나 기록을 통해서 연구하기 때문에 회고적 방법을 사용하게 된다. 따라서 사례연구는 주관적일 수 있음을 항상 염두에 두고 연구를 진행해야 한다. 대표적인 사례는 프로이트의 정신분석이론의 사례다. 사례연구는 대체로 임상적 연구에 유용하며 주로 자연적 관찰법을 사용한다.

　문헌연구는 기록을 연구 목적으로 검토하고 어떤 관계성을 찾기 위하여 그 정보를 조직화하고, 해석한다. 문헌연구의 장점은 다량의 데이터를 수집할 수 있으며 다른 연구 방법들보다 비교적 적은 비용이 든다는 장점이 있다. 하지만 단점으로는 자료가 누락될 수 있으며, 선행연구의 신뢰성이 확보되어야만 연구 결과를 믿을 수 있다는 전제 조건이 있다. 따라서 문헌 자체가 왜곡되었거나 편파되었다면 연구 결과의 심각한 오염을 발생시킬 수 있기 때문에 문헌의 신뢰성과 타당성에 대해서는 연구의 사전 단계에서부터 면밀히 검토되어야 한다.

5) 심리검사법

심리검사는 현대심리학에서 가장 많이 사용되는 방법이다. 심리검사는 인간 심리 특성에 대해서 객관적이고 체계적인 방법으로 수량화하고 측정하는 연구 도구이다. 그러나 심리검사를 사용하기 위해서는 신뢰도와 타당도가 획득되어야 한다는 여러 가지 까다로운 절차와 기준에 부합해야 하는 어려움이 있다. 심리검사는 인간의 지능이나 성격에 대한 측정뿐만 아니라 태도나 적성, 성과에 대한 객관적인 자료를 제공해준다는 면에서 유용한 연구 도구이다.

하지만 유용한 연구 도구로 심리검사를 사용하기 위해서는 두 가지 요건이 있다. 첫째, 측정하려는 것을 실제로 잘 측정해야만 한다. 둘째, 검사 결과를 일관성 있게 제시할 수 있어야 좋은 검사가 된다. 이러한 적합성과 일관성은 다른 용어로는 타당성과 신뢰도라고 부른다.

6) 실험법

실험법은 매우 정교한 연구 방법으로, 원인이 되는 독립변인과 결과가 되는 종속변인의 인과관계까지 알 수 있다. 실험법은 실험실 실험과 현장 실험으로 구분할 수 있다. 앞서서 조작적 정의를 사용하여 심리학에서는 눈에 보이지 않는 내적 심리과정을 눈에 보이는 관찰 결과로 수치화할 수 있다고 했다. 조작적 정의와 체계적 관찰 등의 절차를 통해서 실시하는 과학적 연구 방법 중에서 가장 대표적인 것이 바로 실험법이다.

실험은 하나 이상의 변인에 대해서 관찰하면서 동시에 관찰 사항에 영향을 주는

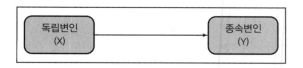

그림 2.5 독립변인과 종속변인의 관계

다른 변인을 체계적으로 통제하여 그 효과를 알아보는 연구 방법이다. 실험 절차와 방법은 대체로 다음의 세 가지 단계를 거치게 된다. 첫 번째로 실험자가 의도적으로 어느 변인을 변화시킨다. 두 번째로 다른 변인들은 변하지 않도록 주의(통제)한다. 세 번째로는 의도적으로 변화시킨 변인이 행동에 어떤 영향을 주었는지를 주의 깊게 측정한다. 이러한 실험 연구 방법을 구성하는 요소로는 독립변인, 통제, 종속변인이 있다.

독립변인   독립변인은 연구자가 효과를 알아보기 위해서 변화시키는 변인을 말한다. 독립변인은 대개 외부의 어떤 부분이 된다. 조명이 작업량에 미치는 효과를 연구하는 실험이라면 조명이 독립변인이 될 것이다.

통제   조명이 작업량에 미치는 영향을 알아보기 위해서는 작업에 영향을 미칠 만한 다른 변인들, 예를 들어 소음은 항상 같은 크기로 고정되어 있어야만 한다. 만일 소음이 고정되지 않는다면 소음이 작업량에 영향을 주었다고 생각할 수 있을 것이기 때문이다.

　심리학에서 연구를 하는 가장 큰 목적은 인과관계를 살펴보는 것이다. 실험은 가장 쉽고 확실하게 인과관계를 알아보게 해준다. 따라서 실험을 통해 얻어진 측정치들이 인과관계를 나타내는가를 분명히 밝히기 위해서는 얼마나 통제를 잘 했는지가 중요하다.

종속변인   종속변인은 독립변인으로 인해서 나타나는 결과 혹은 변화를 가리킨다. 조명이 작업량에 미치는 영향을 살펴보는 실험에서 종속변인은 작업량이 된다. 종속변인은 하나의 실험에서 여러 가지가 설정될 수도 있다. 종속변인은 실험 전에 이미 정확하고 분명하게 조작적 정의가 되어 있어야 하고, 믿을 만하고 타당하게 측정할 수 있는 것이어야 한다.

4. 가설

1) 가설의 개념

가설은 연구를 이끌어 가는 개념이며 잠정적 설명이거나 가능성에 대한 진술이다. 가설은 연구를 시작하도록 하며, 진행 방향을 제시한다. 연구를 위한 적절한 자료 및 변인을 찾도록 하고 어떤 결론이나 예언을 도출해낸다. 가설은 연구를 시작하기 이전에 연구자가 관찰해야 하는 대상이나 조건을 설명해주고 연구가 끝나고 나서 도달하게 될 결과에 대해서 예리하게 짐작하거나 추리하는 것을 말한다. 간단히 말하면 가설은 둘 이상의 변인 간의 관계에 대한 추리를 문장화한 것이다. 따라서 가설은 변인 간의 관계를 추리하며, 연구 문제에 대한 잠정적인 결론을 제공한다.

2) 영가설

영가설(null hypothesis)은 연구에서 변화를 준 변인에 따른 차이가 없다는 가설을 말한다. 즉, 집단 혹은 처치에 따른 차이가 '0'이라는 가설이며, 동일 집단일 경우에는 연구를 시작하기 이전과 이후의 차이가 없다는 가설이다. 영가설은 보통 기각되는 것이 연구 목적이다. 영가설을 제대로 기각하지 못하거나 잘못 채택할 때 발생하는 것이 오류이다.

영가설에 관한 오류는 1종 오류와 2종 오류 두 가지가 있다. 1종 오류는 영가설(H_0)이 참인데도 불구하고(실제로는 효과가 없거나 차이가 없음) 영가설(H_0)을 기각하는 잘못을 범하여 효과가 있거나 차이가 있음을 채택함으로써 발생하는 오류를 말한다. 2종 오류는 영가설(H_0)이 거짓인데도 불구하고(실제로는 효과가 있거나 차이가 있음) 영가설(H_0)을 채택하는 잘못을 범하여 효과가 없거나 차이가 없음을 채택함으로써 발생하는 오류이다.

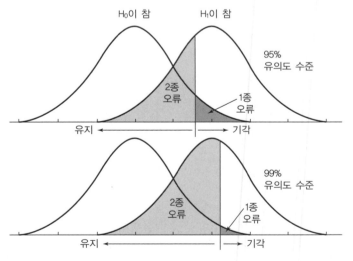

그림 2.6 영가설 진위와 유의도

표 2.2　영가설과 가설 검증의 관계

가설 검증에 의한 결정	영가설(H_0)의 진위	
	참	거짓
영가설(H_0) 기각	1종 오류	올바른 결정
영가설(H_0) 채택	올바른 결정	2종 오류

5. 심리검사

키를 측정할 때는 자를 사용하고, 온도를 측정할 때는 온도계를 사용하듯이 인간 심리 특성을 측정하기 위해서 사용되는 것이 심리검사이다.

1) 좋은 심리검사의 조건

(1) 변별력

심리검사는 사람들이 가지고 있는 특정한 심리상태 간의 차이를 발견하기 위해서 사용한다. 따라서 좋은 심리검사는 사람들마다 가지고 있는 심리상태의 차이를 잘 구분할 수 있어야 하는데 차이를 잘 구별하는 능력을 **변별력**이라고 한다. 만약 어떤 지능검사가 50명의 지능에 대해서 단지 높은 지능과 낮은 지능이라는 두 범주로밖에 구분하지 못한다면 그 지능검사는 변별력이 낮은 검사이다. 높은 변별력을 가지고 있는 지능검사라면 아마도 50명의 지능지수가 각기 다르게 나타날 것이다.

(2) 표준화

표준화되었다는 것은 그 검사가 규준을 가지고 있음을 뜻한다. 규준은 제작된 검사를 상당한 크기의 잘 정의된 집단, 즉 표준화 집단에게 실시하여 얻은 점수들의 평균 및 분포 형태로 이루어진다. 한 개인의 점수를 다른 사람들의 점수와 비교해서 해석할 때, 비교가 되는 점수들을 **규준**(norm)이라고 하며, 비교 대상이 되는 집단을 **규준집단**(norm group)이라고 한다.

　표준화는 개인 점수를 의미 있게 해석하기 위해서 반드시 필요하다. 가령 어떤 능력검사에서 70점을 받은 개인은 그 검사를 받은 다른 사람들의 점수에 대한 정보를 가지고 있지 않으면 해석할 수 없다. 표준화 과정에서나 검사 점수를 해석할 때 유의해야 할 것은 검사를 받는 사람들과 표준화 집단 간의 비교 가능성이다. 만약 두 집단이 상당히 이질적이라면 표준화 집단에서 얻어진 규준에 의거하는 검사 점수의 해석은 그 의미를 상실하게 될 것이다.

(3) 신뢰도

심리검사의 목적을 심리 특성에 대한 개인차를 변별하는 것이라고 한다면, 그 검사는 항상 동일한 방식으로 대상을 변별해 내야만 한다. 이것을 신뢰도라고 한다. 어떤 검사가 동일한 속성을 항상 동일한 크기로 측정해낸다면 그 검사는 신뢰할 수 있다. 그러나 실제로 검사를 통해 얻은 점수에는 측정하려는 속성 외에도 검사 당시의 기분, 동기, 상황 등과 같은 여러 가지 의도치 않은 내용들이 포함된다. 이러한 것들을 오차라고 한다. 오차가 증가할수록 신뢰도는 감소한다. 검사가 얼마나 신뢰할 수 있는지를 알아보는 방법으로는 검사-재검사 신뢰도, 동형검사 신뢰도, 양분 신뢰도, 내적일관성 방법 등이 사용된다.

검사-재검사(test-retest) 신뢰도는 신뢰도의 정의에 가장 충실한 방법으로 동일한 검사를 같은 사람에게 두 번 실시하여 얻은 검사 점수 간의 상관관계를 통해서 신뢰도를 알아보는 방법이다. 검사와 재검사 간의 상관계수가 +1에 근접할수록 신뢰도가 높은 것으로 간주된다. 하지만 검사-재검사 신뢰도는 두 번 시행된 검사의 점수 변화에 오차가 작용할 가능성이 크다는 단점이 있다. 만약 두 번의 검사 시행 사이의 시간 간격이 너무 짧다면 피험자는 학습효과가 나타나 검사 간 높은 상관계수를 얻을 수 있다. 반대로 시간 간격이 너무 길어지게 된다면 망각이나 새로운 학습 등으로 상관계수가 낮아지게 된다.

동형검사(alternate form) 신뢰도는 다르게 제작된 2개의 검사를 사용하여 신뢰도를 알아보는 방법이다. 예를 들어, A형과 B형의 검사 두 가지를 개발하고 이 두 가지 검사를 동일인들에게 실시한 뒤, 검사 점수 간의 상관계수를 계산해서 신뢰도를 얻는 것이다. 동형검사 신뢰도의 문제점은 두 가지 검사 도구를 만들어야 하는 시간과 비용의 증가이다.

양분(split-half) 신뢰도는 동형검사 신뢰도를 보완한 방법으로 한 가지 검사를 한 번 실시한 후 검사에 사용된 문항이나 문제들을 2개로 분리해서 마치 2개의 검사인 것처럼 분석하는 방법이다. 양분 신뢰도는 검사 시행 간의 일관성을 나타내기보다는 검사 문항들의 동질성, 즉 내적 합치도 지표로 해석하게 된다.

양분법의 문제점을 제거하고, 단일한 추정치를 계산해내기 위한 방법이 내적일관성(internal consistency) 방법이다. 만약 문항들이 동질적이라면 사람들이 각각의 문항에 얼마나 일관성 있게 답했는지를 파악함으로써 검사의 신뢰도를 측정할 수 있을 것이다. 물론 각 문항에서 사람들의 점수가 일관성 있게 나타날수록 그 검사의 신뢰도는 높은 것이다.

(4) 타당도

타당도란 검사가 측정하고자 하는 것을 얼마나 정확하게 측정하는가를 통해서 성립된다. 따라서 타당도가 높은 검사는 측정하려고 하는 내용을 정확하게 측정하는 검사이다. 타당도는 물리적인 척도에서는 크게 문제가 되지 않는다. 우리는 몸무게를 잴 때 체중계를 사용하는 데 가리키는 눈금이나 숫자가 지능지수를 나타내는 것이 아닌지 의심하지 않는다.

그러나 심리적인 척도에서는 이와 같은 판단이 쉽지 않다. 왜냐하면 심리적인 개념은 직접적으로 확인할 수 없기 때문에 개념들에 대해서 조작적 정의를 통해 무엇을 측정할지를 결정해야 하기 때문이다. 예를 들어, 정직성 검사를 사용하기에 앞서서 사용되는 도구가 과연 사람들의 정직함을 측정하고 있는 것인지, 아니면 전혀 다른 속성을 측정하고 있는지를 면밀히 살펴보아야만 한다. 그런 면에서 심리검사가 높은 타당도를 가지는 것은 매우 어렵지만 중요한 문제이다. 심리검사의 타당도를 측정하는 방법은 크게 세 가지로 구분할 수 있다. 그것은 내용타당도, 경험타당도, 구성타당도이다.

우선, 내용타당도는 검사의 내용이 측정하려는 속성과 일치하는지를 논리적으로 분석하고 검토하여 얻게 되는 타당도이다. 내용타당도는 주로 성취검사에서 사용되는 타당도인데, 대표적인 사례가 바로 학교에서 학업성취도를 평가하기 위해서 치르는 시험을 들 수 있다. 시험문제의 타당성은 해당 강의에서 다룬 중요한 주제들이 고르게 출제되었느냐에 달려 있다. 따라서 내용타당도는 검사 시행 후에 경험적으로 평가되기보다는 검사를 제작하는 당시에 전문가(출제자 등)의 안목과 지식에 의해서 확보되는 타당도이다.

경험타당도는 한 검사에서의 수행을 기준이 다른 독립적인 측정치와 상관계수를 구하여 타당도 계수로 나타내는 방법으로 얻는다. 경험타당도는 좀 더 구체적으로 예언타당도나 공존타당도로 구분할 수 있다. 만약 기준이 되는 측정치가 검사가 시행된 후에 얻어지는 것이라면 미래의 어떤 행동특성을 얼마나 정확하게 예언하는지를 나타내는 **예언타당도**가 경험타당도가 된다. 예를 들어, 지능검사가 학업 성적을 예언할 것이라고 생각한다면 지능지수는 학업 성적에 대한 예언타당도로 사용되는 것이다. 이때, 지능지수가 높은 학생의 학업 성적이 높게 나타날 때 지능지수는 학업 성적에 대해서 높은 예언타당도를 가지는 지표라고 할 수 있다. 반대로 지능지수가 높은 학생의 학업 성적이 오히려 낮게 나타난다면 지능지수는 학업 성적을 제대로 예언해주지 못하는 타당도가 낮은 지표가 된다. **공존타당도**는 새로 개발된 검사를 사용한 결과와 이미 타당도가 인정된 기존의 동일한 속성을 측정하는 검사 결과와의 상관관계를 통해서 나타난다. 예언타당도와 공존타당도의 설명을 통해서 알 수 있듯이 경험타당도는 직접적이고 명백하다. 하지만 기준이 되는 기존의 다른 검사들과 비교함으로써 타당도를 획득하는 방법을 사용하기 때문에 기존의 심리검사 자체가 타당하다는 전제를 필요로 하는 어려움이 있다.

　구성타당도는 측정하려는 속성이 불안, 지능, 권위주의, 외향성 등과 같은 개인차를 다룰 때 적합한 방법이다. 어떤 검사가 특정 개념을 측정한다고 할 때 그 검사에 의한 측정치가 그 개념을 설명하는 이론으로부터 나온 예언과 합치되어야지만 구성타당도를 인정받게 된다. 예를 들어 지능이 출생 후 15세까지 지속적으로 상승한다는 이론이 있다면, 제작된 지능검사는 연령이 증가함에 따라 15세까지는 상승 곡선으로 나타나야 할 것이다. 경험타당도가 실용적 목적을 가진 검사 개발에 유용한 지표라면, 구성타당도는 심리학 이론을 검증하기 위해서 사용되는 검사에 적합하다.

2) 심리검사의 종류

심리검사는 측정하고자 하는 심리상태가 무엇인가에 따라서 성취검사, 능력검사, 적성검사, 태도와 성격검사의 네 유형으로 크게 나눌 수 있다.

(1) 성취검사

성취검사는 특정 영역에서의 지식이나 기술 획득의 성취도를 측정하는 검사를 말한다. 학생들의 학업성취도를 평가하기 위하여 학교에서 치르는 시험이 대표적이다. 적성이나 지능, 성격 등은 심리검사 점수로부터 추론되어야 하기 때문에 간접적으로 평가되는 데 반해서 성취검사에서는 검사 점수가 성취 수준의 직접적인 측정치를 제공한다. 엄격히 정의할 때 성취검사는 심리검사로 볼 수 없는 경우도 있지만 앞에서 언급한 검사의 요건들을 충족시켜야 한다는 점은 다른 검사들과 동일하다.

(2) 능력검사

능력검사는 인간 능력에 대한 검사를 말한다. 지능검사가 가장 대표적인 능력검사이다. 지능검사는 성취도가 아니라 성취 능력을 측정한다는 점에서 성취검사와 구별되며, 특정 영역의 능력이 아니라 일반적인 정신능력을 측정한다는 점에서 적성검사와 구별된다.

(3) 적성검사

적성검사의 가장 대표적인 사례로 우리나라의 대학수학능력시험을 들 수 있을 것이다. 이러한 적성검사는 학생들의 학업 성적을 성공적으로 예측하는 데 아주 유용한 도구이다. 하지만 적성검사와 학업성취도 검사가 완전히 일치하는 것은 아니다. 적성검사가 개인이 앞으로 얼마나 잘 학습할 수 있는가를 예측하는 것이라면 학업성취도 검사는 현재 상태의 지식이나 기술, 혹은 성취도 수준을 측정한다. 두 검사의 근본적인 차이점은 측정하는 것이 무엇인가가 아니라, 검사를 제작하는 방법과 제작자의 목적에 있다. 적성검사는 성취검사와는 달리 특정 영역에서의 능력을 측정하는 검사이다.

적성검사와 성취검사의 구분은 역사적으로 두 가지 점에서 이루어져 왔다. 첫째, 적성은 선천적인 데 반하여 성취도는 대체로 학습과 경험 정도를 반영한다. 둘째, 적성검사는 흔히 미래 수행을 예언하는 데 사용되어 온 것에 반해, 성취검사는 이미 실시된 훈련이나 교육의 효율성을 측정하기 위하여 사용되어 왔다는 점이다. 이러한 차이점으로 인해서 적성검사는 주로 선발과 직업상담 및 경력 개발의 목적으로 사용된다.

(4) 태도 및 성격 검사

능력검사가 인지적 측면을 측정한다면 **태도 및 성격 검사**는 기질, 사회적 태도, 스트레스 상황에서의 대응 양식과 같은 비인지적 측면을 측정한다. 태도 및 성격 검사는 능력검사와 마찬가지로 변별을 잘하고, 표준화되고, 믿을 만하고, 타당해야지만 유용한 검사로 인정된다.

태도는 사회적으로 중요한 대상에 대하여 개인이 가지고 있는 생각이나 감정을 일컫는다. 태도는 행동으로부터 추론하거나 혹은 질문지에 대해 스스로 응답하는 자기보고 형태로 알아볼 수 있다.

자기보고는 태도 척도를 사용하는 방법인데 가장 흔히 사용되는 자기보고식 척도 유형으로는 서스톤 척도, 거트만 척도, 리커트 척도 등이 있다. 서스톤 척도는 유사 동간 척도라고도 하며, 검사문항의 중요도에 따라 가중치가 부여된다. 대표적인 사례로는 NAST 알콜 의존 척도가 있다. 거트만 척도는 척도분석법이라고도 부르며, 태도를 측정하기 위해 고안되었다. 태도에 대한 문항들은 단일차원성을 만족하고, 태도에 대한 호의적 또는 비호의적 문항(진술)은 그 정도에 따라 순서대로 나열할 수 있어야 한다. 리커트 척도는 종합평정 척도라고도 하며, 문항 전체에 동일한 값을 설정하여 평균을 중심으로 평가하도록 하는 척도이다.

성격 측정방법 중 주로 사용되는 것은 자기보고법과 투사법이 있다. 자기보고법은 성격의 여러 측면을 기술하는 문항들에 대하여 스스로 진술하게 하는 방법이다. 널리 사용되는 자기보고법 성격검사로는 MMPI(Minnesota Multiphasic Personality Inventory)나 CPI(California Psychological Inventory) 등이 있다. 자기보고식 성격검사는 엄격한 검사 제작 절차를 통해서 만들어졌기 때문에 신뢰도와 타당도가 높은 반면, 문항이 고정되어 있으므로 피검사자가 자유로이 자기 표현을 할 수 없는 점과 피검사자가 자기를 왜곡 보고할 가능성 등이 단점으로 지적된다. 왜곡된 자기 진술의 경향성 중 가장 심각한 문제를 수반하는 것은 자신을 사회적으로 바람직한 성격으로 기술하려는 반응이다. 투사법은 애매한 자극을 제시함으로써 피검사자가 자극의 해석을 통하여 자신을 표출하도록 하는 기법이다. 로르샤흐 검사와 주제통각 검사(thematic apperception test, TAT)가 대표적으로 투사법을 사용하는 심리검사이다. 투사법은 응답자가 자유로이 자신을 표현할 수 있다는 장점이 있는 대신에 검사 해석에서의 신뢰도와 타당도가 문제점으로 지적된다.

3 인간 심리에 작용하는 뇌 신경계와 생리기능

괴테는 손을 '밖으로 내민 뇌'라고 했다. 그는 손과 발의 움직임이 뇌 작용에 의해서 조절되고 표현된 결과라는 사실을 통찰한 것이다. 손이나 발 등 인간 행동의 최종적 움직임을 결정하는 뇌 부위는 신피질의 전두엽과 두정엽 사이를 분리하는 중앙 고랑인 중심구 바로 앞에 있다. 따라서 이곳의 기능장애나 이상 및 여러 가지 문제들은 정신활동이나 손과 발에 장애를 발생시킨다(이건효, 2007).

인간 마음이 여러 가지 장기들 중 어디에 속해 있는가는 20세기 초에 이르러서야 확립되었다. 지루한 토론에 종지부를 찍게 된 것은 장기이식 수술 때문이었다. 19세기까지 마음의 저장고로 주로 지목받던 것은 심장이었다. 하지만 20세기 다른 사람의 심장을 이식받은 사람들의 심리나 사고방식이 전혀 달라지지 않는다는 것을 발견하게 되었다. 심장 이식을 받고도 동일한 정서와 정신 상태를 유지하는 사람들을 보면서 마음이 심장에 깃들어 있을지도 모른다는 생각이 명백히 반증되었다. 반면에 사고나 질병으로 발생한 뇌 손상은 손상 부위와 정도에 따라서 심리상태가 변화한다는 것이 점점 더 많이 보고되고 있다. 대표적인 사례가 바로 19세기 중엽 게이지가 당한 사고와 그 이후 일어난 그의 변화이다.

1848년 9월 13일 철도회사에서 바위 폭파 공사를 담당하고 있던 현장소장 게이지는 바위를 부수기 위해 쇠막대기로 바위 구멍에 다이너마이트를 채우던 중 갑작스러운 폭발 사고를 당했다. 폭발로 튕겨 나온 쇠막대기는 게이지의 뺨을 뚫고 왼쪽 이마 위를 관통했다. 다행히 목숨을 잃지는 않았지만 폭발 사고로 인해 전두엽 일부가 손상된 게이지는 이전과는 전혀 다른 사람이 되어 버렸다. 생각이 깊고 침착하던 게이지는 사고 이후, 변덕스럽고 충동적이며 참을성 없는 성격을 보이기 시작했다(Barry, Michael, & Paradiso, 2006). 지금은 게이지에게 일어난 변화가 뇌 부위별 기능을 알려주는 수많은 임상적 보고들 중에서 한 가지 사례에 불과하게 되었지만, 당시로서는 뇌가 마음을 만들어낸다는 것을 증명하는 충격적인 사건이었다.

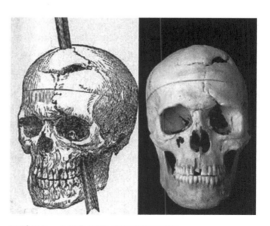

그림 3.1 손상을 입은 게이지의 두개골

1. 신경계 구성

인간의 신경계는 크게 중추신경계와 말초신경계 두 부분으로 나눌 수 있다. **중추신경계**(central nervous system)는 뇌(brain)와 척수(spinal cord)로 이루어져 있다. 중추신경계는 감각기관을 통해 입력되는 환경과 신체 상태에 대한 정보를 처리하고 근육을 움직이는 운동 명령을 생성할 뿐 아니라 정서와 기억 그리고 사고 등의 정신 작용에서부터 심장박동과 호흡 등 생명 기능에 관한 것에 이르기까지 신체 내에서 일어나는 모든 것을 통제하고 조절한다. **말초신경계**(peripheral nervous system)는 신경(nerve)들로 이루어져 있다. 신경은 신체 말단에서 수용되는 감각 정보들이 중추신경계로 전달되고 중추신경계가 생성하는 운동 명령이 다시 근육으로 전달되는 통로이다.

말초신경계는 손상되어도 재생될 수 있지만 중추신경계는 손상에 대한 재생 능력이 없다. 중추신경계는 뼈들의 보호 속에서 말초신경계를 통해 외부 환경에 대한 정보를 전달받고, 전달받은 정보를 처리하고 이것에 기초하여 말초신경계를 통해 효율적인 운동 명령을 내보낸다. 즉, 중추신경계는 지하 콘크리트 벙커 속에 있으면서 전달되는 정보를 종합해서 명령을 내리는 사령부와 같은 역할을 한다. 지하 사령부이기 때문에 중추신경계는 외부 환경으로부터 직접적으로 정보를 제공받지는 못한다. 중추신경계는 외부 환경이나 신체 상태를 파악하기 위해서 오로지 말초신경계가 전달해주는 전기적 신호에 의존할 수밖에 없다. 따라서 눈이나 귀 혹은 피부 등

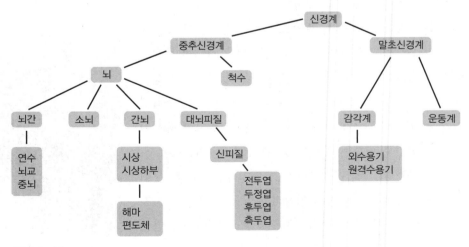

그림 3.2 뇌

의 말초 감각기관이 하는 일은 외부 환경에 대한 정보를 말초신경계가 전달할 수 있는 형태이자 중추신경계가 처리할 수 있는 형태인 전기적 신호로 바꾸는 것이다. 각각의 신경은 수백 개의 축색으로 이루어져 있고, 이 축색들의 세포체는 척수 혹은 뇌 안에 위치한다. 축색은 수초막으로 둘러 싸여 있으면 흰색으로 보이고 축색 다발인 신경 외관은 흰 살과 비슷한 형태를 가지고 있다.

1) 뉴런

신경계는 신체 다른 기관들과 마찬가지로 세포로 이루어져 있는데 신경계를 구성하는 세포들은 뉴런과 교세포 두 가지다. 책을 읽으면서 생기는 이해 혹은 문장이 이해가 되지 않을 때 생기는 짜증 등, 모든 정신과정은 **뉴런**(neuron)이라는 신경세포들이 만들어낸 총체적 활동의 결과물이다. 뉴런은 신경계의 가장 기본이 되는 단위세포이며 **교세포**(glia cell)는 뉴런이 원활하게 기능할 수 있도록 보조적인 역할을 한다. 신경교세포는 신경세포의 90%를 차지하면서 거미줄 모양의 구조로 이루어져 있다. 신경교세포는 뇌 구조를 유지하며 항상성 관리를 한다. 그리고 뉴런들 간의 연계를 안내하고 영양분과 수초를 제공하며, 이온과 신경전달물질을 청소한다. 뉴런이 여왕벌이라면 신경교세포는 여왕벌을 먹이는 일벌들이라고 볼 수 있다. 여러 연구에 따르면 신경교세포는 학습과 사고에 관여하기도 한다. 고등동물일수록 교세포가 많은데 교세포의 변화와 절연체의 문제는 뇌질환의 원인이 되기도 한다.

(1) 뉴런의 전기적 활동

뉴런의 세포막은 외부와 내부로 구별된다. 뉴런을 막대 풍선에 비유한다면 풍선 안과 밖이 풍선의 표면(세포막)에 의해서 분리되어 있는 것과 같다. 뉴런의 세포막을 사이에 두고 다양한 이온들이 서로 다른 농도를 유지하면서 분포되어 있다. 활동하지 않을 때 뉴런의 내부는 외부에 비해 나트륨($Na+$) 이온이 적고 칼륨($K+$) 이온이 많으며 음극을 띤 단백질 분자들의 농도가 높다. 이온이 세포막을 통해 투과하는 통로는 세포막에 막혀 통로 역할을 하는 단백질 분자들이 제공된다. 이 단백질 분자를 통로 단백질이라고 한다. 막대 풍선의 공기 주입구를 통해 공기가 안으로 들어가고 나가는 것과 같다고 생각하면 된다. 막대 풍선의 경우는 공기 주입구가 1개뿐이지만 뉴런의 경우에는 이 통로들이 세포막을 따라 늘어서 있는 형태로 엄청나게 많이 존재한다는 점이 다르다. 통로 단백질 분자의 3차원적 구조는 변하기도 하는데, 이 때문에 이온 통로가 열리거나 닫힐 수 있게 된다. 세포막을 사이에 두고 이온 분포가 다르게 유지되는 것은 통로 단백질을 통해 이온이 투과하는 정도가 낮기 때문이다.

이온의 분포 농도 차이가 세포막을 사이에 두고 전위를 형성하는데, 세포 내부의 전위를 세포막 전위(membrane potential)라고 한다. 뉴런이 휴식하고 있을 때의 세포막 전위를 휴식 전위(resting potential)라고 하는데, 대개 −70mV 정도 수준의 세포막 전위를 이룬다. 이 상태에서는 세포막 내부는 외부에 비해 음극화되어 있고 외부는 양극화되어 있기 때문에 세포막이 극화(polarization)되어 있다고 말한다. 세포막이 흥분하면 세포막 일부가 이온에 대한 투과성을 순간적으로 증가시키게 된다. 즉, 통로 단백질이 열리고 외부 나트륨(Na+) 이온이 내부로 쏟아져 들어오면서 일시적으로 세포막 극화가 사라진다. 이것을 탈극화(depolarization)라고 하고 탈극화의 정점에서는 세포막 전위가 +40mV 정도까지 상승한다. 이때의 세포막 전위를 **활동 전위**(action potential)라고 한다. 탈극화는 세포 내부의 칼륨(K+) 이온을 세포막 외부로

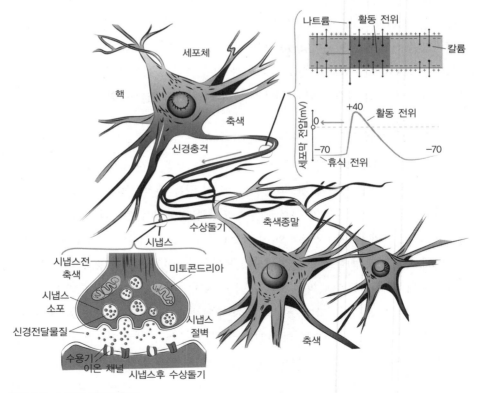

그림 3.3 뉴런의 전기적 활동

밀어내어 세포 내부를 다시 음극화시키면서 끝나게 된다. 극화 상태에서의 휴식 전위가 탈극화 상태를 거쳐 다시 휴식 전위를 회복하는 과정에 소요되는 시간은 대략 0.001초 정도 걸린다. 세포막 일부의 흥분, 즉 세포막 일부의 탈극화는 이웃한 세포막에 전달되어 이웃한 세포막의 탈극화를 일으키고 이 과정이 연쇄적으로 세포막을 따라 전달된다. 세포막의 탈극화와 활동 전위 전도는 뉴런 활동 그 자체이며 신경계가 정보를 처리하여 전달하는 방식이다.

마비성 독극물이나 마취제 혹은 많은 향정신성 약물 등은 통로 단백질에 작용하여 이온 통로를 차단함으로써 뉴런의 정상적 활동을 방해하기 때문에 비정상적인 심신 상태를 만들어내게 된다. 대표적인 사례로 복어를 잘못 먹고 사망하게 되는 것은 복어의 독이 나트륨(Na+) 이온 통로를 차단하여 세포 기능을 중지시키기 때문이다. 치과용 마취제를 포함하여 국부마취제는 칼륨(K+)과 나트륨(Na+) 이온 통로를 차단시켜 감각신경이 신호 전달을 할 수 없도록 하여 통증에 무감각해지도록 하는 원리를 사용한 것이다.

(2) 뉴런의 기능적 구조

뉴런의 형태와 크기는 다양하지만 공통점이 있다. 뉴런은 다른 세포와 마찬가지로 DNA의 유전자 정보를 번역하여 필요한 단백질을 합성한다. 단백질 합성은 대개 세포체에서 이루어져서 뉴런 각 부분으로 옮겨진다. 세포체에서는 나뭇가지 모양의 여러 돌기가 뻗어져 나오는데 이 가지들은 다른 뉴런들과 통신하기 위해 사용된다. 대

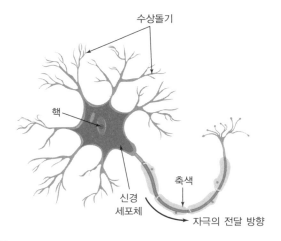

그림 3.4 뉴런의 구조

부분의 가지들은 짧으며 주로 다른 뉴런으로부터 신호를 전달받는데 이 짧은 가지들을 **수상돌기**라고 부른다. 수상돌기와는 다르게 세포체로부터 가늘고 길게 뻗어 나온 하나의 굵은 가지는 **축색**이라고 한다.

축색은 흔히 교세포가 만드는 수초막으로 싸여 있다. 축색은 멀리 떨어져 있는 세포와 통신을 하기 위해서 길게 발달해 있다. 축색은 뉴런의 세포막 흥분이 전달되는 케이블이고 축색을 싸고 있는 수초막은 전기적 신호 전달이 적은 에너지를 소모하면서도 빠른 속도로 이동할 수 있도록 한다. 전기적 신호가 축색을 따라 전달되는 속도는 축색 굵기가 두꺼워질수록 빨라지는데, 초당 100m에 이르기도 한다. 발끝까지 뻗어 있는 척수 운동 뉴런의 경우에는 축색 길이가 1m까지 되기도 하며, 뉴런에 따라서는 축색이 없는 경우도 있다. 말초신경계를 구성하는 신경은 수초막에 둘러싸인 축색 다발들이며, 축색들에 연결된 세포체가 중추신경계이다.

2) 시냅스

축색 끝부분은 여러 갈래로 갈라져 있는데, 신경세포는 축색 끝으로 전달된 신호를 다른 세포들로 확산시킨다. 축색 끝은 단추 모양의 말단을 가지고 있고, 이것은 다른 세포의 수상돌기와 접촉하고 있는데, 이 같은 두 뉴런의 연결 부위를 **시냅스**(synapse, 연접)라고 한다.

뉴런은 대개 수백 개의 축색 말단을 가지고 있기 때문에 수백 개의 시냅스를 이루고 있다. 축색 가지를 타고 전달된 전기적 신호가 시냅스 부위에 이르면 일련의 과정을 거쳐 시냅스 전 뉴런의 시냅스 낭에 저장되어 있는 신경전달물질이 시냅스 공간으로 방출된다. 방출된 전달물질은 시냅스 후 뉴런의 세포막에 작용하여 시냅스 후 뉴런의 활동에 영향을 미치는데, 그중 하나가 시냅스 후 세포막의 이온 투과성을 변화시키는 것이다.

시냅스 후 세포막의 투과성이 증가되면 시냅스 후 뉴런이 탈극화 방향으로 변하기도 하는데, 이러한 시냅스를 **흥분성 시냅스**라고 부른다. 이와는 반대로 **억제성 시냅스**는 시냅스 이후 뉴런이 과극화되는데, 신경전달물질이 시냅스 후 뉴런 세포막에 특정 이온에 대한 투과성을 증가시켜 세포 외부의 이온이 내부로 이동하고 그 결과 내부는 휴식 전위보다 더 음극화되는 과극화가 일어나게 된다. 그러므로 시냅스에서 뉴런 간의 접속이 이루어질 때와 시냅스 종류에 따라서 뉴런이 다른 뉴런의 활동을 촉진시키기도 하고 억제시키기도 한다.

3) 신경전달물질

신경전달물질에는 아세틸콜린, 도파민, 세로토닌 등 수십 가지가 알려져 있는데, 시냅스에서 신호가 전달되기 위해서는 신경전달물질의 합성과 분비가 이루어져야 한다. 전달물질의 합성과정은 여러 단계로 이루어지며 각 단계에서 한 가지 이상의 효소가 작용하고 있다. 향정신성 약물들은 신경전달물질의 합성과 분비 그리고 시냅스 후 뉴런에서의 작용 과정에 영향을 미쳐 신경 활동 전달에 변화를 주어서 효과를 나타낸다.

(1) 아세틸콜린

아세틸콜린(acetylcholine)은 최초로 발견된 신경전달물질이다. 1921년 뢰비(Loewi)는 신경계의 정보전달이 화학물질에 의해서 일어난다는 것을 증명했다. 미주신경(vagus nerve)은 말초신경계의 뇌신경 제10번으로 심근에 분포하는데, 미주신경이 활동하면 심장박동이 느려진다. 뢰비는 개구리의 미주신경과 심장을 함께 떼어 내어 영양액에 잘 보관하면 상당 기간 동안 심장박동이 계속된다는 것을 발견했다. 이때 미주신경에 전기 자극을 보내면 심장박동은 느려진다. 뢰비는 개구리 두 마리의 심장과 미주신경을 적출하여 첫 번째 개구리의 미주신경에 전기 자극을 보냈다. 심장박동이 느려진 것을 관찰한 후 그는 그 심장이 담겨져 있는 영양액을 두 번째 개구리의 심장이 담겨져 있는 용액에 부어넣었다. 그러자 두 번째 개구리의 심장박동도 느려졌다. 뢰비는 심장박동을 느리게 하는 것이 화학물질임을 증명해낸 것이다. 후속 연구들을 통해 심장박동 변화에 작용한 화학물질이 아세틸콜린으로 밝혀졌다.

아세틸콜린 수용기는 중추신경계와 말초신경계에 모두 존재한다. 골격근에 분포하는 운동 뉴런은 아세틸콜린을 분비하여 근육을 수축시키고 결과적으로 운동이 일어나게 한다. 우리가 하는 모든 수의적인 활동은 아세틸콜린의 관여 없이는 불가능하다. 근무력증은 근육의 아세틸콜린 수용기가 파괴되어서 일어나는 질병이다. 같은 이유로 아세틸콜린 작용을 차단하는 화학물질은 근육마비를 일으킨다. 부패한 통조림에서 발생하는 보툴리눔 독(toxin)은 종말 단추에서 아세틸콜린을 방출하지 못하게 하여 골격근을 마비시킨다. 마비가 횡경막까지 나타나게 되면 호흡이 불가능해져서 사망할 수도 있다. 남미의 원주민이 사냥할 때 화살촉에 묻혀 이용하는 독물인 쿠라레는 아세틸콜린 수용기를 막아버림으로써 골격근을 마비시켜 동물을 움직이지 못하게 만든다.

뇌의 아세틸콜린은 기억과 관련이 있기도 하다. 정상적인 노화과정에서 기억력의 감퇴가 나타나는데, 기억력 감퇴의 정도와 뇌의 아세틸콜린 수준 감소 사이는 높은 상관이 있다. 이때 아세틸콜린의 효과를 지속시키는 약물인 피조스티그민을 투여하면 기억력이 증진된다. 대표적인 노인성 질환인 알츠하이머 병은 심한 기억장애를 수반하는데, 알츠하이머 병을 앓고 있는 사람들의 뇌에는 아세틸콜린 수준이 현저하게 낮다.

(2) 도파민

도파민(dopamine), 노르에피네프린, 세로토닌은 신체 내에서 합성되는 모노아민 계열의 화학물질로서 신경계에서 신경전달물질로 작용한다. 이들은 뇌 아랫부분에 있는 몇몇 핵에서 만들어져서 전체 뇌 영역으로 광범위하게 투사한다. 따라서 이들은 특정 자극에 대한 정보를 전달하기보다는 넓은 뇌 영역의 기능을 전반적으로 조절한다.

뇌에는 세 가지 도파민 회로가 규명되어 있다. 하나는 시상하부와 뇌하수체를 연결하는 짧은 뉴런들로 내분비계를 통제하는 이 부위의 기능에 관여한다. 두 번째 도파민 회로는 중뇌 흑질에 세포체를 두고 기저핵 방향으로 축색을 보낸다. 이 도파민 회로는 운동 조절에 중요한 역할을 한다. 흑질의 도파민 뉴런이 점진적으로 변화되어 기저핵의 도파민이 결핍되면 파킨슨 병 증상이 나타난다. 파킨슨 병의 주요 증상은 운동장애로, 움직임이 느려지고 손이 떨리며 전신이 경직되어 걸음도 제대로 걷지 못하는 것이다. 이들에게 도파민의 화학적 선구물질인 L-도파를 투여하면 많은 증상이 회복되기도 한다. 세 번째 도파민 회로는 중뇌에서 대뇌피질과 변연계로 투사하는 것이다. 조현병은 이 도파민 회로의 과다활동이 원인이다. 환각과 망상, 비정상적 사고가 특징인 조현병에 대한 도파민 가설은 조현병에 치료제로 밝혀진 클로르프로마진이 도파민의 활동을 억제한다는 사실에서 비롯된 것이다. 실제로 도파민 활동을 억제하는 약물치료를 과도하게 받은 환자들은 파킨슨 병과 유사한 증상을 보인다. 파킨슨 병은 두 번째 도파민 회로와 연결된 것이지만 불행하게도 약물의 효과는 두 번째와 세 번째 도파민 회로 모두에 동일한 영향을 미친다. 따라서 L-도파 치료를 받는 파킨슨 병 환자들의 상당수가 조현병 증상을 보이기도 한다.

또한 세 번째 도파민 회로는 보상이나 즐거움과 같은 정적 경험에 관여하는 것 같다. 실험에서 쥐의 뇌 특정 부위에 전기 자극을 가하면 도파민을 직접 주입해주는 지렛대를 끊임없이 누르는 행동을 한다. 많은 정서 자극 부위들이 변연계에서 발견되었는데, 중뇌에서 시상하부를 통과하여 전뇌로 투사하는 도파민에 민감한 뉴런들이 내측전뇌속(medial forebrain bundle)을 따라 밀집해 있었다. 전기 자극을 통한 쾌락 효과는 이러한 도파민성 회로의 활성화에 기인하는 것으로 여겨진다. 코카인이나 암페타민 같은 강력한 향정신성 약물의 쾌락 효과 또한 도파민 회로의 흥분에 의한 것이다.

(3) 노르에피네프린

노르에피네프린(norepinephrine)은 아세틸콜린과 마찬가지로 중추신경계와 말초신경계 모두에서 발견된다. 말초신경계에서 노르에피네프린은 자율신경계 교감신경의 신경전달물질로 사용된다. 예를 들어, 심장에 연결된 교감신경은 노르에피네프린을 분비하여 심장을 흥분시키고 심장박동을 빠르게 한다. 아세틸콜린이 심근에 억제성으로 작용하지만 노르에피네프린은 심근에 흥분성으로 작용한다. 뇌에 분포하는 노르에피네프린에 민감한 세포체는 대부분이 후뇌 망상체 부근에 있는 청반(locus coeruleus)이라는 작은 핵에 있다. 청반에서 비롯된 축색은 소뇌, 시상하부, 시상, 대뇌피질, 해마, 중격, 기저핵, 편도체 등 뇌의 거의 모든 영역으로 광범위하게 투사한다. 이렇게 폭넓게 분포하는 뇌의 노르에피네프린 회로는 일반적이고 비특정적인 기능을 담당할 것이라고 생각되는데, 흥분이나 각성 수준을 결정함으로써 각성 상태나 기분 조절에 관여한다.

노르에피네프린 회로의 이상은 우울증 등의 정서 상태 문제와 관련이 있다. 코카인이나 암페타민은 도파민 회로뿐만 아니라 노르에피네프린 회로의 작용을 증진시켜 심리적인 흥분 효과를 상승시킨다. 이와 반대로 뇌의 노르에피네프린 회로의 활동을 저하시키는 리튬 같은 약물은 사람을 우울하게 만든다.

(4) 세로토닌

세로토닌(serotonine) 회로는 연수 정중선에 위치한 봉선핵(raphe nuclei)에 세포체를 두고 시상하부와 해마, 대뇌피질 등 전뇌 여러 부위로 뉴런의 축색들이 뻗어 있다. 세로토닌에 민감한 뉴런은 노르에피네프린에 민감한 뉴런과 밀접하게 관련되어 있는데 노르에피네프린이 각성 수준과 연관되어 있다면 세로토닌은 수면에 관여한다. 때문에 봉선핵을 파괴하면 동물은 일시적인 불면증에 걸리게 된다. 뇌의 세로토닌을 고갈시키는 약물도 이것과 비슷한 효과를 낸다. 뇌의 노르에피네프린 수준과 세로토닌 수준은 하루 주기로 변화하는데, 수면과 각성은 신체 내부의 노르에피네프린 수준과 세로토닌 수준 변화로 일어나게 된다.

세로토닌 또한 우울증과 연관된 신경전달물질이기 때문에 세로토닌의 감소는 우울증의 원인이 된다. 따라서 우울증 치료약물로 세로토닌 분해를 방해하거나 재흡수를 차단하는 약물이 사용된다. LSD(lysergic acid diethylamide)는 강력한 향정신성 약물(psychoactive drug)로 극소량으로도 환각을 일으킨다. 왜냐하면 LSD는 화학적으로 세로토닌과 유사한 구조를 지니고 있어서 특정 세로토닌 수용기에 부착하여 세포들을 과도하게 흥분시키기 때문이다.

(5) 아미노산

아미노산(Amino acid)은 단백질 대사물질로 뇌에서 신경전달물질로 작용한다. 뉴런들은 흥분성 신호와 억제성 신호를 전달하기 위하여 아미노산을 사용하고 있다. 글루타메이트는 뇌에서 가장 널리 쓰이는 흥분성 신경전달물질이며 감마-아미노부티르산(GABA)은 대표적인 억제성 신경전달물질이다. GABA는 특히 대뇌피질과 소뇌의 회백질에 고농도로 분포하여 신경계에서 주된 억제적 역할을 담당한다. GABA 회로에 이상이 생기면 심한 불안증이나 간질발작이 유발될 수 있다. GABA 수준이 낮아서 신경계 흥분이 높아지고 이로써 불안감을 느끼는 경우 GABA 활동을 억제하는 약물을 항불안제로 사용한다. 신경안정제로 잘 알려진 발륨은 뇌의 GABA 수용기를 억제하는 작용을 함으로써 항불안제로 사용될 수 있다.

(6) 펩티드

어떤 뉴런은 앞에서 소개한 신경전달물질들과 함께 펩티드를 분비하는데, 펩티드(peptide)는 신경전달물질의 효과를 조절하는 신경조절자의 역할을 담당하기도 하고 본연의 신경전달물질의 역할을 수행하기도 한다. 펩티드 화학물질은 극소량으로 존재하지만 감정이나 행동에 중요한 영향을 미친다. 뇌 아편제인 엔돌핀은 가장 널리 알려진 신경 펩티드이다. 양귀비에서 추출한 아편제인 몰핀은 아주 작은 용량이라도 단시간 내에 통증을 없애주는데 이런 몰핀의 효과는 뇌에 존재하는 특정한 수용기와 결합함으로써 이루어진다. 뇌에 몰핀과 같은 강력하고 중독성이 있는 아편제 수용기가 존재한다는 사실은 신경계가 스스로 몰핀과 유사한 물질을 만들어내고 있음을 의미한다. 연구자들은 그 물질을 내인성(endogenous) 몰핀의 준말인 엔돌핀이라고 부른다(Maddus, 1991).

이런 엔돌핀 덕분에 전쟁 중에 부상당한 군인이나 운동 경기 중에 부상을 입은 선수들이 전투나 경기가 끝날 때까지 통증을 느끼지 않는다. 즉, 엔돌핀의 기능은 통증을 감소시키고 위기상황에 대응행동을 증가시키기 위한 것이다. 몰핀과 헤로인 등의 아편제는 통증 제거 효과뿐만 아니라 강력한 쾌감을 일으킨다. 이런 쾌락 효과 때문에 아편제가 남용된다. 연구자들은 엔돌핀 또한 즐거움과 행복감을 유발하리라고 본다. 이런 가능성은 달리기를 심하게 하는 사람들이 종종 보고하는 극도로 고양된 느낌을 설명해줄 수 있다. 장거리 달리기는 뇌 아편제가 분비될 정도의 충분한 스트레스이기 때문에 엔돌핀이 분비되어 괴로움이 없어지고 도취감이 느껴질 수 있다(Colt, Wardlaw, & Frantz, 1981).

4) 호르몬

호르몬(hormone)은 신경전달물질과는 다른 뇌 정보전달 체계이다. 내분비계(endocrine system)가 호르몬을 이용하여 여러 내분비선에서 호르몬을 분비하게 하여 신체 각 부위로 신호를 전달한다. 호르몬은 혈액으로 직접 분비되어 온몸으로 이동하면서 표적기관에 특정한 영향력을 발휘한다. 내분비계는 성, 정서, 스트레스에 대한 반응 등 기본적 행동기능과 성장, 에너지대사, 신진대사 등 신체 기능을 조절하는 데 결정적인 역할을 담당한다.

호르몬은 신경전달물질과 유사하다. 사실 노르에피네프린이나 엔돌핀 등 몇몇 화학물질은 신경계에서는 신경전달물질로 작용하고 내분비계에서는 호르몬으로 작용한다. 그러나 신경전달물질은 시냅스를 통하여 인접 뉴런으로 신호를 전달하는 반면에, 호르몬은 직접 연결되지 않은 멀리 있는 기관으로 정보를 보낼 수 있고 여러 상이한 기관에 대해 다양한 양식으로 작용할 수 있다. 한 호르몬이 여러 기관에 작용하는 기능은 다양하지만 하나의 통합된 방향을 취한다. 예를 들어, 여성의 에스트로겐은 생식기관을 활성화시키며, 수정란이 착상할 수 있도록 자궁을 성숙시키고, 수유를 준비하도록 가슴을 커지게 만들며, 동시에 뇌를 자극하여 성욕을 증진시켜 성행동에도 영향을 미치고, 뇌하수체로 하여금 난자를 성숙시켜 배란되도록 하는 또 다른 호르몬을 분비하게 만든다.

대부분의 내분비계는 시상하부를 통하여 지배를 받고 있다. 시상하부는 바로 아래에 위치한 뇌하수체로 하여금 여러 가지 호르몬을 분비하도록 만들어 다른 내분비선들의 활동을 자극한다. 각 내분비선에서 분비된 고유의 호르몬은 신체의 표적기관에 영향을 미치는 동시에 피드백되어서 시상하부와 뇌하수체에서 적정 수준의 호르몬이 분비되도록 조절한다.

2. 척수

척수(spinal cord)는 가장 단순한 행동인 반사를 조절한다. 반사는 진화적으로 볼 때 하등 형태의 행동이지만 위장 운동, 호흡, 심장박동 조절 등 생명 유지에 가장 중요한 행동의 집합이기도 하고, 재채기나 기침 혹은 구토 등의 일시적이면서 억제할 수 없는 행동이기도 하다. 반사는 대체로 의식하지 못하는데 척수 수준에서 제어되고 있기 때문이다. 반사를 제어하는 척수회로는 학습이 아니라 유전에 의해서 결정된다.

반사를 통제하는 척수 회로를 반사궁(reflex arc)이라고 부른다. 반사궁은 척수에서 시작하는 말초신경이 좌 · 우로 연결되어 있는데, 각각 등근과 배근이라고 부른다. 신체 근육을 수축시키는 운동 뉴런 축색 다발이 배근이다. 등근은 피부 감각을 척수에 전달하고, 척수 세포는 이것을 뇌로 전달한다. 감각 정보를 전달하는 제1차 감각 뉴런의 세포체는 등근절에 위치한다. 등근절 세포로부터 하나의 축색 가지가 나와서 둘로 갈라지는데, 하나는 피부로 향하고 하나는 등근을 통해 척수에 들어간다. 등근절 세포에는 수상돌기가 없다. 척수에 들어온 제1차 감각신경은 배근에 있는 운동뉴런에 직접 시냅스하기도 하지만 대부분의 경우에는 척수 내의 뉴런을 거쳐 운동뉴런에 시냅스한다. 따라서 등근을 통해 입력되는 감각 자극이 근육을 수축한다. 이렇게 형성되는 회로가 반사궁이다.

뜨거운 냄비에 손이 닿으면 순간적으로 움츠려드는 것은 바로 반사궁의 작용 때문이다. 반사궁은 중추신경계의 도움 없이 작동할 수 있기 때문에 하나의 자극-반응 단위라고 볼 수 있다. 그러나 때로는 중추신경계가 반사궁의 기능에 관여하기도 한다. 냄비가 뜨거워도 손을 놓지 못하는 경우가 있는데 이것은 중추신경계가 반사를 억제하기 때문이다. 피부에서 전달되는 뜨거운 감각이 제1차 감각뉴런인 척수 내 뉴런에 도달하지만 참아야 한다는 뇌에서의 하행신호가 척수 내 뉴런이 감각 정보에 대해 반응하는 것을 억압하여 운동뉴런이 활성화되는 것을 억제하면 뜨거운 물체를 놓지 못할 수 있다.

원시 하등 동물 시절의 인간 조상들은 반사적인 감각-운동의 연계만으로도 효율

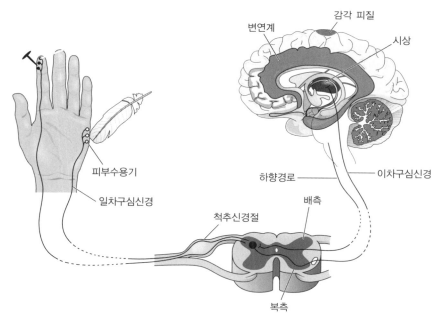

감각 피질
변연계
시상
피부수용기
일차구심신경
하향경로
이차구심신경
척추신경절
배측
복측

그림 3.5　척수와 신경들의 연결구조

적으로 생존할 수 있었을지 모른다. 진화는 행동 진화와 이에 따른 뇌 신경계 변화를 이끌어 왔다. 반사궁의 기능을 조절하는 하행신호가 원시적 감각-운동 연계에 더해짐으로써 행동은 상황에 따라 더욱 다양하고 효율적으로 변하게 되었다. 하지만 우리는 여전히 태고적 조상들이 요긴하게 사용했던 반사를 소중한 유산으로 간직하고 있다.

3. 뇌 구조와 기능

인간의 뇌를 상·하 단면으로 구분하면 뇌피질은 최고 상층부의 신피질과 하층부의 변연계 그리고 뇌간으로 구성된 구피질로 나눌 수 있다. 신피질은 의지나 판단, 지·감각 및 인지적 정보를 통합적으로 처리하는 지적 중추 영역이다. 구피질은 생명 중추로서 감정이나 본능을 담당한다. 구피질 기능이 앞서게 되면 감정이나 욕망에 기초한 행동을 선택할 가능성이 높아지게 되고, 신피질 기능이 우세하게 되면 인지적 판단이나 도덕적 선택이 우세하게 된다(박민용, 박인용, 2015). 높은 지적 능력을 발휘하기 위해서는 신피질이 우세해야겠지만 사랑하는 사람들과 다정한 감정

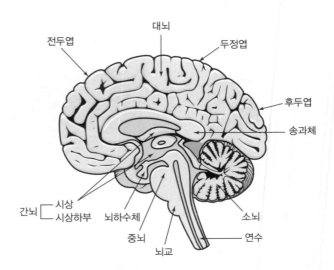

그림 3.6 뇌 종단면

적 교류나 휴식을 효과적으로 취하기 위해서는 구피질의 활동도 중요하다. 척수는 뇌간을 통해 뇌에 연결되는데 연수와 뇌교 그리고 뇌간을 구성하는 중뇌로 이루어져 있다.

1) 연수

연수(medulla)는 신경계의 다른 부위와 마찬가지로 백질과 회질로 구성되어 있다. 백질은 척수와 뇌를 연결하는 상행로이며, 회질은 하행로를 이루고 있는데 대부분이 신경핵으로 구성되어 있기 때문에 회색으로 보인다. 연수의 신경핵들은 각각 호흡, 혈압 등과 같은 기본적인 생명 유지 기능을 제어하는 데 관여하고 있다. 연수의 신경핵을 이루는 세포체들은 척수 내 뉴런과 동일하게 반사궁을 형성한다. 이 반사궁은 뇌간에 위치하기 때문에 척수 신경을 통하는 것이 아니라 뇌신경을 통한다.

연수가 조절하는 대표적인 반사는 심장박동과 호흡 조절이다. 심장박동 속도는 현재 어떤 행동을 하고 있는가에 대해서 연수가 반사를 어떻게 조절하는가로 결정된다. 운동을 할 때는 근육에 전달되는 혈액 공급을 증가시키기 위해 심장박동이 증가되어야 하기 때문에 혈압도 올라간다. 만약 운동을 하는 중에도 혈액 공급이 평상시와 동일하게 이루어지게 된다면 운동으로 더 많은 에너지와 산소를 소모하게 되고, 뇌로 공급되는 에너지와 산소 비율이 상대적으로 감소하게 될 것이다. 뇌에 공급되는 에너지와 산소가 과도하게 감소하게 되면 뉴런의 작동이 중단되고 이것은 현기증이나 심하면 의식 상실로 이어질 수 있다. 따라서 연수는 미주신경을 통해 반사를 조절함으로써 이러한 위험 상황을 미연에 방지한다. 연수가 충실히 반사를 수행하더라도 때로는 현기증을 느낄 수가 있는데 의자에서 갑자기 일어설 때처럼 혈압이 감소하는 속도가 연수의 반사 속도보다 빠르면 순간적으로 현기증을 느낄 수 있다.

연수는 생명 유지에 관련된 중요한 뇌 구조이다. 인간이 대뇌 절반을 잃고도 생존할 수 있는 반면에 연수의 조그마한 손상에도 생명을 잃을 수 있다. 알코올 섭취로 연수의 기능이 제한받게 되면 심장박동이나 혈압이 변화하게 되고, 호흡 패턴도 변화하게 된다. 술에 취하면 일반적으로 호흡이 길어지는 것이 바로 이 때문이다.

2) 뇌교 부위

연수와 중뇌 사이에는 뇌교(pons)가 있다. 뇌교 뒤편에는 좌·우 소뇌가 있다. 소뇌는 피부, 근육, 관절들로부터 신체 자세에 관한 감각 정보를 전달받는다. 귓속의 평형기관은 소뇌에 중력 방향과 신체운동 속도에 대한 정보를 전달한다. 소뇌(cerebellum)는 전달되는 정보들을 종합하여 운동신경계 움직임을 조절하고 동작을 부드럽고 매끄럽게 만든다. 교향악단의 지휘자가 없으면 악기들의 소리가 조화를 이룰 수 없는 것과 같이 수많은 신체 운동 근육조직들과 신경들을 지휘하는 교향악단의 지휘자가 바로 소뇌라고 보면 된다.

부드럽고 세련된 동작은 유전적으로 혹은 반사적으로 이루어지는 것이 아니라 훈련으로 이루어진다. 동작 훈련이 반복되면서 소뇌 안에 동작에 관한 회로가 형성되는 것으로 보인다. 피아노 연주를 하려면 관련된 신체 근육들을 일정한 시간 계획에 따라 적절한 힘으로 부드럽게 조절해야 하는데 피아니스트가 곡을 반복해서 연습하는 과정을 통해서 소뇌의 신경세포들이 시냅스 효율성을 수정해가면서 새로운 회로 경로를 형성한다. 뇌교는 좌·우 소뇌를 연결하는 다리이며 뇌간의 전면을 차지한다. 뇌교와 소뇌 사이의 뇌간 영역은 망상 조직으로서 움직임을 통제하는 여러 회로가 위치하고 있다. 또한 이 영역은 꿈과 관련이 있기도 하다.

3) 중뇌

중뇌(midbrain)는 척수를 통한 반사들을 종합하여 일련의 복합적인 움직임을 만들어내는 뉴런들로 이루어져 있다. 중뇌 뒤쪽에는 상구와 하구라고 불리는 좌·우 한 쌍씩 총 4개의 콩알 크기의 조직이 중앙을 기준으로 대칭적으로 솟아 있다. 자극 위치를 판단해서 반사적으로 그 방향으로 눈동자를 돌리거나 목을 움직여서 시선을 향하게 하는 것은 상구와 하구가 만들어내는 동작이다. 자극에 시선이 향하기 위해서는 현재의 시선에서 자극에 이르는 시선의 궤적이 계산되어야 한다. 이러한 궤적을 통해 적절한 시선과 자세를 만들기 위해서 안구와 목의 각 근육을 정확한 시간에 일사불란하게 제어하는 데 관여하는 것이 바로 상구와 하구이다.

상구는 자극에 시선이 향하도록 하는 데 요구되는 안구와 목의 움직임을 뇌교 부위 뉴런들에게 지시하고 필요한 궤적은 소뇌에서 계산된다. 이때 소뇌가 수행하는 역할은 매번 움직임의 궤적을 계산해내는 것이 아니라 자극의 공간적 위치와 움직임이 결정되면 이미 반복 연습에 의해서 저장되어 있는 궤적과 선별적인 근육 제어과정을 자동적으로 수행하는 것으로 보인다. 척수 상부에서부터 연수, 뇌교, 중뇌 중앙을 관통하는 망상체라는 뉴런 집단이 있는데, 중뇌 망상조직은 의식의 각성 수준을 결정하고 주의와 수면에 중요한 역할을 한다.

4) 시상

시상(thalamus)은 뇌간과 대뇌 사이에 있기 때문에 뇌 전체로 보았을 때는 가장 중앙에 위치하고 있다. 뇌 중앙이라는 해부학적 위치에 걸맞게 시상의 기능은 뇌 각 부위에 정보를 분배하는 역할을 수행한다. 시상은 여러 신경핵으로 이루어져 있는데, 후각을 제외한 모든 감각이 시상을 거쳐 대뇌로 전달된다. 각기 다른 감각은 시상의 각기 다른 신경핵을 거친다. 선택적 주의 집중은 바로 시상의 작동에 의해서 이루어지는 것이다. 시상은 감각이 대뇌로 전달되는 과정을 조절함으로써 선택되지 않은 감각을 무시하게 하고, 특정 감각 처리를 우선시하거나 더 많이 주의하도록 한다.

5) 시상하부

시상하부(hypothalamus)는 시상 아래에 위치하면서 신체 내부 환경을 조절한다. 생명 현상은 수천 개의 화학물질들이 상호작용하는 과정으로 이루어져 있다. 노화나 병균들에 대항하기 위한 화학적 환경을 시상하부가 조절한다. 이러한 조절은 시상하부와 연결된 신경계와 뇌하수체를 통한 내분비계 활동을 통제함으로써 이루어진다. 신체 내장 기관은 뇌간과 척수에 의해서 통제되는 자율신경계가 조절하는데, 뇌간과 척수를 구성하는 뉴런들은 시상하부와 연결되어 있다. 따라서 시상하부는 자율신경계 활동을 제어하여 내장 기관 활동을 조절한다. 또한 시상하부는 내장 기관

상태에 관한 정보를 연수를 통해서 전달받는다.

자율신경계는 교감신경과 부교감신경으로 이루어져 있다. 교감신경은 심장박동을 증가시키고, 혈액 공급량을 증가시키며, 소화 기능을 억제하고, 근육과 뇌에 공급되는 혈액량을 증가시킨다. 위기에 처했을 때나 강한 정서 상황에서 교감신경은 활성화되어 이러한 상황에 대처할 수 있도록 신체 생리적 기반을 조성한다. 부교감신경은 교감신경의 반대 기능을 수행하여 정서 상황이 종료되었을 때 신체가 안정 상태로 회복되도록 한다.

시상하부가 신체의 화학적 환경을 조절하는 두 번째 경로는 내분비계를 통하는 것이다. 분비선은 눈물, 땀과 같이 분비물이 관을 통해 직접 분비되는 외분비선과 혈관을 따라 해당하는 목표 기관에 도달하게 되는 내분비선으로 나누어진다. 내분비계는 호르몬을 분비하는 몇 개의 내분비선으로 이루어져 있으며 이들은 시상하부 바로 아래에 위치한 뇌하수체에서 분비하는 호르몬에 의해서 조절된다. 사상하부가 신경계와 뇌하수체를 거쳐 수행하는 조절기능을 스트레스를 예로 들어보면 다음과 같다. 스트레스는 상처와 질병으로부터 오는 정서에서부터 단순히 덥거나 추운 것에 이르기까지 광범위한 생존 상황을 포함하고 있다. 과로, 시간 압력이나 직업 상실, 유독 물질에 노출되거나 수면 부족, 좌절감이나 신체적 질병, 지속적인 긴장 상태나 흥분, 이혼이나 성적 부진 등 일상생활의 거의 모든 사건들은 스트레스를 일으키게 된다.

스트레스 연구의 선구자인 셀리에는 어떤 종류의 스트레스든 이것에 대응하는 신체 반응은 동일하며 이러한 신체 반응이 지속되면 **일반 적응 증후군**(general adaptation syndrome, GAS)을 일으킨다고 했다. 일반 적응 증후군(GAS) 증상은 부신선 확대, 체중 감소와 위궤양 등이다. 부신선 피질은 스트레스 호르몬을 분비하여 신체가 스트레스에 대처하게 하는데, 스트레스가 지속되면 부신선이 커지게 된다. 일반 적응 증후군(GAS) 가운데 위궤양은 스트레스에 저항하는 신체 방어 활동에서 부작용이 발생한 것이다. 위 점막은 소화를 위해 분비되는 염산으로부터 위벽을 보호한다. 점막 유지를 위해서는 위장에 혈액이 원활히 공급되어야 한다. 스트레스로 발생된 부정적 정서 상태는 교감신경계를 활성화시켜서 혈액량을 증가시키는데 이러한 혈액 증가가 단기간에 종료되지 않고 오랫동안 지속되면 위장 점막은 손상된다.

시상하부는 여러 개 신경핵으로 이루어져 있다. 그중 실방핵(paraventricular nucleus)은 대뇌와 망상조직으로부터 각성 수준에 대한 정보를 받아 인슐린 수준을 조절하고 스트레스 호르몬을 분비하도록 한다. 시상하부는 신경계와 내분비계를 통해서 스트레스 반응 이외에도 섭식과 관련된 행동, 성적 행동 등 신체 화학적 환경을 조절하는 사령탑의 역할을 한다.

6) 변연계

변연계(limbic system)는 뇌 중앙선 부근에 있는 해마, 편도핵, 중격 등으로 구성되어 있다. 주름진 대뇌를 걷어냈을 때 가장자리에 위치하는 구조물이다. 변연(limbic)이란 가장자리를 뜻하는 라틴어에서 유래한다. 변연계의 기능은 주로 정서와 기억에 관련한 것이다. 사나운 원숭이의 편도핵(amygdaloid nucleus) 특정 부위를 절제하면 온순하게 변하고, 쥐의 편도핵 특정 부위를 손상시키면 공포 반응이 없어져서 고양이를 공격하게 만들 수도 있다. 중격(septum)의 손상은 공격적 분노를 유발하는 것으로 알려져 있다. 해마(hippocampus)는 학습 초기에 관여하여 기억하도록 한다. 또한 공간적 장소를 기억하는 구조로 생각되며, 최근의 실험적 증거들은 사건 순서를 기억하는 능력에 관련되어 있음이 나타나기도 했다.

7) 대뇌피질

대뇌 표면에는 많은 주름이 있다. 목 뒤 부분에 위치한 더 섬세한 주름을 가진 소뇌를 제외하고는 뇌간 위에 붙어 있는 전체가 대뇌피질(cerebral cortex)이다. 대뇌피질은 포유류의 진화과정에서 가장 강조되는 뇌 구조로, 인간과 다른 동물 종의 차이는 주로 대뇌피질에 의해서 발생한다. 대뇌피질은 평균 2.5mm 정도의 두께를 이루고 있는 세포체들의 집합이다. 대뇌피질의 주름은 동일한 부피의 두개골 내에 넓은 피질이 들어갈 수 있기 위해서 진화한 산물로 보인다. 주름을 폈을 때 면적은 대략 4,000cm^{2}에 이른다. 피질에는 150억 개 이상의 뉴런이 있는 것으로 추정되며 뉴런들은 6개 정도의 층을 이루고 있다. 피질 표면을 이루고 있는 2.5mm의 두께를 회질이라고 부르며 그 안쪽을 백질이라 부른다. 백질은 수초막으로 싸인 축색으로 구성되며 축색은 흔히 다발을 이루는데 이것은 피질 여러 부위 사이 혹은 피질과 신경계의 다른 구조를 연결하는 케이블이라고 보면 된다.

대뇌피질의 가장 큰 구조적 특징은 2개의 반구로 나뉘어져 있다는 것이다. 각각의 반구는 반대편 쪽 신체에 관여한다. 즉, 우측 신체는 좌반구에서 좌측 신체는 우반구에서 조절한다는 것이다. 두 눈을 공간의 한 점에 고정하고 있을 때 그 점을 중심으로 우측 시야에서 일어나는 일은 대뇌 좌측 시각 피질에서 담당한다. 또한 좌측 대뇌는 우측 신체의 근육을 구동하여 오른팔, 오른 다리 등을 움직인다. 좌·우 반구는 축색 다발로 연결되어 있는데, 그중 가장 큰 연결을 이루고 있는 곳이 바로 뇌량(corpus callosum)이다.

(1) 대뇌피질 기능의 국재화

대뇌피질은 구조적으로는 거의 동일하지만 표면 부위에 따라 담당하는 기능이 다르다. 뇌 특정 부위가 손상되었을 때 관찰되는 정신기능과 행동장애를 통해서 그리고 뇌 특정 부위를 인위적으로(전기적으로) 자극하였을 때 관찰되는 행동을 통해서 피질 각 부위는 서로 구별되는 정신기능과 행동을 담당하고 있음을 알 수 있다. 피질은 크게 네 부위로 나뉘는데 머리 뒷부분의 후두엽은 시각 기능을 담당한다. 앞부분의 전두엽은 이성적 사고를 담당하여 계획적이고 의지적인 행동을 생성하며, 귀 쪽의 측두엽은 청각을 처리하며 언어를 이해하도록 하는 부위이다. 그리고 머리 윗부분의 두정엽은 신체 감각을 처리하는 부분이다.

　피질을 인위적으로 전기 자극하면 자극된 부위에 따라 특정한 정신기능을 인위적으로 일으킬 수 있고, 종양이나 출혈로 피질이 손상되면 손상된 부위에 따라 특정 정신기능이 손상된다. 예를 들어, 좌측 시각 피질이 손상되면 두 눈이 현재 고정되어 있는 지점을 기준하여 우측 시야를 볼 수 없게 된다. 좌측 운동 피질 가운데 팔을 움직이는 부위가 손상되면 오른팔이 마비된다. 이처럼 특정 정신기능이 각기 다른

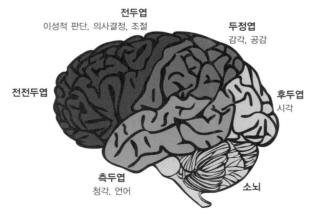

그림 3.7　대뇌피질 기능의 국재화

피질의 부위에 집중되어 있는 것을 기능적 국재화(localization)라고 한다.

1860년대 이후 브로카와 베르니케에 의해서 활성화된 실어증에 관한 신경학적 연구들은 언어를 이해하고 만들어내는 기능이 대뇌 특정 부위에 국재화되어 있음을 보여주었다. 또한 좌·우 대뇌 반구 기능이 완전히 대칭적으로 동일한 것이 아님을 증명하기도 했다. 브로카는 탄이라는 환자를 연구하다가 좌측 전두엽 부분이 실어증에 관련되어 있는 부위임을 발견했다. 그곳을 브로카 영역(Broca's area)으로 이름 붙였는데, 탄은 좌측 피질을 포함하여 그 안쪽에 있는 백질과 주변 영역이 종양이나 혈관 파열 혹은 막힘 등으로 손상되면서 의미 있는 정확한 발음을 구사할 수 없게 되었다. 즉, 언어적 표현 장애 혹은 **표현적 실어증**(expressive aphasia)이 발생한 것이다. 이와는 다르게 좌측 피질의 **베르니케 영역**(Wernicke's area)을 포함한 주변 부위가 손상되면 언어 이해 능력이 감퇴되고 말소리는 유창하지만 뜻이 안 되는 소리의 나열 현상이 발생한다. 이런 증상을 **수용적 실어증**(receptive aphasia)이라고 한다.

전도성 실어증은 위의 두 실어증보다 훨씬 알아차리기 힘들다. 전도성 실어증은 수용적 실어증과 달리 말과 글의 이해가 완벽하며, 표현적 실어증과 달리 유창하게 말하기도 한다. 전도성 실어증의 문제는 환자가 듣거나 읽는 것을 반복할 수 없다는 것이다. 베르니케는 언어를 이해하는 영역과 말을 생성하는 영역을 연결하는 활꼴다발이 손상되면 전도성 실어증이 유발된다고 생각했다. 말을 들을 때 청각 신호가 제1차 청각피질에 도달하고 여기를 거쳐 베르니케 영역에 이르러 말의 언어적 의미

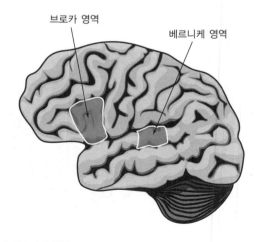

그림 3.8 브로카 영역과 베르니케 영역

가 파악된다. 들은 말을 반복하려 할 때 파악된 의미에 해당하는 신호가 활꼴 다발을 타고 앞으로 전도되어 브로카 영역을 포함한 말에 관련된 운동 영역에 도달하게 된다. 그러나 활꼴 다발이 손상되면 뒤편의 언어 이해 영역 신호가 앞쪽의 언어 생성 영역에 전달되지 못해서 읽거나 들은 말을 반복할 수 없게 되는 것이다.

(2) 대뇌피질 기능의 측화

뇌 손상 환자를 다룬 위와 같은 임상적 보고들은 언어 기능이 대뇌 좌반구에 국재하고 있음을 시사한다. 이처럼 대뇌 한 반구에 기능적 전문화가 이루어지는 현상을 측화(lateralization)라고 한다. 대뇌 기능의 측화는 좌·우 반구가 대칭적으로 동일한 기능을 가지고 있지 않음을 나타내는데, 좌·우 기능의 차이는 경우에 따라서는 해부학적 차이를 보이기도 한다. 이러한 측화에 관련한 증거들은 뇌량을 절제한 뇌전증 환자의 사례들과 뇌 영상 촬영 기술의 발전을 통해서 크게 진전되었다.

뇌전증(epilepsy, 간질)은 정도에 따라 여러 형태가 있는데, 대개 일정한 부위에 있는 뉴런 집단이 일시적 활동을 시작하고 이것이 다른 부위로 전도, 확산됨으로 인해서 문제 상황에 빠질 수 있다. 심한 경우 운동영역에 확산되어 뉴런들이 일시적으로 활동하게 되면 길항작용을 하는 근육 쌍이 동시에 수축되어 근육 경직이 일어난다. 뇌전증 발작이 시작되는 뇌 부위는 환자에 따라 일정한 것으로 알려져 있는데, 약물치료나 행동치료의 효과가 없는 경우 최종적으로 뇌량을 절제하는 수술을 할 수 있다. 뇌량 절제 수술 결과 한 반구에서 시작된 뇌전증 발작이 다른 반구에 확산되는 것을 방지할 수 있으며, 실제 뇌전증 발작 빈도도 감소하는 것으로 알려져 있다. 뇌량 절제로 인해 좌·우 반구가 분리된 환자의 행동은 수술 전과 비교해 크게 달라져 보이지는 않는다. 그러나 잘 통제된 실험 상황에서는 차이를 찾아낼 수 있다. 분리된 뇌 환자들로부터 나온 실험 결과들 가운데 일반적으로 받아들여지는 것은 좌반구는 언어능력에서 우반구보다 월등하며, 우반구는 좌반구보다 공간 이해 능력에서 우세하다는 것이다.

우반구가 공간 이해에 있어서 우월함을 시사하는 실험이 실시되었다. 뇌전증 환자에게 동일한 그림을 보고 왼손을 사용하여 그리게 하고 다음에 오른손을 사용하여 그리게 한 것이다. 그리고 뇌량을 분리하는 수술을 실시한 후 다시 왼손과 오른손으로 그림을 그리게 했다. 뇌량을 분리하면 오른손은 전적으로 좌반구의 통제 아래 놓이게 되며, 왼손은 전적으로 우반구의 지휘 아래 있게 된다. 뇌량 분리 수술 전 뇌전증 환자는 오른손잡이였기 때문에 왼손 그림은 서툴고 떨리며 선들이 바르지 않았다. 반면에 오른손을 사용한 그림은 꽤 곧은 직선으로 이루어져 있다. 그러나 뇌량 분리 수술 후 오른손 그림은 원래 모양을 추측할 수가 없을 정도로 엉망이 되었다. 반면에 왼손 그림은 수술 전 오른손을 사용한 경우에 비해서는 잘 그려진 그림은 아니었지만 뇌량 분리 수술 후 오른손이 그린 그림보다는 공간적 형태를 알아보기 훨씬 좋았다. 이러한 실험 결과는 우반구가 공간을 이해하는 능력이 훨씬 우세함을 증명해준다.

4. 약물과 생리작용

1) 알코올과 생리작용

알코올(음료에 포함된 에탄올)은 중추신경계 활동을 이완시킨다. 알코올을 섭취한 사람들의 행동이나 언성이 높아지는 것을 보면 알코올이 사람을 흥분시키는 물질이 아닌가 생각될 수 있지만 알코올은 이완제로서 중추신경계통을 억제하여 활동을 통합시키는 기능을 저하시킨다. 과도한 알코올을 섭취해서 혈중 알코올 농도가 높아지게 되면 시야를 조절하는 다른 근육들과 협응하는 기능이 저하되고 사고과정을 통제하는 전두엽 부위의 기능이 낮아진다. 성격적 요소에서는 알코올 섭취는 자기 비판력을 상실시키고 자기 행동에 대한 평가가 부정확해지고 과도한 긍정적 태도를 가지게 한다. 낮은 수준의 알코올 섭취는 기분 상승의 효과를 보이는데 알코올 섭취가 불안감을 감소시켜주기 때문이다(박선영, 2006).

　혈중 알코올 농도(blood alcohol concentration, BAC)는 인체의 혈액 내 알코올 함유량을 의미한다. 혈중 알코올 농도는 mg/ml 또는 %로 나타낸다. 섭취를 통한 혈액 중의 알코올 함유량은 체중, 알코올 분해능력, 성별 등에 따라서 달라질 수 있다. 일반적으로 건강한 성인 남자의 경우 한 시간에 14cc 정도의 알코올(소주나 맥주 1잔 정도)을 분해할 수 있다. 일반적으로 알코올 농도 5% 정도의 맥주를 섭취하는 경우, 혈중 알코올 농도가 맥주 2잔(350ml)에서는 0.02~0.04% 그리고 맥주 3~5잔(525~875ml)은 0.05~0.10%에 도달하게 된다(최인섭, 박철현, 1996). 중추신경계는 알코올 섭취 후 몇 분 만에 영향을 받기 시작한다. 알코올 섭취를 멈추면 1시간 이내에 혈중 알코올 농도가 최고조에 이르고 완만한 선형을 이루면서 감소한다. 섭취된 알코올의 95% 정도는 신체 대사활동을 통해서 제거되고 나머지는 소변이나 호흡을 통해서 배출된다.

체내 알코올 분해 속도는 운동이나 카페인 섭취와는 상관이 없으며 개인차가 크다. 소량의 알코올 섭취는 도취감과 자신감을 상승시키는 효과를 주는데, 이는 억제성 시냅스를 억압하기 때문에 발생하는 현상이다. 알코올 섭취가 증가할수록 억제성 시냅스와 흥분성 시냅스 모두 억압되고 도취 상태는 점차적으로 약해진다. 더 많은 알코올을 섭취하게 되면 사고 능력이 저하되고 판단력도 손상된다. 정서가 불안정해지고 잠에 빠지기 쉬워지지만 REM 수면은 억제되어 깊이 있는 숙면은 취하지 못한다.

Zimberg(1982)의 연구에 따르면 미국 성인 10명 중 1명은 알코올 사용에 관한 심각한 문제를 가지고 있는 것으로 나타났다. 장기간에 걸친 알코올 섭취는 간경화나 암과 같은 신체적 질병을 발생시킬 수 있다. 간 손상 이외에도 위장 질환이나 혈관계 및 신경계 이상과 그 밖의 여러 가지 다른 의학적 문제를 발생시킬 수 있다. 알코올 과다 섭취가 뇌 기능에 부정적인 영향을 준다는 것은 여러 연구가 공통적으로 밝혀내고 있는 내용이다. 알코올 문제가 있는 사람은 그렇지 않은 사람에 비해서 사고가 발생할 가능성이 확실히 높다. 일을 마치고 술을 마시는 것도 다음 날 사고발생 확률을 높인다. McFadden(2002)의 연구에 따르면 38만 명의 항공기 조종사들을 대상으로 한 대단위 조사에서 음주 비행으로 적발된 경험이 있는 조종사는 그런 경험이 없는 조종사에 비해 비행 중 음주로 인한 문제를 발생시킬 확률이 3.5배나 더 높았다. 이러한 원인은 알코올이 판단 능력에 손상을 가져오고 자신의 능력을 과대평가하도록 만들기 때문이다.

Tiplady, Franklin, Scholey(2004)는 알코올 섭취가 과대 확신으로 이어지는 과정을 연구했다. 3일 연속으로 대학생들에게 다른 양의 알코올을 섭취하도록 하고 일반 상식 검사를 수행하는 연구를 진행했다. 상식 검사는 어떤 답을 했더라도 비슷한 점수가 되도록 조작되었다. 실험 결과 알코올 섭취량이 증가할수록 참가자들의 수행에 대한 과대 평가 경향이 증가했다. 또 다른 연구에서는 알코올이 실수-지각에 특별한 효과가 있다는 것을 보고했다. 연구자들은 알코올이 반응 정확성과 속도에 영향을 미치지만 속도보다는 정확성에 더 많은 영향을 주고 있다고 강조하는데, 술에 취한 사람은 속도를 유지하는 데 과도하게 신경을 쓰다가 실수가 증가한다는 것이다. 음주 후에 왜 실수가 많아지고 사고가 증가하는지를 설명하는 실험이라고 할 수 있겠다.

알코올은 생리적 손상과 더불어 반사회적 행동, 불법적 행동, 위험한 행동에 복합적으로 작용하는 것으로 나타난다. 알코올 중독에서 회복된 사람들은 뇌 전두엽 기능에 손상을 입어서 적절한 주의집중이나 계획하기, 문제해결 기능 등에 영구적인 신경학적 결손을 경험한다(Tedstone & Coyle, 2004).

2) 약물과 생리작용

감기약이나 멀미약, 두통약 혹은 진통제 등 쉽게 복용할 수 있는 약물에는 항히스타민제(antihistamine)가 포함되어 있기 때문에 진정효과를 주게 된다. 그러나 진정효과의 대표적인 부작용은 졸음이나 멍한 상태를 만들고 순발력을 저하시킬 수 있다. 미국 국민의 5% 정도는 벤조디아제핀, 클로르디아제폭시드(상표는 리브륨), 디아제팜(상표는 발륨) 등의 약물을 불안이나 불면 등의 이유로 처방받아 사용하고 있다(Taylor, McCracken, Wilson, & Copeland, 1998). 벤조디아제핀계 약물은 효과가 오래가기 때문에 복용 후 다음 날까지도 정상적인 심신기능을 회복할 수 없는 경우가 많다.

마리화나는 알코올과 마찬가지로 흔하게 사용되는 향정신성 약물이다. 흡입 후 10~30분 이내에 혈액에서 최고 농도에 도달하게 되어 2~3시간 이상 지속된다. 낮은 농도로 마리화나를 복용하면 알코올이나 벤조디아제핀과 같은 진정-최면 효과가 나타난다. 높은 농도로 마리화나를 복용하게 되면 LSD 복용과 비슷한 황홀감이나 환각 혹은 고양된 감각을 경험할 수 있다. 마리화나의 사용은 정신운동 수행과 인지 및 과제 수행에 손상을 줄 수 있다.

Butler와 Montgomery(2004)는 엑스터시(암페타민 유도체)를 복용한 경우 충동성과 위험 감수가 증가한다고 보고했다. 코카인 복용도 공격성을 증가시킨다는 연구 결과가 있다. 코카인은 복용을 중단하더라도 지속적으로 집중력이 저하되어 일상적인 활동에 지장이 올 수 있다. 암페타민과 코카인 등은 사람의 성격 특성에 큰 영향을 줄 수 있다. 암페타민은 피로를 쫓기 위해서 주로 사용되고 일시적으로 도취감이나 정신적 각성과 지적능력의 증가 그리고 안녕감을 경험하게 한다. 코카인은 피로감을 줄여주는 대신 활력이 증가되는 기분이 들지만 복용량이 증가할수록 운동 협응능력은 현저히 저하되기 때문에 정상적인 활동을 할 수 없다. 높은 용량의 코카인 사용은 과대망상과 충동성을 유발한다.

또한 코카인을 정제한 환각제인 크랙이나 메타돈 또는 엑스터시 등의 복용은 인지

기능에 치명적인 손상을 일으킨다. 메타돈은 몰핀과 같은 진통효과를 가지고 있으며, 헤로인 중독자들의 금단증상을 완화하기 위해서 사용하는 대용물이지만 도취감을 유발하지는 않는 것으로 알려져 있다. 바비튜레이트(진정제의 일종)는 복용량에 따라 도취감에서 졸림까지 다양한 증상을 나타낼 수 있다. 바비튜레이트의 효과는 알코올과 유사한데 개인에 따라서 공격성이나 우울증을 유발하기도 하고 판단력에도 문제를 야기한다. Friedel과 Staak(1993)은 바비튜레이트가 단순 혹은 복잡한 과제의 반응시간을 증가시키고, 표적 탐지를 감소시키며, 운동 제어와 협응을 손상시킨다고 보고했다.

아편제의 대표적인 약물인 몰핀은 도취감을 유발한다. 정제되지 않은 아편(阿片, opium)은 몰핀이나 코카인을 포함한 다양한 성분을 가지고 있다. 헤로인은 몰핀의 반합성 변형물로 몰핀보다 세 배 정도 강력한 효과를 나타낸다. 아편계 약물은 진통제로서는 합법적인 의약품이지만 그렇지 않은 경우는 마약으로 분류된다. 아편계 약물의 효과는 대개 3~5시간으로 단기적이지만 내성이 빨리 생기고 갈망과 불안, 발한, 발열, 구토, 경련, 설사와 통증이 동반되는 금단 증상을 일으킨다. LSD, 메스칼린, 실로시빈, 펜시클라이드와 같은 환각제들은 시간과 지각을 왜곡하게 하고 심신기능 전체에 큰 영향을 주어서 정상적인 일상생활을 수행할 수 없도록 만든다(Vingilis & Macdonald, 2002).

약물 오남용은 대체로 한 가지 약물에서 시작되어 여러 가지 약물을 동시에 사용하는 단계로 나아가게 된다. 마리화나와 알코올, 엑스터시와 마리화나, 코카인과 알코올 등은 흔히 함께 사용되는 약물들이다. 이러한 약물 혼용은 더 강력한 신경생리학적 작용을 할 수 있다. 예를 들어, 알코올과 바비튜레이트의 혼용은 더 강한 진정효과를 가져다준다. 마리화나의 경우도 알코올과 함께 사용될 경우 운동기능이나 판단 능력에 더 큰 손상을 가져다줄 수 있다. 알코올과 같은 이완제와 코카인이나 암페타민 같은 흥분제 약물을 같이 사용하는 것은 더욱 복잡한 영향을 발생시킨다. 어떤 약물을 먼저 복용하였는가에 따라 효과가 달라지는 경우도 있다. 예를 들어, 알코올을 먼저 섭취한 상태에서 코카인을 복용하게 된다면 훨씬 더 코카인 섭취를 촉진할 수 있는데 이것은 코카인의 흥분작용을 강화하게 된다. 그러나 코카인을 섭취한 상태에서 알코올을 섭취하는 것은 알코올 작용에 거의 영향을 미치지 않는다(Pennings, Leccese, & Wolff, 2002). 향정신성 의약품들이 알코올과 결합될 때는 공격성이 더욱 증가되고 피로를 가중시켜 일상의 위험도 늘어나게 된다.

3) 중독

(1) 중독 물질 분류와 중독 증상

중독 물질은 각 특성에 따라서 억제제, 각성제, 진정제, 환각제의 네 가지 분류체계로 구분할 수 있다. 억제제(depressants)는 약물이 신체적인 마취 효과를 가져 오는 경우이다. 대표적인 물질로는 알코올, 바비튜레이트, 발륨, 할시온 등이 있다. 각성제(stimulants)는 각성 효과를 가져 오고 기분을 고양시키는 물질이다. 대표적으로는 암페타민, 코카인, 니코틴, 카페인 등이 있다. 진정제(opiates)는 단기적으로 고통을 못 느끼게 하고 기분을 고양시키는 물질이다. 대표적으로는 헤로인, 아편, 코데인, 몰핀 등이 있다. 환각제(hallucinogens)는 감각을 변화시키며 망상이나 환상, 환각을 일으키는 물질이다. 대표적으로는 마리화나, LSD 등이 있다.

이러한 물질의 병적인 사용은 다음의 몇 가지 중독 증상으로 나타난다. 첫째, 온종일 약물을 복용한 상태로 있다. 둘째, 물질 사용을 줄이는 데 실패한다. 셋째, 일시적으로 사용을 중단하거나 특정한 시간에 사용하는 방법으로 물질 사용을 통제하려고 시도하지만 성공하지 못한다. 넷째, 신체적으로 문제가 생겼음에도 불구하고 지속적으로 물질을 사용한다. 다섯째, 적절한 기능을 수행하기 위해서 물질을 매일 사용해야 한다. 여섯째, 물질 사용에 따른 신체적 부작용을 경험하게 된다.

(2) 중독 단계

물질이나 행위에 중독되는 것은 완만하고 지속적으로 이루어질 수도 있고 급성적일 수도 있지만 일반적으로 다음의 단계를 거치게 된다. 우선 중독 물질이나 행위 등을 일상생활에서 사용하거나 가담하는 것으로 사용자의 생활에 전혀 지장을 주지 않는 사용 단계(use stage)이다. 예를 들어, 술을 사교적인 상황에서만 마시는 경우, 또는 카지노에 가지만 도박 중독에 빠지지 않고 단지 그 순간을 즐기는 경우를 말한다. 아직까지는 직장생활이나 가정생활 등에 아무런 지장을 주지 않는 단계이다. 사용 단계는 적당한 술이나 도박을 통해 오히려 삶의 활력을 얻는 정도를 말한다. 다음으로는 마약이나 술 등에 심하게 취하게 되는 만취 단계(intoxication stage)이다. 이 상태가 되면 판단력이 흐려지고 감정이 변하게 되며, 신체적인 반응이 둔감하거나 민감한 상태를 나타낸다. 그러나 취한 상태가 오래 지속되지는 않는다. 남용 단계(abuse stage)는 중독 물질의 사용이 문제가 되는 단계이다. 중독 물질이나 행동 때문에 생활 리듬이 깨지고, 직장이나 가정 그리고 전반적인 인간관계에서 문제가 발생하는 단계이다. 술의 경우는 음주운전 같은 사건에 연루되기도 하고, 결근을 하게 된다든지 기타 형사적 책임을 져야 하는 범죄를 저지르기도 한다.

의존성(dependence)의 경우에는 물질에 중독되어 헤어날 수 없는 경우를 말한다. 신체적으로 나타나는 의존성의 특징은 중독된 물질의 양을 늘려야지만 효능을 느끼는 내성이 발생한다는 것이다. 신체적으로 효능이 떨어지면서 신체·생리적으로 기능이 저하되는 금단 증상을 보이기도 한다. 금단 증상들은 구토, 설사, 오한이나 고열, 두통, 우울, 불안, 망상, 환각과 환청까지 나타날 수 있다(Kalant, 1989).

(3) 갈망과 재발의 위험

중독에 대한 진단은 의존, 남용, 만취, 금단 증상 등의 여러 가지 분류가 가능하다. 중독에 대한 진단은 다양할 수 있지만 공통점은 갈망 증상으로 인해 재발하기 쉽다는 것이다. 갈망은 중독 물질에 대한 강한 욕구를 말한다. 술이나 니코틴 등의 중독 물질 사용을 중단할 경우, 중독 물질에 대한 강한 갈망을 느끼게 된다. 갈망은 이전 중독 물질 사용에서 오는 쾌감에 대한 기대가 강한 유발 요인으로 작용하게 된다. 따라서 갈망이란 중독 물질 사용에 대한 긍정적인 기대감이라고 표현할 수 있다.

이러한 관점에서 갈망에 대한 인지적인 역할이 강조된다. 대체로 갈망은 중독자들이 단주를 했다가 술에 노출되면 신체적인 반응을 일으키고, 술에 대한 긍정적인 인지적 역할이 갈망을 행동으로 촉진시키는 역할을 한다. 즉, 단주를 한 사람이 술을 보고 마시고 싶은 충동을 느꼈을 경우, 그 순간 술 마신 결과를 경험한 쾌감에 빠져들면서 긍정적인 내적 대화를 하게 되면 술을 마시는 행동으로 이어질 가능성이 높아진다. 그러나 술을 마셨을 때 파생하는 부작용과 문제점에 초점을 맞추면 음주를 억제하는 행동으로 이어질 가능성도 높아질 수 있다.

중독 치료에서 가장 문제가 되는 것은 높은 재발률이다. 대체로 효과적인 중독 치료 프로그램도 재발률이 60~70%에 달하기도 한다. 따라서 중독 치료 프로그램의 성과는 재발률을 어떻게 방지하느냐에 달려 있다고 해도 과언이 아니다. 중독 물질에 대한 재발 예방은 치료의 종결 후에 하는 것이 아니라 치료를 시작하자마자 동시에 시작되어야 한다. 중독 치료가 실패하고 재발되는 이유로는 다음의 세 가지 요소가 지목된다.

첫째는 부정적인 정서 발생이다. 우울감이나 분노 혹은 고독감과 같은 부정적인 정서는 과거에 부정적인 감정을 줄이는 데 기능적으로 작용했던 중독 물질을 재사용하고 싶은 충동을 발생시킬 수 있다. 따라서 재발을 막기 위해서는 치료 대상자들에게 효과적인 스트레스 관리법을 습득시키는 것과 함께 부정적 정서를 약물이나 물질을 사용하지 않고 대처하는 방법을 학습시킬 필요가 있다. 둘째는 사회적 압력 증가이다. 중독 물질을 복용하던 집단이나 관련된 사람들과의 관계를 지속하는 것은 다시 중독 물질을 접하기 쉽도록 만들 수 있다. 따라서 재발을 방지하기 위해서는 집단 압력을 거부하는 훈련이나 새로운 사회적 집단에 소속되는 것을 권해줄 필요가 있다. 셋째는 대인관계의 갈등이다. 배우자나 친구, 동료 등과 갈등이 발생하게 되면 중독 물질로 긴장이나 갈등을 해소하려는 유혹을 느끼게 된다. 따라서 재발을 막기 위해서는 치료 대상자에게 효과적인 사회기술을 가질 수 있도록 훈련할 필요가 있다.

4 감각과 심리작용

우리는 눈, 귀, 코 등의 감각기관을 통해 세상을 알아간다. 감각기관은 인간이 환경 변화에 적응하며 능동적으로 대처하기 위해서 반드시 필요하다. 우리는 시각을 통해 사물과 환경에 대한 구체적인 지식을 얻으며, 청각을 통해서는 소리를 이해하고 정확한 의사소통의 근거를 마련한다. 피부 감각은 아픔이나 뜨거움과 차가움 등의 정보를 전달해주며 이런 정보들을 바탕으로 우리는 환경 변화에 대처할 수 있다. 따라서 감각기관의 기능에 이상이 발생하면 환경을 통해 받아들이는 정보가 부정확하거나 충분하지 못할 수 있으며, 생명을 유지하고 보호하는 데 지장이 생길 수도 있다. 감각기관을 통해 신경 중추로 전달된 정보들은 환경이나 자기 신체 내의 변화를 인식하는 단서를 제공해주지만 감각 정보 자체를 의식하지는 못한다.

유기체는 자극을 단순히 받아들이는 것으로 끝나는 것이 아니라 대상의 의미와 형태의 본질과 같은 포괄적이고 추상적인 특징을 지각하는 단계로까지 나아간다. 즉, 유기체는 감각을 종합해 의미를 찾아 지각하려는 특성을 가지고 있다. 지각 특징 중 하나는 외부 환경이 가진 의미를 조직화된 환경 속에서 인지하는 것이다. 감각 수용기로 들어오는 물리적인 에너지로서의 자극은 광선이라는 빛 에너지로 감각되지만 유기체는 분리된 감각 정보들을 하나의 대상으로 조합해낸다. 그리고 망막상의 위치 변화가 실제 움직임 때문인지 아니면 유기체 자신의 움직임 때문인지를 지각하게 된다.

시각장에서 정보들을 탐지할 수 있는 한계는 수평상 180° 이상 되는 영역이며(좌우로 각 90°) 수직면상으로는 130° 이상의 영역(상하로 각 65°)까지이다. 그러나 명확한 시각은 아주 작은 영역(중심으로부터 30°)으로 한정되고 그 범위를 넘어서는 것은 불분명하게 인식된다. 분리되어서 제시되는 정보는 종합적 탐지를 통한 확인과 해석을 필요로 한다. 여기에 지각 체계화의 원리와 깊이 지각, 형태 재인 과정 및 주의 과정 등이 관여하게 된다.

심리학에서는 우리가 경험하는 지각 세계를 이미 구성된 것들로 파악한다. 이것은 주변 환경의 상태를 알아내기 위한 단서를 제공하는

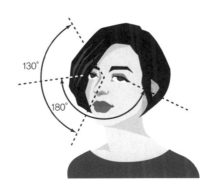

그림 4.1 성인의 시야각

것은 감각 정보이지만 지각을 형성하는 것은 가설이나 구성 그 자체임을 의미한다. 이것에 관한 예는 맹점이다. 맹점에는 감각 정보를 받아들일 수 있는 세포나 구조가 없지만, 우리는 그 부분을 텅 빈 공간으로 보지 않고 채워서 지각하게 된다. 맹점은 상의 나머지 부분들이 제공한 감각 정보들로 채워진다.

1. 감각

1) 감각 경로

감각 경로란 유기체 내부와 외부로부터의 정보를 뇌로 전달하는 경로를 말한다. 이 경로는 자극을 받으면 특정한 감각 경험을 유발한다. 따라서 인간은 환경을 직접 경험하는 것이 아니라 자극들의 물리적 에너지가 신경계를 촉발시키는 활동 패턴을 통해서 경험하는 것이다.

물리적 에너지 → 수용기전압 변화 → 생성전압 → 신경흥분 → 구심부호 → 감각 경험/행동

위의 경로는 감각 경로를 나타낸 것이다. 물리적 에너지로부터 우리가 경험하고 행동하기까지의 단계를 보여주고 있다. 여기서 수용기란 어떤 물리적 에너지의 작은 변화에도 반응하도록 되어 있는 세포 또는 세포군을 말한다. 예를 들어, 후각과 미각 수용기는 화학물질에 반응하는 반면 시각 수용기는 제한된 범위의 빛(광 전자) 에너지에 반응한다. 유기체가 주변 세계를 파악하기 위해서는 물리적 에너지를 신경계 내 활동으로 바꾸어야 하는데, 이 과정을 변환이라고 한다. 변환은 자극을 모든 뉴런이 이해할 수 있는 언어, 즉 신경흥분으로 바꾸어 주는 것이다. 이 과정에서 수용기는 물리적 에너지를 전압으로 바꾸는데 이것을 수용기전압이라고 한다. 이러한 전기적 자극들 중 신경흥분을 유발시키는 것을 생성전압이라고 한다. 그리고 환경이나 사건에 의해서 발생하는 신경흥분 패턴을 구심부호라고 하며, 이것이 마지막에는 감각 경험이나 행동을 유발하게 된다.

2) 정신물리학

감각 경로에서 중요한 단계는 신경흥분과 행동 사이에서 일어나는 사건들이다. 이것에 대한 연구로 물리적 자극 특성과 심리적 경험, 특히 감각 경험 간의 관계를 다

루는 학문이 바로 **정신물리학**이다. 정신물리학은 환경에서 일어나는 자극 탐지의 물리적 에너지와 감각 경험 간의 관계를 수치화하는 것이 연구 목적이다. 여기서 수치화란 감각 반응과 같은 원 자료를 쉽게 해석할 수 있는 점수 형태(등급이나 함수관계 등)로 바꾸는 것을 말한다.

(1) 절대역

유기체의 감각 수용기를 흥분시켜 물리적 에너지를 탐지하도록 하려면 최소한의 에너지가 있어야 한다. 이 최소한의 물리적 에너지 수준을 **절대역**(absolute thresholds)이라고 한다. 감각 수용기 민감도는 여러 원인 때문에 다소 불규칙적으로 변하므로 절대역은 유기체의 반응을 여러 번 측정해서 정한다. 일반적으로 절대역을 찾아내는 방법은 다양한 크기의 물리적 에너지들을 100번씩 제시해서 50번(50%) 탐지할 수 있는 크기로 결정된다.

시각의 경우 구름이 끼지 않은 캄캄한 밤에 300m 떨어진 거리에서 놓여 있는 전구의 불빛을 탐지해 내는 것이라고 정했다면, 절대역이란 전구의 불빛을 100번 중 50번 볼 수 있는 물리적 강도를 말한다. 따라서 절대역이라는 이름과는 다르게 사람마다 절대역은 다를 수 있다. 절대역이 낮은 사람은 더 예민한 감각기관을 가지고 있다고 할 수 있다.

(2) 변별과 차이역

두 자극이 차이가 있다는 것을 변별할 수 있는 최소한의 에너지 차이를 **차이역**(difference thresholds)이라고 한다. 1800년대 중반 독일의 생리학자였던 웨버는 물리적 자극의 크기와 차이역 간의 관계를 발견했다. 사람들은 약한 자극의 경우 물리적 에너지가 조금만 증가해도 그 변화를 쉽게 파악하는 반면, 강한 자극의 경우에는 비교적 많이 증가해야지만 변화를 파악할 수 있었다. 웨버가 발견한 법칙에 따르면 차이역을 얻는 데 필요한 자극의 양은 한 자극 크기의 일정한 비율로 증가한다.

웨버의 법칙은 $k = \Delta I/I$로 나타내는데 여기서 델타 I는 차이역에 도달하기 위해 증가해야 하는 에너지 양이고 I는 원래 자극의 크기이다. 따라서 k가 작아질수록 감각이 예민한 것이다. 웨버의 법칙은 극단적으로 크거나 작은 물리적 자극을 제외하고는 잘 들어맞는 상당히 보편적인 법칙이다.

차이역에 대해 관심을 가진 또 다른 과학자 페히너는 웨버의 발견을 보다 일반화시키고자 했다. 페히너는 최소 에너지 수준부터 최대 에너지 수준까지의 모든 물리적 크기에 대한 감각 반응을 측정했다. 이것을 통해 페히너는 물리적 강도가 대수함수로 증가할 때 감각 반응과 강도는 산술적으로 증가함을 발견했다. 페히너가 발견한 함수는 $S = C \log M$으로 표현된다. S는 감각의 크기, M은 자극의 물리적 크기 그리고 C는 상수를 의미한다. 페히너의 법칙을 일반적인 환경을 통해서 설명하자면 자연이 인간에게 아무리 많은 에너지를 공급하더라도 인간은 조금씩밖에 돌려주지 않는 성질을 가지고 있다는 것이다.

1930년 무렵 하버드대학교의 심리학자 스티븐스는 물리적 자극과 감각-반응 간의 관계를 보다 정확히 기술하는 법칙을 발견했다. 이것은 스티븐스의 법칙이라고 불리며, 어떤 감각 크기는 자극의 물리적 크기를 몇 자승한 것의 함수인 $S = kI^n$로 표현된다. 스티븐스의 법칙에서 S는 감각의 크기, I는 자극의 물리적 크기, k와 n은 상수다. 지수 n의 크기는 특정 감각에 좌우된다. 예를 들어, 빛의 밝기인 명도 지수는 33인데, 이것은 두 배 밝도록 조명하려면 실제로 빛 자극을 두 배 상승시켜야 하는 것이 아니라 거의 여덟 배 정도 증가시켜야 한다는 뜻이다. 전기 충격의 경우 n은 3.5인데, 이것은 물리적 강도를 약간만 증가시켜도 큰 감각 반응이 나타남을 보여준다.

웨버, 페히너, 스티븐스의 연구들은 물리적 세계와 심리적 세계를 연결해주는 근본 법칙이 있음을 밝혀내었다는 의의를 가진다. 이 연구들은 신경계가 물리적 자극들을 처리할 때 절대적 크기보다는 상대적 크기로 자극들을 분석함을 시사한다. 따라서 신경계에서 일어나는 정보처리를 제대로 살펴보기 위해서는 자극 자체도 중요하지만 자극 간의 상대적 관계를 더욱 세밀하게 살펴볼 필요가 있다.

3) 신호탐지이론

웨버, 페히너, 스티븐스 등이 주로 차이역에 대해서 연구했다면 최근의 심리학자들은 다시 절대역에 대해 관심을 가지기 시작했다. 기계를 통해 문명을 구축해가고 있는 현대 사회는 수많은 방해 자극들 속에서 미세한 표적 자극을 탐지해내기를 요구받기 때문이다. 신호탐지이론(signal detection theory, SDT)에서는 최소 자극 탐지에 영향을 주는 방해 자극 판단 경향을 고려한다. 신호탐지이론은 절대역 개념을 버리고 신호 자극에 대한 개념을 탐지를 방해하는 자극들(noise) 중에서 보통 정도로 탐지되는 것이라는 새로운 가정에서 출발한다.

버스정류장에서 행선지를 알려주는 안내방송을 듣고 있다고 생각해보자. 정류장 주변에는 여러 가지 소음이 있기 때문에 소음은 걸러내고 안내방송 소리를 잘 탐지해야 한다. 하지만 여러 소음의 방해 때문에 원하는 신호를 탐지해낼 수도 있지만, 못할 수도 있다. 신호탐지이론은 절대역 주변의 신호를 유기체가 판단할 때 방해 자극들 때문에 어떤 결정 기준을 정하여 반응함을 의미한다. 절대역 주변의 자극들을 판단할 때 사람들의 반응은 다음의 네 가지 범주로 구분된다.

첫째는 목표 자극, 즉 신호가 제시되었을 때 정확히 탐지하는 반응이다(적중, hit). 둘째는 목표 자극이 전혀 제시되지 않았는데도 자극을 탐지했다고 보고하는 경우이다(거짓 경보, false alarm). 셋째는 목표 자극이 제시되지 않았을 때 제시되지 않았다고 보고한다(정확한 거부, correct rejection). 넷째는 목표 자극이 제시되었는데도 방해 자극이라고 생각하고 자극이 제시되지 않았다고 보고하는 것이다(실수, miss).

이 반응들 중 중요한 것은 적중률과 거짓 경보율이다. 두 사람이 같은 적중률을 보였더라도 거짓 경보율이 더 작은 사람이 보다 제대로 반응한 것이다. 신호탐지이론에서는 이상의 네 범주의 반응 비율들이 세 가지 요인들에 의해서 결정된다.

첫째는 신호탐지의 정확도를 결정하는 주된 요인은 신호와 방해 자극 간의 관계라고 보았다. 예를 들어, 방해 자극이 많아지면 거짓 경보와 실수가 많아지게 된다. 둘째는 개인에 따라서 신호에 대한 민감도가 다르다는 것이다. 예를 들어, 시력이 좋은 사람은 나쁜 사람에 비해 시각적 자극을 훨씬 더 정확하게 탐지할 수 있다. 셋째는 개인의 반응 기준이 앞에서 언급한 네 가지 범주의 반응 비율을 결정한다는 것이다. 만약 어떤 사람이 매우 엄격한 판단 기준을 가지고 있다면 확신을 가질 수 있는 경우에만 자극을 보았다고 보고할 것이다. 이러한 사람은 엄격한 기준을 가지고 있기 때문에 거짓 경보 반응은 거의 하지 않을 수 있다. 하지만 목표 자극을 더 많이

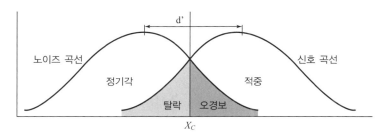

그림 4.2 신호탐지이론

놓칠 수도 있을 것이다.

이처럼 신호탐지이론은 감각에 있어서 민감도와 비감각적 요인들을 분리하는 데 성공함으로써 이전까지의 정신물리학이 풀지 못한 문제들을 해결하는 데 기여했다. 신호탐지이론에 기초하여 사람들의 반응 경향성을 분석해본 결과, 감각처리 단계와 판단 과정 단계에 각기 다른 요인들이 영향을 미치고 있음이 드러났다. 신호탐지이론의 중요성은 지각과정에 있어서 판단 과정의 특성과 이것에 영향을 주는 요인들을 구별하여 살펴보는 데 있다.

2. 시 감각 기능과 특성

외부 환경에 대한 정보는 약 80%가 시 감각 기관을 통해 수용된다. 그러나 본다는 것은 우리 삶의 한 부분으로 너무 당연히 취급되고 있어서 시각 과정들이 어느 정도로 놀랍게 이루어지고 있는지는 제대로 알지 못한다.

1) 물리적 자극 : 빛

시각 탐지는 물체가 방사하거나 반사하는 전자 방사선에서부터 출발한다. 전자 방사선은 파형의 특징을 가지고 있는데 장도와 파장이 다르다. 전자파는 파형의 한쪽 꼭대기에서 다른 꼭대기까지의 거리로 측정되는데 이것을 파장이라고 한다. 파장들의 전 범위를 전자 스펙트럼이라고 하고, 그중에서 인간의 시각체계가 수용할 수 있는 제한된 범위를 가시광선이라고 한다. 빛 파장을 표시하는 단위로는 나노미터(nm)를 주로 사용하는데, 1m를 10억 분의 일로 쪼갠 크기를 말한다. 가시광선은 400nm(보라색)에서 700nm(빨간색) 사이에 있다.

가시광선인 백색광이 실제로는 여러 색깔의 파장으로 이루어져 있다는 것은 뉴턴이 처음 발견했다. 뉴턴은 프리즘을 이용해서 빛을 분광한 후 다시 렌즈를 써서 백색광으로 만드는 실험을 했다. 프리즘은 보라색을 유발시키는 짧은 파장을 빨간색을 유발시키는 긴 파장보다 더 많이 굴절시킨다.

2) 눈 구조와 기능

눈에는 기능적으로 중요한 네 부분인 각막, 홍채, 수정체, 망막이 있다. 빛은 각막을 통해 눈으로 들어오는데, 각막 표면이 곡선 형태를 이루고 있기 때문에 빛은 망막의 한 곳으로 수렴된다. 홍채는 동공을 통해 눈으로 들어오는 빛의 양을 조절한

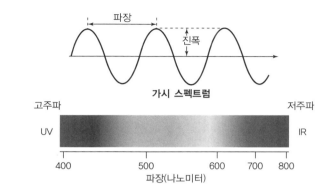

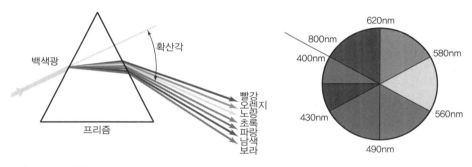

그림 4.3 빛 파장

다. 동공은 눈 중앙의 검게 보이는 부분으로 열린 틈이다. 대상을 바라볼 때나 주의를 집중할 때 동공은 커지게 된다. 동공을 통과한 빛은 수정체를 거치는데 수정체는 망막에 상이 잘 맺히도록 초점을 맞추는 기능을 한다. 모양근은 물체의 거리에 따라 수정체 두께를 조절한다. 홍채 작용과 수정체 활동은 모두 반사적이다.

　망막은 원추세포와 간상세포라는 두 종류의 수용기 세포들로 구성되어 있다. 이들이 빛 에너지를 신경흥분으로 변환시킨다. 원추세포는 망막에서 가장 예민하고 세분화된 부위인 중심와(fovea centralis)에 집중적으로 모여 있다. 원추세포들의 밀집 정도에 따라서 시력이 결정된다. 또 색깔을 혼동하거나 잘 구별하지 못하는 것은 원추세포에 이상이 있기 때문이다. 간상세포는 중심와에서 약 20도 떨어진 곳에서부터 말초에 이르기까지 밀집해 있는데 명암 정보를 처리하며 주로 어두울 때 활동한다. 밝은 곳에 있다가 어두운 곳으로 갑자기 이동하면 처음에는 아무것도 보이지 않다가 차차 주위가 보이기 시작하는 것은 간상세포가 어두움에 적응했기 때문이다.

　절대역을 측정하는 실험을 통해서 밝혀진 사실은 처음 7~8분 동안은 원추세포가

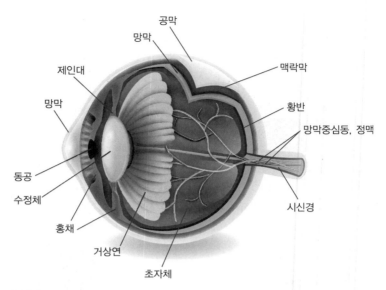

그림 4.4   눈의 구조

작동하여 어두운 곳에서 대상들을 보게 되며, 그다음 약 40분 정도까지 간상세포가
작용하여 대상들을 분명히 식별하게 된다는 것이다. 이것이 바로 암순응 과정이다.
원추세포와 간상세포는 이처럼 민감도가 다른데 이러한 민감도 차이는 푸르키네 전
이(shift) 현상을 만들어내기도한다. 체코의 심리학자 푸르키네(Purkinje)가 발견한
이 현상은 밝게 보이던 빨간색 꽃이 해가 질 무렵에는 파랑색 꽃보다 더 어둡게 보
이는 현상이다. 이것은 원추세포가 주도하는 주간시(day vision)가 간상세포가 주도
하는 야간시(night vision)로 바뀔 무렵, 즉 황혼 무렵에만 경험할 수 있는 현상이다.
간상세포는 추상세포보다 단파장(청색) 빛에 더 민감하고 추상체는 장파장(적색) 빛
에 더 민감하다. 그래서 해 질 무렵에는 붉은색 물체보다 청색 물체들이 더 밝게 보
이는 푸르키네 전이현상이 발생한다. 암순응 현상과 푸르키네 전이현상은 모두 망
막이 두 유형의 수용기들로 구성되어 있다는 이중구조 이론(duplex theory)을 지지하
는 현상들이다.

3) 시각 신경흥분 과정

원추세포와 간상세포는 감광성 색소를 가지고 있다. 빛이 세포 속의 색소들을 자극
하면 색소 미립자들의 화학구조가 변하게 된다. 이 과정에서 전기 에너지가 방출된
다. 이어서 일련의 전기적 자극이 일어나 수용기전압이 생성된다. 원추세포와 간상

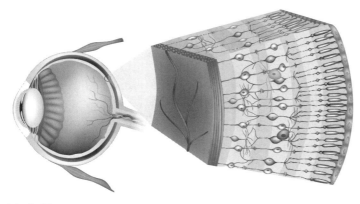

그림 4.5 망막 세포들

세포로부터 유발한 전기적 활동은 망막의 수평세포(horizontal cell), 양극세포(retinal bipolar cell), 아마크린세포(amacrine cell)를 거쳐 신경절세포(gangliocyte)로 전달된다.

수평, 양극 및 아마크린세포들을 일명 중간 세포층이라고 하는데, 이들은 여러 세포에서 오는 정보를 한 세포에 전달하거나 한 세포의 정보를 여러 다른 세포에게 보내는 일을 한다. 특히 수평세포와 아마크린세포들은 망막에서 정보를 수평적으로 전달한다. 이처럼 외측으로 정보를 전달하는 현상 때문에 외측억제가 생긴다.

(1) 외측억제

인간의 밝기 지각은 대상에서 반사되는 빛 강도를 그대로 반영하지는 않는다. 대신에 지각 과정이 환경의 중요한 측면을 부각시키려고 하는데, 대상의 모서리나 윤곽을 강조하는 것에 관여하는 것이 외측억제(lateral inhibition)이다. 대부분의 대상 경계에는 밝기 차이가 뚜렷한 윤곽이 있는데 그 윤곽에서 밝은 쪽은 더 밝게, 어두운 쪽은 더 어둡게 처리한다. 이것이 가장 일반적인 외측억제 현상이다. 외측억제를 확인할 수 있는 예로 허먼의 격자(grid)를 들 수 있다. 허먼의 격자에서 흰색 교차점에는 검은색 반점이 보인다. 이것은 눈이 연속적으로 진동하고 있다는 사실과 함께 눈이 윤곽 지각에 깊이 관여하고 있는 것을 보여준다.

망막 부위에 있는 세포들이 서로를 억제하기 때문에 물체의 윤곽이 더 뚜렷이 지각된다. 같은 회색이지만 주변에 흰색 배경 또는 검은색 배경이 있는지에 따라 회색의 밝기가 다르게 보이는 현상, 즉 명도대비는 망막에서 외측억제가 발생했기 때문이다.

그림 4.6 허먼 격자

(2) 명도대비

명도대비(brightness contrast)는 공간적으로 인접한 표면들 간에 밝기 차이가 날 때 변화가 있는 부분을 더 두드러지게 지각하는 현상을 말한다. 중간 세포층으로부터 정보를 받는 신경절세포는 긴 축색돌기를 가지고 있는데 이들이 시신경(optic nerve)을 이룬다. 이 축색돌기들은 시상의 외측슬상체(lateral geniculate body)에서 시냅스가 이루어진 다음 신경흥분을 후두엽의 시각영역으로 전달한다.

그림 4.7은 가운데에 회색이 있다. 동일한 회색이지만 왼쪽 회색이 오른쪽 회색보다 더 어두워 보인다. 즉, 둘러싸고 있는 부분과 둘러쌓인 부분의 차이가 더 두드러지게 지각되는 것이다. 이러한 그림을 흰색과 검은색 혹은 노란색과 파란색으로 바꾸면 색채대비(simultaneous color contrast) 현상을 경험하게 된다. 이때 명도대비보다는 덜 두드러지지만 동시색채대비를 경험할 수 있다. 명도대비와 색채대비의 구체

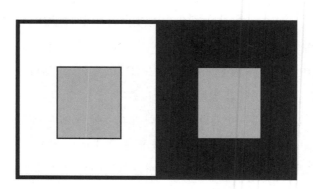

그림 4.7 명도대비

적인 기제는 다르지만 신경세포들 간의 억제라는 기제에 의해서 일어나는 것은 동일하다.

4) 시각과 정신물리의 관계

생리학 연구를 통해 구심신경(afferent nerve)이 색상, 명도, 채도 및 형태에 관한 정보를 어떻게 처리(즉, 부호화)하는지 밝혀지고 있다. 이 연구들은 대개 원숭이나 다른 하등 동물들을 대상으로 망막 시신경 외측슬상체 또는 후두엽의 시각영역 부위에 미세 전극을 꽂은 다음 특정 파장이나 여러 모양의 시각적 자극물들을 제시하고 오실로스코프상에 나타난 신경흥분 패턴을 측정하는 형태로 이루어진다.

(1) 형태

우리가 보는 대상의 형태는 망막, 특히 중심와에 집중되는 빛 에너지(광 전자) 분포에 의해서 좌우된다. 앞에서 언급된 외측억제 과정에서 어두운 부분과 밝은 부분을 더 분명히 구분하는 윤곽이 형성된다. 시 감각 초기단계에서 형태 결정에 기여하는 것은 망막의 중심와에 투사된 빛 에너지의 양과 분포 패턴이다. 대뇌피질의 시각영역에 있는 세포들은 특정한 대상의 형태, 방향 및 운동에 예민한 것으로 알려져 있다. Hubel과 Wiesel(1968)은 고양이와 원숭이를 대상으로 한 연구에서 최소한 세 종류의 생리적 특징 탐지기(feature detector)를 발견했다. Hubel과 Wiesel은 동물 시각 피질의 각 세포에 미세 전극을 꽂은 다음 스크린의 여러 위치에서 흰 막대기, 틈, 각진 모양, 움직이는 막대기 등을 보여주고 각 세포의 신경흥분 정도를 측정했다. 이러한 실험을 통해서 Hubel과 Wisel은 단순세포, 복합세포, 과복합세포를 발견했다.

단순세포(simple cell)는 망막의 어떤 부위에 특정한 방향(45도 경사진 막대기가 투사될 때 등)에만 흥분했다. 복합세포(complex cell)는 자극이 망막 어느 곳에 투사되든지 상관없이 특정한 모양, 움직임 여부, 방향에만 반응했다. 과복합세포(hypercomplex cell)는 일정한 길이와 두께를 가지고 특정한 방향으로 이동하는 자극들에만 반응했다. 일련의 연구를 통해서 뇌 피질에는 형태 특징 탐지기들이 존재하는 것으로 밝혀졌다. 따라서 물체나 형태에 대한 지각은 대뇌피질 차원에서 물체나 형태가 가지고 있는 여러 가지 다양한 특징을 가장 작은 단위 수준으로 분해하여 처리하고 점차 추상화 과정을 통해 추출된 정보를 통합하면서 이루어지는 것으로 보인다.

(2) 색상

색상은 색깔이라고 부르는 시각 경험이다. 색상은 빛 파장에 의해서 결정된다. 망막에는 세 종류의 원추세포들이 있는데, 한 원추세포는 단파장에 예민하게 반응하고, 다른 원추세포는 중파장에 예민 반응을 보인다. 또 다른 세포는 장파장에 예민하게 반응한다. 순수한 파랑은 대략 490nm, 순수한 초록은 520nm, 순수한 빨강은 700nm의 파장을 가진 빛에 의해서 시각적으로 경험된다.

순수한 빨강은 독특한 상황을 만들기도 한다. 바로 가시광선에서 700~780nm 파장의 빨간색은 순수한 빨강으로 감각되지 못한다는 것이다. 왜냐하면 순수한 빨강으로 인식되기 위해서는 파란색 파장이 약간 첨가되어 빨간색에 중첩적으로 혼입된 노란색이 지워져야 하기 때문이다. 빨간색 속의 노란색을 지우기 위해 약간의 파랑색이 필요한 이유는 보색(補色, complementary colors) 법칙 때문이다. 어떤 두 색을 비슷한 비율로 섞었을 때 회색이 되면 그 두 색을 보색관계에 있다고 말한다. 예를 들어, 초록과 빨강, 파랑과 노랑이 보색관계이다.

색깔 인식을 설명하는 이론은 대표적으로 두 가지가 있다. 첫 번째는 삼원색설이다. 영과 헬름홀츠가 제기한 **삼원색설**에 따르면 망막에는 빨강, 초록, 파란색 빛 파장을 처리하는 세 가지 종류의 원추세포들이 있는데, 이들이 서로 상호작용한 결과를 통해 색깔을 지각하게 된다. 예를 들어, 어떤 파장의 빛을 조합하더라도 이 세 가지 기제 각각의 흥분패턴을 단색광에 대한 흥분패턴과 동일하게 만들 수 있다면 동일한 색채를 지각하게 된다는 것이 삼원색설이다. 삼원색설의 또 다른 증거로는 색맹을 들 수 있다. **색맹**은 특정 파장에 반응하는 추상체가 없거나 부족해서 특정 색들을 구별하지 못하는 현상이다.

두 번째 색 인식을 설명하는 이론은 대립과정설이다. 헤링이 제안한 대립과정설에서는 원추세포들이 적-녹, 청-황, 흑-백의 짝을 이루어 대립적으로 작용한 결과, 색깔을 지각하게 된다고 본다. 예를 들어, 적-녹색을 처리하는 세포에 700nm 파장을 가진 빛을 제시하면 이 세포는 안정전압 이상의 신경흥분을 일으켜 붉은색을 지각하게 되고, 같은 세포에 다시 400nm 파장을 제시하면 안정전압 이하의 신경흥분을 보이면서 초록색을 지각하게 되는 것이다. DeValois, Abromov, Jacobs(1966)는 원숭이의 외측슬상체에서 대립과정설을 지지해주는 대립세포들을 발견했다. 실험에서도 파란색으로 감각되는 파장은 외측슬상체의 한 세포를 흥분시키지만 노란색에 해당하는 파장은 같은 세포의 흥분을 억압한다는 것을 밝혔다.

색깔에 관한 삼원색설과 대립과정설은 색채 경험이 일어나는 위치와 과정을 설명하는 것에서 차이가 있다. 망막 수용기 수준에서는 영-헬름홀츠의 삼원색설이 더욱 타당해 보이고, 신경경로 수준에서는 헤링의 대립과정설이 타당한 것으로 간주된다.

(3) 명도와 채도

인간의 눈으로 볼 수 있는 빛 파장의 범위는 400~700nm이다. 빛 파장의 진폭은 명도를 결정하고 길이는 채도를 결정한다. 빛이 가진 물리적 강도는 명도로 표시된다. 즉, 한 물체 표면에서 반사되어 눈으로 들어오는 광자의 수가 **명도**로 표현되는 것이다. **채도**란 색이 흰색 또는 회색 때문에 순수성이 떨어지는 정도를 말한다. 회색의 경우 채도가 전혀 없다. 여러 파장으로 빛이 구성되어 있을수록 그 빛의 채도는 떨어지게 된다. 채도를 기준으로 색깔들을 유사성에 따라 분류하면 색환(色環)으로 배열할 수 있다.

(4) 색과 느낌

물체들은 극단적인 경우를 제외하고는 여러 가지 빛 파장을 반사한다. 망막은 동일한 지점에서 반사된 자극들을 수용하게 되는데, 색이 혼합되어서 눈으로 들어오는 것이다. 색의 혼합에는 두 가지 유형이 있다. 첫 번째는 **가산혼합**(additive color mixing)이다. 가산혼합은 단일 파장의 빛들을 여러 가지 섞을 경우에 일어난다. 컬러 TV는 빨강, 초록, 파랑 빛을 섞어서 대부분의 색깔을 나타내는 가산혼합의 대표적인 예이다. 두 번째는 **감산혼합**(subtractive color mixture)이다. 감산혼합은 물감을 섞는 경우를 생각해보면 되는데, 여러 물감을 계속 섞으면 회색이 나타나게 된다.

색은 색상, 명도(밝기), 채도(명료)의 조건에 따라 매우 다양하게 변할 수 있다. 색은 인식에 있어서 단순히 발견되는 것 이상의 정서적 차이를 만들어내기도 하는데, 이러한 색채에 따른 인지적·정서적 변화를 여러 분야에 활용하기도 한다. 색깔에 따른 온도 느낌도 다르다. 적색이나 황색 계열은 따뜻한 느낌을 주지만, 청색 계열은 차가운 느낌을 준다. 정서적으로도 적색이나 황색은 감정을 흥분시키는 경향이 있지만, 청색 계열은 감정을 진정시키는 경향이 있다. 채도가 높을수록 긴장도가 높아질 수 있고, 채도가 낮을수록 이완될 수 있다. 색채에 따른 정서적 변화를 고려해서 공간에 색을 칠하게 된다면, 천장은 가장 명도가 높은 색깔(백색 계열)을 사용하고 벽면과 바닥 순으로 명도를 낮게 해서 안정감을 높이는 것이 좋다.

색에 따라 배경과 전경으로 구분될 가능성이 달라지는데 보통 명도가 낮은 색은 배경으로 인식될 확률이 높다. 또 적색 계열은 크고 가깝게 보이고, 청색 계열은 작고 멀리 보이는 경향이 있다. 명도대비에 따라 명시성이 좋아지는 조합은 황색/흑색, 백색/녹색, 백색/적색, 백색/청색, 백색/흑색 등이다. 식별을 위해 사용되는 색들은 색 대비를 이루면 보다 효과적으로 탐색될 수 있다. 빠른 탐색과 대응이 필요한 경우 이상의 색채 조합을 많이 사용한다.

3. 시각 맥락과 순응

1) 맥락

시각은 상대적으로 먼 거리와 범위에서도 정보를 획득할 수 있다. 시 감각 기관에 의해 수집되는 정보의 양 또한 방향이나 형태, 속도, 거리 등 상당히 많다. 하지만 동일한 시각적 정보라고 하더라도 받아들이는 사람의 감정과 정서, 성격 및 동기 혹은 의도나 욕구 등 시각자극이 노출된 맥락이 어떠한가에 따라 다르게 지각될 수도 있다.

그림 4.8은 노파를 그린 그림으로 보일 수 있지만, 다르게 보면 고개를 돌리고 있는 젊은 여인이라고 볼 수도 있다. 동일한 시각 정보이지만 바라보는 사람이 어디에 의미를 부여하고 집중하는가에 따라서 노파나 젊은 여인으로 각각 다른 시 감각 처리를 하는 것이다. 이처럼 동일한 시각 정보라고 하더라도 사람에 따라서 얼마든지 서로 다른 의미로 지각될 수 있다. 노파와 젊은 여인 그림만큼이나 유명한 루빈의 컵 또한 마찬가지이다(그림 4.9). 전경과 배경을 어떻게 설정하고 시각 정보들을 파악하느냐에 따라서 컵 모양이 될 수도 있고 얼굴을 마주보고 있는 두 사람으로도 지각할 수 있다(이순열, 이순철, 박길수, 2018).

동일한 형태이지만 두 가지 이상의 지각경험이 나올 수 있다. 대표적으로 역전성 전경-배경 현상은 우리의 형태지각이 윤곽을 결정하는 데서 끝나지 않고 형성된 윤곽을 의미 있는 대상으로 구성하는 능동적 과정임을 보여준다. 역전성 전경-배경 현상은 2차원 그림에서만 만들어지는 것은 아니다. 한 장의 종이를 접어서 책상 위에 올려두고, 한쪽 눈을 가리고 움직이지 않으면서 모서리 중앙을 응시해보자. 갑자기 종이가 엎어진 것이 아니라 세워진 것처럼 보이게 된다. 이것을 마하 카드(Mach card)라고 부른다(그림 4.10).

이처럼 일상에서 시 감각적 정보들은 인간의 동기, 의도, 욕구들과 상호작용하여 맥락에 따라 저마다 다른 감각적 의미를 가지게 만들 것이다. 그림 4.11은 천사 그림으로 보이기도 하고 악마 그림으로 보이기도 한다. 검은색에 집중하면 악마의 형상으로 보이지만, 흰색에 집중하면 천사의 형상으로 보인다. 이처럼 시각 정보는 단순한 자극으로 머무는 것이 아니라 어떠한 환경적 맥락 속에 있는가에 따라 다른 의미로 지각될 수 있다.

그림 4.8 여인이자 노파의 그림

그림 4.9 루빈의 컵

인간은 일상을 살아가며 겪은 경험들과 지식들을 토대로 어느 것이 중요한 정보인지 구별하게 되고 일정한 태도와 자세를 견지하게 되는데, 이것을 도식 형성(schematic map)이라고 한다. 환경에 대한 도식은 개인의 경험이나 습득한 정보에 따라 달라질 수 있기 때문에 어떠한 경험과 지식을 공급하는가에 따라서 각각의 도식 형성은 다르다(Neisser, 1976).

2) 순응

망막에는 1억 3,700만 개 정도의 감광세포가 있다. 그중 약 1억 3,000만 개는 빛의 밝기에 따라 명암을 식별하는 작용을 하는 막대기 모양의 간상세포(rod)들이다. 나머지 약 700만 개는 밝기가 적절할 때 기능하며 색을 식별하는 원추모양의 원추세포

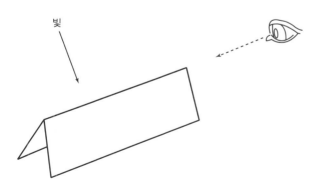

그림 4.10 마하 카드

그림 4.11 천사와 악마

(cone)들이다. 시각 중심에는 원추세포만 있는데, 중심와를 기준으로 10~15도 사이에 가장 많이 분포한다. 중심와와 멀어져 주변시 영역으로 갈수록 간상세포의 수가 감소하고 원추세포가 늘어나게 되는데, 그렇다고 하더라도 간상세포의 절대적인 수적 우위로 인해서 원추세포에 비해 20배나 많다. 간상세포는 명암을 식별하는 역할을 하고 색깔을 식별하는 간상세포 역시 빛의 조도가 적절할 때 제대로 기능하기 때문에 명암의 변화에 적응해야 하는 것은 시각능력의 필수적인 과업이다. 어두운 곳에 들어가거나, 밝은 장소로 들어가게 되면 일시적으로 시각 기능이 마비되는 것은 바로 간상세포가 명암 변화에 적응하는 시간이 필요하기 때문이다.

밝은 곳에서 어두운 곳으로 이동하였을 때 일어나는 순응은 **암순응**(dark adaptation)이다. 원추세포는 5분 정도가 지나면 암순응이 완료되며, 간상세포는 30~35분 정도의 상대적으로 긴 시간이 필요하다. 어두운 곳에서는 원추세포의 감수성이 떨어지고 간상세포에 의존해서 색을 식별하기 때문에 색 지각도 제한적이 된다. 암순응에서 가장 잘 탐지되는 색깔은 노란색인데, 다른 빛보다 밝게 인식하기 때문에 차량 운전자의 암순응을 돕기 위해서 터널의 조명색으로 사용되는 경우가 많다. 그러나 노란색 빛은 색 전도가 높기 때문에 여러 다른 색깔을 모두 노란색으로 물들여 버리는 성질도 가지고 있다.

어두운 곳에서 밝은 곳으로 나올 때 일어나는 순응은 **명순응**(lightness adaptation)이다. 갑작스러운 광 자극은 일시적으로 시력을 상실시킨다. 완전 암순응은 몇 십 분이 필요하지만 명순응은 짧게는 몇 초에서 1~2분의 시간이 필요하다. 같은 밝기라도 적색이나 보라색에 가까운 색보다는 흰색이나 노란색에 가까운 색깔에서 명순응이 가장 느리게 일어난다. 시각적 순응은 동공의 수축과 확대에 의해서 조절되는데 어두운 곳에서는 동공이 확대되어 더 많은 빛을 받아들이려 하고, 밝은 곳에서는 동공이 수축되어 빛 수용을 제한한다.

4. 청각 기능과 특성

환경에 대해서 알고 배우고 평가할 수 있도록 정보를 제공해주는 데 있어서 청각은 시각 다음으로 중요하다. 청각을 통해 우리는 음악을 감상하고, 말을 이해하며, 수많은 소리와 신호를 받아들인다. 시각과 마찬가지로 청각이 지각하는 음의 강·약, 고·저 및 음색은 소리의 물리적 자극들에 의해서 결정된다.

1) 물리적 자극 : 소리

(1) 음파

음파는 보통 공기 중의 물체가 진동할 때 생긴다. 물체가 진동하면 주위 공기 입자들이 함께 압력을 받는다. 소리는 공기 압력에 따른 압축과 밀도 차이로 발생되는 음파라고 볼 수 있다. 음파들 중 가장 간단한 형태가 사인파다. 아무리 복잡한 음파라고 하더라도 사인파로 분해할 수 있다. 사인파에서 진폭은 음파의 강도를 나타내는데 심리적으로 경험하는 강·약과 깊은 관계가 있다. 사인파의 진동수(frequency)는 매 1초당 +와 −의 교대 수를 나타낸다.

사람들은 진동수를 특정한 음의 고·저로 경험하는데, 일반적으로 한 음의 진동수가 클수록 지각되는 음은 높게 들린다. 1초당 1진동을 1Hz라고 한다. 사람이 들을 수 있는 진동수 범위는 20~20,000Hz인데, 가장 변별력이 좋은 범위는 1,000~4,000Hz이다. 박쥐는 500,000Hz 진동수를 처리하여 물체 위치를 파악할 수 있다. 사람은 보통 40~2,000Hz까지는 3Hz의 변화도 잘 구별해낸다. 사람의 경우 가청범위 내에서 음의 고·저는 진동수에 좌우되지만 같은 진동수를 가진 음이라도 강도에 따라 고·저 지각이 다를 수 있다.

(2) 소리의 물리적 크기

사람이 반응하는 소리 범위는 굉장히 넓은 편이다. 들을 수 있는 소리 범위를 고려하여 과학자들은 음의 강도를 측정하는 척도를 만들었다. 이 척도 단위가 바로 데시벨(dB)인데, 소리의 압력 수준을 일컫는다. 0dB은 1,000Hz 소리를 듣는 절대역으로 정해졌다. 0dB이란 들을 수 있는 가장 낮은 소리를 말하기 때문에 인간의 가청한계는 0~134dB, 주파수로는 20~20,000Hz로 알려져 있다. 데시벨은 두 소리 압력의 비를 나타낸다. 물리적 강도가 10dB씩 증가할 때마다 지각된 음의 강·약은 두 배씩 증가한다. 약 120dB 이상의 음은 매우 고통스럽게 지각되며 조용한 사무실의 경우 약 40dB 정도의 소음이 있는 것으로 알려져 있다.

음파는 주기적이거나 비주기적이다. 주기적 음파는 반복되는 패턴이 계속 일어나는 경우다. 주기적 복합 음파는 진동수와 진폭이 다른 여러 개의 사인파로 구성되어 있다. 복합음파에서 가장 낮은 진동수를 기본 진동수라고 하고 높은 진동수를 가진 여러 가지를 조화 진동수라고 한다. 악기는 복잡한 주기를 가진 소리를 내는데 음색은 조화 진동수와 관계가 있다.

예를 들어, 바이올린과 트럼펫이 같은 곡을 연주하더라도 음색은 매우 다르게 지각된다. 이러한 현상이 발생하는 이유는 두 악기의 기본 진동수는 같지만 조화 진동수가 다르기 때문이다. 헬름홀츠의 연구에 의하면 기본 진동수만으로 음이 구성되어 있을 때는 '부드러운' 느낌을 줄 수 있다. 기본 진동수와 일차 조화 진동수(first harmonic)만으로 음이 구성되면 '감미로운' 느낌을 줄 수 있으며, 기본 진동수와 고차 조화 진동수로 된 음은 '날카로운' 느낌을 준다. 바이올린의 풍부한 음색은 그것이 여러 가지 조화 진동수를 가지고 있기 때문이다.

2) 귀의 구조

귀의 구조는 크게 세 부분으로 나눌 수 있는데 외이와 중이 그리고 내이이다. 외이(outer ear)는 소리 에너지를 모으는 부위이며, 중이(middle ear)는 소리 에너지를 가능한 한 원래 그대로 내이로 전달한다. 내이(inner ear)는 전달받은 소리 에너지를 신경흥분으로 바꾼다.

외이의 귓바퀴는 소리를 모으는데 비대칭적인 모양을 하고 있기 때문에 어디서 소리가 들려오는지에 관한 정보도 제공할 수 있다. 수집된 소리는 외청도(external auditory canal)에서 증폭되고 고막에 이른다. 소리 압력이 고막을 진동시키면 고막은 세 뼈로 구성된 이소골(ear ossicle)을 움직인다. 이소골의 주된 역할은 귀 내부로

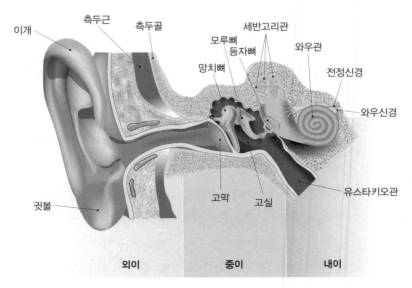

그림 4.12 귀의 구조

들어오면서 약해질 수 있는 소리 진동을 더욱 센 진동으로 변화시키는 것이다. 이소골의 등골이 움직임에 따라 진동은 내이 와우각(spiral duct)의 난원창(oval window)으로 전달된다.

내이는 제일 복잡하다. 청 감각 수용기는 달팽이 모양의 와우각 안에 들어 있다. 와우각은 와우실, 전정실 및 고실로 구성된다. 이소골이 전후로 음직이면 세 뼈 중 등골이 난원창 막에 압력을 가한다. 난원창이 움직이면 와우각에 들어 있는 림프가 움직이고, 이 움직임이 눈의 망막과 유사한 기저막 모양을 변화시킨다. 기저막(basilar membrane) 진동이 코르티(corti)씨 기관을 자극하면, 자극에 의해 유모세포(hair cells)들이 구부러지면서 수용기전압이 발생한다. 따라서 유모세포가 굽는 것이 청각에 있어서 물리적 에너지를 신경흥분으로 변환시키는 역할을 수행하는 것이다. 와우각에서 유발된 청각 신경흥분은 청각 경로를 따라 뇌의 청각 정보처리 영역으로 전달되는데, 내측슬상체(medial geniculate body)를 거쳐 측두엽의 청각 처리 영역으로 전달된다.

3) 소리 지각

(1) 소리 강약

소리 강도에 따라 청각기관의 흥분 정도는 다르다. 내측슬상체 부위에서 소리 강도와 신경흥분 간에 함수 관계를 결정하는 것으로 보인다. 소리가 특정한 강도 이상이 되어야지만 청각 신경은 반응한다. 잠정적으로 소리의 강·약은 단위 시간당 신경흥분 수와 특정 강도에만 반응하는 신경원이라는 두 가지 기제에 의해서 일어난다.

(2) 소리 고저

소리의 진동수에 따라 최대로 융기하는 기저막(basement membrane) 부위들이 다르다. 진동수의 소리들은 난원창 바로 옆의 기저막 부위에 가장 큰 융기를 만들어낸다. 소리 진동수가 감소함에 따라 최대로 융기하는 부위는 와우각의 끝으로 옮아간다.

소리의 높낮이 지각에 대한 이러한 이론은 파동론(traveling wave theory) 혹은 **장소설**(plase theory)이라고 한다. 장소설은 소리 진동수가 기저막에서 최대로 융기하는 장소에 있는 수용기에 특화되어 있다고 주장한다. 그러나 특정한 진동수에 대해 최대로 융기하는 부위들이 중복될 뿐만 아니라 저음의 경우 기저막이 고르게 융기하는 데도 소리 높낮이를 잘 변별할 수 있다는 사실을 장소설 이론은 제대로 설명하지 못한다.

　장소설의 제한점을 극복하려고 제안된 이론이 바로 **연사설**(volley principle)이다. 연사설은 장소설과는 다르게 높낮이 지각을 설명할 수 있다. 소리 진동수는 신경계에서 진동수에 해당하는 것과 동일한 어떤 반복적 자극들과 연결되어 있다. 그러나 한 뉴런이 진동하는 속도가 절대 불응기 때문에 제한되어 있으므로 여러 뉴런이 집단을 이루어 연속적으로 반응하여 해당 진동수를 인식하게 된다. 연사설은 소리 높낮이 지각과 강·약 지각을 한 기제로 잘 설명할 수 있다. 그러나 연사설이 가정하는 기제가 생리 수준에서 밝혀져 있지 않고, 사람의 귀가 4,000Hz 이상의 소리를 잘 처리한다는 사실을 이 이론은 제대로 설명해내지 못한다. 따라서 현재는 장소설은 고음 처리, 연사설은 저음 처리를 잘 설명하는 것으로 간주된다. 사람이 1,000~4,000Hz의 소리를 잘 변별하는 것은 이 범위에서 두 이론이 가정하는 기제들이 모두 작용하기 때문으로 보인다.

(3) 소리 위치 파악

소리가 나는 곳이 어디인지 알아차리는 것은 소리가 왼쪽 귀와 오른쪽 귀에 도달할 때의 강도와 시간상의 차이를 변별함으로써 가능하다. 성인의 귀는 대략 18cm 정도 떨어져 있기 때문에 오른쪽에서 발생한 소리를 오른쪽 귀는 왼쪽 귀보다 약 0.4~0.5msec(1msec는 1/1,000초) 더 빨리 듣는다. 이러한 차이를 변별함으로써 사

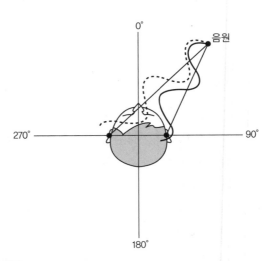

그림 4.13 소리 위치 파악

람들은 오른쪽 방향에서 소리가 들린다고 지각하게 된다. 그리고 왼쪽 귀에 다다르는 소리는 머리 때문에 회절되어 강도도 약해진다.

5. 소리와 맥락

1) 소음

귀에 즐겁지 않은 모든 소리는 소음으로 간주된다. 따라서 소음이란 주관적이고 상대적인 기준으로 판단된다. 예를 들어 사랑하는 사람의 목소리는 연인에게는 달콤한 속삭임이겠지만 다른 사람들에게는 시끄러운 소음이 될 수 있다. 소음의 원리를 이용하여 경고음을 만들어내기도 하는데, 위급함을 알리는 경보를 제대로 탐지하기 위해서는 주변 소음보다 30dB 이상 커야지만 효과가 있다.

일정 크기 이상의 소리는 청각에 손상을 준다. 예를 들어 80dB이 넘는 곳에 노출되면 얼마 지나지 않아 청각 손상을 입게 되고, 100~125dB에서는 잠깐만 있어도 일시적인 청각 상실이 올 수 있다. 150dB에서는 잠시만 노출되어도 영원히 청각을 잃을 수도 있다. 1971년 미연방 정부는 근로자에게 허용 가능한 최대한의 소음 기준을 발표했다. 90dB에서는 하루 8시간까지, 100dB에서는 하루 2시간까지 110dB에서는 하루 30분만 작업하도록 규정했다. 참고로 실내소음의 안전 한계는 40dB 이하이며, 계속적인 소음보다는 간헐적이거나 불규칙적인 소음이 인체에 더욱 해롭다고 알려져 있다(Ross, 1980). 장기간의 소음은 말초 혈관계 수축이나 부신피질 기능 저하로 이어져 청력 손실이 아니더라도 여러 가지 생리적 변화를 가져올 수 있다.

소음이 직접적 문제가 되는 가장 큰 이유는 의사소통을 방해하기 때문이다. 정확한 의사소통이 되지 않을 때 오해나 실수가 증가하게 된다. 일반적으로 소음이 90dB 이상 되면 오류가 증가한다. 소음 발생이 간헐적이거나 연속적인 것에 상관없이 90dB 이상의 소음에 노출되면 모든 사람들에게서 실수가 증가한다. 또한 불쾌감을 호소하는 사람들도 많아지는데, 특히 정신노동에서는 효능이 현저히 떨어지게 된다. 95~110dB 범위의 소음에 노출되면 혈관이 수축하고, 심박률이 변하며 동공이 확장된다. 혈관 수축은 소음이 중단되어도 일정 시간 지속되는데 이 때문에 혈액 공급에 변화가 오게 된다. 소음에 지속적으로 노출되는 것이 고혈압과 근육 긴장과도 연관되는 이유가 아마 이 때문일 것이다(Schultz & Schultz, 2008).

2) 음악

음악이 가지고 있는 물리적 특성이나 의미적 특성들은 긍정적으로든 부정적으로든 인간의 정서와 행동에 영향을 미친다. "음악을 듣는다."는 것은 개인이 행동의 선택권을 가진 것으로서 여러 가지 환경을 스스로 조작할 수 있음을 의미한다. 우선 가장 자주 접하는 음악이 일반 대중가요라고 가정할 경우, 음악 자극을 음조, 박자, 가사의 내용, 소리의 크기로 나눌 수 있는데, 음악을 듣는 사람들은 이런 여러 구성요소를 자신의 필요에 따라 조절할 수 있다.

이런 음악의 구성요소들 가운데 음조는 물리적 자극인 주파수의 진폭과 관련이 있는데, 음조는 기분에 영향을 미치고, 박자는 심박률에 영향을 주어서 운동 강도의 변화를 가져오기도 한다. 배소심과 조성계(1996)는 실험에서 음악의 박자가 빠를수록 에어로빅 운동을 하는 피험자들의 운동 속도와 강도가 강해졌다는 결과를 제시한 바 있다. 노래 가사도 음조나 박자와 마찬가지로 음악을 듣는 사람에게 영향을 미치는데, Barongan과 Hall(1995)은 실험을 통해 여성 비하적인 내용의 록이나 랩 음악을 들은 사람들이 그렇지 않은 음악을 들은 사람들보다 여성에 대한 비하와 공격성을 더 보인다는 결과를 제시했다. 또한 Button, Behm, Holmes, MacKinnon(2004)은 큰 소리가 자극반응 속도를 떨어뜨려 산업장면에서 안전에 영향을 줄 것이라는 연구 결과를 내놓았다. 비록 이들의 연구에서는 자의적으로 선택해 듣는 음악이 아니라 일반적인 도시환경에서 발생하는 소음을 자극으로 사용했기 때문에 음악이 미치는 영향이라고 판별하기 어려운 측면이 있다. 하지만 Ayres와 Hughes(1986)가 실시한 연구에서도 107dB의 소리 크기를 가진 음악 자극이 피험자들의 시각 정확성을 손상시킨다는 사실을 확인하였기 때문에 소리 크기가 인간 행동에 영향을 미칠 수 있다고 보아도 무방할 것이다.

6. 기타 감각

시각과 청각을 제외한 다른 감각들은 우리가 생존하는 데 중요하지만, 이미 살펴본 두 감각들에 비해 정보를 수집하고 조직하며 의미를 파악하는 능력이 상대적으로 협소하다. 이유는 인간이 사용하는 상징적 기호나 형상들이 시청각적(말이나 그림 및 사진 등)으로 주로 표현되기 때문이다. 또 다른 이유로는 우리 문화가 보는 것과 듣는 것에 편중되어 있고(TV와 라디오, 영화 등) 만지는 것이나 냄새 맡는 것에 비교적 덜 비중을 두고 있기 때문이다.

시각과 청각을 제외한 기타 감각들은 세 종류로 나눌 수 있다. 첫 번째는 화학적 성질을 대상으로 하는 후각과 미각이고, 두 번째는 통각과 촉각의 피부감각이며, 세 번째는 전정감각과 운동감각이다.

1) 후각

후각은 가장 원시적인 감각기관이면서 생존에 있어서 가장 중요한 감각기관이기도 하다. 냄새를 맡는 감각기관인 코는 머리의 가장 중앙에 위치하고 있기 때문에 다른 감각기관에 비해서 직접적인 경로로 후각 정보를 뇌로 보낼 수 있다. 개의 경우 후각 피질이 뇌 옆쪽에 약 1/3을 차지하는 반면 인간의 경우는 약 1/20밖에 되지 않는다. 인간의 후각은 민감도가 다른 동물에 비해 훨씬 떨어지긴 하지만 장기기억과 관계가 있다. 어떤 냄새를 맡으면 어떤 과거 경험들이 물밀듯 회상되는 것은 냄새와 기억이 강력히 묶여 있다는 증거이다.

냄새를 맡으려면 공기 중에 있는 미립자들이 콧속으로 들어와야 한다. 콧속에는 후각 상피막이 있는데 그 안에 후각 수용기들이 자리 잡고 있다. 후각 수용기는 콧속 위쪽으로 약 4~6cm의 작은 세포군으로 구성되어 있다. 증발되거나 기화된 물질들이 후각 수용기에 닿게 되는데 후각 상피에 있는 수백만 개의 유모세포들이 이 물

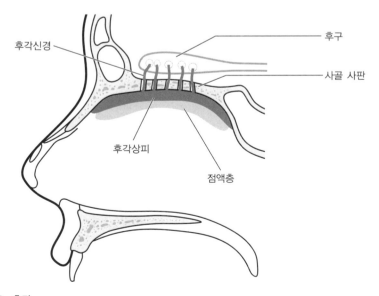

그림 4.14 후각

질들을 신경흥분으로 변환시킨다. 후각에 대한 분류체계는 신 냄새(acid)와 탄 냄새 (burnt) 및 땀 냄새(sweaty)를 기본 냄새로 구분하지만 이들이 삼원색처럼 여러 가지 다른 냄새를 만들어내는 재료로 사용되는 것은 아니다. 일상적인 냄새로 구별할 수 있는 종류의 냄새는 15~32개 정도이고 훈련을 한다면 60개 정도까지도 구별이 가능 하다. 그러나 이런 냄새의 종류는 단순히 복합적인 냄새를 말하며 강도의 차이를 제 외한 냄새의 경우 3~4개밖에 구별할 수 없다. 따라서 후각은 냄새의 존재 여부를 탐 지하는 기능이 거의 대부분이라고도 볼 수 있다.

2) 미각

미각 수용기들은 맛봉오리라는 곳에 뭉쳐 있다. 맛에 민감한 정도는 냄새 민감도보 다도 떨어진다. 그리고 사람들은 맛 중에서도 쓴맛과 신맛보다는 단맛에 더 예민하 다. 미각 신경섬유의 반응을 측정해보고 또 유기체의 행동을 관찰해보면 인간을 포 함한 동물은 맛봉오리의 민감도와 종류에서 차이를 보인다. 고양이와 닭은 단 음식 물에 반응하는 미각 수용기를 가지고 있지 않지만 개, 쥐, 돼지 등은 단맛에 대한 수 용기만을 가지고 있다고 한다.

　기본 미각은 단맛, 짠맛, 쓴맛, 신맛을 포함한다. 음식을 먹을 때는 맛뿐만 아니 라 냄새, 물체 표면의 결, 온도 등도 미각에 기여한다. 미각 수용기에 미세 전극을 꽂은 다음 각 세포의 반응을 측정해본 결과 설탕과 소금에만 반응하는 세포와 소금 과 산에만 반응하는 세포들이 있었다. 이러한 결과는 어떤 맛 하나만을 처리하는 수

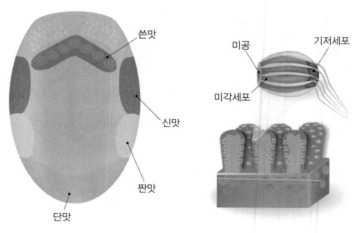

그림 4.15 미각

용기는 없다는 것이다.

3) 피부감각

피부감각은 네 가지의 뚜렷한 유형을 가지고 있다. 그것은 바로 압각, 통각, 온각 및 냉각이다. 사람의 피부에서는 여러 수용기를 발견할 수 있는데, 각 수용기의 기능이 아직 분명히 밝혀져 있지는 않지만 대략적으로 짐작해볼 수는 있다. 마이스너 소체는 압력에 예민한 곳이다. 파시니 소체는 표피가 마취되었을 때도 느낄 수 있는 진피층의 압력 수용기다. 크라우제 소체는 냉각, 루피니 소체는 온각 수용기로 보인다.

피부 위치에 따라 압력에 예민한 정도는 다르다. 예민한 부위는 손가락 끝, 입술, 혀끝 등이다. 이 지점들은 보통 다른 부위들에 비해 압력 변화에 대단히 예민하다. 통각을 유발하는 자극들은 상당히 많다. 긁힘, 압력, 열, 비틀림, 큰 소리, 강한 빛 등이 통각을 일으킨다. 통각의 특징은 정보를 처리하는 부위가 잘 알려져 있지 않다는 것이다. 사람마다 통증을 느끼는 정도가 다르며 주의를 다른 데 돌릴 경우 통증을 덜 느끼거나, 느끼지 않을 수도 있다.

(1) 온각 및 냉각

대략 섭씨 32도가 되는 온도의 물체를 피부에 접촉시키면 차갑거나 뜨겁다고 느끼

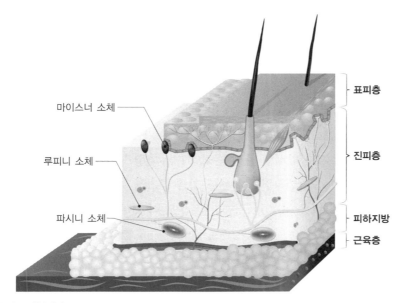

그림 4.16 피부감각

지 못한다. 따라서 섭씨 32도를 생리적 영점이라고 한다. 생리적 영점보다 온도가 높을 때는 뜨거움, 그 이하일 때는 차가움을 느낀다. 피부 1cm²당 차가움을 탐지하는 냉각 수용기는 6개 정도 있는 반면, 온각 수용기는 평균 1~2개 정도뿐이다. 특이한 사실은 냉각 수용기는 아주 덥거나 아주 차가울 때만 반응하는 2개의 절대역(threshold)을 가지고 있다. 따라서 뜨거움은 냉각 수용기와 온각 수용기를 동시에 흥분시켜서 감각되는 것이다.

인간의 심신은 열과 습도의 변화에 영향을 받는다. 고온과 저온, 다습과 저습은 심신 기능과 정서 및 여러 가지 활동에 영향을 미치게 된다. 인간의 체온은 정교하고 정밀한 조절체계를 가지고 있기 때문에 섭씨 37도(화씨 약 98.6°F)의 일정한 온도를 유지해야 한다. 만약 체온이 38.8도만 되어도 탈진할 수 있다. 온도를 연구하는 학자들에 의하면 가장 쾌적한 온도는 22.8~25도(73°F~77°F)이고 습도는 25~50%라고 한다. 이것은 활동의 종류에 따라서 다소 차이가 나타날 수 있는데 정신활동의 적정 온도는 섭씨 17~22도, 육체활동의 적정 온도는 섭씨 15~17도 정도이다. 적정 온도보다 높은 온도에서 계속적인 작업을 하게 되면 기본적으로 체온의 상승을 가져오고 산소 소모량 증가, 수분 및 염분의 부족 등으로 인해서 열 실신, 열 부종, 탈수증, 열 피로, 열 경련이 나타나게 된다. 그러나 적정 온도란 일상적인 기후 환경 속의 평균치를 나타내기 때문에 항상 누구에게나 적용되지는 않는다. 추운 지방에 적응된 사람은 좀 더 내려가는 것이 양호할 것이며, 더운 지방에 적응된 사람은 좀 더 올라가는 것이 이상적일 것이다.

온도는 폭력범죄에도 영향을 미치는 것으로 보인다. Anderson과 Anderson(1984)이 미국 댈러스시 경찰서에 보고된 4,309건의 폭력 사건들과 기온의 상관관계를 연구한 결과, 폭력 범죄는 기온과 습도가 올라갈수록 더 빈번하게 발생하는 것으로 나타났다. 시카고나 휴스턴 등 다른 도시에서도 온도와 폭력 범죄는 유사한 상관관계를 보였다. 온도는 절도와 살인 등의 범죄와도 유의한 상관을 보였는데 섭씨 32도 이상을 넘으면 절도와 살인사건 발생률도 함께 증가하는 것으로 나타났다. 범죄뿐만 아니라 스트레스 반응에도 온도는 영향을 미친다. Baron과 Bell(1975)은 자동차 진행신호에 머뭇거리는 앞 차량에 경적을 울리는 정도를 섭씨 28도 이상의 날씨와 시원한 날씨 상황에서 비교 연구했다. 더운 날씨일 때 운전자들은 시원한 날씨보다 더 빨리 경적을 울렸다.

(2) 습도

사람들에게 영향을 주는 습도는 '상대습도'라고 한다. 상대습도는 대기 중의 현재 수증기량과 최대로 함유할 수 있는 수증기량의 비율로 정의된다. 피부에서는 활동량에 따라 땀이 나는 데 땀이 잘 증발되느냐의 여부는 습도에 달려 있다. 습도가 높으면 땀 배출과 증발이 용이하지 않아 체온 유지가 힘들어지고 불쾌감이 높아지게 된다. 온도가 높더라도 습도가 낮으면 땀 배출과 증발이 잘되기 때문에 상쾌한 기분이 들 수도 있다.

일반적으로 쾌적한 상대습도는 40~70% 정도이다. 상대습도가 70%를 넘어가게 되면 불쾌감이 생기게 된다. 반대로 습도가 지나치게 낮아도 문제가 될 수 있다. 낮은 습도에서는 증발에 의한 열 손실이 발생하기 때문에 체온이 떨어지게 된다. 또 코와 목의 점막을 건조하게 해서 불쾌감을 주고 감기와 같은 질병에 걸리기 쉬워진다. 덥거나 춥다는 느낌을 가지는 것은 단순히 온도에 의한 것이 아니라 습도, 풍속, 일사량 등의 요건이 종합된 결과이다.

4) 전정감각과 운동감각

전정감각은 신체 평형을 유지하도록 하는 감각인데 우리는 이 감각을 직접적으로 의식할 수는 없다. 그러면서도 우리는 신체 움직임, 자세, 방향 등을 잘 결정한다. 행동이나 자세의 안정적인 변화는 전정감각과 시각 및 운동감각들이 서로 협동하기 때문이다. 성인의 경우 시각과 운동감각이 정상적이면 전정기관이 없어도 환경에 잘 적응할 수 있다.

전정기관은 귀의 내이에 위치해 있는데 액체가 든 세반고리관(semicircular canal)을 말한다. 세반고리관은 서로 직각으로 배열된 형태의 3차원 구조를 이룬다. 한 관의 수평면에서 머리가 회전하기 시작하면 이 움직임이 관내의 액체를 이동시키고 이 움직임이 다시 수용기의 유모세포를 굽힌다. 유모세포들은 전정신경과 연결되고 이 신경들은 청신경과 함께 뇌로 간다. 몸이나 머리의 회전 기울임(tilting)이나 낙하 등이 전정기관을 자극한다. 이 자극들은 안구운동과 흥미로운 관계를 맺고 있다. 스케이트를 탈 때와 같이 바로 선 자세에서 몸을 회전시키면 전정 안진(vestibular nystagmus)이라는 눈이 빠르게 좌우로 움직이는 현상이 일어난다. 땀이 나고, 토할 것 같고, 힘이 빠지는 신체적 증상으로 나타나는 멀미는 시각정보와 전정정보의 부드러우면서도 정확한 협응이 깨질 때 발생하는 증상이다.

운동감각은 운동과 신체 위치에 대한 감각이다. 운동감각은 전정감각, 시각과 협동하여 신체의 자세와 균형을 유지한다. 운동감각이 없으면 자세 유지, 걷기, 기어오르기 등은 물론 손 뻗기, 물건 쥐기 등의 수의 운동(voluntary movement)을 통제하는 데 상당한 곤란을 겪게 된다. 운동감각은 관절 및 근육에 있는 신경말단으로부터 정보를 얻는다. 관절에 있는 신경말단은 몸의 위치와 운동을 탐지하는 데 매우 중요하며 근육에 있는 감각 수용기들은 근육의 수축과 자세를 조정하는 데 기여한다.

5 지각이 조절하는 심리

지각이란 감각으로 파악한 외부 환경에 대해서 해석이 이루어지는 심리과정을 말한다. 지각과정을 통해 우리는 환경에 있는 대상들의 패턴을 파악하며 그 의미를 알게 된다. 지각이 유기체의 심리과정과 행동에 있어 매우 중요한 까닭은 유기체가 외부 환경을 어떻게 파악하고 판단하며 해석하느냐에 따라 반응, 즉 행동이 달라지기 때문이다. 지각과 그 결과로 일어나는 행동 간에는 매우 밀접한 관계가 있기 때문에 인간 또는 동물의 행동의 원인을 밝히려면 지각과정을 올바르게 이해해야만 한다.

지각은 유기체가 생존하기 위해서 발달시킨 진화의 산물이다. 먹이나 짝짓기의 대상을 잘 찾는 능력은 생존을 위한 필수적인 능력이며 포식자나 위험물을 피하는 것 또한 지각을 바탕으로 한 생존 능력의 일종이다. 우리는 환경으로부터 관련 정보를 빠르게 수집하고 해석해야 하는데 이것을 지각이 담당한다. 예를 들어, 지각은 정보처리 속도를 높이기 위해서 모든 정보를 처리하고 해석하는 것이 아니라 모서리(edge)나 움직임에 대한 탐지에 우선권을 준다. 어둠 속의 희미한 윤곽만으로도 포식자인지 먹잇감인지 알아내고 반응해야 한다. 포식자를 너무 늦게 알아차리면 잡아먹히게 되고, 먹잇감을 너무 늦게 알아차리면 굶주리게 된다. 따라서 대체로 지각 속도는 굉장히 빠르다.

대상을 지각한다는 것은 기억이나 추리와 같은 정신과정에서 매우 중요하다. 지각은 일반적으로 단편적이거나 애매한 감각 정보를 집단화하고 그 의미를 결정하거나 형태를 해석하고 의식적으로 대상을 인식하도록 하는 매우 복잡한 일련의 심리과정들로 구성되어 있다. 기억이나 추리 등의 인지과정에는 오류가 많고 또 과정 자체가 느리고 심리적 노력이 많이 소요되는 반면, 지각은 대부분의 경우 정확하고 대단히 빨리 진행되며 대상의 의미나 해석이 명백하다.

1. 지각의 일반적 특징

Rock(1975)은 지각의 일반적인 특징들을 다섯 가지로 지목했다. 첫 번째 특징은 멀리 있는 물체가 감각 수용기(기저막, 망막 등)에 투사한 물리적 에너지 패턴은 망막과 같은 근접자극에서는 애매모호하다는 것이다. 둘째는 지각은 근접자극을 묶는 집단화 과정을 거쳐서 시야를 전경과 배경으로 체계화한다는 것이다. 셋째는 지각 체계화는 안정된 지각 표상을 목표로 하는 지각체계의 선택과 결정에 의해서 이루어진다는 것이다. 특히 지각체계는 외부 환경과 잘 일치하고 안정된 주관적 지각 표상의 구성을 목표로 한다. 넷째는 특정 지각을 유발시키는 과정들은 무의식적이라서 자각적으로 경험되지 않는다는 것이다. 마지막으로 다섯째는 대부분의 경우 지각된 내용은 객관적인 대상 속성과 잘 일치한다는 것이다. 가까이에 있는 자극들은 눈과 몸의 움직임 또는 물체 그 자체의 움직임 때문에 끊임없이 변화한다. 하지만 지각과정은 변화하는 근접자극 속에서 변하지 않는 구조를 찾아내야 한다. 이런 의미에서 지각과정은 외부 자극에서 항등성(constancy)을 찾고 안정된 정보를 구성하는 과정이라고 볼 수 있다.

가변적인 수많은 현상들로부터 정보를 수집하고 통합하는 지각과정은 때때로 애매한 내용에 대해서는 문제해결 과정이나 추리과정을 작동시키게 된다. 이처럼 지각은 결코 감각자료에 의해서만 좌우되는 것이 아니며, 체계적이고 고차원적이며 자동적으로 조절되는 심리작용이다.

1) 지각적 추리

의자에 앉을 때 우리는 그 의자가 우리 몸무게를 지탱할 수 있는지를 알아보지 않는다. 의자 다리가 가려져서 보이지 않더라도 바닥 위에 의자의 네 다리가 단단히 서 있다고 생각하면서 안심하고 의자에 앉는다. 이것은 경험에 의해서 얻어진 것이다. 헬름홀츠는 과거 경험, 즉 학습이 지각에 영향을 준다고 보았다. 헬름홀츠는 물체 지각은 감각단서를 기초로 한 무의식적 추리를 통해서 이루어진다고 가정했다. 즉, 대상에 대한 감각정보와 기억에 저장된 정보를 사용해서 대상을 추리하는 과정이 바로 지각과정이라고 본 것이다. 헬름홀츠가 지각현상에 대해서 최초로 '지각(perception)'이라는 이름을 붙였는데, 그 이유는 우리가 현재 경험하는 감각정보들에 대해서 과거 경험을 바탕으로 그 의미를 따지기 때문이다. 무의식적이라고 한 이유는 지각과정이 우리에게 의식되지 않고 자동적으로 일어나기 때문이다.

2) 지각 모호성

일반적으로 사람들은 하나의 대상에 대해서 하나의 분명한 지각적 해석만을 내리게 된다. 예를 들어, 손가락보다는 두껍고 길쭉하며 노란 색깔의 물체는 '바나나'라는 해석을 즉각적으로 내린다. 사과와 자동차를 혼동하지도 않는다. 그러나 플라스틱으로 만든 인조 바나나는 '바나나'로 지각되지만 먹을 수 없는 것이다. 진정한 의미

그림 5.1 Jastrow의 그림

에서 바나나는 아닌 것이다. 이러한 경우 지각체계가 내려야 할 정확한 해석은 '바나나처럼 생긴 것'이어야 한다. 현대 사회에는 이처럼 한 대상에 대해서 둘 이상의 지각적 해석이 가능한 경우가 점점 많아지고 있다. 즉, 비슷하게 보이는 다른 것들이 늘어나고 있는데 이것은 지각 모호성을 가중시킨다.

지각 모호성에 대한 가장 초기의 사례는 Jastrow(1900)가 제시했다. Jastrow(1900)는 토끼와 오리 두 가지로 해석될 수 있는 그림을 보여주었다. 그의 그림은 토끼와 오리에 관련된 정보를 모두 가지고 있다. 토끼일 때는 그 모습이 오른쪽으로 향해 있고 오리일 때는 왼쪽으로 향해 있는 차이가 있을 뿐이다. 이 그림에서 토끼와 오리를 동시에 보기는 힘들다. 이것은 감각자료가 동일하지만 그 자료를 집단화하고 그 의미를 추리하여 의식에 내놓을 때는 한순간에 하나의 해석만이 가능하기 때문이다.

2. 지각체계화

지각체계화(perceptual organization)는 시각 영역에 들어온 감각 정보들을 어떻게 집단화해서 처리하는가에 관한 이론이다. 20세기 초 형태심리학자(Gestalt Psychology)들에 의해서 널리 연구된 분야이기도 하다. "전체는 부분을 모아 둔 것 이상의 의미를 가진다."는 것이 바로 지각체계화를 설명하는 대표적인 문구이다.

예를 들어, 우리가 안경을 볼 때 곡선, 직선, 검은 부분, 흰 부분, 원형 등의 감각 요소 덩어리들로 안경을 파악하는 것이 아니라 일정한 크기와 형태가 있고 높이가 있으며 정지된 물체로, 어떤 기능적 의미를 가진 대상으로서 안경을 파악한다. 이처럼 대상의 지각적 의미를 파악하기까지는 윤곽 형성, 집단화, 체계화 등의 복잡한

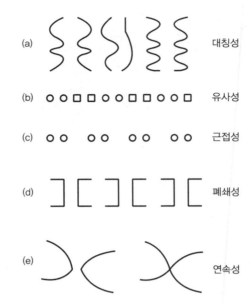

(a) 대칭성

(b) 유사성

(c) 근접성

(d) 폐쇄성

(e) 연속성

그림 5.2 지각체계화의 원리

과정들이 관여한다. 지각체계화의 대표적인 사례는 바로 **전경−배경 체계화**(figure-ground organization)이다. 전경은 배경에 비해서 쉽게 지각된다. 윤곽은 전경에 속한다. 전경은 배경의 앞에 있으며 대상으로 보이는 부분이며 배경은 그 반대되는 부분을 말한다.

그림 5.2는 지각체계화의 여러 원리를 그림으로 보여준 것이다. a, b, c, d, e는 각각 지각체계화 이론을 설명하고 있다. (a) 대칭성은 동일한 방향, 동일한 속도로 이동하는 요소들이 함께 집단화된다는 것을 의미한다. (b) 유사성은 유사한 요소들(색,형태, 방향 등)이 지각적으로 함께 집단화되는 원리를 나타낸다. (c) 근접성은 공간상에서 가까이 모여 있는 대상들을 하나의 집단으로 지각하려는 원리를 말한다. (d) 폐쇄성은 불완전한 형태들이라도 완전한 형태로 지각하려는 원리이다. (e) 연속성은 일직선이나 매끄러운 곡선으로 연결된 점들이 하나의 집단으로 지각되는 원리를 말한다. 우리가 떨어지는 물체를 피하기 위해서는 움직임을 궤도(일관성 있는 방향을 따라 움직임)로 파악할 수 있어야만 한다. 이처럼 일상생활의 행동들에 연속성 원리가 적용되는 것이다.

1) 단안단서

사람들은 오랫동안 인간의 망막에 맺히는 2차원의 영상이 어떻게 3차원으로 지각되는지에 관심을 가져왔다. 인간이 3차원을 인식하도록 하는 단서들은 많다. 그중에서도 단안단서를 이용한 시 지각을 통해서 대부분의 정보들을 얻을 수 있기 때문에 사람은 한쪽 눈만으로도 깊이를 지각할 수 있다. 한쪽 눈을 가린 비행기 조종사가 비행기를 정확하게 착륙시킬 수도 있고(Grosslight, Fletcher, Masterton, & Hagen, 1978), 한쪽 눈을 실명한 자동차 운전자도 면허증을 소지할 수 있다(Mcknight, Shinar, & Hilburn, 1991; Mazur & Reising, 1990).

단안단서는 평면 사진과 같은 2차원 자극을 통해서 깊이에 대한 지각을 유도해내기 때문에 그림단서라고도 부른다. 화가들은 이 단서들을 그림에서 깊이를 묘사하는 데 사용한다. 그중 가장 많이 사용되는 단서는 중첩단서이다. **중첩단서**는 두 물체가 시각의 동일선상에 놓여 있으면 가까운 물체가 멀리 있는 상을 가린다는 사실에 근거한다. 망막 상의 친숙한 크기도 깊이 단서를 제공한다. 일정한 크기의 사물은 관찰자에게 가까이 다가올수록 그 망막 상이 커진다. 따라서 시각에 형성되는 상의 상대적 크기는 거리와 관련되어 있다. 이것은 만약 그 대상의 크기를 알고 있으면 상의 절대적 크기로 그 대상이 얼마나 떨어져 있는가에 대한 정보를 제공해줄 수도 있다는 것을 의미한다.

앞으로 몸을 움직이는 운동도 깊이에 대한 정보를 제공한다. 시각 상의 광학 흐름은 자신이 얼마나 빠르게 움직이고 있는가와 주위의 다른 대상들과의 상대적인 위치가 어떻게 변화되는가에 관한 정보를 제공한다. 운동 속도와 광학 흐름 간의 전형적인 관계가 변할 때 속도도 다르게 지각된다. 이것은 비행기가 이륙할 때 창 밖을 보면 확실히 알 수 있다. 비행기가 지상을 이륙하여 고도가 증가할수록 움직이는 속도는 감소하는 것처럼 느껴진다.

2) 양안단서

비록 한쪽 눈만으로도 깊이를 잘 지각할 수 있지만 두 눈을 이용하면 좀 더 명확하게 깊이를 지각할 수 있다. 이것은 그림이나 영화, 3차원 또는 입체 그림 등이 주는 깊이의 느낌과 비교할 때 가장 명확해진다. 입체 그림은 실제의 3차원 장면에서 가능한 양안 깊이 정보를 모방한 것이다. 사람은 2개의 눈을 이용할 때 깊이 정보를 다루는 과제를 훨씬 더 빠르고 정확하게 수행할 수 있다(Sheedy, Bailey, Burl, & Bass, 1986). 양안단서들 중 가장 많이 사용되는 것은 **양안부등**이다. 입체 그림은 깊이의 느낌을 만들어내기 위해서 양안부등을 사용한다. 사람의 두 눈은 약 65mm 정도 떨어져 있기 때문에 어떤 물체를 응시할 경우 두 눈의 망막에는 각각 조금씩 다른 상이 맺히게 된다. 두 눈이 만든 이미지들이 융합되는 부분과 그렇지 않은 부분들이 있게 되는데 이것을 바탕으로 3차원 물체를 지각하게 된다. 3D 영화를 만드는 원리도 이러한 차이를 이용하는데, 카메라로 두 눈 사이의 거리만큼 차이를 두고 두 장의 사진을 찍는다. 이 부등한 상을 입체경을 통해 각각의 눈에 제시하는데 이때 입체적으로 영상을 지각하게 된다. 3D 영화를 볼 때 사용되는 적색, 녹색, 혹은 편광 렌즈들도 동일한 원리로 작동한다. 이 렌즈들은 양쪽 눈이 각기 다른 상을 보도록 한다(Julesz, 1971).

어떤 대상이 관찰자 가까이에 있을수록 양안부등은 커지게 된다. 이처럼 거리와 양안부등 간의 관계는 거리 지각의 단서로 사용될 수 있다. 물체가 관찰자 가까이에

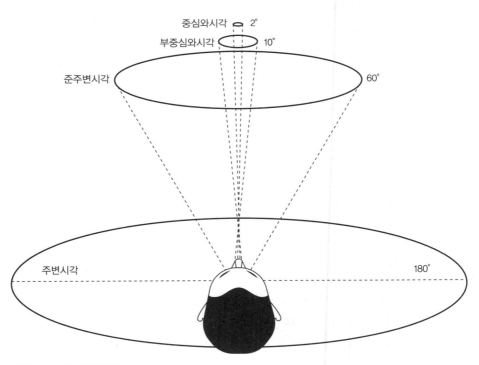

그림 5.3 양안 시야 범위

있을수록 두 눈이 점점 서로를 향하게 되는데 이것은 각 눈의 망막 중심와 부위에 물체의 상이 맺히기 위해서 일어나는 현상이다.

물체가 가까워질수록 눈을 움직이는 근육이 긴장하는 정도가 커지고 이 정보가 뇌에 전달된다. 뇌는 물체가 떨어진 거리와 근육 긴장 간의 관계를 바탕으로 3차원에서 물체의 거리를 판단하게 된다. 그러나 여러 연구에 의하면 이러한 생리적 단서들은 3차원 판단을 결정하는 데 있어서 그다지 정확한 지표가 아닐 수 있다. Hubel과 Wiesel(1968)은 뇌에서 거리 또는 깊이 정보를 처리하는 일을 하고 있는 것으로 보이는 세포들을 발견했다. 이 세포들은 한쪽 눈에만 물체를 제시하면 흥분하지 않고, 두 눈의 망막이 동시에 자극될 때에만 흥분했다. 이 연구는 뇌 구조상 생득적으로 3차원 지각을 가능하게 하는 기제가 있음을 시사해준다.

3) 크기와 방향 그리고 착시

지각체계화의 원리와 깊이 단서들을 이용하여 명확한 3차원 공간에서 대상을 정확하게 지각할 수 있다. 그러나 대다수의 정확한 지각에도 일정 부분 허점을 가지고 있는데 그것을 '착시'라고 부른다. 크기 착시는 동일한 물리적인 길이와 크기를 가지는 선이나 형태를 다르게 지각하는 것이다. 방향 착시는 선형과 모양을 왜곡되게 지각하는 것이다.

Coren과 Girgus(1978)는 잘못 적용된 깊이 처리과정 및 경계의 이동 등으로 발생한 부정확한 안구운동이 착시의 원인이라고 주장했다. 이러한 착시의 한 가지 예가 바로 **폰조 착시**(ponzo illusion)이다. 그림 5.4는 2개의 수평선과 비스듬히 서 있는 긴 선분으로 구성되어 있다. 그림이 주는 단서에 의하면 상단에 위치한 수평선은 하단

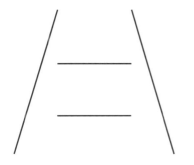

그림 5.4 폰조 착시

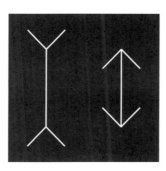

그림 5.5 뮐러 – 라이어 착시

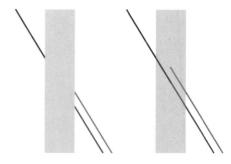

그림 5.6 포겐도르프 착시

에 위치한 수평선보다 더 멀리 있는 것처럼 보인다. 지각된 거리와 크기의 관계를 적용하면, '멀리 떨어진' 선은 '가까이' 있는 선과 망막 상의 크기가 동일하기 때문에 지각적 수정을 통해서 위에 있는 선이 더 긴 것처럼 인식되도록 하는 것이다.

인간은 동일한 대상을 보더라도 보는 사람의 경험이나 주의, 의도, 기대에 따라서 다르게 지각할 수 있으며 주위 환경에 의해서도 영향을 받는다. 정찬섭과 유명현(1989)은 참가자에게 착시효과를 가진 점들을 보여주고 심상을 형성하게 한 뒤, 제시된 선분의 길이, 방향, 크기를 판단하도록 했다. 실험 결과, 심적 표상을 통해서만 재현했는데도 불구하고 실제 선이 있는 경우처럼 착시가 일어났다. 이러한 결과는 착시가 초기 지각과정에서 나타나는 물리적이거나 생리적인 요인만이 원인이 아니라 인지적 원인에 의해서도 발생할 수 있다는 것을 보여준다.

이양(1986)은 뮐러-라이어 착시(Müller-Lyer illusion, 그림 5.5)를 이용한 거리-크기 수정 실험을 통해 연령에 따른 착시효과의 차이를 보여주었다. 이양은 실험에서 성인과 아동의 착시량을 비교하였는데, 모서리 경험이 많은 성인이 아동보다 더 큰 착시량을 나타내었다. 그리고 모서리 경험이 착시에 영향을 미치는지 알아보기 위해 아동들에게 모서리 사진을 보여준 조건과 보여주지 않은 조건에서의 착시량을 비교한 결과, 모서리 경험을 한 아동이 경험하지 못한 아동보다 착시량이 크게 나타났다. 이러한 실험 결과는 경험에 의해서도 지각이 왜곡될 수 있음을 시사하는 것이다.

이러한 착시현상은 사고를 유발할 수도 있다. Coren과 Girgus(1978)는 뉴욕시를 향해서 1만 1,000피트와 만 피트의 고도로 각각 접근하고 있던 두 대의 민간 항공기 간의 충돌 사고의 원인을 착시현상 때문이라고 설명했다. 사고 당시 구름은 만 피트 고도에서 푸른 하늘을 배경으로 흰색의 비스듬한 기둥 모양을 형성하며 솟아 있었다. 만 피트에서 비행하고 있던 승무원들은 두 대의 비행기가 동일한 고도에 있다고 잘못 지각하였고 충돌을 피하기 위해서 고도를 급상승시켰다. 그 결과, 두 대의 비행기는 약 1만 1,000피트에서 충돌했다. 미국 민간 항공학 위원회는 고도의 판단 착오가 구름 상단의 위로 향하는 기울어진 경계에 의해 자연적으로 발생하는 **포겐도르프 착시**(Poggendorf illusion, 그림 5.6) 때문이라고 보았다. 포겐도르프 착시는 2개의 비스듬한 선이 실제로 평행한데도 불구하고 그렇게 보이지 않는 착시현상을 말한다. 구름이 두 비행기의 경로가 실제로는 평행하지 않는데도 평행하게 보이는 착시를 불러일으켜서 이에 따른 조종사의 잘못된 고도 수정이 1만 1,000피트에 있던 비행기와의 충돌사고를 발생시킨 것이다.

4) 운동 지각

우리는 대부분의 경우 움직이면서 움직이는 대상을 바라본다. 정지된 상태로 정지된 물체를 보는 경우는 드물다. 책을 볼 때조차도 눈동자는 움직인다. 따라서 망막에 맺힌 상은 계속적으로 움직이고 변화한다. 그런데도 우리는 망막 상의 움직임이 물체의 움직임 때문인지 자신의 움직임 때문인지를 쉽게 알아차리고 사물의 형태나 크기를 판단한다. 대상을 재인하기 위해서는 운동정보를 제거해야 하지만, 반대로 운동정보 자체를 처리해야 하는 경우도 있다. 예를 들어, 물체의 운동방향이나 운동속도를 판단해야 하는 경우이다.

(1) 실제 운동

운동하는 물체는 그 배경을 차례대로 가리면서 지나간다. 반면에 관찰자의 눈만 움직이면 망막 상은 움직이지만 배경과 대상의 상대적 위치는 달라지지 않는다. 관찰자의 눈이 움직이는 대상을 따라가면 이번에는 대상의 망막 상은 그 위치가 별로 변하지 않고 배경만이 움직인다. 이런 과정을 통해서 관찰자가 움직이는지 대상이 움직이는지를 판단할 수 있다. 움직이는 대상은 속성에 따라서 딱딱한 운동과 생물적 운동으로 나눌 수 있다. 공이나 자동차의 운동은 형태적 변화가 없는 **딱딱한 운동**(rigid motion)이고, 동물의 움직임은 전체적인 운동과 세부적인 팔다리 움직임이 느슨하게 연결된 **생물적 운동**(biological motion)이다. Johanson(1975)은 생물적 운동 지각이 자동적임을 발견했다. Johanson(1975)은 사람의 팔꿈치, 손목, 어깨, 엉덩이, 무릎 및 발목에 전구를 부착하고 어둠 속에서 움직이는 모습을 촬영했다. 관찰자는

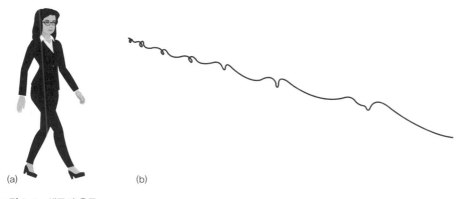

(a)   (b)

그림 5.7 생물적 운동

불빛이 정지해 있을 때에는 무의미한 형태의 불빛으로 지각하다가 불빛이 움직이기 시작하자 사람의 운동이라는 것을 바로 알아차렸다. 즉, 불빛에 의해서 표시되는 움직임의 복잡한 형태가 생물적 운동으로 지각하기에 충분한 정보를 제공한 것이다.

후속 연구에 참여한 사람들은 앞서서 촬영된 필름을 짧게 보여주는 것만으로도 사람의 수와 성별 및 동작(춤을 추는 등) 등을 판단하는 것이 가능하다는 것을 보여주었다. 사람이 걸어갈 때는 특정한 몸의 움직임이 있다. 몸의 운동은 중심, 즉 2개의 선이 허리에서 교차되는 양상을 가진다. 하나는 왼쪽 어깨와 오른쪽 엉덩이, 다른 하나는 오른쪽 어깨와 왼쪽 엉덩이를 연결하는 2개의 선이다. 여자는 남자에 비해서 좀 더 넓은 엉덩이와 좁은 어깨를 가지고 있기 때문에 여성의 움직임 중심은 남성의 움직임 중심보다 상대적으로 더 높다. 이 정보만을 이용해도 성별을 쉽게 구별할 수 있다. 또 관찰자가 사람이라면 성별의 차이를 더 쉽게 알아차릴 수 있었다.

(2) 가현운동

자동운동   암실과 같은 짙은 어둠 속에서 작은 광점을 바라보고 있으면 광점이 움직이는 것 같은 착각을 하게 된다. 이것은 광점이 고정되어 있을 때도 안구는 자동적으로 움직이기 때문에 발생하는 현상인데 **자동운동**(autokenetic movement)의 대표적인 사례로 소개되는 경우가 많다. 자동운동의 발생조건은 광점이 작을수록, 빛의 강도가 작을수록, 주변이 어두울수록, 대상이 단순할수록 잘 발생되지만 속도나 범위, 방향, 유지 시간의 개인차는 크다. 컴컴한 방에서 작은 불빛을 보여주면 비록 그 불빛이 정지되어 있는데도 불구하고 여러 방향으로 움직이는 것처럼 보인다. 이러한 현상은 우리가 불빛의 상대적 위치를 확인할 바탕이 되는 참조틀이 없기 때문에 생긴다.

파이 현상   또 다른 가현운동 지각 현상으로는 파이 현상을 들 수 있다. 파이 현상(phi phenomenon)은 자극들을 순차적으로 제시할 때 일어나는 현상인데, 일정한 시간 간격(1/10초)으로 불빛을 켜고 끄는 것을 계속하면 점선과 같은 움직임을 보인다. 가현운동은 일종의 운동 착시이기는 하지만 물체가 실제로 움직일 때 경험하는 것과 매우 유사한 지각표상을 경험하도록 한다. 이와 같은 파이 현상은 스트로보스코픽 운동(stroboscopic movement)이라고 부르기도 한다. 영화나 TV 또는 네온사인 광고 원리에 이용된다.

유인운동   기차가 역에 서 있는데 갑자기 움직이는 느낌을 받고 놀라서 보면, 옆에 있는 또 다른 기차가 움직이는 것을 발견하게 된다. 이것은 유인운동으로 인한 착각이다. 구름 사이로 달이 지나가는 것처럼 보이는 현상도 실제로는 구름이 지나가는 것이다. 일반적으로 두 물체가 상대적으로 움직일 때 작은 물체가 움직이는 것으로 지각하는 되는 것이 유인운동의 원인이다.

운동잔상효과   폭포처럼 한 방향으로 계속해서 움직이는 물체를 주시하다가 정지된 대상을 보게 되면 일시적으로 반대 방향으로 움직이는 것처럼 보이는 현상은 운동잔상효과 때문이다. 이것은 특정 운동방향에 민감한 신경세포들이 순응된 후 정지된 대상을 보면 순응되지 않은 반대 방향 운동세포들이 더 많이 활성화되기 때문에 일어나는 현상이다.

(3) 주관적 속도지각

속도에 대한 지각은 움직이는 물체를 다루는 활동을 많이 하는 현대인에게 매우 중요하다. 속도에 대한 지각은 정서에 영향을 받기도 하는데 스트레스 상황이나 시간 압력이 많아지는 상황에서는 속도에 대한 인식이 더 낮아지게 된다(이순열, 2011). 주관적 속도감에 영향을 미치는 것은 주변 풍경, 소리, 진동과 같은 감각 정보들이며 대표적인 시각적 단서로는 모서리 빈도와 전역적 광학흐름 등이 있다(Wickens & Hollands, 2003). 모서리 빈도(edge rate)란 단위 시간당 관찰자를 지나치는 모서리 혹은 불연속적인 표면의 수를 말한다. 모서리 빈도는 표면 결의 밀도에 영향을 받는데 같은 공간 안에 표면 결이 조밀하게 분포하게 되면 동일한 시간 동안 관찰자를 지나치는 모서리 빈도가 증가하여 빠른 속도감을 지각한다. 전역적 광학흐름(total rate of optical flow)이란 시간에 따른 광학흐름의 변화 속도를 말하는 것으로 관찰자의 눈높이와 움직이는 속도에 영향을 많이 받으며 관찰자의 눈높이가 낮으면 낮을수록, 관찰자의 움직임이 빠를수록 전역적 광학흐름이 증가하여 빠른 속도감을 지각하게 된다.

5) 형태 재인

지각체계화가 형태들이 어떻게 지각되는가에 초점을 맞추고 있는 것이라면, 형태 재인은 우리가 형태를 어떻게 확인하는가에 초점을 맞추고 있다. 형태에 대한 인식은 인간 생존에 가장 강력한 단서를 제공해준다. 시각정보에 있어서 모서리 탐지와 선분 탐지 등에 탁월한 능력을 보이는 것은 형태나 윤곽에 대한 재인이 생존에 필수적이기 때문이다. 어렴풋한 형태만 보고도 그것이 포식자인지 먹잇감인지 알아차려야 한다. 포식자라면 더 빨리 도망가야 하고, 먹잇감이라면 더 빨리 다가가야 한다.

형태 재인은 크게 세 가지 모형이 있다. 우선 형판 이론(template theory)은 제시된 시 자극 패턴이 기억에 저장되어 있는 동일한 형판과 짝지어지면 그 패턴이 파악된다고 가정하는 이론이다. 각 자극과 복사판이 똑같다고 인식될 때 자극이 파악된다는 것이 형판 이론의 입장이다. 그러나 형판 이론은 수많은 형판이 기억 속에 저장되어 있어야 하고, 작은 차이만 있어도 파악되지 못한다는 입장을 취함으로써 자극의 다양성을 고려해볼 때 비판의 소지가 크다.

두 번째 모형은 세부 특징 분석 이론(feature analysis theory)이다. 세부 특징 분석 이론은 자극 패턴이 제시되면, 그 자극을 세부 특징별로 분석하고, 종합하는 과정을 거쳐서 파악한다고 가정한다. 세부 특징 분석 이론은 유기체가 자극 패턴의 수직선, 수평선 등의 세부 특징들을 탐지할 수 있는 선천적으로 주어진 생리 탐지기들과 지각 학습을 통해 획득한 세부 특징들로 구성된 목록을 가지고 있다고 주장한다. 세부 특징 분석 이론의 단점은 첫째로 형태 재인에서 국소 정보의 처리를 지나치게 강조한다는 것이다. 둘째는 지엽적인 수준의 정보처리를 강조하고 있기 때문에 형판 이론이 가지고 있는 단점을 동일하게 가지게 된다는 것이다.

Treisman(1986)은 세부 특징들이 전주의적 단계에서 사용된다고 주장했다. 예를 들어, 다른 방향을 가지는 방해 자극들 사이에서 단일 방향의 표적 자극을 검색할 때 표적이 있다는 것에 대해서 판단하는 시간은 방해 자극들 개수에는 영향을 받지 않았다. 표적이 방해 자극들과 색만 다를 경우에도 유사한 결과가 얻어졌다. 반면에 방해 자극의 색과 방향을 둘 다 공유하는 표적을 탐지해야 하는 접합 표적 검색 과제에서는 반응시간이 방해 자극들의 개수만큼 선형적으로 증가하기 때문에 표적의 존재를 탐지하는 데 주의와 노력이 필요했다. 이러한 연구 결과들은 색채를 이용한 컴퓨터 디스플레이 설계가 사용자의 검색시간을 현저하게 줄일 수 있음을 의미한다(Fisher, Coury, Tengs, & Duffy, 1989; Fisher & Tan, 1989). 표적이 강조되어 있으면 반응시간이 더 빠르고, 그렇지 않은 경우 반응시간은 느려진다. 형판 이론과 세부 특징 분석 이론은 형태 재인에 있어 표상의 중요성을 강조하고 있다는 공통점이 있다.

그런데 표상 수준보다는 처리 수준을 강조하는 모형이 있는데, 이것이 바로 세 번째 모형인 두 과정 모델(two process model) 이론이다. 두 과정 모델 이론은 형태 재인이 제시된 자극 패턴의 물리적인 세부 특징을 분석하는 상향처리(bottom-up process) 혹은 자료 주도적 처리(data-driven process)와 처리된 자료를 종합하여 검증하는 하향처리(top-down process) 혹은 개념 주도적 처리(concept-driven process)라는 두 과정을 모두 포함하고 있다고 주장한다. 전자는 제시된 자극 패턴을 먼저 개개의 세부 특징으로 분석하고 종합한 다음, 과거 경험이나 기억과 비교하여 판단하고 그 결과로 반응을 결정짓는 등의 계기적 처리(serial processing)를 말한다. 후자는 자극 패턴에서 추출한 몇 가지 세부 특징들을 종합한 다음, 그 패턴과 관련된 개념들을 찾고, 그 개념을 바탕으로 세부 특징에 대한 가설을 만들고, 제시된 패턴에서 과연 그 세부 특징이 있는지의 여부를 검증하는 것이다. 자극이 짧은 시간에 제시되거나 애매한 경우에는 후자의 처리가 우세하게 작용하는 것으로 여겨진다.

두 과정 모델 이론에서 개념 주도적 처리를 더 발전시킨 이론이 있는데, 그것은 전형 이론(prototype model)이다. 전형 이론은 세부 특징들이 구성하는 전형적인 구조의 파악과 그 구조에서 패턴이 변형된 규칙을 파악하는 과정을 통해 자극 패턴의 재인이 이루어진다고 가정하는 것이다(이재식, 이순철, 조대경, 1990).

6) 지각 항등성

우리는 어떤 사람이 다가오는 것을 그 사람의 몸이 점점 더 커지는 것으로 지각하지 않는다. 탁자 위의 접시는 한 위치에서 보면 원형으로 다른 위치에서 보면 타원형으로 보이지는 않는다. 머리를 움직이더라도 소리가 나는 위치가 변하는 것으로 인식하지도 않는다. 이렇게 환경 속의 자극들에 대해서 일정한 형태와 방향의 일관성 있는 처리가 바로 **지각 항등성** 때문에 발생하게 된다.

물체의 크기는 망막 상의 크기로 인식된다. 거리가 두 배가 되면 망막에 맺히는 크기도 1/2로 거리에 반비례해서 작아지고, 대상에 대한 시각이 같으면 거리가 틀려도 망막에 비치는 영상의 크기는 변하지 않는다. 하지만 실제로 보이는 물체 크기는 시각 법칙과 같이 작게 보이지 않기 때문에 같은 크기의 대상은 거리를 변경하여도 같은 크기를 유지하려는 경향을 가진다. 이러한 현상을 지각 항등성 중에서 **크기 항등성**이라고 부른다. 지각 항등성은 환경에 효과적으로 적응하는 데 큰 도움을 준다. 만약 어떤 물체가 거리 또는 각도에 따라 여러 가지 모양과 크기로 보인다면 그 물체에 대해서 우리는 적절하게 반응하기 힘들 것이다.

따라서 사람들은 매순간 물체로부터 받는 감각정보들이 변함에도 불구하고 물체가 안정된 특성들을 항상 가지고 있는 것으로 지각한다. 따라서 지각 항등성은 우리가 직접 '보는 것'이 아니라 보이는 것들로부터 세상을 '구성'함을 강력히 시사하고 있다. 항등성 유형에는 크게 세 가지가 있다. 시각적 대상에 관계되는 크기 항등성과 모양 항등성이 있고, 시각적 대상의 속성에 관계되는 명도 항등성과 색채 항등성이 있으며, 시각적 대상들 간의 관계에 관한 것으로 위치 항등성과 방향 항등성이 있다.

크기 항등성은 대상이 있는 거리에 상관없이 지각된 크기를 동일하게 지각하는 것이다. 이때 대상이 관찰자로부터 떨어져 있는 객관적 거리에 대한 정보를 무의식적으로 고려하여 크기 항등성을 유지한다는 설명이 유력하다. 모양 항등성은 대상이 경사진 위치에 있든, 그렇지 않든 관찰자의 시각 방향에 상관없이 같은 모양을 가지는 것으로 지각하는 경향이다. 가장 흔한 예로 문이 열렸다가 닫힐 때 실제로 여러 모양으로 변하지만 같은 모양을 가진 문으로 본다. 명도 항등성은 광원으로부터 대상에 떨어지는 빛, 즉 조도의 변화에도 불구하고 회색, 흰색 또는 검은색을 그대로 각각의 색깔로 지각하는 현상이다. 예를 들어, 소화기는 방안에서 보거나 바깥에서 보더라도 같은 정도의 붉은색으로 보인다. 색채 항등성은 어떤 물체가 주변의 조명 조건에 상관없이 같은 색깔을 가지고 있다고 지각하는 경향성이다. 위치 항등성은 관찰자가 머리를 움직이거나 몸 전체를 움직일 때 대상의 망막 상도 함께 움직이지만 대상 자체는 다른 대상들과의 관계에서 움직이는 것으로 지각하지 않는 현상이다. 방향 항등성이란 환경에 있어서 지각된 방향과 망막 상의 방향 간의 독립성으로 정의된다. 예를 들어, 응시하는 방향이 변하더라도 대상이 있는 방향이 일정하다고 판단하는 경향이다.

이러한 여러 항등성의 특성은 지각체계가 다양하게 변하는 감각정보를 처리할 때 여러 정보의 중요성을 구분하고 추리하여 다루고 있음을 시사한다. 예를 들어, 크기 항등성의 경우 멀리 떨어져 있는 사람의 몸 크기가 망막 상에서는 실제로 매우 작지만 지각체계가 거리를 무의식적으로 고려해서 실물의 크기를 추리하여 될 수 있는 한 같은 크기로 지각하려 한다.

3. 주의

주의는 지속시간이 짧을 수 있다는 단점을 가지는데, 강하게 주의를 사용한 경우 이완이 급격히 발생할 수 있다. 긴장하고 집중한 일이 일단락되고 마무리되는 시점에서 긴장이 풀리면서 급격히 정신과 육체의 이완이 올 수 있다.

주의의 특징은 세 가지로 경계, 정보 선택 및 제한된 용량을 들 수 있다. 경계란 유기체의 내·외부에서 발생하는 자극들에 대해서 최적의 민감도를 유지하는 것을 말하는데, 경계상태에서는 정보를 잘 처리할 수 있지만 계속 유지하기가 힘들다는 단점이 있다. **정보 선택**은 이미 언급한 바와 같이 여러 출처의 정보 중 한 출처의 정보만을 계속 처리하기 위해 선택하는 것이다. **제한된 용량**은 둘 이상의 심리과정이 요구될 때 문제가 된다. 숫자를 외우는 심리과정과 불빛이 제시된 유·무를 탐지하는 과정이 모두 심리적 자원, 즉 정해진 용량의 한계를 가지기 때문에 각 과정의 수행이 어렵게 된다. 한 번에 한 과제만을 수행하는 것에 비해서 두 과제를 함께 해내려면 제한된 용량 때문에 실패할 확률이 높아지게 된다.

1) 선택적 주의

과제 수행에는 선택적 주의가 요구된다. 선택적 주의 연구에 사용되는 대표적인 과제는 바로 선택적 듣기이다. 실험에서는 주의를 기울여야 하는 표적 메시지와 함께 방해 청각신호가 동시에 제시된다. 방해 자극은 표적 메시지를 차단하거나 혼동시킴으로써 처리를 방해한다. 선택적 듣기는 표적 메시지가 방해물과 물리적으로 멀리 떨어져 있을 때 상대적으로 쉽다.

별개의 스피커로 신호를 제시하거나 헤드폰을 통해 양 귀에 다른 메시지를 들려주는 등의 표적과 방해 자극의 공간적 분리는 표적 메시지에 더 쉽게 주의를 기울이게 한다(Spieth, Curtis, & Webster, 1954). 이와 유사하게 표적과 방해 자극의 강도가 다르거나 주파수가 다를 때 선택적 듣기가 더 용이해진다(Egan, Carterette, & Thwing, 1954; Spieth et al., 1954). 이러한 결과들은 주의 선택이 거리나 공간과 같은 물리적 특성들에 근거하여 일어난다는 초기 선택 모델을 지지한다.

예컨대 시각 각도가 약 1도 떨어진 곳에 있는 아무런 관련이 없는 자극도 표적의 처리를 다소 방해할 수 있다(Eriksen & Eriksen, 1974). 반면에 공간적으로 충분히 분리되어 있는 방해 자극이라면 표적의 처리에 전혀 영향을 주지 않는다. 비슷한 사례로 방해 문자들이 공간적으로 충분히 분리되어 있지 않다면 표적 단어와 함께 처리되어 과제 수행을 어렵게 만들 수 있다(Eriksen & James, 1986; Treisman, Sykes, & Gelade, 1977).

주변의 수많은 자극들은 어느 한 순간에 그 일부분만이 지각된다. 의식 경험에는 집중해야 하는 지점과 그렇지 않은 지점이 있다. 집중이 필요한 지점에 있는 대상들을 우리는 분명히 파악하는 반면, 변두리에 있는 대상들은 그 정체가 흐릿하게 파악된다. 사람이 정보를 처리하는 역량은 제한되어 있기 때문에 계속 정교하게 처리할 필요가 있는 자극을 수많은 자극들 중에서 선택해야만 한다. 뿐만 아니라 그 자극에 대한 지각표상을 형성하고 반응을 선택할 필요가 있다. 주의 또는 의식 집중은 우리가 지각할 내용을 선택한다. 선택적 주의(selective attention)는 응시 주의, 분할(divided) 주의, 지속(sustained) 주의 등으로 구분할 수도 있다. 응시 주의(focused attention)는 한 가지 정보에만 주의를 기울이고 나머지 것은 제외하는 주의이다. 시끄러운 장소에서 두 사람이 서로 대화하는 데 어려움이 없는 것은 두 사람의 주의가 대화에만 집중되어 있기 때문이다. 분할 주의(divided attention)는 두 가지 이상의 과업에 주의를 기울이는 경우이다. 라디오를 들으면서 운전하거나, 음악을 들으면서 공부를 하는 경우를 생각하면 된다. 지속 주의(sustained attention)는 매우 드물게 나타나는 현상을 관찰하기 위하여 변화가 많지 않은 장면을 장시간 쉬지 않고 주의하는 경우를 말한다. 주로 감시 작업(vigilance task)에서 지속 주의가 일어나는데 지속 주의는 단조로움으로 인해서 저하되기 쉬운데 지속 주의 실수는 문제를 발생시키게 된다. 이러한 선택적 주의 현상은 상황에 따라 다양한 성질과 기능을 가진다. 선택적 주의의 특징 중 공통적인 한 가지는 항상 일정한 수준으로 지속하면서 유지되는 것이 아니라 장소와 시간에 따라서 변화한다는 것이다.

(1) 여과

사람들은 주변 환경이나 신체 내부로부터 오는 수많은 자극의 홍수 속에 살고 있다. 모든 자극을 처리하기에 심리적 용량은 제한적이다. 따라서 필요한 자극들은 받아들이고 중요하지 않은 것들은 여과해 버려야 한다. 불필요한 자극들을 제대로 여과하지 않으면 정작 목표가 되는 자극을 처리하는 정확성이나 속도가 떨어지게 된다. 이러한 주의의 특징들은 왜 여과가 필요한지를 보여준다.

(2) 주의를 결정하는 요인

주의의 대상이 되도록 하는 외부요인들에는 네 가지가 있다. 첫 번째는 강도와 크기이다. 두 번째는 대조와 신기함이다. 세 번째는 반복이고, 마지막으로 네 번째는 움직임이다. 어떤 자극이 강할수록 그 자극에 주의를 기울이기 마련이다. 신문 구석에 자리 잡고 있는 작은 크기의 광고보다 신문 전면을 차지하고 있는 광고가 더 많은 주의를 받는 것과 같은 이치이다. 어떤 대상이 새롭거나 또는 다른 대상들과 크게 구별되는 것이 있다면 당연히 주의를 끈다.

반복이 주의를 끌 수도 있는데, 예를 들어 같은 단어를 여러 번 반복해서 사용하면 다른 단어보다 반복된 단어가 더 많은 주의를 끌 수 있다. 또한 인간과 동물은 물체의 움직임에 대해 즉각적으로 주의를 준다. 움직이는 전광판 같은 것은 인간이 움직임에 예민하다는 것을 이용하여 메시지의 내용에 주의를 끌고자 마련한 방법이다.

주의의 방향을 결정하는 요인에는 유기체 내부요인들도 있는데, 주로 세 가지로 구분된다. 그 첫째는 동기이고, 둘째는 준비, 셋째는 흥미이다. 배고픈 사람은 배가 부른 사람들보다는 배고픔을 충족시키기 위해서 동기화되어 있기 때문에 음식에 주의를 더 잘 기울일 것이다. 또한 중요한 전화가 올 것을 예상하고 기다리는 사람은 졸고 있는 상태에서도 전화 소리에 더 잘 반응하게 된다. 인간은 특정한 자극을 보거나 들을 수 있도록 마음의 태세가 갖추어져 있다. 우리가 어떤 자극에 반응할 준비를 하고 있으면 그 자극에 보다 쉽게 주의를 집중하며, 이러한 선택적 주의집중 능력을 통해서 특정한 자극에 대해서는 보다 빨리 분석하고 정확히 판단할 수 있게 된다. 그리고 인간은 자기가 상당한 관심을 가지고 있는 대화 내용에 대해서는 다른 내용들보다 쉽게 주의를 기울이게 된다. 우울한 사람은 남과 이야기할 때 우울한 내용에 더 주의를 기울이는 경향이 있기도 하다. 이처럼 주의가 가지고 있는 내부적인 특성들은 우리의 의식 경험에 방향을 부여하고 의식 경험의 내용을 변화시킬 수 있다.

이처럼 매우 유연한 주의의 특성 때문에 우리는 어느 정도 여유를 가지고 규칙 있게 자극들을 선택하고, 적합한 반응을 결정하게 된다. 그렇지 않으면 환경에 대한 우리들의 적응은 완전히 수동적인 성질을 띠게 될 것이다.

2) 부주의

부주의(inattention)는 행위 목적에서 벗어난 심리적·생리적 현상을 말하며, 주의가 낮아지거나 산만해진 상태를 의미한다. 대표적인 부주의 상태는 부주의 맹시로 나타날 수 있다. **부주의 맹시**(inattentional blindness)는 양분하거나 복합적인 과제에서 주의 배분이 제대로 이루어지지 않아 변화나 탐지해야 할 신호를 놓치는 것을 말한다.

주의는 선택성, 방향성, 변동성이 있다. 선택성은 자극들 중 선택해서 주의를 기울이는 것이다. **방향성**은 한 곳에 주의를 기울이게 되면 다른 방향에는 주의가 산만하게 되는 것을 의미한다. **변동성**은 지속적인 주의가 힘들기 때문에 산발적으로 주의와 부주의가 리듬을 타면서 발생하는 것이다. 외부 대상에 대해서 주의를 기울여 관찰하는 것은 **외향적 주의**이며, 공상이나 잡념에 빠지는 것은 **내향적 주의**라고 한다. 주의를 기울여야 하는 외부 대상이 많아지면 주의의 범위는 넓어지고 깊이는 얕아지게 된다. 주의를 기울여야 하는 외부 대상이 적어지면 주의의 범위는 좁아지고 깊이는 깊어진다.

부주의 상태일 때는 환경 조건이나 변화에 주의를 기울이지 못하거나 알아차리지 못한다. 또 알아차리긴 하더라도 간과하게 된다. 부주의는 경험이 없거나 숙련되지 못하거나, 정서 불안정, 혹은 심신 피로가 원인으로 작용할 수 있다. 왜냐하면 주의는 장시간 지속할 수 없다는 특징을 가지는데, 고도의 집중일수록 지속시간은 짧아지고 부주의가 나타나게 된다. 또한 동시에 두 가지 이상의 과제에 집중하는 것은 거의 불가능하다. 따라서 위험을 줄이고 사고를 예방하기 위해서는 일상의 중요한 활동들이 주의의 한계를 넘지 않도록 계획해야 한다.

부주의 현상은 의식 중단과 의식 우회, 의식 저하 등의 증상으로 나타난다. 의식 중단은 의식 흐름에 갑작스러운 중단이 생기는 경우를 말한다. 특수한 질병이 있는

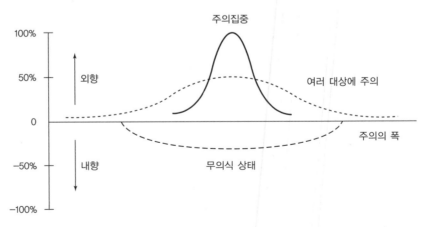

그림 5.8 주의력 수준

경우에 나타나기 때문에 일반적인 건강 상태의 사람이 경험하지는 않는다. 의식 우회는 의식 흐름이 주의를 기울이는 대상을 벗어나는 것을 말한다. 걱정이나 고민거리혹은 공상이나 욕구 불만 등으로 주의가 다른 곳으로 옮겨가버려 정상적인 주의집중활동에 문제가 생기는 경우이다. 의식 저하는 멍한 상태를 말하며 심신의 피로나 단조로운 작업이 반복될 때 발생한다.

3) 각성과 경계

불안이나 위험에 의한 스트레스 상황은 생리적 각성 수준을 증가시키는데 이것은 심장박동률이나 동공 크기 그리고 호르몬 변화 등 다양한 생리적 변화를 통해서 기록될 수 있다. 주의는 각성(arousal) 수준에 영향을 받는다. 주의 할당 방식과 주의 자원의 양이 각성 수준에 영향을 미친다. 각성 수준이 증가함에 따라 최적 각성 수준(optimum level of arousal)까지 수행률은 증가하다가 이후로 급속하게 감소된다.

　주의와 각성 간 이러한 관계를 보여주는 것은 여키스–도슨의 법칙(Yerkes-Dodson law)이다. 여키스–도슨 법칙을 적용하게 되면 각성 수준에 따라 인간이 보이는 수행의 질을 잘 설명할 수 있다(Yerkes & Dodson, 1908). 여키스–도슨 법칙에서는 복합과제에 비해 단순 과제의 경우 각성의 최적 수준이 더 높은 역 U자 모양의 함수관계를 나타낸다. 각성 수준이 낮으면 수행이 저하된다는 것은 당연한 일이다. 낮은 각성 수준에서는 과제 수행을 위한 준비를 잘못할 수도 있고, 주시 과제에 주의를 적

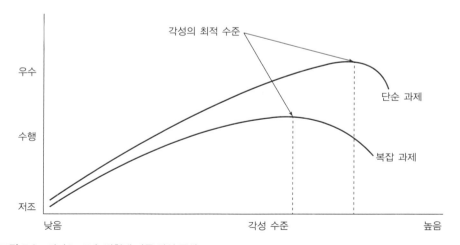

그림 5.9　여키스–도슨 법칙에 따른 각성 곡선
출처 : Yerkes & Dodson (1908).

절하게 몰입하지 못할 수도 있다. 최적 각성 수준까지 각성이 증가함에 따라 수행이 향상되는 것은 더 잘하기 위해 노력하는 촉진효과 때문이다. 실패에 대한 두려움이 증가하면 더 열심히 더 잘하려고 노력하게 만드는 것이다.

그러나 각성의 최적 수준을 넘어서게 되면 수행은 감소하게 되는데, 일종의 과다 각성(over-arousal) 효과가 나타난다. 높은 각성 수준에서는 주의 폭이 좁아져서 주의를 끌기 위해 사용된 단서들의 범위도 제한된다(Easterbrook, 1959). 또한 적절한 단서와 부적절한 단서들 간의 구별 능력도 떨어진다. 따라서 높은 각성 수준에서 주의 할당은 오히려 제대로 이루어지지 못할 가능성이 높다. 높은 각성 수준에서 일어나는 대표적인 주의의 한계가 지각적 협소화이다(Kahneman, 1973).

Weltman과 Egstrom(1966)은 초보 스쿠버 다이버의 수행에서 지각적 협소화를 알아보기 위해 이중 과제를 사용한 실험을 진행했다. 1차 과제는 산수와 숫자판 탐지에 관한 것이고 2차 과제는 주변에 제시되는 빛을 탐지하는 것이다. 각성 수준은 정상 환경(낮은 스트레스), 탱크 안(중간 스트레스), 바다 안(높은 스트레스)에서 다이버를 관찰함으로써 측정했다. 스트레스가 증가함에 따라 1차 과제 수행은 영향을 받지 않았지만 2차 과제 수행은 저하되었다. 이것은 증가한 스트레스 상황에서의 주의 집중 협소화 개념과 일치하는 결과이다.

긴 시간 동안 지루한 과제를 수행해야 할 때도 각성 수준은 낮아진다. 경계 과제는 이러한 연구의 주된 방법을 제공해주었다. 경계 과제는 예상치 않은 시행에서 발생하는 불규칙한 신호들을 탐지하는 것이다. 경계에 관한 연구들은 제2차 세계대전 당시 왜 레이더 탐지병이 해저의 많은 표적을 탐지해내지 못하는가에 대한 의문으로부터 출발했다. 시스템이 자동화됨에 따라 레이더 탐지병 역할은 주로 결정적 신호의 출현을 주시하는 것으로 바뀌었지만 여전히 주의를 통한 각성과 경계는 산업 현장의 품질 관리, 항공기 관리, 제트기와 우주선, 인공물의 조작에서 인간 수행의 신뢰성을 결정하는 지표로 쓰인다(Warm, 1984).

6 심리현상에 작용하는 기억과 사고

'기억'이라는 단어를 사전에서 찾아보면 '경험을 의식 속에 간직하거나 생각해 내는 것'이라고 정의되어 있다. 이 정의를 인간 행동이나 뇌 기능에 적용해보면 기억이란 '정보를 수용하고, 저장하고, 꺼내는' 세 가지 기능이 종합된 것이라고 할 수 있다. 여기서 수용한다는 것은 눈이나 귀 등의 감각기관으로 들어온 글자나 사물, 음성이나 소리 등을 머릿속에 입력한다는 뜻이다. 저장한다는 것은 머릿속에 입력된 문자나 형태, 소리를 잊어버리지 않는다는 의미이며, 꺼낸다는 것은 머릿속에 입력된 문자나 형태, 소리를 의식적으로 입으로 발성하거나 손으로 써서 재현해낸다는 말이다. 따라서 "기억력이 좋다."라는 말은 사물을 정확히 받아들이고, 받아들인 정보를 오랫동안 저장하며, 저장된 정보를 언제든지 곧바로 꺼낼 수 있다는 것을 뜻한다는 것을 알 수 있다.

기억은 정보를 받아들이고 저장하는 과정뿐만 아니라 기존의 정보나 지식을 문제해결에 잘 사용할 수 있도록 조직화하거나 재구성하는 매우 적극적인 정신과정이기도 하다. 기억은 과거 경험을 기록, 저장하는 방대한 지식체계이다. 기억에 관련한 문제들은 이론적인 면에서뿐만 아니라 실용적인 면에서도 매우 중요하다. 어떻게 하면 더 잘 기억할 수 있을까? 기억하고 싶지 않은 내용을 어떻게 기억하지 않을 수 있을까? 어떻게 내용을 기억에 저장하면 필요할 때 더 빨리 그리고 더 정확히 찾아 활용할 수 있을까? 이러한 기억 문제는 심리학의 다른 분야들, 즉 지각, 학습, 언어, 사고, 사회행동과 같은 분야들과 밀접히 관련되어 있기 때문에 지금까지의 기억 연구들을 살피는 것은 기억뿐만 아니라 다른 분야에 대한 이해도 높여줄 것이다.

인지심리학이라는 용어는 인간이 어떻게 정보를 획득하고, 저장하고, 조직하고, 사용하는가를 설명하는 데 사용되기 시작했다. 인지심리학은 많은 조상들을 두고 있는데 그중에서도 특히 게슈탈트 학파의 영향이 컸다. 게슈탈트 심리학자들은 기억은 요소들 사이의 연합만으로 설명될 수 없다고 보았다. 지각과 기억 및 사고는 역동적으로 구조화된 하나의 체계이다. 따라서 유기체가 경험하는 새로운 정보들은 기존 체계에 단순히 첨가되기보다는 기존 체계를 재구조화한 결과물이다. 이러한 게슈탈트 심리학의 전통이 최근 정보처리 접근 방법을 기초로 한 인지심리학으로 이어져 오고 있다. 이러한 접근의 현대적 입장은 인간의 정신과정을 컴퓨터 정보처리과정과 동일한 관점에서 파악하는 것이다. 우리가 컴퓨터에 정보를 입력하고 저장했다가 필요할 때 그것을 꺼내어 사용할 수 있듯이 유기체의 인지활동도 감각기관을 통해 수집된 정보가 기억 속에 저장되었다가 필요할 때 인출되는 일련의 정신 조작과정으로 파악한다.

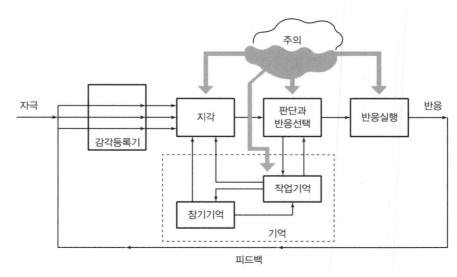

그림 6.1 정보처리 모형

1. 기억

문자가 발명된 이후에도 문자는 소수 특권 계급의 전유물이었기 때문에 인간은 언어를 이용한 지식과 기술의 전수를 위해 운문(언어의 음악적 표현)을 고안해냈다. 어느 문화에서나 오래된 구전 문학들은 모두 운문체로 되어 있다. 인간이 기억하기 쉽도록 4-3조나 4-4조로 구성되어 있다는 공통점이 있는데, 이것은 심리학자들에 의해서 나중에 밝혀진 인간이 한 번에 기억할 수 있는 기억 단위 개수와도 일치한다. 또한 압운 및 각운, 리듬 등은 바로 기억을 용이하게 하는 언어적 기억보조장치이다(이건효, 2007).

1) 지속시간에 따른 기억의 종류

정보가 처리되기 위해서는 어느 정도의 처리시간이 필요하다. 여러 연구에 따르면 기억이 지속되는 시간에 따라 특징적으로 구별되는 세 유형의 기억 종류로 구분할 수 있다. 그것은 바로 장기기억과 단기기억 그리고 감각기억이다. 기억이라고 말할 때 그것은 흔히 오랜 과거의 것들을 말한다. 이것을 장기기억이라고 하는데, 예를 들면 초등학교 4학년 때의 담임 선생님의 이름을 회상하는 것은 장기기억의 도움이 필요하다. 어떤 과제 수행이 1분 이상의 기억 시간이 필요하다면 이것 역시 장기기억의 범위에 들어간다고 볼 수 있다.

그림 6.2 지속시간에 따른 기억의 종류

장기기억보다 짧은 지속시간을 갖는 것이 단기기억이다. 전화기에 저장되어 있지 않은 번호를 누르기 위해서 우리는 그 전화번호를 누르는 동안 외우고 있어야 하는데, 이러한 기억을 단기기억이라고 한다. 단기기억에 정보를 보존하는 것은 어렵기 때문에 주의가 산만해지면 단기기억은 쉽게 사라진다.

또 다른 기억의 종류로는 단기기억보다도 지속시간이 더 짧은 것으로 감각기억이 있다. 감각기억은 감각에 제시된 정보를 상당히 완전하고 정확하게 보유하는 것으로 매우 짧은 시간 동안 지속된다. 이것은 시각, 청각, 촉각 등의 감각경로와 관련되어 있으며, 이 감각기억에 있는 정보가 주의 등에 의해 단기기억에 넘어갈 때까지만 그 정보가 유지된다. 전체적으로 볼 때, 주의에 의해 감각기억에 있던 정보는 단기기억으로 넘어가며, 20~30초 동안 단기기억에 유지되는 동안에 반복된 정보는 장기기억으로 넘어가지만, 그렇지 못한 정보는 망각된다. 정보가 일단 장기기억에 저장되면 비교적 영구적으로 기억된다.

2) 감각기억

화려하고 복잡한 건물 안으로 들어갈 때, 우리는 수많은 감각자극(시각, 청각, 촉각, 후각, 미각)들에 둘러싸이게 된다. 이런 많은 자극들은 우리의 감각기억에 도달하게 된다. 감각기억(sensory memory)이란 이처럼 짧은 시간(즉시 내지는 수 초) 동안 원래의 형태를 간직한 환경 정보를 수용하고 유지하는 최초의 기억과정을 말한다.

감각기억은 오감을 통해 들어온 정보가 아주 잠시 동안 보관되는 창고의 역할을 한다. 보거나 들은 후 그것이 잠시 머릿속에 머물러 있는 상태로 몇 초 정도밖에 유지되지 않는다. 감각기억은 어떤 대상이 지각된 최초의 기억이다. 이러한 기억의 저장은 대개 아주 제한된 용량과 기간 동안만 유지된다. 책이나 신문을 읽으면 읽는 순간에 앞부분은 잊혀지는 것과 같은 원리이다. 대뇌에 접수된 정보 중 99%는 순간적으로 대뇌 뇌세포의 인식에서 없어진다. 예를 들면, 운전이나 운동을 할 경우 일어난 일에 대해 우리는 즉각적으로 반응은 할 수 있어도 시간이 흐른 후에는 기억할 수 없다. 일단 입력된 정보들은 저절로 뇌에 저장되어 기억되는 것이 아니다. 시각, 청각, 촉각, 후각, 미각 등을 통해 들어온 자극들은 일단 전류와 진동의 형태로, 분석되지 않은 원형 상태로 뇌 안에서 선회한다. 특별한 주의가 없거나 기존의 지식 구조에 결합되지 않으면 짧은 시간 동안 머문 후 소멸된다. 거리에서 들을 수 있는 수많은 소리들, 간판 등은 자극과 거의 동시에 사라진다. 우리가 감각으로 경험하는 수없이 많은 자극이 뇌에서 저장할 의사와 가치가 없는 것으로 판단되면 즉시 사라진다. 흥미와 결합의 조건이 없으면 저장조건에서 탈락시키고 더 중요하고 흥미롭고 가치 있는 것들을 선별해서 저장하게 된다.

(1) 감각기억의 특징

감각기억은 우리가 사용하는 일상적인 기억과 구분될 수 있는 몇 가지 특징을 가지고 있다. 첫째로, 감각기억의 내용은 자극에 대한 감각효과의 기록이라는 것이다. 즉, 감각기억에 보존되는 정보는 자극의 물리적 특징과 일대일로 대응되는 표상들이다. 예를 들어, 감각기억 내에서의 시각적 경험은 명도, 크기 및 색깔 등의 물리적 세부 특징들에 의해 표상되어 있다. 따라서 감각기억은 세상에 관한 우리의 지식이 적용되기 이전의 표상을 유지하는 것이다.

감각기억의 두 번째 특징은 용량이 다른 종류의 기억들에 비해서 상대적으로 크다는 것이다. 우리는 어떤 장면을 보게 되면, 우리가 나중에 보고할 수 있는 것보다 훨씬 많은 정보를 순간적으로 수용한다. 그러나 감각저장의 용량은 감각 수용기들의 물리적인 조건과 민감도에 의해서 제한된다.

감각기억이 다른 기억들과 구분될 수 있는 세 번째 특징은 지속시간이 매우 짧다는 것이다. 대부분의 경우에 시각적인 감각기억은 1초 이하로 지속된다. 비록 시각적 감각기억과 일치하지는 않는다고 하더라도 청각적인 감각기억도 수 초 동안만 지속된다. 시각적이든 청각적이든 감각기억에서의 정보는 아주 신속하게 상실된다. 그러므로 감각기억은 자극 종료 후에 얼마 동안만 신경계에서 지속된다. 정리하면 감각기억은 내용과 용량 및 지속기간에 의해서 다른 기억들과 구분된다.

(2) 영상기억과 잔향기억

Neisser(1976)는 시각적인 감각기억을 영상기억이라고 하였고, 청각적인 감각기억을 잔향기억이라 했다. 물론 운동이나 화학적인 감각도 나름대로의 감각기억을 가질 수 있겠지만, 지금까지 심리학에서 감각기억의 연구는 이 두 가지에 집중되어 왔다.

영상기억(iconic memory)은 약 0.25초 이상 시각정보를 유지하는 감각기억의 한 형태이다. 예를 들어, 영상기억은 원을 따라 이동하는 불연속적인 불빛들의 이미지를 짧은 순간에 유지한다. 그 결과로 우리는 개개 불빛의 점들보다는 연속적인 불빛의 원형을 보게 된다. 영상기억이 없으면 우리의 눈은 매초 여러 번씩 다른 대상들에 시선을 고정시켜야 하기 때문에 세계가 매우 복잡하게 보일 것이다. 이상과 같은 영상기억의 존재와 길이를 증명한 연구가 있다. 실험 절차는 다음과 같다. 피험자들은 매우 짧은 시간 동안 아래에 제시된 12개의 문자 배열이 투사되는 화면 앞에 앉아서, 문자가 제시된 직후에 각 횡렬의 문자를 회상하도록 요구받았다.

```
F T Y C
K D N L
Y W B M
```

위와 같이 알파벳이 제시되고 0.5초 후에 회상을 하도록 하면, 평균 6개의 알파벳을 기억하였고, 1초 후에는 단지 4개 정도의 알파벳만을 기억했다. 자극이 제시된 후, 지연 시간이 증가할 때마다 기억되는 알파벳 수가 감소하는 것은 영상기억의 일시성 때문이다. 이것은 시각 정보에 대한 감각기억의 존재를 처음으로 증명한 실험이다.

잔향기억(echoic memory)이란 1~2초 동안 음향 정보를 유지하는 감각기억의 또 다른 형태를 말한다. 예를 들면, 우리가 소설을 읽는 것에 푹 빠져 있는데 친구가 어떤 질문을 했다고 하자. 우리는 책 읽기를 잠시 멈추고, "뭐라고 말했니?"라고 되묻는다. 이런 식으로 되묻는 순간, 우리는 그 친구가 한 말을 회상할 수 있다. 친구가 한 질문은 여전히 우리 잔향기억 속에 유지되고 있기 때문에(2초 정도 유지됨) 곧바로 알아차릴 수 있다. 잔향기억은 우리가 듣지 못했다고 생각한 것을 다시 기억할 수 있게 되는 것 외에, 어떤 소리의 순서가 단어를 형성한다는 것을 알기에 충분히 긴 시간 동안 유지된다.

잔향기억의 존재를 증명하거나 잔향기억의 속성을 측정하려는 시도들이 있었다. 예를 들면 Massaro(1970)는 순수한 음조에 대한 잔향기억의 지속시간을 결정하는 실험에서 잔향기억의 지속시간이 약 250msec라고 결론지었다. Guttman과 Julesz 는 백색 소음(white noise : 진폭은 같고 파장이 다른 음들을 한데 섞어 제시한 자극) 을 반복해서 분할하여 들려준 후 피험자들이 이러한 반복을 알아차릴 수 있는 가장 긴 분할을 결정하려는 실험에서 잔향기억의 지속시간은 약 1초라고 밝혔다. 또 숫자 를 읽는 사람의 목소리는 최소한 2초 동안 파지된다는 증거도 있다(Crowder, 1969; Darwin, Turvey & Crowder, 1972). 잔향기억의 지속시간이 이렇게 다양한 것은 그 것을 측정하는 데 사용되었던 여러 가지 자극과 인간의 복잡성을 생각한다면 그리 놀라운 것은 아니다.

(3) 감각기억의 기능

감각기억은 들어오는 자극들로부터 과부하가 걸리는 것을 막아준다. 즉, 주의하지 않은 자극들에 대해서는 짧은 시간 후에 소멸되도록 하는 것이 과부하를 막아주는 비결이다. 감각기억은 수 초 내에 들어오는 정보 가운데 어느 것이 중요하며 주의를 기울여야 하는지를 결정하게 해준다. 주의를 기울이는 정보는 자동으로 단기기억으 로 전이된다.

영상기억은 불연속적인 시각 세계를 부드럽고 연속적인 세계로 보이게 만든다. 잔 향기억은 청각 정보를 재생시킴으로써 소리를 말로 인식할 수 있는 시간을 제공한 다. 감각기억 속의 정보에 주의를 기울이면 그 정보는 단기기억으로 이동된다. 감각 기억도 약호화, 저장, 인출의 단계로 구분하여 설명할 수 있다. 어떤 자극은 감각기 억에 제시된 원래의 자극과 물리적으로 유사한 형태로 약호화되어 들어온다. 예를 들어, 시각의 경우는 원래 자극과 닮은 이미지의 형태로 정보를 받아들인다. 달리 말하면, 감각기억은 일반적으로 거의 처리되지 않은 상태로 원자극의 복사판을 저 장한다.

감각기억에 저장된 정보는 시간이 지나면 급속히 쇠퇴하여 망각하게 된다. 영상 기억의 경우는 1초 이내에 기억 내용이 사라지지만, 잔향기억의 경우에는 수 초 동 안 지속되기도 한다. 감각기억에 저장되는 정보는 의미적으로 약호화되지 않은 상태 로 저장되기 때문에 의미적 인출단서는 인출에 별 도움이 되지 못하며, 정보가 사라 지기 전에 그 정보를 읽어내기 위해서는 자극의 위치, 크기, 색, 모양과 같은 물리적 단서에 의존할 수밖에 없다.

3) 단기기억과 장기기억

감각기억은 거의 처리되지 않은 상태로 아주 짧은 시간 동안만 정보를 유지하기 때문에 진정한 의미의 기억이라고 보기 어려운 면도 있다. 그런 의미에서 기억구조를 구분할 때 일반적으로 단기기억과 장기기억으로 구분하는데, 이와 같이 기억을 두 가지의 기억구조로 구분하는 관행은 이중기억이론에 근거하고 있다. 물론 이러한 견해에 대해 모두 동의하는 것은 아니지만 기억을 연구하는 데 있어 보다 설득력 있게 설명할 수 있는 근거를 제공하고 있다.

(1) 단기기억(작업기억)

음식을 주문하기 위해 전화번호부를 뒤지고 있다고 하자. 다이얼을 돌리기 위해 찾은 전화번호를 입으로 계속 되뇌일 것이다. 그러나 주문을 끝내고 전화를 끊는 순간, 우리는 전화번호를 잊어버리게 된다. 위의 사례는 단기기억의 두 가지 특징을 보여준다.

첫째, 단기기억(short-term memory, STM)은 2~30초간 제한된 정보의 양(평균 7 ± 2개의 항목)을 유지할 수 있는 과정을 말한다. 그러나 비교적 짧은 유지시간은 정보를 반복하거나 암송함으로써 늘어날 수 있다. 전화번호가 9개 이하의 숫자로 구성되어 있는 것은 단기기억 용량을 고려한 것이라고도 볼 수 있다. 전화번호를 입이나 머릿속으로 반복해서 암송하는 이유는 최소한 전화 통화가 끝날 때까지 그 정보를 계속 단기기억 속에 유지하기 위해서이다.

둘째, 요즈음에는 단기기억이라는 용어 대신에 작업기억이라는 용어가 더 많이 사용되고 있다. 단기기억이라는 용어는 단지 수동적인 저장 기능만을 강조하고 있다. 하지만 실제로 단기기억은 저장 이외에도 능동적인 처리 기능까지도 포함한다는 의미에서 작업기억(working memory)이라는 용어로 대체되고 있다. 작업기억이라는 말은 1986년에 영국의 심리학자 Baddeley가 처음으로 사용했다.

Baddeley(1986)는 작업기억의 시스템으로 시공간 메모장, 일화적 완충기, 음운 루프, 중앙 관리자라는 요소를 고안해냈다. **시공간 메모장**은 숫자 암산에서 125라는 숫자(영상)를 일시적으로 보존하기 위한 기억 영역이다. **음운 루프**는 남에게 들은 전화번호(음성)를 잠깐 저장해 두는 기억 영역이다. **일화적 완충기**는 경험한 것들을 잠깐 모아두는 곳이다. 중앙 관리자는 시공간 메모장과 일화적 완충기 그리고 음운 루프를 조절하거나 장기기억과 정보를 주고받는 부분이다. 이렇게 분리된 심리적 하위

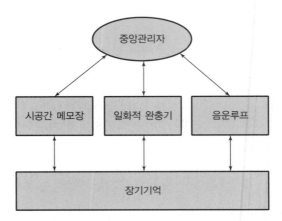

그림 6.3 Baddeley 작업기억모형

출처 : Baddeley (1986).

시스템들은 이미지와 단어를 동시에 처리할 수 있게 해준다. 운전하면서(시공간 처리) 말을 할 수 있는(언어 처리) 이유를 설명할 수 있다. 그리고 작업기억의 제한된 용량은 다른 이야기를 들으면서 한 음악의 멜로디를 기억해내기가 어려운 이유도 설명해준다.

　연구자들은 피험자들에게 CHJ와 같은 3개의 무의미한 철자로 구성된 일련의 자음들을 기억하도록 함으로써 연습이나 암송 없이 얼마나 오랫동안 정보를 기억할 수 있는지를 연구했다. 피험자에게 3개의 철자로 구성된 자극을 제시하는 즉시, 숫자를 거꾸로 세도록 요청함으로써(예 : 10부터 거꾸로 세기) 암송이나 반복을 하지 못하게 했다. 피험자의 80%에게는 3초 후에 3개의 문자집단을 회상하도록 하였고, 10%에게는 15초 후에 회상하도록 했다. 이 과제는 수월해 보이지만 거의 모든 피험자는 암송을 하지 못하게 한 상황에서 15초가 지나면 대부분의 자극을 망각했다. 이 연구는 단기기억 속의 정보가 암송을 하지 않는 한 수 초 내에 신속하게 사라진다는 것을 잘 보여주고 있다. 이와 비교하여 유지 암송은 단기기억 속의 정보를 상당히 오랫동안 유지할 수 있도록 해준다. 그러나 유지 암송 동안 새로운 정보는 단기기억 속으로 들어갈 수 없다.

약호화　어떤 정보를 단기기억으로 옮기려면 먼저 그 정보에 주의를 집중해야 한다. 주의는 선택적으로 이루어지기 때문에 감각기억 대부분의 정보는 소실되고 주의집중을 받은 정보만이 단기기억으로 들어간다. 정보가 감각기억에서 단기기억으로 넘어갈 때 단기기억에 적절한 형태의 부호로 **약호화**가 일어난다. 이러한 단기기억의 약호화와 관련한 많은 의문이 제기될 수 있다. 예를 들어, 전화번호는 어떤 형태로 단기기억 속에 저장되는가? 전화번호의 숫자에 대한 단기기억의 부호는 시각적 부호인가 아니면 숫자를 소리로 바꾼 청각적 부호인가? 많은 연구는 단기기억에서는 시각적 부호보다는 청각적 부호로 약호화가 이루어진다고 주장하고 있다. 특히 숫자나 단어와 같은 언어적 재료일 경우에 더욱 그러하다.

한 예로 Conrad(1964)는 RLBKSJ와 같은 6개의 자음을 피험자들에게 보여준 후, 즉시 순서대로 회상하도록 하였더니 RLTKSJ로 잘못 회상하는 경우가 많았다고 보고했다. B 대신 소리가 비슷한 T로 잘못 회상했다는 것은 피험자들이 이들을 청각적으로 약호화하였음을 말해주는 것이다. 그렇다고 시각적인 약호화가 전혀 사용되지 않는다는 것은 아니다. 시각적인 약호화는 보통 청각적으로 약호화하기 힘든 사진이나 장면과 같은 것을 저장할 때 사용된다. 일반적으로 시각적인 약호화는 청각적인 약호화보다 약간 빨리 사라진다. 그 외에 맛이나 냄새와 같은 감각과 관련된 부호로 저장되기도 한다.

제한된 용량   Miller(1956)의 고전적 연구에서 단기기억은 단지 7±2개 정도만을 기억할 수 있다는 것을 처음으로 밝혔고, 이후의 여러 연구도 이러한 Miller의 결과를 확증해주었다. 따라서 전 세계적으로 전화번호가 7±2개 숫자 내에서 정해지는 것은 단기기억 용량을 고려한 것으로 보인다. 기억 용량(범위) 검사를 통해 Miller의 결과를 확인하는 것은 쉽다. 예컨대, 학생들에게 7~8개의 숫자를 들려주고 그것을 순서대로 회상해 보도록 하면 거의 실수를 하지 않는다. 8~9개 정도에 대해서는 약간의 실수를 하지만, 9개 숫자보다 더 긴 항목에 대해서는 많은 실수를 한다. 단기기억에서 정보가 상실되는 한 가지 주요 이유는 간섭 때문이다.

간섭(interference)이란 새로운 정보가 단기기억 속에 들어와 이미 존재해 있는 정보의 인출을 방해하는 것을 말한다. 예를 들어, 만약 우리가 전화번호를 기억하려고 하는 동안 다른 사람이 우리에게 어떤 질문을 한다면 그 질문은 전화번호에 대한 기억을 간섭하게 된다. 이러한 간섭을 예방하는 한 가지 방법은 암송이다. 그러나 암송을 멈추면 단기기억 속의 정보는 곧 사라질 것이다. 하지만 단기기억이 제한된 용량과 유지시간을 가지고 있다고 할지라도, 이 둘 모두 향상될 수 있다. 예를 들면, 어떤 학생들은 정확한 순서로 23개의 숫자를 회상하는 법을 습득할 수 있다. 이것은 청킹이라고 부른다.

청킹   단기기억은 짧은 시간 동안 평균 7±2개 항목만을 유지시킬 수 있지만, 청킹이라는 과정을 사용하면 기억하는 항목 수를 크게 증가시킬 수 있다. 청킹(chunking)이란 정보의 독립적인 항목들을 보다 큰 단위, 청크(chunk)로 조합하고 개개 항목보다는 정보의 청크를 기억하는 과정을 말한다. 예를 들면, 11104217351802와 같은 14개의 숫자를 어떻게 청크화할 수 있는지 살펴보자. 111을 하나의 청크로 묶고 '넬슨'이라는 명칭을 부여했는데, 이것은 넬슨 제독이 한 눈, 한 팔, 한 다리를 가지고 있는 것을 연상하도록 하기 때문이다. 그다음에 042를 하나의 청크로 묶고 '대전광역시 지역번호'로 명칭을 부여하였고, 1735를 하나의 청크로 묶고 '내 전화번호'라는 명칭을 부여했다. 그리고 1802는 '더하기 2'로 명명하였는데, 1800에 2를 더한 것으로 기억하기 위함이다. 그 숫자들을 기억할 때 이런 식으로 부호화한 4개만 기억하면 된다. 14개의 개별적인 숫자를 일일이 기억하는 것이 아니라 넬슨, 대전광역시 지역번호, 내 전화번호, +2만을 기억하는 것만으로 14개 숫자를 기억해낼 수 있다. 또한 다음과 같은 21개의 문자를 기억하고자 한다고 생각해보자.

TWACIAABCCBSMTVUSAAAA

분명히 위의 21개 문자는 7개의 단기기억 용량을 초과하기 때문에 단 한 번의 제시 후에 그것들을 회상하기는 어려울 것이다. 그러나 다음과 같이 문자들을 묶어보면 어떨까?

TWA CIA ABC CBS MTV USA AAA

인출   단기기억은 7개의 항목을 능동적으로 저장하는 기억이다. 따라서 단기기억으로부터의 정보인출은 오류가 거의 없다. 그리고 적은 수의 항목이 의식 범위 내에 있기 때문에 그 정보를 끄집어내는 것은 즉각적이며 시간이 걸리지 않으리라고 상식적으로 예상할 수 있다. 그러나 이런 상식적인 생각이 잘못된 것임을 Sternberg(1969)가 증명했다.

　　Sternberg(1969)는 1~6개까지의 숫자를 기억자극으로 피험자에게 제시했다. 기억

자극을 제시한 뒤 1~2초 후에 하나의 숫자를 판단자극으로 제시했다. 이때 피험자가 해야 할 일은 판단자극으로 제시된 숫자가 기억자극의 목록 속에 있었는지 여부를 빠르고, 정확하게 판단하는 것이다. 예를 들어 3, 6, 1을 기억자극으로 제시한 다음에 6이라는 숫자가 판단자극으로 제시되었다면, 피험자는 최대한 빠르게 '예'라는 단추를 눌러 반응해야 하고, 만약 2라는 숫자가 판단자극으로 제시되었다면 피험자는 최대한 빠르게 '아니요'라는 단추를 눌러 반응해야 한다.

판단자극이 제시될 때부터 '예' 또는 '아니요'의 단추를 누를 때까지의 시간을 측정했다. 연구 결과 단기기억 속에 저장되어 있는 항목의 수에 따른 반응시간은 직선적으로 증가했다. 이러한 결과는 단기기억의 인출과정에 관해 많은 사실을 말해준다. 우선 단기기억 속 항목의 수와 판단 시간의 직선적 비례관계에서 기억자극의 수가 하나 증가하는 데 따라 반응시간은 약 40msec씩 증가했다. 또한 판단자극을 약호화하고 단추를 누르는 데는 400msec가 소요되었다. 이것은 단기기억에서 정보를 찾아 비교할 때에 한 번에 하나씩 계열적으로 수행하고 있음을 시사하는 것이다. 또 판단자극이 기억자극 속에 있었던 경우의 판단시간과 없었던 경우의 판단시간이 차이가 없었다는 사실은 판단자극을 약호화하여 기억자극과 비교하는 도중에 판단자극이 있음이 확인되었다 하더라도 끝까지 비교가 이루어짐을 시사하는 것이다. 따라서 Sternberg의 기억인출 연구에 따르면 단기기억 정보의 인출과정은 계열적이고 소진적으로 탐색이 이루어지는 과정임을 알 수 있다.

(2) 장기기억

장기기억은 내용에 따라 2~3개의 체계로 구분해볼 수 있다. 우선, 절차적 기억과 서술적 기억으로 구분할 수 있다. **절차적 기억**(procedural memory)은 자극과 반응 간의 연결, 단서와 조작적 행동 간의 연결 등과 같이 직접적인 경험을 통해 학습된다. 자전거 타기와 같은 학습을 예로 들 수 있다.

서술적 기억(declarative memory)은 다시 내용에 따라 일화적 기억과 의미적 기억으로 구분할 수 있다. **일화적 기억**(episodic memory)이란 예를 들어, "나는 어제 극장에 갔었는데 표가 없어서 돌아올 수밖에 없었다." 혹은 "나는 내일 오후 두 시에 상담받기로 한 약속을 기억한다." 등과 같은 한 개인의 특정한 과거 경험이 시간과 공간적인 기준에 따라서 자서전적으로 기술될 수 있는 기억을 말한다. 이에 비해 **의미적 기억**(semetic memory)은 단어나 상징에 대한 지식, 즉 단어의 의미나 무엇에 관한

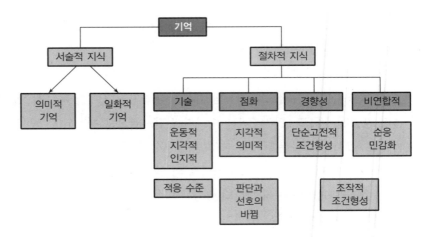

그림 6.4 기억 유형

표 6.1 일화적 기억과 의미적 기억의 특징

	일화적 기억	의미적 기억
표현된 정보형태	특정, 사건, 사물, 사람	일반적 지식이나 사실
기억형태	특정 시간, 특정 장소	스키마, 카테고리
정보원	개인 경험	반복된 경험에 의한 추상화 학습한 내용의 일반화
초점	주관적 개인 세계	객관적 현실 세계

지식을 포함한다. 의미적 기억의 예로는 "9 더하기 1은 10이다.", "3월 다음은 4월이다." 등을 들 수 있다. 이러한 예들은 의미적 기억이 개인의 과거 경험과는 독립된 일반적인 지식을 일컫는다는 것을 보여준다.

일화적 기억은 이야기의 형태로 기억되는 정보이기 때문에 그럴듯한 이야기 형태로 재인될 때 왜곡되거나 편파될 수 있다. 왜곡과 편파는 시간이 흐를수록 더욱 심해지는 경향을 가진다(Wells, Lindsay, & Ferguson, 1979).

약호화 정보 처리의 각 단계는 그 단계에 알맞는 기억부호로 정보를 약호화한다. 감각기억에서는 물리적 자극 속성과 동일하게, 단기기억에서는 청각부호와 시각부호로 정보를 약호화하여 처리한다. 그러나 장기기억은 주로 의미에 따라 약호화된다. 정보의 의미를 약호화하는 데는 두 가지 형태의 부호가 사용된다. 예를 들어,

기차라는 단어를 생각해보자. 기차의 의미를 철로 위를 달리는 전형적인 모습에 대한 마음의 그림, 즉 심상으로 약호화할 수 있다. 다른 한편으로는 추상적이고 개념적인 사전적 의미로 약호화할 수도 있다. 앞의 경우를 심상부호, 뒤의 경우를 의미부호라고 한다. 장기기억에서 정보의 약호화는 주로 이 두 가지 부호에 의존한다. 그러나 그 밖에도 청각부호가 사용되기도 하고, 맛이나 냄새도 장기기억에 약호화해 놓을 수 있다. 만일 당신이 매우 긴 단어 목록이나 문장을 외우고 나서 몇 분 후에 그것을 회상하려 한다면 틀리기 쉬울 것이다. 이때 틀리게 회상된 단어나 문장은 대부분 원래의 단어나 문장과 비슷한 의미를 가지고 있다는 것을 발견하게 될 것이다. 이것은 우리들의 장기기억이 의미에 따라 부호화되어 있음을 보여주는 것이다.

한편 장기기억에서 심상부호가 이용되는 증거로서 Bower(1972)는 피험자들에게 20개의 단어 쌍을 외우게 하여 자극어인 첫 번째 단어가 제시되면 두 번째 단어를 반응어로 기억하도록 했다. 예를 들어, 말-책상의 단어 쌍에서 말이란 자극어를 보고 피험자는 책상이란 반응어를 기억해내야 했다. 심상 사용 집단의 피험자들에게는 단어 쌍을 외우되 '말이 책상 위로 뛰어오르는 광경'을 머릿속으로 그리게 했다. 통제집단의 피험자들에게는 아무런 지시도 주지 않고 학습하게 했다. 그 결과 통제집단의 피험자들은 35% 밖에 기억하지 못하였으나 심상 사용 집단의 피험자들은 75%나 기억하여 훨씬 좋은 수행을 보였다. 이것은 심상부호가 정보를 장기기억에 약호화되도록 작용하고 있다는 증거이다.

저장 장기기억에서는 저장과 인출을 함께 고려하는 것이 타당하다. 그 이유는 장기기억의 저장용량이 거의 무한하기 때문에 장기기억에서의 망각이란 정보 자체의 상실이라기보다는 그 정보 접근의 실패, 즉 인출 실패 때문이다. 장기기억에서 성공적으로 정보를 인출하는 데는 두 가지 요인이 영향을 준다. 첫째, 정보를 저장할 때 그것을 체계적으로 조직화하는 것, 즉 체제화이다. 둘째, 정보를 인출할 때의 맥락이 약호화할 때의 맥락과 유사한 정도가 그것이다.

체제화는 장기기억의 용량을 확대한다. 항목들이 장기저장 단계로 들어가기 위해서는 우선 단기기억 단계를 통과해야 한다. 그러나 단기기억은 용량이 제한적이다. 그렇다면 우리는 그렇게 많은 정보를 어떻게 장기적으로 저장할 수 있을까? 이에 대한 해답이 체제화이다. 우리는 기억하려는 항목들을 몇 가지 적당한 범주로 분류함으로써 체제화하는 경우가 많다. 물론 그 범주가 사전에 주어지는 경우도 있다. 한 연구에서 피험자들에게 동물, 야채, 직업, 인명과 같은 네 가지 다른 범주의 항목들로 구성된 목록을 제시했다. 제시되는 순서는 무선적으로 제시되었지만 피험자들이 회상할 때는 동일한 범주의 항목이 함께 회상되는 경향이 있었다.

우리는 단어 목록을 외울 때 각자 독특한 방식의 체제화에 의존한다. 이러한 주관적 체제화는 회상에 있어서 강력한 효과를 가지고 있다. 예를 들어, 한 실험에서 각기 다른 카드에 인쇄되어 있는 50여 개의 일상적으로 자주 사용되는 영어 명사를 피험자에게 제시했다. 그다음 피험자들에게 각 카드들을 서로 다르게 분류하도록 한다. 피험자들은 그들이 희망하는 제목들을 어떠한 범주라도 사용할 수 있다. 이러한 분류과제는 피험자들이 몇 차례의 시행에서 계속적으로 특정한 카드를 동일하게 분류하여 비교적 안정적인 범주화 준거를 보여줄 때까지 계속된다. 잠시 후 피험자들에게 그들이 할 수 있는 만큼 단어들을 회상하도록 했다. 그 결과 피험자들이 단어들을 분류한 범주가 많으면 많을수록 더 많은 단어를 기억했다. 연구자에 따르면, 이러한 범주들은 하위단위들이 들어 있는 상위기억 단위들을 나타낸다. 그러므로 범주화 과정이 없는 경우보다는 훨씬 더 많은 단어를 회상할 수 있다.

인출   우리는 어떤 것의 이름이나 사건을 알면서도 어떤 때는 인출하지 못하는 경우가 있다. 그런 경우를 인출 실패라고 부르는데, 장기기억에 저장된 정보를 찾아낼 때에는 적절한 인출단서의 도움이 필요하다. 이 점은 실험에서도 자주 증명된다. 피험자들에게 다양한 범주에 속해 있는 항목들을 제시하고 자유롭게 회상하도록 했다. 만약 범주의 이름을 인출단서로 제시하면 항목들을 쉽게 회상해냈다. 많은 연구자들은 인출이란 일반적으로 기억 탐색이라고 하는 내적 과정이 선행되는 것이라고 가정한다.

즉, 어떤 정보를 인출하기 위해서는 장기기억의 어딘가에 저장되어 있는 해당 정보를 찾는 탐색과정이 선행되어야 한다. 이에 대한 증거로서 어떤 것을 회상하려고 하지만 즉시 회상하지 못하는 **설단현상**(tip of the tongue phenomenon)을 예로 들 수 있다. 설단현상은 무엇을 회상하려고 애쓰지만 기억해 내지 못하는 경우, 마치 그것이 혀끝에 있어서 회상될 것 같은데도 안 되는 것을 말한다. 이러한 현상이 일어나는 원인은 인출단서가 주어져 찾아야 할 정보는 가용하게 되었으나 장기기억에 있는 정확한 정보를 아직 찾지 못하였기 때문이다.

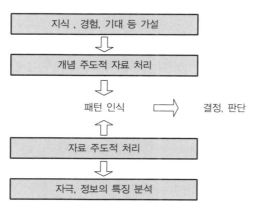

그림 6.5 정보처리 종류에 따른 처리 과정

(3) 개념 주도적 처리 vs 자료 주도적 처리

개념 주도적 처리(top-down process)는 장기기억 속의 기억 내용이 작업기억을 통해 인지과정에 영향을 미치게 되는데 과거 경험, 축적된 지식, 기대 등의 가설 요인이 사물이나 상황의 인지에 중요한 영향을 미치는 정보처리과정이라고 할 수 있다. 그리고 자료 주도적 처리(bottom-up process)는 사물이나 상황의 구성요소, 즉 세부 특징을 분석하여 점진적으로 큰 단위의 것으로 인지하게 된다. 물론, 세부 특징 간의 관계 파악이 패턴 인지의 중요한 부분이 되고 있다. 외부 정보를 중심으로 정보처리가 이루어지는 자료 주도적 처리는 수동적 자료 처리 과정에 의존하는 경향이 크다.

(4) 단기기억과 장기기억의 관계

우리는 지금까지 장기기억과 단기기억이 별개의 기억 유형이며 서로 다른 법칙이 작용하고 있음을 살펴보았다. 이렇게 기억을 두 가지 유형으로 구분하는 것을 이중기억이론이라고 한다. 이중기억이론의 핵심은 다음과 같다. 주의집중을 받은 정보는 저장용량에 한계가 있는 단기기억 속으로 들어오게 된다.

　자유회상실험에서 피험자는 20~40개 단어를 한 번에 하나씩 본 후에 보았던 순서와는 관계없이 가능한 한 많은 수의 단어를 회상해야 한다. 이때 제시된 순서상에서의 각 단어의 위치와 그 단어가 회상되는 확률과의 관계를 도표로 표시한 것이 자유회상에서의 계열위치곡선이다. 전형적인 계열위치곡선은 그림 6.6과 같다.

　그림에 나타난 곡선의 왼쪽 부분은 제일 먼저 제시된 몇 개의 단어를 나타내고 오른쪽 부분은 맨 나중에 제시된 단어들을 나타낸다. 그림에서 보듯이 처음에 위치하

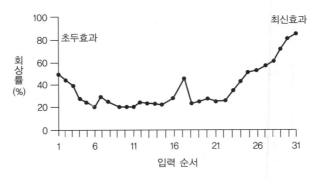

그림 6.6   계열위치곡선
출처 : Bower (1972).

는 단어들과 끝에 위치하는 단어들은 중간에 위치하는 단어들보다 회상이 더 잘되었다. 이것을 각각 **초두효과**(primacy effect)와 **최신효과**(recency effect)라고 한다. 이런 형태의 기억에서 왜 초두효과와 최신효과가 나타나는가? 이것을 잘 설명해주는 것이 바로 이중기억이론이다.

맨 마지막에 보았던 단어들이 기억이 잘되는 것, 즉 최신효과는 그 단어들이 아직 단기기억에 남아 있기 때문이다. 즉, 단기기억의 용량을 7개로 보면 마지막에 본 7개는 아직 단기기억에 남아 있을 것이다. 그래서 회상이 잘된다는 것이다. 그런데 초두효과는 왜 나타나는가? 이 현상에 대한 이중기억이론에서의 설명은 다음과 같다. 단어가 처음 제시되기 시작할 때는 단기기억 속에 다른 항목들이 별로 없어 반복해서 시연될 수 있기 때문에 장기기억으로 전이될 가능성이 많다. 그러나 더 많은 단어가 계속 제시되어 단기기억의 저장용량을 초과하면 시연의 기회는 적어지기 때문에 장기기억으로 전이될 기회가 줄어든다. 따라서 중간 부분은 회상률이 낮고 맨 앞쪽은 장기기억으로 전이된 것이기 때문에 회상이 잘된다는 것이다.

2. 망각

망각은 기억체계의 세 가지 단계(약호화, 저장, 인출) 중 어느 하나의 실패 때문에 발생한다. 약호화가 부적절하거나, 저장 도중에 정보가 왜곡되거나, 저장용량이 작거나, 인출단서가 부적절하기 때문에 망각이 일어날 수 있다. 망각은 기억의 다른 측면일 뿐 별개의 것은 아니다. 역사적으로 보아도 기억 연구는 회상과 망각에 관한 연구에서 비롯되었다.

1) 친숙하지 않거나 흥미가 없는 정보

시험 공부를 했던 경험에 비추어 우리는 듣고, 읽고, 쓰는 것을 통해 정보를 언어적으로 부호화한다고 해서 시험에 관한 정보를 자동적으로 회상할 수 없다는 것을 알고 있다. 보다 더 쉽게 기억하거나 망각하는 종류의 사건들은 망각곡선으로 설명될 수 있다. 망각곡선(forgetting curve)은 피험자들이 시간 경과에 따라 이전에 학습한 정보에 대해 회상 혹은 재인할 수 있는 정보의 양을 측정한다. 망각곡선을 사용하여 두 가지 다른 종류의 정보, 즉 친숙하지 않은 정보와 흥미가 없는 정보가 어떻게 기억되는지를 살펴보자.

기억과 망각을 연구한 최초의 심리학자인 에빙하우스는 자기 스스로 피험자가 되어 다음과 같은 실험을 수행했다. 에빙하우스(1908)는 LUD, ZIB와 같은 3개의 문자로 구성된 무의미 철자를 개발하여 기억 실험을 수행함으로써 사람들이 보다 친숙한 사건을 더 잘 기억한다는 사실을 밝혀내었다. 에빙하우스는 3개의 문자로 된 수많은 무의미 철자를 각각 독립된 카드에 기재하고, 카드 수에 따른 집합들로 분류했다. 메트로놈 소리에 맞추어 차례로 각 집합의 모든 카드에 기재된 무의미 철자들을 큰 소리로 읽었다. 에빙하우스는 기계적 암기(연합을 형성하지 않는)만을 사용하였고, 7개의 카드 집합(따라서 7개의 무의미 철자)을 기억하는 데 단지 한두 번의 시행

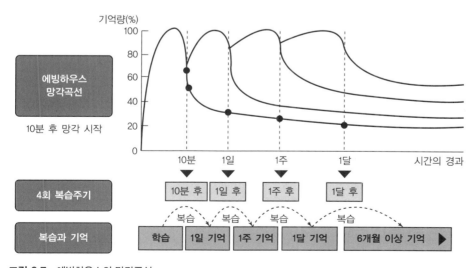

그림 6.7 에빙하우스의 망각곡선

출처 : Ebbinghaus (1908).

만으로 충분했다. 24개의 카드를 기억하기 위해서는 약 45번의 암송이 필요했다. 망각곡선에 따르면 암기 후 첫 10분 만에 친숙하지 않으며 흥미도 없는 무의미 철자의 절반 정도를 망각했다. 그렇다면 친숙한 정보는 얼마나 오래 기억될까?

2) 친숙하고 흥미로운 정보

에빙하우스가 사용한 무의미 철자는 흥미로운 정보들이 아니기 때문에 우리들의 기억 속에서 쉽게 지워지는 것이 놀라운 사건은 아니다. 그러나 고등학교 졸업반 친구들의 이름과 얼굴은 어떤가? 이것은 수년간 노출된 친숙하면서도 흥미로운 정보일 것이다. 한 연구에서 피험자들은 고등학교 졸업 후 47년이 지났어도 졸업반 친구들의 이름과 얼굴을 약 80% 정확하게 재인하였고, 약 25%를 정확하게 회상했다. 피험자들은 단서(이름)가 주어지는 재인검사(이름과 얼굴의 매치)에서 더 나은 수행을 보여주었다. 회상검사(얼굴을 보고 이름을 회상하게 하는)에서는 어떠한 단서도 제시되지 않기 때문에 더 저조한 수행을 보였다. 마찬가지로 학생들은 또한 회상검사(기술이나 공란 채우기)보다는 재인검사(다지 선택)에서 더 나은 기억력을 보여주었다. 피험자들은 7년이 지난 후 친숙하고 흥미로운 정보(이름과 얼굴)의 약 60%를 정확하게 회상한 반면, 에빙하우스의 연구에서는 피험자들이 1주일이 지나서 친숙하지 않고 흥미가 없는 무의미 철자의 약 80%를 망각했다. 이 두 연구는 기억이 부분적으로 정보의 친숙성과 흥미성에 관련된다는 것을 보여준다.

3) 망각 원인

모든 형제자매가 각자의 9세 때 생일에 있었던 일을 기억하지만, 막내만 9세 때의 생일을 기억하지 못하는 상황을 생각해보자. 막내가 아홉 번째 생일날을 기억하지 못하는 이유는 무엇인가? 막내는 망각했다고 말하지만 망각을 일으키는 것은 정확하게 무엇인가? 망각이란 장기기억에서 저장되었던 혹은 여전히 저장되어 있는 정보를 인출하거나, 회상하거나 또는 재인할 수 없는 상태를 말한다. 막내가 아홉 번째 생일을 기억할 수 없더라도, 그 기억은 여전히 막내의 장기기억 속 어딘가에 있을 수 있을 것이다. 막내가 자신의 9살 생일을 기억하지 못하는 이유는 다음의 몇 가지로 요약할 수 있다.

억압   막내는 아홉 번째 생일에 있었던 일을 **억압**(repression)하기 때문에 기억하지 못할 수 있다. 프로이트에 따르면 억압은 정서적으로 위협이나 불안을 일으키는 정보를 자동적으로 무의식 속에 감추는 정신과정이다. 무의식 속에 감추어지기만 하면 억압된 기억은 회상될 수 없지만, 이후에 어떤 계기로 인해 의식의 표면으로 떠오를 수 있다.

인출단서의 부족   막내는 아팠거나 선물을 못 받았기 때문에 아홉 번째 생일을 기억하지 못할 수 있다. 이러한 망각은 부족한 인출단서가 원인이다. 인출단서는 생생한 정신적 이미지나 새로운 정보와 이미 알고 있는 정보 간의 연합을 형성하여 기억을 풍부하게 만든다. 많은 연구는 인출단서가 새롭거나 어려운 용어들의 기억 혹은 망각에 크게 영향을 미친다는 점을 인식하지 못한다. 예컨대, 만약 우리가 주로 기계적인 암기 방식으로 공부를 한다면 빈약한 인출단서를 형성하게 될 것이다. 새로운 정보와 이미 학습된 정보 간의 연합을 형성함으로써 최상의 인출단서를 만들 수 있다.

기억상실증   아홉 번째 생일에 막내에게 실제로 일어난 일은 새 스케이트를 탄 것이다. 스케이팅을 뽐내려던 막내는 넘어져 머리를 부딪쳤고 의식을 잃으면서 기억상실증을 일으켰기 때문에 아무것도 기억할 수 없었던 것이다. 기억상실증(amnesia)은 뇌에 가해진(일시적 혹은 영구적인) 타격이나 손상, 약물 사용 혹은 심각한 심리적 스트레스를 경험한 후에 일어날 수 있는 기억의 망각이다. 자동차 사고를 당해 뇌에 타격을 입은 많은 사람이 사고 전에 있었던 사건을 기억하지 못하는 경우가 해당된다.

흔적쇠퇴와 간섭   망각이 일어나는 원인은 무엇인가? 이것에 관한 초기의 이론은 흔적쇠퇴이론(memory trace-decay theory)이다. 이 이론에 따르면 기억이란 경험의 결과가 기억흔적으로 남는 것이며, 망각이란 이 기억흔적이 희미해지는 것을 말한다. 마치 비석에 새겨진 글자가 세월이 지나면 풍화작용에 의해서 흐릿해지고 알아볼 수 없게 지워지듯이 우리의 기억도 시간이 지나면서 지워지게 된다는 것이다.

그러나 이 이론은 여러 가지 근거에서 망각을 완전하게 설명하지 못한다. 가장 큰 약점은 망각이 기억을 유지하고 있는 중에 피험자가 행하는 활동의 유형에 따라 영향을 받는다는 사실을 설명할 수가 없다는 점이다. 이런 문제점을 설명해줄 수 있는 이론이 바로 간섭이론(interference theory)이다. 간섭이론에서는 망각이 단순히 시간의 경과에 따라서 나타나는 것이 아니라 앞서서 학습한 내용을 다음에 경험한 내용이 간섭하기 때문에 나타나는 것이라고 설명한다. 즉, 다른 내용이 학습되지 않는다면 학습한 내용은 망각되지 않고 그대로 유지될 것이라는 이론이다.

기억흔적의 쇠퇴와 간섭이론 중 어느 것이 타당한가를 실험적으로 검증하기는 매우 어렵다. 어떤 과제를 학습한 후 완벽하게 통제하기란 사실상 불가능하기 때문에 두 이론을 직접적으로 비교하는 것도 불가능하다. 그럼에도 불구하고 Jenkins와 Dallenbach(1924)는 두 이론을 검증하려는 시도를 했다. 그들은 단 두 명의 피험자로 수면 기간과 각성 기간의 망각률을 실험했다. 과제는 10개의 항목으로 된 무의미한 철자를 완전히 암기하는 것이었다. 그 후 한 명의 피험자는 1, 2, 4, 8시간 동안 일상적인 일을 하다가 실험실로 돌아와 기억 검사를 했다. 또 다른 한 명의 피험자는 밤에 무의미한 철자 목록을 학습한 직후 1, 2, 4, 8시간 동안 수면을 취하게 하고 검사를 위해서 깨웠다. 연구자들의 기본적인 생각은 학습 직후에 잠을 자면 간섭이 적을 것이므로 망각이 적을 것이라는 것이었다. 그들의 생각은 입증되었다. 그러나 수면을 취한 경우에도 상당한 망각이 있었다는 사실은 수면 중에도 간섭이 어느 정도 있다는 것을 보여준다. 간섭이 없는 완전한 공백 상태를 만들 수 없기 때문에 단정적으로 흔적쇠퇴이론이 잘못된 것이고 간섭이론이 옳은 것이라고 말할 수는 없다. 그럼에도 불구하고 간섭이론은 망각을 설명하는 가장 다양한 접근법을 제공해준다.

4) 간섭이론

만약 어렸을 때의 생일 파티를 회상하려고 한다면, 우리는 여러 시기에 겪은 여러 사건이 함께 떠오르면서 서로 섞인다는 것을 발견하게 될 것이다. 예를 들어, 마흔인 사람이 열 살 때 생일 파티를 기억하려고 하면, 30대나 20대 혹은 열 몇 살 때의 생일 파티도 함께 기억이 난다는 것이다. 이러한 기억들의 혼합은 망각을 이끌 수 있는데 이것을 간섭이라고 한다. 일반적으로 망각의 공통적인 원인 가운데 하나인 간섭(interference)은 어떤 특별한 기억에 대한 회상이 다른 관련된 기억들에 의해 차단되거나 방해를 받는다는 것을 의미한다. 인지심리학자들은 망각의 많은 이유 가운데 주로 간섭과 인출단서에 초점을 맞춘다.

같은 날 연달아 2개의 시험을 보아야 하는 모든 학생의 어려움 가운데 하나는 간섭이 증가한다는 것이다. 간섭이론에 따르면, 망각은 저장소에서 정보를 잃어버리기 때문이 아니라 서로 관련된 오래된 정보나 유사한 새로운 정보가 인출 당시에 섞이거나 인출을 차단하기 때문에 일어난다. 같은 날 몇 개의 시험을 보아야 하는 학생들은 흔히 오랫동안 그리고 열심히 공부를 했지만 알고 있는 정보들이 망각되었다고 불평한다. 이러한 경우가 간섭의 대표적인 예이다. 마찬가지로 2개 이상의 수업을 연속으로 수강하는 사람은 한 강의에서 얻은 정보가 다른 강의로부터 얻은 정보의 학습이나 기억을 간섭한다는 것을 알게 된다. 이러한 간섭에는 두 가지 종류, 즉 순행간섭과 역행간섭이 있다.

순행간섭(proactive interference)은 오래된 정보(이미 학습된)가 관련된 새로운 정보(앞으로 학습될)의 기억을 차단하거나 방해할 때 발생한다. 예컨대, 1시부터 3시까지 심리학 시험 공부를 했다고 하자. 기억해야 할 심리학 용어가 많으면 많을수록 심리학 정보는 그다음에 공부할 새로운 정보나 관련 정보의 학습을 방해한다. 심리학 공부를 한 다음에 3시부터 6시까지 경제학을 공부했다. 우리는 이전에 학습한 심리학 용어들 때문에 새로운 경제학 정보를 학습하고 기억하는 데 어려움을 경험할 것이고, 이미 학습된 심리학 용어들은 새로운 경제학 용어들의 기억을 방해할 것이다. 경제학 시험을 볼 때, 공부했던 경제학 용어의 일부는 순행간섭 때문에 망각될 것이다. 즉, 이전에 학습한 심리학 용어들이 보다 최근에 학습한 경제학 용어들의 회상을 간섭 혹은 방해할 것이다.

역행간섭(retroactive interference)은 새로운 정보(후에 학습된)가 그와 관련된 오래된 정보(이미 학습된)의 인출을 차단하거나 방해할 때 일어난다. 예컨대, 3시부터 6시까지 경제학 공부를 하고, 그다음에 6시부터 9시까지 사회학 공부를 했다고 하자. 최근에 장기기억 속에 집어넣은 사회학 용어들은 이미 학습한 관련 경제학 용어들의 회상을 방해하기 때문에 경제학 용어들을 기억하는 데 어려움을 겪을 수 있다. 경제학 시험을 볼 때, 역행간섭 때문에 이미 학습한 경제학 용어의 일부를 망각할 수 있다. 즉, 최근에 학습된 사회학 용어들은 이미 학습된 경제학 용어들의 회상을 간섭하거나 방해할 수 있다.

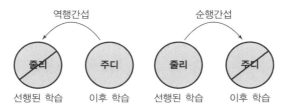

그림 6.8 순행간섭과 역행간섭의 예

5) 동기적 망각

망각은 감정적 또는 동기적 요인에 의해서도 영향을 받을 수 있다. 망각은 개인의 동기적 요인에 의해 촉진될 수 있다. 예를 들면, 어떤 과제를 미완성하였을 때 중단시키면 그것을 완성했을 때보다 기억이 잘된다. 이것을 자이가르닉 효과(Zeigarnick effect)라고 하는데, 이것은 미완성 작업일 때 그것을 완성하려는 성취동기가 강하게 작용하기 때문에 기억이 더 잘되는 것이다.

자이가르닉이라는 뜻은 '끝내지 못하거나 완성되지 못한 일은 마음속에 계속 떠오른다.'는 것으로, 러시아의 심리학과 학생이던 자이가르닉과 그녀의 선생이었던 레빈이 제시한 이론이다. 자이가르닉은 식당 종업원이 많은 주문을 동시에 받아도 그 내용을 모두 기억했지만 주문된 음식이 계산된 후에는 무엇을 주문했는지 기억하지 못하는 것에 착안해 이 연구를 시작했다. 관련된 연구에서 여러 문제를 풀도록 시켰는데 어떤 문제는 다 풀 때까지 두고 어떤 문제는 아직 다 풀지 못했는데도 그만두게 했다. 그런 후 조금 전에 풀던 문제를 회상하도록 했을 때, 완전히 해결된 문제보다는 미해결된 문제를 보다 많이 회상했다. 혹은 일상생활 속에서 완성되지 못한 첫사랑을 잊지 못하는 것도 대표적인 자이가르닉 효과라고 볼 수 있다. 자이가르닉 효과는 경제용어로도 많이 사용되고 있으며 다양한 영화 광고(티저 광고 : 소비자의 궁금증을 유발하는 광고, 영화 예고편)나 마케팅, 게임, 방송 등에 활용되기도 한다. 드라마는 중요한 장면에서 끝내는 경향이 있는데 시청자들이 완성되지 않은 드라마의 내용을 완결시키려는 경향이 시청률에 영향을 미치기 때문이다.

3. 사고

사고라는 용어는 매우 넓게 쓰이는 용어이다. 가장 넓은 의미로는 주어진 정보에 대해 무엇을 안다고 할 때 그 앎은 사고의 결과라고 말할 수 있다. 이처럼 넓게 정의한다면 인지가 곧 사고이다. 좁은 의미로 사고를 규정한다면 추론 판단 및 문제해결이라고 할 수 있다. 이러한 종류의 사고는 주어진 정보 이상의 것을 안다는 것을 뜻한다.

사고를 구성하는 가장 중요한 요소는 개념이다. 개념이란 유목에 대한 정신적 표상을 의미한다. 개념의 기능은 첫째, 인지적 절약이다. 둘째, 주어진 정보 이상을 추구하는 것이다. 셋째, 개념들이 조합되어 복잡한 개념이나 사고를 형성하는 것이다. 이러한 개념을 기반으로 보다 고차원적인 사고과정과 문제해결로 나아가게 된다. 개념을 기반으로 하는 사고과정에는 표상과 추론이 있다.

1) 표상과 추론

지식 표상의 기본 단위는 명제이다. 사고의 기본 단위 역시 명제이다. **명제 표상**은 그것 자체가 '참' 혹은 '거짓'으로 판단되는 표상이다. 이를테면 '돕다'라는 표상에 대해 우리는 "철수가 영희를 돕는다."가 참인지 거짓인지를 판단할 수 있다. 판단의 기본 단위라는 점에서 명제는 사고의 기본 단위가 된다. 즉, 명제 표상은 사고 처리의 가장 기본적인 단위 요소이다.

피아제는 구체적 조작 시기의 아동들이 다음과 같은 추론 문제를 해결하지 못한다고 했다. 예를 들어, "에디의 머리카락은 수잔보다 밝다.", "에디는 릴리보다 어둡다.", "누가 가장 머리카락이 어두운가?"라는 문제는 지능검사에서도 흔히 쓰이는 것으로, 세 단어 서열 문제라고 불리는 추론 문제이다. 피아제가 관찰한 바에 따르면 아홉 살 내지 열 살의 아동은 이 문제를 "에디가 수잔보다 더 밝으니까 둘이 다 밝다. 에디가 릴리보다 더 어두우니까 둘이 다 어둡다. 그러니까 릴리는 어둡고 수잔은 밝으며 에디는 이 두 사람 중에서 중간이다."라고 결론을 내린다. 문장이 표현하는 바를 표상하면 수잔이 가장 머리카락이 밝은 사람이라는 결론에 도달한다. 왜 이와 같은 추론의 오류에 도달하는 것인가? 그것은 "릴리가 어둡다."라고 아동이 표상하기 때문이다.

(1) 연역추론

하나의 보편적 전제에서 결론을 도출하거나 전제들로부터 논리적으로 확실한 결론을 도출하는 추론이 **연역추론**이다. 연역추론에 관한 심리학 연구 결과들을 보면 사람들은 종종 어떤 정당한 결론을 정당한 것으로 판단하지 못하거나, 어떤 부당한 결론을 옳다고 판단하기도 한다. 이것은 사람들이 논리적 규칙을 정확히 적용하여 추론하는 것이 아니라는 것을 보여준다.

논리적 규칙을 엄밀하게 적용하지 않는다는 것을 보여주는 증거는 많다. 한 예로, 삼단논법 추론에서 사람들은 전제의 모양새와 비슷한 결론을 옳다고 하는 경향이 있다. 사람들은 전제가 부정이면 결론도 부정인 것을 옳다고 인식하고, 전제가 '어떤'이 들어 있으면, 결론에도 '어떤'이 들어 있는 것을 옳다고 인식하는 분위기 효과 (atmosphere effect)를 보인다(Woodworth & Sells, 1935). 논리적 규칙을 엄격하게 적용하는 것이 아니라는 또 다른 증거는 연역추론에서 논항의 내용이 추론에 영향을 미친다는 것이다. 추론규칙에 의하면 논항의 내용이 달라도 형식이 같으면 같은 결론이 내려진다. 그러나 사람들은 논항의 내용에 의해 결론을 다르게 내린다.

(2) 귀납추론

귀납추론은 본질적으로 판단과 결정의 기본 정보처리과정이다. 귀납추론을 통하여 우리는 지식을 확장하고 불확실한 상황의 파악과 그에 따른 대처방안을 탐색하게 된다. 귀납추론은 우리의 일상생활과 밀접하게 관련된 추론으로서, 사람들이 흔히 사용하는 귀납추론의 유형으로는 인과적 귀납추론, 범주적 귀납추론, 유추추론, 가설 검증, 일상적 추론 등이 있다.

인과적 귀납추론은 사건의 변수 간의 인과관계에 대한 추론이며, 범주적 귀납추론은 새로 경험하는 예가 어떤 범주(이미 알고 있는)에 속하는가(이 물체가 새인가?), 또는 새로 경험하는 예가 어떤 속성을 가지는가(이 물체가 새끼를 낳는가?)에 대한 추리이다. 유추추론은 두 대상에 대한 관계를 제3의 대상에 적용하는 추론이며(하늘 : 비행기 = 바다 : ___), 가설 검증은 주어진 문제 상황에 대한 어떤 가설적 규칙을 생성하여 이것이 맞는가를 확인하는 추론이다. 이외에 일상적 추론이 있다. 일상적 추론에서는 문제 상황이 형식 논리적 추론 상황과는 다르다는 점들(개인적 관련성, 대안이 여럿일 수 있음, 확고하게 고정된 해결 절차가 없음 등)의 영향에 의해 추론이 편향되는 것으로 드러났다.

2) 심상

표상에는 이러한 언어적 표상만 있는 것이 아니다. 언어적인 명제 표상이 사고과정에 아무리 중요한 역할을 한다 하더라도 명제 표상 이외에 심상(mental imagery)이라는 표상이 실재한다는 것도 부인할 수 없다. 우리가 고향을 생각할 때 고향에 관한 장면들이 눈에 보일 듯 떠오르고, 사랑하는 사람을 생각할 때 그 사람의 목소리가 들리는 듯한 것이 대표적인 심상의 예이다. 전자의 사례가 시각적 심상이고 후자의 사례는 청각적 심상이다.

명제가 언어 형식과 유사하듯이 심상은 지각 형식과 매우 유사하다. 그러나 심상은 지각과는 달리 추상화된 것이고 우리 의도에 따라 변형할 수 있다. 심상은 장기 기억에 저장되어 있는 정보를 새롭게 구성한 것이기 때문이다. 따라서 구성된 심상에 대하여 여러 가지 조작을 가함으로써 변형할 수 있다. 실제 생활에서 사물을 지 각할 때 주의를 보낸다는 것은 상당히 중요하다. 예를 들어, 식물을 관찰할 때 식물 의 잎 모양을 주의해서 보라는 지시를 받았다면 지시가 없을 때보다 식물의 잎 모양 에 대해 좀 더 상세히 보고할 수 있을 것이다. 지각과 마찬가지로 심상에서도 주의 를 기울이면 더 좋은 심상 보고를 할 수 있다는 것이다.

피험자에게 자동차를 상상하게 하는데 한 집단의 피험자들에게는 자동차의 앞부 분만을 상상해보라고 지시하고, 다른 집단에게는 뒷부분만을 상상해보게 했다. 그 러고 난 후에 차의 심상에 대하여 질문을 했다. "전조등이 있었는가?"라는 질문에 대해서는 차의 앞부분에 주의하고 있었던 피험자들이 뒷부분에 주의하고 있던 피험 자들보다 대답을 더 빨리했다. 이러한 결과는 실제 사물 지각과 마찬가지로 주의를 집중할 때 더 자세히 상상할 수 있음을 보여준다(kosslyn, 1973).

지각과 심상이 비슷한 특성을 가지고 있다는 것을 보여주는 또 다른 사례로 잔디 밭에 앉아서 옆에 핀 장미꽃을 바라볼 때와 방 안에서 창문 너머로 장미꽃을 바라볼 때 세세한 부분에서 지각의 차이가 나타난다는 것이다. 가까이에서 바라볼 때는 장 미꽃이 시들었다든가 벌레 먹었다든가 하는 것을 발견할 수 있지만, 멀리서 볼 때는 그런 자세한 모습을 알 수가 없다.

심상에 따라 다르게 상상한다는 것을 보고한 실험도 있다. Abelson(1975)은 피험 자들에게 호텔을 나와서 거리를 따라 걸어가는 사람에 대한 이야기를 해주고 그 광 경을 상상해보도록 했다. 한 집단에게는 피험자들이 그 이야기의 주인공이라 가정 하고 상상해보도록 지시하고, 다른 집단의 피험자들에게는 그들이 호텔 4층 발코니 에서 보고 있다고 가정하게 했다. 또 이러한 지시와 함께 멀리서 잘 보이는 광경을 상상하게 하거나 자기가 차고 있는 손목시계와 같이 가까이서 볼 수 있는 광경을 상 상하게 했다. 이 밖에도 커피를 마실 때 느낄 수 있는 맛, 냄새 등에 대한 감각을 상 상해보도록 지시했다. 결과는 발코니에 있다고 가정하게 한 피험자들은 멀리 보이 는 것에 대한 내용을 잘 회상한 반면에 이야기의 주인공이라고 가정하게 한 피험자 들은 멀리 보이는 것에 대한 내용을 잘 기억하지 못했다. 발코니 피험자들은 커피를 마실 때의 감각은 잘 기억하지 못했지만 주인공 시점의 피험자들은 이러한 신체감각 을 잘 회상했다.

3) 판단과 의사결정

판단과 의사결정은 여러 대안에 대해 평가하고 선택하는 과정이다. 이러한 과정은 판단하며 결정하는 개인과 판단, 결정 과제를 제시하는 환경과의 상호작용에 의해 이루어진다. 일반적으로 판단이란 용어는 환경 자극 상황에 대한 수량적, 서열적 또는 범주적 평가를 하는 경우를 가리킨다. 결정이란 용어는 결정자에게 어떤 가치가 있는 결과를 가져다 줄 대안들 중에서 하나를 선택하는 경우에 주로 사용되는데, 결정 과정에 판단은 항상 개입된다. 직업을 선택한다든가, 어느 주식을 살 것인가 또는 누구를 뽑을 것인가 등의 일은 모두 결정에 해당한다. 이러한 결정 상황들 중에는 결정 행위의 결과가 즉각적으로, 구체적으로 오는 상황이 있는가 하면 그렇지 않은 경우가 있다. 또한 결정 행위의 결과가 일어날 가능성이 확실한 경우도 있고 불확실한 경우도 있다. 또 어떤 결과가 생길지, 어떤 효용성이 획득될 수 있을지 불확실한 경우도 있으며 자신의 선택 행위의 결과를 자신이 얼마나 좋아할지를 모르는 경우도 있다.

(1) 선택과 의사결정

선택과 결정하기 과정에는 귀납적 추론이 주로 개입한다. 선택과 결정에 대한 인지 심리학적 연구 결과에 의하면 인간은 합리적 · 논리적 사고자가 아니다. 인간은 정보처리의 한계성을 가지고 있기 때문에, 사고의 정확성을 희생해서라도 비논리적 · 비합리적 편향을 도입하면서 최대한의 효율적 정보처리를 추구하는, 즉 인지적 경제성을 추구하는 인지적 절약자임이 드러난다. 인간의 인지체계는 많은 한계성을 지니고 있다. 주의 용량, 장기기억 용량이나 작업기억 용량, 활용할 수 있는 지식의 유형, 제한된 시간 내에 문제를 해결해야 한다는 상황적 제약 등 여러 가지 한계를 지니고 있다. 이러한 한계를 지니고 있으면서도 매 순간마다 입력되는 수많은 자극 정보를 적절히 파악하고 처리하여 환경에 적응할 수 있어야 한다. 따라서 인간은 최소한의 정보처리 시간과 노력을 들여서 최적의 결과를 도출하려 하는 정보처리적 '인지적 경제성'을 추구하는 존재이다.

일상생활에서 부딪치게 되는 문제들 가운데 어떤 일은 결정하기가 비교적 쉽지만, 그렇지 못해서 우리를 당혹하게 하는 경우도 많다. 의사결정이 어려워지는 것은 대체로 판단 결과에 불확실성이 내재하기 때문이다. 현실적으로 사람들은 삼단논법과 같은 연역추론보다는 귀납추론에 의해서 결정한다. 많은 경우 의사결정은 과거의 경험에 기초를 두고 많은 대안들 가운데 최선의 것을 선택함으로써 결론에 도달한다. 그렇다고 귀납추론에 근거한 의사결정이 쉬운 것만은 아니다. 여러 가지 가능한 대안 가운데 특정한 차원에서 기준에 미달하는 매력적이지 못한 대안들을 단계적으로 제거해 나감으로써 최종적인 선택을 하는 방법으로 측면제거법(elimination by aspects)이 있다.

(2) 판단 착오

인간이 판단하고 결정하는 데 있어서 항상 정확한 판단과 결정을 내리는 고정된 규칙이 있는 것은 아니다. 올바른 추측을 할 수 있도록 하는 자료들이 완벽하게 제공되지도 않는다. 따라서 우리는 불완전한 방법을 사용해서 추론하고 결정할 수밖에 없다. 편의법(heuristics : 어림법 혹은 발견적 방법)이라고 부르는 이 방법들은 직관적이고 해답에 빨리 도달하게 한다. 그러나 이 방법이 언제나 해답을 줄 수 있는 것은 아니며, 해답을 준다고 하더라도 그것이 정확한 최선의 해답이라고 보장할 수도 없다. 그럼에도 불구하고 판단과 결정에 있어서 우리는 이 방법에 크게 의존한다.

대표성 편의법(어림법)　흔히 사용되는 편의법 중의 하나가 대표성 편의법이다. 주로 어떤 사건의 발생 가능성을 판단할 때 사용되는 방법이다. 즉, 사건의 발생 가능성을 판단할 때 여러 자료를 참작하여 공정하게 판단하기보다는 그 사건이 속할지도 모르는 범주의 전형적인 경우와 유사한 정도에 의해 판단하는 방법이다.

　대표성 편의법에 빠진 가장 대표적인 사례가 바로 도박사의 오류이다. 도박에 빠진 사람은 여러 판에서 연달아 돈을 잃게 되면, 다음 판에서는 돈을 딸 확률이 높아진다고 판단하는 경향이 있다. 사람들은 우연이란 스스로 교정하지 않는다는 점을 망각하기 때문에 이러한 오류에 빠지게 된다. 도박에서 잃고 따는 것은 이전에 일어난 사건에 의존하지 않는 독립적인 사건이다. 단지 사례가 누적되다 보면 각 사건이 일어날 비율이 전체 확률에 근접할 뿐이다.

가용성 편의법(어림법)　대표성 편의법과 함께 아주 널리 사용되는 편의법으로 기억에 의존하는 것이 바로 **가용성 편의법**이다. 가용성이란 특정 사건을 지지하는 사례들이 기억에 잘 저장되어 있는가에 따라서 사건의 발생 가능성을 판단하는 것을 말한다. 예를 들어 사투리를 쓰는 친구가 있는 사람은 사람들이 사투리를 쓰는 비율이 실제보다 더 많다고 판단하는 것이다. 최근에 아는 사람이 교통사고를 당했다는 사실을 알게 되면 사람들은 교통사고가 늘어났다고 느끼기도 한다.

틀 효과   사람들은 준거점을 달리하여 기술하면 동일한 상황에 대해서도 다른 선택을 하는 경향이 있다. 이와 같은 현상을 틀 효과(framing effect)라고 한다. 다음에 제시된 두 상황에서 사람들이 어떤 대안을 선택하는지에 관한 실험이 틀 효과를 잘 설명해준다.

> 전염병으로 600명이 사망할 것으로 예상된다. 다음 중 어떤 상황을 선택할 것인가?"

(상황 1) 1안을 선택하면 200명을 구할 수 있다. 2안을 선택하면 33%의 확률로 600명을 구할 수 있다.

(상황 2) 1안을 선택하면 400명이 죽는다. 2안을 선택하면 67%의 확률로 600명이 죽을 수 있다.

사람들은 상황 1에서는 대부분 1안을 선택하고 상황 2에서는 대부분이 2안을 선택한다. 상황 1에서는 아무것도 하지 않았을 때, 600명이 죽는다는 미래 시점이 준거점이 되고, 선택의 결과는 이득으로 간주되는데, 이런 상황에서 사람들은 모험을 회피하는 경향이 강하다. 즉, 33%의 확률로 600명을 구하는 것보다 확실하게 200명을 구하는 것이 낫다고 생각한다. 상황 2에서는 아무도 안 죽는 경우가 준거점이 되고 이 준거점에 비해 선택의 결과는 손실로 생각되는데 이런 경우에는 모험을 택하는 경향이 강해진다. 즉, 67%의 확률로 600명이 죽을 가능성이 확실히 400명을 죽이는 것보다 낫다고 판단하게 되는 것이다. 이러한 현상은 선택의 결과가 이득으로 기술되느냐 손실로 기술되느냐에 따라 영향을 받는다. 즉, 준거점이 무엇이냐에 따라서 사람들은 다르게 결정하는 것이다. 1안과 2안이 동일한 결과를 가져오더라도 사람들은 선택 결정이 이득과 관련되면, 위험 부담을 회피하는 1안으로 선택하고, 선택이 손실 증감의 내용일 때는 위험 부담을 선택하는 2안으로 기울게 된다.

4. 문제해결

어떻게 문제를 해결할 수 있느냐를 묻기 전에 문제해결이 가지고 있는 성질에 대해서부터 살펴볼 필요가 있다. 해결 과정을 분명히 살펴보기 위해 일반적으로 잘 정의된(well-defined) 문제와 나쁘게 정의된(ill-defined) 문제로 구별할 필요가 있다. 잘 정의된 문제는 문제의 목표점과 최종 상태가 명백할 뿐만 아니라 문제의 출발점과 최초 상태도 명백하다. 다시 말하면 잘 정의된 문제에서는 해결에 필요한 정보가 문제 전체에 잘 세분되어 있는 반면, 나쁘게 정의된 문제에서는 어떤 정보가 그 문제에 적절한지 불분명하다. 목표 역시도 마찬가지로 전자에서는 도달해야 할 목표 기준이 명시되어 있는 반면에 후자에서는 그 목표가 막연하다. 학교에서 선생님이 학생에게 내준 수학 숙제나 신문에 게재되는 바둑의 묘수 풀이가 잘 정의된 문제의 보기들이다. 그런데 가령 장래 행복을 위한 경력 설계를 생각해보면 행복이라는 목표도 막연하거니와 직업, 적성 등에 관한 최초 상태의 정보도 불분명하다.

1) 문제해결과 표상

문제해결에서 관심을 가져야 할 문제 가운데 하나가 주어진 문제를 마음속에서 기술하는 표상과정이다. 문제해결에서 시각적 표상이 중요하다는 것은 벤젠의 분자식을 발견한 케쿨레(Kekule)의 일화에서 잘 드러난다. 케쿨레는 평소에 원자가 고리 형태로 분자를 형성하고 있는 모습을 여러 가지로 상상했다고 한다. 그러다가 어느 날 꿈속에서 원자가 뱀처럼 모여 있는데 그중 한 마리의 뱀이 자신의 꼬리를 물고 있는 모양을 보게 되었고, 이를 통해서 문제를 해결했다고 한다. 이 일화에서 보듯이 문제해결자가 사용하는 표상의 형태는 문제해결에서 주요한 요인 중의 하나이다. 그러나 어떤 표상이 적절한가의 여부는 문제의 특성이나 문제해결의 능력과 기술에 달려 있다. 어떤 문제해결책이 효과적이기 위해서는 문제와 문제해결자의 특성에 맞도록 표상이 조절되어야 할 것이다. 결국 문제를 표상하는 방법은 다양할 수 있으며, 숙련된 문제해결자는 주어진 문제에 맞게 표상을 조절할 수 있다.

(1) 문제해결의 네 단계

잘 정의된 문제든 나쁘게 정의된 문제든 해결 과정은 다음의 네 단계를 거치게 된다. 첫 번째 단계는 문제를 이해하는 단계로서 작용 기억 속에 문제를 약호화하는 단계이다. 이 단계를 통해서 문제의 최초 상태와 최종 상태를 규정하게 된다. 물론 나쁘게 정의된 문제에서는 이 단계가 아주 어려울 수 있다.

두 번째 단계는 계획을 세우는 단계로서 때로는 시행착오와 같은 방법을 동원하기도 하지만 주로 장기기억을 탐색해서 해결에 이르게 되는 계획을 짠다. 첫 번째 단계에서 장기기억의 활용은 거의 무의식적이고 자동적인 반면 두 번째 단계에서는 의식적으로 이용 가능한 정보를 인출하여 문제해결 전략들을 검토하게 된다. 이때 첫 번째 단계에서 작용 기억에 표상된 문제의 성질과 설정된 해결 목표가 어떠한 정보를 이용할 것인가를 결정하게 된다. 정보의 인출은 인출단서에 의존한다. 실제 행위를 수행하도록 계획과 책략을 세우는 것을 산출 체계를 세운다고 말한다. 가령 바둑을 둘 때 첫 번째 돌을 어느 점에 놓으면 그것에 대한 상대방의 특정한 응수에 대처하도록 반응을 프로그램하는 것이 바로 산출 체계이다.

세 번째 단계는 산출 계획을 실행하는 단계이다. 세워진 계획이 단순하고 잘 짜여져 있으면 이 단계에서의 실행은 당연한 것이 된다. 그러므로 실행 중 시간을 얼마나 소모하고 착오를 얼마나 많이 하는가가 이 단계의 문제라고 할 수 있다.

네 번째 단계는 목표를 향한 진전 정도를 평가하는 단계이다. 문제해결 여부, 목표 진전 여부 그리고 현재 사용하고 있는 계획의 계속적인 실행 여부를 결정하는 것이 이 단계의 작업이다. 평가를 올바르게 해서 첫 단계부터 다시 시작할 것인지 중간 단계에서 계획 수정만을 가할 것인지 알 수 있고, 미래의 유사한 문제에 대해서도 적용을 결정할 수 있다.

(2) 여러 가지 문제해결 현상

문제해결에서 중요한 것은 작용 기억 속에 문제를 부호화하여 어떠한 내적 표상을 얻는가 하는 것이다. 문제해결의 가장 기본은 일단 문제를 적절하게 해석하는 것이고, 이를 통해서 문제에 가장 적절한 해결방법을 선택하는 것이다. 적절한 해결방법은 문제의 성질이나 문제해결자의 개인적 성격에 따라서 달라질 수 있다.

시행착오　문제를 해결하는 일반적인 접근방식이다. 시행착오는 우연히 해결에 이르기까지 시간이 많이 걸린다는 단점을 지니고 있으며, 이것으로는 결코 해결할 수 없는 문제들이 너무 많다. 즉, 한 번의 실수도 해서는 안 되는 문제가 있고, 여러 번 실수해도 풀지 못하는 문제들도 많다.

연산법　특정 문제해결에 요구되는 일련의 정확한 규칙이 있고, 이 규칙을 옳게 적용하면 반드시 문제해결이 보장되는 방법이 연산법(algorithm)이다. 예를 들어, 5×9가 얼마인지는 곱셈의 연산규칙을 따르면 정확하게 해결할 수 있으며, 화씨온도를 섭씨온도로 바꾸기 위해서는 '섭씨온도 = 5/9(화씨온도 −32)'라는 연산공식을 사용하면 해결할 수 있다.

발견법 문제를 단순화시키는 데 도움이 되는 경험법칙이 바로 **발견법**이다. 발견법은 해결을 보증하지는 않지만 문제를 우리가 도달할 수 있는 곳까지 올려준다. 발견법에 속하는 대표적인 방법들은 산 오르기, 수단-목표 분석, 후진작업 등이 있다.

먼저 산 오르기는 가장 간단한 발견법으로 뒤로 물러서지 않고 최종 목표까지 계속해서 더 가깝게 움직여가는 것이다. 각 단계마다 어느 정도 올라왔으며 아직도 가야할 거리가 얼마나 되는지를 알고, 그다음 단계에서 무엇을 해야 할지를 평가한다. 예를 들어, 5지선다형 검사에서 답을 선택하는 방법 중 하나는 틀린 보기를 제거하는 것이다. 정답을 아는 것은 아니지만 확실히 틀린 답을 제거하면서 정답을 선택할 확률을 높이는 것이다. 수단-목표 분석은 Newell과 Simon(1971)이 문제 공간을 탐색하는 방략으로 제시한 것으로서, 목표 상태와 현재 상태의 차이를 분석, 비교하고 특정 행위가 그 바라는 목표에 조금이라도 접근하는가를 검토하는 방법이다. 이를 위해 수단-목표 분석에서는 해결을 향한 중간 단계인 하위목표를 설정함으로써 전체적인 문제해결에 다가가게 된다. 예를 들어, 심리학 논문을 써야 하는 사람은 우선 주제 결정, 참고자료 수집 및 분석, 초고 작성, 원고 검토, 최종 원고 완성 등의 하위목표를 하나씩 실행함으로써 최종 목표 달성이 용이해진다. 수단-목표 분석의 가장 대표적인 사례는 하노이의 탑이다(그림 6.9).

왼쪽 기둥에 3개의 크기가 다른 디스크가 있다(초기 상태). 목표는 3개의 크기가 다른 디스크를 원래 순서대로 가장 오른편 기둥으로 옮기는 것이다. 단 네 가지 조건을 지켜야 한다. 첫째, 디스크는 바로 옆의 기둥으로만 옮길 수 있다. 둘째, 한 번에 하나의 디스크만 옮길 수 있다. 셋째, 디스크는 맨 위에 있을 때만 옮길 수 있다.

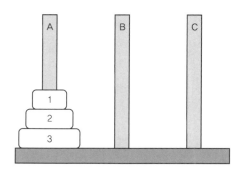

그림 6.9 하노이의 탑

넷째, 큰 디스크는 작은 것 위로 옮길 수 없다.

이 문제를 해결하기 위해서는 초기 상태와 목표 상태의 간격을 줄여야 한다. 따라서 부가적인 하위목표를 정하고 이것을 먼저 성취해야 한다.

후진작업은 해결의 탐색을 목표에서 시작해서 주어진 조건을 반영하면서 거꾸로 작업해 나가는 것이다. 예를 들어, 책을 사는 데 5만 원을 사용할 수 있다면 원하는 책을 고르고 5만 원을 초과한다면 당장 필요 없는 책을 빼나가는 방법이다.

부화와 통찰   문제해결의 과정에서 나타나는 현상들로 부화와 통찰이 있다. 부화 (incubation)라는 용어는 시도하던 문제해결 노력을 중단하고 어느 기간 후에 다시 노력을 계속하는 사이의 시간을 뜻한다. 아무리 애써도 실마리가 제대로 풀리지 않던 일이 일정한 부화 기간 이후에 재차 해결 노력을 시도하면 쉽게 길이 보이는 경험을 아마 누구나 한 번쯤은 해본 적이 있을 것이다. 이때의 경험은 통찰(insight)로 인해 생기는 '아하! 경험'이라고 부른다.

장기기억 속의 정보가 어떤 역할을 하느냐에 관해 Chase와 Simon(1973)은 중요한 실험을 실시했다. 이들은 체스가 진행되고 있는 중간에 체스판을 5초간 관찰시킴으로써 체스 실력자와 초보자의 기억 차이를 측정했다. 연구 결과, 그림 6.10(a)처럼 체스 실력자와 초보자의 기억 정도 차이가 뚜렷하게 나타났다. 그렇다면 실력자가 체스를 잘 두는 것은 그들의 기억술이 월등하기 때문인가라는 의문이 생긴다. 반드시 그런 것은 아님을 Chase와 Simon은 다시 실험을 통해 밝혔다. 실행되고 있는 중간의 체스판이 아니라 이번에는 멋대로 체스 말을 나열해 놓은 체스판을 보여주고 그대로 재현하라고 하였더니 그 결과가 그림 6.10(b)처럼 나왔다. 시행이 반복될수록 체스 실력자의 회상률이 오히려 낮아짐을 알 수 있다.

2) 문제해결 장애물

앞에서 살펴본 문제해결 방법을 적절하게 사용한다면 거의 모든 문제를 해결할 수 있을 것처럼 보인다. 그러나 실상은 작은 문제들조차 해결하기 어려운 경우가 많다. 왜냐하면 효율적인 추론이나 의사결정을 방해하는 여러 가지 장애물이 있기 때문이다. 이러한 문제해결의 장애물로는 표상문제, 망각, 기능 고착, 정신태세 등이 있다.

표상문제   흔히 문제의 성질을 잘못 이해하거나 문제를 해결할 수 있는 형태로 나타내지 못하기 때문에 어려움을 겪는 일이 많다. 예를 들어 다음의 문제를 생각해보

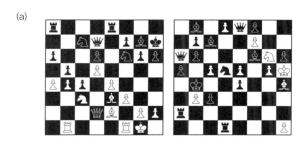

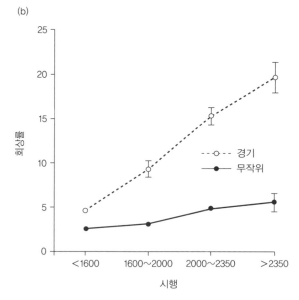

그림 6.10 Chase와 Simon(1973)의 실험 결과

출처 : Chase & Simon (1973).

자. 연필을 종이에서 떼지 않고 연속적인 직선을 그어서 9개의 점을 모두 연결해 보라는 문제를 낸다면 해결하기 어렵다고 생각하는 사람들이 많을 것이다. 왜냐하면 문제에 대한 잘못된 표상을 수정하기 어렵기 때문이다. 9개의 점을 잇는 문제해결이 어려운 이유는 선분이 점들의 테두리를 벗어나서는 안 된다는 주어지지 않은 제약적인 표상에 사람들의 사고가 매이기 때문이다. 즉, 잘못된 지각적 가정(표상)이 문제해결을 방해한 것이다.

망각 문제해결에 있어서 분명한 장애 중 하나는 일의 진행과정을 잊어버리게 되는 것이다. 따라서 일의 진행과정과 가능한 해결책에 관한 착상을 기록하거나 전반적인 진행절차를 도식화하거나 차트를 작성하는 것이 도움이 된다.

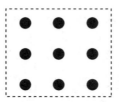

잘못 가정된 사각 둘레

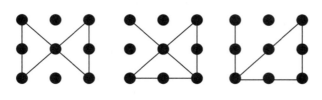

잘못된 시도

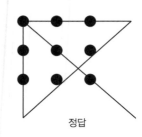

정답

그림 6.11 표상문제 예시

기능 고착   과거에 학습한 것이 가끔씩 우리의 사고에 영향을 끼쳐 문제해결책을 찾는 데 방해가 된다. Duncker(1945)는 이와 관련된 의미 있는 실험을 했다.

Duncker(1945)는 그림 6.12처럼 책상 위에 놓인 물건들을 가지고 오른쪽의 모습처럼 벽면에 수직으로 촛대를 세우는 문제를 피험자들에게 주었다. 해결의 열쇠는 성냥갑을 비우고 통을 벽에 압침으로 고정시키는 일이다. 물론 그 이후에 양초를 통 위에 부착시키면 과제가 해결된다. 피험자들은 대체로 이 문제를 해결하지 못했는

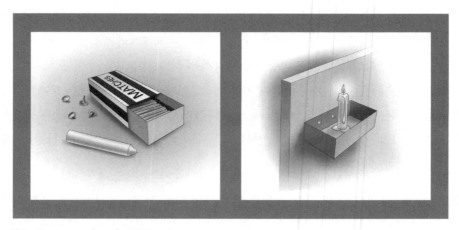

그림 6.12 Duncker(1945)의 실험 그림

출처 : Schacter, Gilbert, Wegner, & Nock (2016).

데 주로 촛대로 쓰이는 기능으로 통을 지각하지 못하는 것이 원인이었다. 통의 기능은 일반적으로 무엇을 담는 것이기 때문에 피험자들이 통의 다른 기능을 지각하는 데 실패한 것이다. 이처럼 과거 경험에 경직되어 있는 것을 기능적 고착(functional fixedness)이라고 한다. 실험 상황에서 보는 것처럼 이 경직성은 가장 흔히 사용되는 기능이나 최근에 이용한 기능에 고착되어 나타나기 쉽다.

정신태세   과거 경험이 문제해결에 어떻게 영향을 미치는가를 보여주는 또 다른 예가 정신태세이다. 정신태세는 한 가지 전략에만 초점을 맞추어서 다른 것들을 무시하도록 한다. 우리 일상생활에서도 예를 쉽게 찾아볼 수 있다. 예를 들어, 다음의 상황을 보자. "시골길을 가던 자동차 타이어에 펑크가 났다. 타이어를 교체하려고 한다. 타이어를 지탱하는 5개의 볼트를 제거하던 중 차가 움직이면서 볼트들이 굴러가 연못에 빠져버렸다. 여분의 타이어를 고정시켜야 하는데 어떤 방법이 있을까?"

　이 문제에 사람들은 대다수 잃어버린 볼트를 찾는 데 몰두한다. 때문에 다른 3개의 타이어 볼트를 하나씩 풀어서 사용할 수 있다는 생각까지 나아가지 못한다. 이러한 것이 바로 정신태세로 인한 문제해결 방해 현상이다.

7 심리에 작용하는 학습의 영향과 지능

학습은 지식 획득을 통해서 일어난다. 경험의 결과로 생긴 행동의 지속적인 변화를 의미하기도 한다. 경험이나 훈련의 결과로 발생하는 행동에서의 비교적 영속적인 변화를 학습이라고 정의할 수도 있다.

학습은 수행과 구별되는 몇 가지 특징이 있다. 첫째, 행동은 변화이며, 이러한 행동의 변화는 이전에는 할 수 없었던 혹은 하지 않았던 행동을 할 수 있게 되는 것이다. 둘째, 행동의 변화는 일시적인 것도 아니고 고정된 것도 아닌 비교적 영속적인 성질을 가지고 있다. 셋째, 행동의 변화, 즉 학습된 행동은 학습경험을 한 후에 즉시 행동으로 나타날 수도 있고, 행동잠재력으로 남아 있다가 특정한 경우나 상황에서 행동으로 나타날 수도 있다. 넷째, 행동의 변화 혹은 행동 잠재력은 경험이나 연습에서 비롯되며 이러한 학습이 이루어지기 위해서는 특정한 행동이 일어난 후에 강화가 뒤따를 때 효과적이다.

인간은 태어나서부터 변화하는 환경에 직면하고 끊임없이 변화를 계속한다. 체중과 신장이 늘게 되고, 걷게 되고, 말하게 되고, 친구와 사귀게 되고, 여러 가지 예절을 배우고 간단한 수학 문제 풀기부터 추상적이고 논리적인 문제를 해결할 수 있게 변화되어 간다. 이런 변화의 대부분은 경험의 결과로서 학습된다고 볼 수 있지만, 신체적인 성숙과 같은 것은 유전적 소질의 발현에 의해 나타나는 변화로 볼 수 있다. 시간 경과에 따라 일어나는 변화, 즉 성숙에 의한 변화를 제외한 나머지 것은 학습의 결과로 생기는 변화이다.

인간 행동 중에는 학습된 것이 대부분이지만 그렇지 않은 것도 있다. 일부 행동은 반사적이거나 본능적인 것이다. 우리는 호흡을 하며, 심장은 펌프작용을 하고, 무릎은 반사적으로 움직이기도 한다. 이때 우리의 세포는 확실히 활동을 하지만 직접적으로 학습에 의해 이루어지는 것은 아니다. 이러한 경향성은 하등동물일수록 더하다.

학습은 경험에 의해 이루어지는 비교적 영속적인 행동 변화로 정의된다. 즉, 학습은 행동을 드러내는 능력상의 비교적 영속적인 변화로, 이러한 변화는 성공적이거나 성공적이지 못한 경험의 결과로 일어난다. 예를 들면 불에 화상을 입은 경험이 있는 아이가 또 다시 불이 몸에 닿으려고 하면 피하는 행동을 하는 것은 학습된 결과다. 공부를 열심히 하면 좋은 성적을 얻고 부모로부터 칭찬받게 된다는 것을 아는 것도 역시 학습이다. 학습의 유형은 일일이 열거할 수 없을 만큼 다양하고, 우리 모두는 끊임없는 학습과정을 겪고 있으며, 학습과정을 이해하는 것은 행동의 이해에 기초가 되는 것이다. 인간 행동을 변화시키는 데 관심을 가진 부모, 교육자, 광고인, 훈련 담당자, 기업인, 군인 등 많은 사람은 학습이 이루어지는 과정과 그 기본원리를 이해할 필요가 있는 것이다.

학습은 학습자의 내부에서 일어나는 과정이므로 직접 관찰할 수는 없으며 나타난 행동에 근거하여 추론되어야 한다. 그렇다고 해서 행동상으로 드러난 변화가 없다고 학습이 안 되었다고 할 수는 없다. 일반적으로 학습이 되면 행동 변화가 있지만, 학습이 되어도 드러나는 행동 변화가 없을 수도 있다. 예를 들어, 복잡한 미로에서 쥐가 출발점을 떠나서 목표 지점까지 가는 경우, 목표 지점에 먹이를 주면 쥐가 도달할 때까지 길을 잘못 드는 오류의 수는 점차 줄어들고 결국에는 가장 단거리로 목표 지점에 도달한다. 이런 행동상의 변화에서 우리는 쥐가 학습을 했다고 추론한다. 그렇지만 목표 지점에 먹이를 주지 않으면서 쥐를 출발점에서 출발시키는 경우, 쥐는 목표 지점에 굳이 빨리 가야 할 이유가 없어 미로를 이리저리 다니게 된다. 이 쥐들이 학습하지 않은 것이라고 볼 수 없다. 또 처음 미로를 접하는 쥐들과 차이가 전혀 없는 것도 아니다. Tolman과 Honzik(1930)의 실험 결과를 보면 분명히 차이가 있으며, 먹이 없이 미로를 다닐 때에도 학습이 어느 정도 이루어졌음을 말해주는 것으로, 미로에 대한 학습이 잠재적으로 이루어져 있었으나 목표에 도달하는 수행에서 변화가 나타나지 않았음을 말해준다.

1. 연합학습과 조건형성

우리는 어떻게 학습하는가? 이 질문에 대해서 한마디로 간단하게 대답할 수는 없다. 학습의 유형은 다양하기 때문에 어느 한 이론으로 모든 현상을 다 설명할 수는 없기 때문이다. 가장 간단한 학습의 형태는 두 사건들 간의 새로운 연합을 형성하는 연합학습이다. 어떤 자극과 다른 자극, 자극과 반응, 또는 반응과 그에 따르는 자극들 사이의 연합이 형성될 수 있다. 예를 들면, 어떤 음식 냄새(자극)와 음식물(자극), 붉은 신호(자극)에 멈추기(반응), 착한 일을 해서(반응) 용돈 받기(자극)와 같은 것들이다. 인간의 많은 행동은 이러한 연합을 토대로 학습되며, 학습과정을 이러한 연합과정으로 설명하려는 것이 조건형성이론이다. 조건형성은 크게 고전적 조건형성과 도구적 조건형성으로 구분된다. 전자는 파블로프식 조건형성으로 두 자극이 함께 수반되는 경향을 배우는 것이다. 후자는 조작적 조건형성이라고도 하며 유기체가 어떤 결과를 나타내는지를 학습하게 되는 것을 말한다.

1) 고전적 조건형성

러시아의 생리학자인 파블로프(Pavolv, 1849~1936)는 1904년 노벨 생리학상을 수상했다. 파블로프는 특정 자극과 반응 사이에서 형성되는 새로운 연합과 같은 가장 단순한 형태의 학습을 개의 침 분비과정을 관찰하여 연구했다. 그는 소화액 분비에 관한 일련의 연구를 진행하는 도중에 실험동물인 개가 실험자의 발자국 소리만 듣고도 침을 흘리는 것을 관찰했다. 음식물이 입 속에 들어가기 전에 개가 침을 흘린다는 점에 착안하여 파블로프는 이 현상을 정신적 분비라고 부르고, 평생 동안 체계적으로 연구했다. 이 파블로프식 조건형성은 고전적 조건형성이라고도 부르는데 이것은 뒤에서 소개할 스키너의 조작적 조건형성과 구분하기 위해 붙여진 명칭이다.

파블로프는 실험 장치에 묶인 개의 침 분비량을 측정하기 위해서 턱에 간단한 수술을 실시했다. 그리고 관을 연결하여 분비되는 침의 방울 수를 측정할 수 있도록 했다. 실험의 첫 단계는 소리굽쇠를 울려서 이 소리가 기본적으로 침을 흘리게 하지 않는다는 것을 확인하는 일이다. 소리굽쇠의 소리에 개는 귀를 기울이는 정도의 반응만을 하는데, 이것을 **정향반사**라고 한다. 다음으로는 소리굽쇠의 소리를 들려주

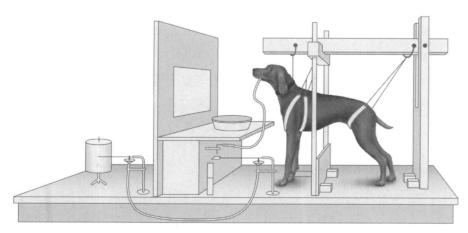

그림 7.1 파블로프식 조건형성 실험 모습

출처 : Schacter et al. (2016).

는 동시에 개의 입 안에 음식물(고기 가루)을 넣어주고, 소리굽쇠 소리와 고기 가루를 짝짓는 일을 여러 번 반복한다. 그다음 단계는 고기 가루를 주지 않고 소리굽쇠의 소리만을 들려주더라도 침이 분비됐으며, 고기 가루와 짝지었던 횟수가 많으면 많을수록 분비되는 침의 양도 많았다. 음식물에 의해서 분비가 유발되었던 침이 이제는 소리굽쇠 소리만으로도 유발될 수 있었다.

(1) 파블로프식 조건형성의 기본 요소

앞에서 소개한 파블로프식 조건형성을 구성하는 기본 요소는 다음과 같다. 파블로프는 침 분비를 유발시키기 위해 고기 가루를 사용했는데, 이 고기 가루가 침 분비를 유발하는 것은 이전의 훈련이나 학습의 영향에 의한 것이 아니다. 고기 가루 자극은 침을 흘리게 하는 데 생득적인 것으로, 파블로프는 이러한 자극을 무조건자극 (unconditional stimulus, UCS 또는 US)이라고 불렀다. 침을 흘리는 반응은 고기 가루와 같은 무조건자극이 제시되면 거의 자동적이고 동시적으로 일어나는 반사적인 반응이다. 파블로프는 이러한 반응을 무조건반응(unconditional stimulus reaction, UCR 또는 UR)이라고 불렀다.

파블로프는 중성자극을 무조건자극과 시간상으로 적절히 짝지어서 반복적으로 제시하였더니, 이 중성자극이 침을 분비시킨다는 사실을 관찰했다. 이 중성자극은 무조건자극과 짝지어 제시됨에 의해서 무조건자극처럼 침 분비를 유발시킨다고 해서 조건자극(conditional stimulus, CS)이라고 불렀다. 이때 조건자극이 될 수 있는 것은 연구 대상인 반응과는 중립적인 것이어야 하지만 그 유기체가 지각할 수 있는 것이어야 한다. 그다음에 무조건반응을 조건자극과 짝지음으로써 학습되는 반응이 있는데 이것을 조건반응(conditional reaction, CR)이라고 한다.

파블로프식 조건형성의 절차, 즉 실험조작은 조건자극과 무조건자극을 짝짓는 것으로 고전적 조건형성의 본질적인 기능은 유기체가 두 사건들(CS와 UCS) 사이의 관계성을 학습하여 앞으로 닥쳐올 일에 대한 준비를 할 수 있게 하는 것이다.

(2) 파블로프식 조건형성의 주요 현상

고전적 조건형성의 주요 현상들은 다섯 가지로 조건반응의 습득, 상실, 일반화, 자극 변별, 고순위 조건형성이다. 우선, 조건반응의 습득은 CS가 UCS보다 0.5초 정도 앞서 제시되는 지연조건화가 가장 효과적이었고, CS가 UCS보다 늦게 제시되는

역행조건화가 가장 효과적이지 못한 연합이었다. 동시조건화와 흔적조건화는 역행조
건화보다는 효과적이었으나 지연조건화보다는 효과가 떨어지는 것으로 나타났다.
몇 가지 구체적인 특징은 다음과 같다.

- CS와 UCS가 자주 짝지어질수록 CS가 CR을 유발하는 경향성은 증가한다. 예
  를 들어, 학습곡선(learning curve)은 학습 후기에 비해 초기에 시행이 증가할수
  록 더 많은 학습이 이루어진다.
- CS와 UCS 사이의 시간적 관계가 중요하다. 예를 들어, 지연조건형성이란 UCS
  보다 먼저 시작되어 UCS가 제시될 때까지 계속 켜져 있는 경우이다. 흔적조건
  형성은 UCS가 제시되기 전에 CS가 시작되었다가 종료될 수도 있다. 동시조건형
  성은 CS가 UCS와 동시에 제시되는 것이다. 후진(역행)조건형성은 CS가 UCS보
  다 나중에 제시되는 것이다. 지연조건형성과 흔적조건형성에서처럼 CS가 UCS
  에 선행할 때 가장 학습이 잘된다.
- CS와 UCS 사이에 근접성이 있어야 한다. 대개 CS가 제시되고 짧은 시간 안에

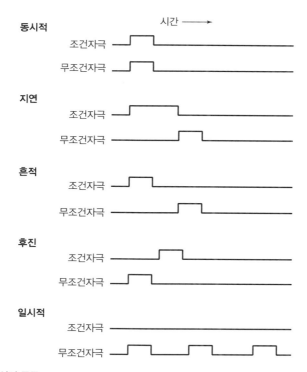

그림 7.2 조건형성의 종류

UCS가 주어져야 학습이 가능하다.

- UCS가 얼마나 일관성 있게 CS에 이어지는가, 즉 CS-UCS 수반성(유관성)도 CR의 습득을 좌우한다.
- 학습의 속도는 CS와 UCS의 종류에 따라 달라진다. UCS가 유기체에게 해로운 것일 때 대개 조건형성이 빨리 일어난다.

파블로프는 조건반응이 습득되는 정도는 조건자극과 무조건자극을 어느 정도의 시간 간격으로 제시하는가 하는 자극의 근접성에 따른다고 했다. 즉, 두 자극 사이의 제시 간격이 짧을수록 조건반응은 더 잘 습득된다는 것이다.

(3) 조건반응의 상실과 자발적 회복

조건반응이 획득된 후 무조건자극이 뒤따르지 않고 조건자극만이 반복해서 제시되면 조건반응이 점점 약해져서 마침내 일어나지 않게 된다. 이러한 현상을 소거라고 부른다. 소거가 일어나면 조건반응도 중단되기 때문에 소거 절차가 조건형성 기간에 학습된 것을 지워버리는 것으로 잘못 판단할 수도 있다. 그러나 소거는 '억제하는 것을 학습하는' 과정으로 이 새로운 학습이 원래 학습된 것을 파괴하지 않은 채로 새롭게 첨가되는 것이라고 보아야 한다. 이러한 사실은 다음에 소개하는 자발적 회

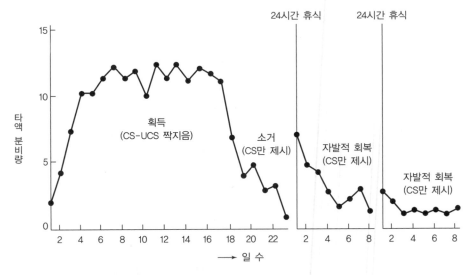

그림 7.3 획득과 소거 및 자발적 회복

출처 : Domain & Bukhard (1986).

복이나 재조건형성으로 입증된다.

소거가 이루어지고 나서 CS도 UCS도 제시되지 않는 휴식기간 후에 CS가 다시 제시되면 소거된 것으로 보였던 조건반응이 되살아난다. 이러한 현상을 가리켜 **자발적 회복**이라고 한다. 그리고 CS와 UCS가 짝지어 제시되는 획득 시행을 추가하면 그 반응은 곧 원래의 세기로 돌아온다. 재조건형성이란 소거가 이루어지고 난 다음 원래의 CS와 UCS를 짝지을 경우, 처음의 조건형성보다 신속하게 조건형성이 이루어지는 경우를 말한다. 따라서 소거 후에도 이전 조건형성에 대한 학습이 남아 있는 것으로 볼 수 있다.

(4) 자극일반화

특정한 CS에 대한 조건반응이 CS와 유사한 다른 자극에 의해서 유발되기도 하는데 이런 현상을 **자극일반화**라고 부른다. 조건형성 초기에 자극일반화는 조건자극과 비슷하다고 지각되는 자극들에서는 거의 대부분 일어난다. 그러나 조건형성이 진행되면 피험자는 더욱 '변별적'이 되고 CS의 특정한 자극 속성에만 반응하게 된다. 파블로프식 조건형성에서 자극일반화의 예로는, 만일 CS로 500db(데시벨)의 소리굽쇠를 사용하는 경우, 개는 550db의 소리굽쇠 소리에도 조건반응을 나타내는 현상을 들 수 있다.

(5) 자극 변별

유기체는 처음에는 신호로서 조금이라도 가치가 있는 자극 모두에 반응하는 것이 유리하다. 그러나 유기체는 점차 관련 있는 자극과 관련 없는 자극을 구별하거나 변별해서 무조건자극과 연합되지 않은 자극들에 대해서는 반응하는 것을 억제하도록 학습해야만 한다. 조건형성 학습에서 일반화와 반대되는 이러한 변별현상을 관찰할 수 있는데, 어쩌면 조건형성과정은 일반화에 대한 변별의 승리가 이루어지는 과정이라고 생각할 수도 있다. 그래서 신호가 더 구별되기 쉬우면 쉬울수록, 동시에 일어나는 자극들 중에서 관련 없는 자극에 노력을 소모하지 않고 관련 있는 자극을 쉽게 확인하고 주목할 수가 있다.

2) 조작적 조건형성

앞에서 언급한 파블로프식 조건형성은 두 자극(조건자극과 무조건자극)들 사이의 관계를 다루는 것이었다. 하지만 환경 내의 어떤 자극들이 서로 관련되는가를 학습하는 것만으로는 유기체가 환경에 적응하고 생존해 가는 데 불충분하다. 유기체들은 자신의 행위와 그 결과 사이에 기대되는 일관성 있는 관계를 학습해야만 한다. 이와 같이 유기체가 유발한 반응의 결과를 강조하는 학습을 **도구적 조건형성** 또는 **조작적 조건형성**이라고 한다. 물론 실험 절차나 이론적 측면에서는 도구적 조건형성과 조작적 조건형성의 차이가 있지만 그럼에도 불구하고 결과에 의한 학습을 강조한다는 점에서 같은 의미를 갖는 용어로 사용된다.

도구적 조건형성에 관한 초기 연구의 선구자는 손다이크다. 파블로프가 러시아에서 개를 실험동물로 하여 타액 분비 반응을 연구하고 있을 때와 거의 동시에 미국에서 손다이크는 고양이를 실험동물로 해서 문제상자를 빠져 나오는 것을 학습시키고 있었다. 문제상자는 고양이가 페달을 밟아야 문이 열리고 밖으로 나와 음식을 먹을 수 있도록 고안되었다. 실험 결과, 고양이의 반응시간은 실험을 계속할수록 빨라졌다. 즉, 고양이가 상자 밖으로 나오는 데 걸리는 시간이 점점 줄어들게 되었다. 이런 학습을 **시행착오 학습**이라고 부르는데, 이것이 도구적 조건형성 연구의 출발이었다.

또한 손다이크는 고양이를 이용한 실험을 통해서 **효과의 법칙**(law of effect)을 제안했다. 그것은 어떤 반응에 보상이 주어지면 그에 상응하는 자극–반응의 연합이 강화되고, 반응에 보상이 없거나 처벌이 주어지면 그 연합은 약화된다는 것이다. 즉, 특정한 반응이 나타날 확률은 그 반응의 결과에 의해 결정된다는 것이다.

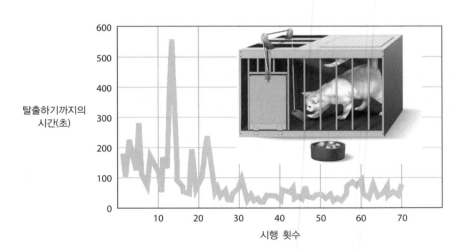

그림 7.4 손다이크의 고양이 실험 모습과 효과의 법칙

(1) 스키너의 조작적 조건형성

조작적 조건형성은 왓슨의 행동주의에 영향을 받아 스키너를 거쳐 지금까지 그 원리가 일상생활에 응용되고 있다. 스키너와 그의 추종자들은 조작적 조건형성의 원리로 동물을 훈련시키고, 정신질환을 치료하고, 교육효과를 향상시키고, 비행이나 지체 행동 등을 변화시키기 위한 새로운 환경을 설계하는 데 이용될 수 있는 많은 연구들을 진행했다. 이러한 조작적 조건형성의 중심 원리는 '정적 강화의 위력'에 토대를 두고 있다. 대부분의 수의적 행동은 조작행동으로서 강화가 뒤따르는 경우에는 강해지며 미래에 일어날 가능성도 높아진다.

스키너는 먹이를 먹지 못한 쥐를 방음이 잘된 상자(skinner box) 속에 넣어 실험을 실시했다. 이 상자 한쪽 벽에는 원판이 장치되어 있는데 쥐의 반응을 자동적으로 기록하는 장치와 전동식으로 작동되는 먹이통에 연결되어 있다. 쥐가 원판을 쪼면 먹이통에 있는 먹이가 원판 밑에 있는 접시로 나오도록 고안되어 있다. 이 스키너 상자에 쥐를 넣으면 쥐는 새로운 환경을 탐색하면서 여러 가지 반응을 시도한다. 그러다가 우연히 원판을 긁아 먹게 된다. 쥐가 원판을 긁으면 먹이접시에 자동적으로 먹이가 주어진다. 이런 과정이 몇 차례 반복되면 쥐는 드디어 여러 반응을 생략하고 즉

그림 7.5 스키너 상자

출처 : Schacter et al. (2016).

각적으로 원판을 깎는 반응을 계속하게 된다. 또 쥐가 몹시 배가 고플 때는 지극히 높은 빈도로 원판을 깎는 것을 볼 수 있다. 여기서 주목해야 할 것은 손다이크의 실험에서와 마찬가지로 원판을 깎는 반응을 먼저 해야지만 먹이가 주어지며, 반응을 하지 않으면 먹이가 주어지지 않는다는 사실이다.

(2) 자극일반화와 자극 변별

파블로프식 조건형성에서와 마찬가지로 조작적 조건형성에서도 자극일반화 현상이 관찰된다. 조작적 조건형성의 특정한 자극장면에서 어떤 반응이 이루어지면 그 반응이 일반화되는 것을 볼 수 있다. 이때 그 반응은 원래의 자극장면에서 나타나는 반응률보다는 낮다. 이 반응률은 원래의 훈련장면과 변화된 자극장면이 유사할수록 더 높다. 조작적 조건형성에서 자극 변별은 파블로프식 조건형성과 같이 어떤 자극에 대해서는 반응을 하고 어떤 자극에 대해서는 반응을 하지 않도록 학습한 결과로 나타나는 것이다. 즉, 어떤 자극이 있을 때 반응하면 그 반응을 강화해주고 다른 자극이 있을 때 반응하면 강화해주지 않으면 된다.

(3) 조성

파블로프식 조건형성에 없는 조작적 조건형성의 특징 중 하나인 조성은 원하는 반응을 학습할 때까지 그 반응을 기계적으로 보상하여 학습시키는 방법이다. 예를 들어, 개를 엎드리게 하려고 하는 경우 개가 약간 구부릴 때 우선 보상해주고 다음에는 바닥에 거의 가까이 엎드릴 때만 보상한다. 그리고 마지막으로는 실제로 배를 대고 엎드릴 때 보상하면 된다. 이러한 조성은 실생활에서 보이지 않는 반응을 학습시킬 수 있다는 점 때문에 동물을 조련하는 데 광범위하게 사용된다.

(4) 미신행동

조작적 조건형성이 일어나기 위해서는 반응 후에 보상이 뒤따라야만 한다. 미신행동은 보상이 반응에 관계없이 주어질 때 그 보상과 우연적으로 연합된 반응이 학습되는 현상을 말한다. 예를 들어, 비둘기를 스키너 상자에 집어넣게 되면 바닥을 긁거나 벽을 쪼거나 하는 다양한 반응을 하게 되는데, 이때 스키너는 매 15초마다 비둘기에게 먹이를 제공했다. 이렇게 보상(먹이)이 반응에 상관없이 주어진 경우에도 먹이가 주어질 때 했던 행동이 증가했다. 스키너는 이렇게 학습된 반응을 미신적이라고 불렀는데, 반응과 보상 간에 아무런 인과관계가 없음에도 불구하고 둘 사이에 그 릇된 연합을 형성하였기 때문이다.

(5) 조작적 조건형성의 중요성과 활용

도구적 조건형성, 특히 조작적 조건형성은 실험실에서 심리학자들이 쥐나 비둘기 같 은 동물들에게 수행한 실험 이상의 것을 우리에게 시사해준다. 동물실험에서 얻어낸 원리들은 인간 생활에까지 확대되어 적용될 수 있다. 앞에서 언급한 조성이 대표적 인 예인데, 바람직한 행동을 만들어야 할 때 주로 사용된다. 우리 사회는 강화가 행 동에 수반되도록 조직되어 있다. 조작적 조건형성이 바람직한 행동을 조성하는 데 일부러 사용되는 경우도 있다. 그 예로는 프로그램식 학습과 행동장애를 치료하는 일부 치료법을 들 수 있다. 프로그램식 학습에서는 학습해야 할 재료들을 작고 쉬운 여러 단계로 나눈다. 그러면 학습자는 각 단계가 쉽기 때문에 오류를 적게 범하면서 성취감을 경험하고 점점 더 많은 시간과 노력을 학습에 할애하게 된다. 이렇게 하 는 것은 학습에 대한 동기를 저하시키거나 학습을 싫어하게 되는 것을 극소화시켜준 다. 또 프로그램식 학습은 학습자들이 자신의 진행 속도대로 학습을 계속하며, 그들 의 반응의 옳고 그름에 대한 즉각적인 반응(일종의 강화)을 받게 되어 있다. 이처럼 프로그램식 학습은 동물학습 실험에서 사용된 '조성'의 특징을 가지고 있다. 프로그 램식 학습은 사실, 법칙, 공식과 같은 것을 학습하는 효율적인 방법이며, 프로그램 식 학습을 사용하는 교사들은 학습과정을 풍부하게 하는 데 많은 시간을 할애해야 한다.

조작적 조건형성의 기법은 파블로프식 조건형성 기법과 함께 행동수정에 활용되 기도 한다. 행동수정은 사회적으로 적응하는 행동을 강화하고, 부적응하는 행동을 소거시키면서, 행동장애를 치료한다. 예를 들어, 흡연이나 과식과 같은 나쁜 습관 을 제거하거나 지나치게 유순해서 자기주장을 못하는 사람을 보다 적극적으로 자기 주장을 할 수 있도록 하는 데 조작적 조건형성 기법을 활용할 수 있다. 이처럼 조작 적 조건형성을 활용하면 사람들이 자기가 설정한 목표에 도달하는 것을 도울 수 있 다. 즉, 조작적 조건형성은 자기통제적인 방향에서 행동을 변화시키는 데 중요하다.

흔히 내장반응은 불수의적인 것으로, 파블로프식 조건형성에 의해서만 조건형성 될 수 있는 것으로 생각해 왔다. 그러나 최근 심장박동, 혈관의 팽창 및 장의 수축 과 같은 내장반응이 조작적으로 조건형성될 수 있다는 증거가 나타났다. 내장반응을 조작적 조건형성하는 데는 여러 가지 문제가 제기되고 있지만 이에 대한 연구는 계속되고 있다. 따라서 그런 조건형성이 확고하게 확립될 경우에는 고혈압이나 내장문제를 치료하는 방법으로 조작적 조건형성을 사용할 수 있을 것이다. 예를 들어, 고혈압 환자에게 자신의 혈압을 보여주는 기계를 바라보도록 하고, 혈압이 어떤 수준 이하로 떨어질 때마다 불빛을 비춘다. 환자에게 낮은 혈압을 유지하는 훈련을 시키는 것이다. 이러한 절차를 바이오피드백(bio-feedback) 훈련이라 한다.

3) 파블로프식 조건형성과 조작적 조건형성의 비교

조작적 조건형성에서는 실험자가 강화를 주기 전에 어떤 반응을 산출하도록 요구한다. 이 점은 유기체가 UCS의 도달에 어떠한 통제도 하지 못하는 파블로프식 조건형성과는 대조적이다. 전자에는 실험자가 강화를 적당한 시간에 주기 위해서 유기체가 하는 일에 주의를 기울여야 하지만, 후자에서는 필요한 조작이 전적으로 유기체가 하고 있는 것과 상관없다. CS 다음에 UCS가 주어지는 것은 유기체의 행동에 상관없이 일정한 시간이나 반응 수가 지났기 때문이다. 또한 파블로프식 조건형성에서는 UCS가 항상 정해져 있으나 조작적 조건형성에서는 특별한 무조건자극이 없으며, 조건형성하려는 반응이 일어날 때까지 기다려야 한다.

아마 파블로프식 조건형성과 조작적 조건형성 간의 가장 큰 차이는 강화에 있을 것이다. 파블로프식 조건형성에서 강화(UCS)가 없으면 조건형성 자체가 일어나지 않는 데 반해, 조작적 조건형성에서 강화물은 반응이 발생한 후에 그 반응의 확률을 증가시키는 데 사용된다. 따라서 파블로프식 조건형성에서는 강화(UCS)가 반응을 유발하고 동시에 강화하지만, 조작적 조건형성에서 강화는 반응이 일어났을 경우에만 그 반응의 발생확률을 증가시키도록 작용한다.

(1) 강화 : 보상과 처벌

앞에서 파블로프식 조건형성에서는 강화가 반응을 유발하는 데 반해서, 조작적 조건형성에서는 강화가 반응 다음에 온다는 점을 살펴보았다. 이렇게 두 경우에 강화가 다르지만 이들은 모두 원하는 반응의 발생 가능성을 높여준다는 점에서는 같다. 이러한 까닭에 강화물이란 어떤 반응의 비율을 증가시키는 자극물이라고도 정의할 수 있다. 다시 말하면, 강화물은 자극으로서 반응과 적절한 시간관계에서 발생되어 반응강도와 자극-반응 연결의 강도를 유지하거나 증가시키는 경향을 가진다.

강화물은 정적 강화물과 부적 강화물로 구분할 수 있다. **정적 강화물**은 보통 **보상**이라고 하며 반응에 주어짐으로써 반응의 확률을 증가시키는 자극을 말하는데, 스키너 상자에서 비둘기에게 주어지는 먹이와 같은 것들이다. **부적 강화물**은 반응이 일어난 다음에 제거됨으로써 그 반응을 강화시켜주는 자극이다. 예를 들어, 도피훈련에서 동물이 도피반응을 나타내면 주어지던 전기쇼크가 제거되는데, 이때 전기쇼크는 부적 강화물이다. 즉, 동물이 나타낸 반응은 전기쇼크가 없어짐으로써 강화되는 것이다. 이렇게 볼 때, 부적 강화물이 벌과 다른 점은 그것이 행동을 일으키기 위해 사용되는 것인데 반해, 벌은 어떤 행동을 못하도록 하기 위해서 사용된다는 점이다.

(2) 이차적 강화 : 조건강화

앞에서 우리는 강화자극이나 강화사상이 조작적 조건형성에 꼭 필요하며, 반응을 강하게 하는 데 이용될 수 있는 것은 강화물로 간주될 수 있다는 것을 보았다. 이러한 강화물을 일차적 강화물과 이차적 강화물로 구분할 수 있다.

일차적 강화물(primary reinforcer)이란 먹이나 물처럼 이전의 특별한 훈련 없이도 훈련받지 않은 동물의 행동을 강하게 하는 데 효과적인 강화자극으로, 유기체의 생리현상과 밀접하게 관련된다.

반면, 유기체는 일차적 강화물 없이도 학습할 수 있는데, 예를 들면 사람에게 강화자극으로 널리 쓰이는 것으로 '돈' 같은 것이 있다. 이러한 강화물은 기본적인 생리현상과 직접적으로 관련되지는 않는데, 심리학자들은 이것을 **이차적 강화**(secondary reinforcement) 혹은 **조건강화**(conditioned reinforcement)라고 부른다. 이차적 강화 또는 조건강화란 용어에서 '이차적' 혹은 '조건'이란 용어는 덜 중요하다거나 약하다는 의미는 아니다. 인간 생활에서 실제로 사용되는 강화물은 대부분이 이차적인 것이다. 예를 들면, 부모들은 어린이의 행동을 조성하고 유지하는 데 이미 학습된 칭찬, 격려 및 애정 표현과 같은 강화물을 이용하는 경우가 많다. 인간의 행동을 조성하고 유지하는 데 이차적인 강화물이 중요한 역할을 하는 것은 물론이지만, 역으로 인간의 행동을 이해하는 데에도 지극히 중요한 것이다.

(3) 강화 패턴

실제 생활 장면에서는 어떤 행동을 할 때마다 강화를 받기란 거의 불가능하다. 유기체가 행한 반응 중에서 일부에 대해서만 강화가 주어지는 것을 **부분강화**(partial

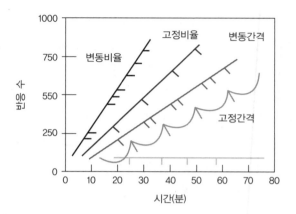

그림 7.6 강화 패턴

출처 : Domjan & Bukhard (1986).

reinforcement)라고 한다. 계속적으로 주어지는 강화보다 부분강화는 그 행동을 더 오래 지속시키는 경향이 있다. 즉, 부분강화에 의해 학습된 행동을 소거시키기가 더 어렵다. 이런 효과를 **부분강화 효과**라고 한다. 부분강화 효과는 일반적으로 강화가 더 불규칙하게 제시될수록 크다.

　부분강화에는 네 가지 종류의 기본 패턴이 있다. 첫째는 **고정간격강화**(fixed interval reinforcement schedule, FI), 둘째는 **변동간격강화**(variable interval reinforcement schedule, VI), 셋째는 **고정비율강화**(fixed ratio reinforcement schedule, FR), 넷째는 **변동비율강화**(variable ratio reinforcement schedule, VR)이다.

　FI는 일정한 시간이 경과한 후에 반응을 하면 강화를 주는 것이다. 일정한 시간이 지나기 전에 행하는 반응에는 강화가 주어지지 않는다. VI는 FI와 달리 일정한 시간 간격 대신에 불규칙한 시간 간격으로 강화를 주는 것이다. 예를 들어 VI는 먹이가 제공되는 시간을 평균 30초로 계획하는 경우 실제 먹이가 제시되는 시간은 25, 65, 90, 130, 145… 이런 식으로 평균은 30초로 하되 일정치 않은 간격으로 강화하는 것이다. FR은 일정한 반응 수마다 강화하는 것이다. 예를 들어 20번째, 40번째, 60번째 반응에만 강화하는 것이다. VR은 평균 반응 수는 일정하되 일정하지 않은 반응 수 다음에 강화하는 것이다. VR은 로또복권으로 예를 들 수 있는데, 이 로또는 몇 백번을 해도 당첨이 안 되기도 하고 한 번을 해도 당첨이 될 수 있다.

(4) 체벌과 학습된 무력감

음식, 칭찬과 같은 바람직한 보상을 주는 정적 강화와 유기체에게 고통을 주거나 불쾌하게 하는 부적 강화를 포함하는 조작적 조건형성 절차에서 얻어진 결과는 실생활에 많은 함의를 가지고 있다. 실험실에서 부적 강화가 주어질 때 실험에 참여하고 있는 동물은 어떻게 해서든 부적 강화로부터 재빨리 도망쳐야 한다는 것을 학습하게 되는데, 이것을 조작적 도피(operant escape)라고 한다. 불안을 일으키는 사건에 대한 많은 방어도 조작적 도피나 조작적 회피의 형태로 나타난다. 남에게 비난을 받을까 봐 걱정하는 사람들은 때때로 그들의 행동을 과장하여 사과하는 것을 볼 수 있는데, 이것은 아마도 그가 어린 시절에 어머니에게 용서를 빌었을 때 어머니가 야단을 치지 않고 사랑해주었던 경험과 같이 과거의 불안으로부터 도피하는 성공적인 방법으로 조건형성된 조작적 행동의 형태인 것이다.

어떤 경우에 체벌은 어린이들이 학습하는 것을 도와준다. 그러나 각 개인이 벌에 대해서 어떻게 느끼는가가 명확하지 않기 때문에 벌의 효과는 명확하지 않다. 경우에 따라서는 벌을 받는 것 자체가 그들이 원하는 관심으로 받아들여져서 벌을 도피하거나 회피해야 할 부적 강화가 아니라 정적 강화가 되어 오히려 잘못된 행동을 반복하도록 한다. 심지어는 체벌조차도 긍정적 강화 기능을 하기도 한다. 이러한 현상에 대해서 심리학자들은 벌이 기대된 것과는 다르게 반대 효과를 나타낼 수 있다고 지적한다. 때때로 벌은 가족관계를 악화시키는데, 아동이 잘못했을 때 부모가 벌을 주면 아동들이 더 나쁜 행동을 하도록 만들 수도 있다. 벌의 더욱 나쁜 효과는 벌 받은 아이들은 공격적으로 변해서 성인이 되어서는 다시 자신의 아이들에게 잔인한 벌을 내리기도 한다는 것이다.

벌은 동물에게도 좋지 않은 결과를 초래한다. 파블로프식 장치에서 개가 상자에서 피할 수 없는 짧으면서도 강한 전기쇼크를 받은 경험이 있으면, 장애물을 뛰어넘어 전기쇼크를 회피할 수 있는 상황이 주어지더라도 다음 칸으로 뛰어넘는 단순한 반응조차 하지 않게 된다. 지속적인 전기쇼크를 수동적으로 받아들이면서 장애물을 건너뛰는 것을 학습하지 못하는 현상을 **학습된 무력감**이라고 한다. 즉, 개는 자신이 어떠한 행동을 하더라도 쇼크를 피할 수 없을 것이라는 것을 학습한 것이다. 동물뿐 아니라 인간도 학습된 무력감을 가질 수 있다. 어떤 실험에 자원한 피험자에게 큰 소리와 불쾌한 소음으로 벌을 주면서, 실험자는 피험자가 어떤 조절장치의 사용법을 학습하게 되면 소음을 중지시킬 수 있다고 말해준다. 그러나 사실상 그 조절장치는 아무리 조작을 하더라도 소음을 중지시킬 수 없는 것이다. 나중에 이 피험자들은 간단한 방법으로 소음을 중지시킬 수 있는 실험장면에서도 실험자가 소음을 중지시킬 때까지 아무런 노력도 하지 않고 그냥 소음을 참고 있었다.

이후에도 학습된 무력감의 실험은 1960년 후반에 파블로프식 방법으로 처음 실시되었는데, 새로운 실험방법에 의해 여러 가지 연구가 진행되어 왔다. 그 결과, 학습된 무력감의 유일한 원인이 벌만이 아니라 일상생활에서 겪게 되는 실패 경험도 중요한 원인이 될 수 있음이 밝혀졌다. 예를 들어, 실험실에서 학생들에게 문제를 제시하고 쉽게 풀 수 있는 문제라고 말해주었으나 사실은 풀 수 없는 문제일 때 학생들은 학습된 무력감을 나타낼 수 있다. 만약 실패 경험이 학습된 무력감을 일으킨다면 인간은 파블로프의 개처럼 수동적이고 심리적인 장애를 갖게 될 것이다. 그래서 우울증을 일으킬지도 모른다. 그러나 많은 사람이 실패를 경험한다고 할지라도 전부 다 그렇게 심한 결과를 초래하지는 않는다. 학습된 무력감에 관한 연구들은 이러한 불행한 결과가 언제, 어떻게, 왜 일어나는지에 대한 약간의 단서만을 제공해줄 뿐이다.

2. 인지학습

연합학습은 행동주의적 관점에서 학습을 연구했다면, 인지학습은 인지주의적 관점에서 학습을 연구한 결과들의 종합이다.

1) 통찰학습

쾰러(Köhler, 1925)는 침팬지의 문제해결 능력을 알아보는 실험을 수행했다. 쾰러는 1913년부터 1920년까지 아프리카 서북해역 카나리아군도의 하나인 테네리페섬에서 유인원 연구소장을 맡아서 많은 실험을 실시했다. 실험들은 침팬지가 시행착오나 조건형성이 아닌 통찰을 통해서 문제를 해결함을 보여주었다.

술탄이라는 침팬지는 쇠창살로 된 우리 속에 갇혀 있었다. 우리 밖에는 손이 닿는 곳에 짧은 막대기가 있었고 손이 닿지 않는 곳에 긴 막대기가 있었다. 짧은 막대기를 이용한다면 긴 막대기를 끌어당길 수 있었으며, 긴 막대기 뒤쪽에는 긴 막대기로 끌어당길 수 있는 위치에 사과가 있었다. 술탄은 짧은 막대기로 사과를 끌어당기려 하다가 실패했다. 한참 주저하고 응시하다 갑자기 짧은 막대로 긴 막대를, 다시 긴 막대로 사과를 끌어당겼다. 잠시 동안의 관찰 이후에 개별적인 행동들이 최종 목표를 향해 통합되었다. 또 다른 예로, 술탄의 키보다 높은 천장에 바나나가 매달려 있었다. 그리고 방의 한쪽 구석에는 몇 개의 빈 상자가 있었다. 또 다시 술탄은 어느 순간에 사과 상자를 쌓아 놓고 바나나를 따 먹을 수 있었다. 쾰러에 의하면 이러한 통찰학습은 인지적 요소들을 재구성하는 능력에 의한 것이다. 즉, 처음에는 무관하게 보이는 요소들을 재구성하여 학습이 이루어진다는 것이다. 이러한 통찰은 시행착오적인 반응이 아니라 빠르게 해결책에 도달하는 것이다. 즉, 요소들을 유의미한 전체로 관련짓고 의미 있는 인지구조를 형성하는 것이다.

2) 잠재학습

잠재학습이란 행동으로 드러나지 않은 학습을 말한다. Tolman과 Honzik(1930)는 미로에서 세 집단의 쥐들을 실험했다. 제1집단은 첫날부터 16일간 계속해서 목표(음식)상자에 도달하면 음식을 주었다. 제2집단은 실험 첫날부터 끝까지 먹이를 주지 않는다. 제3집단은 처음 10일 동안은 제2집단과 같이 먹이를 주지 않다가 11일째부터 먹이를 준다. 그 결과 그림 7.7에서 보듯이 정규적으로 음식을 준 집단은 꾸준히 오류가 줄어들었고, 음식을 끝까지 안 준 제2집단은 오류가 줄지 않았다. 그런데 제3집단은 11일째 오류가 갑자기 줄어듦을 볼 수 있다. 이것은 10일째까지 미로에 대

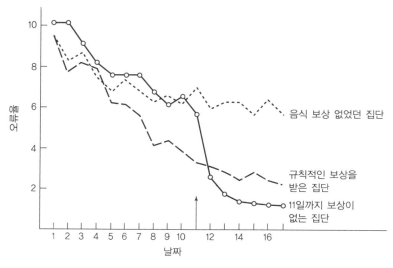

그림 7.7　잠재학습 그래프

출처 : Toloman & Honzik (1930).

한 학습이 이루어지지 않았음이 아니라 수행상으로 드러나지는 않은 잠재적인 학습효과가 있었음을 의미한다. 즉, 미로에 대한 정신적인 그림이 잠재적으로 그려져 있었지만 그것을 나타내 보일 이유가 없었던 것이다. Tolman과 Honzik(1930)는 이 정신적 그림을 인지도라고 했다. 잠재학습의 연구는 동작학습에서 인지적 요인의 중요성을 지적해주었고 또한 학습과 수행의 구분을 가능하게 해주었다.

3) 관찰학습

인간과 다른 고등동물들은 모든 것을 직접적인 경험을 통해 배울 필요는 없다. 그들은 모델의 행동을 관찰함으로써 학습할 수도 있다. 이것을 관찰학습이라고 하는데, 반두라에 의해 체계적으로 연구되었다. 반두라는 실험실에서 아이들이 TV를 통해한 모델의 행동을 지켜보도록 했다. 모델은 방에 있는 보보 인형에게 공격적인 언행을 하였는데, 그들 중 일부는 보상을 받거나 처벌을 받았고, 나머지는 아무런 보상이나 처벌도 받지 않았다. 잠시 후 TV를 본 아이들은 그 방에 들어가서 모델을 모방할 기회를 가졌다. 이때, 보상을 받은 모델을 본 아이들은 그렇지 않은 아이들에 비해 더 많은 공격행동을 보였다.

그림 7.8 반두라의 보보 인형 실험

출처 : Schacter et al. (2016).

4) 학습에 대한 현대적 견해

심리학의 역사를 돌이켜 보면 1950년까지는 행동주의 심리학이 가장 큰 비중을 차지했다. 그러나 1960년부터는 컴퓨터의 등장과 더불어 정보처리적 접근을 취하는 인지심리학이 큰 비중을 차지하고 있다. 행동주의자들의 전통적인 학습이론(조건형성)은 인지와 같은 유기체의 내적요인을 고려하지 않는다. 그러나 인지이론가들은 내적요인을 고려하면서 조건형성모델을 재음미하기 시작했다. 언뜻 연합학습의 입장과 인지학습의 입장은 상반되는 것처럼 보이지만 상호보완적이다. 인지이론가들이라 해서 조건형성을 무시하는 것은 아니며, 행동주의자들이라 해서 조건형성을 무시하는 것은 아니다. 조건형성에서 행동주의자들이 고려하지 않았던 인지과정을 고려하는 안목으로 재조명하는 것뿐이다. 조건형성 이론은 간단한 연합학습을 설명하는 훌륭한 도구이며 또 인지 이론은 통찰과 같은 보다 고차원적인 학습과정을 설명하는 도구라는 점에서 상호보완적인 작용을 한다.

인지적 입장에서 조건형성을 보면 다음과 같이 말할 수 있다. 고전적 조건형성은 자극과 자극 사이의 관계성을 인식하는 것이며, 조작적 조건형성이란 반응과 결과 사이의 관계성을 인식하는 것이다. 그 관계성은 수반성이라고 할 수 있다. 수반성이란 "검은 구름이 끼면 비가 온다."와 같은 두 사상 간의 확률적 관계성을 말한다. 고전적 조건형성에서 조건자극(CS)은 무조건자극(UCS)이 일어날 것인지에 대해 무엇인가를 말해주어야 한다. 고전적 조건형성이 일어나기 위해서는 CS-UCS 간의 시간적 근접성보다는 수반성이 있어야 한다. 또 앞서 언급되었던 학습된 무력감도 쇼크를 종식시켜 줄 수 있는 행동과 그 결과와의 수반성을 인식하지 못했기 때문으로 볼 수 있다. 즉, 어쩔 수 없이 쇼크를 받았던 경험이 새로운 도피 가능 상황에 잘못 일반화되어 도피행동을 하면 쇼크를 피할 수 있다는 수반성의 지각에 실패를 일으켰기 때문이다. 인지이론가들은 동물과 인간이 자신의 환경에 대한 정보를 계속 수집하고 약호화하며 인출해내고 있다고 본다. 고전적 조건형성과 조작적 조건형성도 이런 정보를 제공하는 절차에 불과한 것이다. 이렇게 보면 두 조건형성 간의 차이는 좁혀지게 될 것이다.

3. 인간 지능

초기 형태의 지능검사는 골턴(Galton, 1822~1911)에 의해서 교육적인 목적으로 아동을 분류하기 위하여 개발되었다. 골턴은 방대한 자료를 수집하고 분석한 끝에 모든 사람의 지문이 다르다는 것을 발견하기도 하였으며, 회귀분석에 중요한 아이디어를 보태기도 했다. 골턴은 지능을 측정하기 위하여 신체적 특성, 시각 및 청각의 예민성, 반응속도 등을 포함하는 검사를 만들었다. 골턴의 지능검사는 감각 능력이 지나치게 강조되고 단순하였기 때문에 제대로 지능을 측정했다고 볼 수는 없다. 즉, 골턴의 지능검사는 타당도에서 문제가 있다는 지적을 받고 있다. 그러나 지능을 측정하려는 첫 번째 시도라는 점에서는 의의가 있다.

1) 스탠퍼드-비네 지능검사

오늘날 사용되는 지능검사와 같이 비교적 제대로 인간의 정신기능을 측정하는 지능검사는 프랑스 학자인 알프레드 비네(Alfred Binet, 1857~1911)에 의해서 처음 만들어졌다. 비네는 프랑스 정부로부터 정신지체 아동을 선별하기 위한 검사 개발을 위탁받아 1905년 시몬과 공동으로 최초의 지능검사를 제작했다. 비네-시몬 검사라고 이름 붙여진 이 검사는 정신지체 아동의 기억력, 상상력, 이해력 등과 같은 복잡한 심리과정들을 측정하는 여러 가지 하위검사로 구성되어 있다.

비네-시몬 검사는 1916년 스탠퍼드대학교 교수 터먼(Terman, 1877~1956)에 의하여 스탠퍼드-비네 검사로 개정되었다. 스탠퍼드-비네 검사는 우리나라에서는 고려대학교 교수였던 전용신이 1970년에 번안 및 표준화하여 고대-비네 검사로 제작했다.

스탠퍼드-비네 검사에는 검사 결과를 의미 있게 해석하기 위하여 두 가지 중요한 개념이 고안되었다. 하나는 정신 연령(mental age, MA)이고 다른 하나는 지능지수(intelligence quotient, IQ)이다. 정신 연령은 생활 연령(chronological age, CA)과 대조되는 개념이다. 비네는 지능이 연령에 따라 발달한다는 생각을 기초로 각 연령의 아동들에게 적절한 수준의 문항들을 골라서 검사를 구성했다. 스탠퍼드-비네 검사에서는 한 연령당 6개의 문항들이 배정되어 있고, 한 문항에 정답을 맞힐 때마다 정신 연령이 2개월씩 가산된다. 가령 어떤 아동이 6세에 해당되는 문항에 대해서 전부 정답을 맞히고, 7세 문제는 정답 3개, 8세 문제는 전혀 정답을 하지 못했다면 그 아동의 정신 연령은 6년 6개월(6년+3×2개월=6년 6개월)이 된다. 이러한 지능지수 개념은 독일의 심리학자 스턴(Stern, 1871~1938)에 의해서 제안된 것을 터먼이 지표로 도입하였는데 정신 연령과 생활 연령 간의 비율로 표현된다.

$$지능지수(IQ) = 정신 연령(MA)/생활 연령(CA) \times 100$$

이러한 지표에 따라서 정신 연령과 생활 연령이 같으면 지능지수(IQ)는 100이 된다. IQ의 분포는 종 모양의 정상분포 곡선을 그린다. 스탠퍼드-비네 검사는 평균을 100으로 하고 표준편차는 16인 편차점수로 계산한다. 여러 연구에서 스탠퍼드-비네 검사는 신뢰도가 높은 검사로 받아들여지는데 .90 이상의 신뢰도 계수를 보였다.

스탠퍼드-비네 검사는 오랜 세월에 걸쳐서 개선되어 왔으나 몇 가지 문제점 때문에 현재는 많이 사용되지 않는다. 첫째, 스탠퍼드-비네 검사에서는 검사 결과가 단일 점수, 즉 단일 IQ로 표현된다. 그러나 많은 연구에서 지능이 여러 하위 능력으로 구성되어 있음이 밝혀졌다. 더불어 스탠퍼드-비네 검사는 언어능력에 지나치게 비중을 두고 있다는 비판을 받고 있다. 둘째, 스탠퍼드-비네 검사는 아동의 정신능력을 측정하는 목적은 훌륭히 달성하고 있지만 성인의 지능 측정에는 적절치 못하다는 비판을 받는다. 스탠퍼드-비네 검사에서는 정신 연령을 근거로 IQ를 산출하였기 때문에 일정 연령(16세) 이상에 해당하는 문항을 만들 수 없었다. 이런 이유들로 인해서 새로운 유형의 지능검사들이 출현하게 되었다.

2) 웩슬러 지능검사

미국의 임상심리학자인 웩슬러(Wechsler, 1896~1981)는 1939년 웩슬러-벨뷰 성인용 지능검사를 제작했다. 이 검사는 1955년 웩슬러 성인용 지능검사(WAIS)로 개정되어 1949년에 출판된 웩슬러 아동용 지능검사(WISC)와 더불어 광범위하게 사용되는 지능검사로 발전했다. 전용신, 서봉연, 이창우(1963)는 WAIS를 번안하여 한국판 웩슬러 지능검사(K-WAIS)를 제작하였고, 아동용 지능검사인 WISC도 이창우, 서봉연(1974)에 의하여 한국판 아동용 웩슬러 지능검사(K-WISC)로 번안되었다.

웩슬러 성인용 지능검사(Wechsler adult intelligence scale, WAIS)는 언어검사(verbal scale)와 동작성 검사(performance scale)로 구성되어 있으며, 모두 11개의 하위검사로 이루어져 있다. 언어검사는 상식 문제, 이해 문제, 산수 문제, 공통성 문제, 숫자 문제, 어휘 문제의 6개 하위검사로 구성되어 있다. 동작성 검사는 바꿔 쓰기, 빠진 곳 찾기, 토막 짜기, 차례 맞추기, 모양 맞추기의 5개 하위검사로 구성되어 있다. 웩슬러 검사는 전체를 단일 검사로 간주한 표준화된 규준이 마련되어 있을 뿐 아니라 언어검사와 동작성 검사의 규준이 별도로 갖추어져 있다. 따라서 웩슬러 지능검사에서는 언어지능, 수행지능, 전체지능이라는 3개의 IQ를 얻게 되고, 지능의 어떤 측면이 우수하고 부족한가를 알 수 있다. 각 하위검사에서 얻은 원 점수는 평균 10, 표준편차 3인 표준점수로 변환하여 지능지수를 나타낸다. 각 하위검사 점수로 개인 간 비교와 개인 내 비교가 가능하다.

스탠퍼드-비네 검사는 연령 척도(age scale)인데 반해, 웩슬러 검사는 점수 척도(point scale)라는 차이가 있다. 하지만 스탠퍼드-비네 검사와 웩슬러 검사는 서로 상관계수가 .75~.85로 높고, 각각 .9 이상의 신뢰도 수준을 보이는 매우 믿을 만한 지능검사이다. 또한 피검사자들이 학교에서 좋은 성적을 얻을 수 있는지를 .4~.6의 상관계수로 예측해주는 매우 타당한 검사이기도 하다. 두 검사 모두 평균 100, 표준편차 16, 15로 된 유도점수(derived score)를 사용했으며, 실시와 결과의 해석에 있어서는 전문가에 의해서만 가능하도록 표준화시켜 놓고 있다.

3) 개인 지능검사와 집단 지능검사

개인 지능검사는 집단 지능검사보다 비교적 더 믿음직스러운 검사 점수를 준다. 또 수줍음이 많고 과묵하거나 집단 지능검사에 대한 불안으로 검사를 받을 수 없는 사람들에 대한 개인검사는 1:1로 라포(rapport)를 형성해가며 실시할 수 있다. 개인 지능검사는 언어적인 요인이 대부분이지만 집단검사보다 독서 능력이 많이 요구되지는 않는다. 하지만 개인검사는 집단검사보다 비용이 비싸고 고도로 훈련된 사람에 의해서만 실시가 가능하다는 단점이 있다. 이러한 단점 때문에 검사의 목적에 따라 비교적 간편하게 사용할 수 있는 집단 지능검사가 개발되었다. 대부분의 집단검사는 어느 정도의 경험만 있으면 비전문가라도 실시가 가능하다.

최초의 집단 지능검사는 제1차 세계대전에서 전쟁에 내보낼 군인들이 과연 전투에서 부여받은 임무를 적절히 수행할 수 있는 지능을 가지고 있는가를 알아보기 위해서 제작되었다. 바로 여키스(Yerkes)에 의해서 1917년에 개발된 아미 알파와 아미 베타 검사이다. 아미 알파는 언어성 집단 지능검사이고, 아미 베타는 글자를 모르는 문맹자를 위해 제작된 비언어성 집단 지능검사이다. 여키스는 지능을 구성하는 요인으로 이해력, 판단력, 논리력을 선정했다.

4) 지능검사의 문제점

지능검사는 제작 방법이 발전해 왔음에도 불구하고 아직도 논쟁이 끊이지 않고 있다. 그 이유는 지능검사가 많은 중요한 결정에 큰 영향을 미치기 때문이다. 또한 지능의 정의에 대해서도 합의가 이루어져 있지 않고 지능검사의 사용을 둘러싼 사회적 물의도 적지 않다.

(1) 공평한 검사

경험과 문화적 배경이 다른 사람들의 지적 수행을 비교하기는 어렵다. 심리학자들은 문화적으로 이질적인 집단을 차별하지 않는 소위 문화적 영향을 배제한 검사를 만들기 위해서 노력해 왔지만 문화적 경험을 능력 및 기술과 완벽하게 분리시키는 것은 불가능하다는 결론에 도달했다. 따라서 최근의 동향은 문화적으로 공평한 검사를 만드는 쪽으로 변하고 있다. 문화적으로 공평한 검사를 만드는 한 가지 방법은 모든 사회 · 경제 집단의 구성원들에게 친숙한 개념이나 사물을 사용하여 문항을 만드는 것이다. 예를 들면, 유사성에 관한 추리능력을 측정할 때 "바이올린, 튜바, 드럼, 마림바, 피아노 중 무엇이 실로폰과 가장 비슷한가?"라는 문항 대신 "라디오, 책상, 칠판, 분필, 전화 중 무엇이 식탁과 가장 비슷한가?"라고 묻는 것이다.

공평한 검사를 만드는 또 다른 방법은 검사가 측정하려고 의도하지 않은 요인들의 영향, 예를 들어 과거 경험의 영향을 제거하는 것이다. 어떤 검사가 토막을 짜 맞추는 것이라면 많은 시범과 연습 시행을 통해 모든 피검사자들에게 연습할 수 있는 기회를 주는 것이다. 이러한 방법들을 고안하는 것은 문화적 편파로 인해 지능검사가 왜곡되는 것이 문제가 되기 때문이다. 문화적 편파 문제는 경제 및 문화 그리고 교육 수준의 격차가 클수록 심각하다.

(2) 해석의 문제

지능검사는 개인의 일반적인 능력 수준에 대한 검사 당시의 정보를 제공할 뿐이다. IQ는 고정 불변한 것이 아니고 교육이나 환경의 변화에 따라 변하기 때문에 어떤 개인의 미래 IQ를 아동기 초기에 정확히 예측하기는 어렵다. 개인의 여러 가지 기능 중에서 그가 속해 있는 문화에 의해서 높이 평가되는 기능은 나이와 더불어서 상승하고 그렇지 않은 기능은 나이와 더불어 하락한다. 대부분의 지능검사는 사실상 학업 적성검사의 성격을 갖는다. 또한 학교에서 가르치는 기술은 우리 문화에서 기본적으로 중요한 것들이기 때문에 IQ는 성인의 직업 및 활동 영역에서의 성공을 잘 예언해준다.

하지만 지능검사의 결과에 대한 해석과 활용은 사려 깊게 이루어져야 한다. 왜냐하면 "영리하지 못하다."는 분류는 많은 사람에게 무척 극복하기 힘든 치명적인 낙인이 되기 때문이다. 지능검사는 잘못 사용되기도 하고 그 때문에 피해를 입는 사람들도 있다. 지능검사에서 낮은 점수를 보이는 것은 지능 외의 다른 요인들 때문일 수 있다. 지능검사를 할 당시의 동기나 정서 그리고 성격 요인 등이 검사 수행에 영향을 미친다. 예를 들어, 충동적이거나 불안 수준이 높은 아동은 그렇지 않은 아동보다 검사 수행이 떨어질 것이다.

지능검사는 옳게 사용하면 언어능력, 수리능력 및 기타 문제해결에서의 약점을 발견하는 데 귀중한 정보를 줄 수 있다. 그러나 아직 지능검사의 결과로부터 개인의 정신능력을 정확히 평가할 수 있을 만큼 지능에 관한 우리들의 지식은 충분하지 못하다. 우리 주위에 넘쳐나는 소위 똑똑한 사람들의 어리석은 선택과 자멸적인 범죄들을 생각해보면 쉽게 알 수 있을 것이다. 지능검사의 제작과 표준화에 대한 연구도 더 필요하고, 검사 상황의 분위기나 피검사자의 사회경제적 수준과 같은 요인들이 어떻게 지능검사 수행에 영향을 미치는지도 충분히 알려져 있지 않다. 무엇보다 가장 명심해야 할 것은 지능검사는 차별의 근거를 제공해주기 위해서 만들어진 것이 아니라는 점이다.

4. 지능

1) 지능의 본질

앞에서 지능검사를 소개하면서 지능 자체에 대해서는 거의 언급하지 않았다. 지능에 관한 연구는 기법의 발달이 이론보다 앞선 분야이기 때문이다. 아직까지 심리학자들 간에 지능이 무엇인가에 대한 합의가 이루어지지 않았다고도 볼 수 있다. 현대적인 지능검사를 최초로 제작한 비네는 지능을 '판단하고 이해하고 추리하는 능력'이라고 간주했다. 웩슬러는 지능을 '목표를 가지고 행동하고, 합리적으로 사고하며, 환경을 효과적으로 다룰 수 있는 능력의 집합'이라고 정의했다. 어떤 학자는 지능을 유전(gene)에 의해서 전수되는 타고난 능력으로 간주하였고, 다른 학자는 지능이 문화에 노출된 정도와 조건형성의 산물이라고 주장한다. 또 다른 학자는 지능을 단지 지능검사에서 얻어진 점수일 뿐이라고 정의하기도 한다.

지능의 본질에 대한 연구는 요인접근법을 주로 사용하여 이루어져 왔다. 요인접근법은 지능이 어떤 요인들로 구성되어 있는가를 찾아내기 위하여 요인분석을 사용한다. 요인분석은 우선 검사를 구성하는 여러 문항을 많은 사람에게 실시한 후 검사 간에 또는 문항 간에 상관계수를 구하는 방법이다. 이렇게 나타난 상관계수들로부터 서로 상관이 높은 검사(또는 문항)들은 공통적인 요인이라고 간주한다. 이러한 방법을 사용하면 다양한 지능검사들이 공통적으로 특정하고 있는 요인들, 즉 지능을 구성하는 일반적인 요인들을 발견할 수 있다.

2) 지능이론의 변화

스피어먼은 상관계수를 산출하는 공식을 만들었고, 지능검사 문항들을 요인분석하는 통계적 분석을 통하여 **2요인 지능이론**(two-factor theory)을 주장했다. 2요인(일반지능과 특수지능) 지능이론은 모든 능력을 결정하는 하나의 지배적인 지적 특질, 즉 **일반지능요인**(g 요인)이 존재한다고 보는 이론이다. 어떤 검사에서의 수행은 이 일반지능요인과 그 검사가 측정하는 영역에만 해당하는 **특수지능요인**(s 요인)에 의해서 결정된다.

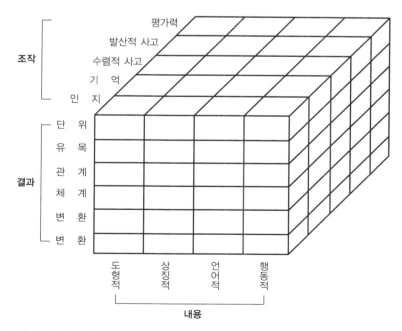

그림 7.9 길포드의 지능모형
출처 : Guilford (1967).

스피어먼 이후 지능이나 성격과 같은 개인 차이에 관심을 보인 심리학자는 카텔이다. 카텔은 분트의 실험실에서 반응시간에 대한 개인차를 주제로 박사학위를 받았으며, 1888년 영국의 케임브리지대학교에서 골턴을 만나면서 개인차 측정에 큰 관심을 가지게 되었다. 1890년에는 '정신검사'라는 용어를 처음 사용했다. 이러한 지능에 대한 관심은 미국 심리학자인 서스턴으로 이어져 1938년에는 다수의 검사들을 실시한 후 요인분석법을 사용하여 분석한 결과 7개의 기초적인 정신능력을 발견했다. 그것은 공간능력, 지각 속도, 수리능력, 언어 의미의 이해, 기억, 언어 유창성, 귀납적 추리다.

길포드는 1967년 지적능력을 내용과 기본적인 심리적 조작 및 그 소산에 따라 분류한 3차원의 지능모형으로 발전시켰다. 각 차원은 다시 몇 개의 하위차원으로 나누었는데 길포드의 3차원 지능모형에서는 총 120개 요인들이 지능을 구성한다.

혼은 1982년 정신능력을 유동지능과 결정지능의 두 유형으로 구분했다. 유동지능은 정보처리 속도와 정확성에 관여하고 개인의 생물학적·유전적 요인들에 의해서 주로 결정되는 데 반하여, **결정지능**은 관계의 이해와 판단 및 문제해결에 관여하고 주로 개인의 경험과 지식에 기초한다. 혼에 따르면 유동지능은 청년기 이후 점차 감소하는 반면에 결정지능은 일생에 걸쳐 계속해서 증가한다고 한다.

지능에 대한 인지적 접근 중 새롭고 포괄적인 이론은 스턴버그(1988)에 의해서 제안되었다. 그는 지능검사를 받는 사람들이 지적 성분이라고 불리는 심리적 틀을 가지고 있으며, 이 성분들의 작용에 의해서 지능이 결정된다고 주장했다. 스턴버그는 지능의 성분과정을 다섯 가지 유목으로 분류했다. 요인적 접근과 스턴버그의 성분적 접근은 상호보완적일 수 있으며 개인의 지적능력을 이해하는 데 도움을 준다. 요인적 접근은 한 개인에 대해서 어떤 특정 정신능력이 우수하고 어떤 능력이 부족한지를 알려주며, 성분적 접근은 특정 정신능력이 우수하거나 부족한 원인이 어떤 정신과정들에 기인하는지를 밝혀준다.

3) 다중지능이론

최근에 주목받는 지능이론으로는 가드너(Gardner, 1999)의 **다중지능이론**(multiple intelligences)이 있다. 가드너는 지능을 다양한 연령대를 무시하고 동일한 방법으로 진단할 수 없다고 주장했다. 다중지능이론은 나이, 성숙도, 문화적 배경 등에 따라 지적능력을 분석하는 방법이 달라야 한다는 데서 시작한 이론으로 누구나 환경, 기회,

개인의 선택에 기초하여 자신의 강점 내지 능력을 향상시킬 수 있다고 보았다. 가드너는 인간 지능을 여덟 가지 다중지능으로 구분했다. 가드너가 제시한 여덟 가지 인간의 지능은 첫째, 음악적 지능, 둘째, 신체-운동적 지능, 셋째, 논리-수학적 지능, 넷째, 언어적 지능, 다섯째, 공간적 지능, 여섯째, 대인관계 지능, 일곱째, 자기이해 지능, 마지막 여덟째, 자연탐구 지능이다.

　다중지능이론의 핵심은 네 가지로 정리할 수 있다. 첫째는 사람은 누구나 여덟 가지 지능을 가지고 있다. 다중지능이론은 어떤 사람에게 맞는 한 가지 지능을 결정하기 위하여 제시된 이론이 아니다. 하나의 인지적 기능에 관한 이론으로서 사람마다 차이는 있겠지만 이 여덟 가지 지능을 모두 가지고 있다고 보며, 여덟 가지 지능이 합해져서 독특한 방식을 가진 한 사람을 형성한다는 것이다.

　둘째는 모든 사람은 각각의 지능을 적절한 수준까지 개발시킬 수 있다. 가드너는 모든 사람이 어떠한 여건(용기, 좋은 양육, 좋은 교육)만 주어진다면, 비교적 높은 수준의 성취를 할 수 있다고 주장했다.

　셋째는 여덟 가지 지능들은 여러 가지 복잡한 방식으로 상호작용한다. 지능들은 항상 서로 교류하면서 작용한다. 예를 들어, 요리를 한다고 할 때 먼저 요리법을 읽고 이해해야 하고(언어적 지능), 이때 요리를 몇 단계로 나눌 때도 있고(논리-수학적 지능), 가족들의 취향을 고려해야 하며(대인관계 지능), 뿐만 아니라 자신만이 잘 창출해내는 맛이 무엇인지를 알아야 한다(자기이해 지능). 다중지능이론은 각 지능의 특성에 맞게 효율적으로 학습하는 방법을 모색하고자 하는 것이지 이들을 각각으로 분리하여 어떤 특출한 하나만을 집중적으로 계발하자는 것은 아니다. 왜냐하면 이들 여러 지능은 서로 협응(協應)하여 작용하기 때문이다.

　넷째는 각 지능 영역 내에서도 그 지능을 향상시킬 수 있는 많은 방법이 있다는 것이다. 어떤 지능 영역에 있어서 지능적이라고 간주될 수 있는 한 가지 표준화된 특성은 없다. 어떤 사람은 읽지는 못하지만 이야기를 잘하거나 어휘력이 뛰어난 경우도 있다. 운동장에서 달리기는 못하지만, 날렵한 동작이 필요한 다른 작업은 잘하는 사람도 있다. 다중지능이론은 개개인이 가진 독특한 지능을 발휘할 수 있도록 다양하고 풍부한 방법을 추구할 뿐만 아니라 각각의 지능들 사이의 관계를 통한 전체적인 지능 향상 방법을 추구한다.

4) 지능과 창의성

창의성을 지적능력으로 설명할 수 있느냐 혹은 창의성이 지능과는 아주 다른 특별한 기제를 수반하는 것이냐 하는 문제는 아직도 논쟁의 대상이다. 많은 심리학자는 창의성을 '독특하고 새로운 방법으로 문제를 해결하는 사고과정'이라고 정의한다.

창의성에 대한 연구 중에서 가장 주목을 끈 것은 길포드의 확산적 사고와 수렴적 사고이다. 이 두 종류의 사고는 문제해결 과정에서 적용된다. 문제해결을 위해서는 우선 가능한 해결책들을 기억해 내거나 새 해결책들을 고안해 내는 확산적 사고가 필요하다. 즉, 개인의 사고가 여러 갈래로 퍼지는 단계가 필요한데 이것을 확산적 사고 단계라고 한다. 이와는 대조적으로 가능성들을 좁히고 적합한 해결책으로 수렴하기 위하여 지식과 논리를 적용하는 것이 수렴적 사고이다. 어려운 문제를 풀 때 사람들은 두 유형의 사고를 번갈아가면서 진행한다. 하지만 대부분의 지능검사들은 수렴적 사고를 강조한다. 지능검사에는 분명하게 정해진 답들이 있다는 것이다. 따라서 일반적인 지능검사들은 독창적인 생각을 잘 내놓는 확산적 사고능력이 뛰어난 사람들을 잘 선별하지 못한다. 따라서 기존의 지능검사들이 창의성을 예언하지 못하는 것은 당연하다.

창의성 검사는 확산적 사고를 측정하는 문항들을 통해서만 측정할 수 있다. 예를 들면 "볼펜의 용도를 생각나는 대로 모두 써보시오."라고 묻고 질문에 대해서 응답을 많이 할수록 높은 점수를 받는 것이다. 창의성 검사의 타당도는 오랜 세월에 걸쳐서 조사해야지만 확인할 수 있다. 창의성 검사에서 높은 점수를 받은 사람들이 실제로 창의적 업적을 많이 이루어야지만 창의성을 측정하는 타당한 검사가 되기 때문이다. 따라서 예상할 수 있듯이 창의성 검사들에 대한 타당도는 아직 확실히 말할 수는 없는 단계이다. 왜냐하면 창의적 업적은 확산적 사고만으로 이루어지는 것이 아니라 독자적 판단, 성취동기, 진취성, 모호성에 대한 인내 등의 다양하고 복잡한 성격 요인들이 깊이 관여되어 있기 때문이다.

지능검사와 창의성 검사를 동일인에게 실시하면 상관관계가 꽤 높게 나온다. 그러나 IQ가 120 이상이 되면 두 점수들 간의 상관계수가 0에 가까워진다. 그러므로 IQ가 120인 경우에는 IQ는 더 이상 창의성과 관계가 없고, IQ가 120 미만일 때에만 IQ에 비례해서 창의성 점수가 높아진다. 이러한 결과는 두 가지를 시사한다. 첫째, 창의성을 발휘하려면 어느 정도 수준의 지능(IQ가 120 정도)이 필수적이고, 둘째,

지능이 일단 그 수준을 넘어서면 창의성은 지능보다는 다른 요인들 즉, 앞에서 언급한 성격 요인들이 중요하게 관여한다는 점이다.

5) 연령과 지능 변화

유아의 지능을 측정하기 위한 검사 중 가장 잘 알려져 있는 것은 게젤(Gesell, 1925)이 개발한 게젤 발달일정 검사(Gesell Developmental Schedules)이다. 이 검사는 생후 4주에서 5년까지의 연령에서 사용할 수 있으며, 검사를 통해 얻은 점수를 발달지수라고 한다. 게젤 발달일정 검사에 따르면 유아 및 아동의 IQ로부터 성인기의 IQ를 추정한다는 것은 무모하리만치 불확실하다. 하지만 5세 이후부터는 IQ는 비교적 안정되어서 크게 변하지 않는다. 그러나 극단적인 환경과 학습기회의 변화가 오면 IQ도 크게 영향을 받는다.

서스톤(Thurstone, 1938)은 성인 지각속도 능력의 80%는 12세, 추리력의 80%는 14세, 언어 이해력의 80%는 18세, 어휘 유창성의 80%는 20세까지만 성숙된다고 보았다. 다른 연구에서는 여러 가지 지능검사를 사용하여 출생하면서부터 36세에 이르기까지 장기간에 걸쳐 IQ의 변화를 관찰했다. 연구 결과, 지능은 24세까지는 계속 증가하지만 그 이후로는 평탄해져서 36세에 이르기까지 별로 변화하지 않았다. 또 다른 연구에서도 지능은 40세 이후부터 감퇴하기 시작하여 60세가 지나면 지능 감퇴가 현저해진다고 한다. 그러나 지능 감퇴는 사람에 따라 다르며, 정신능력의 유형에 따라 달라진다. 일반적으로 경험 축적과 관련된 능력들은 고령에 이르러서야 감퇴하며 속도와 단기기억에 관련된 정신능력들은 30~40세부터 감퇴가 시작된다. 지능 감퇴는 직업과도 밀접한 관계가 있어서 지적 요구가 높은 직업 종사자는 다른 사람보다 지능이 빨리 감퇴하지 않는다. 이렇게 볼 때 지적 호기심을 유지하면서 적극적인 삶을 살아가는 것은 지능 감퇴를 방지하는 길이기도 하다.

6) 유전과 환경이 지능에 미치는 영향

지능의 개인차는 어느 정도가 유전에 영향을 받고 어느 정도가 환경에 영향을 받을까? 이 문제는 심리학자들의 오랜 논쟁거리이다. 많은 학자가 유전이 지능에 관여한다는 점에는 동의하고 있지만 유전과 환경이 지능에 기여하는 비중에 대해서는 의견이 다르다.

유전의 영향력을 강조한 증거로는 첫째, 혈연관계가 가까울수록 IQ의 상관관계가 높다는 사실을 들고 있다. 즉, 양부모와 자녀 간보다 친부모와 자녀 간에 상관이 높고, 형제보다는 이란성 쌍둥이가 높다. 그리고 이란성 쌍둥이보다는 일란성 쌍둥이 사이의 IQ 상관이 높다. 함께 양육한 일란성 쌍둥이의 경우는 상관이 .86까지 나타난다. 둘째, 혈연관계가 있으면 격리되어 서로 다른 환경에서 양육되더라도 IQ 간에 상관을 보인다. 일란성 쌍둥이는 따로 양육한 경우에도 .72라는 높은 상관을 보였다. 그러나 이들 연구는 환경의 영향이 있다는 증거도 동시에 보여준다. 왜냐하면 첫째, 혈연 정도가 같을 경우 함께 양육하였을 때가 따로 양육하였을 때보다 IQ 상관이 일관성 있게 높게 나타났기 때문이다. 둘째, 혈연관계가 전혀 없을 때에도 환경을 공유한다는 이유만으로 꽤 높은 상관이 나오기 때문이다. 양부모와 자녀의 경우 .31로서 친부모와 자녀 간의 .40보다는 낮지만 그래도 꽤 상당한 크기의 상관인 것이다.

많은 학자는 유전자가 개인 지능의 상한과 하한을 정해주고, 그 범위 내에서는 환경에 의해서 지능이 결정된다고 믿는다. 유전자가 정해준 범위 내에서 잘 양육된다면 IQ가 어느 정도 증가할 것이고 결핍된 환경에서 자라면 어느 정도 감소할 것이다. 두 아동의 유전적 인자가 비슷하다면 태내에 있을 때와 출생 후의 영양과 건강 상태가 좋고, 지적으로 자극적이고 정서적으로 안정된 가정에서 자라나고, 학업성취에 대하여 적절한 보상을 받는 아동이 그렇지 못한 아동에 비하여 더 높은 지능을 갖게 된다. 지능에 대한 환경의 영향은 지능 발달이 활발히 이루어지는 2~5세까지에서 가장 크다.

7) 양극단의 지능

지능은 대부분 중간 수준에 몰려 있고 소수의 사람들이 양극단에 위치하는 정상분포의 형태를 이룬다. 분포의 양극단에 속하는 지능을 가진 사람들의 특성을 살펴보면 다음과 같다.

(1) 정신지체

일반적으로 IQ가 70 이하인 사람들을 정신지체자라고 부르며 전체 인구의 약 3% 정도로 추정한다. 여기서 중요한 점은 지능검사상의 점수가 아니라 스스로 생존해 나갈 수 있는 능력 여부이다. 정신지체자의 대부분은 뚜렷한 신체적 원인을 찾을 수 없다. 이들은 대개 부모의 지능이 낮고, 결핍된 가정 출신인 경우가 많다. 주로 어렸을 때의 영양 부족, 의료적 치료의 결여, 지적 자극의 결핍, 부모의 무관심 등 나쁜 환경요인들 때문에 지적 발달이 장애를 받은 사람들이다. 심한 정신지체자의 경우에는 뇌손상이나 신경계 구조의 선천적 결함과 같은 신체적 이유를 발견할 수도 있다. 뇌손상은 출생 당시에 뇌에 상처를 입거나 산소 결핍 등에 의해서 일어나기도 하고 유아기에 열병의 후유증으로 생기기도 한다. 또한 임신 초기에 매독균의 감염으로 초래되는 경우도 있다.

정신지체의 흔한 형태 중에는 다운증후군(Down syndrome)을 들 수 있다. 주로 수정란의 염색체 세포 분열이 잘못되어 발생하는데 정상인의 경우 체세포의 염색체 수가 46개인 데 비해서 다운증후군인 사람은 47개의 염색체를 가지고 있다. 다운증후군의 특징은 신체적 기형을 수반하는 정신적 박약이 나타난다는 것이다.

심리학적으로 정신지체의 기준은 몇 가지가 있다. 첫째는 지능검사에서 지적 기능이 평균보다 훨씬 아래인 경우, 둘째는 환경에 대하여 사회적 적응을 할 수 없을 경우, 셋째는 16세 이전의 발달과정에서 지적·사회적 행동이 연령에 비해 낮을 경우이다. 정신지체에 대한 구체적인 분류는 다음의 다섯 가지로 나눌 수 있다.

첫째, **경계선**(borderline)이다. 정신지체나 정상인 둘 다로 간주될 수 있다. 가끔 타인의 도움이 필요한 경우를 말한다. 둘째, **경도 정신지체**(mild retardation)이다. 정신지체 중에서 가장 많은 수를 차지한다. 타인으로부터 도움을 받으면 혼자서 삶을 영위할 수 있고, 일정한 교육을 받을 수 있으며, 낮은 직업적 기술 보유가 가능하다. 셋째, **중등도 정신지체**(moderate retardation)이다. 여기에 해당하면 단순한 직업은 가질 수 있으나, 도움 없이 살아가기가 매우 어렵다. 최소의 수준에서 환경에 적응할 수 있다. 넷째, **중도 정신지체**(severe retardation)이다. 운동기능이나 언어, 지적인 활동에 있어서 심한 장애를 가지고 있다. 도움 없이 독립적으로 생활할 수 없는 경우이다. 마지막으로 다섯째는 **최중도 정신지체**(profound retardation)이다. 여기에 분류되면 전적으로 도움을 받아야 하며 단순한 일도 거의 할 수 없다. 신체적·정신적 발달이 이루어지지 못하고, 대부분 신체적인 결함이 함께 있다.

(2) 영재

지능 분포에서 상위 극단에 속하는 사람들을 영재라고 한다. 스탠퍼드–비네 검사를 만든 터먼은 1921년부터 IQ 140 이상의 지능우수 아동 1,500명을 대상으로 연구하였는데 그 결과 이들 높은 IQ를 가진 아동들은 정신, 신체, 사회적응, 성격 등의 여러 측면에서도 우수함을 발견했다. 이들을 어른이 된 뒤에 추적하여 조사하였더니 대체로 성공적인 삶을 영위하고 있음이 관찰되었다. 영재들 중 성공하지 못한 사람들을 성공한 영재들과 비교하기 위하여 웩슬러 성인용 지능검사(WAIS)를 실시하였는데 지능점수상의 차이를 발견할 수 없었다. 그러나 사회적응성 및 성취동기에서는 두 집단 간에 현저한 차이가 있었다. 즉, 개인의 성공에는 지적 특성뿐 아니라 위와 같은 성격 특성들도 중요하게 관여하고 있다는 증거가 영재 연구를 통해서 나타난 것이다.

8 인간 발달

생물은 변화하고 진화하는 것이라는 생각은 발달연구에 커다란 추진력과 가능성을 부여했다. 연령 비교의 틀에서 아동과 성인을 비교하는 아동연구의 전통은 피아제가 등장할 때까지 계속 되었다. '아동의 심리 발달' 그 자체가 연구 대상이 된 것은 바로 클라크대학교의 총장이기도 했던 홀(1846~1924)에 의해서였다. 발달심리학에서 가장 유명한 "어린 시절 경험이 성인기의 심리에 영향을 미친다."는 이론은 프로이트의 심리성적 발달이론에 바탕을 두고 있다. 프로이트의 가장 큰 기여는 세계의 교양 있는 사람들의 육아관에 미친 영향이다. 그의 이론으로부터 만들어진 육아관은 오늘날에도 전문서적이나 일반 대중매체의 공통적인 주제가 되고 있다. 예를 들어, 영아에게 수유를 할 때 안아서 젖을 먹이는 구강 접촉이나 항문기의 배설훈련이 가지는 심리적 의미와 같은 것들이다. 게젤(Gesell, 1880~1961)은 홀의 제자로 연령에 따라 전형적인 행동을 발견하고 기술하는 일에 뛰어난 업적을 나타내었다. 그는 표준발달 진단을 통해 여러 형태의 발달 이상을 진단하는 것이 가능하다고 생각하였고, 자신이 작성한 발달 예정표로 심신장애아동에 대한 소아과적인 진단을 했다. 게젤의 연구는 이론의 정밀함보다는 실용적 가치에 있다. 그의 연구는 특별한 심리학적 주제나 이론을 배경으로 하지 않았지만 교사와 부모를 위한 아동발달 기준을 제시했다. 이것은 오늘날 아동학 연구의 토대가 되었다.

어른과 아이의 심리과정은 기본적으로 같을까? 다를까? 만일 같다면 어떤 심리과정이 같고, 다르다면 어떤 과정이 어떻게 다르며, 왜 다를까? 이러한 물음들은 인간이 연령에 따라 뭔가 달라지는 존재인 이상, 심리학에서 빼놓을 수 없는 기본적인 물음이 된다.

그러나 이에 앞서, 발달연구는 왜 하는가? 인간의 발달과정을 규정하는 요인은 도대체 무엇인가? 발달연구는 어떤 방법으로 연구할 수 있는가? 밝혀진 여러 가지 변화 양상은 어떠한 이론으로 설명될 수 있는가? 하는 등의 발달연구의 기본 문제들을 잠시 고찰하고 넘어가기로 한다. 인간행동에 대한 이해를 목적으로 하는 심리학에서 왜 연령적 변화에 관심을 가질 필요가 있을까? 그 이유는 대략 세 가지로 나누어 설명할 수 있을 것 같다. 그 하나는 실존적인 근거에서 비롯되고, 또 하나는 이론적인 측면에 근거하고 있으며, 또 다른 하나는 실제적인 필요에서 출발하고 있다.

첫 번째로 들 수 있는 실존적인 이유는, 인간이란 수정되는 순간부터 사망에 이르기까지 계속 변화해가는 존재라는 사실에서 비롯된다. 사람의 일생을 살펴보면 나이가 들어감에 따라 많은 변화가 일어남을 알 수 있다. 즉, 신체 크기가 달라짐은 물론 인지능력도 점점 발달해간다. 뿐만 아니라 행동방식도 달라지고 관심사와 기호도 변해 간다. 또한 사고방식과 가치관도 달라져 간다. 그리고 이러한 변화를 유발하는 생리적·심리적 구조와 기능도 연령 증가에 따라 변화해간다. 만일 심리학의 연구가 어느 특정한 연령단계에 국한된다면 연령적으로 변화해가는 인간 유기체의 참모습을 이해하지 못하는 결과를 낳게 된다. 그러므로 현대심리학에서는 생애 전반에 걸쳐서 일어나는 모든 심리적 변화의 양상과 그 변화과정 및 기저기제(underlying mechanism)에 관심을 갖지 않을 수 없는 것이다.

발달연구의 필요성에 대한 두 번째 이유는, 이론적 측면에서 찾아볼 수 있다. 이미 앞의 여러 장에서 보아 온 것과 같이, 인간의 여러 가지 심리현상을 설명하는 데에는 다양한 이론과 가설이 있다. 그리고 이들 이론과 가설은 때때로 상반되기도 한다. 그래서 제안된 이론이나 혹은 가설의 타당성을 입증하기 위해 연구자들은 연구를 거듭한다. 그러나 많은 경우, 어느 특정한 연령단계에서 연구, 검증된 이론이나 가설이라 할지라도 그것이 만일 다른 연령단계에서 지지되지 않으면 그 이론이나 가설은 모든 연령단계에 통용될 수 있는 타당한 것으로 일반화될 수는 없다. 예컨대 지각 발달을 연구한 Shepp(1978)의 설명에 따르면, 아동이 사물을 지각할 때 나이 어린 아동은 사물에 내포된 여러 차원(예 : 색의 명도와 채도 등)을 분리해서 지각하지 못하고 통합적으로 지각하는 데 반해 나이 많은 아동은 사물의 여러 차원을 분리해서 지각한다는 것이다. 그래서 그는 차원구조 분리가설(separability hypothesis)을 주장했다.

최근 발달심리학에서는 영아연구(infant study)가 부쩍 늘고 있다. 이와 같이 영아에 대한 관심이 고조된 것은 영아 자체에 대한 관심뿐만 아니라, 궁극적으로는 인간의 특성과 능력 중에서 태생적인 것과 학습된 것을 가려내고자 하는 노력인 것이다. 발달연구에서 생득론과 경험론의 논쟁은 얼핏 보기에 오래되고 진부한 문제인 것 같으나, 점점 더 정교화된 연구 방법에 의해서 밝혀진 결과들은 종전의 상식을 뒤엎는 경우를 보여주고 있다. 최근 많은 연구가 여태까지 무능한 존재로만 여겨져 왔던 영아들이 우리의 상상을 초월할 만큼 유능한 존재(competent being)임을 알려주고 있다.

발달연구가 요구되는 세 번째 이유는 그 실용성에 있다. 발달연구의 역사를 살펴보면, 인간의 발달과정에 관한 관심과 연구가 시작된 것은 학문적 관심에서보다 오히려 실용적인 필요성에서 출발되고 있음을 알 수 있다. 고대에서 현대에 이르기까지 어린이의 양육과 교육의 문제는 어느 종족, 어느 사회를 막론하고 인간의 지대한 관심사가 되어 왔다. 왜냐하면 어린이를 잘 양육하고 바람직하게 교육하기 위해서는 먼저 어린이가 어떤 특성을 가진 존재인가를 알아야 했기 때문이다. 그래서 발달연구자들은 우선 아이들이 어느 연령이 되면 어떤 행동을 하는가를 알고자 했다. 그러기 위해서 그들은 아이들의 행동들을 관찰하고 조사하여 각 연령단계별 행동 특징들을 기술하려고 했다. 그리고 그것들을 토대로 행동 특성별 연령규준도 작성했다. 이러한 연령규준은 어떤 아이의 발달 수준이 정상인가 혹은 뒤떨어졌는가를 판단하는 데 도움을 주었다. 그런데 발달연구자들의 관심은 여기서 그치지 않고 어째서 그 연령단계에서는 그런 행동들이 나타나는가, 그 원인은 어디에 있으며 그 기본기제는 무엇인가를 설명하고자 했다. 이러한 노력들은 궁극적으로 아이들의 발달과정을 바람직한 방향으로 이끌어나갈 수 있도록 하는 데 목적이 있었던 것이다.

1. 발달의 개념과 발달연구

1) 발달의 개념

우리가 '발달과정'이라든가 '발달연구'라는 말을 할 때, 이 '발달'이란 용어는 어떤 의미로 사용되는 개념일까? 쉽게 말하자면, 연령 증가에 따라 전 생애에 걸쳐서 일어나는 모든 신체적·심리적 변화들을 총칭해서 발달이라고 한다. 우리가 발달이란 용어를 이와 같이 파악한다면, 일상적으로 사용하는 발달의 의미와는 다소 차이가 있다. 즉, 용어의 일상적인 사용에 따른다면 발달이란 어떠한 사물이나 상황이 점차 낮은 수준으로부터 보다 높은 수준으로 진전되어 가는 것을 의미한다.

그런데 발달심리학에서 말하는 발달의 개념은 사전적 의미와는 다르게 두 방향성의 변화를 모두 포괄하고 있다. 좀 더 자세히 말하면, 생애의 전반(즉, 수정에서 청년기까지)은 신체적·심리적 구조와 기능이 모두 낮은 수준에서 보다 높은 수준을 이행해가는 상승적 변화를 나타내는데, 후반(성인기에서 노년기)은 점차 기능이 쇠퇴해가는 하강적 변화를 나타낸다. 그래서 심리학을 처음 대하는 사람들은 발달이란 용어의 사전적 의미와 전문적 의미 간의 차이에서 혼란을 느끼는 것 같다. 이런 혼란을 막기 위해, 일부 학자들은 '발달'이란 용어 대신에 단순히 '변화'라는 용어를 쓰기도 하고 또는 '발달적 변화'라는 말을 사용하기도 한다. 발달이란 용어의 사용에서 왜 이와 같은 혼란이 생겼는지는 발달심리학이 발전되어 온 역사를 보면 이해가 될 것이다. 과거의 발달심리학은 주로 아동기와 청년기에 관심이 집중되어 있었기 때문에 앞에서 언급한 것과 같은 용어 사용의 혼돈이 생길 까닭이 없었다. 하지만 현대는 수명이 연장되면서 점차 발달심리학의 대상 연령도 그 범위가 확대될 수밖에 없었다. 그래서 현대에 이르러서는 수정에서 사망에 이르기까지의 전 생애에 걸친 신체적·심리적 변화 모두에 관심을 갖게 된 것이다.

그 결과, 중년 이후에 나타나는 하강적 변화도 발달심리학의 흥미 있는 연구 영역으로 포함되었다. 그러나 하강적 변화도 기본적으로 연령에 따른 변화이기 때문에 굳이 새로운 용어를 사용하지 않아도 자연스럽게 연구 대상의 범위 속에 들어올 수 있었던 것이다. 최근 연구들에 의하면, 모든 특성들의 발달이 청년기까지는 상승곡선을 그리고 그 후는 하강곡선을 그리는 것이 아니라는 사실이 밝혀지고 있다. 즉, 생애 전반기에서도 하강곡선을 그리는 발달특성이 있고 후반부에서도 상승곡선을 그리는 것이 있다는 것이다. 이와 같은 사실을 감안한다면, 전 생애를 통해서 나타나는 모든 변화들을 설명하는 발달이란 용어를 그대로 사용하는 것이 오히려 타당할 것이다.

2) 발달연구의 접근 방법

발달심리학의 기본적인 연구 방법들은 심리학의 다른 분야들에서 사용하고 있는 연구 방법들(예: 관찰법, 실험법, 상관법, 실태조사, 사례연구법, 임상법 등)과 원칙적으로 다를 바가 없다. 그러나 발달연구자들의 주된 관심사는 연령 효과(age effect)를 밝히는 데 있으므로, 연구의 접근 방법에 있어서는 타 분야와 다른 점이 있다.

(1) 종단적 접근

종단적 접근(longitudinal approach)이란 동일한 개인(또는 집단)을 장기간에 걸쳐서 계속 추적하여 연구하는 방식을 말한다. 이 접근방식은 개인(또는 집단)이 연령과 더불어 연속적으로 발달해가는 양상, 즉 연령 변화(age change)를 밝히고자 할 때 사용된다. 다시 말하면 이 접근방식은 발달의 연속성을 살필 수 있는 장점을 가지고 있다.

그러나 이 방식을 사용할 때는 같은 피험자가 반복해서 실험(또는 조사)을 받게 되므로 훈련효과(training effect)가 나타날 수 있다는 것이 단점이다. 그리고 여기서 얻어진 결과는 각각 다른 시기에 얻어진 것이기 때문에, 그것이 과연 연령 증가로 인해서 나타난 효과인지 혹은 조사 시기의 효과인지를 가려내기 힘들다. 즉, 종단적 접근에서 얻어진 자료에는 연령 효과와 조사 시기 효과가 혼합되어 있다. 뿐만 아니라 연구가 장기간 계속되는 동안 여러 가지 이유로 피험자가 탈락하는 경우가 생기기 때문에 피험자 확보가 어려운 점이 또한 단점이다.

(2) 횡단적 접근

횡단적 접근(cross-sectional approach)은 연령이 다른 여러 개인(또는 집단)을 어느 시점에서 동시에 실험하거나 조사하는 방식이다. 이 접근방식은 연령이 다른 개인(또는 집단) 간에 나타나는 발달적인 차이를 단시일 내에 한꺼번에 비교하려고 할 때, 즉 연령 차이(age difference)에 관심이 있을 때 사용된다. 앞에서 설명한 종단적 접근은 시간이 너무 오래 걸리기 때문에 대부분의 발달연구가 횡단적 접근방식에 의존하고 있다.

횡단적 접근방식은 종단적 접근의 단점을 극복한 것이 장점이라 할 수 있으나 여기에도 문제가 있다. 첫째는 횡단적 접근방식으로 얻어진 자료로 그려진 발달곡선은 마치 한 개인이나 집단이 연령 증가에 따라서 연속적으로 변화하는 것을 보여주는 것처럼 착각하게 만들지만, 실은 연령이 다른 상이한 개인을 대상으로 해서 얻어진 자료이기 때문에 불연속적인 연령 간의 차이를 보여줄 뿐이라는 것이다. 둘째는 피험자들의 출생 연도가 다르므로 그들이 살아온 시대배경 효과가 배제되지 않는 것이 약점이다. 예컨대 우리가 횡단적 방법으로 14세, 17세, 20세, 23세 되는 학생들의 작문 실력을 검사했다고 하자. 그랬더니 14세, 17세, 20세 간에는 점수가 점점 높아지는데, 23세에서는 점수가 낮았다고 하자. 이런 경우에 우리는 이 결과를 어떻게 해석해야 될 것인가? 학생들의 작문 실력은 20세를 지나면 연령과 더불어 떨어지는 것일까? 아니면 다른 변수의 작용은 아닐까? 여기서 우리가 그들의 출생연도에 따른 시대적 배경을 생각해야 할 것이다. 이와 같이 횡단적 접근에서 얻어진 결과는 연령변인의 효과와 시대배경의 효과가 혼합될 수 있다는 것이 단점이다.

(3) 시차설계법

시차설계법이란 연령은 같으나 출생연도가 다른 개인을 조사 시기를 달리해서 계속해서 조사, 연구하는 접근방식이다. 이 방식의 용도는 신체적 나이는 동일하지만 출생연도가 다른 개인이 둘 이상의 조사 시기에 따라 어떤 차이가 있는가에 관심이 있을 때 사용된다.

예를 들면 앞에서 살펴본 것과 같이 2009년에 20세가 된 사람과 9년 후인 2018년에 20세가 된 사람은 비록 신체적 연령은 동일하지만 그들의 올림픽 경기에 대한 태도는 다를 수 있을 것이다. 왜냐하면 2009년에 20세가 된 사람은 다른 나라의 올림픽만 기억하지만 2018년에 20세가 된 사람은 2018년 한국에서 열렸던 평창 동계올림픽을 기억할 것이기 때문이다. 이런 점을 고려하여 출생연도와 조사 시기를 달리해서 연령 효과를 검토할 수 있는 것이 시차설계법의 특징이다. 이 방식에서는 연령은 일정하게 고정시켜 놓고 시대적 변화에 따른 개인의 변화를 본다. 하지만 이와 같은 시차설계법에는 출생연도의 효과와 조사 시기의 효과가 혼합되어 있는 것이 단점이라고 하겠다.

(4) 세 접근방식에 대한 비판과 대안

위에서 살펴본 세 가지 접근방식은 그 특징과 장단점이 각각 다르다. 따라서 어떤 방식을 채택하느냐에 따라 연구 결과가 다르게 나타날 수 있다. 위 세 가지 접근방식에는 연령, 출생연도, 조사시기의 세 가지 변인 가운데 각기 다르게 배합된 변인들의 효과가 혼합되어 있다. 즉, 종단적 접근방식에는 연령과 조사시기의 효과가, 횡단적 접근방식에는 연령과 시대배경의 효과가, 시차설계법에는 출생연도와 조사시기의 효과가 각각 혼합되어 있다.

발달연구자들은 이들 혼합 효과에서 연령 효과를 분리해서 규명해야 할 필요가 있기 때문에 변인혼합의 문제를 해결해야 한다. 그래서 Schaie(1965)는 위에서 지적한 세 가지 변인들의 효과를 분리해볼 수 있는 방안을 고안해냈는데, 그것이 곧 계열설계법이다. 계열설계법에는 종단적 계열설계법, 횡단적 계열설계법을 체계적으로 배합한 방법들이 있다.

2. 인간발달이론

앞에서 살펴본 여러 가지 연구 방법으로 얻어낸 연구 결과들이 과연 무엇을 의미하는 것인가를 우리는 어떻게 파악할 수 있을까? 여기서 필요한 것이 곧 이론이다. 다시 말하면 이론적인 틀을 가지고 연구 결과들을 해석하는 것이다. 일반적으로는 발달연구에서도 심리학의 다른 분야에서 사용되고 있는 이론들이 사용되고 있다. 그러나 얻어진 연구 결과를 어떤 이론을 적용해서 설명할지는 다루어진 문제와 얻어진 결과에 따라서 결정된다. 즉, 얻어진 결과를 가장 잘 설명할 수 있는 이론이 채택되어야 한다. 그러나 때로는 같은 문제와 같은 연구 결과를 놓고서 학자의 관점에 따라 상이한 이론적인 틀이 채택되기도 한다.

1) 단계이론

단계이론(stage theory)에 의하면, 인간은 질적으로 구분되는 몇 개의 단계를 거치면서 변화·발달하는데, 한 단계에서 다음 단계로의 이행은 갑자기 일어난다는 것이다. 그리고 인간은 태생적으로 환경과의 상호교섭에 필요한 구조를 보유하고 있는데, 이 구조는 그 자체의 발달을 스스로 보장하는 **자기발생적(self-generative)** 특징을 가지고 있다는 것이다. 이러한 구조들은 생애의 상이한 시기에 형성되지만 인간은 환경과 교섭하는 데 있어서 자신에게 유리하게끔 기능하는 적응적인 행위자이기 때문에 연령 증가에 따라 자신이 가지고 있는 구조들을 발달적으로 변형시켜가면서도 어떤 특정한 구조는 계속 보유해나간다는 것이다. 변형된 새로운 구조에 기능적으로 함입되거나 존속되어 버릴 때, 하나의 새로운 발달단계가 출현하게 된다는 것이다(Langer, 1975). 그러므로 새로운 발달단계는 서서히 나타나는 것이 아니고 어느 특정 시기에 갑자기 나타난다고 한다. 그래서 이전 단계와 이후 단계 사이에는 발달상의 간격이 있게 된다는 것이다. 이와 같은 견해를 갖는 학자들로는 프로이트, 에릭슨, 피아제, 콜버그 등을 들 수 있는데, 프로이트와 에릭슨은 정신분석학적 입장을 취하고 있으며 피아제와 콜버그는 인지론적 입장을 취하고 있다.

프로이트의 설명을 따른다면, 인간의 심리, 성적 발달은 구순기, 항문기, 남근기, 잠복기, 성기기를 거치면서 발달한다고 한다. 이 각각의 단계에는 그 단계에서만 볼 수 있는 고유한 특징들이 나타난다는 것이다. 예컨대, 어린 아이들이 4, 5세가 되면 남녀의 성차에 관심을 보이면서 이성의 부모에게 유난스러운 애착을 갖는 한편 동성의 부모에 대해서는 일종의 성적인 질투와 경계심을 갖는다고 한다. 프로이트는 아들이 어머니에게 대해서 갖는 이러한 무의식적 감정을 **오이디푸스 콤플렉스(Oedipus complex)**라고 하고, 딸이 아버지에 대해서 가지는 감정을 **엘렉트라 콤플렉스(Electra complex)**라고 했다. 이러한 심리·성적 특성들은 어린 아이가 남근기에 도달하였기 때문에 나타나는 것으로서 그 이전 단계나 혹은 그 이후 단계에는 없는 그 단계 고유의 특성이라고 한다.

한편 피아제는 인지 발달도 또한 단계적으로 감각 운동기, 전 조작기, 구체적 조

	획득시기	보존개념 측정에 사용한 과제
	6~7세	**수 보존** · 두 줄의 사과를 보여주면 아동은 사과 개수가 같다고 대답한다. · 사과 한 줄을 간격을 늘려서 제시하고, 사과의 개수가 같은지를 물어본다.
	7~8세	**양 보존** · 아동은 두 덩이의 진흙 양이 같다고 대답한다. · 한 덩이의 흙을 길쭉하게 만든 다음 진흙 양이 같은지, 다른지를 물어본다.
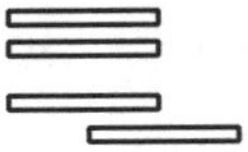	7~8세	**길이 보존** · 아동은 2개의 막대 길이가 같다고 대답한다. · 막대기 하나를 왼쪽이나 오른쪽으로 옮긴 다음, 두 막대의 길이가 같은지 아니면 어느 한쪽이 더 긴지 물어본다.
	8~9세	**면적 보존** · 아동은 같은 위치에 배열된 같은 수의 블록 면적이 동일하다고 말한다. · 실험자가 한쪽 블록을 흩트려 늘어 놓은 후에 아동에게 두 가지 블록 배열의 면적이 같은지, 아니면 한쪽이 더 넓은지에 대해 물어본다.

그림 8.1 시기에 따른 보존개념

작기, 형식적 조작기를 거쳐 성숙한 인지 수준에 도달한다고 주장한다. 예컨대, 전조작기의 아이들(7세 이전)은 2개의 같은 크기의 컵에 같은 양의 물을 부어 놓으면 그 컵의 물이 같다고 하다가도 그중 한 컵의 물을 밑넓이는 보다 좁고 길이는 더 높은 홀쭉한 다른 컵에 옮겨 놓고 물의 양을 비교하도록 하면 좁고 긴 홀쭉한 컵의 물이, 넓고 낮은 넓적한 컵의 물보다 많다고 한다. 왜냐하면 홀쭉한 높은 컵에 든 물의 높이가 높기 때문에 물의 양도 많다고 생각하는 것이다. 다시 말하면 양의 보존(conservation of quantity) 개념이 이 단계의 아이들에게는 획득되지 않았다는 것이다. 그러나 다음 단계에 이르면, 물을 다른 컵에 그대로 옮겨 부었을 때도 양이 변함이 없다는 보존개념이 곧 획득된다.

이와 같이 어떤 고유한 심리적 특성들은 그것이 나타나도록 미리 정해진 시기, 즉 일정 단계에 이르러서야 나타난다고, 바꾸어 말하면 어떤 특성이 점진적으로 발달되는 것이 아니라 어느 단계에 이르러서 갑자기 발달된다는 것이다. 따라서 그 발달곡선은 연속적인 곡선을 그리는 것이 아니라, 비연속적인 양상을 띤다는 것이다. 그래서 단계이론을 일명 비연속이론(discontinuity theory)이라고도 부른다.

2) 연속이론

연속이론(continuity theory)에 의하면, 인간의 행동발달은 기본적으로 자극－반응의 결합으로 이루어지는 조건형성(conditioning)의 결과이다. 이 이론에 의하면 인간 발달은 서서히 점진적으로 이루어지는 것이지 어떤 특정한 연령단계에 가서 여태까지 없던 행동 특징이나 새로운 심적 구조가 돌연히 나타나는 것이 아니라는 것이다. 따라서 이러한 이론을 비단계이론(nonstage theory)이라고도 부른다.

　연속이론에서 주장하는 바는 실증적 연구에서 얻어진 발달곡선이 연령의 어느 단계에서도 단계 이론가들이 주장하는 것과 같은 급격한 차이를 보이는 간격이 없이 다만 점진적인 상승(혹은 하강) 곡선을 보인다는 사실로 입증되고 있다. 그리고 동일한 인지구조에 속하는 과제들의 수행도 피아제와 같은 단계이론가들의 주장과는 달리 연령에 따라 차이를 나타내고 있다는 점에서도 단계이론에 대한 반대 견해를 굳히고 있다. 연속이론은 주로 학습이론 및 관찰학습이론과 정보처리이론을 지지하는 학자들에 의해 주장되고 있는데, 최근의 발달연구에서는 연속이론을 뒷받침하는 실증적 연구가 많이 이루어지고 있다.

3. 인간 발달을 좌우하는 요인

인간은 신체적으로나 심리적으로나 매우 복잡한 구조를 가지고 있는 존재이다. 그러므로 인간의 발달과정을 좌우하는 요인들도 매우 다양하고 복합적이다.

1) 유전자의 영향

(1) 유전자의 구성과 작용

아버지를 꼭 닮은 아들이 있다. 그런데 전혀 닮지 않은 아이도 있다. 어째서 그럴까? 그 해답은 유전자가 가지고 있다. 그러면 유전자는 어떤 물질이며, 어떤 작용을 할까? 유전자(gene)는 염색체 속에 간직되어 있다. 사람은 46개의 염색체(chromosome)를 가지고 있는데, 신체의 모든 세포 속에 동일한 46개의 염색체가 들어 있다. 염색체의 모양은 막대 모양으로 되어 있는데 이것이 유전자이다. 이 유전자의 구성성분은 DNA라고 하는 미세한 화학물질이다. DNA란 이중의 나선형으로 얽힌 복잡한 구조를 가지고 있다. 이와 같은 DNA는 각각 신체 세포를 구성하는 화학물질을 만들고 특수한 지시를 내린다. 즉, 어떤 세포에는 신경세포가 되도록 지시하고 어떤 세포에는 근육세포가 되도록 지시한다.

　일부 유전자들은 인간 종의 특수적 특징들(human species-specific character)을 만

들어 나가도록 지시하기 때문에 부모를 닮은 아이가 태어난다. 그러나 또 다른 일부의 유전자들은 개별적인 특징들을 규정짓게 하는 지시를 주기 때문에 개인차가 생긴다. 그래서 부모를 닮지 않은 아이도 태어나고 형제들도 각각 다른 특징을 가지고 태어날 수 있다. 그러면 어떻게 해서 선대와 같은 특징을 규정하는 유전자가 있고 다른 특징을 규정하는 유전자가 있을까? 그 해답은 정자와 난자 속에 있다.

우리 신체의 모든 세포가 각각 46개의 염색체를 가지고 있는데 정자와 난자만은 예외적이다. 즉, 정자와 난자는 다른 세포의 반밖에 안 되는 23개씩의 염색체를 가지고 있다. 이 사실이 우리 인간의 유사성과 차이를 만들어내는 것이다. 정자와 난자 이외의 세포에 간직되어 있는 염색체들은 유사분열(mitosis)을 통해서 세포 분열하기 때문에, 분리된 세포는 분리되기 전과 동일한 염색체를 가지고 있다. 그러나 정자와 난자 속에 있는 염색체들은 특수한 방식의 세포 분열을 한다. 즉, 이들은 감수분열(meiosis)을 한다. 감수분열에서는 유사분열에서처럼 단 1회의 분열을 하는 것이 아니라 2회에 걸친 분열과정을 거친다. 그러므로 감수분열에 의한 세포 분열을 마친 정자와 난자는 다시 23개의 염색체를 갖지만, 세포 분열이 끝난 다음의 새 세포는 반드시 이전 세포의 완전한 복사판은 아니다. 정자와 난자는 수정(fertilization)을 통해서 결합될 때 비로소 46개의 염색체를 갖게 된다. 그러나 새로 태어나는 아기는 아버지나 어머니와 똑같은 구조의 염색체를 갖게 되지는 않는다. 마찬가지로 형제 간에도 똑같은 염색체를 갖게 되지는 않는다. 다만 일란성 쌍생아(identical twin)만이 동일한 염색체를 갖게 된다. 이란성 쌍생아도 염색체 구조는 동일하지 않다. 이와 같이 일부는 같지만 일부는 서로 다른 염색체를 이어받게 되므로 부모와 자식 사이에도 차이가 있고 같은 부모의 형제들 사이에도 각각 다른 특징들을 볼 수 있다.

(2) 유전자와 특징

아버지로부터 이어받게 되는 염색체들과 어머니로부터 이어받게 되는 염색체들은 서로 크기와 모양이 비슷한 것끼리 조합되어 쌍을 이루고 있다. 그래서 염색체 수는 46개이지만 23개의 쌍이 된다. 이처럼 쌍을 이루는 2개의 염색체들은 대개 같은 유전자를 가지고 있는 것들과 조합되는데, 이것을 **동질접합**(homozygous)이라고 부른다. 그런데 어떤 경우에는 다소 다른 지시를 내리는 유전자가 조합된 경우도 있다. 이 경우를 이질접합(heterozygous)이라 부른다. 예를 들면 눈 색깔을 규정하는 유전자이지만 아버지로부터 물려받은 유전자는 갈색이고 어머니로부터 받은 유전자는 파란색인 경우가 이질접합인 것이다.

유전자 쌍이 이질접합인 경우에는 한 유전자가 다른 유전자를 압도하게 된다. 예를 들면 갈색의 눈 색깔 인자와 파란색 눈 색깔 인자가 결합된 경우에는 태어나는 아기의 눈은 언제나 갈색이 된다. 이때 갈색 인자를 우성인자(dominant gene)라고 하고, 파란색 인자를 열성인자(recessive gene)라고 한다. 파란색처럼 어떤 유전자가 개인의 염색체 속에는 간직되어 있지만 밖으로는 나타나지 않는 특성을 가진 유전자가 있는데, 이것을 유전자형(genotype)이라고 한다. 이와는 달리 위의 예에서처럼 갈색과 같은 어떤 특정 유전자가 그 본래의 특성을 실제로 나타내는 경우, 표현형(phenotype)이라고 한다. 그런데 태어나는 아이들이 제각기 조금씩 다른 염색체들을 가지고 있기 때문에 우성인자와 열성인자의 구조도 달라서 표현형으로 나타나는 모습도 다를 수 있다.

뿐만 아니라 많은 경우, 한 특성을 규정하는 데 있어서 하나의 유전자가 단독으로 관여하지 않고, 둘 이상의 많은 유전자가 복합적으로 영향을 준다. 예를 들면 키를 결정하는 유전자는 호르몬 생산과 골격 형성 및 성장 속도를 좌우하는 다른 여러 유전자들과 복합적으로 관여하기도 한다. 예컨대 피부색은 적어도 다섯 쌍 이상의 유전자가 관여하며, 정신지체(mental retardation)에 관련된 유전자는 150개에 달하는 것으로 알려지고 있다. 대뇌 발달에 관여하는 유전자들의 영향이 합쳐서 어떤 특성이 나타나게 되는 경우를 다인자형 유전(polygenic inheritance)이라고 하는데 이러한 기제를 통해서도 개인차가 생길 수 있게 된다.

2) 환경의 영향

앞에서 언급한 유전자의 작용을 종합해보면, 인간 발달을 결정짓는 요인은 바로 유전자라고 하는 결론에 다다르게 되는 것 같다. 이 점을 강조하는 입장을 유전론이라고 하는데, 그러나 이러한 유전론에 반론을 제기하는 입장도 있다. 이러한 입장에서는 환경이 유전자보다 더 강력한 영향을 준다고 주장한다. 그래서 이와 같은 주장을 환경론이라고 한다. 인간 발달의 유전적 기저를 연구하는 행동유전학(behavior genetics)의 연구들에 의하면, 환경이 우리의 상상을 넘어설 정도로 영향을 주는 것으로 보고되고 있다. 예컨대 근육운동 발달은 오로지 유전에 의존하는 것으로 믿어져 왔는데, 최근의 연구들은 그것이 잘못된 것이었음을 보여주고 있다.

즉, 아기가 앉고, 서고, 걷고 하는 것은 환경적 요인에 의해서 변용되지 않는다고 믿었기 때문에, 아프리카 아기들이 유럽이나 미국 아기들보다 걸음마가 빠른 것을 흑인과 백인의 유전자 차이로 해석해 왔다. 그런데 한 연구는 3개월이 채 못 된 미국 아기들에게 8주 동안 걸음마 연습을 시켰더니 연습시키지 않은 아기들보다 6~8주 가량 빨리 걸음마를 할 수 있었다고 보고했다. 위의 예와 같은 앉기, 서기, 걷기 능력 이외에도 다른 많은 운동능력이 연습에 의해 촉진될 수 있음이 입증되고 있다.

그러면 지능 발달은 유전에 의한 것일까 아니면 환경에 의한 것일까? 대개 지능을 이야기할 때는 유전적인 영향을 강조하는 경향이 짙다. 그러나 또 한편에서는 환경론을 지지하는 연구들도 적지 않아, 지능 발달을 둘러싼 유전론과 환경론의 논쟁은 다른 영역에서보다 더 열띠게 진행되고 있다. 그중에 흥미 있는 논쟁의 한 예는 미국에서 문화적 결손아동의 보상교육을 위한 방안으로서 시도되었던 헤드스타트 프로젝트의 연구 결과를 둘러싼 공방전이었다. 이 프로젝트에서는 일군의 취학 전 문화 결손 아동들(주로 흑인 아동들)에게 영양조건, 교육환경, 교육내용 및 방법 등을 개선, 보완토록 한 보육 및 교육 프로그램(care and education program)을 2년간 제공했다. 그랬더니 유치원에서는 그들의 지적 수준이 정상 아동과 비슷한 수준으로 향상되었다. 그런데 초등학교에 취학한 후에 다시 그들을 조사해보았더니 다른 집단(주로 백인 아동)보다 뒤떨어지는 지적 수준을 보였다는 것이다.

이러한 연구 결과에 대한 해석을 두고 치열한 논쟁이 벌어졌다. 한편에서는 유치원에서 보인 지적 수준의 향상을 보고 지적 발달이 환경에 따라 좌우된다고 주장하는가 하면, 또 다른 한편에서는 취학 후에 다시 뒤떨어진 양상을 지적하면서 이 사실은 지능이란 훈련이나 교육으로 변화되는 것이 아니라 유전자에 의해서 결정된다는 것을 재확인시켜주는 것이라고 주장했다. 그러나 후속 연구자들은 이와 같은 유전론자들의 주장을 다시 뒤엎는 반박을 가해 왔다.

그들의 반박의 요점은 두 가지로 요약될 수 있는데, 그 하나는 헤드스타트 프로젝트가 시작된 것이 유치원 시기였기 때문에, 그만큼 성장하는 동안(출생 후 4~5년간)에 걸친 환경 조건이 나빴고 이 때문에 지능 발달이 저해되었다는 지적이다. 바꾸어 말하면, 훈련 및 교육의 개입이 더 큰 효과를 거두려면, 개입 프로그램(intervention program)을 더 일찍 시작했어야 했다는 지적이다. 다시 말하면 발달적 변화의 가능성이 높은 민감하고 결정적인 시기(sensitive period/critical period)는 생후 초기이기 때문에 개입 프로그램의 시기(timing)의 문제를 고려하지 않고 다만 훈련 및 교육의 효과가 없었다는 사실만으로 유전자의 효과가 우세하다고 속단할 수 없다는 것이다. 두 번째 지적은 이 개입 프로그램이 2년으로 끝났기 때문에 문화결손 아동들이 받던 열악한 교육환경으로 돌아가고, 다시 교육 및 생활환경의 차이가 발생했다는 것이다. 즉, 초등학교의 낮은 성적이 오히려 환경의 영향을 반영하는 것이라는 지적이다. 문화결손 아동의 지능 수준은 유전자의 영향이라기보다는 기본적으로 나쁜 환경 조건 때문이라는 사실을 강조하고 있다. 동일한 연구를 이와 같이 다른 시각으로 재해석함으로써 다시 환경론자의 소리가 높아졌다. 유전 대 환경의 효과에 관해서 관심을 갖는 학자들은 앞에 든 특성 이외의 다른 많은 특성의 발달에 있어서 이 두 요인의 작용이 어떻게 나타나는가를 계속 연구하고 있다.

환경 조건에 따라 동일한 유전자가 상이한 표현형을 유발하는 경우는 보다 쉽게 목격할 수 있다. 대표적인 예는 우리 한국인의 신체 향상이다. 과거에는 서양 사람과 동양 사람의 신체 크기 차이는 유전자의 차이 때문인 것으로 조금도 의심하지 않았다. 그래서 우리나라 사람들의 체구는 작은 것이 유전적인 특징이라고 생각해 왔는데, 생활 조건과 식생활의 개선으로 영양 조건이 좋아진 오늘날에 와서는 한국 아이들의 체구도 서양 아이와 비등할 만큼 커졌고, 거의 대부분의 가정에서 아이들이 부모보다 훨씬 커진 것을 볼 수 있다.

이러한 현상은 동일한 유전자도 환경적 요인에 의해서 변용된다는 사실을 보여준다. 이런 예에서 볼 수 있는 바와 같이, 특정한 유전자형이 상이한 환경 조건에서 표현형으로 나타나는 데는 어느 정도 한정된 범위가 있는데, 이 범위를 **반응범위**(range of reaction)라고 한다. 이 반응범위는 결코 무한대는 아니다. 즉, 앞의 예에서 말할 것 같으면, 요즘 젊은 세대의 키가 커졌다고 하더라도 3m가 될 만큼 커지지는 않는다는 것이다. 이것은 키가 영양 조건과 같은 환경적 요인의 영향으로 향상된다고 하더라도 무한정 커지는 것이 아니라 유전자가 규정하는 한계를 넘을 수는 없다는 것을 의미한다.

앞에서 살펴본 유전론과 환경론의 주장 그리고 그들이 각기 내세우는 근거자료들을 음미해보면 결국 인간의 성장 발달은 어느 하나의 요인으로만 이루어지는 것이 아니라 정도의 차이는 있을지언정 두 요인의 복합적인 작용으로 이루어짐을 알게 해준다.

4. 신체 및 운동 발달

1) 태내기 발달

신체 발달이 가장 빠른 시기는 태내기이다. 정자와 난자의 결합으로 이루어지는 수정체는 새 생명의 첫 세포이다. 이 단 하나의 세포가 세포 분열을 거듭하여 아기가 태어날 때까지는 1조에 가까운 세포를 갖게 된다. 태내기의 발달은 아래와 같이 3단계로 나누어진다.

첫 단계는 정착기로 수정 후 약 2주가 된다. 이 동안에 접합체가 계속 세포 분열을 하여 작은 공 모양의 세포 덩어리를 만드는데 이것을 낭포라 한다. 이 낭포가 나팔관을 따라 내려가서 자궁에 도달한다. 낭포의 안쪽이 나중에는 태반을 형성하는데, 이것을 통해서 모체로부터 영양과 산소를 공급받게 된다. 둘째 단계는 수정 후 2주 말부터 8주까지인데, 이 시기를 배아기라 부른다. 1개월 말까지는 심장이 생기고 조금 후에 신경계가 발달하기 시작하고 복부도 생긴다. 2개월이 될 무렵에는 머리 모양을 알아볼 수 있게 되고 팔과 다리도 나타난다. 그러나 이 시기의 배아의 크기는 약 1인치밖에 안 되며 무게는 약 1/5온스밖에 안 된다. 셋째 단계는 수정 후 8주 말부터 출생까지인데, 이 시기는 태아기라 부른다. 이때부터는 뼈가 단단해지기 시작하며 신경섬유와 근육의 수는 이전의 세 배 정도 늘어나고 위는 소화액을 생산하며 생식기관도 생겨난다. 그래서 인간의 형체를 갖추게 된다. 이 시기의 유기체를 태아라 하는데, 태아가 모체에 의존하지 않아도 생존할 수 있을 만큼 여러 기관이 충분히 발달하면 세상에 태어난다. 수정 후 출생에 필요한 일수는 약 280일이다. 그러나 약 210일이 지나면 모체에서 나와도 생존이 가능하다. 때문에 210일을 생존 가능 연령이라고 한다.

2) 영아기의 반사 반응

영아는 하루의 대부분인 16~20시간을 자며, 전적으로 주위의 보살핌을 받고 있기 때문에 무기력한 것처럼 보인다. 그러나 그들은 손에 잡히는 물건을 놀라운 힘으로 붙잡을 수 있으며, 엄마의 품에서 쉽게 젖꼭지를 찾아낸 다음 그것을 빨 수 있다. 이와 같은 반응은 각각 잡기 반사, 찾기 반사, 빨기 반사라고 한다. 생후 얼마 안 된 영아들도 그들의 태생적인 반사 반응을 곧 외부 자극에 맞추어 조절할 수 있다. 한 실험보고에 의하면, 실험자가 우유 젖꼭지에서 우유가 나오는 속도를 조절함으로써 아기가 먹을 수 있는 양을 조절해 보았더니 생후 2~3주 되는 영아도 젖을 먹기 위해 그들의 빨기 반사의 방식을 바꾸었다고 한다. 즉, 그들은 우유가 나오는 양을 그대로 유지하기 위해서 우유가 적게 나올 때는 젖꼭지를 깨물거나 세차게 빨아대는 것이다. 이와 같이 태생적인 반사들은 이후의 신체, 운동 발달의 기초가 되며 동시에 인지 발달의 초석이 된다.

얼핏 생각하면 신체의 모든 부위는 항상 동일한 속도로 고루 발달할 것 같지만 실은 그렇지가 않다. 영아의 체중은 3~3.5킬로 정도인데 생후 6개월쯤 되면 출생 당시의 두 배가 되지만 그 후 첫돌까지는 출생 당시의 세 배가 되는데 이것은 증가 속도가 이전보다 떨어짐을 보여주는 것이다. 이런 현상은 신장 발달에서 두드러지게 나타난다. 즉, 영아는 팔, 다리에 비해서 머리가 굉장히 크다. 그러나 신체 부위의 발달 속도가 다르기 때문에 신체 부위의 비율이 변화하여 머리 크기가 신체의 1/8 정도가 된다.

사춘기에 겪는 급격한 신체 성장과 성적 성숙은 자연히 커다란 심리적 영향을 수반한다. 일반적으로 이 시기에는 정서적 불안정성이 두드러지며 대인관계에 있어서 긴장과 갈등이 고조되는 경향이 있다. 특히 조숙하거나 미숙할 때에는 적응 곤란을 갖기 쉬우며 이로 말미암아 자아개념 형성이나 성격 발달에도 부정적 영향을 받는 경우가 있다. 신체적 발달이 심리학적으로 중요한 의미를 갖는 이유는 그것이 개인의 건강과 안녕의 기초가 된다는 사실뿐만 아니라 다른 여러 특성의 발달을 제한한다는 데 있다. 다시 말하면 발달과정에서 나타나는 신체 발달의 정상성은 인지능력과 사회성 및 성격 발달을 좌우하게 된다.

5. 성인기 이전의 인지 발달

인지를 인간 정신의 지적인 과정과 소산으로 한정해서 생각하려는 입장에서는 인지라는 개념 속에 지식, 지능, 사고, 상상력, 창의력, 계획 및 책략의 산출, 추리, 추론, 문제해결, 개념화, 범주화, 관계 맺기, 상징화 등과 같은 고등정신과정에 속하는 유형의 심리과정을 포함시키고 있다. 그러던 것이 최근에 인지개념을 보다 넓은 범위로 사용하려는 경향으로 바뀌고 있다. 즉, 고등정신과정 이외에도 대뇌적인 지적 특성을 다소 덜 가지고 있는 심리과정들, 예를 들면 지각, 심상, 기억, 주의, 학습 등은 물론 조직화된 신체운동까지도 포함시키고 있다.

1) 지각 발달

지각은 환경으로부터 오는 정보를 탐지하고 체계화하며 해석하는 과정을 포함한다. 그러므로 사람이 사물을 지각한다는 것은 단순한 과정이 아니라 매우 복합적인 정신과정인 것이다. 그러면 어린 영아도 그런 복잡한 정신활동을 할 수 있을까? 만일 가능하다면, 그런 지각능력은 어떤 과정을 밟아서 발달해 나갈까? 영아는 말을 못하기 때문에 그들의 경험 내용을 알아내기는 매우 힘들다. 그래서 과거에는 영아의 지각 발달에 관한 연구가 부진했다. 하지만 최근에 와서는 점점 이 점의 연구도 활발해져 가고 있으며 특히 시지각 발달에 관한 연구는 많은 진전을 보이고 있다. 시지각 발달의 연구는 주로 습관화의 방법을 사용하고 있다. 습관화란 특정 대상에 일단 주의를 한 후 어느 정도 시간이 경과하면 흥미가 사라지므로 더 이상 그 대상을 응시하지 않는 것을 말한다. 그러나 새로운 대상이 나타나면 그쪽으로 주의가 옮겨져 새로운 대상을 응시하는데, 이런 반응을 **탈습관화**라 한다. 이러한 습관화와 탈습관화를 근거로 영아의 지각적 호기심, 선호, 변별력 등을 규명해 나가고 있다.

초기의 시지각은 외부 세계의 자극 특성, 유기체의 이전 경험, 기억능력 등의 세 가지 요인에 의해서 규정된다고 보았다. 자극 특성으로 보면, 영아들은 움직이는 대상과 대비가 뚜렷한 대상, 분리된 자극 요인이 많은 대상을 더 잘 본다. 생후 5일 정도 된 신생아는 시야 내에서 빛이 움직이기 시작하면 젖 빨던 반응을 중지함으로써 대상물의 움직임에 반응한다. Fantz(1965)의 연구에 의하면, 신생아는 무늬가 없는 물체보다 체크무늬로 된 흑백 대비가 뚜렷한 대상을 더 집중적으로 응시하며, 무늬가 있는 대상을 보는 시간이 더 길다. 몇 가지 사람 얼굴 모양의 가면들을 보이면, 3~4개월 된 영아는 눈, 코가 다 있는 정상적인 얼굴을 더 오래 보는데 이후에는 응시 시간이 감소되다가 8~9개월경에 다시 응시 시간이 길어진다는 보고가 있다. 이것은 8~9개월 된 영아는 사람 얼굴에 대한 도식이 형성되어 있으므로 자신의 기억으로부터 사람 얼굴 도식을 인출하고 그 도식과 얼굴 모양의 가면에 대한 지각을 의식 속에 유지하면서 이 2개의 정보를 관련시켜 비교하기 때문일 것이라고 해석된다. 즉, 나이가 들수록 지각 과정에는 기억이나 심상작용과 같은 인지활동이 관여하게 된다는 것을 알 수 있다. 이와 같이 신생아의 지각에 있어서는 자극의 탐지뿐만 아니라 지각의 체계화와 해석 과정이 포함된다.

영아도 깊이(3차원)를 지각할 수 있을까? 이 물음에 답하기 위해서 Gibson과

Walk(1960)는 시각적 벼랑이 있는 실험 장치를 만들어 연구했다. 이 장치에서는 1인치 정도의 낮은 절벽과 40인치 정도의 깊은 절벽이 두 부분으로 되어 있고 절벽의 저편에 아기의 엄마가 아기를 부르고 있다. 6~14개월 된 아기는 깊은 쪽을 피해서 엄마에게로 다가갔다. 이것은 6개월경부터는 영아도 깊이 지각이 가능하다는 것을 보여주는 것이다. 그러나 후속 연구자들은 Gibson의 실험에서는 기어 다닐 수 있는 연령인 생후 6개월이 되어야 비로소 깊이 지각이 가능하다고 결론을 내린 것이 아닌가? 하는 의문을 제기했다. 그래서 그보다 어린 영아를 피험자로 다시 실험을 했다. 기어 다니지 못하는 더 어린 아기들도 낭떠러지로 보이는 '시각적 벼랑'을 볼 수 있는 위치에 놓으면 맥박이 감소하는 공포 반응을 나타내는 것을 발견했다. 이와 같은 실험은 6개월 이전의 영아도 깊이 지각이 가능함을 보여주고 있다.

Fantz(1965)는 생후 1, 2개월이 되는 영아들도 3차원의 물체와 그 물체들의 사진을 보여주었더니 사진보다 실물을 보기를 선호한다고 했다. 또 다른 연구에서는 생후 2, 3일 되는 영아에게 '파, 파, 파' 소리를 녹음한 것을 들려주었더니 그 소리가 나는 쪽으로 주의를 보내면서 우유 젖꼭지를 더 세차게 빠는 반응을 보이다가 점차 빨기 반응이 약해졌다고 한다. 즉, '파' 소리에 대해 습관화가 일어났는데 잠시 후에 '바, 바, 바' 소리를 들려주었더니 곧 소리 나는 쪽으로 주의가 옮겨 가면서 빨기 반응이 다시 강해지는 탈습관화가 일어났다고 한다. 이것은 생후 2, 3일밖에 안 되는 영아도 '파' 음과 '바' 음과 같은 말소리를 식별할 수 있음을 보여주는 것이라고 해석하고 있다.

2) 기억 발달

6개월 전후의 영아는 겨우 엄마를 알아보지만 6개월이 더 지나면 가족들 중 몇몇을 알아볼 수 있게 된다. 또한 7세경의 아동은 직전에 들은 단어들을 3, 4개 정도 회상해 내지만 12세가 되면 7개 정도를 회상할 수 있다.

재인(recognition)이란 이전의 경험 내용을 다음 번에 다시 보게 되었을 때 알아보는 능력을 말하는 것인데, 흔히 실험 상황에서는 앞서 본 자극을 다음에 제시되는 자극 배열에서 찾아내는 것으로서, 출생 초기부터 나타나는 가장 초보적인 기억능력이다. 한 연구에 의하면 18, 24, 30주가 경과한 영아들에게 엄마의 얼굴을 여러 방향에서 찍은 사진과 전에 본 적이 없는 생소한 여자의 얼굴 사진을 보여주었다. 어린 영아들은 방향의 변화에만 민감하게 반응하는 반면에 30주가 된 아기들은 방향뿐만 아니라 새로운 인물의 출현에 대해서도 민감하게 반응했다. 또한 5개월 된 영아가 단지 2분 동안 본 얼굴을 2주 후까지 기억했다. 이처럼 익숙한 자극 또는 단순한 자극에 대한 재인능력은 생의 초기에도 성인과 큰 차이가 없는 것으로 보인다. 그러나 자극이 추상적이거나 복잡한 것일 때는 영아나 유아의 재인능력은 성인에 비해 떨어진다(Bower & Cohen, 1982).

3) 언어 발달

영아라 하더라도 사물의 소리보다는 사람의 음성에 보다 예민하게 반응할 뿐만 아니라 사람의 목소리를 적절히 처리할 능력도 구비하고 있다. 울음소리로부터 시작되는 아기의 발성은 옹알이를 거쳐 점차 성인의 언어로 발달한다. 언어 발달은 대뇌 발달, 특히 수초 발생 주기와 밀접히 관련되어 있다. 수초 발생 주기는 대략 3주기로 나누어지는데, 각 주기는 대뇌의 특정 부위의 조직에 있어서 수초화(myelin)가 이루어지는 기간을 말한다.

첫 번째 주기는 뇌간(brain stem)과 변연계(limbic system)와 같은 원시적인 대뇌에서 일어나며 이 주기는 태내기에서부터 시작하여 영아기의 초기 단계에 해당되는데 옹알이의 발달과 관련되는 것으로 보인다. 두 번째 단계는 대뇌의 좀 더 진보된 부위에서 일어나는데, 이 주기가 완성되는 데는 첫 주기보다 더 오랜 기간을 요한다. 이 주기는 대략 출생 무렵부터 시작해서 3세 반 내지 4세 반까지 계속된다. 이 주기에서는 영아기와 유아기 초기(preschool age)에서 일어나는 언어 발달, 즉 외마디 말과 두 마디 말의 발달과 관련된다. 세 번째 주기는 지능 발달에 중요한 역할을 하는 대뇌피질의 연합부위(association area)에서 일어난다. 이 부위의 수초 과정은 출생 때부터 시작하지만 15세 또는 그 이후까지도 완성되지 않는다.

연합부위의 특정 부분은 말하기(speech) 능력 발달에 특히 중요하다. 그래서 이 부위의 손상은 말하기 능력을 손상시킨다. 특히 청년기나 성년기에 입은 손상은 회복이 전혀 불가능하든가, 혹은 영구적인 것으로 보고되고 있다. 이 연합부위는 1~2세부터 시작하여 청년기 초기 무렵에 완성되고 일관된 기능이 성인 수준까지 이르게 된다. 물론, 어떤 부위의 발달은 성인 초기까지 계속된다(Tanner, 1979).

6. 피아제의 인지발달이론

'학습'을 행동주의적으로 정의하다가 피아제에 의해 인지론적으로 정의하게 된 것은 발달심리학 역사에서 아주 커다란 일이었다. 이제 발달심리학에서 찾고자 했던 새로운 학습이론은 '자극–반응의 심리학'과는 인연을 끊고 '구조와 규칙에 대한 심리학'이라는 지지 기반을 가지게 되었다. 아동은 환경으로부터 주어지는 자극에 수동적으로 반응하는 생물체가 아니라 그들이 생활하는 환경을 구축하는 데 적극적인 '가설–생성적인 개체'라고 생각하게 된 것이다.

　피아제는 주로 지능 발달에 관심을 두고 있었는데, 그는 지능을 기능적 측면과 구조적 측면으로 나누어 설명하고 있다. 기능적인 측면에서 본다면, 인지 발달이란 곧 유기체가 환경과의 상호작용에서 이루어 가는 순응과정(adaptation process)인데, 이것은 동화와 조절의 두 하위과정을 포함한다고 했다. 동화(assimilation)란 유기체가 대상을 자신의 '이해의 틀'에 맞추어 해석하고 이해하는 것을 말한다. 예를 들어 어떤 아이가 "네 발 달린 짐승이 개다."라고 하는 자기 나름대로의 '이해의 틀'을 가지고 있다고 하자. 그러면 이 아이는 네 발 달린 짐승을 보면 그것이 비록 개와는 다른 울음소리나 모습을 가지고 있다고 해도 그 차이를 무시하고 '개'라고 인지하는데, 이때 이것을 인지적 동화라고 한다. 반면에 조절(accommodation)이란, 새로이 부딪친 대상이 기존의 '이해의 틀'로 해석되지 않을 때 '이해의 틀'을 변화시키는 과정을 말한다. 위의 예를 말한다면, 네 발이 있기는 하지만 다리가 좀 더 길고 가늘며 뿔이 있으니 '개'와는 비슷하기는 하나 "개는 아니다."라고 받아들이는 것이다.

　아동은 자신이 가지고 있는 개라는 도식에 맞지 않는 또 다른 동물을 발견하고 그것을 '사슴'이라는 새로운 인지의 틀로 생성해야만 한다. 이와 같이 기존의 '이해의 틀'을 변용해 가는 과정을 인지적 조절이라 한다. 이러한 동화와 조절은 인지 발달의 어느 단계에서도 변함없는 형태로 나타나므로 피아제는 이것을 기능적 불변성(functional invarient)이라고 불렀다.

　피아제는 이와 같은 인지 발달의 기능적 측면뿐만 아니라 한편으로는 구조적 측면 또한 설명하고 있다. 그의 용어를 빌리자면, 유기체가 가지고 있는 '이해의 틀'을 도식(scheme) 또는 구조(structure)라고 하는데, 이것은 유기체가 태생적으로 가지고 있는 몇 개의 반사, 예를 들어 빨기 반사(sucking reflex)라든가 잡기 반사(grasping reflex) 등을 반복하는 가운데, 아기는 빨기 도식(sucking scheme) 또는 파악 도식

(grasping scheme) 등을 형성하게 된다. 이러한 도식들은 반복되는 행동을 통해서 점차 분화되고 또 통합되어져서 수많은 도식과 복합적인 고차원의 도식이 획득되어 간다. 일단 이러한 도식들이 형성되면 유기체는 서로 약간씩 다르기는 하지만 유사한 행동계열들을 이 속에 묶어 이해하고 이에 대응하게 된다.

도식의 사용은 어린이가 성장함에 따라 감각 운동적 차원을 넘어 개념적 차원까지 확대되어 간다. 피아제는 인지구조의 질적 차이에 의해서 발달단계가 구분된다고 주장하면서 인지 발달의 단계를 감각 운동기, 전 조작기, 구체적 조작기 및 형식적 조작기의 네 부분으로 나누었다.

1) 감각 운동기

출생 후 2세에 이르기까지의 감각 운동기에는 반사활동을 통하여 외부 세계와 접촉하면서 감각 운동적 지능을 발달시킨다. 출생 직후 1개월 정도는 단순한 선천적인 반사활동에 국한되어 있으나, 반사활동을 반복하는 가운데 감각 운동적 도식을 형성하게 된다. 그리하여 출생 후 1년쯤 되면 반사활동들이 보다 더 순응적이고 의도적으로 통제되고 조절되어 1세 반경에는 시행착오로 문제를 해결하나 감각 운동기 단계가 끝날 무렵에는 아주 초보적이나마 개념적 사고가 시작된다. 또 감각 운동기 무렵에는 지연된 모방이나 모델이 없는 모방도 가능해지며, 자신과 대상을 분리할 수도 있게 된다. 그리고 어떤 대상이 시야에서 사라지더라도, 그 대상이 계속 존재한다는 사실을 알게 된다. 즉, 대상영속성 개념(concept of object permanence)이 획득된다.

2) 전 조작기

만 2~5세에 걸치는 전 조작기에는 사물을 판단할 때 그것의 외관, 즉 눈에 보이는 지각적 속성에 의해서만 판단될 뿐, 그것의 내재적인 연관성, 규칙 또는 조작을 이해하지 못한다. 피아제는 이 단계의 이러한 인지적 특성을 보존개념의 실험을 통해서 단적으로 보여주고 있다. 그림 8.2는 보존개념의 전형적인 실험장면이다. 전 조작기의 어린이는 수면이 높은 쪽의 물이 더 많다고 대답한다. 이것은 이 시기의 어린이가 시각적 인상에만 의존하여 사고하기 때문에 컵의 모양이 달라져도 그 속의 물의 양은 변함이 없다는 것을 이해하지 못한다는 사실, 즉 양의 보존개념을 가지고 있지 않다는 사실을 보여주는 것이다.

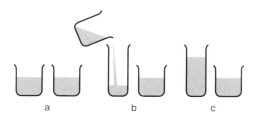

그림 8.2 보존개념 실험 모습

전 조작기 사고의 또 하나의 중요한 특징은 자아중심성이다. 자아중심성(egocentrism)
이란 타인의 관점이나 조망(perspective)을 받아들이지 못하기 때문에 자기 자신의 관
점이나 조망에 얽매여 있는 사고 양식을 말한다. 예를 들면 마주 앉아 있는 상대방에

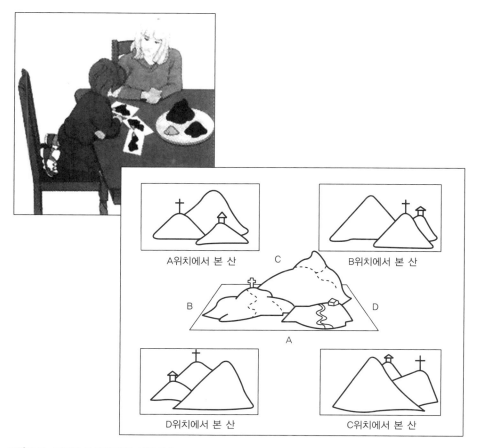

그림 8.3 자기중심성에 대한 실험 모습

게 보이는 자극배열이 자기가 보는 것과 다르다는 것을 이해하지 못한다. 자기에게 재미있는 TV 어린이 프로그램이 왜 어른들에게는 재미없는지를 이해하지 못한다.

3) 구체적 조작기

6~11세까지 동안 구체적 조작기(concrete operational stage)에 접어들면, 양, 무게, 부피 등의 보존개념을 이해하게 되고 자아중심성을 탈피하여 타인의 조망이나 입장을 이해할 수 있게 된다. 즉, 탈중심화 능력(decentering ability)이 획득되어 이전 단계에서 나타나던 일면적 사고에서 다면적 사고로 이행해 간다. 그리고 다소 체계적인 사고가 가능하게 되지만 이것은 구체적인 대상이 없는 추상적인 문제에 관해서는 체계적인 사고를 전개하지 못한다. 그러므로 이 시기의 사고의 특징은 현실 세계에 의한 구속성을 탈피하지 못하는 데 있다. 비록 이 시기의 아동들이 현실성을 떠나 가능성에 입각한 사고가 가능하다 할지라도 그것은 어디까지나 현실 세계에서 출발한 사고가 가능성의 세계로 약간 연장된 것에 지나지 않는다.

4) 형식적 조작기

11~12세 이후의 형식적 조작기(formal operational stage)에 이르면, 이전 단계에서 하던 경험적이고 귀납적인 추리가 가설적이고 연역적인 추리로 이행된다. 추리적 사고에 있어서 후자의 형태는 사고의 출발점이 현실성보다는 가능성에서 시작한다는 점에서 이전 단계와 차이가 있다. 그리고 이 시기에는 명제 내 사고(intra-propositional thought)를 넘어설 뿐만 아니라 명제 간 사고(inter-propositional thought)도 가능하게 된다. 다시 말하면 구체적 조작기의 아동은 단지 하나의 명제와 그 명제가 지칭하는 경험적 현실 간의 사실적 관계에만 주목하는 데 비해, 형식적 조작기의 청소년은 그와 병행해서 또는 그 대신에 하나의 명제와 다른 명제 간의 논리적 관계에 대해서도 주목할 수 있게 된다. 예컨대 "문은 열려 있거나 열려 있지 않다. 이 말이 맞느냐?"라고 물었을 때 형식적 조작기의 아동은 "맞다."고 대답하나 구체적 조작기의 아동은 "그 문은 보지 않았기 때문에 모르겠다."고 대답한다. 또 형식적 조작기의 사고자는 어떤 사상이나 명제에 포함된 일군의 요소들을 체계적이고 종합적으로 분석하는 데 있어서 이전 단계보다 훨씬 우수하다. 즉, 일군의 요소들에 대한 있을 수 있는 모든 조합을 산출하는 데 있어서 체계적이고 효과적인 방법을 더 잘 고안해낼 수 있게 된다.

5) 피아제 이론에 대한 비판

피아제 이론은 인지 발달에 관한 광범위한 시각을 제공해 왔으며, 아동의 사고와 문제해결에 관한 연구에 지대한 영향을 끼쳐왔다. 그러나 다른 한편으로는 피아제 이론에 대한 몇 가지 비판이 제기되기도 한다. 먼저 피아제 이론에 대한 비판으로는 최종적인 인지 발달이 15~16세경의 청년기에 완성되는 것이 아니라 그 이후 성인기에도 가능하기 때문에 이에 대한 새로운 단계를 설정해야 한다는 주장이다. 또한 보존 개념도 구체적 조작기 이전에 형성될 수 있으며, 발달이 항상 고정된 순서로 진행되지 않는다는 비판도 제기된다. 즉, 이전 단계로 후퇴할 수도 있다는 것이다. 한편, 정보처리적 접근을 하는 학자들은 피아제의 인지 발달 단계 이론과는 달리 인지 발달을 뚜렷한 단계를 거쳐서 이루어지는 과정이 아니라 계속적으로 진행되는 아날로그적 과정으로 설명한다. 이들은 인간의 인지능력을 컴퓨터에 비교하며, 정보 혹은 지식, 이러한 정보를 기억하는 데 이용되는 방략들이 아동이 발달해 감에 따라서 점진적으로 증가하게 된다고 본다.

다른 한편으로 러시아의 심리학자인 비고츠키(Vygotsky, 1986)는 아동의 인지 발달에서 사회적 상호작용의 중요성을 강조한 학자로서 아동들은 그들이 속한 사회적 세계와 계속적으로 상호작용하는 과정에서 그 문화의 여러 가지 상징체계와 언어를 능동적으로 사용할 수 있게 되며, 그 과정에서 사회적 세계로부터 영향을 받거나 영향을 미친다고 보았다. 이러한 비고츠키의 견해는 아동의 인지능력을 발달시키는 과정에서 부모, 교사 등의 협동이나 지지가 중요하게 작용할 수 있다는 점을 시사해주고 있다.

6) 비고츠키의 사회문화적 발달이론

비고츠키(1986)는 인지적 발달을 사회문화적 입장에서 살펴보았다. 비고츠키 이론의 핵심은 아동의 사고가 좀 더 능력 있는 사람들과의 대화를 통해서 발달한다는 것이다. 사회문화적 이론에 의하면 아동의 인지 발달은 사회적 상호작용만으로 이루어지는 것이 아니라, 아동이 속한 사회문화적 맥락과도 밀접한 관련성이 있다. 예를 들어, 유아는 주의집중, 감각 및 기억과 같은 몇몇 기초적인 정신기능을 가지고 태어난다. 이러한 정신기능은 문화에 의해서 고도의 정신기능이라는 새롭고 복잡한 정신과정으로 변화된다. 가령, 문화는 아동에게 지적 적응의 도구, 그중에서도 특히 언어를 제공하여 기초적 정신기능을 더욱 발달시킬 수 있도록 한다.

또한 아동의 인지적 기술 대부분은 부모, 교사, 유능한 협력자와의 상호작용을 통해 습득된다. 비고츠키는 발달이란 그 문화권에서 좀 더 성숙한 사람과 협동하면서 일어나는 도제 과정이라고 보았다. 예를 들어, 한 아이가 퍼즐을 풀 때 옆에 있는 아빠로부터 약간의 도움을 받고 나서야 문제를 해결할 수 있었다고 하자. 이러한 상호 작용은 아동이 자신보다 더 나은 기술을 가진 사람과 함께 활동할 수 있게 하는 지도하의 참여(guided participation)이고, 이를 통해 아동의 인지 발달이 이루어진다.

비고츠키의 발달 개념에서 가장 독특한 것 중의 하나가 **근접 발달 영역**(zone of proximal development)이다. 앞의 퍼즐 예에서 그 아이가 아빠의 도움을 받아 문제를 해결할 수 있는 영역이 근접 발달 영역에 해당한다. 이에 비해, 발달 영역은 아이가 외부의 도움을 받더라도 문제를 해결할 수 있는 영역이고, 미발달 영역은 외부의 도움을 받더라도 문제를 해결할 수 없는 영역을 말한다. 발달은 미발달 영역이 근접 발달 영역이 되고, 그다음 최종적으로 발달 영역으로 되는 과정을 거쳐서 이루어진다.

이러한 입장에서 보면, 발달과 관련해서 교육과 같은 환경적 요인이 가장 중요한 역할을 하는 영역은 근접 발달 영역이다. 왜냐하면, 이 영역에서 섬세한 가르침이 이루어지고 그에 따라 새로운 인지적 성숙이 일어나기 때문이다. 인지적 성장을 촉진시키는 사회적 협동이 갖는 하나의 특징이 **발판화**(scaffolding)이다. 이것은 학습자가 문제를 해결하는 데 필요한 도움의 양, 방법과 내용을 적절하게 조정하여 제공함으로써 문제에 대한 이해력을 증가시키는 경향을 말한다. 이것은 피아제의 이론과는 달리 교사의 지도하에 이루어지는 참여 활동을 강조한다.

7. 정서 발달

1) 정서 발달 과정

(1) 정서 발달의 생리적 기초

지금은 생각할 수도 없는 몇몇 비윤리적인 실험들은 정서 발달의 기초로 성숙을 들고 있다. 게젤은 작은 방에 아기를 격리해 두고 정서의 분화과정을 연구했다. 연구 결과로 생후 10주까지는 불쾌감이 나타나지 않았는데, 20주경에는 어느 정도의 불쾌와 불안을 나타냈으며, 30주경에는 심한 불쾌와 불안 때문에 많이 울었다고 한다. 이것을 근거로 하여 게젤은 공포는 성숙에 따른 정서반응이라고 보고했다. 그리고 존스는 뱀에 대한 공포 발달에 관한 실험을 진행하였는데, 50명의 영아에게 뱀을 보여주고 반응을 조사했다. 2세까지의 어린이는 뱀을 보고도 태연하였으며 아무런 공포도 보이지 않았다. 3~3.5세의 유아는 뱀이 움직이는 것을 보고 곁에 가서 만지고 싶어하는 듯하면서도 선뜻 다가서지 않고 경계하는 빛을 보였다. 만 4세 이상의 유아는 즉시 뱀을 피하며 분명한 공포 반응을 나타냈다.

정서의 표현에는 혈압이나 맥박, 또는 자율신경계의 활동과 같은 생리적 변화가 수반되므로 정서 발달이 생리적 근거를 가지고 있음을 짐작할 수 있다. 감정은 생리적으로 특히 뇌 시상하부에 기초를 두고 있으며 정서행동은 대뇌피질과 관련된다. 전두엽의 정서 표출을 통제하는 기능을 보인다는 것은 전두엽 제거수술에 의해서 입증되었다. 그러므로 감정 및 정서 발달은 대뇌피질의 분화 발달과 시상하부의 생리적 발달과 관련되어 있다고 생각된다. 예를 들어 분노 상태에서는 자율신경계의 작용에 의해서 얼굴이 붉어지고 호흡이나 맥박이 빨라진다. 이러한 생리적 표출은 자신의 정서 상태를 타인에게 전달하는 구실도 한다. 이렇게 정서 표출을 하는 동안에 얼굴의 수의근이 발달하고 따라서 표정은 바뀌게 되며 때로는 정서를 전달하는 것이 아니라 위장할 수 있게 된다. 이 때문에 연령이 증가하면 정서적인 표현이 세련되기도 하고 가식적이 되기도 한다.

그러나 유아기에는 아직 대뇌피질이 잘 발달되어 있지 않다. 특히 전두엽은 장시간에 걸쳐서 발달되기 때문에 전두엽 활동에 따른 흥분 통제는 성인에 이를 때까지는 충분히 이루어지지 않는다. 또 신생아는 아직 일정한 주파수의 뇌파를 나타내지 않으며, 6세경이 되어서야 성인과 같은 주파수가 후두엽에서 발견된다. 그러나 전두엽에서는 아직 성인보다 느린 주파수에 머무르고 있다. 19세경이 되면 비로소 성인과 같은 주파수가 대뇌의 어느 부위에서든 나타난다. 즉, 전두엽의 대뇌피질은 19세경에 비로소 그 기능이 충분히 발달한다고 추정된다.

(2) 초기 정서 분화

정서는 생의 초기에 대부분의 정서가 분화한다. 불쾌 쪽의 정서가 보다 빨리 분화하는데, 대체로 2세가 끝날 무렵까지는 성인에게서 볼 수 있는 거의 모든 정서가 나타난다. 나이가 들수록 정서적인 감수성이 예민해지고 표현 방식이 세련되어지지만 기본이 되는 정서의 발현은 영아기에 완성되는 셈이다. 이와 같이 정서의 분화가 일찍 이루어지 때문에 이 시기에 분화되는 정서의 기본 경향성이 성격의 기본적인 틀이 형성되는 데 중요한 역할을 하게 된다.

(3) 후기 정서 발달

앞에서 본 바와 같은 영아기에 분화되어 나온 정서의 기본 틀 위에 다양한 정서 경험과 정서 표출의 학습과 변용이 이루어져 나간다. 정서 표현과 정서 경험은 연령에 따라 변화한다. 출생 후 얼마 동안은 그 기저에 생리적인 정서 상태와 그에 따른 정서 표현에 거리가 있다. 이것은 아마도 신경 발달의 미숙에 기인하는 것으로 보인다. 예를 들면 영아는 신체적 구속에 대해서 분노 반응이 아닌 표정을 나타내는 것을 볼 수 있다(Sternberg, 1969). 그리고 또 다른 예를 들어, REM 수면에서 아기가 미소를 보일 때가 있는데 무엇에 의해서 이런 미소가 표출되는지는 아직 밝혀지지 않고 있다. 이런 미소가 나중에 기쁨의 표출로 나타나는 미소와는 분명히 다른 것 같다. 생의 아주 초기에 이와 같은 시기가 잠시 있으나 곧 정서 표현이 그에 상응하는 정서 상태와 합치하게 된다. 그러나 생후 3개월쯤부터 벌써 영아는 정서 표현을 정서 상태로부터 분리시키도록 유도하는 사회화 과정에 놓이기 시작한다. 그래서 빠르면 아동 후기, 늦으면 성인 초기에 이를 때까지는 이미 거의 모든 정서가 자유롭게 표현될 수 있게 된다. 다시 말하면 문화적인 표출 방식과 개인적인 표출 방식 등등에 일치하도록 통제를 받게 된다. 이와 같은 정서 통제는 되돌아서 정서 표현자의 정서 상태에 다시 영향을 미치기도 한다. 더 나아가서는 '진정한' 정서에 상응하는 섬세한 외현적 안면 표정이 그 표정에 알맞는 정서 경험을 하도록 계속 추구한다. 그럼에도 불구하고 외현적 정서 표현이 속으로 느끼는 정서와 같지 않다는 것은 의심의 여지가 없다.

(4) 정서 발달과 환경

볼비(Bowlby, 1988)는 시설에서 돌봄을 받는 아이들에 대한 연구에서 시설에 수용되어 있는 어린이들은 정서 발달이 뒤떨어지는 것은 물론이거니와 신체적 발육이 상당히 뒤떨어지며 질병을 앓거나 언어 발달이나 학업성적 그리고 대인관계에 많은 문제점이 있다고 했다. 그뿐 아니라 이들은 자란 후에도 사회적으로 잘 적응하지 못하고, 반사회적 성격 또는 비행으로 진행되어 가는 경우가 많다고 지적했다.

　최근에 연구에서도 영양이 풍부한 음식을 주고 청결하고 안락한 시설에서 자라는 아기들이라도 신체적 발달이 늦고 병에 잘 걸린다는 사실이 지적되어 청결한 시설과 영양 많은 음식만으로는 아기를 건강하게 기를 수 없음이 나타났다. 아기의 발육에는 주위에서 돌보는 사람들의 안정적이고 따뜻한 애정이 필요하다. 이러한 주장에는 그럴 만한 생리적 근거가 있다. 즉, 정서를 통제하는 대뇌 부위는 시상하부로부터 이곳에서 분비되는 호르몬이 다시 뇌하수체를 자극하게 되어 성장호르몬을 분비하게 된다. 만일 어머니나 다른 돌보는 사람이 애정을 가지고 안아주고 쓰다듬어주고 웃어주면 아기는 기분 좋은 정서적인 흥분을 자주 경험하게 된다. 따라서 정서와 관계가 있는 시상하부가 적당한 자극을 받아 호르몬 분비가 활발해지고 그 결과 뇌하수체가 자극을 받아 성장호르몬의 분비도 활발해진다. 이와 반대로 애정이 결핍된 상태에서는 정서적 경험이 결여된 까닭에 위에서 말한 호르몬 분비도 저하된다. 그리고 애정을 못 받고 자란 어린이는 신체 성장이 저조해 왜소한 체구를 갖게 되는 경우가 있다. 이러한 아이를 정서로 인한 왜소증(emotional dwarfism)이라고 하는데, 이것은 정서가 인간의 성장 발달에 얼마나 심각한 영향을 미치는가를 보여주는 한 예라고 할 수 있을 것이다.

2) 대인관계 형성

(1) 애착행동

양육자에 대한 애착은 영아가 양육자로부터 보살핌을 받을 때의 정서적 경험을 기초로 자기와 애착인물 및 외부세계 사이의 관계를 나타내는 내적 작동모델로 구조화된다는 것이다. 따라서 영아기에 안정된 애착을 형성한 개인들은 타인을 신뢰할 수 있고 도움을 주는 타인에게 접근할 수 있다는 무의식적 확신을 가지며 자기 자신에 대해서도 신뢰나 사랑 혹은 보살핌을 받을 가치가 있다는 신념에 바탕을 둔 내적 작동모델을 형성한다. 그들은 성장한 이후에도 자신을 긍정적으로 지각하고 타인과도 안정된 애착관계를 형성할 수 있다. 대조적으로 양육자에게 안정되지 못한 애착을 형성한 개인들은 자신과 타인을 신뢰하지 못하고 자신을 가치 없고 무능한 사람으로 지각하기 때문에, 부정적인 내적 작동모델을 형성하게 된다.

이와 같은 부정적인 신념에 기초한 내적 작동모델은 다양한 정신 병리적 증상을 초래할 수 있다. 자율적-안정형 어머니들은 전형적으로 안정된 애착을 형성한 영아를, 거부형 어머니들은 회피적 영아를, 몰입형 어머니들은 불안/양가적 영아를, 미해결의 혼란형 어머니들은 불안/혼란된 애착을 형성한 영아를 갖는 경향이 있다. 부모가 가지고 있는 내적 작동모델의 질적 특성이 영아의 애착형성에 영향을 줄 뿐 아니라 개인의 애착양식이 내적 작동모델을 통하여 세대를 통하여 대물림된다는 것을 의미하기도 한다. 다시 말하면 애착은 영아-양육자 사이의 애정적 유대관계로 끝나는 것이 아니라 내적 작동모델의 형성을 통하여 다음 세대까지 상속되므로 개인의 정신적 건강상태가 세대를 통하여 전달될 수 있다는 것이다.

어린 아이는 자라면서 자기 주변의 사람들 가운데 자주 대하는 친숙한 사람과 떨어지지 않으려 하거나 낯선 사람이 가까이 접근하면 불안이나 공포반응을 나타내는 애착을 발달시킨다. 이런 애착은 사랑과 의존심을 포함하는 것으로서 아기는 애착을 형성한 사람이 보이지 않으면 찾게 되고, 주의를 끌려고 하며, 애착대상과 분리되면 불안해한다. 대부분의 영아가 6~8개월이 되면 이런 선택적인 애착관계를 형성하게 되는데, 대부분의 경우 엄마가 그 대상이 되지만, 간혹 아버지나 집안에서 자주 접촉하는 사람들에게 애착을 보이기도 한다. 애착의 대상이 나중에는 형이나 누나 또는 다른 친척이나 이웃들로 확대된다.

애착의 형성에 있어서 어머니(또는 대리모)의 따뜻한 애정과 반응성이 결정적인 역할을 한다. 일반적으로 애착의 정도는 돌 전후에 절정에 달했다가, 18개월이 되면 대개는 많은 다른 사람에게로 분산되어 간다. 그러나 아기가 최초로 애착을 형성하게 되는 상대방의 사람은 8~24개월경부터 아기의 성격 발달에 결정적으로 중요한 영향을 미치게 된다. 만일 어린 시기에 바람직한 애착형성이 되지 않으면 성격 발달에 장애를 가지게 된다. 애착과 유사한 기제가 여러 종의 새끼에게서도 발견된다. 특히 오리나 거위와 같은 동물들도 어미를 쫓는 행동을 강하게 보이는데, 이것은 부화한 직후에 본 움직이는 대상을 각인(imprinting)한 결과로서 만약 부화한 직후인 결정적 시기에 사람에게 노출된다면 새끼는 사람을 따르게 된다.

그러면 도대체 사람이나 원숭이 같은 포유류에 있어서 애착을 형성하는 데 관여하는 요인은 무엇일까? 정신분석학적 설명에 따르면 유아는 자기의 일차적 욕구를 충족시켜주기 때문에 엄마에게 애착한다고 설명한다. 그러나 원숭이를 사용한 Harlow와 Zimmermann(1985)의 실험은 그것보다는 포근한 대상과의 접촉에서 오는 위안이 더 큰 요인임을 보여준다. 즉, 새끼 원숭이는 젖을 제공해주는 철사로 만든 원숭이보다 젖을 주지는 않지만 좋은 감촉을 주는 벨벳으로 감싼 원숭이를 더 좋아했다. 음식을 준다는 것은 좋은 감촉을 준다는 것에 비하면 애착형성의 요인으로는 2차적인 것으로 보인다.

(2) 성 유형의 발달

성 유형(sex-typing)은 어떤 문화 속에서 남자와 여자에게 적절하다고 인정되고 있는 행동, 태도, 가치를 획득하는 것을 말한다. 대체로 동양 문화에서는 남성성(masculinity)을 활동적이며 다소 공격적이고 독립성이 강하며 과제 중심적인 특성으로 규정지으며 여성성(feminlty)을 온순하고 의존적이며 인간관계 중심적인 특성으로 규정짓고 있다. 유아기에는 자기의 성을 의식하여 여아는 여아답게 남아는 남아답게 행동하는 경향이 나타난다. 이와 같이 성별에 따라 행동이나 태도에 차이가 생기는 것은 두 가지 원인으로 집약될 수 있다.

첫째는 선천적으로 타고난 남녀의 생리적 차이로서 설명할 수 있다. 즉, 남녀는 태어난 때부터 골격, 호르몬의 수준 등이 다르다. 발육에서도 대개는 남아의 체중이 여아보다 무거우며, 키도 더 크고, 활동적이다. 이와 같은 신체적 특징이 남아와 여아의 성 역할(sex-role)에 차이를 가져온다는 것이다. 그러나 이러한 생리학적 차이만으로는 남녀의 성 유형이 다른 것을 충분히 설명할 수 없다. 둘째는 문화권에 따라 성 유형을 획득해 간다는 설명이다. 문화인류학자들의 조사에 의하면, 파푸아뉴기니에 살고 있는 챔블리 부족에서는 남자는 생계에 대한 책임이 여자보다 작고 자신의 용모에 더 관심이 많으며, 정서적으로도 더 의존적인 반면에 여자는 지배적이고 개인적인 일에는 관심이 적고, 더 힘든 일을 하려고 한다. 챔블리 족을 통해 성 유형이 문화패턴에 의해서 결정된다는 사실을 알 수 있다.

(3) 사회인지

아동의 활동범위가 넓어지고 사회적 상호작용이 빈번해짐에 따라 타인의 관점이나 정서 상태, 행동의 원인이나 의도 등에 대해서 점차 더 큰 이해를 하게 된다. 사회적 인지가 발달하는 또 다른 원인으로는 일반 인지의 발달에서 찾을 수 있다. 즉, 아동이 구체적 수준에서의 조작능력을 획득하면 엄마의 표정으로부터 "엄마가 화났다."는 것을 알 수 있으며 따라서 "조르지 말아야 되겠다."고 생각할 수 있게 된다.

인지능력이 발달함에 따라서 타인에 대한 개념도 점차로 달라진다. 7세 이하의 아동에 있어서 '친구'란 가까이 사는 아이 또는 좋은 장난감을 가진 사람으로 생각하지만 9세가 되면 우정이란 오고 가는 두 길이라고 생각하게 된다. 사회인지의 발달의 한 결과로 아동은 타인뿐만 아니라 자신의 행위 당위성이나 그 행동의 의도에 대한 선악 판단이 점차 명료해진다. 그 같은 과정을 도덕성 발달을 통해서 검토해보자.

8. 도덕성 발달

도덕성은 도덕적 행동과 도덕적 개념 및 판단을 포함하여 보상체계(reinforcement system)에 의한 학습과정과 부모에 대한 동일시(identification)나 위반행위에 대한 죄의식 등의 경험과 관련하여 발달한다. 이러한 도덕성의 발달에 있어서, 일반적으로 초기에는 도덕적 행동이 먼저 발달하고 행동적 경험을 토대로 하여 점차 도덕적 개념이 발달한다. 그러나 후기의 도덕 발달은 도덕적 행동과 행동적 개념의 상호작용에 의해서 보다 높은 수준의 도덕성으로 발달되어 나간다. 그런데 도덕 발달에 관한 연구는 대부분 도덕적 의문이나 갈등을 야기하는 문제 상황에 대한 도덕적 판단의 연령적 변화를 규명하는 것이다.

가장 널리 알려진 도덕 발달 연구는 피아제의 연구와 콜버그의 연구이다. 이들의 도덕발달이론은 기본적으로 인지발달론에 근거한다. 다시 말하면 도덕 발달은 인지 발달 단계와 병행한다는 것이다. 그러므로 피아제는 어린 아이들이 7, 8세 이전에는 현실적 결과에 근거해서 선악을 판단하는 데 반해, 그 이후가 되면 행동의 기저에 깔린 동기를 생각해서 선악을 가린다는 것이다. 왜냐하면 7, 8세 전후에야 비로소 행동의 원인을 추론할 수 있는 인지적 능력이 발달되기 때문이다. 피아제의 이러한 인지론적 도덕발달이론을 좀 더 확대·발달시킨 것이 콜버그의 도덕발달이론이다. 콜버그는 두 번째 질문에 대한 응답자의 대답을 분석한 자료에 근거해서 도덕 발달의 단계를 전인습적 도덕단계, 인습적 도덕단계, 후인습적 도덕단계의 세 수준으로 구별하고, 각 수준을 각각 2개의 하위단계로 나누어, 모두 6단계로 구분해서 설명하고 있다. 콜버그가 도덕 발달을 설명하기 위해서 제시한 갈등 상황의 예는 아래와 같다.

"하인즈는 병들어 죽어 가는 자기 아내를 살리기 위해 약을 사러 갔다. 그 약의 원가는 200달러 정도인데 2,000달러를 요구했다. 도저히 약 값을 마련할 수 없는 하인즈는 아내가 다 죽게 되었으니 약 값을 좀 싸게 해주든지 아니면 외상으로 팔 것을 애원했다. 그러나 거절당했다. 그래서 하인즈는 그 약을 훔쳤다. 누가 옳고 잘못한 것인가? 그 이유는 무엇인가?"

1) 전인습적 도덕단계

전인습적 도덕단계(pre-convintional morality)는 1, 2단계의 전인습적 도덕단계로 구분된다. 제1단계는 벌을 피하기 위해 권위와 규율에 복종하는 것이 특징이다. 대략 초등학교 저학년 이하의 어린이들이 주로 이 단계에 속한다. 이들은 인생의 가치를 물질적 가치와 혼동한다. 위의 예문에서는, 약을 만드는 값이 별로 비싸지 않기 때문에 훔친 행위를 정당화할 수도 있다. 또는 잡히면 벌을 받을 것이기 때문에 나쁜 행위로 평가할 수도 있다. 제2단계는 상과 칭찬을 받기 위해 동조하는 단계로서 인생의 가치를 자신이나 타인의 욕구 충족에 두고 있다. 그래서 이 단계를 소박한 도구적 쾌락주의(naive instrumental hedonism) 단계라고도 한다. 예를 들면 어차피 죽을 환자가 고통을 피하기 위해 죽여 달라고 할 때 의사는 안락사를 시켜야 하는가 하는 물음에 환자의 고통을 덜어주기 위해 좋다고 판단하는 것과 같은 것이다.

2) 인습적 도덕단계

3, 4단계는 인습적 도덕단계(convintional morality)에 속하는데, 3단계는 타인으로부터의 비난을 피하기 위해서 행동하며 인생의 가치를 가족과 타인에 대한 애정과 연민에 둔다. 안락사 사례에 대한 반응은 남편이 환자(부인)를 무척 사랑하고 보고 싶어 하며, 빨리 죽기를 원치 않기 때문에 안락사시킬 수 없다는 식의 반응이다. 4단계는 권위자의 규칙에 따르며 어떤 행동 결과로 인해 생기는 죄를 피하기 위해 행동한다. 인생을 신성한 것으로 느끼며 법과 질서를 강조한다. 의사는 환자를 안락사시킬 권리가 없으며 어느 누구도 생명을 빼앗을 수 없다는 판단을 한다.

3) 후인습적 도덕단계

5, 6단계는 후인습적 도덕단계(post-convintional morality)에 속하는 단계로서 이 시기의 특징을 자기 원리적 도덕성이라고도 부른다. 5단계는 사회복지적인 면에서 공명정대한 제3자의 입장을 취하며 인생을 사회복지, 보편적인 권리, 관계에서 평가한다. 예를 들어 "장교는 어떤 병사에게 부대를 구하기 위해 적진으로 가도록 명령해야 하는가?"와 같은 물음에 대해 많은 생명을 구하기 위해서는 보낼 수밖에 없다는 식의 반응을 보인다. 즉, 이 단계는 계약과 인권, 민주적 법칙의 도덕성을 가지고 사회복지에 동조하는 단계이다. 마지막 6단계는 인생을 보편적인 인간의 가치를 갖는 신성한 것으로 믿으며 자책감을 피하려는 개인적인 양심의 원리에 입각한 도덕성을 가진다. 위에 나온 약을 훔친 예에서, 사회적인 법으로 보면 그가 나쁘지만 자연이나 신의 법으로 보면 약을 주지 않은 사람이 나쁘다. 인간의 생명은 경제적인 것으로 말할 수 없는 것이며, 누가 죽든 간에 사람이라면 그를 구해야 할 의무가 있다는

식으로 반응하는 단계이다.

콜버그는 위와 같은 6단계를 설정했다가 이후에 7단계를 추가하였는데 7단계는 우주적이고 영생적(cosmic and infinite)인 것을 지향하는 단계라고 보았다. 즉, 도덕적인 문제는 도덕이나 삶 자체가 아니라 우주적 질서와의 통합이라고 보는 단계이다. 이러한 도덕 발달 단계에서 각 개인이 도달하는 마지막 단계는 서로 다르다. 즉, 제6단계나 제7단계에까지 도달할 수 있는 사람은 예수, 공자, 소크라테스나 마틴 루터 킹 목사와 같은 사람일 것이라고 한다. 콜버그의 도덕발달이론에 입각해서 이루어진 미국, 대만, 멕시코 간의 문화비교 연구의 결과를 보면, 단계의 연속성이 보편적으로 나타나지는 않는다. 좀 더 자세히 말하면 5단계와 6단계가 최종 단계가 아니다. 즉, 모든 문화권의 사람이 5, 6단계까지 이르지는 못하며 대부분의 성인에 있어서 4단계가 우세하다. 콜버그 이론에 대한 비판도 있는데, 먼저 연구 대상들이 미국의 중·상류층으로 한정되어 있었다는 것을 지적할 수 있다. 둘째는 남성들만을 대상으로 연구해서 성에 따른 차이를 고려하지 않았다는 것이다.

9 적응과 이상심리

인간은 온갖 자극들에 대처하면서 살아간다. 전쟁, 홍수 등의 재난은 물론 대형 사고나 사건 혹은 재난 등은 인간의 생활에 큰 변화를 가져오기 마련이다. 이런 경우들에서의 '적응'이란 결국 변화에 대한 적절한 순응을 뜻한다. 즉, 우리의 생활환경은 변하기 마련이고 그런 변화에 계속적으로 적응하고 대처해 나가야 한다는 사실은 인간의 기본적인 생존 조건이다.

이번 장에서는 인간이 적응해야 하는 생활 과정에서의 요인 및 문제들이 무엇인가를 살펴보고 이러한 문제들에 대한 적응 방식을 밝히고자 한다.

1. 스트레스

인간은 삶을 살아가는 동안 온갖 스트레스를 경험하게 되는데, 이것은 피할 수 없는 존재의 조건이다. 사람들이 스트레스에 어떻게 대처하는가 하는 것은 적응과 직접적으로 관련된다. 즉, 스트레스를 성공적으로 대처하면 적응을 잘하는 것이라고 볼 수 있다. 따라서 스트레스에 대한 대처방식과 연관지어 적응의 여러 측면을 고려하는 것은 매우 중요하다. 본질적으로 적응이란 자신의 필요뿐만 아니라 환경의 요구도 충족시켜주는 능력을 말한다.

심리학에서 적응이란 주변 환경 속에서 살아남기 위한 각 개인의 투쟁을 의미한다. 그렇기 때문에 단순한 생물학적인 변화보다는 오히려 '주변 환경과의 조화 있는 관계'를 이룩해야 한다는 '기능적 혹은 학습된 변화'라고 볼 수 있다. 일반적 의미의 적응은 두 가지 종류의 과정으로 구성된다. 첫째는 주어진 환경에 자신을 변화시키는 과정이고, 둘째는 자신의 욕구를 충족시키기 위해서 환경을 변화시키는 과정이다. 따라서 훌륭한 적응이란 환경 속에 내포되어 있는 위험을 감수하며 자신을 환경에 내맡기기보다는 환경을 최대한 이용하는 것을 의미한다. 다시 말해서 적응이란 개인과 환경과의 능동적인 상호작용이다. 또한 심리학자들은 환경에 적응하는 것 이외에도 우리 자신과 우리 자신의 생물학적·심리학적인 수용 능력에도 적응해야만 한다고 말한다. 이러한 점에서 적응은 각 개인의 심리적 처리과정을 포함하고 있다.

우리는 변화된 환경 조건에 대처하지 못한다고 느끼거나 신체적으로든 심리적으로든 자기에게 해를 끼칠 것으로 우려되는 상황에 부딪치게 되면 긴장과 불편감을 느끼기 시작한다. 이것이 흔히 말하는 '스트레스'이다. 스트레스라는 말은 여러 가지 의미로 쓰일 수 있지만 심신에 긴장감을 주면 스트레스가 생긴다고 말할 수 있다. 또한 마음에 부담을 주는 '심리적 스트레스'와 신체에 긴장과 부담을 주는 '생리적 스트레스'로 구별해 생각할 수 있는데, 연구에 의하면 심리적 스트레스도 생리적 스트레스만큼 신체에 부담을 주는 것으로 밝혀지고 있다.

인간이 스트레스를 느끼는 정도는 위협을 주는 환경 자극의 실체적 위험이나 환경 변화에 대해 위험을 느끼는 정도, 환경 자극에 대한 이전의 경험 및 학습 내용 그리고 책임감에 따라 달라진다. 환경 변화나 위험을 느끼는 정도는 사람마다 다를 수 있다. 예를 들어, 홍수나 지진과 같은 자연재해에 대해 어떤 사람들은 처음부터 끝까지 당황하고 충격 속에서 헤어나지 못하는가 하면 어떤 사람들은 금방 정신을 차려서 대책을 수립하기도 한다. 또 어떤 사람들은 홍수나 지진 해일 경보 자체를 무시하거나 위험 상황에 대한 인식조차 못하는 경우도 있다.

또한 과거의 학습경험에 따라 스트레스의 정도가 다르다는 것을 알 수 있다. 즉, 이전 시험에서 생각보다 낮은 점수를 받은 학생은 그렇지 않은 학생에 비해 다음 시험을 앞두고는 더 스트레스를 느끼기 마련이다. 또한 개에게 물린 경험이 있는 아이는 멀리 있는 개를 보기만 해도 무서워하는 데 비해, 그런 경험이 없는 어린이는 강아지를 옆에 끼고 잠을 잘 수도 있다.

책임감도 스트레스를 조절하는 요인이 될 수 있다. 비슷한 성장 배경의 원숭이 두 마리를 나란히 묶어두고 20초마다 전기 충격을 가하는 실험에서 책임감이 스트레스가 될 수 있음을 보여주었다. 실험에서 한쪽 원숭이가 지렛대를 누르면 전기 충격을 지연시킬 수 있도록 장치를 해두었다. 지렛대를 누르면 전기 충격을 지연시킬 수 있는 원숭이를 '방어책임' 원숭이라고 한다면, 방어책임 원숭이의 대처행동(지렛대 누르기)에 따라 두 원숭이가 당분간은 전기 충격을 피할 수 있게 된다. 그러나 방어책임 원숭이가 아닌 원숭이는 충격을 피하기 위한 조종 장치가 없기 때문에 그저 가만히 있을 수밖에 없다. 실험 결과, 방어책임 원숭이는 자신과 동료의 안녕에 대한 책임감으로 더욱 긴장하게 되는데 실험이 지속되면서 심한 위궤양까지 나타났다.

다른 실험에서 원숭이를 묶어두는 시간과 풀어주어 쉬도록 하는 시간을 변화시켜 보았다. '방어책임' 원숭이에게서 검출되는 위산의 양은 묶어두었을 때보다 쉬는 시간에 더 많았다. 이러한 결과는 쉬면서 닥쳐올 위험을 예상하는 것이 위험 경험 자체보다 더 긴장을 준다는 것을 시사한다. 위험한 사건을 경험할 때보다 예측되는 위험을 앞둔 순간에 더 스트레스를 겪는다는 사실은 낙하산 부대 군인들의 공중낙하 전후의 생리적 긴장 지표(심장박동, 땀 등)에서도 밝혀지고 있다. 아마도 스트레스가 인간에게 미치는 영향은 스트레스가 있음으로 해서 일시적으로 주의력이 감소되는 경우에서부터 심할 경우에는 생활에 적응하지 못하면서 삶 자체가 흔들리는 경우까지 광범위하게 걸쳐 있는 것으로 보인다.

1) 압박감

압박감은 우리가 어떤 행동 기준에 꼭 맞추려 하거나 급속한 변화에 적응하려고 할 때 경험되는 긴장 상태를 말한다. 압박감은 내부 압력과 외부 압력으로 나누어 생각할 수 있다. 내부 압력은 흔히 자존심의 유지와 관련이 있다. 가령 자기 자신의 지능, 인기 또는 운동 및 예술적 재능에 관한 스스로의 믿음 때문에 보다 우수한 수준까지 자신을 끌어올리려고 하는 데서 압박감을 느끼는 것이다. 외부 압력에는 경쟁, 사회 조건의 급속한 변화, 가족 및 친구들로부터의 기대 등이 포함된다. 학생은 좋은 성적과 인기를 얻기 위해 경쟁하고 어른은 보다 나은 수입과 지위를 쟁취하기 위해 끊임없이 남들과 경쟁한다. 현대 사회에서는 실패는 수치이고 실패자는 가치 없는 존재로 받아들여지고 있기 때문에 현대인들은 남들과의 경쟁에서 '승리해야 한다는 압력'을 더욱 심하게 받고 있다. 현대 사회는 복잡하고 급속한 변화를 겪고 있기 때문에 그만큼 우리에게 주는 압박도 크다. 적응을 힘들게 하는 것은 생활 조건의 변화 자체일 수도 있겠지만 변화 속도 및 다양성도 중요한 압박 요인이 될 수 있다. 그래서 앨빈 토플러 같은 미래 학자는 급속한 사회 조건의 변화 속에서 오는 정서적 충격을 '미래의 충격'이라고 묘사했는지도 모른다. 또한 가족과 친구들로부터의 외부적 압력도 대단하다. 가족과 친구들은 우리에게 흔히 여러 가지 기대와 요구를 한다. 어떤 때는 도저히 감당하기 힘든 역할을 요구하기 때문에 가족이나 친구에게서 오는 압박감은 생의 가장 큰 도전이 될 수도 있다.

2) 불안

압박감과 불안의 가장 큰 차이는 압박감을 받는 사람들은 왜 압박감을 느끼는지 알고 있다는 것이다. 부모의 기대가 압박감으로 작용하는지, 내일 치러야 하는 중요한 시험이 압박감을 주는 것인지 알고 있다. 그러나 불안은 불안을 느끼는 사람들조차도 왜 불안해하는지를 모를 수 있다. 이런 관점에서 불안은 원인이 불분명한 불편하고 불안정한 마음 상태를 말한다. 불안의 모호함은 여러 스트레스 유형 중에서 불안을 가장 조절하기 어려운 것으로 만든다. 불안한 사람들은 정확한 이유를 모르지만 호흡이 고르지 못하고, 근육이 긴장하거나, 주의력이 떨어지고, 하찮은 일에도 화가 나기도 하고, 재산이 충분한데도 불구하고 초조하거나 우울한 상태에 빠질 수 있다. 요컨대 불안은 환경에 대한 객관적인 평가와는 모순적인 감정(느낌)이며 주관적이고 문제가 되는 정서 상태를 만들어낸다.

불안은 특성 불안과 상태 불안의 두 가지로 나누어 볼 수 있다. **특성 불안**은 비교적 지속적인 성격 특성이고 **상태 불안**은 특정한 상태나 상황에 따라서 발생하기도 하고 증가하기도 하는 불안이다. 즉, 특성 불안은 지능지수처럼 사람마다 개인차가 있는데, 어떤 사람에게 있는 특성 불안은 생활 장면이 달라지더라도 일정한 수준을 유지한다. 그리고 상태 불안은 어떤 특정한 환경 조건과 밀접한 관계가 있기 때문에 강도는 순간순간 변할 수 있다.

Martinez-Urrutia(1975)의 연구가 이러한 두 가지 불안의 성질을 잘 입증해주고 있다. 그는 수술 전·후 환자들의 특성 및 상태 불안을 측정하는 연구를 실시했다. 연구 결과, 환자들의 상태 불안은 수술 전에 증가했다가 수술을 마친 후에는 감소했음을 확인했다. 그러나 환자들의 특성 불안은 수술 이전이나 이후에도 큰 변동이 없었다. 일반적으로 긴장되는 사건이 길어지면 길어질수록 그리고 심하면 심할수록 상태 불안은 더 커질 것이다. 그리고 긴장되는 사건이 일어날 것이라는 경고가 나타나면 과거 경험 및 자기 능력 정도를 평가하게 되는데, 이것을 통해 어떤 사람의 특성 불안은 변화하게 된다. 또한 예상되는 긴장(또는 스트레스) 유형을 알고 있을 때는 그렇지 못한 경우보다 상태 불안이 감소할 수도 있다.

3) 좌절

우리는 모든 욕구를 완벽하게 충족시킬 수 없다. 자신의 욕구가 충족되지 못한다는 것을 인식하게 될 때 좌절을 경험하게 된다. 좌절은 일상을 살아가는 인간에게 가장 불쾌한 정서적 경험이며 불안과 이상 행동의 중요한 원인으로 지목받는다.

심리학적으로 **좌절**은 '개체가 원하는 욕구 충족 수준에 도달하지 못한다는 인식에 대한 반응'으로 정의된다. 간단한 예로, 갑작스러운 차량 결함으로 정해진 약속 시간에 도착하지 못할 것이라는 것을 인식하는 순간 우리는 좌절을 경험하게 된다. 좌절감은 경중의 차이가 있겠지만 모든 인간이 한 번쯤은 경험해보는 보편적인 것이다. 왜냐하면 세상은 우리들의 욕구 충족에 제동을 거는 장애물들로 가득 차 있기 때문이다. 따라서 좌절은 방해물(사물 또는 인간) 때문에 목표로 접근하지 못하는 상태라고 볼 수 있다.

Coleman과 Hammen(1974)은 좌절의 다섯 가지 원인을 다음과 같이 밝히고 있다. 첫째는 행동과정의 지연이다. 현대 산업사회는 특히 속도와 시간을 강조하는 경향이 있기 때문에 시간이 지연될 때 좌절감을 느끼기 마련이다. 약속 시간은 촉박한데도 불구하고 타고 있는 버스가 교통정체 때문에 제대로 움직이지 못하고 있을 때 겪는 좌절이 대표적인 예일 것이다. 둘째로는 자원의 결핍인데, 특히 수입이 적은 가정에게는 관광 안내 광고나 TV의 온갖 상품 선전들이 좌절의 원인이 될 수도 있다. 특히 그런 상품의 소유와 여행을 원하지만 당장 경제적인 여건이 허락하지 않을 때에 더욱 좌절을 경험하게 될 것이다. 셋째로 상실인데 가까운 친구나 애인 혹은 가족을 잃었을 때는 가장 절망적인 좌절을 경험하게 된다. 넷째로 실패이다. 오늘날과 같은 경쟁사회에서는 좌절감의 가장 빈번한 요인이 될 수 있다. 실패감이 특히 적응하기 어려운 스트레스가 되는 이유는 실패에 뒤따르는 죄책감 때문이다. 사람들은 흔히 실패하고 나면 "다르게 행동했어야 하는데…" 식의 뉘우침이나 자기 자신이나 다른 사람들에 대해 죄책감을 느끼기 마련이다. 다섯째로 인생에 대한 무의미감이 좌절의 근원이 될 수도 있다. 특히 생활의 보람을 다른 사람의 방해나 사회적 조건 때문에 찾을 수 없다고 느낄 때는 좌절을 겪게 된다. 이런 경우에는 일종의 무력감을 갖게 되고 결과적으로 자기가 하는 일은 아무것도 중요하지 않다거나 다른 사람들로부터 소외되고 있다고 믿게 된다.

4) 갈등

갈등은 둘 이상의 양립할 수 없는 욕구들을 동시에 충족시키고자 하는 상황에서 발생된다. 갈등은 불안과 불확실성을 높인다. 갈등을 해결하지 못해서 정상적인 생활에 지장을 줄 수도 있다. 갈등이 문제가 되는 것은 심각한 스트레스의 원인이면서 일상생활에서 가장 흔하게 발생하기 때문이다. 갈등은 두 가지 이상의 상반되는 요구, 기회, 욕구 또는 목표가 발생했을 때 일어난다. 원하는 목표를 모두 달성하기 힘들거나 불가능하기 때문에 갈등이 나타나는 것이다. 갈등 상황이란 모든 면에서 만족스러운 결과를 바랄 수 없을 때를 말한다.

따라서 갈등이 발생했을 때 우리는 두 가지 목표(또는 욕구) 중 하나를 포기 또는 수정하거나 당장이 아닌 나중으로 미루거나 어느 것도 충분히 만족되지 않아도 견뎌 낼 수밖에 없다. 이러한 갈등 장면을 '접근-회피'라는 두 가지 상반되는 반응 경향

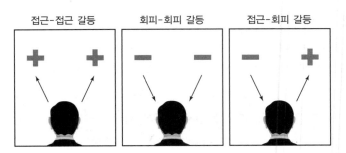

그림 9.1 접근-회피 경향

으로 설명한다. 즉, 어떤 대상이 매력이 있으면 우리는 그 대상에 접근하려 하고 어떤 대상이 부정적이면 우리는 그런 대상을 회피하려고 노력하게 된다는 것이다.

Lewin(1935)은 갈등의 유형을 접근-접근 갈등, 회피-회피 갈등, 접근-회피 갈등, 이중 접근-회피 갈등의 네 가지 유형으로 구분했다. 접근-접근 갈등은 바람직한 목표에 접근하려는 두 가지 이상의 욕구로 발생된다. 두 가지 이상의 욕구를 동시에 모두 충족시킬 수 없기 때문에 어느 욕구를 뒤로 미룰 것인가를 결정하는 과정에서 발생하는 갈등이다.

그림 9.1의 첫 번째 그림은 가운데 사람이 있고 양쪽에 화살표가 있으며 그 양 끝에는 +표시가 있다. 사람은 두 가지 바람직한 목표(+표시)에 동시에 이끌리고(화살표) 있다. 바로 **접근-접근 갈등**을 나타내는 그림이다. 예를 들어, 어떤 사람이 잘하는 일을 할 수 있는 직장을 가지고 싶기도 하고, 잘하지는 못하지만 즐거운 일을 하는 직장을 가지고 싶기도 한 경우라고 하겠다. 둘 중에 하나를 선택할 수밖에 없다면 잘할 수 있는 일을 하는 직장을 선택하거나 즐거운 일을 하는 직장 중 하나만을 선택하게 된다. 또는 두 가지 목표를 다소 수정해서 잘할 수 있는 일을 하는 직장을 다니면서 즐거운 일은 취미로 해볼 수도 있을 것이다. 혹은 즐거운 일을 하는 직장을 구해서 잘하는 일은 파트타임으로 해볼 수도 있다. 이렇게 여러 가지 방안이 있기는 하지만 실제 생활 장면에서 이러한 갈등을 조정하기가 그리 쉽지 않다. 이처럼 두 가지 자극이 모두 좋아하는 것일 때는 접근-접근 갈등 상황이 된다.

접근-접근 갈등과 반대되는 것이 **회피-회피 갈등**이다. 회피-회피 갈등은 두 가지 이상의 불쾌한 자극을 회피하려는 욕구로 발생하게 된다. 두 가지 이상의 불쾌한 자극을 동시에 회피하는 것이 불가능하기 때문에 어떤 불쾌한 자극을 먼저 회피할 것인가를 결정하는 과정에서 발생하는 갈등이다. 이것은 두 가지의 바람직하지 않거나 위협적인 가능성에 부딪치는 경우다. 그림 9.1의 두 번째 그림을 보면 양쪽에서 사람 쪽으로 화살표가 향하고 화살표의 출발점인 양 끝에는 −표시가 되어 있다. 회피−회피 갈등 장면에 부딪치는 사람은 보통 그 장면으로부터 도망치거나 다른 곳으로 피해버리려고 한다. 만일 회피 행동이 불가능하면 갈등의 정도에 따라 여러 가지 대처행동이 나올 수 있다. 예를 들어, 공부하기는 싫지만 낙제하는 것도 싫은 대학생은 억지로라도 공부를 하든지 낙제를 감수하는 선택을 하게 된다. 회피−회피 갈등에 놓인 사람은 야구 경기에서 1루와 2루 사이에 잡힌 주자처럼 어디로도 움직일 수 없는 경우라고 볼 수 있다. 사람들은 이렇게 탈출구가 없는 상황에서는 제자리에 서서 갈등이 사라지기만을 기다리는 경우가 가장 많다.

접근−회피 갈등은 한 가지 목표에 대해 이끌리기도 하고 또 혐오감을 가지는 경우로서 역시 해결되기 쉽지 않은 갈등이다. 접근−회피 갈등은 한 가지 욕구 충족이 바람직한 결과와 불쾌한 결과를 동시에 초래할 가능성을 가지고 있는 것일 때 발생하게 된다. 예를 들어 사랑하는 사람과의 결혼은 함께 할 수 있다는 긍정적 결과도 있지만 부양이나 사랑의 맹세를 지켜야 하는 책임감 그리고 다른 친족과의 관계를 감내해야 한다는 어려움도 동시에 가진다. 접근−회피 갈등의 또 다른 예는 허리 부상에서 회복된 야구 투수가 야구 경기에 출전해서 힘차게 볼을 던져보고 싶지만, 무리하게 출전한 경기에서 또 다시 부상을 당해 일생 동안 허리를 제대로 쓰지 못하지 않을까 불안을 느끼는 경우이기도 하다. 접근−회피 갈등의 긍정적인 목표로 접근하려는 욕망은 목표에 가까워질수록 커진다. 그러나 부정적인 목표를 회피하려는 욕망도 목표에 가까워질수록 커지게 마련이다. 다만 회피 경향은 흔히 접근 경향보다 더 빨리 커지는 것이 특징이다. 그래서 접근−회피 갈등에서는 접근−회피의 정도가 같아질 때까지는 목표에 접근하는 선택을 할 수 있다.

이중 접근−회피 갈등은 다른 갈등 상황보다 복잡한 양상을 띤다. 의사가 되기를 바라는 어머니와 법조인이 되기를 바라는 아버지를 둔 중학생을 생각해보자. 제3자 입장에서는 나름의 주관을 가지고 자신의 인생을 잘 선택하기를 바라겠지만 학생 입장에서 해결하기 쉽지 않은 갈등 상황이다. 의사가 되겠다고 하면 어머니는 좋아하겠지만 아버지를 실망시키는 것이고, 법조인이 되겠다고 하면 아버지는 좋아하겠지만 어머니를 실망시키는 것이 된다. 이러한 상황이 이중 접근−회피 갈등이다. 이중 접근−회피 갈등은 두 가지 이상의 욕구 충족 상황에서 바람직한 결과와 불쾌한 결과를 동시에 초래할 가능성이 있을 때 발생하는 것으로, 일상생활에서 빈번하게 경험하게 되는 갈등 유형이다. 어떤 욕구든 긍정적이거나 부정적 측면만 가지고 있는 것이 아니라 혼재되어 있기 때문에 모든 욕구들의 긍정적 측면과 부정적 측면을 고려하다 보면 어떤 것도 결정할 수 없는 갈등 상황에 놓이게 된다.

2. 스트레스 반응

스트레스의 어원은 라틴어 *strictus* 또는 *stringere*라는 말에서 유래되었다. *strictus*라는 말은 팽팽한(tight), 좁은(narrow) 등의 뜻을 가지고 있다. 스트레스란 외부로부터의 자극과 심리적 갈등이 서로 조화를 이루지 못함으로써 발생되는 압박감이라고 볼 수 있다. 압박감이나 자극으로 인해서 심신에 나타나는 현상을 스트레스 반응이라고 한다.

Cannon(1932)은 스트레스라는 개념을 인간의 활동에 처음 적용하였는데 감정의 변화(공포, 불안 등)는 일정한 법칙에 따라서 생체에 변화를 일으킨다는 사실을 처음으로 증명했다. Cannon에 따르면 자율신경계와 정서의 관계에서 교감신경계와 부교감신경계가 적절히 평형을 유지할 때 정서적·신체적 항상성(homeostasis)이 유지된다고 보았는데 이것에 문제가 발생하는 것을 스트레스 상황이라고 보았다. 하지만 모든 스트레스가 문제가 되는 것은 아니다.

일에 관한 인간의 요인을 연구하던 여키스와 도슨(Ydrkes & Dodson, 1908)은 긴장과 효율성에 관한 연구를 진행했다. 그 결과 긴장이 완전히 없거나 너무 많은 긴

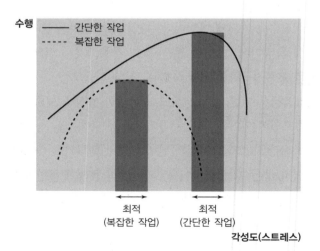

그림 9.2 여키스와 도슨 곡선

출처 : Yerkes & Dodson (1908).

장에서는 효율이 떨어지며, 적당한 자극이나 긴장은 학습과 수행에 도움을 준다는 것을 밝혀냈다. 이러한 내용을 가지고 여키스와 도슨은 곡선을 만들어냈다. 여키스와 도슨 곡선에 따르면 일이 정신적으로 복잡한 것이라면 약간의 긴장감을 유지하는 것이 효율 면에서는 가장 좋았다. 반면 일이 단순 반복 육체노동이라면 다소 높은 긴장감을 가지고 있을 때 가장 효율이 높았다.

셀리에(Selye, 1980)는 스트레스를 일반적 적응 증후군(General adaptation syndrome)으로 정의하면서 스트레스 단계를 경고 단계(alarm stage), 저항 단계(resistance stage), 고갈(소진) 단계(exhaustion stage)로 구분했다. 일반적으로 스트레스가 발생되면 생체적 신호로 경고가 발생된다. 심리적으로 불편감을 느끼고 생리적으로 여러 가지 부정적인 증상이 나타나면서 스트레스에 대한 경고 반응을 보인다. 불편감이나 부정적 증상에 대해서 효과적인 대응이 이루어지면 스트레스는 사라지게 되겠지만 대응에 실패한다면 더 강렬한 저항 단계가 나타나게 된다. 저항 단계에서는 스트레스가 지속되면서 여러 신체적 변화가 나타난다. 심하게는 스트레스가 원인이 되는 질병이 발생할 수도 있다. 마지막 소진 단계에서는 부교감신경계의 기능이 비정상적으로 낮아져서 신체의 모든 기능이 소진된다. 셀리에(1980)는 이러한 소진 상태가 우울증과 같은 심리적 문제를 유발하고 심하면 사망에까지 이를 수 있다고 보았다.

스트레스는 개인이 직면한 상황에서 적응 능력에 문제가 생길 때 발생하게 되는 것으로 성격이나 기질적 변인이라기보다는 환경적 변인 혹은 상태적 변인으로 파악

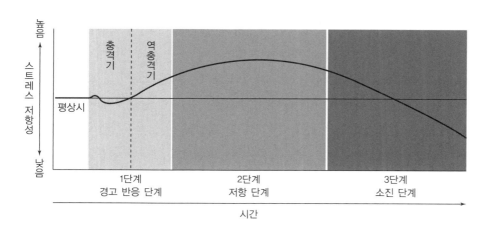

그림 9.3   셀리에의 스트레스 일반 증후군 단계

출처 : Selye (1980).

된다. 스트레스에 대한 또 다른 정의는 환경적 요구에 대한 개인 적응 능력의 불균형 상태로 보는 견해다(Lazarus & Folkman, 1986). 스트레스에 대한 지각은 연령이 증가하면서 점차 높아진다. 65세 이하 성인들의 60% 이상은 일주일에 적어도 한 번의 심한 스트레스를 느끼고 27%가량은 일주일에 3일 또는 그 이상의 스트레스를 느낀다고 보고했다. 이 중 70%는 스트레스를 줄이기 위해서 노력한다. 스트레스의 신체적 증상은 두통, 근육통, 근육긴장, 위통 및 피로다. 심리적 증상은 불안, 긴장, 분노, 짜증 및 우울 등이다.

1) 스트레스 대처

문제 행동과 사건·사고에 미치는 스트레스의 영향에 대한 연구를 포괄적으로 조망하기 위해서는 스트레스의 직접적 영향과 함께 스트레스 대처행동에 의한 간접적 영향관계도 함께 고려되어야 한다(이순열, 이순철, 2009a). 왜냐하면 인간은 발생한 스트레스를 일방적으로 받아들이기만 하는 수동적인 존재가 아니라 적극적으로 반응하고 조절하며 극복할 수 있는 힘을 가진 능동적인 존재이기 때문이다(Lazarus & Folkman, 1991). 스트레스는 개인의 인지적이고 정서적이며 행동적인 처리과정을 거치는데 스트레스에 대한 적극적 대응과 적응적 노력을 통틀어 대처(coping)라고 한다.

스트레스 처리과정에서의 대처란 스트레스 발생으로 인한 불균형 상태를 균형 상태로 되돌리기 위한 시도로서 스트레스로 평가된 요구들을 관리하기 위한 인지적이고 행동적인 노력이라고 정의할 수 있다. 스트레스는 그 발생만으로 영향을 미치는 것이 아니라 발생한 스트레스에 대한 개인의 지각과 평가 과정을 통해서 실질적인 영향을 미치게 된다. 스트레스성 사건이 발생했을 때 그 사건에 대하여 개인이 어떻게 지각하고 평가하느냐에 따라서 스트레스의 영향력 여부와 강도가 결정되는 것이다.

따라서 스트레스 대처행동이란 발생한 스트레스에 대한 능동적인 반응이다. 스트레스 대처에 관한 연구는 인간을 스트레스를 받기만 하는 무기력한 존재가 아니라 스트레스를 극복하기 위하여 적극적으로 대응하고 반응하는 능동적인 존재로 인식하는 데 기초하고 있다. Lazarus와 Folkman(1991)은 스트레스 대처에 대한 연구에서 스트레스 지각에 따른 인지적 기능을 강조했다. 스트레스에 대한 인지적 평가는 1차적 평가와 2차적 평가 과정으로 구분된다.

1차적 평가란 발생한 스트레스가 개인에게 문제가 될 수 있는지의 여부를 판단하는 것을 말한다. 만약 발생한 스트레스가 개인의 균형 상태를 깨트리는 위협적인 것으로 판단된다면 그런 상태를 개선시키기 위해서 2차적 평가 단계가 시작된다. 2차적 평가는 지각된 스트레스의 불균형 상태를 보다 적응적이고 긍정적인 상태로 변화시키기 위해서 개인이 사용할 수 있는 대처방식을 고려하고 선택하는 과정이다. 개인은 스트레스 지각 결과와 통제 여부에 따라서 대처방식을 선택하게 되는데, 개인이 스트레스를 적응적으로 잘 다룰 수 있을 것인지 아닌지의 여부는 상당 부분 2차적 평가인 스트레스 대처방식에 의해 결정된다.

대처방식을 큰 범주로 구분하면 문제 중심적 대처방식과 정서 중심적 대처방식으로 나눌 수 있다. 문제 중심적 대처(problem focused coping)란 발생한 스트레스를 극복하기 위한 구체적인 방법에 집중하는 것이다. 예를 들어, 스트레스를 극복하기 위해 정보를 수집하거나 시간을 관리하고 구체적인 목표를 설정하여 실행하는 등의 적극적 기법을 활용함으로써 스트레스 상황에 대처하는 것이다. 정서 중심적 대처(emotion focused coping)는 발생한 스트레스를 극복하기 위해서 정서적 조절에 집중하는 것이다. 예를 들어, 스트레스 상황을 회피하거나 스트레스를 최소화하고 혹은 잊기 위해서 노력하는 등 정서적 고통을 감소시키는 방향으로 스트레스 상황에 대처하는 것이다(이은희, 이주희, 2001; 이은희, 2004).

스트레스에 대해서 어떠한 대처방식을 선택하는가는 지각된 스트레스의 성질이 어떠한가가 중요한 요인으로 작용하게 된다. 개인이 스트레스를 통제 가능한 스트레스로 지각하면 문제 중심적 대처방식을 선택함으로써 스트레스 증상을 완화시키게 된다. 반면에 스트레스가 개인으로서는 통제 불가능하다고 지각할 때에는 정서 중심적 대처방식을 사용함으로써 스트레스 증상을 완화시키는 것으로 나타났다(김의철, 박영신, 1997; Forsythe & Compas, 1987).

대처방식은 스트레스의 종류에 따라서 적절성이 달라진다. Aldwin과 Revenson (1987)은 문제 중심적 대처는 통제 가능하다고 평가되는 스트레스에는 적응적이고 스트레스 해결에 부합되는 대처방식이라고 보았다. 하지만 문제 중심적 대처가 통제 불가능하다고 평가된 스트레스 상황에서 선택된다면 부적응적 대처방식이 된다. 반면에 정서 중심적 대처는 통제 불가능하다고 평가된 상황에서는 적응적이고 스트레스 해결에 부합되는 대처방식이 될 것이지만 통제 가능하다고 평가되는 상황에서는 부적응적인 대처방식이 될 수 있다고 보았다.

Conway와 Terry(1992)는 스트레스에 대한 대처방식과 스트레스에 대한 통제 가능성의 관계를 부합도(goodness of fit) 이론으로 설명했다. Conway와 Terry(1992)에 따르면 개인은 스트레스와 통제 여부에 따라서 문제 중심적 대처방식과 정서 중심적 대처방식을 사용하지만 스트레스의 성격에 따라서 균형 상태를 회복하는 데 부합하는 대처방식이 있는 반면에 부합하지 않는, 즉 스트레스 상황에 도움이 되지 않는 대처방식이 있다는 것이다.

2) 통제소재와 스트레스

통제소재(locus of control)란 행위와 결과에 대한 일반화된 기대를 말한다. Rotter(1966)의 통제소재 개념은 개인이 자신의 행동에 대한 결과와 그 원인을 지각하는 인과적 신념으로 내적 통제와 외적 통제 그리고 우연 통제로 구분된다. 자신에게 일어나는 사건을 스스로 예측, 통제할 수 있다고 지각하면서 행동의 결과에 대한 원인을 자신의 능력이나 노력과 같은 내부 요인으로 지각하면 내적 통제소재(internal loucs of control)를 지향한다고 본다. 반대로 자신에게 일어나는 사건을 스스로 예측하거나 통제할 수 없다고 지각하면서 행동 결과에 대한 원인을 재수나 운 혹은 타인이나 환경과 같은 외적 요인으로 지각하면 외적 통제소재(external locus of control)를 지향한다고 본다. 우연 통제는 자신이나 영향력 있는 타자에 의해서 결과나 사건이 영향을 받는 것이 아니라 우연에 의한 것이라고 믿는 것이다.

일반적으로 내적 통제소재를 지향하는 사람들이 정신건강이나 스트레스 대처에서 유리한 것으로 보고된다. 통제소재에 있어서도 주변 상황은 스스로 결정한 것이라는 내적 통제자에 비해 상황에 대한 통제권을 상실한 외적 통제자가 사고 가능성이 더 높다. 내적 통제소재 수준이 높은 사람들은 내적 통제소재 수준이 낮은 사람들에 비해 스트레스 상황을 덜 위협적으로 평가하고 자신의 수행에 대해서 더 긍정적으로 평가하는 경향이 있었다(안귀여루, 2001). 스트레스를 조절할 수 있는 것으로 간주하는 내적 통제신념을 가진 사람은 문제 중심의 대처행동을 보이며 자신의 건강 상태를 적절히 유지하거나 증진시키는 경우가 많다. 내적 통제신념을 가진 사람들은 악몽을 덜 경험하며 보다 양호한 육체적·정신적 건강 상태를 유지하는 경우가 많다. 고령자에 관한 연구에서 내적 통제 신념을 가진 사람들이 그렇지 않은 사람들보다 더 활기차고 적극적으로 활동했으며 낮은 사망률을 보였다. 반대로 외적 통제 신념을 가진 사람들은 스트레스의 부정적인 영향에 빠져들게 된다. 외적 통제 신념은 높은 우울감과 연결되어 있고, 부정적인 사건에 보다 민감하고 방어적인 성향을 보였다. 그리고 무력감이나 소외감, 도전을 회피하려는 성향을 보이기도 한다(Waller & Bates, 1992).

Abramowitz(1969)는 대학생을 대상으로 외적 통제가 우울에 관여하는 변인으로 작용하고 있음을 확인했다. 낮은 우울을 보이는 사람들은 내적 통제를 가지는 데 반해, 높은 우울을 보이는 이들은 외적 통제를 가지고 있었다. Tanck와 Robbins(1979)는 통제소재가 생활 문제와 긴장에 대한 대처전략에 영향을 미친다고 보고했다. 이들의 연구에서는 외적 통제소재를 지향하는 사람들은 생활 문제와 긴장에 대한 대처전략이 공상하기, 음주, 전문가에게 도움 청하기와 같이 외부의 힘에 더 의존하는 것으로 나타났다. 그리고 Allred와 Smith(1989)는 내적 통제소재를 지향하는 사람들은 외적 통제소재를 지향하는 사람들보다 스트레스 과제에 더 적극적으로 대처하며, 스트레스로 인해 나타나는 영향을 자신이 통제하려고 하였고, 이것이 생리적 반응에도 영향을 미친다고 보고했다.

이상의 내용들은 개인이 가지고 있는 통제소재에 따라 개인의 행동과 대처방식에 차이가 나타난다는 것을 보여준다. 선행연구에서는 일관되게 내적 통제소재자는 일상적인 문제에 대한 해결 가능성을 긍정적으로 지각하고 적극적으로 문제 상황에 대처하려는 경향이 있지만, 외적 통제소재자들은 일상적인 문제해결에 대한 자신의 능력을 부정적으로 지각하고 문제 상황을 회피하거나 지연하는 경향을 보이는 모습을 나타낸다. 그렇다면 이러한 통제소재의 차이는 위험행동이나 안전행동의 선택에 영향을 미칠 수 있다.

3) 자아존중감과 스트레스

개인의 교육 수준과 직업적인 성과 등을 포함하는 사회경제적인 상태는 자기개념, 특히 자아존중감에 상당한 영향을 미친다. Rosenberg와 Pearlin(1979)은 사회경제적인 상태와 성공의 지표로 사회 안에서의 특권, 존경, 경제력, 권력 등 다양한 것들이 있는데, 이 가운데 개인의 자기 자신에 대한 시각, 경력과 관련한 적절한 포부를 구성하는데 무엇이 추가적으로 중요한 역할을 하는 것인지에 대한 의견이 분분하다고 주장했다. 실례로 Rosenberg(1979)는 자기개념 구성과 관련하여 반영평가, 사회비교 그리고 자기 귀인과 심리적 구심성이라는 네 가지 원리를 상정했다. 반영평가(reflected appraisals)와 사회비교(social comparisons)는 사람들이 자기 자신을 다른 사람의 관점에서 보고 있거나 참고하거나, 관계를 가지고 있는 사람들이나 집단과 비교한다는 점에서 보다 뚜렷하게 사회적인 특징을 가진다. 그리고 자기 귀인과 심리적 구심성은 사회적 압력의 영향을 받지만 보다 완전하게 개인적인 모습을 보인다는 특징을 가진다.

실제로 자아존중감이 자기통제능력을 요구하는 상황에서 충동이나 행동을 적절히 조절할 수 있는 효과가 있음이 여러 연구에서 보고되었다. Brow와 Moren(2003)은 조종사와 관련하여 비행 중 위험 상황 대처능력과 여객기 조종사의 승무원 관리능력에 있어서 높은 자아존중감이 긍정적인 영향을 미친다는 연구 결과를 제시했다. 그리고 홍성례(2012)는 대학생들을 대상으로 자아존중감과 자기효능감이 이타성에 미치는 영향을 분석했다. 연구 결과, 자아존중감과 자기효능감, 이타성은 서로 정적 상관을 보여, 자아존중감이 높을수록 자기효능감도 높아졌고, 자아존중감이 높아질수록 이타성도 높아졌다. 그리고 이타성에 영향을 미치는 변인에 대해 살펴본 결과, 가장 영향력 있는 변인은 자아존중감으로 나타났다. 홍성례(2012)에 따르면 이타성은 인간의 긍정적인 특성 가운데 사회적 관계의 중요한 덕목으로 주목받고 있으며 이것은 병리적 현상의 극복, 이기적 심리현상을 치유하는 하나의 요인이 될 수 있는 심리적 자원이다. 이러한 심리적 자원에 가장 큰 영향력을 발휘하는 자기개념이 바로 자아존중감이라는 점은 다양한 문제와 스트레스 상황이 발생하는 환경에서 이러한 문제를 해결하고 스트레스에 대처하는 데 자아존중감이 중요한 역할을 하고 있음을 의미한다.

4) 통제소재와 자아존중감 그리고 스트레스

자아존중감은 문제해결 및 스트레스 대처에 유의한 영향을 미치는 심리적 특성으로 파악된다. 자아존중감과 마찬가지로 통제소재도 문제해결 가능성에 영향을 미치는 변인으로 여겨지고 있다. 이러한 관점에서 자아존중감과 통제소재 모두에 관심을 둔 연구가 진행되었다.

Wang, Kick, Fraser, Burns(1999)는 학업 성적과 직업적 성과에서 자아존중감과 통제소재의 역할에 초점을 맞추어 지위 획득에서의 영향력을 살펴보았다. 그 결과, 자아존중감과 통제소재는 학업 성적과 직업 성과 모두에 유의한 영향을 미치는 개인 특성으로 밝혀졌다. 이러한 연구를 시작으로 자아존중감과 통제소재의 관계에 초점을 맞춘 연구들도 등장했다. Cooley(2006)는 질투, 자아존중감, 통제소재의 관계를 분석한 연구를 수행했다. 연구에서 통제소재의 구성요인은 내적 통제소재, 외적 통제소재로 구분하였으며, 외적 통제소재는 다시 우연, 타인, 신(god)으로 세분했다. 각 요인 간 상관분석 결과 질투는 자아존중감과 부적 상관을 가지며, 통제소재 가운데 외적 통제소재인 우연과 타인에서 정적 상관관계를 보이고 있었다. 이에 비해 자아존중감은 내적 통제소재와 정적 상관관계를 가지는 것으로 나타났으며 외적 통제소재 가운데서는 우연, 타인과 유의한 부적 상관관계를 가지는 것으로 나타났다.

질투는 인간관계에서 지각되는 위협에 대해 나타나는 반응으로 서로 간의 관계를 불만족스럽게 만들고 심각하게는 폭력적인 문제를 초래할 수 있다는 특징을 가지고 있는 복합적인 정서 반응이다. 질투가 자아존중감과 부적 상관을 가지고 있다는 것은 질투심이 강한 사람들의 경우 자아존중감이 높고, 자신의 행동이나 자신에게 발생한 원인을 우연이나 다른 사람으로 돌리는 특징을 보인다. 그러나 자아존중감과 통제소재의 관계에 대한 결과를 보면, 자아존중감은 내적 통제소재와 정적 상관을 가지고 외적 통제소재 중 우연, 타인과 부적 상관관계를 가졌다. 이것은 자아존중감이 높은 사람은 자신의 행동이나 자신에게 발생한 사건의 원인이 자신에게 있다고 보는 특성을 가지고 있었다.

5) 탄력성과 스트레스

탄력성(resilience)은 라틴어의 *salire*와 *resilire*에서 유래한 말로, 어떠한 역경이나 변화를 경험하면서 상실된 기능이나 능력을 쉽게 회복하고 이전의 적응 수준으로 되돌아가려는 유연함 혹은 탄성을 말한다. 또한 탄력성은 어떠한 외적 상황에서든 충동을 통제하고 필요에 따라 자신을 조절할 수 있는 개인의 내적인 변인이며, 긴장 상태를 완화시키고 효율적으로 상황에 적응할 수 있도록 도와주는 것이다(Block & Kremen, 1996; Garmezy, 1993). 개인은 일방적으로 스트레스를 받아들이기만 하는 것이 아니라 다양한 방법과 기제들을 동원해서 스트레스를 변형시키고 적응하기 위해서 노력한다. 스트레스에 대한 적응이 실패하느냐 성공하느냐 하는 것은 개인적인 차원에서 이루어지는데, '탄력성'은 스트레스에 대한 효율적 적응 일체라고 정의할 수 있다.

탄력성은 '꿋꿋한 성격'이나 '정서적 스테미나'라고 생각되기도 하는데, 이러한 성격 특성을 가진 사람들은 부정적인 스트레스 상황을 더 잘 견뎌내고 대응의 효율적인 측면에서도 그렇지 않은 집단보다 우월한 것으로 나타났다(Wagnild & Young, 1990). Vaishnavi, Connor, Davidson(2007)은 탄력성을 신념, 끈기, 적응력, 목표

성취력, 관계성이란 다섯 가지 요인으로 구분하여 설명하였는데, 탄력성 하부요인들이 높은 사람들은 그렇지 않은 사람들보다 심리적 스트레스 경험에서 빠르게 회복되는 것으로 관찰되었다. 또한 탄력성은 회복능력과 적응유연성으로 집약될 수 있으며, 이 요인들의 증가는 역경과 고난 극복을 유리하게 이끈다고 밝혔다.

탄력성은 높은 위험 상태나 만성적 스트레스 혹은 그에 뒤따르는 연장된 혹은 심각한 외상에도 불구하고 적응적인 기능을 할 수 있도록 하게 한다. 탄력성은 스트레스가 증가되는 상황에서조차 영향을 거의 받지 않거나 덜 받으며 유능감을 가지고 스트레스 상황을 대처하게 함으로써 스트레스를 현저하게 낮출 수 있도록 돕는다.

탄력적인 집단은 정서적 상태에서도 차이를 나타내는데 탄력성이 높은 집단은 낙관적이고 적극적인 태도를 가지고 있으므로 스트레스를 적게 느끼고 스트레스를 느끼더라도 적극적인 대처전략들을 사용한다. 탄력적인 사람들은 어떤 상황을 스트레스로 지각하는 경우가 적지만, 일단 스트레스로 지각되더라도 이로 인해 발생하는 예기불안이나 우울, 공격적 정서를 경험하는 경우는 적었고, 공격 행동이나 불안 행동과 같은 부적응 행동의 빈도도 그렇지 않은 집단보다 적었다(Tellegen, 1985; 장경문, 2003).

탄력성은 스트레스의 수준과 대처 행동의 선택에도 영향을 미치는 것으로 보고된다. 탄력성이 높은 사람은 스트레스에 민감하지 않으며 지각된 불균형 상태를 회복하기 위한 대처에서도 보다 적극적이고, 문제나 갈등에 대한 해결능력도 효과적이며 다른 집단보다도 뛰어났다. 탄력적인 집단은 성격 특성에서도 차이가 나타났는데, 비탄력적인 집단보다 탄력적 집단은 보다 외향적이며, 더 성실하고 정서적으로도 안정되어 있으며 경험에 대해서도 개방적이었다. 탄력성이 스트레스 지각에 영향을 미친다는 또 다른 연구에서는 탄력적인 사람이 부정적인 정서경험을 극복하고 벗어나는 회복능력이 더 높았고 스트레스 상황에서 경험하게 되는 부적 정서와 반응들에 보다 유연하게 적응하는 것으로 나타났다(Tugada & Fredrickson, 2004).

탄력성이 어려운 환경에도 불구하고 성공적으로 적응하는 것을 의미한다면, 탄력성은 위험 상황에 노출되었을 때 나타날 수 있는 부정적 영향력을 중재하거나 완화시켜서 문제 행동이 유발될 수 있는 확률을 낮추는 변인이라고 생각할 수 있다. 탄력성이 높은 사람은 스트레스 상황에서 상처를 덜 받거나 역경에 취약하지 않은 것이 아니라, 그런 상황에서 효과적으로 대처하는 능력을 발휘하는 사람임을 나타낸다고 했다. 이것은 탄력성이 실존하는 스트레스에 대해서 지각의 차이를 발생시키는 것과 함께 적응행동의 차이를 나타내는 것이기도 하다(김현아, 2006). 즉, 탄력성은 존재하고 있는 위험요인에 대해서 긍정적인 결과를 도출해내는 힘의 총체적인 조합으로서 기능한다(Garmezy, 1993)

Ciechetti, Rogosch, Lynch, Holt(1993)는 탄력적인 사람이 비탄력적인 사람보다 효과적인 스트레스 대처 전략과 다양한 문제해결 책략을 가지고 있어 스트레스 상황에서 보다 융통성 있고 변화에 적절히 대처하여 가능한 문제해결 책략들을 융통성 있게 사용한다고 보았다. 반면, 탄력성이 낮은 사람은 적응적인 융통성이 없고 상황의 역동적인 요구에 반응하지 못하여 환경의 변화나 스트레스 상황에 직면하면 쉽게 좌절할 뿐 아니라 적합하지 않는 문제 행동으로 반응하기 쉽다고 보고했다. 탄력적인 집단은 위법 행동이나 비행 행동이 비탄력적인 집단보다 적었으며, 사회에서 바람직하다고 용인되는 행동을 하는 경향을 보였다. 이에 반해 비탄력적인 집단은 정서상의 문제나 일탈 행동의 발생률이 높고 문제 행동의 외현화가 빈번하게 나타났다(구형모, 황순택, 김지혜 2001). 청소년을 대상으로 한 연구에서도 비탄력적인 집단은 충동적이고 자기중심적이며, 속임수를 잘 쓰고 공격적인 반응을 행동화할 가능성이 높았으며, 자신의 욕구 충족이 지연되는 것을 참지 못하는 일탈적인 행동 패턴을 보이는 것으로 나타난다(Robins, John, Caspi, Moffitt & Stouthamer-Loeber, 1996).

탄력성이 높은 사람들은 스트레스 상황에서 문제 중심 대처와 사회적 지지 추구 등의 적극적인 대처방식을 훨씬 많이 사용하는 등, 탄력성이 적극적 성격자원으로서 기능하는 것으로 나타났다. 반면, 탄력성이 낮은 집단은 지각된 스트레스에 대해 정서 중심적인 대처를 취하는데 적절한 스트레스 감소에 실패하여 부적응적인 문제 행동으로 오히려 갈등을 고조시킬 확률이 높았다. 이러한 연구 결과들은 탄력성이 문제 행동 발생에 직접적인 영향을 미치고 있다는 것을 나타내는 것이다. 대조적으로 탄력성이 높은 개인들은 불안에 민감하지 않을 뿐 아니라 새로운 경험에 개방적이고 긍정적 정서를 표출하며 중간 수준의 적절한 자아 통제를 보이는 경향이 있다. 탄력성이 낮은 경우에는 정서 조절을 잘하지 못하거나 자기 조절이 부족할 경우 대인관계 및 인간관계에서 일어나는 갈등을 해결하는 능력이 부족할 것이기 때문이다. 탄력성이 높은 사람은 예기불안을 경험하지 않고 대인관계에서도 적극적인 특징을 보이며 자신과 타인에 대한 통찰력을 가지고 우호적인 관계를 형성하려고 노력한다. 반면 탄력성이 낮은 사람을 스트레스를 더 많이 지각하고 자존감의 위협과 같은 부적 정서를 감소시키기 위한 정서 중심적 대처전략을 더 많이 사용하고 있었다. 이러한 대처방식의 차이는 탄력성에 의해서 기인한다고 유추되는데, 탄력성이 대처방식의 효율을 결정짓는 중요한 변수로 작용하고 있다는 증거다.

6) 스트레스와 적응

스트레스의 근원이 어디에 있든지 간에 대체로 스트레스가 해로운 결과를 초래할 수 있다는 생각은 셀리에(1980)에 의해서 가장 강력하게 지지되었다. 그는 동물에게 독약을 죽지 않을 정도로 주사하는 등 신체적으로 괴로운 스트레스 자극을 가했다. 실험결과 사람에게 나타나는 만성 불안이나 정서적 긴장 상태와 유사한 증상들이 동물들에게도 동일하게 나타났다. 동물들에게서 발견된 일반 적응 증후군이 사람들에게도 발견된다는 경우가 종종 있다. 이러한 적응 실패에 기인한 문제들을 기능적 장애라고 부르는데, 신경증적 우울이나 불안 장애, 심하면 정신병리적 질병들이 포함될 수 있다.

적응 실패가 어떤 행태로든 분명히 문제를 발생시키는 것에 반해 어떤 것이 적응적인 삶인가에 대한 생각은 사람들마다 다양하다. 어떤 학자는 사회적 규범에 따라 살아갈 수 있는 능력을 토대로 적응 상태를 판단한다. 인간마다 이기적인 소망과 적개심이 있고 이룰 수 없는 꿈을 꾸기도 하지만 그런 충동과 꿈을 사회가 허용하고 환경여건상 가능한 쪽으로 제한하거나 목표를 수정하면서 살아간다면 '잘 적응된 경우'라고 보는 것이다.

그러나 현실 여건에 순응적 적응을 거부하는 것이 가끔은 건강한 성격의 증거가 될 수도 있다. 잘 적응된 사람은 생활의 문제와 모호성에 '부딪치며' 순응으로 회피하지 않는다고 주장한다. 즉, 생활 과정에서의 도전을 받아들이고 고통과 혼란을 직접 경험하는 능력을 가지는 것이 진정한 의미에서 적응된 인간일 수 있다는 견해이다. 이러한 사람들의 특징은 일시적인 후퇴로 문제를 피하지 않고 문제를 직시한 후 현실적으로 가능한 모든 수단을 적극적으로 활용한다. 이러한 관점에 따른다면 사회체계에 대한 순응이나 상대적 가치체계를 무조건적으로 따라가는 것이 적응이 아니라 인생을 살면서 여러 문제에 대해서 얼마나 신축성 있게 자발성과 창조성을 발휘하고 있는가가 건강한 적응의 지표가 될 수 있다.

또 다른 관점으로 바라본다면 잘 적응된 인간은 자기 통제와 자발적 순응과 비순응 간의 균형을 맞출 줄 아는 사람이라고도 할 수 있다. 자기의 감정을 억제하지 않고 해방시킬 줄 알며 충동적인 행동이 비생산적이고 해로울 때는 그 충동을 억제할 줄도 아는 사람이다. 이들은 자기의 욕구 능력 및 생활 장면에 대한 현실적인 평가를 할 수 있기 때문에 내면적 욕구와 적절히 조화가 되는 사회적 역할을 선택한다. 그리고 자기에 대한 신뢰가 있기 때문에 지나친 불안 없이 갈등과 위협적 상황에 직면할 수도 있는 것이다.

이처럼 올바른 적응이란 보는 관점과 철학에 따라 다양해질 수 있기 때문에 기준을 통일하기는 쉽지 않다. 다만, 적응 상태를 평가하기 위해 다음과 같은 세 가지 질문에 대해서 고려하는 것은 도움이 될 수 있다.

첫째는 현재의 행동이 정말 스트레스에 대처가 되는가? 만약 스트레스에 대한 대처가 알코올, 소설, 영화, TV 등에 몰입해서 얻게 되는 도피라면 불안과 긴장에서 멀어지게는 할 수 있겠지만 문제의 근본적 해결은 될 수 없다. 따라서 이러한 도피적 행동으로 시간을 보내는 것은 진정한 적응 상태가 아닐 것이다.

둘째, 현재의 행동이 자신의 욕구를 충족시키는 것인가? 자신의 욕구에 대해서는 전혀 고려하지 않고 외부 압력을 해소하는 데 급급한 상태는 건전한 적응이 아니다. 예를 들어, 직장 상사나 부모를 위해서 자기의 욕구를 조정한다면 인간관계에서의 긴장은 해소될지 모르나 두고두고 좌절감과 실망을 느끼며 살아갈 수 있다. 이렇게 내면적인 갈등을 초래하는 방법은 적응적이라고 볼 수 없을 것이다.

셋째, 현재의 행동이 환경과 조화를 이루고 있는가? 남에게 상처 주고 불이익을 주면서까지 자신의 욕망을 채우려 하는 사람은 경쟁에서 승리하고 원하는 목표를 이룰 수는 있겠지만 다른 사람들로부터는 소외되어 고독해지거나 죄의식을 느끼게 될 것이다. 또는 자기가 했던 것처럼 남들도 자기를 이용하거나 이기기 위해 못된 짓을 하지 않을까 불안과 공포에 사로잡혀 살아야 할지도 모른다. 따라서 효과적이고 건전한 적응은 자기의 욕구와 다른 사람의 욕구를 함께 고려할 수 있는 상태일 것이다.

3. 이상심리

삶의 과정에서 겪게 되는 여러 가지 불행한 경험들은 이상행동과 정신장애를 유발하는 원인이 된다. 이상행동과 정신장애는 이처럼 고통스럽고 불행한 과거 경험의 산물인 동시에 삶을 더욱 고통스럽고 불행하게 만드는 원인이 되기도 한다. 이상행동과 정신장애는 당사자뿐만 아니라 가족과 주변 사람에게도 고통과 불행을 초래한다. 또한 우리 사회에는 이상행동과 정신장애로 인하여 여러 가지 사회적 문제가 발생하기도 한다.

1) 이상행동 및 정신장애의 판별

이상행동이란 객관적인 관찰과 측정이 가능한 개인의 부적응적인 심리적 특성을 말한다. 정신장애는 특정한 이상행동의 집합체로 나타나게 된 질병이나 장애이다. 보통 **장애(disorder)**는 정신병리적 진단 기준에 의해서 채택되며, **장해(disturbance)**는 장애 진단을 내리기 위한 조건이다. **증상(symptom)**은 내담자가 호소하는 주관적 보고를 말하며, **징후(sign)**는 증상에 대한 객관적 증거이다. 증상과 징후가 동시에 보고될 때 **증후군(syndrome)**이라고 말할 수 있다. **유병률(prevalence)**은 한 시점에서의 질병을 말하며, **발병률(incidence)**은 특정한 기간 중에 발병하는 질병의 비율을 말한다.

이상행동으로 규정할 수 있는 요건은 다음의 몇 가지 조건을 충족시킬 때 가능하다. 첫째는 적응적 기능의 저하 및 손상이다. 인간의 삶은 개인이 환경과 상호작용하며 적응하는 과정이다. 적응과정은 개인과 환경의 상호작용으로서 개인이 환경의 요구에 맞추어 가는 순응과정과 개인의 요구에 맞도록 환경을 변화시켜 가는 동화과정으로 이루어진다. 이상행동은 개인의 적응을 저해하는 심리적 기능의 손상을 반영하는 것이다. 즉, 개인의 인지적·정서적·행동적·신체 생리적 기능이 저하되거나 손상되어 원활한 적응에 지장을 초래할 때, 부적응적인 이상행동으로 간주할 수 있다는 것이다. 둘째는 주관적 불편감과 개인적 고통이다. 개인으로 하여금 현저한 고통과 불편함을 느끼게 하는 행동을 이상행동이라고 보는 것이다. 개인의 부적응에는 별 영향을 미치지 않지만 심하게 고통을 느끼는 심리적 상태나 특성은 이상행동으로 간주될 수 있다는 입장이다. 셋째는 문화적 규범의 일탈이다. 모든 사회에는 그 사회에 속한 사람들이 따라야 하는 문화적 규범이 있다. 인간은 자신이 속한 사회에 원만하게 적응하기 위해서 이러한 문화적 규범을 잘 따르는 것이 중요하다. 따라서 이러한 문화적 규범에 어긋나거나 일탈된 행동을 나타낼 경우에 이상행동으로 규정할 수 있다. 넷째는 통계적 기준의 일탈이다. 인간의 어떤 특성을 측정하여 그 빈도분포를 그래프로 그리게 되면 종을 거꾸로 엎어 놓은 것과 같은 모양의 정상분포를 나타내는 경향이 있다. 이러한 통계적 속성에 따라서 평균으로부터 멀리 일탈된 특성을 나타낼 경우 '비정상적'이라고 보는 것이 통계적 기준이다. 통계적 기준에서는 평균과 표준편차라는 통계적 기준에 의해 정상성과 이상성을 평가한다. 즉, 평

균으로부터 두 배의 표준편차 이상 일탈된 경우에 이상행동으로 규정하는 것이 일반
적이다.

2) 이상심리에 관한 이론적 입장

현대의 이상심리학에는 이상행동의 원인을 설명하는 두 가지 입장이 있다. 하나는
심리적 원인론이고 다른 하나는 신체적 원인론이다. 이상행동의 원인을 심리적 측면
에서 찾으려는 심리적 원인론에는 정신분석이론, 행동주의이론, 인본주의이론, 인지
적 이론 등이 있다. 반면, 이상행동의 원인을 신체적 측면에서 찾으려는 신체적 원인
론에는 유전적 요인, 뇌 구조적 결함, 뇌 생화학적 이상 등을 중심으로 설명하는 생
물학적 이론들이 있다.

(1) 정신분석적 입장

정신분석이론은 이상행동을 심리적 원인에 의해 설명하는 최초의 체계적 이론이라
는 점에서 커다란 의미를 가진다. 정신분석이론은 이상행동을 비롯하여 정상행동과
문화 현상까지 설명하는 광범위한 이론체계를 갖추고 있다. 인간의 심리적 현상에
대한 기본적인 가정은 심리적 결정론, 무의식, 성적 욕구 등이다. 정신분석에서는
세 가지 성격구조 요소가 있다고 본다.

정신분석적 성격구조　첫째는 원초아(id)로 인간의 충동적 행동을 유발하는 원초적 욕
구이며 이러한 욕구를 충족시키기 위한 성격구조이다. 원초아는 인간의 가장 원초적
인 욕구를 추구하도록 이끄는데, 정신분석에는 가장 기본적인 욕구를 성욕으로 설
정하고 있다. 원초아는 쾌락원리로 움직이는데 현실적 여건을 고려하지 않고 즉각적
으로 욕구를 충족시키려고 하는 것이다. 원초아는 일차적 과정을 담당하는데 자기
중심적이고 비현실적이며 비논리적인 원시적 사고과정이다. 두 번째 성격구조 요소
는 자아(ego)이다. 자아는 환경에 대한 현실적인 적응을 담당하는 심리적 구조와 기
능을 담당한다. 자아는 현실원리로 움직이는데 현실적인 환경적 여건을 인식하고 판
단하며 통제하는 기능과 더불어 현실적 여건에 따라 욕구충족을 지연하는 기능을 담
당한다. 자아는 이차적 과정을 담당하는데 현실적이고 합리적이며 이성적인 사고과
정을 수행한다. 세 번째 성격구조는 초자아(superego)로 부모의 칭찬과 처벌을 통해
아동에게 내면화된 도덕적 가치나 윤리의식이다. 초자아는 도덕원리로 움직이는데
사회의 도덕적 가치와 윤리적 규범에 따라 자신의 행동을 스스로 통제하는 것이다.

정신분석학적 성격 발달   정신분석이론은 어린 시절의 경험이 성격 형성에 매우 중요한 영향을 미친다고 본다. 따라서 가장 기본적인 추동원리인 성욕이 신체의 어떤 부위로 집중되는가에 따라서 성격이 발달한다는 심리성적 발달이론을 주장한다.

가장 초기의 성격 단계는 구강기이다. 출생 직후부터 1년 반까지의 시기로 입을 통해 양육자와 상호작용하며 욕구의 충족감을 느끼기도 하고 좌절감을 느끼기도 한다. 두 번째는 항문기로 생후 1년 반에서 3년까지의 시기이다. 이 시기에는 주로 배변을 참거나 배설하면서 긴장감과 배출의 쾌감을 경험한다. 세 번째는 남근기로 만 3~6세 사이의 시기이다. 성기에 대한 호기심과 노출행동을 나타내고 소변을 보면서 쾌감을 얻는다. 주로 남근기에 아동은 최초의 성격 갈등을 겪게 된다. 남자 아이가 겪는 갈등은 오이디푸스 콤플렉스라고 부른다. 오이디푸스 콤플렉스는 이성 부모에게 유혹적인 행동을 보이며 애정을 독점하려 하는 동시에 동성 부모를 경쟁자로 인식하여 부모와의 삼각관계 속에서 복잡한 심리적 갈등을 경험하는 것이다. 네 번째 성격발달 단계는 잠복기이다. 만 6세부터 사춘기까지의 학령기에 해당하는 시기로 학업과 친구에 대한 관심이 증가하면서 뚜렷한 성적인 욕망의 표출 현상이 나타나지 않는다. 마지막 단계는 성기기이다. 사춘기 또는 청소년기에 해당하는 시기로 성적 욕구가 현저하게 증가하며 이성과의 연인관계를 통해서 성적 욕구를 충족한다.

정신역동과 방어기제   정신역동이란 환경적 변화에 대응해야 하는 개인의 내면적 세계 속에서 원초아, 자아, 초자아의 세 심리적 세력이 경합하고 투쟁하고 타협하는 과정을 나타낸다. 이러한 투쟁과 긴장이 적절히 해소되지 못하면 신경증적 불안을 경험하게 된다. 신경증적 불안은 원초아적 욕구가 강해지거나 이것을 통제할 수 있는 자아의 기능이 약화된 경우에 개인이 원초아적 욕망이 표출되는 것에 대한 두려움을 느끼기 때문에 나타난다. 이러한 불안에 대해서 방어기제를 형성하게 되는데, 방어기제는 신경증적 불안을 감소시키기 위해 사용하는 책략들이다. 대표적인 방어기제는 억압과 억제, 부인, 투사, 고착, 퇴행, 합리화, 승화, 치환, 반동형성, 철회 등이 있다.

억압은 일차적 자아방어로 간주하는데, 이것은 더 정교한 방어기제의 수단이 될 뿐만 아니라, 불안을 가장 직접적인 방법으로 회피하기 때문이다. 억압은 의식하기에는 너무나 고통스럽고 충격적이어서, 무의식적으로 억눌러버리는 것을 말한다. 억압이 다른 방어기제나 신경증적 증상의 기초가 되는 반면, 억제는 의식적으로 생각과 느낌을 눌러버리는 것을 말한다. 즉, '욕구 불만'에 의한 긴장을 해소하기 위하여 자기의 감정이나 또는 부당하다고 생각하고 있는 원망 등을 억제시켜 의식의 세계에서 말살하려고 하며, 생각조차 하지 않으려 하는 기제이다. 억제가 바탕이 된 극단적인 경우가 억압이다.

부인은 가장 원시적인 방어기제로서 아동과 심한 정서 장애인들이 주로 사용한다. 위협적인 현실에 눈을 감아 버림으로써 불안을 방어해 보려는 수단이다. 사람들은 불안을 일으키는 현실을 실제로 받아들이기를 거부한다. 예를 들면, 사랑하는 사람이 죽었을 때 그 죽음 자체를 부인한다든지, 전쟁의 공포를 없애기 위해 전쟁의 비참함에 눈을 감아 버리는 것 등이다.

투사는 자신의 자아에 내재해 있으나 받아들일 수 없는 것들을 다른 사람의 특성으로 돌려 버리는 수단이다. 즉, 자신의 심리적 속성이 타인에게 있는 것처럼 생각하고 행동하는 것이다. 자기 자신이 화가 나 있는 것은 의식하지 못하고 상대방이 화를 냈다고 생각하는 것으로 그 예를 들 수 있다. 자기 자신이 위험하거나 용납할 수 없는 원초아의 욕망을 자신의 욕망이 아닌 다른 사람의 욕망으로 이야기하는 것이다.

고착은 성격발달의 단계 중 어느 한 단계에 머물러 다음 단계로 발달하지 않음으로써 다음 단계가 주는 불안에서 벗어나려 하는 방어기제이다. 즉, 독립적인 존재가 되기보다는 남에게 의지하고 싶어 하는 아동은 어른이 되면 사회적으로 받아들여야 하는 규칙이나 책임을 감당하는 것이 두려워 성장하기를 거절하고 유아기에 병적으로 집착하려는 것이다. 어른다운 행동과 사고를 해야 할 나이가 되었음에도 불구하고 고등학생 수준의 행동 및 사고방식에 머물러 있는 경우를 그 예로 들 수 있다.

퇴행은 비교적 단순한 초기의 발달단계로 후퇴하는 행동이다. 즉, 요구가 크지 않은 유아기의 단계로 되돌아가 안주하려는 방어수단이다. 동생을 본 아동이 나이에 어울리지 않게 응석을 부리거나 대소변을 잘 가리다가도 다시 못 가리는 경우도 그 예이다. 퇴행은 고착과는 달리 이미 성장하여 그 성장단계를 지나왔음에도 불구하고 불안이 예상될 때는 무의식적으로 이미 지나온 과거의 단계로 다시 돌아감으로써 예상되는 불안에서 벗어나려는 방어수단이다.

합리화는 현실에서 도피하기 위해 그럴듯한 구실을 붙이는 것을 말한다. 즉, 상처 입은 자아에게 더 큰 상처를 입지 않으려고 설명하여 빠져나갈 합리적인 이유를 만들어내는 일종의 자기기만의 방어 기제이다. 예를 들면, 이솝 우화에서처럼 여우가 너무 높이 달려 있어서 먹을 수 없는 포도를 쳐다보면서 "저 포도는 시어서 안 먹는다."라고 생각하는 것이다.

승화는 사회적으로 용납될 수 없는 근본적인 충동을 사회적으로 용납된 생각이나 행동으로 표현함으로써 적절하게 전환시키는 자아기능이다. 승화는 자아로 하여금 충동의 표현을 억제하지 않고 충동의 목적이나 대상을 변화시키기 때문에 문제가 있는 충동을 유일하게 건전하고 건설적인 방법으로 다루는 기제라고 볼 수 있다. 공격적인 충동을 운동경기, 즉 권투경기를 통하여 사회적으로 용인되는 형태로 발산하는 것이다.

치환 혹은 전이는 자신이 원했던 원래의 목표나 인물 대신 그것을 대치할 수 있는 다른 목표나 인물에게 에너지를 쏟아놓는 방어 기제이다. 즉, 본능적인 충동의 표현을 재조정해서 위협을 많이 주는 사람이나 대상에서 덜 위협적인 대상으로 방향을 전환하는 것이다.

반동형성은 때때로 반대 행동을 함으로써 오히려 금지된 충동이 표출되는 것으로부터 자신을 조절하거나 방어하는 것이다. 반동형성은 첫째, 받아들일 수 없는 충동을 억압하고 둘째, 그 반대적인 행동이 의식적 차원에서 표현되는 두 가지 단계를 거친다. 예를 들어, 흑인 여성에게 강한 성욕을 느끼는 백인 남성이 흑인 여성들은 성적으로 문란하고, 타락한 성생활을 한다고 비난하는 것이다.

철회는 자신의 욕구와 행동(상상 속의 행동 포함)으로 인하여 타인에게 피해를 주었다고 느낄 때, 그 행동을 중지하고 원상 복귀시키려는 일종의 속죄 행위이다. 예를 들면, 부정하게 번 돈의 일부를 자선사업에 쓰는 것, 부인에게 폭력을 행사한 남편이 꽃을 사다 주는 것 등이다.

정신분석이론에 대한 평가　정신분석이론은 이상행동의 심리적 원인을 체계적으로 설명하는 최초의 심리학적 이론으로서 이상행동의 이해에 크게 기여했다. 또한 이상행동과 정신장애를 심리적인 방법으로 치료할 수 있는 치료방법을 제시함으로써 현대 심리치료의 기초를 마련했다. 하지만 몇 가지 한계와 약점을 가지고 있기도 하다.

첫 번째는 정신분석이론이 실험에 의하여 뒷받침을 받지 못하는 비과학적 이론이라는 것이다. 두 번째는 19세기 말 성의 억압이 심했던 유럽 사회의 젊은 신경증 환자에 대한 임상적 경험에 기초하고 있기 때문에 인간에 대한 보편적 이론으로 일반화할 수 없다고 비판받는다. 세 번째는 개인 내부에 존재하는 성격구조 간의 역동적 갈등에 초점을 두었을 뿐 대인관계적인 측면과 사회문화적 요인의 영향을 간과했다는 점이다. 네 번째는 정신장애를 이해하는 데 있어 어린 시절의 경험이 중요함을 주장하기는 했으나 오이디푸스 갈등 이전의 아동기 발달과정을 간과했다는 비판이다. 다섯 번째는 장기간의 치료기간을 요할 뿐만 아니라 그 치료효과가 잘 검증되어 있지 않았다는 것이다.

그럼에도 불구하고 정신분석이론은 수많은 정신의학자와 심리학자들에게 영감을 주었고 심리학 및 정신치료에 많은 기여를 했다. 프로이트 이후의 정신분석이론으로는 자아심리학이 있다. 프로이트의 딸인 안나와 하트만에 의해서 발전하였는데 자아의 자율적 기능을 강조한다. 클라인에 의해서 발전한 대상관계이론은 초기 아동기에 성격구조가 발달하는 과정을 강조한다. 코허트의 자아심리학은 자기(self)가 심리적 구조의 가장 핵심적인 개념이다. 분석심리학은 융에 의해서 발전하였는데 무의식을 개인적 무의식과 집단적 무의식으로 나누고 집단적 무의식에는 보편적이고 선험적인 내용으로 구성된 여러 가지 원형이 있다고 주장한다. 아들러의 개인심리학은 인간을 자기실현과 사회적 적응을 위한 목적론적 존재로 파악하고 있다.

(2) 행동주의적 입장

행동주의적 입장은 관찰되고 측정할 수 있는 행동만을 연구해야 한다고 주장한다. 인간의 모든 행동은 환경과의 상호작용 속에서 학습된 것이다. 이상행동도 정상행동과 마찬가지로 학습의 원리에 의해서 학습된 것으로 가정한다. 행동주의적 입장의 치료는 주로 행동에 집중된다. 다양한 학습 원리를 적용해서 이상행동을 수정하는 치료 기법이다. 잘못된 학습에 의해 형성된 이상행동을 제거하거나 적응적 행동을 학습시켜 행동 수정을 가하도록 한다.

행동주의적 입장은 인간의 행동을 객관적으로 측정하고 행동의 학습과정을 실험적으로 입증함으로써 심리학의 과학화에 크게 기여했다. 학습이론을 통해 이상행동이 습득되고 유지되는 과정을 구체적으로 이해하게 되었을 뿐만 아니라 이상행동을 치료하는 효과적 행동치료 기법도 개발되었다. 하지만 행동주의적 입장 역시 몇 가지 한계를 비판받기도 한다. 첫째는 인간의 행동이 환경에 의해 결정된다는 입장에 근거하고 있으며, 인간이 자신의 행동을 스스로 선택하고 결정하는 자유의지를 부정한다는 것이다. 둘째는 객관적 관찰과 측정을 강조함으로써 인간의 행동을 자극과 반응의 관계로 지나치게 단순화한다는 것이다. 셋째는 동물실험의 결과에서 도출된 원리를 인간에게 무리하게 적용한다고 비판받기도 한다.

(3) 인지적 입장

인지적 입장은 정신분석적 입장과 행동주의적 입장에 대한 불만족으로부터 시작되었다. 일부 학습이론 및 행동치료 기법을 흡수, 통합함으로써 이론적 설명력과 치료효과를 증대시키려는 노력을 해왔기 때문에, 흔히 **인지행동이론**이라고 불리기도 한다.

인지적 입장의 특징은 다음과 같다. 첫째로 인간의 감정과 행동은 객관적·물리적 현실보다는 주관적·심리적 현실에 의해 결정된다고 본다. 둘째는 주관적 현실은 외부 현실에 대한 인간의 심리적 구성으로서 이러한 구성과정은 수동적인 과정이 아니라 능동적인 과정이라고 가정한다. 셋째는 인간의 주관적 현실은 주로 인지적 활동을 통해 구성되며 사고와 심상 등 인지적 내용에 의해 표상된다. 넷째는 정신장애는 인지적 기능의 편향이나 결손과 밀접하게 연관되어 있으며 또 이러한 인지적 요인에 의해 유발될 수 있다고 가정한다. 다섯째는 인지적 왜곡과 결손의 수정과 변화를 통해서 정신장애는 완화되고 치료될 수 있다고 가정한다.

이상행동을 유발하는 인지적 요인   이상행동을 유발하는 인지적 요인은 인지적 구조, 인지적 산물, 인지적 과정으로 구분한다. 첫째, 인지적 구조는 개인이 자신과 세계에 대한 지식과 정보를 체계적으로 조직하고 저장하는 기억체계이다. 인지적 구조는 크게 두 가지 측면, 즉 인지적 구조를 구성하는 내용과 인지적 구조가 조직된 방식으로 나누어 볼 수 있다. 대표적인 예로는 역기능적 신념이 있다. 둘째, 인지적 산물은 외부 자극에 대한 정보처리의 결과로 생성된 인지로 자동적 사고를 말한다. 셋째, 인지적 과정은 인지적 구조가 인지적 산물을 생성해내는 방식으로 인지적 오류나 인지적 결손, 인지적 왜곡이 여기에 해당한다.

인지적 입장에 대한 평가   인지적 입장은 과학적 방법론을 적용하여 정신장애를 유발하는 인지적 요인을 밝히는 데 커다란 기여를 해 왔다. 인지적 입장은 경험적 연구 결과에 근거하여 다양한 심리장애의 발생 기제를 설명하는 구체적인 이론을 제시하고 있다. 또한 이러한 이론적 토대 위에서 특정한 정신장애를 유발하고 지속시키는 인지적 요인을 변화시키는 다양한 구체적 치료기법을 개발하여 적용하고 있다. 인지적 심리치료는 다양한 정신장애에 대해 치료효과가 우수한 것으로 검증되었으며 20주 내외의 단기간에 시행하므로 매우 효율적인 치료로 간주되고 있다.

　　하지만 인지치료에도 몇 가지 비판점이 있다. 첫째는 심리적 기능의 다른 측면, 즉 정서나 동기의 중요성을 간과하고 있다는 것이다. 둘째는 정신장애와 관련된 인지적 요인과 과정에 대한 설명일 뿐 정신장애의 궁극적 원인에 대한 설명이 아니라고 비판받기도 한다. 셋째는 적용 대상에 한계가 있다는 것이다.

(4) 생물학적 입장

생물학적 입장은 이상행동과 정신장애의 원인을 신체적 또는 생물학적 측면에서 규명하려는 입장이다. 생물학적 입장은 신체적 원인론에 뿌리를 두고 있으며, 모든 정신장애는 신체질환과 마찬가지로 신체적 원인에 의해서 생겨나는 일종의 질병이며, 이러한 질병은 생물학적 방법에 의해서 치료되어야 한다고 가정한다. 생물학적 입장은 유전적 요인과 뇌 손상 그리고 뇌의 생화학적 이상을 이상행동의 원인으로 본다.

　　첫째, 유전적 요인은 유전적 이상이 뇌의 구조적 결함이나 신경생화학적 이상을 초래하여 정신장애를 유발할 수 있다고 본다. 이러한 접근은 가계 연구, 쌍둥이 연구, 입양아 연구 등을 통해서 이루어진다. 둘째, 뇌의 구조적 손상은 인간의 심리적 기능이 뇌와 밀접한 관계를 맺고 있으며, 이상행동은 뇌의 구조적 이상에 의해서 나타날 수 있다고 본다. 셋째, 뇌의 생화학적 이상은 뇌를 구성하는 신경세포 간의 전달물질인 신경전달물질의 과다나 결핍 상태가 정신장애와 관련이 있다고 보는 것이다.

생물학적 치료　　생물학적 치료는 정신장애의 치료를 위해서 물리적인 방법을 사용한다. 주로 약물치료나 전기 충격치료 그리고 뇌 절제술을 사용한다. 첫째, 약물치료는 주로 뇌중추신경계의 신경전달물질에 영향을 주는 화학물질, 즉 약물을 통해 증상을 변화시키려는 방법이다. 둘째, 전기 충격치료는 뇌에 일정한 강도의 전기 충격을 주어서 심리적 증상의 호전을 유발하기 위한 방법이다. 셋째, 뇌 절제술은 뇌의 특정한 부위를 잘라내는 방법이다.

생물학적 입장에 대한 평가　　생물학적 입장은 정신장애에 영향을 미치는 신체적 요인에 대한 이해를 증진시키고 약물치료라는 효과적인 치료방법을 개발함으로써 커다란 기여를 했다. 하지만 정신장애에 영향을 미치는 심리사회적 요인을 간과하는 경향과 생화학적 이상이나 신경조직의 손상이 정신장애를 유발하는 원인인지 아니면 그 결과인지를 확인하기 어렵다는 비판을 받기도 한다. 그리고 주된 치료법인 약물치료는 정신장애에 대한 근본적 치료라 할 수 없다는 지적이 있기도 하다.

(5) 인본주의적 입장

인본주의적 입장은 각자 자기 자신의 문제를 해결할 수 있는 능력을 가지고 있다고 본다. 따라서 상담자나 치료자는 자기의 기준이나 가치관을 내담자에게 강요해서는 안 된다고 본다. 인본주의 치료의 목표는 상담자가 내담자에게 진실성을 가지고 내담자를 조건 없이 긍정적으로 존중해주는 것이다. 이것을 통해서 정확한 공감적 이해를 해줌으로써 개인이 충분히 기능하는 건강한 사람으로 성장할 수 있도록 돕는다. 인본주의적 입장에서는 인간을 자기실현과 스스로 성장할 수 있는 힘을 가진 존재로 본다. 따라서 이상행동이나 심리장애는 자기실현이 봉쇄된 결과로 나타난 것으로 파악한다. 즉, 건강한 행동은 자신의 경험을 자기개념 내에 동화시킨 결과로 나타나고, 이상행동은 경험과 자아 간의 불일치가 일어나 자신의 경험을 왜곡하거나 부정한 결과로 나타난다. 달리 말하면 진정한 자신의 욕구, 생각, 관심에 일치하는 행동을 하지 못하면 고통을 겪게 되고, 이런 고통이 심하면 이상행동을 일으키게 된다.

(6) 통합적 입장

통합적 입장은 이상행동에 관해서 그동안 밝혀진 여러 원인적 요인을 종합하고 통합하는 학문적 노력이 이루어져야 한다는 주장을 제기하고 있다.

취약성-스트레스 모델   취약성-스트레스 모델은 이상행동의 유발과정을 이해하기 위해 크게 두 가지 요인에 집중한다. 즉, 환경으로부터 주어지는 심리사회적 스트레스와 그에 대응하는 개인의 특성을 고려해야 한다는 입장이다. 정신장애는 취약성 요인과 스트레스 요인이 함께 결합되었을 때 발생하게 된다. 정신장애는 취약성을 가지고 있는 사람에게 어떤 스트레스가 주어졌을 때 발생하게 되며, 취약성과 스트레스 중 어떤 한 요인만으로는 정신장애가 발생하지 않는다. 또한 취약성과 스트레스가 정신장애의 발생에 영향을 미치는 비중은 경우마다 다양하게 달라질 수 있다. 취약성이란 특정한 장애에 걸리기 쉬운 개인적 특성이나 유전적 소인을 비롯하여 환경과의 상호과정에서 점진적으로 형성된 신체적·심리적 특성을 모두 포함한다. 사회-심리적 스트레스란 환경으로부터 주어지는 부정적인 생활사건으로서 개인이 그런 사건에 대처하기 위해 심리적인 부담, 즉 스트레스를 느끼는 환경적 변화를 의미한다.

생물심리사회적 모델   생물심리사회적 모델은 정신장애뿐만 아니라 신체질환은 생물학적·심리적·사회적 요인의 영향을 받으며 이러한 세 영역의 요인들은 상호작용한다는 가정에 기초한다. 이상행동의 이해와 치료를 위해서 다요인적, 다차원적, 상호작용적 접근을 하고 있다. 1980년 이후에 건강심리학이라는 분야가 형성되는 중요한 이론적 근거를 제공했다. 건강심리학은 신체질환이 생물학적 원인뿐만 아니라 심리사회적 원인에 의해 유발될 수 있다는 입장에 근거하여 신체질환에 영향을 미치는 다양한 심리사회적 요인을 연구하는 심리학의 한 분야이다.

4) 이상심리에 대한 분류 및 진단

현대 정신의학에서 이상심리에 대한 최초의 과학적 분류를 실시한 사람은 독일의 정신과 의사 크레펠린이다. 크레펠린은 이상행동을 유형별로 분류해서 전문가들 간의 의사소통을 원활하게 하고, 이상행동 증상에 대해서 간결하게 기술함으로써 원인과 경과 및 예후를 예측할 수 있도록 했다. 이러한 크레펠린의 노력은 각 이상행동에 대한 적절한 치료방법들을 찾는 데 기여했다.

(1) 아동 · 청소년기 심리장애

학습장애 학습장애(learning disorder)는 읽기, 산수, 쓰기를 평가하기 위해서 개별적으로 시행된 표준화 검사에서 나이, 학교교육, 지능을 고려해서 기대되는 수준보다 성적이 현저히 낮게 나올 때 진단된다. 학습문제는 읽고, 쓰고, 계산하기를 요구하는 학업 성취나 일상생활의 활동을 현저하게 방해한다. 현저하게 낮다는 것은 표준화 검사 성적과 지능지수 사이에 2표준편차 이상 차이가 날 때로 정의된다.

광범위성 발달장애 광범위성 발달장애(pervasive developmental disorder)는 사회적 상호작용과 의사소통 기술에 심각하고 광범위한 장애가 있거나 제한된 범위에 지속적으로 집착하는 행동, 관심, 활동을 수반한다. 개인 발달 수준이나 정신연령에 비해서 사회적 상호작용이나 의사소통기술이 현저하게 떨어진다. 광범위성 발달장애는 사회성과 의사소통 기술이 현저하게 떨어지는 자폐성 장애와 출생 이후 정상적인 기간이 지난 후 다양한 결함이 발견되는 레트장애, 출생 후 2년 이후부터 현저하게 퇴행을 보이는 소아기 붕괴성 장애, 자폐성 장애와 유사하지만 심각한 발달 지연을 보이지는 않는 아스퍼거장애 등이 있다.

주의력 결핍 및 파괴적 행동 장애 주의력 결핍 및 파괴적 행동 장애(attention-deficit and distrupt disorder)는 동일한 발달 수준에 있는 다른 아이들에게 관찰되는 것보다 더 빈번하고 더 심하고 더 지속적인 부주의나 과잉행동−충동이 있는 주의력 결핍 및 과잉행동장애(attention-deficit hyper-action disorder), 다른 사람의 기본적인 권리를 침해하거나 자기 나이에 해당하는 사회적 규범이나 규칙을 위반하는 행동을 지속적이고 반복적으로 하는 품행장애(conduct disorder), 권위 있는 인물에 대한 거부적, 도전적, 불복종적, 적대적 행동을 적어도 6개월 이상 지속하는 반항성 장애(oppositional deficit disorder) 등이 있다.

(2) 조현병

조현병(schizophrenia, 과거엔 정신분열증으로 불림)은 심리적 기능 손상이 매우 심한 심리장애이다. 조현병의 중요한 특징적인 증상은 몇 가지가 있다. 첫째, 조현병은 사고 내용에서 망상을 보인다. 망상(delusion)은 통상적으로 잘못 해석된 지각이나 경험을 포함하는 잘못된 믿음이다. 망상의 내용은 다양한데, 그중에서 자신이 괴롭힘을 당한다거나, 미행을 당한다거나, 함정에 빠진다거나, 감시당한다거나, 조롱당한다고 믿는 피해망상(persecutory)이 가장 흔하다. 또한, 관계망상도 나타나는데, 관계망상(referential delusion)은 어떤 특정한 태도, 말투, 문구, 신문, 노래 가사 또는 다른 환경적 단서들이 특별히 자신을 겨냥하고 있다는, 즉 자신과 연관되어 있다는 잘못된 믿음이다. 또한 자신이 예수나 대통령이라고 생각하는 과대망상(grandiose delusion), 자신의 장기가 썩어가고 있다고 믿는 신체망상(somatic delusion) 등도 있다. 더 기괴한 망상으로는 자신의 생각이 외부의 어떤 힘에 의해서 빼앗긴다고 믿는 사고축출(thought withdrawal), 외부 생각이 자신의 정신에 들어온다고 믿는 사고주입(thought insertion), 또는 어떤 힘에 의해서 자신의 신체나 동작, 또는 정신이 조종된다고 믿는 조정망상(delusion of control) 등을 보이기도 한다.

둘째, 조현병은 지각장애를 보인다. 대표적인 지각장애가 환각이다. 환각(hallucination)은 외부 자극이 없는데도 불구하고 자기만 외부 자극을 지각하는 경우를 말한다. 환각은 어떤 감각 형태(청각, 시각, 후각, 미각, 촉각)로 나타날 수 있으며, 가장 흔한 환각이 환청이다. 환청(auditory hallucination)은 보통 목소리로 들리며, 특히 자신을 경멸하거나 위협하는 목소리가 흔하다. 둘 이상의 사람들이 대화하거나 자신의 행동과 생각에 대해 계속적으로 간섭하는 목소리도 많이 호소한다. 헛것을 보는 환시(visual hallucination)도 있다. 환각은 감각이 정상적인 상태에서 나타난다. 잠들 때(hypnagogic : 입면성) 또는 잠에서 깰 때(hypnopompic : 출면성) 나타나는 환각은 정상적인 경험의 일부로 간주된다.

셋째, 사고과정에서 연상 이완(loosening association)이나 와해된 사고(disorganized thought)를 보인다. 조현병이 있는 사람의 언어는 매우 다양하게 와해되어 있다. 한 가지 주제에서 다른 주제로 벗어나는 사고 탈선 또는 연상의 와해, 질문에 대한 대답이 빗나가거나 전혀 엉뚱한 사고의 이탈(tangentiality), 언어가 너무 심하게 혼란되어서 거의 이해할 수 없을 정도인 지리멸렬(incoherence) 또는 말 비빔(word salad) 등이 일어난다.

넷째, 심하게 와해된 행동이다. **와해된 행동**(disorganized behavior)은 어린애 같은 바보짓에서부터 예측할 수 없는 초조감까지 다양하다. 목적 지향적인 행동을 할 수 없으며, 규칙적인 식사나 청결을 유지하는 등의 일상 활동을 수행하는 데 어려움을 보인다. 두드러지게 헝클어진 머리를 하고 있거나 이상한 옷차림을 하거나 공공연히 자위행위를 하는 등의 행동을 보일 수 있다. 또한 외적 유발 자극이 없는 상태에서 예기치 못한 초조감을 보일 수 있다.

다섯째, 조현병의 특징은 감정 표현 장애이다. 눈 마주침이 없고 신체언어가 부족하며 무표정하고 반응이 없는 얼굴이 특징인 정서적 둔마(affective flattening)가 흔하다. 짧고 간단하며 공허한 대답이 특징인 언어의 빈곤(poverty of speech)이나 무논리(alogia) 그리고 목적 지향적 행동을 시작하거나 유지할 수 없는 무욕증(avolition) 등의 음성 증상들도 보인다. 이러한 특징적인 증상들 가운데 2개 이상이 1개월 중 상당 기간 있어야 하고 적어도 6개월 이상 지속될 때 조현병 진단을 내리게 된다. 조현병은 평가 당시에 현저하게 나타나는 증상에 따라서 하위 유형으로 분류한다. 하위 유형에는 다섯 가지가 있다.

현저한 긴장성 증상(부동증, 과다운동증, 극단적 거부증, 함구증, 반향언어, 반향운동, 자발적 운동 기이성)이 있는 경우에는 다른 증상의 존재 유무와 상관없이 언제나 긴장형(catatonic type)으로 진단된다. 와해된 언어와 행동 그리고 둔마되거나 부적절한 행동이 현저할 경우에는 **해체형**(disorganized type)으로 진단된다. 이때 긴장성 증상이 없어야 한다. **망상형**(paranoid type)은 망상에 대한 집착이 있거나 빈번한 환각이 현저한 경우에 진단되며, 긴장형 또는 해체형이 아니어야 한다. **감별불능형**(undifferentiated type)은 활성기 증상이 긴장형, 해체형, 망상형의 진단 기준을 충족시키지 않는 경우에 해당되는 잠정적인 범주이다. **잔류형**(residual type)은 적어도 한 번 이상 조현병 삽화가 있었으나 현재는 활성기 증상, 즉 현저한 망상, 환각, 와해된 언어, 심하게 와해된 행동 또는 긴장된 행동이 없으며, 음성 증상(둔마된 정동, 빈곤한 언어, 무욕증)이나 2개 또는 그 이상의 악화된 양성 증상이 있어서 장애가 지속되고 있을 때 진단이 내려진다.

(3) 기분장애

다양한 기분장애(mood disorders)를 이해하고 진단하기 위해서 필요한 기분 삽화(mood episodes)들을 먼저 기술한다. 기분 삽화에는 주요 우울증 삽화, 조증 삽화, 혼재성 삽화 그리고 경조증 삽화가 있다.

주요 우울증 삽화(major depressive episode)의 필수 증상은 적어도 2주 동안 우울 기분 또는 거의 모든 활동에서 흥미나 즐거움의 상실이다. 소아와 청소년의 경우 기분이 슬프다기보다는 기분이 쉽게 자극받게 되는 과민 상태가 나타난다. 식욕, 체중, 수면, 신체 활동에 변화가 일어나고, 에너지가 감소하고 피곤하고 나른하다. 자신이 무가치하다고 느끼며 죄책감이 들기도 한다. 생각하고, 집중하고, 결정을 내리는 데 어려움을 보이고, 죽음에 대해서 반복적으로 생각하고, 자살을 계획하거나 시도한다. 조증 삽화(manic episode)는 비정상적으로 의기양양하고 과대망상이거나 과민한 기분이 지속되는 기간으로 정의된다. 이러한 비정상적인 기분이 적어도 1주일간 지속되어야 하고 기분장애는 다음의 부수 증상 가운데 세 가지 이상의 증상이 동반되어야 한다.

> 자존심이 팽창된다. 사고가 과대해진다. 수면 욕구가 감소된다. 말이 많아진다. 사고의 비약이 있다. 주의가 산만해진다. 쾌락적인 활동(과소비, 무모한 운전, 어리석은 사업투자, 비정상적 성행위 등)에 지나치게 몰입하여 고통스러운 결과를 초래한다. 활동이 지나치게 증가한다.

혼재성 삽화(mixed episode)는 앞서 말한 조증 삽화와 주요 우울증 삽화의 증상이 동반되면서 빠르게 교차되는 기분을 경험하는 경우를 말한다. 두 삽화의 기준을 모두 충족시키는 기간이 적어도 1주 이상 지속된다. 경조증 삽화(hypomanic episode)는 비정상적으로 의기양양하고 과대한 기분이 적어도 며칠간 지속되는 기간으로 정의된다. 비정상적인 기분이 있는 동안 자존심이 팽창되고 과장된 자신감을 보인다. 조증 삽화와는 달리, 경조증 삽화는 사회적 · 직업적 기능에 있어서 눈에 띄는 장애를 유발하거나 입원을 요할 만큼 심각하지 않고 정신증적 양상도 동반하지 않는다.

기분장애는 우울장애, 양극성장애, 일반적 의학적 상태로 인한 기분장애(mood disorder due to a general medical condition), 그리고 물질로 유발된 기분장애(substance induced mood disorder)로 나누어진다.

우울장애(depress disorders) 범주에는 앞서 설명한 주요 우울 삽화가 한 번 이상 나타나는 주요 우울장애, 적어도 2년 이상 우울 기분이 없는 날보다 우울 기분이 있는 날이 더 많으면서 주요 우울증 삽화의 진단기준을 충족시키지 않는 기분부전장애가 있다. 우울장애는 조증, 혼재성, 경조증 삽화의 과거력이 없다는 점에서 양극성장애와 구별된다.

양극성장애(bipolar disorders)에는 한 번 이상의 조증이나 혼재성 삽화가 있고 보통 주요 우울증 삽화가 동반되는 양극성장애, 한 번 이상의 주요 우울증 삽화가 있고 적어도 한 번의 경조증 삽화가 동반되는 양극성장애 II 그리고 적어도 2년간 조증 삽화의 진단 기준을 충족시키지 않는 상당 기간의 경조증과 주요 우울증의 진단 기준을 충족시키지 않는 상당 기간의 우울 증상을 특징으로 하는 순환성 장애가 있다.

(4) 불안장애

불안은 위협을 받거나 위험에 처했을 때 누구나 경험하는 정서이다. 위협이 되는 상황에서 불안하고 긴장하지 않는다면 적응할 수 없다. 그러나 불안할 이유가 없는데도 불안해지거나 불안이 과도해서 사회생활 적응이 어려워지고 일상생활이 잘 안 될 정도가 되면 불안장애(anxiety disorders)라고 할 수 있다. 불안장애 범주에는 공황발작, 광장공포증, 특정공포증, 사회공포증, 강박장애, 외상후 스트레스 장애, 범불안장애 등이 속한다.

공황발작(panic attact)은 갑작스럽고 극심한 두려움, 공포감이 비정기적으로 일어나는 것으로 곧 죽을 것 같은 느낌을 동반한다. 이러한 발작이 있는 동안에는 숨이 가쁘고, 가슴이 답답하고 통증을 느끼며, 미칠 것 같은 두려움이나 자신을 조정할 수 없을 것 같은 두려움 등의 증상이 나타난다.

광장공포증(agoraphobia)은 즉각적으로 회피하기 어려운 장소나 상황에 처해 있거나, 공황발작이나 공황과 유사한 증상이 일어났을 때 도움받기 어려운 장소나 상황에 처해 있다는 데 대한 불안이나 회피라고 할 수 있다.

특정공포증(specific phobia)은 특정한 물체나 상황에 노출될 때 비합리적인 공포감을 느끼는 것이다. 공포감에 대한 기본적인 반응은 회피이다. 예를 들면, 개 공포증, 곤충 공포증, 밤 공포증 등이 있다.

사회공포증(social phobia)은 사회불안장애라고도 하는데 어떤 특정한 사회적 상황이나 활동 상황에 노출되었을 때 심각한 불안이 유발되어 회피 행동을 보인다. 자신이 낯선 사람들이나 타인이 주시하는 상황에서 두려움을 느끼고 이러한 상황에서 자신이 수치스럽거나 당황한 행동을 보이지 않을까 두려워한다. 그리고 자신이 느끼는 공포가 너무 지나치거나 비합리적임을 인식한다.

강박장애(obsessive-compulsive disorder)의 증상은 반복되는 강박적 사고(obsessions)나 강박적 행동(compulsions)으로서 가장 흔한 강박적 사고는 오염에 대한 반복적 생각, 반복적 의심, 물건을 질서 있게 정리정돈하고 싶은 욕구, 공공장소에서 음담패설을 하지 않을까 하는 등의 공격적이거나 두려운 충동을 느끼거나 성적인 심상 등이다. 강박적 행동은 반복적인 행동이나 정신적 활동으로서 불안이나 고통을 감소시킬 목적으로 일어난다. 강박장애를 지닌 사람들은 어떤 시점에서 강박적 사고와 행동이 지나치게 불합리하다는 점을 인식한다.

외상후 스트레스장애(post-traumatic stress disorder, PTSD)는 극심하고 충격적인 외상성 스트레스 사건에 노출된 후 극심한 공포, 무력감, 두려움을 느끼고 극심한 외상에 노출된 후 그 사건을 지속적으로 재경험한다. 이때 그 사건에 대한 반복적이고 집요하게 떠오르는 고통스러운 회상, 사건에 대한 반복적이고 괴로운 꿈, 마치 외상 사건이 재발하고 있는 것 같은 행동이나 느낌을 경험한다. 또한 외상과 관련된 자극을 지속적으로 회피하려 하며 증가된 각성반응을 보인다.

범불안장애(generalized anxiety disorder)는 여러 사건이나 활동에 대한 지나친 불안이나 걱정을 보이는 것으로 안절부절 못하고, 쉽게 피로해지며, 주의집중 곤란과 과민한 기분 상태, 수면장애 증상을 동반한다. 그리고 개인은 걱정을 조절하는 것이 어렵다는 것을 안다.

(5) 신체형장애

신체형장애(somatoform disorders)는 실제로 뚜렷한 신체적인 원인이 없는데도 신체적 증상을 호소하는 경우를 말한다. 이 장애는 자신의 증상을 고의로 꾸미는 꾀병과는 다르며, 이런 장애를 가진 사람들은 실제로 자신이 신체적 증상이 있다고 믿는다. 신체형장애에 속하는 것들로는 자신의 몸에 사소한 신체적 변화만 생겨도 이것을 심각한 병의 증거로 해석하고 걱정하며 여러 병원을 돌아다니며 진찰받는 건강염려증 (hypochondriasis) 그리고 명백한 신체적 원인이 없는데도 신체적 운동기능이 상실되고 감각기능이 마비되는 등의 신체 증상이 나타나는 **전환장애**(conversion disorder), 30세 이전에 시작되고 수년에 걸쳐서 지속되어 온 여러 신체적 호소에 대한 과거력이 있고, 이로 인해 치료를 받게 되거나 사회적·직업적 혹은 다른 중요한 기능 영역에 심각한 장애를 초래하는 신체화장애가 있다. 또한 외모의 결함이나 가벼운 신체적 이상에 지나치게 집착하여 사회적·직업적 또는 다른 중요한 기능 영역에서 심각한 고통이나 장애를 초래하는 **신체변형장애**(body dysmorphic disorder)가 있다.

(6) 성격장애

성격 특성이란 광범위한 사회적·개인적 생활 속에서 나타나는 환경과 자기 자신에 대해서 지각하고 관계를 맺고 생각하는 지속적인 방법이다. 성격이 경직되어 있고 미숙하고 융통성이 없으며 이런 성격 특성으로 인하여 사회생활이나 직업 활동에서 적응하지 못하는 경우를 **성격장애**라고 한다. 성격장애는 몇 가지 유형으로 나눌 수 있는데, 유사한 증상에 따라서 A, B, C 세 가지로 분류할 수 있다.

A군은 괴상하거나 특이하고 엉뚱한 행동이 주된 특징으로, 편집성, 분열성, 분열형 성격장애가 있다. B군은 극적이고 감정적이며 변덕스러운 정서가 주된 특징으로 반사회성, 경계성, 히스테리성, 자기애적 성격장애가 있다. C군은 회피성, 의존성, 강박적 성격장애로 불안과 두려움을 주된 특징으로 한다. 이 성격장애들을 보다 구체적으로 설명하면 다음과 같다.

편집성 성격장애   편집성 성격장애(paranoid personality disorder)를 지닌 사람은 타인의 동기가 악의에 찬 것으로 해석하는 등 타인에 대한 불신과 의심이 생활 전반에 광범위하게 퍼져 있다. 의심 많고 고집 세고 음흉하고 완고하며 규율에 대해서는 화를 내고 외롭고 불안전하고 불행하다는 생각에 빠져 지낸다. 소망이 이루어지지 않을 때는 시무룩하거나 까다롭고 험악해지는 경향이 있다. 다른 사람들의 태도에 예민하게 신경을 쓰고 행동을 과장하며 타인들이 자신을 해치려 한다고 오해한다. 유머 감각이 없으므로 다른 사람들에게는 가끔 냉소적이거나 경멸적, 불평 불만이 많고 감정이 상한 것처럼 혹은 화가 난 것처럼 받아들여지기도 한다. 논쟁을 하거나 공격적으로 반응하며 타협할 줄 모른다. 다른 사람을 얕보고 비난하며 특히 대인관계에서 특징적으로 시비조의 행동을 보인다. 노력, 소심함, 정확성, 즉 강박적 양상 때문에 매우 유능할 수도 있고, 다른 사람에 대한 시기와 질투로 인해 대인관계에 매우 유능할 수도 있다. 반면, 다른 사람에 대한 시기와 질투로 인해 대인관계의 자질이 손상되기도 한다. 권위적인 위치에서는 가끔 폭군적인 행동을 보인다.

조현성 성격장애 조현성 성격장애(schizoid personality disorder)의 필수 증상은 광범위한 사회적 관계로부터의 고립 양상과 대인관계 상황에서의 제한된 감정 표현이다. 이런 행동 양식이 성인기 초기부터 시작되고 여러 가지 상황에서 나타난다. 조현성 성격장애를 가지고 있는 사람은 친해지려고 하는 욕구가 없으며, 친밀한 관계를 이룰 수 있는 기회에도 무관심하다. 이들은 다른 사람과 같이 있기보다는 혼자서 시간 보내기를 더 좋아한다. 타인의 칭찬이나 비난에 대해서 무관심하고 남들이 자기를 어떻게 생각하는가에 대해서 별로 신경 쓰지 않는다. 사회적으로 고립되어 있거나 고독을 사랑하는 사람이며 다른 사람과 함께 하지 않는 혼자만의 활동이나 취미를 선택한다. 대부분은 대인관계에서 열등감과 불편함을 느끼며 이성에 대해서 무관심하다. 청소년기에는 보통 고집 세고 순종하지 않으며, 주장적이고 까다롭고 완고하다. 또한 병약한 기질을 지니고 쉽게 감정이 상해서 다른 이들의 충고나 감독, 간섭에 대해서 화를 낸다. 조현성 성격장애자는 '외로운 늑대'라고 불리며 타인과 강력한 유대 없이 홀로 지내기를 좋아한다.

조현형 성격장애 조현형 성격장애(schizotypal personality disorder)의 주 증상은 친밀한 대인관계를 맺지 못하며 인지적, 지각적 왜곡, 기이한 행동 등 광범위한 양상을 나타난다. 때때로 착각, 이인감 혹은 이현실감을 경험한다. 언어가 이상하기도 하며 단어 사용이 정상적이지 않지만, 지리멸렬하지도 않고 연상의 이완을 나타내지도 않는다. 사회적으로 고립되어 있으며 위축되어 있고 가끔 부적절한 감정의 교류 때문에 대인관계에 문제를 일으키기도 한다. 불안이나 다른 기분장애의 증거들이 나타나기도 하고 사회적 기능과 직업적 기능 모두에 한계를 가져온다. 생활에 심각한 장애가 생기면 단기반응성 정신증이 나타나기도 한다.

반사회성 성격장애 반사회성 성격장애(antisocial personality disorder)를 가진 개인은 생활 전반에 걸쳐서 타인의 권리를 무시하거나 침해하는 행동을 보이며, 이런 행동은 소아기 또는 사춘기 초기에 시작되어 성인기까지 지속된다. 속임수와 조정이 반사회적 성격장애의 주요 특징이기 때문에 체계적인 임상적 평가와 주변에서 모은 정보를 종합하는 것이 특히 중요하다. 또한 미래에 대한 계획을 세우지 못하는 충동적인 행동도 보인다.

경계성 성격장애   경계성 성격장애(borderline personality disorder)의 주 증상은 대인관계와 자아상 및 정동(affect)에서의 불안정성 그리고 심한 충동성이 광범위하게 나타나는 것으로 성인 초기에 시작된다. 버림받는 것에 대해서 불안을 느끼고 부적절하게 분노를 표출하기도 한다. 반복적으로 자살을 시도하기도 하고 현저한 기분 변화를 보인다.

연극성 성격장애   연극성 성격장애(histrionic personality disorder)의 주 증상은 광범위하고 지나친 감정 표현과 관심을 끄는 행동이다. 이 장애를 가진 개인은 자신이 관심의 초점이 되지 못하면 불편을 느끼고 진가를 인정받지 못하고 있다고 느낀다. 또한 모습이나 행동이 상황에 어울리지 않게 성적으로 도발적이거나 유혹적일 때가 많다. 감정 표현은 깊이가 얕고 쉽게 변화하며 용모를 이용하여 상대방의 호감을 사려 하기 때문에 대부분의 시간, 정력, 돈 등을 옷이나 치장하는 데 쓴다. 연극성 성격장애를 가진 사람들은 감정 표현이 불안하고 감정이 변덕스럽고 감정 폭발을 잘한다. 이런 유형의 여성은 성적 행동에서 자극적이며 요염하고 성적 관계일 필요가 없는 상황에서도 성적인 대상화를 일삼기도 한다. 관심을 끌려는 행동은 질적으로 의존 욕구와 갈망의 표현이다.

자기애성 성격장애   자기애성 성격장애(narcissistic personality disorder)의 필수 증상은 자신의 중요성에 대한 과장된 지각, 칭찬에 대한 욕구, 감정이입의 결여 등이 광범위하게 나타난다. 이 장애가 있는 개인은 자신의 중요성을 과장되게 지각하고 자기 능력을 항상 과대평가하며 교만하고 잘난 척한다. 이들은 끝이 없는 성공에 대한 환상과 권력, 탁월함, 아름다움 또는 이성적 사랑에 대한 환상에 자주 사로잡혀 있다. 또한 타인들도 자신이 우월하고 특별하고 독특하다고 인정해주기를 기대한다. 그리고 일반적으로 지나친 찬사를 요구한다.

회피성 성격장애   회피성 성격장애(avoidant personality disorder)의 주 증상은 사회적 위축, 부적절함, 자신의 부정적 평가에 대한 과민성이다. 회피성 성격을 지닌 개인은 비난, 꾸중 또는 거절의 두려움 때문에 대인 접촉이 많은 학교나 직장생활을 피한다. 그리고 자신을 비난하지 않고 인정해주며 호감을 가져주는 친구라는 확신이 생길 때만 친구를 사귄다. 이들은 자신이 사회적으로 무능하고 개인적인 배려가 없어서 스스로를 열등하다고 생각한다.

의존성 성격장애   의존성 성격장애(dependant personality disorder)의 주 증상은 보호받고 싶어 하는, 광범위하고 지나친 욕구로서 복종적이고 상대방에게 매달리며 헤어지는 것을 두려워한다. 이 장애를 가진 개인은 타인의 많은 충고와 조언 없이는 일상적인 일에서도 결론을 내리지 못한다. 이들은 수동적이며 타인으로 하여금 주도권을 갖고 자신의 인생의 영역에 대한 책임을 감당하도록 한다. 이들이 보이는 대표적인 의존행동은 어디서 살아야 하며, 어떤 직업을 가져야 하고 어떤 사람과 사귀어야 하는지를 스스로 결정하지 못하고 부모나 배우자에게 의존하는 것이다. 이들은 의지할 사람을 잃을까 봐 의존하는 상대에게 반대 의견을 말하지 못한다.

강박성 성격장애   강박성 성격장애(obsessive-compulsive personality disorder)는 정리정돈, 완벽주의, 마음의 통제와 대인관계 통제 등으로 융통성, 개방성 효율성이 없다. 이 장애를 가진 사람은 규칙, 사소한 세부사항, 절차, 목록, 시간계획이나 행동에 힘겹게 매달려서 통제를 유지하려고 하지만, 그러다 보면 일의 큰 흐름을 잃고 만다. 그리고 이들은 계획한 일을 모두 완벽하게 성취하려 하기 때문에 끝내 그 계획을 완성하지 못한다. 또한 여가활동이나 친구와 만나는 시간을 희생하고 지나치게 일과 생산성에 전력을 쏟는다. 이런 행동은 경제적 필요성 때문만은 아니다. 또한 이들은 도덕, 윤리에 지나치게 양심적이고 고지식하며 융통성이 없고 무가치한 물건을 버리지 못하고 타인에게 일을 맡기기를 꺼려한다.

(7) 섭식장애

섭식장애(eating disorder)는 섭식행동에서의 심한 장애이다. 섭식장애에는 신경성 식욕부진증(anorexia nervosa)과 폭식증(bulimia nervosa)이 있다. 신경성 식욕부진증 환자는 최소한 정상적인 체중을 유지하는 것을 거부한다. 체중 증가에 대한 공포를 느끼고 체형과 신체 크기에 대한 심각한 지각 장애를 가지고 있다. 폭식증은 폭식 후, 스스로 구토하며, 이뇨제 또는 기타 약물을 남용하거나 단식이나 지나친 운동 등과 같은 부적절한 보상행동을 반복적으로 하는 것이 특징이다. 폭식(binge eating)이란 2시간 이내에 대부분의 다른 사람들이 동일한 상황에서 먹는 것보다 더 많이 음식을 먹고, 먹는 데 대한 조절 능력이 상실된 경우를 말한다. 이 장애에서도 체형과 체중에 대한 지각 장애가 나타난다. 즉, 자신의 체중이 많이 나가지 않는데도 불구하고 비만이라고 여기거나 신체의 특정 부위가 너무 비만하다고 생각한다.

(8) 문화민속적 증후군

이상행동으로 규정할 수 있는 하나의 기준은 사회규범이다. 개인의 심리적 장애를 진단할 때 그 개인이 속한 민족적·문화적 상황을 고려하는 일이 무엇보다 중요하다. 특정 진단 기준에 부합하든 그렇지 않든 간에 반복해서 지역적으로 특정하게 나타나는 이상한 행동양상 및 고통스러운 경험을 **문화민속적 증후군**(culture-bound syndromes)이라고 한다. 우리나라의 문화민속적 증후군은 화병(hwa-byung)으로 번역되며, 분노를 억제함으로써 불면, 피로, 공황, 임박한 죽음에 대한 두려움, 우울, 소화불량, 식욕부진, 호흡곤란, 빈맥, 전신동통 및 상복부에 덩어리가 있는 듯한 느낌 등의 증상을 보인다. 또한 신병(shin-byung)은 초기에 불안과 신체적 호소를 특징으로 하며, 뒤따르는 해리(의식이나 기억, 자신이 누구인지에 대한 지각, 환경에 대한 통합적 지각 기능 상실) 현상과 특정한 영혼에 사로잡히는 현상이다.

4) 이상심리 치료

심리치료(psychotherapy)란 심리학적 지식을 활용하여 심리장애로 고통받는 사람들의 문제를 해결해 나가는 것을 말한다. 심리장애를 설명하는 관점에 따라 크게 구별되는 치료적 접근이 있다.

(1) 정신분석치료

정신분석치료(psychoanalysis)는 이상행동이나 심리장애가 주로 아동기의 억압된 충동과 갈등에서 생긴다고 가정한다. 따라서 치료자는 내담자의 억압된 무의식적 갈등을 의식화시켜줌으로써 내담자는 그 갈등으로부터 자유로워질 수 있다. 따라서 이 정신분석치료의 목적은 증상의 제거가 아니라 무의식적 충동이나 갈등을 의식화하여 현실적으로 자유로운 선택을 할 수 있는 능력을 배양하도록 하는 데 있다. 무의식적 갈등이나 좌절의 요소를 의식화하는 방법으로 자유연상, 해석, 꿈의 분석, 저항 분석, 전이 분석 등을 사용한다. 치료 과정은 내담자와의 대화로부터 정화로, 정화에서 통찰로, 통찰에서 무의식적 문제를 다루는 과정을 통해 성격 변화를 유도하는 지적이고 정서적인 이해와 재교육의 목표를 향해 나아가는 것이다.

(2) 행동치료

행동치료(behavioral therapy)는 심리장애를 학습된 것으로 보며 연합학습의 원리와 조작적 조건형성을 사용해서 심리장애를 교정한다. 달리 말해서 행동치료의 목표는 심리장애에 수반되는 여러 가지 부적응적 행동을 소멸시키거나 바람직한 행동으로 바꾸는 일이다. 이 과정에서 행동을 직접 변화시키기보다 그 행동에 선행하는 조건이나 후속하는 조건을 변화시킴으로써 행동의 맥락을 변화시킨다. 행동치료에는 고전적 조건형성, 조작적 조건형성 그리고 사회학습이론에 근거한 기법들이 있다.

고전적 조건형성과 관련된 기법에는 문제 행동을 유발하는 자극과 새로운 반응을 연합시킴으로써 문제 행동을 새로운 반응으로 대치하는 역조건화가 있다. 이 역조건화를 이용한 대표적인 기법이 **체계적 둔감법**이다. 이 기법은 비현실적인 불안을 일으키는 사건들을 단계적으로 이용, 반응과 연합시켜 불안을 극복하도록 한다. 또 다른 치료법으로 문제 행동을 혐오자극과 연합시켜 문제 행동의 빈도를 감소시키는 **혐오치료**가 있다. 혐오치료에는 다양한 혐오자극이 쓰이고 있는데, 가장 보편적인 방법으로 전기 충격을 사용한다. 즉, 바람직하지 않은 행동, 사고 또는 어떤 자극을 쇼크와 적절히 연결시킴으로써 점차 그들에 대한 혐오반응이 생기게 하는 것이다. 하지만 혐오치료는 윤리적으로 문제가 따를 수 있기 때문에 주의가 필요하다.

조작적 조건형성과 관련된 기법으로 토큰경제와 바이오피드백을 들 수 있다. **토큰경제** 기법은 여러 가지 바람직한 행동 및 습관을 미리 정해놓고 이를 토큰으로 체계적으로 강화한다. 즉, 바람직한 행동을 하면 토큰을 주어 이 토큰을 나중에 자신이 필요한 물건이나 행동으로 바꾸어 사용할 수 있게 한다. **바이오피드백**은 의도적으로 통제할 수 없는 자율신경계통의 생리적 반응을 통제하는 것을 학습하는 기법이다. 치료과정에서 자신이 정상적으로 인지할 수 없는 생리적 과정, 즉 뇌파, 혈압, 근전도, 심장박동 등에 대한 정보를 즉각적으로 그리고 계속해서 받게 될 뿐만 아니라 자기 스스로 조절하는 방법을 익히게 된다. 바이오피드백은 긴장성 두통, 편두통, 위궤양, 기침, 고혈압, 순환장애 등과 같은 정신장애나 생리학적 장애의 치료에 효과적이다. 바이오피드백은 일상적인 이완훈련과 결합하여 사용하면 매우 유용하다.

(3) 인지치료

인지치료(cognitive therapy)는 인간의 행동이 인지, 즉 생각이나 신념에 의해서 매개된다고 가정하고, 문제 행동과 관련된 내담자의 인지체계를 바꿈으로써 문제 행동을 변화시킨다. 인지치료는 내담자의 심리적 문제에 기여하는 인지적 왜곡을 바로보게 하여 보다 정확한 평가와 해석을 하게 하는 과정이다. 인지치료는 엘리스(Ellis, 1984)의 합리적 정서치료와 벡(Beck)의 인지행동치료로 대표된다.

합리적 정서치료의 목표는 문제 행동을 만들어내는 비합리적이고 자기패배적인 신념을 극소화하고 삶에 대해서 보다 현실적이고 합리적인 가치관을 갖게 하는 데 있다. 엘리스의 치료를 흔히 ABCDE 공식으로 설명한다. A(antecedent events)는 스트레스를 유발하는 선행사건을 의미한다. B(beliefs)는 선행사건에 대한 의미를 해석하는 인지적 과정을 뜻하며, C(consequence)는 그 결과로 나타난 정서적·행동적 상태를 의미한다. 엘리스는 B의 과정에서 비합리적인 생각과 신념이 심리 장애를 유발하는 중요한 원인이라고 보고 이러한 비합리적인 생각을 바꾸는 일이 치료의 중요한 요소라고 보았다. 따라서 치료자는 내담자의 비합리적인 생각과 신념에 대해서 논박하게 되는데 이것이 D(dispution)이다. 그 결과 내담자는 보다 합리적인 신념으로 대처하게 되고 삶을 효율적으로 살아가는 철학을 갖게 하는 것이 E(efficient philosopy)다. 사람들이 흔히 보이는 비합리적인 신념에는 "주위의 모든 사람들로부터 항상 사랑과 인정을 받아야 한다.", "모든 면에서 반드시 유능하고 성공적이어야 한다.", "인간의 불행은 외부 환경 탓이기 때문에 인간의 힘으로는 바꿀 수 없다.", "남의 도움 없이 스스로 할 줄 알아야 한다. 그렇지 않으면 존경이나 인정을 받을 가치가 없다.", "나는 재수 없이 태어나 운이 나쁜 삶을 살아가야 할 것이다." 등이 있다.

벡(1979)의 인지행동치료는 내담자로 하여금 자기패배적이고 역기능적인 신념 및 사고를 자각하고 변화하게 한다는 점에서 합리적 정서치료와 근본적으로 유사하다. 그러나 합리적인 정서치료가 매우 지시적이고 직면적인 것에 비해, 인지행동치료는 소크라테스식 대화술을 강조하며 내담자가 자신의 잘못된 신념을 대화를 통해서 발견할 수 있도록 돕는다. 이 치료법은 우울증 환자, 불안장애, 섭식장애 및 신체형장애에 널리 사용되고 있다.

인지행동치료 절차를 구체적으로 살펴보면, 먼저 내담자와의 치료동맹 관계 형성(라포 형성)이 무엇보다 중요하다. 따라서 치료자는 초기 단계에서 내담자에게 기본적인 예절을 지키고 전문가적인 태도로 내담자의 말에 공감을 가져다주어야 한다. 치료동맹 관계가 형성된 후 내담자를 평가한다. 이때 내담자의 심리적 문제의 심각성, 자살 위험도, 생활상의 문제, 일반적 건강 상태, 심리적 문제의 촉발 또는 유지 요인, 환경적·사회적 지지 유무 등의 치료과정에 필요한 내용들을 평가한다. 그런 다음 인지행동치료의 원리와 치료과정을 설명해준다(인지치료교육). 치료자는 내담자의 생각이 기분과 행동에 영향을 미치게 되는 구체적인 예를 들어 설명하고, 이 치료방법을 설명해 놓은 소책자를 이용하는 것이 좋다. 그런 후 초기 단계에서 얻은 내담자의 정보에 기초하여 사례를 개념화(formultion)하여 치료가 나아갈 방향을 잡는다. 이때 문제 목록을 만들어 핵심기제에 대한 가설을 세워서 현재 문제를 촉발시킨 다음 요인과 핵심기제를 관련시켜 보고 치료의 방해요인을 예상해본다. 인지 변화를 일으키기 위한 준비 단계로 행동기법들을 사용하여 행동의 변화를 준다. 그런 후 내담자 자신의 생각에 주의를 기울이고, 그 생각이 현실적으로 얼마나 타당한가를 검토하는 인지적 재구조화를 한다.

인지적 재구조화 과정의 첫 단계는 '자동적 사고'를 파악하는 것이다. **자동적 사고**는 특정 상황에서 내담자에게 떠오르는 생각이나 심상을 말한다. 자동적 사고를 찾는 일은 어려운 일이므로 먼저 자동적 사고를 찾는 일을 연습하는 것이 필요하다. 어떤 상황 또는 일이 있었을 때, "그때 어떤 생각이 들었나요?" 등의 질문을 통해서 자동적 사고를 이끌어낸다. 자동적 사고의 내용이 현실적으로 타당한지를 평가하기 위해서 소크라테스적 문답법을 사용한다. "그렇게 생각할 만한 근거가 무엇일까?", "그 배경적 이유에 논리적 오류가 없는지 살펴보고, 다르게 생각할 수는 없을까?", "다른 사람들이라면 그 상황을 어떻게 생각할까?"라고 물어봄으로써 자신의 생각을 열린 마음으로 객관적으로 평가할 심리적 거리를 둔다. 만일 내담자 생각대로 일이 일어난다면, "결과가 과연 끔찍할까?", "다른 대안이 없을까?"라고 질문하는 것도 자동적 사고의 현실 검증에 도움이 된다. 이외에 이득 손실 분석, '마치-처럼'행동하기, 행동실험 등의 방법도 자동적 사고를 수정하는 데 사용된다.

자동적 사고를 현실적으로 검증한 후 어떤 특별한 상황이나 사건에 관계된 생각이 아닌 내담자의 생활 전반에 영향을 미치는 추상화된 가정이나 생각인 역기능적 태도를 재구성한다. 역기능적 태도는 자동적 사고보다 밝혀내기 어려우며 어느 정도 추론이 필요하다. 자동적 사고가 나무의 잔가지라면 역기능적 태도는 나무의 몸통이나 뿌리로 볼 수 있다. 자동적 사고의 수정 방법들을 통해서 역기능적 태도도 변화시킴으로써 보다 핵심적인 신념을 재구성하여 재발 위험을 최소화할 수 있다.

　마지막으로 치료를 종결하는 일인데, 이때 내담자와 치료자가 역할 바꾸기 절차를 통해서 앞으로 내담자에게 나타날 수 있는 문제에 대처하는 방법을 연습하게 하고, 때로 점진적으로 치료회기를 줄여갈 수도 있다.

(4) 인본주의적 치료

인본주의적 치료는 과거보다 현재를 강조하고 무의식적 경험보다는 의식적 경험을 중시하며, 객관적 환경요인보다는 주관적 심리요인에 관심을 가지고 정서를 통제하기보다는 정서 표현에 초점을 둔다. 인본주의적 치료방법에는 로저스(Rogers, 1957)가 창안한 내담자-중심치료(client-centered therapy), 펄스(Perls, 1948)가 창시한 게슈탈트 치료 그리고 1940년대와 1950년대 유럽의 심리학자와 정신의학자들에 의해서 주도된 실존주의 치료가 있다.

　내담자-중심치료(client-centered therapy, 이후 인간중심치료)의 목표는 치료자가 내담자에게 진실성을 가지도록 내담자를 조건 없이 긍정적으로 존중해주고 정확한 공감적 이해를 해줌으로써 한 개인이 충분히 기능하는 건강한 심리적 성장을 하도록 돕는 일이다. 게슈탈트 치료는 현상적이면서 대화적이며 즉각적인 현재 경험을 더 명료하게 하며 자각을 증진시키는 데 초점을 둔다. 이 치료에서는 인간의 행동이 환경 속에서 각 요소들과 상호 역동적으로 관련되어 나타나는 하나의 전체라고 본다. 자각(awareness : 알아차림)이란 개체가 자기의 유기체적 욕구나 감정을 지각한 다음 게슈탈트로 형성하여 전경으로 떠올리는 행위를 말하며, 전경으로 떠오른 게슈탈트를 해소하기 위해 환경과 상호작용하는 행위를 **접촉**이라고 한다(김정규, 1995). 내담자의 자각(게슈탈트 형성)과 환경과의 접촉(게슈탈트 해소)을 증진시키기 위해서, 신체 자각, 언어 자각, 과장하기, 반대로 하기, 머물러 보기 등의 기법들을 사용할 수 있다. 실존주의 치료는 실존주의 철학을 기반으로 나온 치료법으로 실존주의 분석(existential analysis), 현존재 분석(dasein analyse)과 의미치료(logotherapy)가 있다.

(5) 집단치료

집단치료는 여러 사람으로 이루어진 집단을 대상으로 치료하는 방법이다. 이 치료는 심리학에 관한 이론적 접근방식에 따라서 정신분석적 집단치료, 행동주의적 집단치료, 인지행동적 집단치료, 인본주의적 집단치료 등으로 구분된다. 집단치료는 다양한 목표, 기법 및 목적과 더불어 많은 형태와 크기로 이루어진다. 어떤 집단치료는 병원 장면에서 수행되기도 하며, 매일 혹은 주당 몇 차례씩 행해진다. 집단 심리치료는 유사한 문제를 가지고 있는 사람들에게 유용한 정보를 제공하거나 대인관계 기술을 발달시키는 데 초점을 두기도 한다(국승희, 손정락, 2000). Yalom(1985)에 따르면 집단치료는 참가한 집단 구성원에게 정보를 제공하고 걱정을 다루는 방법을 익히게 함으로써 희망을 주며, 다른 사람들을 도와주는 행동을 하게 함으로써 자존감과 확신을 향상시켜준다. 또한 집단 구성원들은 삶의 의미를 배우고 그 삶이 항상 자신의 계획처럼 되는 것이 아니며, 외로움을 느끼는 것이 일반적이라는 사실을 배운다.

모든 집단치료의 기원은 모레노의 심리극(psychodrama)에 있으며, 아직까지도 강력한 집단치료 모델로 영향력을 끼치고 있다. 주로 역할과 과거 경험, 집단 역동 등의 작용을 치료 장면에서 활용한다. 심리극을 진행하는 디렉터는 상담가이자 연출자, 집단지도자와 분석가의 역할을 종합적으로 조화롭게 실행할 수 있는 역량이 필요하다.

(6) 가족치료

가족치료(family therapy)는 개인이 지닌 심리적 문제들의 주요 원인이 가족 간의 해결되지 않은 갈등에 있다고 전제하고, 가족 구성원들 간의 관계를 변화시킴으로써 개인의 문제 행동을 수정하는 치료방법이다. 가족치료의 형태는 다양하며 치료과정의 다양한 측면 가운데 어떤 것을 강조하느냐에 따라서 크게 대상관계, 가족관계, 구조적 가족치료, 전략적 개입 등으로 구분할 수 있다. 이 가운데 가장 널리 사용되는 가족치료의 형태는 아르헨티나 출신의 Minuchin(1974)이 발전시킨 구조적 가족치료(structural family therapy)이다. 이 구조적 가족치료에서는 가족 구성원 간의 유연성 있는 가족구조를 만들어 적응적이고 효과적인 관계로 변화시킨다. 달리 말해서 구조적 가족치료자는 가족관계에서 변화를 수용하고 가족 구성원들 간의 정서적 교류가 유연하게 되도록 가족을 재구조화시킨다.

(7) 명상

최근 서양에서는 명상에 대한 관심이 급증하고 있다. 명상은 서양 문화권에서는 비교적 새로운 분야지만 동양 문화권에서는 오랜 역사를 가지고 있다. 한때는 명상이 마술과 관련된 것이라고 인식되었지만 다년간의 연구를 통해 명상에 대한 인식이 과학적으로 많이 수정되었다.

명상이란 비분석적인 방법으로 주의를 집중시키려고 노력하는 일련의 정신적 경험이다. 명상에 대해서는 여러 접근 방법이 있는데, 현재 미국에서 가장 널리 알려진 접근 방법으로는 요가, 선, 초월명상 등이 있다. 이러한 접근은 동양 종교에 근원을 두고 있지만, 종교적 믿음과는 분리시킬 수 있다. 실제로 명상을 시도하는 대다수 서양 사람들은 명상의 종교적 측면보다는 심리치료에 보다 큰 의미를 둔다.

대부분의 명상은 아주 간단하다. 초월명상의 경우, 편안한 자세로 앉아서 눈을 감고 주문(mantra)에 집중한다. 이러한 훈련을 하루에 20분, 2회 정도 연습하게 된다. 이 기법은 활동적인 마음의 표면에서 조용히 심연으로 이동하는 것이다. 대부분의 초월명상 지지자들은 명상이 순수한 의식의 변화된 상태를 포함한다는 주장을 한다. 그리고 초월명상을 통해서 스트레스로 인한 긴장 감소, 학습, 창조성, 신체적 건강을 향상시킨다고 한다. 하지만 비판론자들은 명상이 일종의 이완요법에 불과하다고 주장하기도 한다.

숙련된 명상가들은 뇌파에서 알파파와 베타파가 크게 증가한다. 그리고 혈압, 호흡률, 산소 요구량, 탄소 배출량 등도 감소한다. 피부의 저항이 증가하는 반면에 혈액 내 유산염 등이 감소한다. 즉, 명상은 신체 각성을 억제함으로써 좋은 생리적 상태로 유도한다. 그러나 체계적인 이완훈련을 해도 이와 유사한 결과가 나타난다. 따라서 명상과 관련된 신체 변화가 명상을 할 때만 나타나는 것은 아니라는 주장도 있다.

10 인간 심리에 관여하는 동기와 정서

인간은 끊임없이 무엇인가를 추구한다. 이것을 심리학에서는 동기(motivation)라고 부른다. 동기는 인간이나 동물로 하여금 어떤 목적을 향하여 특정한 행동을 하도록 유도하는 상태 혹은 이끄는 힘이라고 정의할 수 있다. 동기라는 개념은 맥두걸(McDougall, 1908)이 처음 사용한 개념이다. 그는 유기체로 하여금 일정한 방향이나 형식으로 행동하도록 규정하는 본유적인 생물학적 힘으로서 본능을 파악했다.

추동(drive)이나 요구(need)도 동기와 유사한 개념이지만 다소 다른 뜻을 가진다. 음식, 물 등의 결핍 상태를 충족시키기 위한 것이 요구이다. 그리고 그런 결핍 상태로 인해서 나타나는 심리적 에너지를 추동이라고 부른다. 추동은 유기체로 하여금 행동을 하도록 촉진한다는 점에서 동기와 유사하지만 그 행동의 방향이 뚜렷이 규정되지 않는다는 점에서 동기와 구별된다.

어떤 상황에서 겪게 되는 일시적인 생리적 변화에 의해 유발된 느낌(감정)을 정서라고 정의 내릴 수 있다. 이에 비해 성격은 다양한 상황에 걸쳐 안정적으로 나타나는 행동이나 태도 양상을 뜻한다. 정서적 불안정성은 전통적으로 재해와 사고의 원인으로 지목된다. 정서는 주관적 요인과 객관적 요인 간의 복잡한 상호작용으로 신경계 수준에서는 신경호르몬계 원인이다. Mandler(1984)는 정서가 원시시대에는 중요한 진화적 기능을 하였으나 현대 사회에서는 그다지 기능적이지 못하다고 지적했다. 예를 들어, 과도한 흥분 상태나 통제 부족은 과거에는 힘의 과시나 우월의 표현일 수 있지만 현대는 부정적인 이미지를 내포하고 있다. 심지어 심장질환이 있는 상태에서 강한 정서적 반응을 보이는 것은 자신의 건강을 해치는 역기능적 작용일 수 있다. 그럼에도 불구하고, 여러 학자들은 여전히 정서가 우리의 느낌이나 행동에 지대한 영향을 미친다는 점에는 동의한다.

"무엇이 인간으로 하여금 행동하게 만드는가"는 심리학의 핵심 질문 중 하나이다. '왜'와 '무엇에' 대한 질문이 곧 '동기'에 대한 질문이다. 동기 연구에서는 "왜 우리가 무엇인가를 원하는가?" 그리고 "왜 우리가 행동을 하는가?"를 설명하기 위해 개인과 그가 속한 환경 그리고 문화 속에 존재하는 다양한 조건에 관해 탐색한다. 사람이건 동물이건 동기가 없는 행동은 없다. 생존하기 위해 먹고자 하며, 고통을 피하려는 행동을 한다. 유기체들은 대부분 무리를 지어 살기 때문에 서로 의존하려 하고, 새끼나 자식을 키우고, 자신을 보호하기 위해 때로는 공격적 행동을 취한다. 사람의 경우 동물과 달리 다양한 목표를 세우고 이것을 달성하고자 행동한다. 동기는 이중적 기능을 가지고 있는데, 한편으로는 어떤 행동이 계속되도록 하고, 다른 한편으로는 그 행동을 더 활성화시킨다.

정서 역시 관련된 행동을 활성화시키고, 특정 방향으로 지속되게 한다. 공포나 분노와 같은 정서는 자율신경계의 활성화에 그 바탕을 두고 있고, 질투나 수줍음 같은 정서는 학습되는 것으로 보인다. 사람의 경우 정서는 주관적인 자각 상태를 포함하며, 자신이 경험하는 느낌이나 감정을 때때로 잘못 해석하기도 한다. 인간 행동의 원인을 제대로 이해하고 설명하려면, 어떤 행동을 촉발시킨 동기나 정서가 무엇인지를 알아야 한다. 인간의 마음이 어떻게 이루어져 있을까? 철학자와 심리학자들은 오래전부터 마음의 기능으로 인지, 정서, 의욕을 들어왔다. 삶이 생각하고, 느끼고, 바라는 세 측면으로 구성되어 있다는 이 주장을 누구나 수긍할 수 있다.

인간이나 동물의 인지기능을 연구하는 것은 정서와 의욕(다른 말로는 동기)을 연구하는 것보다 훨씬 용이하다. 실험 절차의 측면에서 또 심리적 과정들을 분석적으로 접근하는 측면에서 볼 때 정서와 동기를 연구하는 데 상당한 어려움이 있다. 예컨대, 실험실에서 사람들에게 어떤 도형을 매우 짧은 시간에 보여주고, 그 정체를 파악하도록 하여 지각과정을 연구하기는 쉽다. 그러나 사람들을 화나게 한다든지, 공격적 행동을 하게 하는 실험 절차는 전자에 비해 상당히 어렵기도 하고, 윤리적인 문제도 개입한다. 실험 연구의 이러한 제한점에도 불구하고, 오랫동안 인간과 동물을 대상으로 동기와 정서에 관한 실험 연구가 매우 활발히 진행되어 왔다.

1. 동기

'동기(motive)'라는 단어의 어원은 라틴어의 *movere*로, '무엇을 움직이게 하는 것'이라는 의미이다. 일반적으로 심리학에서 동기는 두 가지 차원에서 정의하는데, 하나는 각성 상태, 즉 유기체의 행동을 가능하게 하는 생리적 에너지를 말하고, 다른 하나는 행동을 조절하는 힘을 말한다. 다시 말해서, 동기는 행동하게 하는 힘의 근원으로서의 기능과 행동의 조절자로서의 기능을 한다. 동기에 대한 가장 일반적인 정의는 행동을 시작하게 하고, 방향을 결정하고, 끈기와 강도를 결정하는 힘이라고 할 수 있다. 동기와 관련된 개념으로 욕구, 추동, 동기화 또는 동기 유발이 있는데, 이 세 가지 개념은 서로 연관성을 가진다.

사람들은 다른 사람 또는 자신의 행동을 관찰하고 그렇게 행동하는 이유를 알고자 한다. 예컨대 그 사람이 나에게 그런 말을 하는 까닭이 무엇인가? 왜 그 사람이 나에게 갑자기 친절한가? 우리는 타인이 그렇게 행동하는 원인을 가능한 한 정확히 추리하려고 할 뿐만 아니라, 많은 경우 자신이 어떤 행동을 하게 된 원인을 알아내려고 한다. 예컨대 내가 그 상황에서 왜 그런 말을 했는가? 정말로 내가 그 사람에게 호감을 가지고 있는가? 심리학자들은 행동의 변화, 내적 상태의 추리, 방향을 결정하는 행동, 생리과정과 행동의 관련 짓기 등에 있어서 동기라는 가설적 과정을 생각한다. 객관적 상황과 이에 대한 한 개인의 행동을 매개한다고 가정되는 심리, 생리적 과정들은 다양한 유형의 동기들을 바탕으로 추리된다.

　동기가 있는 행동은 뚜렷한 동기가 없는 행동에 비해 더 오래 지속되고 활발할 뿐만 아니라 어떤 목표를 지향하는 특징들을 보인다. 예컨대 어떤 의도가 달성될 때까지 노력한다. 동기는 행동을 활성화시키고 행동에 방향을 부여하므로 한 사람이 여러 상황에서 보이는 다양한 행동들을 하나의 핵심적 동기로 손쉽게 묶을 수 있다.

　어떤 사람이 어떤 문제에 관해 찬성하는 말을 했다고 하자. 이때 우리가 관심 갖는 것은 그가 찬성을 하게 된 동기이다. "그 사람이 그 문제에 관심과 흥미를 가지고 있고, 또 신념이 있어서 찬성하는 말을 했는가? 아니면 그 상황이 압력이라든지, 자신의 처지 때문에 마음에도 없는 찬성을 한 것일까?" 이러한 상황에서 그 사람의 동기를 어떻게 판단하느냐에 따라 그 사람과 관찰자 간의 이후 관계가 영향을 받게 되며, 그 사람에 대해 각기 다른 판단을 내리게 될 것이다. 우리가 인간을 가능한 한 심층적으로 이해하고, 행동을 제대로 설명하려면, 마음의 동기를 간과해서는 안 된다. 한 사람이 여러 상황에서 보이는 다양한 행동들을 초래하는 주요 동기를 모른다면, 우리가 단편적 행동들에서 일관되고, 조직적인 인상을 어떻게 형성하며, 또 타인이나 자신을 어떻게 제대로 이해할 수 있겠는가? 동기 연구는 이런 의미에서, 또 앞으로 살펴볼 다른 이유들에서 매우 중요하다.

1) 개념

동기란 유기체로 하여금 어떤 행동의 준비 또는 일련의 행동을 지속시키도록 하는 유기체의 내적·외적 조건들을 지칭한다. 현대심리학에서 채택된 동기의 개념으로 처음에는 본능론이 우세했다. 본능론은 우리가 어떤 행동을 하는 것은 그 행동에 대한 본능이 있기 때문에 기계적으로 그런 행동을 하게 된다고 본다. 본능론은 합리주의와는 반대되는 입장을 취한다. 즉, 근본적으로 동물이나 인간의 행동은 무의식적이고 비합리적인 내적 힘 때문에 결정된다고 본다. 맥두걸(McDougall) 같은 사회심리학자는 인간에게는 혐오, 호기심, 만들기, 도망 등 19가지 본능이 있고 이 본능들이 학습에 의해 수정되거나 조합되어서 다양한 행동들이 결정된다고 생각했다. 본능론의 문제는 본능의 가짓수가 많아지게 될 뿐만 아니라, 특정 행동이 본능 때문이라고 하는 것은 행동의 원인을 설명한다기보다는 기술하는 것에 지나지 않다는 데있다. 말하자면 본능론은 인간이나 동물의 행동을 설명하기보다 행동들을 분류하는수준에 지나지 않는 초보적인 이론이다.

1920년대에 우드워스(Woodworth)라는 심리학자에 의해 본능이란 개념 대신 추동이란 개념으로 행동의 원인이 설명되었다. **추동**은 생리적 요구 때문에 생긴 일종의흥분 상태로 정의된다. 추동이 커지면 유기체는 어떤 행동을 더 활발히 하게 된다.다른 말로 하면, 추동은 동물들이 어떤 요구를 충족시키는 방향으로 행동하게끔 몰아댄다. 이 개념은 심리학에서 밝혀진 **동질정체**(homeostasis)의 원리에 바탕을 두고있다. 예를 들면, 건강한 사람의 경우 100cm^{3}의 혈액당 60~90mg의 혈당을 유지하는데, 이 수준 이하가 되면 심한 경우 혼수상태에 빠지게 되고, 반대로 상당한 기간이 범위 이상이면 당뇨병에 걸린다. 만약 제한된 범위 내의 혈당 수준을 유지하는동질정체가 깨진다면, 공복 상태가 유발되고, 유기체는 이러한 긴장 상태에서 벗어나기 위해 음식을 먹는 행동을 해야 한다.

유기체가 내적으로 균형 상태를 유지하려 한다는 동질정체의 틀에서 보면, 요구란 최적 상태로부터의 생리적 이탈로 발생하며, 요구에 대한 심리적 상태가 바로 추동인 셈이다. 추동감소이론에 의하면, 생리적·내적 불균형이 회복되면(예: 음식을먹음으로써), 추동이 감소되고 이에 따라서 동기가 유발시킨 여러 활동(예: 먹는 행동, 음식을 찾는 행동)이 중단된다. 추동감소이론은 특히 하등동물의 행동의 원인을잘 설명해주는 것으로 간주되었다. 그러나 1950년대에 이르러 이 이론에 의문이 제기됐다. 한 문제는 생체가 내적인 추동만으로 어떤 행동을 활발히 하지 않는다는 것이다. 예컨대, 배고픈 상태가 아니더라도 맛있게 보이는 음식 자체가 배고픔 추동을유발한다. 뿐만 아니라 사람들은 모험을 즐기는데, 이것은 추동감소이론의 예상과는 반대되는 행동이다.

추동 때문에 어떤 행동을 목표 지향적으로 활발히 한다는 입장에서 외부 자극이행동을 유인한다는 입장으로 발전되었다. 사람들은 돈, 명예, 칭찬 같은 정적 유인물에는 접근하려 하고 벌, 비난 같은 부적 유인물로부터는 피하고자 한다. 유인론에의하면, 동기화는 환경의 자극과 유기체의 생리 상태 간의 상호작용으로 이해되어야 하며, 유인물은 행동을 촉발시킨다. 예컨대 목이 마른 동물의 경우 물은 정적 유인물로서 마시는 행동을 하도록 한다.

　본능론, 추동감소이론을 거쳐 유인론으로 발전되어 오면서 결국 목표 지향적이며, 활성화된 행동은 내재적 동기(흥미, 관심)와 외재적 동기(상황의 압력, 동기 유발 대상)의 상호작용 내지는 어느 하나의 주도하에서 결정된다는 생각과 적절한 각성상태로부터의 이탈이 유기체로 하여금 목표 지향적인 행동을 활성화시킨다는 생각을 현재 많은 심리학자가 받아들이고 있다.

2) 유형

좋은 분류는 아니나 편의상 유기체, 특히 사람의 경우 동기를 크게 생리적 동기와 심리적 동기로 나눈다. 전자는 학습되지 않았고, 동기의 작용에 관여하는 생리과정과 해부학적 위치가 다소 분명한 데 비해서 후자는 개인이 사회생활을 하면서 학습하고, 무의식 내지는 의식적인 특징을 띠고 있으며, 그 생리적 바탕이 분명하지는 않다. 생리적 동기에는 배고픔, 목마름, 성(sex), 호기심 등이 있으며, 심리적 동기에는 자존심, 성취, 자기실현 등이 포함된다.

　인간의 행동에 직접 영향을 주는 면에서 또 결핍이 되면 균형 상태로의 회복을 요구하는 강도에서 대부분의 경우 생리적 동기가 심리적 동기보다 목표 지향적 행동을 더 강력히 유발한다고 하겠다. 예컨대, 공복을 채운 후에라야 비로소 친구 생각이 나서 슬퍼지는 경험은 생리적 동기를 충족시키는 행동이 심리적 동기를 충족시키는 행동에 선행함을 보여준다.

3) 이론

(1) 매슬로의 동기이론

매슬로(Maslow, 2012)는 인간 삶의 동기를 다섯 가지로 구분했다. 특이한 것은 다섯 가지의 욕구가 위계를 이루고 있으며 하위 단계의 충족을 통해 상위 단계로 향상된 욕구의 전환이 일어난다는 것이다. 가장 기본적인 욕구는 생리적 욕구이며, 그다음 상위 단계에 속하는 욕구가 바로 안전과 안정의 욕구이다. 세 번째는 애정과 소속감의 욕구이며, 네 번째는 존경과 존중의 욕구, 마지막 다섯 번째 가장 상위의 욕구는 자기 및 자아실현의 욕구이다.

　생리적 욕구는 굶주림, 갈증, 성, 수면 등의 기본적인 욕구를 의미한다. 생존에 필요한 기본적인 생리적 욕구들이 충족되어야만 다음 상위 단계인 안전과 안정을 위한 욕구들을 실현시키기 위해서 동기화될 수 있다는 것이 매슬로 이론의 핵심이다. 구체적으로 안전과 안정의 욕구는 범죄, 추행, 학대, 사고(재해), 질병, 전쟁의 위협이나 위험으로부터 자유로워지고 싶은 욕구를 말한다. 상위 욕구로 갈수록 사회적 욕구의 성격이 강해지고 하위 욕구는 생물학적 성격이 강해진다.

매슬로(2012)가 말하는 생리적 욕구는 모든 욕구 중에서 가장 강렬하고 우선순위가 높은데 본능적인 욕구에 해당한다고 볼 수 있다. 생리적 욕구가 어느 정도 충족되면 안전 욕구가 부각된다. 생리적 욕구와 안전 욕구가 충족되지 못해서 생기는 불안을 감소시키고 공포를 회피하기 위해서 동기화되는 것이다. 생리적 욕구와 안전 욕구가 어느 정도 충족되면 애정 욕구가 부각되는데, 이것은 단순한 성적 욕구와는 구별되는 것으로 사랑을 받으려는 욕구뿐만 아니라 사랑을 주려는 욕구도 포함하고 있다. 다음은 존경과 긍지를 얻고 싶은 욕구가 나타나는데, 자신 있고 강하고 무엇인가 진취적이며 쓸모 있는 사람으로 인식되기를 바라는 욕구다. 명예, 신망, 위신, 지위 등과 관계되는 것으로 자신이 하는 일에 자부심을 느끼며 타인으로부터 존경을 받고자 하는 것을 말한다. 마지막 단계인 자아실현의 욕구는 자신의 잠재력을 최대한 살리고 자신이 하고 싶었던 일을 실현하려는 최상위의 욕구다. 자기의 실현은 궁극적으로 행복과도 연결되어 있다.

매슬로(2012)가 지목한 다섯 가지 욕구들은 반드시 계층 순서대로 유발되는 것이 아니라 순서가 바뀌는 예외도 있을 수 있다. 이러한 경우는 성장 배경이나 특수한 경우에서 발견되는 극히 예외적인 경우다. 이를테면 오랫동안 굶주림에 시달려온 사람은 남은 생애 동안 배불리만 먹으면 그 이상의 욕구는 갖지 않을 수도 있고 어릴 때부터 사랑을 받지 못하고 자란 사람은 병적인 성격이 되어서 애정적인 욕구를 영구히 상실하는 경우도 있다.

또한 욕구 충족의 경우에 있어서도 모든 욕구가 만족할 정도의 수준은 못되지만 골고루 분포하는 사례도 있다. 예컨대 생리적인 욕구는 85%, 안전에 대한 욕구는 75%, 애정적인 욕구는 55%, 존경과 긍지에 대한 욕구는 35%, 자아실현의 욕구는 10% 정도만으로 충족감을 느낄 수 있다는 것이다. 사실 어떤 행동의 동기유발에 작용하는 욕구는 대개 복합적이다. 하나의 욕구가 어떤 행동 유발에 유일하게 작용하는 경우를 오히려 찾아보기 어렵다. 예를 들어, 직장에 취직하는 것은 조직에 소속되는 애정적인 욕구도 느낄 수 있지만 보수를 받아 생리적 욕구를 해결하고 일생에서 비롯되는 위험한 상황이나 공포 상태를 극복하기 위해 노력하는 복합적인 활동이다. 또한 직장생활을 통해서 얻는 긍지와 어느 정도의 자아실현도 있다.

매슬로(2012)에 의하면 잘 적응된 사람은 자기를 '실현'하는 사람이다. 자기를 실현하려는 사람은 다른 사람들의 평가보다는 자신의 충족과 성장에 가장 적합하다고 생각되는 방향으로 살아간다. 매슬로(2012)는 유명인과 우수한 대학생들을 대상으로 연구한 결과를 토대로 자기를 실현한 사람들에게는 다음과 같은 15개 특성이 있다고 보고했다.

첫째, 현실에 대한 정확한 지각을 가진다. 자기를 실현한 사람들은 현실적으로 다른 인간과 사건을 판단하며 불확실성을 더 잘 수용한다.

둘째, 자기와 다른 사람을 수용한다. 자기를 실현한 사람들은 자신과 다른 사람들을 있는 그대로 받아들이며 자기 자신에 대해서 죄의식을 갖거나 방어적이지 않다.

셋째, 자발성이 높다. 자기를 실현한 사람들의 행동은 다소 관습적이나 사고방식은 자발적이다.

넷째, 문제 중심성이 높다. 자기를 실현한 사람들은 자기 자신의 이익보다 문제해결에 더 관심이 있고 중요하다고 생각하는 행동 목표들을 가지고 있다.

다섯째, 초연하다. 자기를 실현한 사람들은 혼자 있는 것에 부담을 느끼지 않는다.

여섯째, 자율적이다. 자기를 실현한 사람들은 환경에 지배되지 않고 자율적으로 활동한다.

일곱째, 신선한 감각을 가진다. 자기를 실현한 사람들은 비록 반복되는 경험이라도 새롭게 느끼고 의미를 감상할 수 있다.

여덟째, 신비적 경험 또는 절정 경험을 한다. 자기를 실현한 사람들은 우주 자연과의 일체감, 자기를 잊을 수 있는 신비감 등을 경험한다.

아홉째, 사회적 관심을 가진다. 자기를 실현한 사람들은 인류에 대한 공동체 의식을 갖는다.

열 번째, 친숙한 대인관계를 맺는다. 자기를 실현한 사람들은 많은 사람과 사귀기보다 선택된 소수의 사람들과 깊고 친숙한 관계를 맺는다.

열한 번째, 민주적인 성격구조를 가진다. 자기를 실현한 사람들은 사람을 판단하는 데 성별, 인종, 출생 배경, 종교 등과 같은 것에 비교적 영향을 받지 않는다.

열두 번째, 결과와 수단을 구별한다. 자기를 실현한 사람들은 최종 목표에 급급하기보다 활동 자체를 즐기며 수단과 결과 간의 차이를 분별한다.

열세 번째, 유머 감각이 있다. 자기를 실현한 사람들은 적대적인 농담보다는 철학적이며 비공격적인 유머를 사용한다.

열네 번째, 창의성이 높다. 자기를 실현한 사람들은 새로운 생각을 이끄는 창의성이 있다.

열다섯 번째, 기성문화의 압력에 대해 저항한다. 자기를 실현한 사람들은 기성문화에 대해 항상 반항하는 것은 아니나 대체로 그 영향을 받지 않고 독립적이다.

매슬로는 자기실현적 인간이 완전하다고는 말하지는 않았다. 자기실현적인 인간에게서 발견될 수 있는 단점으로 다른 인간에게 신경을 쓰지 않거나 모든 사람들의 기대와 행동을 반드시 따르지는 않는 측면을 들 수 있다. 또한 위의 15개 특성을 어느 정도 가지고 있다고 해서 반드시 '자기실현적'이라고 단정할 수는 없다. 다만 자기실현적 상태에 접근하기 위해 노력하는 인간이라고 말하는 것이 정확할 것이다.

(2) 맥그레거의 X, Y 이론

맥그레거(McGregor, 1960)는 인간의 성향을 두 가지로 대별하고 그에 따른 관리 전략도 두 가지로 분류했다. 우선 X 이론은 전통적인 관점에서 비관적인 인간 해석에 기반하고 있으며, Y 이론은 긍정적인 인간 해석을 기반으로 한다.

X 이론의 인간 해석 인간을 천성적으로 게으르고 일하기 싫어하는 존재로 파악하는 것이 X 이론 관점의 인간관이다. X 이론에 따르면 인간이란 자신의 경제적 욕구나 이기적 목표를 추구하는 데에는 상당히 적극성을 띠지만 그 밖에는 신경을 쓰지 않으며 게으르다. 불로소득을 좋아하며 열심히 일하는 것은 염두에 두지 않는다. 인간은 경제적 욕구를 가장 합리적으로 추구하는 경제적 동물이다. 경제적 욕구만 충족되면 무엇이나 다 충족된 것이라 생각하여 돈에는 아주 철저하고 타산적이다. 경제적 욕구 이외엔 별로 큰 욕망은 없으며, 자기 행위에 대해서 책임지는 것을 싫어한다. 따라서 자발적으로 솔선수범하는 것보다는 남에게 끌려 다니는 것을 좋아한다.

X 이론에서 바라보는 인간은 자기중심적이며 철저하게 이기주의적이다. 자기 이익에만 급급하다 보니 자기통제 능력이 없으며, 또 철저하게 자기중심적이기 때문에 봉사정신이나 희생정신이 없다. 따라서 갈등을 유발할 능력은 있지만 스스로 이 갈등을 해결할 능력은 없다. 인간은 사물을 판단할 능력도 없고 어리석기 때문에 남들의 엉터리 사기극에 쉽게 넘어간다. 안전한 것만을 원하고 변화를 귀찮아한다. 인간

은 피동적 존재이기 때문에 기계의 부속품처럼 다룰 수 있고 외부 조건에 의해서 조정될 수 있다.

X 이론의 관리 전략　X 이론은 인간의 본질을 위의 설명대로 받아들일 때 다음과 같이 관리 전략이 필요하다고 주장한다. 첫째, 경제적 보상체제의 강화이다. 인간의 욕구충족이나 동기유발의 원인 제공을 적절한 보수나 경제적 보상으로 강화시켜야 한다. 그러기 위해서는 능력급제와 작업할당제 등을 적용하여 게으르고 일하지 않으면 경제 욕구가 충족되지 못하도록 하며, 작업 실적이 높은 사람에게는 더 많은 혜택이 주어질 수 있는 관리 전략이 적절한 수단으로 등장한다. 둘째, 권위주의적 리더십의 확립이다. 인간의 피동성과 무능력성은 자연히 권위주의를 유발시킨다. 중요한 결정은 고위층에서 이루어지며, 근로자들은 그 결정 내용만 무조건 따르면 된다. 이것은 한마디로 노예근성을 나타내기 때문에 토론이나 권한의 위임은 어렵게 되고 하위층에서는 오로지 집행과정에 대한 내용만 보고하면 된다. 셋째, 면밀한 감독과 엄격한 통제다. 이기적이며 무책임한 조직구성원에게는 강제와 위협이 통제수단으로 작용하며 필요에 따라서는 처벌제도마저 요구된다. 따라서 구성원들은 감독자의 위협과 처벌의 두려움 때문에 경솔한 행동을 하지 않을 것이다. 넷째, 상부 책임제도의 강화이다. 일반 조직구성원들은 책임지는 것을 싫어하기 때문에 당연히 모든 책임이 상부에 지워진다. 따라서 하부에서 잘하면 보상은 상부로 돌아가지만 그렇지 못할 경우엔 상부의 책임도 면할 길은 없다. 다섯째, 조직구조의 고층화다. X 이론하에서는 명령하달 체제가 발달하기 때문에 계층성을 띠게 되고 그것도 고층화로 발달된다. 왜냐하면 인간은 자발적이며 능동적인 경우보다는 피동적이기 때문에 외부의 규제를 필요로 하며, 규제 내용이 많거나 강화될 경우에는 당연히 관리 계층도 늘어나게 된다.

Y 이론의 인간 해석　X 이론과는 반대로 Y 이론은 인간이 천성적으로 일을 싫어하는 것이 아니라 노동 자체를 휴식이나 놀이처럼 자연스럽게 여기고 경제적 욕구를 채우기 위한 수단으로 생각하지 않는다고 말한다. 인간의 행위는 경제적인 욕구보다 사회·심리적 욕구에 의해서 좌우되고 결정된다고 보는 것이 Y 이론이 바라보는 인간관이다. 인간은 어느 욕구보다도 사회·심리적 만족을 추구하는 존재이므로 돈 때문에만 행동하는 것이 아니다. 인간은 적절한 조건만 갖추어지면 책임을 받아들일 뿐만 아니라 그것을 갈구한다. 책임을 피하려는 것, 야망이 없는 것, 안전만을 중시

하는 것 등은 대체로 경험의 결과물이지 본성은 아니다. 인간은 자기 이익만을 생각하는 이기적인 존재가 아니라 타인들과 공존, 번영을 생각하는 사회 중심적인 존재다. 따라서 고독이나 분리된 상태를 싫어하며 조직이나 타인의 이익을 위해서도 노력한다.

Y 이론의 인간은 외부 압력이나 처벌의 위협만으로 행동하는 것이 아니라 자기가 받아들이기로 마음먹은 일은 스스로 규제하며 자율적으로 통제한다. Y 이론의 조직 성원들은 문제해결에 있어서 상상력과 창의력을 발휘하는데, 이것은 누구의 지시에 의해서라기보다 스스로의 창의력으로 조직의 문제를 해결하기 때문이다. 인간의 발달 가능성은 무한한데 현대의 조직생활에서는 인간이 가지고 있는 지적 잠재력의 일부만이 활용되고 있다.

Y 이론의 관리 전략   Y 이론의 관리 전략은 통합의 원리로 구성된다. 조직구성원들은 조직의 목표를 성취함으로써 자신이 성장하고 자신의 목표를 성취한다. 다시 말해서 조직 목표와 자신의 목표를 통합하는 것이다. 이러한 관점의 구체적인 관리 전략은 다음과 같다.

첫째, 민주적 리더십의 확립이다. 조직의 중요한 결정은 고위층의 일반적인 결정에 의한 것이 아니라 집단토론이나 조직구성원들의 참여에 의해서 결정되도록 한다. 리더의 중요한 임무란 명령하는 것보다는 하도록 유도하는 것이다. 따라서 지도자의 역할은 독자적인 결정보다는 조직구성원의 이견을 규합해서 정책을 결정하는 것이다.

둘째, 분권화와 권한 위임이다. 민주형의 리더십은 자동적으로 분권화와 권한의 위임을 촉진시킨다. 권한이 상부 한 곳에만 집중되어 있지 않고 분산되어 있기 때문에 구성원들은 자발적으로 노력하고 해결하려 할 것이며, 이를 토대로 스스로의 만족감과 성취감도 느낄 수 있을 것이다. 따라서 조직은 활력을 찾아 보다 발전적이며 생산적인 방향으로 유도된다는 것이다.

셋째, 목표에 의한 관리이다. 목표에 의한 관리는 조직구성원 전체가 조직 운영에 참여하는 총체적 관리이다. 조직 목표의 설정에서부터 집행에 이르기까지 모든 조직 구성원이 참여하고 책임의 한계도 명백히 규정되고 있기 때문에 자발적이며 적극적인 참여를 유도할 수 있다.

넷째, 직무 확장이다. 조직 내에서 분업이 너무 세분화되어 있으면 단조롭고 무력감을 느끼기 때문에 인간이 부속품처럼 되어 버린다. 즉, 한 사람이 한 가지 일만 하게 되면 비인간화되어 소외감마저 느낄 수 있기 때문에 여러 가지 일을 하게 하든지 순환보직제도를 활용하여 시야도 넓히고 지식도 확장시켜 심리적인 성취감을 갖게 해야 한다.

다섯째, 비공식 조직의 활용이다. 비공식적 조직은 인간의 사회·심리적 요소를 토대로 자연적으로 발생되었기 때문에 조직 내의 욕구를 충족하고 있다. 따라서 공식적 조직이 사회·심리적 욕구를 충족시키지 못할 때는 비공식 조직은 이것을 보완해 준다.

여섯째, 자체평가제도의 활성화다. 조직구성원의 업적을 감독관이 평가하는 것이 아니라 구성원 스스로가 평가하게 하는 것으로서 스스로 자기실적을 평가할 때 보다 진지해지고 자기 역할의 중요성을 더욱 인식하게 된다.

일곱째, 조직구조의 평면화이다. 조직구조가 계층성을 이루고 있으면 상급자와 하급자의 거리는 그만큼 멀어져서 하급자는 늘 심리적 패배감을 느끼며 산다. 그러나 조직구조가 평면화를 이루고 있으면 계층 수가 적어지기 때문에 상급자와 하급자 간에는 거리감이 적어지고 심리적 패배감도 적어진다.

이상의 관리 처방을 살펴보면 X 이론의 인간 관리 전략은 외적 통제에 의존하는 반면 Y 이론에서의 인간 관리 전략은 자율적 행동과 자기규제에 의존하고 있다는 것을 알 수 있다.

(3) Z 이론

Z 이론은 1972년 런드스테트(Lundstedt)에 의해서 제창된 것으로 맥그레거 이론이 인간 해석을 너무 단순하게 이원화하고 있다고 비판하고 인간은 그렇게 단순한 것이 아니라 복잡한 면이 있다는 것을 강조하면서 나타났다. Z 이론은 기존의 X, Y 이론을 부정하는 것이 아니라 그것들이 포착하지 못한 공백을 메우고 보강함으로써 인간에 대한 해석을 좀 더 구체화시키고 있다고 볼 수 있다.

Z 이론의 인간 해석 Z 이론에서는 인간이 조직의 규율과 제도의 억압 속에서 사는 것을 원하지 않는다고 파악한다. 즉, 아무런 구속이 없는 무정부 상태에서 살기를 좋아한다는 것이다. 따라서 인간은 아무런 구속이나 제약을 받지 않을 때는 보다 더 생산적이고 창의력을 발휘할 것이라고 가정한다. 인간은 선천적으로 과학적 탐구

정신을 가지고 있어 매사에 의문을 제기하고 있다. 따라서 설정된 가설을 시험하고 시행착오를 거듭함으로써 새로운 탄생을 이룩하고 생활을 발전시켜 나가려는 자발적이고 창조적인 존재라고 여긴다.

Z 이론의 관리 전략   Z 이론에서는 인간이 조직의 규율과 제도의 억압 속에서 사는 것을 원하지 않는다고 파악하고 있기 때문에 자유와 방임 그리고 선택의 기회를 최대한으로 보장하는 것을 목표로 한다.

첫째, 지도자의 자유방임이다. 지도자는 조직구성원의 자유를 신체적 · 정신적인 면에서 최대한 보장해주어야 한다. 왜냐하면 만약 구성원들을 제약하고 속박할 때는 진행되는 창의성에 지장을 줄 수 있기 때문이다. 이를테면 연구소의 경우 지도자는 단지 연구원의 요구사항만 해결해줌으로써 생산력이 향상되는 경우이다.

둘째, 비조직적인 사회생활의 유발이다. 비조직적이고 자연 발생적인 활동에서도 인간의 욕구를 충족시킬 수 있다. 대학의 동아리 활동이나 사회에서 흔히 보는 동호회 모임에서도 새로운 발견이 시도되고 사회적 변화를 촉진하기도 한다.

셋째, 허술한 조직구조이다. 조직을 되도록 허술하고 느슨하게 구성하여 구성원들이 자유롭게 활동하고 조직생활에 편안함을 느낄 때 창조성이 유발되고 탐구의 결실을 보게 된다는 것이다.

(4) Shein의 복잡한 인간관

Shein(2010)은 인간의 본질이 시대의 변천에 따른 철학적 관념을 대체로 반영하는 것이며, 그런 가정은 각 시대의 조직이나 정치체제를 정당화하는 데 기여해왔다고 전제했다. Shein(2010)은 역사적인 등장 순서에 따라 인간 모형을 다음과 같은 네 가지로 분류했다. 첫 번째는 합리적 경제적 인간, 두 번째는 사회적 인간, 세 번째는 자기실현적 인간, 네 번째는 현재의 복잡한 인간이다.

복잡한 인간 해석   Shein(2010)은 현 시대의 인간 모형을 복잡한 인간으로 설정하였고 현대의 인간을 복잡하게 해석해야 한다고 보았다. 복잡한 인간 해석이란 인간을 합리적 · 경제적 모형, 사회적 모형, 자아실현적 모형 등에서 설명되는 것처럼 단순하게 바라보는 것이 아니라 매우 복잡하고 고도의 변이성을 가지는 존재로 파악하는 것이다.

예컨대 돈의 소유가 경제적인 욕구 하나로만 해석되는 것이 아니라 자아실현의 수단으로도 작용하듯이 여러 가지 욕구들이 상호배타적이거나 독립적으로만 존재하는 것이 아니라 상호보완 관계에 있다는 해석이다. 더욱이 인간은 조직생활 경험을 통해서 새로운 욕구를 배울 수 있다. 따라서 욕구는 달라질 수도 있다. 정치집단에 속해 있는 사람일수록 정의 실현의 욕구는 강해질 것이고 기업을 운영하는 사람일수록 돈에 대한 욕구는 커지게 된다. 소속해 있는 조직의 성격이나 개인이 맡은 역할에 따라 욕구는 달라질 수 있다.

인간은 복잡하기 때문에 누구나 정도의 차이는 있을지언정 X 이론, Y 이론의 양면성을 다 포함하고 있다. 문제는 어느 쪽이 더 강하느냐에 따라 상황이 달라질 수 있다는 것이다. 또한 동일한 인간이라고 하더라도 경제적 욕구나 사회·심리적 욕구가 고정되어 있는 것이 아니라 상황의 변화에 따라 달라진다. 사람은 그들의 욕구체계와 능력 및 담당업무에 따라 서로 다른 관리 전략에 순응할 수 있다. 따라서 어떤 한 가지의 관리 전략이 모든 사람에게 언제나 효과적으로 작용한다고 믿는 것은 잘못이다.

복잡한 인간의 관리 전략   복잡한 인간 모형은 관리자들이 훌륭한 진단가가 되어야 하며 처방에는 높은 탐구정신이 필요하다고 강조한다. 사람들의 능력과 욕구는 매우 다양하기 때문에 각각의 욕구를 감안하고 진단하여 다양하게 처방되어야 한다고 본다. 첫째, 조직성원의 차이를 감지해야 한다. 둘째, 개인차를 고통스러운 사실로 생각하여 배제하려 하거나 무시하려 해서는 안 된다. 오히려 개인차를 존중하고 개인차의 발견을 위한 진단과정을 중요시해야 한다. 셋째, 부하들의 욕구와 동기가 서로 다른 만큼 그들을 다르게 취급해야 한다. 관리자는 상대방이 누구냐에 따라 자기의 행동을 바꿀 수 있어야 한다. 즉, 복잡한 인간관에는 복잡하게 적응해야 하는 것만이 유일한 방법이다.

(5) ERG 이론

ERG 이론(existence, relatedness and growth need theory)은 앨더퍼(Alderfer, 1972)에 의해서 제안된 이론이다. 매슬로의 동기이론과 유사하게 동기의 중요한 요인을 개인의 욕구라고 가정하고 있다. 여러 가지 실증적인 연구 성과를 통해서 매슬로 동기이론을 수정 보완하는 기여를 했다. 앨더퍼는 인간의 동기 수준을 생존과 관계 그리고 성장으로 위계화된다고 보았는데 매슬로의 동기이론을 보다 간단하게 분류한 것이라고 볼 수 있다. 앨더퍼의 생존 욕구는 매슬로의 생리적 안전(생존)과 물리적 안전에 해당하고, 관계 욕구는 소속과 인정의 욕구에 해당한다. 마지막 성장의 욕구는 자존감이나 자아실현의 욕구에 해당한다.

앨더퍼와 매슬로의 이론은 다소 차이가 있다. 첫째, 매슬로는 동기를 욕구의 위계 성과 충족으로 인한 상위 욕구로의 진전으로 간단히 표현하고 있다. 하지만 앨더퍼 는 위계를 이루고 있는 욕구가 충족되면 상위 욕구로 전진하지만 충족되지 못하면 하위 욕구로 퇴행할 수도 있고, 욕구 수준이 충족에 이르더라도 상위 욕구로 전진할 수 있는 환경적 여건이 마련되어 있지 못하면 동일한 욕구 위계에 계속 머물러 있을 수도 있다고 본다. 둘째, 앨더퍼는 세 가지 욕구 위계 중에서 하나 이상의 욕구들이 동시에 작용하거나 활성화될 수 있다고 보았다. 물론 욕구의 강도는 다를 것이다. 셋째, 앨더퍼는 욕구가 의식적으로 인식될 수 있다고 본다. 특히 우세한 욕구일수록 더 잘 인식할 수 있다. 따라서 욕구를 선택하고 충족을 위해서 노력하는 것은 의식 적 과정에서 일어난다고 본다.

(6) 헤르츠베르크의 동기-위생 이론

헤르츠베르크(Herzberg, 1959)는 두 요인(two-factor) 이론이라고도 불리는 동기-위 생 이론을 주장했다. 헤르츠베르크(1959)는 직무 만족에 영향을 미치는 요인과 직무 불만족에 영향을 미치는 요인으로 구분하여 직무 불만족에 영향을 미치는 요인들을 위생 요인으로 파악하고 직무 만족에 영향을 미치는 요인들을 만족 요인으로 파악했 다. 그는 동기-위생 이론의 특징은 불만족 요인이 충족된다고 해서 만족에 이르는 것이 아니라 단지 기본적인 위생이 지켜지는 상태라고 보는 것이다. 따라서 만족 혹 은 충족 수준까지 나아가기 위해서는 만족 요인이 해결되어서 동기가 충족되는 상태 까지 이르러야 한다고 주장한다.

조직 활동에서 나타나는 대표적인 위생 요인들은 불만족 상태에 영향을 미치는데 회사정책, 관리, 감독, 대인관계, 작업조건, 임금과 안정성 등이다. 만족 요인들은 만족 상태에 영향을 미치는데 성취, 인정, 직업 특성, 책임 및 승진 등이다. 동기- 위생 이론에 대한 평가는 다음과 같다. 첫째, 불만족과 만족 등의 개념에 대한 진술 이 모호해서 실증적 검증이 어렵다는 것이다. 둘째, 실시된 실증적 연구들의 결과들 이 대부분 중간 수준의 만족을 경험한다고 보고하는데 만족 요인과 위생 요인의 비 교가 잘못된 것이 아닌가 비판받기도 한다. 셋째, 만족 요인과 불만족 요인의 구분 이 실제로 존재한다고 하더라도 주로 만족 요인은 내적 귀인으로 분류될 수 있고 불만족 요인은 외적 귀인으로 분류될 수 있는 항목들이었다. 따라서 귀인 성향의 문제를 동기로 혼동하고 있다는 비판을 받기도 한다. 넷째, 만족과 불만족에 대해 집중하고 있기 때문에 동기에 대한 것이 아니라 만족감에 대한 이론이라고 비판받기도 한다.

그러나 헤르츠베르크(1959)의 동기-위생 이론은 인간 생의 동기를 과제와 욕구수준으로 분화시키는 최초의 연구라는 의의를 가지고 있다. 인간이 점점 더 상위 욕구를 쫓아간다는 생각들은 단순히 생리적 욕구 충족에 머물지 못하는 존재라는 인식에 기반하고 있다. 즉, 위생 수준이라는 생존이나 존재 자체에만 머무는 것이 아니라 보다 상위의 욕구를 추구해서 생존과 존재의 완성을 추구한다는 개념을 최초로 고안해낸 것이다.

동기-위생 이론을 곱씹어 보아야 할 것은 우리가 스스로의 내면과 행동을 바라볼 때 시사하는 점들이 많기 때문이다. 삶의 여러 가지 과제로 헤르츠베르크(1959)의 동기-위생 이론을 확장시켜볼 수 있다. 헤르츠베르크의 동기-위생 이론은 인간이 여러 삶의 과제를 해결하는 것만으로 만족하는(위생 요인의 만족) 존재가 아니라 삶의 여러 욕구들의 만족(동기 요인의 만족)까지를 추구하는 존재라는 개념을 도출해내게 된다.

2. 정서

정서는 쾌-불쾌 및 각성 차원뿐만 아니라 정적 정서와 부적 정서 차원으로도 구분할 수 있다. 정적 정서는 개인이 열정적이고 활동적이며 민첩함을 느끼는 정도를 반영한다. 이러한 정서를 강하게 느끼는 것은 힘차고 즐거운 상태를 의미하지만 낮게 느끼는 것은 슬픔과 무력감 등의 상태를 의미한다. 또 다른 차원인 부적 정서는 분노, 경멸, 혐오, 죄책감 등의 주관적 고통을 반영하는 차원이다. 부적 정서를 많이 느끼는 것은 주관적인 괴로움을 의미하지만 적게 느끼는 것은 차분하거나 평온한 상태를 의미한다(Watson, Clark, & Tellegen, 1988).

정서적 불안정성은 흔히 신경증이나 성격적 문제를 일으킨다. 임상적으로는 심각한 우울과 불안 등의 정신병리적 현상으로 나타날 수도 있다. 정서적 불안정성과 연관되어 현상적으로 나타는 행동은 공격성, 사회 부적응성, 충동성, 위험추구 성향 등이며 이러한 정서들은 사고유발 경향성과도 밀접한 관련을 가진다. 정서는 생리적 각성, 표현적 행동, 사고와 감정을 포함한 의식적 경험의 혼합체이다. 심리학자들에게 주어진 수수께끼는 세 성분이 어떻게 하나로 묶여지는 것인지를 알아내는 것이다.

정서는 기쁨, 쾌감, 두려움, 화냄, 우울 등의 느낌이나 감정이 표정, 태도, 행동 등으로 나타나는 것을 말한다. 정서는 그 정의가 어떠하든 간에 우리가 이미 살펴본 동기와 매우 밀접한 관계를 가지고 있다. 정서는 생리적 또는 심리적 동기가 그러하듯이 행동에 강도와 역동성을 준다. 이 때문에 "감정이 격하면 판단이 흐려진다."는 사람들의 보고와 같은 경험을 하게 된다. 정서는 또한 행동에 방향성을 부여한다. 예컨대 분노 정서는 공격적 행동을 빈번하게 유발한다. 정서는 또한 동기가 있는 행동에 수반되는데, 예를 들면 성(sex)은 강력한 생리적·심리적 동기이자 강한 쾌감의 원천이다. 정서는 그 자체가 주요한 목표가 될 수 있다. 예를 들면, 어떤 활동이 유기체에게 쾌감 또는 안정감을 주기 때문에 그 활동을 하게 된다.

정서는 신체의 작용, 개인의 기억, 사고, 지각 등에 커다란 영향을 미치며, 때로는 왜곡된 기억을 초래한다. 한 개인이 만성적으로 자신의 정서적 경험을 적절하게 평가하지 못하거나 해소하지 못할 때 대인관계에서 곤란을 겪거나 정신질환 등에 걸리는 수가 있다. 이 방면의 많은 연구는 정서가 마음과 신체의 상호관계에 있어 지대한 역할을 맡고 있음을 시사한다.

1) 전통적 정서이론

심리학 내에서 정서에 관한 언급은, 실험 심리학적 기틀을 마련한 분트(Wundt)에게서 찾아 볼 수 있다. 그는 환원주의(reductionism)적 입장에 따라 경험의 모든 요소를 밝히고자 하였는데, 경험의 객관적 내용에 대한 감각과 주관적 내용에 대한 감정으로 분류했다.

분트는 감정을 분류하는 도식을 주장하였는데, 이것을 삼차원 이론(three-dimensional theory)이라고 부른다. 이에 따르면, 단순 감정은 '쾌(pleasure)-불쾌(displeasure)', '긴장(tension)-이완(relaxation)', '흥분(excitement)-침잠(depression)' 등의 서로 독립적인 차원에 따라 분류되고, 이들의 결합으로써 복합 감정을 설명할 수 있다고 했다. 이러한 차원은, '쾌-불쾌', '높은 각성-낮은 각성' 등으로 정서를 분석한 러셀(Russell, 1938)에게서 볼 수 있는 것처럼, 한 세기 이상을 지나서도 많은 연구자에게 공감을 얻고 있다. 같은 19세기 말, 다른 쪽에서는 다윈(1872)의 진화론에 입각한 주장도 발전했다. 그는 각기 다양한 정서들이 있고, 각 정서마다 표현 형태, 기능, 진화적 역사의 고유성이 있음을 전제했다. 또한 그는 적절한 근육의 활동이 정서를 흥분, 억제시킨다고 하였는데, 이렇게 정서의 생존적 가치에 초점을 맞춘 주장은 이후 정신생태학적(psychoevolutionary) 이론으로 발전했다.

(1) 제임스-랑게 이론

20세기로 넘어 오면서, 정신의 내용이 아니라 처리기제에 초점을 맞추어 심적 현상을 설명하려는 움직임이 있었고, 이에 따라 정서에 대해서도 분트식의 구성주의(structuralism) 입장을 따르기보다는 기제나 처리과정을 밝히고자 하는 주장들이 생겨났다. 이런 진보적인 변화를 촉진시킨 사람들 중 한 명이 바로 분트의 제자인 제임스(James)이다.

제임스는 정서란 특징적인 신체적 표현이라 하고, 확실한 생리적 부산물을 수반하지 않는 정신과정과 직접적으로 쉽게 관찰 가능하고 변화가 발생하는 정신과정을 구분했다. 그에 따르면, 우선 여러 감각 기관에서 지각과정이 일어나고, 이에 따라 운동 반응(motor reaction)이 발생하는데, 이것은 내장 반응(visceral arousal)에 연결된다고 했다. 그리고 이러한 피드백으로부터 온 활동이 실제적인 느낌(feeling)인데, 이 느낌에 대한 의식적 자각이 정서 그 자체라고 했다.

또한 그는 수의적인(voluntary) 근육 활동의 역할도 강조하여, 정서에서의 신체적 움직임 형태와 표정 등의 중요성을 언급했다. 즉, 심박률과 같은 자동적인 피드백의 느낌과 자세나 표정과 같은 근육의 피드백 자체가 정서를 구성한다고 했다. 따라서 각 정서마다 독특한 생리적 패턴이 있고, 이것이 '무엇을 느끼는가'에 대해 설명해준다는 것이다.

이런 제임스(1884)의 주장과 유사하게 랑게(Lange, 1922)도 비슷한 설명을 하였는데, 이에 따라 제임스-랑게 이론으로 알려진 정서 이론은 정서적 경험의 과정과 본질을 규명하고자 한 최초의 정서 이론이라 할 수 있겠다. 또한 제임스-랑게 이론 이후 나타난 인지-각성 이론(Schachter, Stanley & Singer, 1962)과 귀인 이론(Weiner, 1986) 등은 Neo-Jamesians이라 불릴 만큼 제임스의 정서 연구에 대한 영향력은 상당히 컸다.

(2) 캐논-바드 이론

제임스-랑게 이론에 대해, 하나의 대안적인 이론이라기보다는 제임스를 비판하는 입장에서 출발한 이론이 있다. 이것은 캐논(Cannon, 1931)이 신경생리적 관점에 따라 주장한 것으로 시상 이론(thalamic theory)이라고도 불리는 것이다. 그는 바드(Bard, 1928)와 함께 정서적 표현의 신경생리적 중추는 피질 하부구조인 시상에 있다는 소위 캐논-바드 이론을 제안했다. 즉, 내장의 감각은 너무나 잘 확산되어서 모든 종류의 다양한 정서를 설명하기는 어렵고, 자율적 체계도 너무나 느리게 반응하여 빠른 속도의 정서적 반응을 설명할 수 없다는 것이다. 이들에 따르면, 환경 상황이 수용기를 자극하여 지각과정이 일어나게 되면 시상과 시상하부의 (hypothalamic) 각성이 발생하는데, 이때 내장 반응과 같은 신체적 변화 발생과 거의 동시에 정서적 경험을 하게 된다고 한다. 이들의 이론은 정서에 대한 신경생리적 입장에서의 연구를 활성화시켰다는 데 큰 의의가 있다.

캐논-바드 이론 이후 신경생리적 입장을 취한 사람들 중에 Papez(1937)를 찾아볼 수 있다. 그는 대뇌반구와 시상하부 사이, 그리고 대뇌반구와 배측 시상 사이의 해부학적·생리적 연결에 큰 관심을 가지고 피질시상하부의 상호연결에 의해 정서가 매개된다고 보았다. 그리고 캐논-바드와 같이 정서적 표현이 시상하부에 의존해 있음을 강조하면서, 정서는 행동(표현)과 느낌(경험이나 주관적인 측면) 등을 포함한다고 했다. 이때 피질은 주관적인 정서적 경험을 매개하는 데 필수적이라고 했다. 이렇게 그는 상당히 신경생리적 접근에 의존하였으며, 엄격하게 정서적 표현과 정서적 경험은 서로 구분되는 현상이라고 주장했다.

(3) 행동주의이론

한편 정서에 대해서 행동주의적 이론에 따라 접근한 학자들도 있었다. 왓슨(Watson)은 정서에 관해서도 최초의 행동주의자라고 할 수 있는데, 그는 행동뿐만이 아니라 생리적 측면도 강조했다. 또한 정서적 반응과 본능적 반응 사이를 구분하였는데, 정서적 자극은 유기체로 하여금 적어도 혼돈, 무질서(chaos) 상태에 이르도록 하는 충격(shock)이라고 했다.

좀 더 구체적으로 그는 유아를 관찰하여, 두려움(fear), 격노(rage), 사랑(love) 등을 기본적인 정서적 반응으로 설정했다. 그런데 이러한 세 가지는 내적 경험을 의미하는 것이므로 보다 객관화할 수 있는 X, Y, Z라는 용어를 사용했다. X 차원은 유아로부터 지지자를 갑작스럽게 제거할 때나 큰 소리를 낸 경우, 유아가 막 잠들거나 깨어나려고 할 때 약하지만 갑작스러운 자극을 제시했을 때 등에서 얻어질 수 있다고 했다. Y 차원은 유아의 운동을 방해할 때 발생하는 것이고, Z 차원은 어떤 형태든 친절한 조작을 하였을 때 얻어지는 것이라고 했다. 그리고 이상의 세 가지 기본적 정서에서 좀 더 복잡한 정서가 발달된다고 했다.

따라서 정서를 내적 상태와 느낌이라기보다는 반응으로서 강조한 것인데 정서에 대해 극단적인 행동주의 입장을 취함으로써, 다른 한편에서 정서에 대한 인지적 기능의 역할을 강조할 수 있는 생각을 불러일으키도록 했다고 볼 수 있다.

전체적으로 볼 때, 분트 이후 이러한 초기의 이론들은 다음과 같은 점에서 몇 가지 공통점이 있다. 첫째, 정서를 어떤 다른 체계에 영향을 줄 수도 있고, 받을 수도 있는 하나의 독립적인 체계로 본다. 둘째, 정서를 기본적인 것과 복합적인 것으로 나누었다. 마지막으로, 수의적 근육 활동과 정서의 표현적 측면은 정서를 통제할 수 있다는 가능성을 시사해준다.

2) 정신생태학적 이론

초기 이론 중에서 제임스-랑게나 캐논-바드 등 이후, 정서가 어떻게 발생하고 처리되는가 하는 측면에 관심이 모아졌다. 이에 따라 실제 생리적·신체적 반응이나 표현 등을 통해서 정서 유발 조건이나 그 기제를 찾으려는 시도가 이루어졌다. 이러한 접근에는 크게 흥분 전이 이론(excitation transfer theory), 안면 피드백 이론(facial feedback theory), 혈관, 근육 이론(vascular, muscles theory) 등이 있다.

(1) 흥분 전이 이론

Zillmann(1979)에 의하면 각성이란 자율 신경계의 정서적 활성화로서 자동적이면서도 한편으로는 학습될 수도 있다고 했다. 예를 들어 놀람 반응은 무조건적이고, 비행기 여행에서의 공포는 조건적이라고 할 수 있다. 각성의 비학습적이면서도 학습적인 특성을 설명하기 위해서, 그는 정서가 다음의 세 가지 독립적인 구성요소에 의존한다고 주장했다. 첫 번째로는 성향적(dispositional) 구성요소로서 비학습적으로 혹은 학습에 의한 반응으로 구성되어 있는 것이다. 두 번째로는 흥분적(excitatory) 구성요소로서 비학습적이거나 학습에 의한 각성 반응을 통해 유기체를 활성화하는 것이다. 세 번째로는 경험적(experiential) 측면으로 사람의 후속된 반응을 조절할 수 있도록 상황에 대한 해석과 초기 반응을 평가하는 것을 말한다. 이 이론의 핵심은 교감 신경계 활동은 갑작스럽게 중단되지 않고, 각성이라는 것은 불특정적이고 느리게 소멸한다는 데 있다. 또한 사람들은 보통 교감 신경계 활동을 하나 이상의 원인으로 정확히 귀인하는 데 실패한다는 것이다. 따라서 처음 상황으로부터 남겨진 각성은 새로운 상황에서 후속된 각성과 합쳐져서 후속 상황의 정서적 경험과 반응을 강화시킬 수 있다.

실제로 Dutton과 Aron(1974)은 흥분이 전이되는 것을 보여주었다. 그들은 무시무시하게 매달려 있는 다리를 건너가게 한 남자 피험자와 견고한 나무로 지어진 다리를 건너가게 한 남자 피험자에게 한 젊은 여성에 대한 애매한 사진을 제시했다. 이때 전자의 사람들이 후자의 사람들에 비해 그 여성에 대해서 좀 더 성적인 내용으로 이야기했다. 즉, 무서운 다리를 건널 때의 공포로 인해 발생된 각성이 이후 성적인 매력도를 느낄 수 있도록 전이되었다는 것이다. 일반적으로 볼 때, 공포와 성적인 매력은 동일한 방향에서 기능할 수 있는 정서들이 아니다. 그렇지만 이와 유사하게 Barclay와 Haber(1965)도, 화가 났을 때 성적인 이야기에 노출되면 성적 각성이 좀 더 증가하는 것을 보였다. 또한 거꾸로 먼저 성적인 각성을 얻었을 때, 공격성이 증가하는 경우도 있다(Zillmann, 1979). 게다가 단순한 물리적 각성이 분노를 증가시킨다는 증거도 있다. Zillmann(1972)에 의하면, 단지 운동을 하면 그렇게 하지 않아서 각성되지 않은 사람들에 비해서 좀 더 공격적이거나 화를 내게 된다고 한다. 즉, 단순히 흥분이 특정한 공급처에서 다른 공급처로 전이되고 후속되는 정서적 반응을 강화시킨다는 것이다.

결국 흥분 전이 이론에 따르면, 사람들은 자극에 대한 완전한 의식 없이 정서 유발적 자극에 의해 정서적으로 반응을 보이고 각성되는 것으로 보인다(Cantor, Markus, Niedenthal, & Nurius, 1986). 즉, 사람들이 의식적으로 각성되었음을 느끼지 못하고 단지 물리적인 측정 지표로만 얻을 수 있게 되는 경우에도 각성이 정서에 영향을 미친다고 주장한다.

(2) 안면 피드백 이론

정서의 질적인 측면에 대한 환경적인 정의와는 달리, 표현되는 행동에 관한 전통적인 입장에서는 표정과 같은 표현 유형이 특정 정서 상태를 반영하고 발생시킨다는 주장을 한다. 이러한 주장을 하는 것에는 상황에 따라 적절한 표현을 할 수 있다는 정서적 표현의 보편성(Ekman, 1984)이 전제되어 있고, 표정이 정서를 표현한다는 다윈의 주장에 기초를 두고 있다. 이에 따라 Ekman(1984)은 표정의 구성요소를 구체적으로 분석했다. 그는 마치 언어에서 음운적, 구문적, 의미적 요소 등으로 분석하는 것과 같은 방법으로 안면 운동을 기본 정서에 따라 분류하는 데 큰 공헌을 했다. 또한 정서적 표현은 다양한 신호체계를 가지고 제한된 지속시간 동안 일정한 정서적 경험을 반영하는데 이것은 완전히 억제될 수도 있으며 다른 사람을 통해 모사될 수도 있다고 했다.

이렇게 표현 반응으로부터의 피드백이 주관적 정서를 야기한다는 설명은 표정과 같은 반응을 통해 주로 입증되었다. 즉, 안면 피드백 이론이란 안면 근육으로부터의 피드백이 정서적 경험의 공급처라는 가설로, 다양한 안면 근육 특징이 이러한 가설을 뒷받침해주고 있다. Tomkins(1962)는 정서적 사건은 직접 내부의 어떤 근육 상태의 변화를 유발시키고, 얼굴로부터 온 피드백에 따라서만 느낌에 대해 의식을 가질 수 있다고 하여, 정서가 주로 안면 반응의 형태로 구성되어 있다고 했다. 실제로 신경·생리적 증거를 찾아보면, 안면 근육은 초기 이론에서부터 정서에 대해 중심적 기능을 한다고 알려진 뇌의 시상하부 부위로 직접 연결되어 있는 감각 신경을 가지고 있다(Gellhorn, 1964). 표정은 생리적인 반응과도 관련되어 있는데, Winton, Putnam, Krauss(1984) 등은 표정에서 내장의 반응, 심박률, 피부 전도성 등이 정서의 기본적 차원을 반영한다고 했다.

실험을 통해 피드백이 주관적 느낌을 형성한다는 것을 보이는 데 사용되는 표현 반응을 조작하는 것에는, 안면 근육을 직접 조작하는 방법과 표정을 표현하거나 억제하라는 지시문이나 표정을 강화시킬 수 있는 미리 준비된 효과음과 같은 맥락적 단서를 사용한 간접적 조작 방법이 있다. Laird(1974)는 안면 근육을 직접 조작하는 방법을 사용했다. 그는 피험자들로 하여금 두 가지 조건에서 아이들의 놀이 사진을 평정하도록 하였는데, 한 조건에서는 찡그리게 하고, 다른 조건에서는 웃게 했다. 이때 전자의 경우는 좀 더 공격적으로, 반면 후자의 경우는 좀 더 긍정적인 방향으로 평정 반응을 보였다. 또한, Strack, Martin, Stepper(1988) 등도 피험자들에게 입술을 사용하지 않고 치아로 펜을 물고 있도록 하여 웃음을 유도했다. 이때 만화에 대해 재미 정도를 평정하게 했을 때, 표정으로 웃음을 짓도록 한 경우가 좀 더 재미있다는 반응을 보였다. 즉, 특정한 표정을 짓도록 한 것이 그 표정과 관련된 정서 쪽으로 편향된 평정을 보이게 한 것이다.

그러나 이렇게 표정을 짓게 하여 정서를 변화시킬 수 있다는 주장은 반복 검증이 안 된다는 등의 몇 가지 문제점이 있다. 또한 표정에서의 피드백 효과가 인지적으로 매개된 것인지 아닌지에 대해서도 불분명하다. Laird(1974)는 정서에 대한 표정의 피드백 효과는 태도에 대한 자기-귀인(self-attribution)에서와 같은 인지적 매개로 이루어진 것이라고 주장한 반면, 그런 효과는 인지적 매개 없이 직접 얻어지는 것이라는 주장도 있다(Tomkins, 1962). 그리고 실험자의 요구 특성을 배제하지 못했다는 점, 즉 피험자들이 표정에 대한 정서적 의미를 알았기 때문에 그들의 판단을 바꿀 수 있었다고도 볼 수 있다.

직접 표정을 조작하는 경우의 인위성이나 요구 특성 등을 피하기 위해 다양한 지시나 표정을 바꿀 수 있는 맥락 단서를 통한 간접적 방법을 사용한 연구가 있다. Lanzetta와 Kleck(1970)는 피험자들에게 다양한 강도의 전기 충격을 주었다. 이때 전기 충격의 강도를 표정으로 나타내라고 한 경우와 가능한 한 충격의 강도를 알 수 없도록 정서적 표현을 감추라고 지시한 경우 사이를 비교했다. 그 결과, 지시는 조건 간 표현에서 강한 차이를 보였다. 즉, 표정을 감추라고 한 경우에서보다 표현하라는 경우가 전기 충격에 대해 더 특징적이고 분화된 표정을 발생시킨 느낌을 보였다. 또한 표현 지시에서는 자율 반응이 증가한 반면 감춤 지시에서는 감소하는 양상을 보였다. 따라서 안면 반응 조작이 정서적 반응을 변화시킨다고 할 수 있다.

이상의 결과들은 제한적으로만 나타난다든가 그 효과도 미약하다는 등의 한계가 있기는 하지만, 그럼에도 불구하고 안면 피드백 가설은 다른 비언어적 통로로부터의 피드백에 대한 증거와 함께 정서가 어떻게 복잡하고 다양하게 분화되는지에 관하여 가능한 생리적 입장에서의 해결책을 제공해주고 있다.

(3) 혈관, 근육 이론

안면 피드백 이론과는 조금 다르게 정서의 분화에 대한 비인지적 접근을 취하는 대표적인 경우로, 혈관 이론과 근육 이론 등을 들 수 있다. 먼저, 정서에 대한 혈관 이론은 Markus와 Zajonc(1984)에 의한 것으로 안면근육의 활동이 뇌로 가고 혈류를 조절하는데, 이러한 조절 기능이 주관적인 정서적 경험을 가져온다고 한다. 그 얼굴 근육은 비강까지의 공기 흐름을 바꾸고 혈류의 특정한 측면에 변화를 주면서 대뇌 피질 혈류의 온도를 변화시킨다고 한다. 따라서 이렇게 변화된 뇌의 온도가 정서에 대한 주관적 경험을 가져온다는 것인데 이런 주장에는 현재 많은 논란이 있다. 그럼에도 불구하고 인지적 매개에 강하게 의존하는 다른 많은 이론과는 달리 비인지적인 측면, 즉 혈류로서 정서를 설명했다는 점에서 의의를 찾을 수 있다.

한편, 정서에 대한 근육 이론은 신체가 정서에 대한 운동을 기억한다는 것으로 단지 얼굴만이 아니라 전체 신체를 사용한다는 점에서 안면 피드백 이론과는 다르다. 즉, 신체의 운동 반응이 정서와 인지를 표상하는데, 운동의 '기억'은 직접 비인지적으로 작용하는 정서를 표상한다고 한다. 현재 운동 기억의 인지적이거나 비인지적(정서적) 특성에 대해서는 많은 논란을 일으키고 있다(Markus & Zajonc, 1984).

위의 두 가지 생리학적 접근을 통한 정서 이론들은, 정서에 대해 지나치게 인지적 접근을 하는 설명들에 반대하는 독자적인 입장으로서 받아들여지고 있다. 그리고 현재 이들의 기본적인 주장이 잘못되었다는 비판도 있지만, 한편으로는 경험적 증거를 찾고자 하는 연구도 활발히 이루어지고 있다. 정서의 특징은 여러 가지 신체적 변화들이 정서 경험 중에 일어난다는 것이다. 공포 상태에서 심장이 빨리 뛰고, 손바닥에 땀이 나며, 때로는 몸을 떨게 되는데 이 모든 것은 교감신경계의 활동 때문이다. 어떤 신체적 변화들, 예컨대 호흡, 심장박동 등은 즉각 관찰될 수 있으며, 다른 신체적 변화, 예를 들어, 뇌파는 특수한 기록 장치에 의해 탐지된다. 정서, 특히 강한 정서 경험 중에 일어나는 모든 신체적 변화들은 자율신경계, 중추 신경계 및 내분비선에 의한 복합적인 생리과정에 의해 결정된다. 이 때문에 맥박 수, 땀 분비 등이 정서적 상태를 나타내는 지표로 사용된다.

정서적 흥분 상태에서 일어나는 대부분의 생리적 변화들을 자율신경계의 교감계가 위급 상황에 대처하고자 활성화한 결과에서 비롯된다. 앞에서 언급한 바와 같이 혈압이 증가하고, 심장박동이 빨라지고, 호흡이 빨라지며, 땀이 나고, 머리칼이 곤두서는 것 등은 모두 교감계의 작용 때문이다. 그러나 정서가 가라앉음에 따라 부교감계가 주도적으로 작용한다.

자율신경계에 못지않게 정서적 경험과 관계 있는 생리 구조는 내분비선이다. 여러 연구들은 불안을 유발하는 상황이 있기 전과 후에 소변과 혈액에서 에피네프린 또는 노르에피네프린의 수준이 보통 때보다 높음을 보고한다. 한 연구에 의하면, 개인이 해석하는 상황의 정서적 강도와 노르에피네프린 수준이 밀접한 관계에 있었다. 여러 유형의 질병들 때문에 호르몬 분비가 감소되면 정서적 반응도 영향을 받게 되는데, 예컨대 갑상선 호르몬 분비의 감소는 우울증과 밀접한 관계가 있다.

3) 뇌와 정서

1938년 Kluver와 Bucy는 뇌의 측두엽을 절개한 동물이 수술 후 다른 행동 패턴을 보임을 발견했다. 수술 전에는 사납고, 사람을 무서워하지 않던 동물이 수술 후에는 고분고분하고 공포나 공격성을 전혀 보이지 않았다. 실제로 이 연구자들이 절제한 부위는 변연계를 포함하고 있었다. Kluver와 Bucy의 관찰은 변연계와 같은 피질 하위 부위들이 정서행동의 조절에 긴밀히 관여함을 보여준다. 1937년 Papez는 정서장애 환자의 시체를 부검한 결과와 동물 실험 결과들을 바탕으로 뇌의 변연계에 있어서 정서에 관여하는 신경회로를 제안했다. 파페즈 회로(Papez circuit)라고 불리는 그의 모형에 따르면, 정서의 표출에는 시상하부가 관여하고, 감정은 시상하부, 유두체, 전시상(anterior thalamus) 등을 포함하는 회로 연결에서 일어난다.

뇌와 정서 간의 관계에서 빼놓을 수 없는 발견은 대뇌 내 자기자극 현상이다. 변연계 내에서도 중격(septal) 부위를 매우 약한 전기로 자극받은 환자들은 쾌감, 훈훈한 감정 및 경우에 따라서는 성적 흥분을 보고했다. Kaada(1967)는 정서 경험과 긴밀하게 관련된 부위로서 변연계와 시상하부 부위를 찾아내었으나, 신피질을 약한 전류로 자극한 결과 뚜렷한 정서적 반응을 얻지 못했다. 신피질은 정서적 경험들과 아무런 관계가 없을까? 당연한 이야기이지만, 감각 기관들을 통해 신피질의 연합 영역에서 환경 자극이 지각되고 그 정체가 파악되고 해석되므로 정서적 경험의 유발에 있어 신피질의 역할은 매우 중요하다. 예컨대 불안이나 긴장을 유발하는 상황에 대한 정보는 신피질의 연합 영역에서 처리되고(인지적 해석), 그 결과가 시상하부에 영향을 주며 후자는 자율신경계와 뇌하수체 전엽선에 각기 자극을 주어 긴장 상태에 대처하는 호르몬들을 분비하도록 한다. 또한 변연계와 신피질은 정서 경험에 있어 밀접한 관계를 가지고 있다. 예를 들면, 동물의 운동 영역을 매우 약한 전류로 자극했을 때는 사지의 움직임이 없지만, 이 영역과 변연계 부위를 동시에 자극하면 사지를 움직인다. 이 결과는 우리가 일상적으로 갖는 경험, 즉 흥분 상태에서 사지가 떨리거나 움직이는 현상을 잘 설명한다.

4) 척수와 정서적 강도

정서적 경험의 한 주요 차원은 강도이다. 즉, 약한 감정에서부터 격렬한 감정에 이르기까지 다양한 강도의 정서적 경험들이 있다. 여러 연구에 의하면 신체 감각은 우리가 경험하는 정서의 강도와 관련 있다. 한 연구에서는 척수가 손상된 부상병들을 대상으로 하여 각자가 공포, 분노, 슬픔 및 성적 흥분을 일으키는 상황에서 경험하는 감정의 강도를 평가하도록 했다. 부상병들은 부상 전보다 후에 각 상황에서 정서적 경험의 강도가 훨씬 감소했다고 보고하였고 특히 척수 손상의 부위가 많을수록, 다시 말하면 신체 감각을 덜 느끼게 될수록 부상 후 경험하는 정서적 강도가 훨씬 떨어지는 것으로 나타났다. 요컨대 신체 감각이 결핍되면 정서의 강도가 현저히 약화됨이 분명하다.

3. 정서 표현

다윈은 하등동물에서부터 인간에 이르기까지 정서적 표출의 연속성을 시사하는 자료들을 수집했다. 예컨대 공포 상황에서 배설하거나 오줌 싸는 행동은 쥐, 고양이, 개, 원숭이, 인간에게서 모두 관찰되었다. 다윈은 많은 정서적 표출이 선천적임을 믿었는데, 네 가지 유형의 관찰들이 이러한 결론에 이르게 했다. 첫째, 어떤 정서적 표출은 여러 하등동물에게서 비슷한 형태로 나타난다. 둘째, 어떤 정서적 표출은 어린이나 어른 할 것 없이 비슷하게 나타난다. 셋째, 어떤 정서적 표출은 사람이 맹인이든 아니든 간에 동일하다. 넷째, 어떤 정서적 표출은 인종에 상관없이 비슷하다.

　다윈은 정서적 표출의 선천설을 믿었지만, 어떤 표출은 언어처럼 학습된 것임을 주장했다. 예컨대, 기도할 때 두 손을 모은다든지 수긍하는 표시로 머리를 끄덕이는 것 같은 몸짓들이다. 특히 정서적 표출 중에는 의사소통의 수단으로서 사용되는 것들이 많은데 이들은 대부분이 학습된다. 사람의 경우 문화권이 다를지라도 행복, 분노, 슬픔, 공포, 놀람 등의 표정이 정확히 인식된다는 연구 결과들이 있다. 심지어는 서구문화와 전혀 접촉이 없는 뉴기니아의 원시인들조차 여러 표정을 정확히 분류하고 파악할 수 있었다. 정서적 표출, 특히 표정을 파악하는 능력이 상당한 정도로 선천적으로 부여되었다는 사실은 중요한 의미를 갖는다. 즉, 표정은 주관적 정서 경험과 밀접한 관계에 있을지도 모른다. 이 가설을 검증한 한 실험에서 피험자들은 실험자의 지시에 따라 안면 근육을 움직이도록 요구받았는데, 이 연구에 의하면, 표정과 정서적 경험 간에 관계가 있었다(Laird, 1974). 예컨대 미소 짓는 표정을 몇 분간 유지하면 기쁨의 감정을 경험하게 된다. 여기서 언급해야 할 한 가지 사실이 있다. 정서 표출과 인식이 상당한 정도까지 선험적으로 결정된 것은 분명하지만, 문화에 따라서 강조하는 전형적인 정서적 표출들이 있다. 말하자면 문화가 정서의 표출에 관한 규칙들을 가지고 있어서 그 문화권에 속한 사람들의 세부적이고 상황 의존적인 정서 표출을 결정한다는 점이다.

1) 비언어적 의사소통

우리 모두는 언어를 통해서뿐만 아니라 비언어적으로도 의사소통한다. 서구인들에게 있어서 단호한 악수는 즉각적으로 외향적이고 자기 현시적 성격을 전달한다. 주시하거나 눈길을 내리깔거나 응시함으로써 친밀감이나 복종 또는 지배성 등을 전달할 수 있다. 열정적 사랑에 빠진 사람들 사이에서는 상대방의 눈을 서로 오랫동안 들여다보는 것이 전형적인 행동이다. 우리들 대부분은 옛날 무성영화에서 비언어적 단서를 읽어내어 정서를 포착하는 능력을 가지고 있다.

2) 문화와 정서 표현

몸동작의 의미는 문화에 따라 다르다. Kernberg(1975)는 중국 문학에서 중국 사람들은 걱정이나 실망을 나타내기 위해서 박수를 치며, 분노를 표현하기 위해서 큰 소리로 "호호"하고 웃으며, 놀람을 나타내기 위해서 혀를 내민다는 사실을 관찰한 바 있다. 마찬가지로 북미 대륙의 사람들이 엄지손가락을 들어 올리는 것과 "OK"를 나타내는 손 모양은 다른 문화에서는 모욕이 될 수 있다. 그렇다면 표정도 문화에 따라 다른 의미를 갖는가? 연구에 따르면 미소는 세계 어디서나 미소다. 분노도 마찬가지 이며, 다른 기본 표현들은 정도가 약간 덜하다.

약간의 차이가 있기는 하지만 문화와 언어는 정서를 범주화하는 방식에서 많은 유사성을 공유하고 있다. 표정은 그 사람이 속해 있는 문화에 대한 비언어적 단서를 포함하고 있다. 따라서 182개 연구의 데이터들이 자기 문화에서 정서를 판단할 때 정확도가 약간 높아진다는 사실을 보여주는 것은 놀라운 일이 아니다. 그렇지만 암암리에 나타나는 정서 신호는 문화 보편적이다.

3) 정서 억제

자신의 정서를 표현하지 않고, 억제하지만 실은 표현하고 싶어 하는 사람들이 있다. 이러한 사람들은 자신이 체험한 정서를 솔직히 표현하면 부정적인 결과가 나타날 것이라고 생각해서 의식적으로 정서 표현을 억제한다(Gross & Levenson, 1997; King

& Emmons, 1990). 개인이 느낀 정서를 잘 표현하는 것은 신체적 · 정신적으로 건강한 삶을 누리는 데 매우 중요하다는 연구 결과들이 있는데, 일관적으로 정서를 표현하지 않는 것 자체가 병리적인 것은 아니지만 정서 표현에 대한 욕구를 적극적으로 억누르는 것이 심신에 부정적인 영향을 가져오는 것으로 나타나고 있다(이주일, 황석현, 한정원, 민경환, 1997; Pennebaker, 1995; Rogers, 1957).

정서를 잘 표현하지 못하고 억제하는 사람은 잘 표현하는 사람에 비해 삶의 만족도가 낮고, 부적 정서를 많이 느끼며, 주관적 안녕감이 낮다. 또한 대인관계에서 의기소침하고 소외되는 경향이 있고 눈에 잘 띄지 않으며 타인으로부터 사회적 지지를 더 적게 받는 경향이 있다. 그리고 정서 표현을 습관적으로 억제하고 갈등을 느끼는 사람은 암 발병률 및 화병 발병 가능성이 높았다(이주일 등 1997). 정서 표현을 억제하지만 표현하고 싶어 하는 마음이 있기에 갈등하는 것을 '정서 표현 갈등' 또는 '정서 표현 양가성'이라고 하며 King과 Emmons(1990)가 이것을 측정하는 척도를 개발했다. 한국에서는 최해연(2008)이 정서 표현에 대한 갈등과 억제 연구에서 정서 표현 갈등 척도를 번역 및 타당화하였는데, 총 두 가지 요인으로 구성되었다. 첫 번째, '자기방어적 양가성 요인'은 느끼는 정서를 적절히 표현할 자신이 없고, 표현 후에 자신이 상처받을까 두려워 정서를 표현하지 못하고 갈등하는 정도를 측정한다. 두 번째 '관계관여적 양가성 요인'은 표현을 하지 않고 타인에 대한 자신의 인상을 관리하는, 즉 타인을 중심적으로 관계성을 고려하기 때문에 정서를 표현하지 못하고 갈등하는 정도를 측정한다. 자기방어적 양가성 요인은 신체화 질병, 분노, 우울, 적대감, 회피 등과 유의한 정적 상관이 있었지만 관계관여적 양가성 요인은 대인관계 예민성에서 약한 정적 상관이 있었다.

4. 동기와 정서의 손상 : 학습된 무기력

새로 배운 행동을 자주 일어나게 하는 자극을 강화물(reinforcer)이라고 한다. 심리학자들이 동물이나 사람이 어떤 행동을 학습하도록 할 때 사용하는 강화물로 먹이, 음식, 돈, 칭찬 등이 있다. 이러한 외적 강화물뿐만 아니라 개인이 스스로 만드는 내적 강화물(예 : 긍정적인 자기평가)도 새로운 행동의 학습과 유지에 매우 중요하다. 즉, 자기 내부의 환경(예 : 감정이나 생각 내용)이나 외부 환경을 효과적으로 통제하며, 경우에 따라서 개선할 수 있다는 확신이 새로운 행동을 유발시키고, 강화시킨다. 자신이 능동적이며, 능력 있는 주체라는 생각은 개인에게 커다란 만족을 주며, 과제 지향적이 되도록 영향을 줄 수 있다. 반면, 자신이 환경 아닌 다른 사람의 통제를 받는 수동적인 존재이며, 능력이 부족한 존재라는 생각은 열등감과 일종의 무기력을 초래한다.

어떤 행동을 계속해도 강화물이 주어지지 않으며, 나타나는 결과는 자신의 행동과 무관하다는 것을 계속 경험하면 어떻게 될까? 학습된 무기력이라는 현상에 대한 연구는 이러한 물음들에 대해 놀라운 해답들을 제공한다. 여기서 학습된 무기력이란 유기체가 의도적인 행동으로 변경시킬 수 없는 중요한 사태에 계속 직면할 때 나타나는 동기적, 정서적, 인지적 손상들을 말한다. 자신의 노력과 무관한 결과들이 계속 일어나는 상황에 놓이면 개체는 어떤 노력 또는 행동을 하려는 의욕을 잃어버린다. 말하자면 어떤 행동을 하더라도 별수가 없다는 예상을 하므로 자발적으로 행동하려 하지 않는다. 정서적 손상으로 이런 상황에 처한 개체는 일종의 우울증과 비슷한 증상을 보인다. 예컨대, 실패를 계속 경험한 개인이 어떤 과제에서 다시 실패할 경우 정상 집단에 비해서 자신을 더 질책하며 자신의 능력을 부정적으로 평가한다. 인지적 손상으로 학습된 무기력을 경험한 사람들은 성공에 대한 기대가 낮을 뿐만 아니라 문제를 풀고자 할 때 가설을 체계적으로 세워 해결하는 방식을 잘 취하려 하지 않는다.

셀리그먼은 개에게 도피 행동을 학습시켰는데, 어떤 개들에게는 그들이 결코 도망갈 수 없도록 묶어 놓고 발바닥에 전기 충격을 가했다. 이러한 충격을 반복해서 경험한 개들은 나중에 그들이 원하기만 하면 도피할 수 있는 상황에 있을 때에도 움직이지 않고 전기 충격을 그대로 받았다. 어떤 개들은 실험자가 도망가는 방법을 가르쳐주었는데도 도피 행동을 결코 학습하지 못했다. 이러한 개들은 앞서 그들이 전기 충격을 결코 피할 수 없음을 학습했으며, 이처럼 학습된 무기력을 새로운 장면에서 극복할 수 없었던 것이다.

학습된 무기력은 다양한 종의 동물들은 물론 어린아이나 대학생들을 대상으로 한 실험들에서도 입증되었다. Hiroto와 Seligman(1975)은 대학생들을 세 집단 중 하나에 배치했다. 한 조건은 실험 참여자들이 큰 소음을 통제할 수 있고, 다른 조건에서는 소음에서 도피할 수 없었으며, 세 번째 조건은 소음이 전혀 없는 조건이었다. 세 소음 조건 중 하나에 노출된 후 학생들은 뒤섞여진 낱자들의 순서를 바로 잡아 단어를 만드는 과제를 받았다. 이 낱자들은 34251의 순서로 배열되면 쉽게 풀릴 수 있었다. 그러나 도피할 수 없는 소음 조건에 처했던 학생들은 이러한 풀이 패턴을 잘 찾아내지 못하였고, 문제를 풀려고 애쓰지 않았으며 다른 집단의 학생들보다 문제들을 더 잘 풀지 못했다.

사람이나 동물들을 대상으로 한 실험실에서의 많은 연구들은 일상생활에서 경험하는 학습된 무기력을 예방하거나, 약화시키거나 고칠 수 있는 방법들을 시사한다. 사전에 상당한 수준의 훈련을 받을 경우 개체는 학습된 무기력에 대해 일종의 면역을 갖게 된다. 무기력이 이미 형성된 경우, 수행의 감소가 능력보다는 노력 부족에 기인한다는 판단을 내리도록 유도하며, 무기력 상태의 개인이 조금이라도 문제를 풀면 계속 보상을 주어 무기력에서 벗어나게 할 수 있다. 셀리그먼은 개인이 자신의 생활에 있어서 중요한 사건들에 영향을 계속 미치지 못할 때 이런 경험이 우울을 초래한다고 주장했었다. 최근에 그는 자신의 이론을 수정하여 무기력의 핵심은 통제할 수 없는 결과 그 자체에 있는 것이 아니라 그런 결과에 대한 당사자의 인과적 해석이라고 주장했다. 다시 말하면, 자신의 행동과는 무관한 결과들이 계속 나타날 때 개인은 현재 상황의 사실과 과거 상황들 중 유사한 경우를 살펴보고 자신이 당면한 사건들을 설명하려 한다. 이것을 바탕으로 만약 자신이 미래의 상황을 통제할 수 없다는 결론에 다다르면 그 개인은 무기력의 증상들을 보이게 된다는 것이다.

셀리그먼의 수정된 이론에서 분명히 드러나는 것은 개인이 처한 상황과 자신의 수행에 대한 인지적 평가가 정서적·동기적 손상들을 포함하는 학습된 무기력의 주요 결정 요인이라는 사실이다. 학습된 무기력 연구에서 드러나는 발견들과 앞서 살펴본 내용들을 종합해보면 이 장의 시작에서 언급된 마음의 세 기능들, 즉 인지, 정서 및 동기가 상당히 밀접한 관계를 맺고 있으며, 세 기능들 중 인지기능이 다른 기능에 우선한다는 결론이 가능하다. 상황에 대한 인지적 해석에 따라 정서적 경험의 내용이 변경된다는 발견들이라든지 고차 수준 동기들의 결정적 요소는 인지적 측면이라는 발견들이 모두 인지 우선을 시사한다.

11 성격

인간은 누구나 자신과 타인의 성격에 관심을 가지고 있으며, 관계 속에서 성격에 관련된 표현을 많이 사용한다. 예를 들면, "나는 내성적이야.", "내 남편 성격은 다정하다.", "저 친구는 매우 꼼꼼해."와 같이 우리는 자신과 주변 사람들의 성격에 대해서 파악하기를 원하고 그런 정보들을 가지고 삶을 영위한다. 즉, 우리는 일상인으로서 나름대로 사람들의 행동 관찰을 통해 성격에 대한 견해를 가지고 있으며, 더불어 타인의 성격에 견주어 자신의 성격이 어떠하다는 견해를 가지고 있다.

'성격(personality)'이란 말은 어원적으로 '탈' 혹은 '가면'의 뜻인 라틴어 *persona*에서 유래한 것으로, 겉으로 사람들에게 보이는 개인의 모습 및 특성을 의미한다. 하지만 현대 성격심리학에서 성격 이론가들은 그들이 보는 인간에 대한 입장을 바탕으로 성격의 정의를 다양하게 내려왔다. 때문에 성격의 정의는 성격을 연구하는 이론가들만큼 무수히 많다고 볼 수 있다. 올포트(Allport, 1937)는 성격을 개인의 특유한 행동과 사고를 결정하는 심리 · 신체적 체계인 개인 내 역동적 조직이라고 정의하였으며, Mischel(1973)은 성격은 보통 개인이 접하는 생활 상황에 대해 적응의 특성을 기술하는 사고와 감정을 포함하는 구별된 행동 패턴을 의미한다고 정의했다. 그리고 성격은 일관된 행동 패턴 및 정신 내적 과정으로 파악했다.

성격심리학을 연구하는 목적은 성격을 설명하고 예견하며, 이해하기 위해서이다. 성격심리학은 심리학에서 다루는 모든 분야의 교차지점에 있는 영역이라는 점에서 심리학의 꽃이라고 할 수 있다. 다루는 영역도 아주 기초적인 측면에서 개인차를 밝히고자 하는 기초연구 분야에서부터 개인차에 대한 연구를 토대로 현실 장면에 적용시키는 응용 분야까지 다양하다. 기본적으로 성격심리학은 두 가지 목표를 지향한다. 첫째는 사람 간의 개인차를 과학적으로 규명하고자 하는 것이고, 둘째는 이런 이해를 토대로 개인의 삶의 질을 개선하고자 하는 것이다. 성격 연구의 접근법, 즉 성격이론은 다양하지만 크게 특질이론, 정신역동이론, 사회학습이론, 현상학적 이론의 대표적인 네 가지로 구분할 수 있다.

1. 성격이론

인간의 여러 가지 행동들과 마찬가지로 성격은 선천적이며 기질적 요소인 생물학적

요인과 후천적 요인 및 환경적 요인의 복잡한 상호작용을 통해서 형성된다고 짐작
된다.

1) 특질이론

특질이론(trait theory)은 인간의 성격을 나타내는 비교적 안정적인 특질(특징 혹은 요
인)이 있으며, 이러한 특질은 문화에 따라 공통적인 특질 및 사람들을 구별해주는
독특한 특질이 있다는 관점을 가진다. 대부분의 과학이 대상을 명명하고 그 대상들
을 몇 개의 가능한 범주들로 분류하는 데서 시작하는 것처럼, 성격의 연구에서도 가
장 오래된 지속적인 접근법은 분류를 주된 목적으로 하는 특질이론이다. 특질이론
은 크게 유형론(typologies)과 특질론(trait)으로 나누어진다. 성격을 분류하고자 한
노력은 고대 그리스의 히포크라테스로부터 시작되었는데, 보다 체계적으로 성격을
분류하고자 한 사람은 셸던(Sheldon)이었다. 셸던(1940)은 신체형과 기질 간의 관계
를 찾았다. 셸던의 분류에 의하면 키가 작고 살찐 비만형(endomorph)의 사람은 사
교적이고 긴장이 적으며, 기질이 비교적 안정된 특성을 가지고 있다. 이에 비해 키
크고 마른 체형(ectomorph)은 억제적이고 자의식이 강하며 혼자 있기를 좋아하는 특
성들을 가지고 있다. 그리고 신체가 건강하고 근육이 발달한 사람(mesomorph)은 시
끄럽고 무모하며, 신체활동을 좋아하는 특성들을 가지고 있다고 한다. 셸던의 이러
한 분류체계는 일상적으로 사람들이 타인의 성격 특성을 평가할 때 흔히 사용한다고
볼 수 있다. 그러나 사람들은 타인의 성격을 평가할 때 관찰할 수 있는 행동에 의해
판단을 하는 것이 아니라 각자가 가지고 있는 고정관념에 의해서 개인의 특성을 판

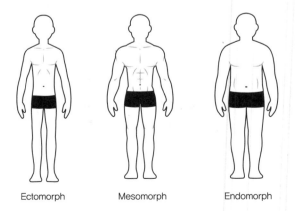

Ectomorph   Mesomorph   Endomorph

그림 11.1   셸던의 분류체계

단하는 경향이 있음을 간과할 수 없다.

융의 내향성-외향성 분류체계는 심리적인 범주로 분류한 유형론이다. 내향적인 사람은 갈등 상황에서 자신을 후퇴시키는 경향이 있으며 사람들을 피하고 혼자 있기를 좋아한다. 이에 반해 외향적인 사람은 많은 사람과 같이 있으려 하며 진취적이고 사교적인 특성이 있다.

성격 연구에서 유형론은 큰 영향을 주었지만 단순성이 유형론의 한계로 작용한다. 일반적으로 인간의 행동은 아주 복잡하고 다양하기 때문에 전체적인 개인들을 몇 개의 성격 범주로 분류하는 유용한 유형론을 생각하기란 실질적으로 어렵다. 유형론이 비연속적인 범주들을 가정한다면 특질이론은 배후의 차원이 연속적임을 가정한다. 여기서 특질이란 성격 차원을 말하는데, 개인이 어떤 특질을 어느 정도 보유하고 있는지 양적 측정에 의해서 개인차를 구분한다. 특질론적 접근은 동일한 심리적 상황이나 자극에 대해 개개인이 일관성 있게 또 타인과는 다르게 반응한다는 상식적인 관찰에서 시작되었다. 따라서 특질의 의미는 한 개인을 다른 개인과 구별 짓는 뚜렷하고 비교적 지속적인 특성의 일관성 있는 차이라고 규정할 수 있다. 대표적인 특질이론가들로서 올포트, 카텔, 아이젱크와 같은 학자들을 들 수 있다.

올포트(1937)에 의하면 특질은 개인의 행동을 일관성 있게 또 특징적인 방식으로 이끄는 추론된 성향들이다. 그리고 특정 자극들과 반응들 사이에서 이들을 통합하는 중요한 역할을 맡는다. 이러한 가정하에서 올포트는 세 가지 종류의 특질들을 제시했다. 첫째, 기본 특질은 고도로 일반화된 성향으로서 이것을 중심으로 한 개인은 자기의 생활을 체계화한다. 예를 들어, 어떤 사람의 경우 기본 특질이 성취인 반면, 다른 사람의 경우 자기희생이 기본 특질이 될 수 있다. 둘째, 기본 특질보다 행동을 다소 적게 지배하는 것이 중심 특질인데 이 특질도 상당히 포괄적으로 개인의 행동에 영향을 미친다. 셋째, 아주 제한된 방식으로 개인의 행동을 이끄는 특질들을 이차 특질이라고 한다. 이렇게 보면 특질들은 성격의 구조를 형성하며 이 구조는 어떤 개인의 행동을 규정짓는 것이라고 볼 수 있다. 올포트는 심리적 현실의 주요 결정인자로서 환경 조건보다는 성격구조를 들었다. 그리고 그는 개인차의 중요성을 강조하여 개인을 한 개체로 만드는 독특한 특질을 발견하려는 기본 입장에 서 있었다.

성격 특질을 가장 광범위하게 연구한 사람은 카텔(Cattell, 1946)이다. 카텔은 성격 연구의 기본 단위로서 특질을 다루었다. 그는 자기보고서, 질문지, 객관적 성격검사, 실생활에서의 행동관찰 등의 자료를 광범위하게 수집하여 요인분석을 통해 성격의 기본 특질로서 16개의 변인을 발견했다. 또 아이젱크(Eysenck, 1952)는 특질 차원으로 내향성-외향성을 설정하였고, 두 번째 중요 특질 차원으로 정서적 안정성(안정-불안정)을 가정했다.

이상의 여러 특질이론가의 접근 방법은 조금씩 서로 다르긴 하나 특질이론의 공통점으로 다음과 같은 점을 들 수 있다. 첫째, 특질이란 한 개인의 행동을 시간과 상황에 걸쳐 일관성 있고 개인적 독특성을 갖게 하는 결정적 소질이다. 둘째, 특질이론은 인간 행동이 근거하는 가장 기본적인 특질을 찾기 위하여 성향에 초점을 둔 반면, 상황적 요인의 영향을 중요하게 보지 않았다. 셋째, 특질은 외면적인 여러 행동에서 추론된 구성개념이다. 넷째, 특질은 가정된 특정 차원상에서 양적 측정이 가능하기 때문에 개인 간의 비교 또는 집단 간의 비교연구가 가능하다. 따라서 특질은 개인차를 나타내는 양적 개념이다.

특질이론의 접근 방법이 객관적이기는 하지만 연구에서 밝혀진 성격 요인들은 수집한 자료의 종류에 따라 달라질 뿐만 아니라 연구자가 사용하는 분석 방법에 따라서도 특질 요인이 달라지므로 기본 특질의 수에 있어서 일치하지 못하고 있다고 비판받기도 한다. 특질이론의 또 다른 문제점은 인간의 행동이 상황에 따라 매우 달라질 수 있기 때문에 성격 연구에서 중요한 것은 개인차와 상황변인들의 상호작용이라는 점이다. 실제로 상황적 요인의 중요성을 지지하는 경험적인 증거들이 많다.

2) 정신역동이론

정신역동이론은 정신 에너지, 인간 행동이 결정되는 상황적 맥락, 정신과 환경의 상호작용 등에 따라 성격이 역동적으로 작용한다는 관점이다. 특질이론에 반대하면서 인간의 행동을 지배하는 근본적인 동기는 무의식적인 요소임을 밝히고자 하는 노력이 프로이트에 의해서 이루어졌다.

(1) 심리성적 성격이론

성격에 대한 프로이트 정신역동적 이론은 심리성적 성격이론이라고 볼 수 있다. 프로이트의 심리성적 성격이론의 기본 가정들은 다음과 같다.

첫째, 어떤 행동도 결코 우연히 일어날 수 없으며, 반드시 원인이 있다는 결정주의를 강조한다. 둘째, 개인행동의 본능적 측면을 강조하는 프로이트에 의하면 본능은 태어나면서부터 인간이 가지고 있는 긴장체계, 즉 신체의 여러 기관에 의해 생성된다고 보고 있다. 따라서 본능적인 행동 목표는 유기체가 경험하는 긴장을 감소시키는 데 있다. 셋째, 인간의 사고, 정서 및 행동에 있어서 무의식적 결정인자를 강조한다. 프로이트에 의하면 우리의 행동의 대부분은 우리가 의식하지 못하는 충동들에 의해서 일어난다는 것이다. 넷째, 목표지향적인 동기체계를 강조한다. 즉, 모든 행동들은 나름대로의 목표를 가지고 있다고 본다.

프로이트는 성격이 세 가지 구성요소 즉, 원초아(id), 자아(ego), 초자아(super-ego)로 형성되어 있다고 생각한다. 원초아는 성격의 무의식적인 부분으로 기본적 요구들의 저장고이며 성격의 기초가 된다. 내적이거나 외적인 자극에 의해 이 부분의 에너지가 증가되며 긴장을 유발하게 되는데, 이때 원초아는 즉각적인 긴장 감소를 추구하게 된다. 원초아의 이 경향성을 쾌락 원리라고 부른다. 프로이트는 원초아의 충동은 주로 성적 본능과 공격적 본능이라고 생각했다. 자아는 원초아로부터 분화된 것으로 외부 세계와 직접적으로 접촉하고 있으므로 바람직하지 않은 결과를 초래하지 않으면서 동시에 원초아의 충동을 만족시키는 행동을 선택하는 역할을 한다. 즉, 자아는 원초아와 초자아를 모두 부분적으로 만족시키는 타협점을 찾으려 한다. 자아는 '현실 원리'에 의해서 작용하는데 현실 원리란 적절한 대상이나 환경 조건이 나타날 때까지 원초아에서 생긴 긴장의 발산을 지연시킬 수 있는 능력을 말한다. 초자아는 도덕, 가치관 등을 포함하는데 일반적으로 양심이라고 생각할 수 있다. 프로이트에 의하면 초자아는 어린이가 부모의 명령이나 금지 등을 내면화함으로써 발달한다고 보았다.

프로이트는 원초아와 초자아의 충돌을 억제하려는 계속적인 상호작용과 갈등이 성격을 동기화한다고 보았다. 프로이트는 성격 구조들 간의 갈등으로 생기는 불안에 대해 많은 관심을 두었다. 그는 불안을 신경증적 불안과 현실적 불안 그리고 도덕적 불안의 세 가지로 구분했다. 신경증적 불안은 자신의 본능적 충동이 자신의 통제를 벗어나서, 처벌받을 수 있는 행동을 일으킬까 두려워하는 것이다. 현실적 불안은 외부 세계에서 현실적인 위험에 대하여 느끼는 두려움이다. 도덕적 불안은 개인의 행동이나 생각에서 받아들일 수 없다고 느껴지는 것에 관한 양심의 가책이나 죄책감과 관련된 불안이다.

불안은 고통스러운 긴장 상태이므로 유기체는 불안을 감소시키려 한다. 그러나 불안이 현실적인 방법으로 효과적으로 대처될 수 없을 때, 유기체는 비현실적인 방어를 하게 된다. 이런 방어기제들은 개인의 본능적 동기나 갈등을 숨기거나 위장하는 역할을 한다. 방어기제에서 부정은 자기에게 주어지는 위협을 회피할 수도 없고 공격할 수도 없을 때 생겨나는 것으로 위협을 거부하는 것이다. 억압은 위협을 주는 내용을 의식에서 밀어냄으로써 자아를 방어하는 기제이다. 이 외에도 투사는 자신의 숨겨진 욕망을 타인에게 돌리고 자기의 문제를 남의 탓으로 돌리는 역할을 한다. 기타의 방어기제로서 반동형성, 합리화, 승화 등이 있다.

프로이트의 정신분석적 접근은 몇 가지 점에서 성격 연구에 중요한 기여를 했다. 우선 비합리적이고 이상한 행동의 원인들과 행동의 무의식적 결정 요인을 강조함으로써 성격 연구의 새로운 측면을 보여주었다. 둘째, 성인 행동에 있어서의 생의 초기적 경험을 강조했다. 그리고 인간의 성욕이 갈등과 적응의 주요 원천일 가능성을 밝혀서 과학적 연구의 대상이 되는 길을 닦았다는 점 등을 들 수 있다. 그러나 이 접근 방법은 그 개념들이 모호하고 경험적으로 검증하기 힘든 경우가 많다는 문제점을 가지고 있는 것으로 지적된다. 셋째, 정신분석적 접근이 사실에 대한 설명이기 때문에 예언이 어렵다. 넷째, 행동의 원인으로서 과거의 사실들을 지나치게 강조하여 현재의 상황 조건 등을 경시한 점이 있다. 마지막으로 이 이론은 인간의 본성을 지나치게 비관적으로 보고 있다는 점이다.

(2) 심리사회적 성격이론

프로이트 이론의 문제점들을 보완하여 프로이트 이후의 성격이론가들은 심리성적 성격이론보다는 사회적 환경의 역할을 중요하게 생각하고 자아의 기능을 중요하게 생각했는데 이러한 학자들을 신프로이트학파라고 칭한다. 신프로이트학파에 속하는 학자들로는 칼 융, 에리히 프롬, 에릭 에릭슨 등을 들 수 있다.

칼 융의 접근법은 분석심리학으로 알려져 있다. 융은 무의식의 개념을 확장하여 모든 인간이 공유하는 근본적인 내용을 포함하는 집단적 무의식을 상정했다. 아울러 집단무의식의 내용을 원형이라 칭하고 원형의 예를 신에 대한 상징, 원시신화 등에서 찾아볼 수 있다고 주장한다. 융은 프로이트와는 달리 과거 경험뿐 아니라 미래 지향적 입장을 가지고 목표 지향적인 인간의 측면을 이해하려 했다. 프로이트가 심리적인 성격발달이론을 편 반면 에릭슨은 심리사회적인 측면을 강조한 성격이론을 전개했다. 에릭슨은 인간의 전 생애를 8단계로 나누고 각 단계에서 인간이 겪어야만 하는 역할과 그에 대한 심리적 위기를 양극개념으로 설명하고 있다. 예를 들면 생후 1년간은 기본적 신뢰가 중시되는 단계로서 어린 유아는 어머니와의 사회적 관계에서

표 11.1 에릭슨의 심리사회적 성격발달 단계

시기	적응 대 부적응 방식	덕목
0~1세	신뢰감 대 불신감	희망
1~3세	자율성 대 수치심	의지
3~5세	주도성 대 죄의식	목적
6~11세	근면성 대 열등감	유능성
12~18세	자아정체감 대 역할 혼돈	충실성
18~35세	친밀감 대 고립감	사랑
35~55세	생산성 대 침체감	배려
55세 이상	자아통합 대 절망감	지혜

자기의 신체적·심리적 욕구와 필요를 충족시키는 과정에서 부모가 일관성 있게 돌보아주면 신뢰감이 형성되게 되고 어머니에 대한 기본적 신뢰감은 다른 행동에서도 확산하게 된다.

에릭슨의 심리사회적 단계의 첫 번째 적응 대 부적응 방식의 특성은 **신뢰감 대 불신감**(trust vs mistrust)이다. 유아는 태어나면서 가장 먼저 입을 통해 세상과 관계 맺게 된다. 이때의 심리사회적 능력은 희망이고 어머니와 가장 중요한 관계를 맺게 된다. 먹는 것이 중요하여 스스로 먹기가 중요 사건이 된다.

심리사회적 단계의 두 번째 적응 대 부적응 방식의 특성은 **자율성 대 의심 및 수치심**(autonomy vs doubt, shame)이다. 이 시기에는 의지력이 심리사회적 능력이 되고 부모가 중요 관계 범위이다. 또한 배변 훈련 시기이기 때문에 스스로 용변 보기가 중요한 사건이며 이 시기에 적절한 발달이 이루어지지 못하면 후에 강박적 행동을 보일 수 있다.

심리사회적 단계의 세 번째 적응 대 부적응 방식의 특성은 **주도성 대 죄의식**(initiative vs guilt)이다. 세 살에서 다섯 살 사이에 발생하는 세 번째 발달단계로 목적 의식이라는 것이 생기게 되며 부모 이외에 가족까지 중요 관계 범위가 확장된다. 신체가 발달하며 신체활동을 하고 보다 많은 일을 할 수 있게 된다. 실패와 관련되어 사랑과 이해심으로 지도해주어야 한다.

심리사회적 단계의 네 번째 적응 대 부적응 방식의 특성은 **근면성 대 열등감**(industry vs inferiority)이다. 이 시기는 학교에 입학할 때부터 대략 11살까지 지속된다. 아이의 세계는 집 밖에서의 새로운 영향과 압력에 노출되면서 상당히 확장된다. 심리사회적으로 가정과 학교에서 주어진 일을 완성함으로써 능력감을 느끼게 된다. 당연히 취학이 중요 사건이 된다. 아이가 자신이 노력한 것에 대해 조롱받고, 야단맞고, 거절당하면 아이는 자신을 부적절하게 생각하고 열등감을 발달시키게 된다.

심리사회적 단계의 다섯 번째 적응 대 부적응 방식의 특성은 **자아정체감 대 역할혼돈**(identity vs role confusion)이다. 에릭슨은 12~18세까지의 청소년기가 개인이 자신의 기본적인 자아정체성에 대한 의문을 가지고 심사숙고하는 시기라는 점에서 특히 중요하다고 생각했다. 또래관계가 매우 중요하며 이때 부정적 정체감이 생기거나 정체감이 생기지 않을 수도 있다고 했다.

심리사회적 단계의 여섯 번째 적응 대 부적응 방식의 특성은 **친밀감 대 고립감**(intimacy vs isolation)이다. 성인 초기인 20~30대까지의 시기로, 이 시기에 사랑이라는 심리사회적 능력을 개발하지 못하면 후에 지나치게 배척하는 정신병리가 생겨날 수 있다. 애정관계가 아주 중요한 사건이 된다.

심리사회적 단계의 일곱 번째 적응 대 부적응 방식의 특성은 **생산성 대 침체감**(generativity vs stagnation)이다. 이 시기는 중년기로 대충 35~50세까지이며 인간의 완전한 성숙기에 해당된다. 직장 및 확대가족이 중요 관계 범위가 되고, 부모 역할을 하게 되고 창조라는 것을 중요 사건으로 본다. 타인과의 생활 속에 배려라는 덕목을 가지게 되고 그렇지 못한 경우 강한 거절의 형태를 나타낸다.

심리사회적 단계의 여덟 번째 적응 대 부적응 방식의 특성은 **자아통합 대 절망감**(ego integrity vs despair)이다. 개인은 인생의 말기에 자아통합이나 절망의 상태에 있는 자신을 발견한다. 이것은 자신의 전체적인 삶을 바라보는 방법을 좌우하게 된다. 지혜라는 덕목을 얻게 되거나 절망을 경험할 수도 있다. 중요 관계 범위는 인류와 동족까지 포함한다.

3) 사회학습이론

사회학습이론을 통한 성격이론은 정신 내부보다는 주로 관찰할 수 있는 행동 및 행동변화에 초점을 둔 행동주의의 가정에 근거한다. 하지만 현대심리학의 추세에 따라 반두라(Bandura)와 로터(Rotter)는 학습에서 인지의 중요성 또한 강조하고 있다. 사회학습이론가들은 행동의 결정 요인으로서 상황 요인을 강조한다. 이들은 행동이 개인과 환경 간의 끊임없는 상호작용의 결과라고 생각한다. 좀 더 구체적으로 말하면 환경 조건들이 학습을 통하여 개인의 행동을 형성하며 이러한 개인의 행동은 다시 환경 조건을 형성하게 되어 서로 영향을 준다. 이것이 사회학습이론에서 행동을 예언하는 데 있어서의 핵심적인 관점이 된다.

사회학습이론은 행동주의와는 달리 자극과 반응을 연결하는 인간의 인지적 기능을 강조하여 직접적인 모방 없이 관찰 또는 대리 학습을 통해 행동이 습득될 수 있음을 주장한다. 사회학습이론은 인간의 모든 사회적 행동을 학습에 의해 형성된다고 보면서 원래의 학습이론의 개념을 확장하였는데, 가장 중요한 측면이 인간의 생각과 기대와 같은 개인의 인지능력의 중요성에 대한 인식이다. 따라서 이런 추세를 행동이론 인지화라고 부를 수 있다.

사회학습이론에서는 개인의 미래 행동에 대한 기대감과 가치를 중시한다. 로터(1966)는 미래의 결과에 대한 개인의 주관적 기대와 모방에 관한 주관적 가치를 강조했다. 따라서 특정인의 행동을 예언하기 위해서는 특정 상황에서 그 행동 결과에 대한 개인의 기대감과 가치를 평가해야 한다. 사회학습이론은 인간의 인지기능을 강조하는데, 학습에 있어서 개인의 반응 결과에 대한 모방이나 규칙을 아는 것이 중요하다고 본다. 예를 들어 아이가 어떤 행동을 했을 때 과자를 주어 계속 그 행동을 하게 하는 것보다는 어떤 행동과 과자가 연결되어 있다는 것을 인식하게 되면 훨씬 빨리 그 행동을 학습하게 되는 것을 알 수 있다.

사회학습이론에서는 규칙과 상징과정들을 중시한다. 따라서 아이들의 사회화 과정에서 특정 수행은 좋은 것이고 다른 행동은 나쁜 것이라고 알게 되면 이에 대한 적절한 규칙이 없을 때보다 더 잘 적응행동을 습득하게 된다고 본다. 사회학습이론은 학습과정에서 관찰학습에 초점을 둔다. 관찰학습이란 직접적인 모방 없이 타인의 행동을 관찰함으로써 행동을 습득하는 것을 말한다. 일반적으로 사람들은 남이 하는 행동을 관찰함으로써 특정 행동을 학습한다. 이때 행동을 보여주는 대상을 모델이라고 부르는데 관찰학습에 영향을 주는 요인으로 관찰자와 모델 간의 유사성 정도, 모델의 독특성, 관찰자의 욕구 등을 들 수 있다.

모방은 학습에 반드시 필요한 것은 아닌데, 여기서 행동의 습득과 수행을 구분할 필요성이 있게 된다. 즉, 모방이 없어도 특정 행동 유형을 습득할 수 있으나 학습의 수행에는 모방이 중요하다고 할 수 있다. 학습된 행동의 표현을 통제하는 모방은 세 가지 유형으로 나누어진다. 첫째, 신체적 보상이나 물질적 보상 및 혐오 조건을 완화시키는 등의 직접적인 것이다. 둘째, 타인이 자기와 비슷한 행동을 하고 상 또는 벌을 받는 것을 관찰하는 대리적인 것이다. 셋째, 스스로를 칭찬이나 질책하여 자신의 수행을 평가하는 내재적인 것이 있다. 어떤 상황에 처한 개인의 행동은 그 상황의 특성, 그 상황에 대한 개인의 평가, 그와 유사한 상황에서의 행동에 대한 과거의 모방에 따라 달라진다.

사회학습이론의 대표자인 미쉘(Mischel)은 동기 대신 개인의 지적능력, 방법들과 같은 인지적 요인들을 강조하고 이 요인들이 환경 조건들과 더불어 행동에 영향을 주는 것으로 보고 다음의 요소들을 제시했다. 첫째, 능력은 지적능력, 사회적 능력, 신체적 기능을 포함한 특수 능력을 말한다. 둘째, 인지적 방법은 정보에 선택적으로 의식을 집중하고 그것을 의미 있는 범주로 체계화한다. 셋째, 기대는 여러 행동의 결과에 대한 기대, 자신의 행동의 유효성이다. 넷째, 주관적 기대치는 한 개인이 예상되는 결과에 주는 가치를 말한다. 다섯째, 자기조절체계와 계획은 개인이 자기의 행동을 스스로 조절하기 위해 채택하는 규칙과 기준, 어떤 목표를 달성하기 위한 계획이다. 사회학습이론은 성격 연구의 다른 이론들에 비해서 환경요인들을 세분할 것을 강조함으로써 성격이론에 큰 기여를 했다. 그러나 이 접근법은 행동의 결정인자로서 상황 요인들을 지나치게 강조한다는 이유로 비난을 받아왔다. 특히 학습된 행동들이 전체 성격 구조에 어떻게 통합되는지에 관해 분명한 언급을 하지 않는다는 비판이 있다.

4) 로저스의 자기이론

로저스(Rogers, 1957)는 현상학적 이론의 대표자이다. 로저스의 성격이론의 핵심 개념은 자기(self)로, 이는 '나'가 지니는 특징들에 대한 지각 그리고 타인들과의 여러 가지 생활 측면에 대한 '나'의 관계성에 대한 지각과 가치관들로 구성되어 있는 체계화되고 일관성 있는 것이다. 자기는 '내가 무엇이며' 또 '무엇이 될 수 있는가'의 지각을 포함한다. 그리고 이 지각된 자기는 세상에 대한 개인의 지각과 행동에 영향을 준다. 예를 들어 강하고 긍정적인 자기개념을 가지고 있는 사람은 약한 자기개념을 가지고 있는 사람과는 다르게 세상을 본다.

로저스는 있는 그대로의 자기(self)와 더불어, 개인이 되고자 하는 이상적 자기 (ideal self)가 있음을 가정했다. 로저스는 두 종류의 불일치를 가정하는데, 하나는 자기와 현실 경험 간의 불일치이고 다른 하나는 자기와 이상적 자기 간의 불일치이다. 지각된 자기와 실제 경험 사이의 불일치는 개인으로 하여금 위협과 불안을 느끼게 한다. 그리고 자기와 이상적 자기 사이의 차이가 크면 사람은 만족감을 얻지 못하고 적응을 하지 못한다.

　로저스에 의하면 개인은 경험하는 유기체를 실현하고, 유지하고, 고양시키려는 하나의 기본적인 경향과 노력을 가지고 있는 것으로 본다. 그리고 이러한 경향성은 환경 가운데서 사람으로 하여금 충족성과 완전성을 향해 건설적으로 나아가는 여러 측면에만 주의를 기울이게 한다. 즉, 인간에게는 전체적인 인간이 되려는 자기실현 (self-actualization)의 욕구가 있고 그것이 바로 생의 목표가 된다. 로저스의 이론이 지니는 일원론적인 특징에도 불구하고 그는 특별히 2개의 욕구, 즉 긍정적인 관심에 대한 욕구와 자존에 대한 욕구를 중시했다. 전자는 어린아이가 사랑을 받고 돌봄을 받은 결과로서 유아기에 발달하며, 후자는 타인들로부터 어린아이가 긍정적인 관심을 받음으로써 확립되는 것이다.

　로저스의 이론은 인간중심 치료를 통해 인간의 여러 가지 심리적 문제를 해결하는 데 크게 기여했다. 그러나 로저스의 이론에 대한 주된 비판은 그의 이론이 소박한 유형의 현상학에 근거를 두고 있다는 것이다. 또 의식할 수 없는 요인들이 행동을 동기화한다는 점과 자기보고적 반응은 사회적인 바람직함이나 자기방어에 의해 왜곡되고 있다는 점을 고려하면 개인의 자기보고에 대한 신뢰성은 낮아지게 된다. 그러나 로저스의 이론은 몇 가지 문제점에도 불구하고 자기라는 개념을 경험적 연구의 대상으로 하려는 목적에 큰 기여를 했다.

5) 켈리의 자기구성 개념이론

켈리(Kelly, 1963)의 자기 구성 개념이론은 개인 자신의 대상에 대한 범주화에 초점을 둔다. 그는 성격의 연구 단위로서 개인의 구성개념을 가정하였는데, 여기서 **구성개념**이란 각자가 자신의 경험을 범주화하는 방식을 말한다. 이 입장은 인간을 능동적이고 여러 가지 역할을 끊임없이 변화하는 창조자로 본다. 이 같은 입장은 켈리로 하여금 모든 개인은 과학자들처럼 자기 자신의 행동을 구성하고, 범주화하고, 해석하고, 명명하며, 판단한다는 인간관을 갖게 했다.

　즉, 모든 사람들은 자신의 생활 속에서 예견할 수 있고 통제할 수 있는 구성개념과 가설을 만들어내므로 한 개인을 이해하기 위해서는 각 개인의 사적인 구성개념을 이해해야 한다고 본다. 또 동일한 사건들도 달리 범주화될 수 있다. 왜냐하면 사람들은 사건 자체를 변화시킬 수는 없지만 각자 다르게 그 사건들을 구성할 수 있기 때문이다. 켈리는 이것을 **구성적 대체주의**라 불렀다. 다른 현상주의자들과 마찬가지로 켈리는 행동에 작용하는 특정 동기에 대한 가정을 거부하고 인간은 바로 자신이 행동하고 있는 그 자체라고 본다.

2. 성격검사

성격심리학자들이 성격을 평가하는 방법은 자신들의 이론적 입장에 크게 의존한다. 예를 들면, 인간의 무의식을 강조하는 정신역동적 접근은 투사적 성격 평가를 강조하고, 특질을 강조하는 성향적 접근은 자기보고식 검사법을 사용해서 개인의 성격을 탐구한다. 또 상황에 따른 행동을 강조하는 행동 및 사회적 학습 접근은 행동평가법을 주로 사용하며, 인간의 사고 혹은 인지의 중요성을 강조한 인지적 접근은 인지평가법을 중요하게 여긴다.

1) 특질검사

공정성, 내향성, 남성성과 같은 특질들은 물리적인 차원과 수량화할 수 있는 속성으로 생각된다. 따라서 특질이론은 사람들이 각기 정도에 차이가 있게 이러한 속성을 가지고 있으며 이러한 차이는 비교적 불변한 것으로 본다. 또한 어떤 특질들은 사람들이 공통적으로 가지고 있고, 또 대부분의 특질들은 척도화될 수 있으며 양적으로 기술될 수 있는 것으로 본다. 이러한 가정을 가지고 정신측정적 접근 방법을 선택한 학자들은 중요한 성격 특질들을 위한 적절한 측정방법을 찾으려고 노력해 왔다. 한편 개인에 관한 자료는 자기보고나 자신에 대한 판단, 다른 사람에 대한 판단, 또는 행동의 유발 및 직접적인 관찰이라는 세 가지 방법으로 얻어지는데, 정신 측정적 방법은 대체로 자기보고에 근거하여 특질들을 추론해 왔다. '자기보고'라는 것은 개인 자신에 대한 진술인데 '구성된' 자기보고인 경우에는 항목에 대한 반응이 제한되어 있어서 선택의 폭이 좁다. 반면에 비구성적 검사에 있어서는 피검사자가 자신의 반응을 자유로이 할 수 있으나 엄밀히 말하여 구성적 검사와 비구성적 검사의 차이란 정도의 문제이다.

2) 측정과 객관성

특질이론의 입장을 취하는 심리학자들은 다른 입장을 가진 심리학자들과 마찬가지로 객관성을 강조한다. 성격 연구에 있어서의 객관성이란 특정의 행동을 보는 관찰자들이 같은 결론에 도달하기 위해서 필요한 조건이다. 객관성은 검사자와 피검사자 간의 상호작용, 지시와 검사의 항목들, 반응의 선택 가능성, 채점과 결과의 해석과정 등을 포함하는 전체 검사과정에 관련된다. 반면, 객관성의 결여는 측정에서 편견과 불공평이 나타날 위험이 있다. 예컨대 아늑하고 조용한 방에서 친절한 검사자에 의해 검사가 실시될 때와 시끄럽고 사람이 많은 방에서 불친절한 검사자에 의하여 실시될 때에 반응의 차이가 생길 수 있고 이에 따라 공평성이 상실될 가능성이 있다. 실질적으로 객관성을 유지하려는 어떠한 노력도 검사가 측정하려는 성격 특질 이외의 변인들에 영향을 받을 수 있음을 알아야 한다.

(1) 반응 경향성의 문제

사람들은 검사 항목에 대하여 특정의 경향성을 가지고 반응할 수 있다. 자기보고나 평정의 결과들을 적절하게 해석하기 위해서는 이러한 경향성이 이해되어야 하는데, 한 예로 사회적으로 바람직하지 못한 내용을 가진 문항에 찬성하는 경향성을 들 수 있다. 자신의 특질들을 사회적으로 바람직스럽지 못한 용어로 기술하는 데 있어 개방적인 사람과 그렇지 못한 사람 사이에는 검사 결과에서도 차이가 생길 수 있다. 이때 이런 경향성을 바람직스럽지 못한 특질을 지녔다고 해석하기보다는 이러한 특질을 쉽게 공개하는 경향성이 검사 결과에 의하여 밝혀지는 것이라 해석될 수도 있다.

(2) 내용의 중복성

반응 경향성 이외에 자기보고 형식의 특질검사는 또 다른 문제를 가진다. 지필 항목표 검사들은 높은 상관관계를 가질 수 있는데, 이러한 상관관계는 지필 항목표를 작성할 때 다른 항목표의 문항들을 사용하는 데 그 원인이 있을 수 있다. 예컨대 '공격성'을 측정하기 위해서 세 가지의 질문지를 사용했을 때 검사 간의 상관관계는 '공격성'보다는 질문지의 유사성에 바탕을 두고 있을 수 있다.

3) 투사법

고전적인 정신분석치료의 기본적인 도구는 자유연상과 꿈의 분석이다. **자유연상**이란 의식적 통제를 배제하고 무의미하건 비합리적이건 간에 떠오르는 모든 느낌, 심상, 백일몽 등을 이야기하게끔 하는 방법이다. 프로이트는 꿈을 자유연상과 유사한 것

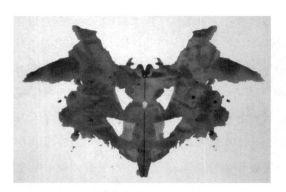

그림 11.2 로르샤흐 검사의 잉크반점

그림 11.3 TAT의 그림

으로 일차적 과정의 표현으로 보았고 원하는 대상의 심상을 일으킴으로써 원망을 성취하거나 긴장을 감소시키는 것으로 생각했었다. 프로이트는 꿈의 해석을 통해 무의식적인 영역을 이해할 수 있다고 보았다. 투사법도 대체로 이와 같은 정신역동적 접근에 기반한 이론적 배경을 가지고 있는데, 대표적인 투사적 성격 검사로는 로르샤흐 검사와 TAT 검사를 들 수 있다.

로르샤흐 검사는 1921년에 스위스의 정신과 의사인 헤르만 로르샤흐에 의해서 제작된 투사법 검사로서 10매의 카드로 구성되어 있으며 각각의 카드에는 복잡한 대칭형의 모습들이 있는데, 피검사자들은 그것이 무엇같이 보이는가를 이야기하도록 지시받는다. 피검사자들의 반응들은 위치, 결정 요인, 희귀성, 내용 등에 따라 점수화된다. 여기서 위치는 반응을 일으키게 한 모습의 부위를 말하며, 결정 요인은 형태, 색채, 음양, 동작 등으로서 피검자의 지각을 결정하게끔 한 요인들이다. 희귀성은 반응의 창조성이나 독특성 등을 의미한다. 여러 반응의 빈도가 채점되고 검사자에 의해서 해석되는데 피검자의 창조성, 성숙도, 현실과의 접촉, 정서적 통제, 불안 등과 같은 성격의 국면들을 알아낼 수 있다.

주제 통각검사(thematic apperception test, TAT)는 1930년대에 하버드대학교의 임상 심리실에서 모건과 머레이에 의해 제작된 투사법 검사이다. TAT는 한 장의 백색 카드를 포함해서 30장의 그림카드로 구성되어 있고 각각에는 서로 다른 그림이 인쇄되어 있다. 30매의 카드는 남성용, 여성용, 소년용, 소녀용, 겸용 등으로 분류될 수 있는데 한 피검사자에게 20매를 제시하도록 구성되어 있다. 피검사자는 제시된 그림에 대해서 그림의 과거, 현재, 미래를 연결하는 이야기를 하도록 지시받으며 상상력을 동원하도록 요청받는다. TAT 검사의 가정은 피검사자에게 애매한 자극이 제시되었을 때 독자적인 방법으로 그것을 지각할 것이며, 이렇게 하는 과정에서 피험자의 내면적인 역동성들이 표출될 것이라는 것이다.

(1) 투사법의 특징

로르샤흐 검사 또는 TAT와 같은 투사법의 특징은 과제가 애매하도록 검사 상황이 구성되어 있다는 점이다. 검사의 목적은 피검사자가 스스로의 취향에 따라 자유로이 반응하도록 권장하는 것이다. 투사법 검사에서는 피검사자에게 모호한 자극과 애매한 질문이 주어진다. 예로 로르샤흐 검사는 카드를 보여주면서 "이것이 무엇일까요?" 혹은 "이것을 보면 무슨 생각이 납니까?"와 같은 질문이 주어지고, TAT의 경우도 그림을 보여주면서 "어떻게 해서 이러한 상황이 되었고 그 결과가 어떻게 될 것인가를 포함하여 이 그림의 사람들의 생각과 느낌에 관하여 당신이 할 수 있는 가장 상상적인 이야기를 만들어보십시오."와 같은 지시가 주어진다. 투사법은 정신분석적 이론을 따르는 사람들에 의해 흔히 이용되는데 그 이유는 이들이 투사법 검사상황에서 주어지는 반응들이 적어도 부분적으로 '무의식'을 반영하는 것으로 보기 때문이다.

(2) 투사법 검사의 타당도

로르샤흐 검사와 TAT 검사에 관한 전체적인 결과는 어느 정도의 높은 타당도와 상관들이 있음을 나타내고 있다. 그러나 임상장면에서는 방법론적인 문제 때문에 이러한 관계를 확실하게 해석하는 것이 어렵다. 예를 들어, 피검사자가 의사라는 것이 알려져 있는 경우에 검사자는 검사 이외의 단서들에 의하여 반응의 해석에 영향을 받을 수 있다. 또 표집된 대상자들 간의 차이 정도가 검사자의 이러한 차이에 대한 식별 기능에 영향을 줄 수 있다. 예로 로르샤흐 검사의 결과로 대학생과 정신분열증 환자의 식별이 신뢰성 있게 이루어질 수 있으나 학생 개개인 사이의 차이는 구별하기가 어려울 수 있다. 방법상의 부적절성 때문에 상관관계가 증가할 수 있다는 사실을 제외하더라도, 투사법의 검사는 개인에 관하여 정확한 판단을 내리기에는 상관이 너무 낮아 검사의 사용이 제한될 수밖에 없다는 의견도 있다.

　그러나 이러한 제한이 있다는 의견에도 불구하고 다른 한편에서는 투사적 검사들이 성격의 중요한 과정들을 연구하는 데 있어 훌륭한 방법이 된다고 믿는 학자들이 있다. 이들은 로르샤흐 검사 같은 것을 인·지각 검사나 자기보고식 성격검사 혹은 취업을 위한 면접시험에서 보조 자료로 사용할 수 있다고 본다. 타당도나 기타 여러 가지 문제들에도 불구하고 일상의 임상장면에 있어서의 투사법 검사들의 활용은 매우 활발하다.

3. 성격과 지각

성격과 지각에 관심이 있는 연구자들이 다룬 문제에는 성격변인으로서의 지각적 및 인지적 반응 형태(patterns)에 관한 연구가 있다. 그런 연구들에서는 지각적 스타일의 개인차와 과제수행 사이의 관계를 밝혀보려 했는데, 연구 결과는 평준화(leveling)와 예리화(sharpening)의 두 가지 지각적 스타일이 있음을 시사하고 있다.

평준화를 하는 사람은 자세한 변별과 추정을 하는 데 큰 어려움을 갖는 사람들이고 반면에 변별과 추정을 잘하는 사람은 세부사항에 주의를 기울여야 하는 일들에 적합하고 자극의 범위에 주의를 두는 인간들이다. 평준화를 하는 사람들은 불필요한 자극들을 무시해야 하는 과제들에서 변별과 추정을 잘하는 사람들에 비하여 보다 잘 수행하고 또한 불안에 대해서는 억압하는 형태로 대처하는 경향이 있는 것으로 밝혀졌다.

위험에 대한 지각에 있어서 성격 유형을 살펴보는 연구는 Witkin과 그의 동료들에 의해서 진행되었다. 이른바 장의존성과 장독립성에 관한 실험적 연구다(Witkin, Dyk, Faterson, Goodenough, & Karp 1962). 장의존적 또는 장독립적이라는 말은 인간에 따라 지각적 판단을 할 때 다른 인간에 비하여 맥락(장)에 보다 큰 영향을 받느냐 받지 않느냐를 나타내는 표현이다. 장의존적 및 장독립적인 인간들은 지각의 장내에 있는 자극들에 주의를 하고 이 자극들을 조직하는 방법에 있어 차이를 보인다.

장의존적인 인간과 장독립적인 인간은 지각적인 과제에 있어서의 수행뿐 아니라 사회적인 행동에 있어서도 차이를 보였다. 장독립적인 인간은 장의존적인 인간에 비하여 다른 사람들의 의견에 주의를 덜 기울이며 야심적이고 자기주장적이다. 장의존적인 인간은 장독립적인 인간과 비교할 때 보다 개방적이고 정이 깊으며 인간들에게 관심을 쏟고 환경에 지배적인 영향에 좌우되는 경향을 보였다.

12 개인 심리의 확장 : 사회와 문화

심리에 대한 연구 결과들은 여러 문화에 걸쳐서 일관되게 발견되기도 하지만 문화에 따라서 결과가 달라지는 연구들도 많다. 사회심리학은 사회적 상황에서 나타나는 개인의 사고나 감정 및 행동을 연구한다. 또한 사회심리학적 접근은 문화의 영향을 크게 받기도 한다. 예를 들면 집합주의 문화에서 생활하는 사람들은 다른 문화 사람들보다 조직생활이나 소비행동에서 다른 양상을 보인다. 유행에 민감하고 개성이나 독특한 선택에 대한 저항과 압박이 강하다. 또 다른 예로 다른 사람들과 함께 집단으로 과제를 수행하게 되면 혼자 과제를 수행할 때보다 태만해지는 현상도 문화에 따라서 차이가 크다.

심리과정에 대한 접근은 환경에 어떻게 적응하는지를 알기 위한 노력이라고도 볼 수 있다. 인간 행동에는 개인적 요인과 함께 반드시 사회 · 문화적 요인이 포함된다. 따라서 인간에 대한 파악, 특히 심리내적 상태를 살펴보는 심리학적 접근이 제대로 이루어지기 위해서는 개인이 속한 사회와 문화에 대한 고려가 충분히 이루어져야 할 것이다. 사회심리학에서는 사람들이 생활하는 사회 장면에서 다른 사람들로부터 어떤 영향을 받아서, 어떤 심리를 형성하고, 어떻게 행동하게 되는지 알아내려고 한다.

사회심리학이 다른 분야와 구별되는 특징은 사람들 사이에서 나타나는 영향을 연구한다는 것이다. 사회학은 사회구조에서, 성격심리학은 개인 수준에서, 문화인류학은 사회문화 수준에서 연구한다는 점에서 구별된다. 사회행동은 집단 속에서 하는 개인이나 집단의 행동을 말한다. 개인이 다른 사람 앞에서 행동할 때는 그것이 사회행동임이 분명하지만 직접 남을 상대로 하지 않는 경우에는 그것이 사회행동인지 아닌지 분명히 식별하기는 쉽지 않다. 사람의 태도가 좋은 보기이다. 태도는 개인이나 집단이 특정한 사회 대상에 대해 가지고 있는 생각과 감정이며, 직접 타인에 대한 행동과 관계는 없지만 대인관계에서의 갈등이나 영향력 행사에 중요한 요인이 되므로 사회행동의 일부로 다루어진다. 사회심리학자가 사람의 태도를 연구하는 이유는 사람의 태도를 바꿀 수 있으면 그의 행동을 조종할 수 있기 때문이다. 태도를 바꾸어 행동을 조종하는 방법은 사람의 행동을 유도하는 한 가지 방법에 불과하다.

1. 사회심리학

1) 사회장면

사회심리학은 사회적 행동을 연구한다. 사회적 행동 또는 사회행동은 사회장면에서의 사람이나 동물의 행동으로 규정할 수 있다. 다른 사람이 있거나 없더라도 다른 사람이 남긴 말이나 혹은 목소리도 사회적 자극이 된다. 그런 자극에 의해 영향을 받는 행동 중에서 사람에 대한 행동들, 예컨대 어떤 집단에 가입한다든가, 도움을 청한다든가, 누구에게 말을 건넨다든가, 누구를 좋아한다든가, 누구를 공격한다든가, 누구를 조종한다든가 하는 따위의 행동들이 사회심리학의 연구 대상이 된다.

　사회심리학에서 다루는 대인관계로 가장 기본적인 관계는 두 사람이 서로 반응하는 관계이다. 그러나 또 다른 대인관계에서는 3인 이상의 개체가 관계되는 경우도 있다. 사회심리학에서는 이런 경우 반응하는 개체는 하나로 보고 영향을 주는 쪽은 나머지 개체들로 본다. 사회심리학이 개인 또는 개체의 행동에 초점을 맞춘다는 것은 이런 뜻에서이다. 어떤 경우에는 반응하는 개체 이외에 다른 개체가 존재하지 않는 경우도 있다. 어떤 연구에서는 쥐의 고통스러운 울부짖음이 스키너 상자에 있는 다른 쥐의 지렛대 누르는 행동에 어떤 영향을 주는지를 관찰한다. 이 경우 스키너 상자 속의 쥐만 있지 다른 쥐는 없고, 고통스러운 울부짖는 소리는 녹음으로 들려준다. 그러나 그 소리는 분명히 동물의 소리이고 동물의 행동을 대표하는 것이기 때문에 이에 대한 스키너 상자 속 쥐의 행동은 사회장면에서의 행동이 되는 것이다. 즉, 사회장면은 반응하는 개체 하나만 있는 경우도 생각할 수 있는 것이다.

2) 사회행동의 종류

우리가 일상생활에서 하는 사회행동을 보면 직장에서 일한다든가, 버스를 타고 간다든가, 사람과 만나 말을 한다든가, 책이나 산문이나 잡지를 읽고 TV를 시청한다든가 하는 따위로 가득 차 있다. 다른 사람들과 직접 대하여 취하는 행동을 보면 인사를 한다든가, 잡담을 한다든가, 대화를 한다든가 하는 것으로 대략 구분이 된다. 이렇게 보면 우리의 사회행동 중에 상당한 비중을 차지하는 것이 인사이고, 또 상당한 시간을 다른 사람들과 대화하면서 하루를 보낸다. 직업에 따라서는 혼자 보내는 시간도 꽤 많다. 혼자 보내든 다른 사람들과 함께 보내든, 사람의 하루는 사회장면의 연속이다.

　　오늘날 사회심리학이 중요하게 다루는 문제는 일상의 사회행동에서는 잘 제시되지 않는다. 틀에 박힌 대인관계나 직장생활이 변할 때 중요한 사회활동이 드러나게 되는 것이다. 집안 식구가 싸운다든지, 새 직원이 사무실에 들어온다든지, 어떤 조직 내에서 승진을 한다든지, 어떤 사람이 단체의 규율을 무시한다든지, 늘 인사하던 사람이 나에게 인사를 안 한다든지, 친하던 사람과 만나서 서먹해졌다든지 하는 일들이 벌어졌을 때 사회심리학의 문제가 드러나는 것이다. 오늘날의 사회심리학이 중요시하는 문제들은 이와 같이 인간관계의 변동과 밀접한 관계가 있는 것들이고 오랜 역사적 배경을 가지고 있다.

　　중요한 사회행동이 어떻게 일어나는가를 밝히는 것이 사회심리학의 목표이다. 이것은 사회행동의 과정 내지 사회과정의 문제이다. 사회과정의 문제는 대략 다음의 네 가지로 분류된다. 첫째는 사회영향의 문제로, 사람이 타인의 행동에 어떻게 하면 영향을 줄 수 있느냐 하는 데 초점을 맞춘다. 둘째는 사회지각의 문제로, 사람이 어떻게 타인을 파악하게 되는지에 관한 문제를 다룬다. 셋째는 사람들이 어떻게 서로 접근하여 친하게 되며 벗이 되는지를 다루는 친교관계에 관한 문제이다. 넷째는 집단을 어떻게 유지해 가며 집단을 효과적으로 이끌어 가려면 어떻게 해야 하는지에 초점을 맞추는 집단 심리의 문제가 있다.

3) 사회영향

사회영향이란 말은 사회가 인간 생활에 미치는 영향이란 뜻이 아니라, 한 사람이나 집단이 다른 개체의 생각이나 행동에 영향을 주는 현상을 가리킨다. 사회심리학에서 사회영향의 문제에 대한 관심은 다른 심리학의 문제와 마찬가지로 실용적인 필요에서 생겨났다. 즉, 어떻게 하면 타인의 생각, 태도 또는 행동을 바꾸거나 조정할 수 있느냐 하는 문제이다. 우리 일상생활에서 가장 흔히 볼 수 있는 사회영향의 예는 심부름이다. 한 사람이 다른 사람에게 자기 대신 어떤 일을 하도록 시키면 그 사람이 그 말에 따라 행동한다. 전자는 후자에 사회적 영향을 행사한 것이다. 동생에게 심부름을 시켜본 사람은 다 알지만 언제나 심부름을 시킬 수 있는 것은 아니다. 어떤 때는 동생이 말을 안 듣는다. 그때 내가 무엇을 하는지, 그리고 그렇게 하는 것이 좋은 결과를 가져오는지를 살펴보면 사회영향에 관한 지식을 얻게 되는 것이다. 사회영향의 사회심리학은 이런 현상에 대한 과학적 지식을 제공한다. 사회심리학자가 연구한 사회영향 현상은 크게 태도 변화, 동조 복종의 세 가지를 꼽을 수 있다.

2. 태도

1) 태도의 개념

우리는 흡연의 행동이라든지 아이의 엄격한 양육이라든지 하는 문제에 대해 각각 다른 생각을 가지고 있다. 사회적으로 중요한 문제나 대상물에 대해 가지고 있는 생각을 태도(attitude)라고 보면 된다. 좀 더 까다로운 정의에 따르면 태도란 어떤 사람, 사람의 집단, 대상물 또는 대상물의 집단에 대해 일관적이고 평가적인 방식으로 행동하려는 학습된 성향이다. 우리가 다른 민족에 대해서 어떤 편견을 가지고 있다면 그것은 사람의 한 집단에 대한 태도이다.

예를 들어, 일본인에 대한 태도에서 우리는 일본인에 대해 일정한 편견 또는 생각을 가진다. 이런 태도 대상에 관한 생각을 심리학에서는 신념이라고 한다. 신념, 의견, 그리고 '…에 대한 생각'은 모두 비슷한 것을 가리킨다. 태도는 '생각'을 가리키지만 모든 생각이 태도는 아니다. 즉, 태도는 최소한 두 가지의 요소를 갖추어야 한다. 하나는 신념(생각)이고 또 하나는 평가 또는 감정이다. 일본인에 대한 생각(신념)을 뒤져보면 그 속에는 일본인이 좋다든가 싫다든가 하는 평가(감정적 반응)가 들어 있다. 일본인을 똑같은 정도로 좋아하는(평가) 두 사람도 일본인에 대한 생각(신념)에서는 서로 다를 수가 있는 것이며, 마찬가지로 일본인에 대한 생각은 같지만 일본인을 좋아하는 정도에서 서로 다를 수 있다. 심리학은 태도의 요소(즉, 신념과 평가) 중에서 평가적 요소를 더 강조한다. 태도는 비슷한 용어로 의견이나 의식이란 말도 있지만 이들은 태도에 비해 신념적 요소를 강조한다.

2) 태도 측정

태도는 본인에게 직접 물어서 알아보는 자기보고 방식과 본인의 행동을 관찰해서 알아보는 행동관찰법이 있다. 후자는 자신의 태도를 말하기 꺼리는 사람이나 그런 태도연구에 사용되는데, 훨씬 어려운 측정방법일 뿐만 아니라 타당도도 낮은 편이다. 즉, 태도와 행동 사이에는 일대일의 관계가 없고 행동은 태도 이외의 다른 요인에 의해서 영향을 받기 때문에 행동은 태도를 정확히 알려주지 못한다. 이것은 태도를 신념과 평가(감정적 반응)로 구성되어 있다고 정의하는 데서 생겨나는 결과이다. 사회심리학에서는 평가적 요소를 강조하므로 '생각'보다는 감정 강도를 알아보는 데 주력한다. 이것을 태도측정이라고 한다. 태도측정에는 자기보고 방식을 취할 경우

태도척도, 즉 태도를 측정하는 질문지가 사용된다.

3) 태도 변화

태도 변화를 일으키는 방법으로 두 가지의 대표적인 것이 있다. 하나는 설득을 통한 방법이고 또 다른 방법은 행동 유도를 통한 방법이다.

(1) 설득

설득을 통한 방법은 제2차 세계대전 말부터 미국 예일대학교의 사회심리학자 Hovla, Janis, Kelley 등에 의해 연구되기 시작했다. 그들은 (1) 설득자의 특성, (2) 설득문의 내용과 편성, (3) 수신자의 특성 등이 설득효과에 미치는 영향을 실험적으로 연구했다.

설득을 통한 태도 변화에서 설득자 특성의 연구는 어떤 사람이나 기관에서 설득이 나올 때 효과가 큰지를 다루며, 설득문의 연구는 설득문의 편성의 효과, 즉 한 가지 의견만을 담는 것이 유리한지 또는 양쪽 견해를 다 말하는 것이 유리한지 등의 문제를 다루고, 수신자의 특성의 연구는 어떤 종류의 사람이 잘 설득되는지 등의 문제를 다룬다. 태도 변화의 연구는 이 분야에 실험법이 일찍부터 적용되었기 때문에 실험 사회심리학의 확립에도 중요한 역할을 했다.

설득하고자 하는 내용은 우선 설득 대상의 기존 태도와 적당히 차이가 있어야 한다. 차이가 작으면 설득 대상은 자신의 생각과 다름없다고 판단하며, 지나치게 차이가 크면 메시지 자체를 부정하게 되어 설득당하지 않는다. 그리고 설득 메시지는 논리적 설명이나 객관적 통계치를 제시하는 이성적 내용보다는 유머를 구사하여 기분을 좋게 하거나 공포를 유발하는 등 상대의 감성에 호소하는 내용이 일반적으로 더 효과적이다. 또한 설득자의 견해만 일방적으로 제시하는 방식보다 설득자의 견해와 아울러 반대 견해 및 그것에 관한 반박을 함께 제시하는 양방향적 방식이 더 신뢰성 있게 지각되기 때문에 효과가 더 크다.

설득 대상과 관련된 요인으로는 자아 관여와 태도 면역을 들 수 있다. 설득 주제가 설득 대상에게 중요한 의미를 가지고 있어서 관여 수준이 높으면 대상은 설득 내용을 심사숙고해서 반응하고, 반면에 관여 수준이 낮으면 설득자의 외모와 같은 주변적 단서에 의해 반응이 좌우되는 경향이 있다. 예로 대학의 재학생들은 내년에 등록금을 인상하겠다는 학교 측의 주장에 대해서는 면밀히 검토한 다음 받아들이거나 거부하지만, 졸업한 뒤인 5년 후에 등록금을 인상한다는 주장을 접하면 관여 수준이 낮기 때문에 건성으로 판단하여 설득될 가능성이 커진다.

그리고 예방주사를 맞아 질병에 대한 면역을 기르는 과정과 마찬가지로 설득 대상이 자신의 태도에 대해 약한 공격을 받고 방어한 경험이 있어서 이른바 태도 면역이 되어 있으면 더 강한 설득 메시지에도 저항할 수 있어서 잘 설득되지 않는다.

마지막으로 설득이 이루어지는 상황이 다소 주의가 분산되는 분위기라면 효과적이다. 왜냐하면, 설득 대상이 설득 메시지에 주의집중 할 수 있는 상황에서는 메시지에 대한 반대 주장을 떠올리기가 더 쉽기 때문이다. 설득을 시도할 것이라고 예고된 상황에서는 설득 효과가 떨어지는데, 그 이유는 설득 대상이 미리 설득 메시지에 대해 방어태세를 갖추기 때문이다.

사람의 행동에 영향을 미치는 방법의 하나는 태도를 먼저 변화시키는 것이다. 태도를 변화시켜 놓으면 그는 그 이후부터는 스스로 변한 태도에 따라 행동하게 될 것이다. 따라서 태도 변화는 일일이 행동을 변화시키기가 번거로울 때 영속적이고도 광범위한 행동 변화를 꾀하는 데 많이 사용된다. 학교의 교육, 부모의 훈육 등은 모두 태도 변화의 예가 된다. 사람의 태도는 어릴 때부터 계속 형성되지만 사실은 단순히 새로운 태도가 형성될 뿐만 아니라 이미 있던 태도도 새로운 태도로 바꾸어져 나가는 과정으로 보는 것이 타당할 것이다.

(2) 행동 유도

두 번째 태도 변화 방법인 행동 유도는 1950년대 후반부터 연구가 시작되었는데 이 방법에서는 어떻게 해서든지 먼저 행동을 이끌어낸다. 예를 들어 보수적인 사람에게 진보적인 태도를 만들어내기 위해서 보수주의를 공격하는 연설을 하게 한다든지 보수주의자와 싸우게 한다. 그렇게 행동하게 되면 뒤이어 그 행동을 한 사람의 태도가 진보적인 방향으로 바뀌게 된다. 이런 방법이 성공을 거둘 수 있는 것은 사람에게 인지적 일치에 대한 요구가 있기 때문이라고 믿어지고 있다. 사람은 자기가 보수적이라는 생각과 자기가 진보적인 행동을 했다는 생각을 함께 지닐 때 어색함을 느낀다. 그리하여 그 생각들을 보다 일치되게끔 만들려고 노력한다. 이런 이론적 입장 가운데서 가장 유명한 것이 페스팅거(Festinger)의 인지부조화 이론이다. **인지부조화 이론**은 2개의 인지 또는 생각이 서로 모순 관계에 있으면 부조화란 불쾌한 상태가 생겨서 사람은 이 부조화를 없애기 위해 노력을 한다는 것이다.

3. 집단에서의 행동

1) 동조

동조는 유행의 바탕이 된다고 볼 수 있으나 유행과는 구별된다. 여러 사람이 같은 행동을 할 때 개인이 이것에 벗어나게 행동하지 못하는 이유로 세 가지를 생각할 수 있다. 하나는 페스팅거가 말하는 사회비교이다. 사회비교이론에 의하면 사람은 누구나 자신의 의견이 적절한지 또는 능력이 어느 정도인지를 평가해보려는 욕구를 가지고 있다. 그런데 그 비교의 토대가 되는 객관적인 근거가 없을 때는 다른 사람들의 의견과 비교함으로써 자신의 의견을 평가한다는 것이다. 그래서 자기가 모르는 것이 있을 때 남이 하는 대로 따르려 한다. 즉, 타인의 행동을 자신의 행동 지침으로 받아들이는 것이다. 또 다른 이유는 다수의 행동을 따르지 않으면 직·간접으로 제재를 받게 되기 때문이다. 집단에는 규범이 있어서 이탈하게 되면 여러 가지 압력을 받고 심한 경우에는 집단으로부터 축출된다. 정치체제에 반대하는 사람이 집단으로부터 정치적인 성격을 띤 제재를 받는 것이 가장 뚜렷한 예이지만 친구들이나 이웃들끼리의 집단에서도 이탈에 대한 제재가 있다. 집단 내의 규범은 더 세분화되어 있다. 즉, 집단성원의 역할에 따라 다른 행동규범이 적용된다. 그리고 타인의 인정을 받고 사랑을 받으려는 친화욕구도 동조의 원인이 된다. 청소년들이 동년배 집단이 모이는 흡연 장소나 다른 청소년들의 유행에 쉽게 휘말리는 것은 이 때문이다.

　동조는 기회주의적인 행동일 수도 있지만, 환경에 대한 적응일 수도 있다. 서양 문화권에서는 동조가 주체성 없는 행동이라고 평가 절하되는 경향이 있지만, 동양 문화권에서는 타인들과 조화롭게 관계를 형성하는 융통성이라고 보는 경향도 있

표준 선분　　　　　　　비교 선분

그림 12.1　애시 동조실험에 사용된 자극

출처 : Asch (1955).

다. 동조현상은 명확한 판단을 내리기 어려울 때 더욱 강하게 일어나게 된다. 애시 (Asch, 1955)는 이러한 동조현상을 연구하는 실험을 실시했다. 그는 표준 선분과 비슷한 길이의 선분을 골라내는 실험에서 피험자를 동원했다. 실험에 참여한 무리들은 모두 신분을 숨긴 연구진들이었으며, 단 한 명의 피험자만이 실험의 마지막 순서로 배정되어 실험실에 들어간다. 그리고 모두 엉뚱한 선분을 선택하도록 하였을 때, 과연 피험자는 동조현상을 보일까 하는 것이 애시 실험의 절차였다. 연구 결과 틀린 답인데도 불구하고 35%가량의 사람들이 동조했다. 이러한 동조는 개인과 타인들 간의 유대가 강할수록 커지며, 타인들 중에서 한 명이라도 다른 견해를 피력하면 동조는 크게 감소했다.

일련의 연구들을 통해 보면 사람들은 크게 두 가지 이유로 동조하는 것으로 파악된다. 첫째, 타인의 행동이 현실 판단에 유용한 정보가 되기 때문이다. 가재 요리를 처음 먹어보는 사람은 자주 먹어본 사람들이 하는 대로 눈치껏 따라하는 것과 비슷한 이치이다. 둘째, 사람들은 타인으로부터 인정받거나 거부당하지 않으려고 타인에게 동조한다. 이런 경우 자신의 속마음과는 달리 표면적으로만 동조하는 경우가 많다. 평소에 정장을 싫어하는 사람이 예식장에 갈 때 정장 차림으로 격식을 갖추는 행위나 애시의 실험 결과는 모두 다른 사람들과 다르게 행동하면 타인들로부터 배척받을 위험을 느끼기 때문이라고 볼 수 있다.

2) 복종

복종(compliance)이란 남의 말을 따르는 것이다. 복종에는 명령으로 움직이는 경우 외에 지위가 비슷한 사람이 어떤 부탁을 하는 경우, 또 약하거나 불쌍한 사람이 도움을 청하는 경우 등 여러 가지 경우가 있다. 그중에서도 말을 하는 사람과 따르는 사람의 지위가 다를 때, 즉 명령을 내리는 사람의 지위가 보다 높을 때 복종이라는 말을 쓴다. 사람들은 대체로 권위 있는 인물에 대해서 잘 복종한다. 심지어 권위 인물의 요구가 자신의 소신이나 사회 규칙에 어긋나는 상황에서도 복종한다. 이러한 복종에 대해서 밀그램(Milgram, 1963)은 의미 있는 실험을 진행했다.

밀그램은 피험자가 찾아올 때마다 다른 가짜 피험자와 짝을 짓게 하고 제비를 뽑아 한 사람은 '선생'이 되고 다른 사람은 '학생'이 되도록 복종에 관한 실험을 설계했다. 그리고 제비뽑기를 조작하여 진짜 피험자는 '선생'이 되었다. 선생의 일은 '학생'(가짜 피험자)에게 낱말을 짝지어 외우는 것을 가르치는 것이었다. '학생'이 한 문제를 틀릴 때마다 선생은 자기 앞에 놓인 전기 충격기의 손잡이를 돌려 '학생'에게 전기 충격을 주는데, 실제로 전기 충격은 없었지만 받는 학생이 심한 고통을 받는 시늉을 했다. 실험 목적은 틀릴 때마다 전기 충격의 강도를 볼트 조절 손잡이를 돌려 높이라는 실험자의 요구를 얼마나 피험자(선생)가 잘 따르는가를 알아보기 위한 것이었다. 실험 결과는 피험자 중 약 65%가 딴 방의 학생이 거의 죽어가는 소리를 내는데도 명령에 따라 450볼트까지 전기 충격 강도를 높였다는 것을 보여주었다. 이 실험은 사람들이 명령에 맹목적으로 잘 따를 수도 있다는 것을 보여준다. 제2차 세계대전 중의 나치 독일에 의한 유태인 학살이나 기타 참혹한 학대 사건들도 이런 맹목적 복종 경향에서 그 원인을 찾을 수 있을 것 같다. 그 외에도 심리학자들의 실험 결과 첫째로 상대방이 죄책감에 빠진다든지 미안해할 때 상대방의 요구를 잘 받아주며, 둘째로 부담이 큰 일보다는 작은 일부터 차차 부탁을 하면 한꺼번에 큰 부탁을 하는 것보다 더 잘 들어준다는 것이 밝혀졌다.

위급한 상황에 빠진 타인을 돕는 것(이타행동)도 복종의 한 예가 된다. 궁지에 몰린 사람의 도와달라는 요청에 대한 반응이기 때문이다. 실험 결과에 의하면 도움을 청하는 타인을 돕는 것은 다른 목격자가 있을 때는 잘 돕지 않으며 혼자 그것을 목격했을 때 가장 잘 돕는다. 이런 결과는 타인이 옆에 있다는 사실이 복종행동에 사회적 제동요인으로 작용할 수도 있음을 보여준다. 그러나 앞에서 본 동조에서처럼 돕는 사람이 많이 있으면 없을 때보다 더 잘 돕게 된다. 여러 사람이 있되 돕지 않는

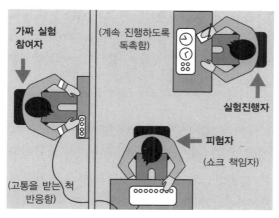

그림 12.2 밀그램의 실험 모습

출처 : Milgram (1963).

경우에는 동조현상을 기대할 수 없고 오히려 사회적 제동효과만이 나타날 수도 있어서 돕는 행동이 일어나지 않을 가능성이 있다.

3) 사회적 촉진

집단 또는 타인이 개인의 수행에 미치는 영향을 최초로 연구한 트리플렛(Triplett)은 사이클 경기를 관람하다가 단독 주행방식보다 집단 경쟁방식이 더 좋은 기록을 낸다는 사실을 발견하고, 실험실에서 아동을 대상으로 낚싯줄 감기게임을 실시하여 집단수행이 개인수행보다 더 우수함을 입증했다. 이 현상은 타인이 공동행위자인 경우뿐만 아니라 구경꾼이거나 단순히 옆에 있기만 해도 일어난다. 트리플렛은 사람들이 타인과 함께 과제를 수행할 때 경쟁 본능이 자극되어서 수행이 증진된다고 생각했다. 그는 비교적 단순하고 쉬운 과제에서는 타인의 존재가 수행을 증진시키지만 복잡하고 어려운 과제에서는 오히려 타인의 존재가 개인의 수행에 방해가 된다고 밝혔다. 흥미로운 것은 이러한 경쟁의 특성은 다른 동물들에게서도 비슷하게 나타났다.

4) 사회적 태만

사회적 태만은 줄다리기처럼 개인별 수행이 확인 불가능한 과제나 상황에서 나타난다. 모든 구성원이 노력을 모아야 하지만 개인별 기여도를 평가할 수 없을 때 각 개인은 '나 하나쯤이야.'하는 생각을 갖게 되는 것이다. 줄다리기는 전형적인 가산적 과제이다. 즉, 한 사람 한 사람의 힘이 더해진 총합이 큰 쪽이 우세해지는 경기이다. 이러한 가산적 과제에서는 개인의 기여도가 쉽게 확인되지 않기 때문에 사람들은 자신들의 수행이 평가되는 것을 걱정하지 않아도 된다. 따라서 집단에서 책임감이 분산되어 결국 집단 구성원 개인별 수행 수준이 떨어지는 현상이 나타나게 된다. 이것이 바로 전형적인 사회적 태만 현상이다.

5) 집단극화

집단적으로 의사결정이 이루어지게 되면 극단적인 모험이나 극단적인 보수화가 동시에 일어난다. 모험 이행이나 보수 이행은 집단토론 전 개인들의 최초 태도가 집단토론을 통해서 강화되는 현상과 밀접하게 관련된다. 즉, 집단토론 전 개인들의 의견 평균이 모험적이면 개인들의 이 모험적 경향성이 집단토론을 통해서 강화되어 토론 전보다 모험적인 결론에 도달한다. 반면에 토론 전 개인들의 의견 평균이 보수적이면 개인들의 보수적 성향이 집단토론에 반영되어서 토론 전보다 보수적인 결정이 내려진다. 이처럼 집단토론 전 개인들이 처음 지녔던 태도와 일치되는 방향으로 집단의 결정이 더욱 극단적으로 변하는 현상이 집단극화(group polarization)의 가장 전형적인 예이다(Moscovici & Zavalloni, 1969).

집단극화는 사회비교이론과 설득주장이론을 통해서 설명된다. 우선, 사회비교이론에 따르면 집단토론 동안 사람들은 자신의 의견과 타인들의 의견을 비교함으로써 집단이 전반적으로 얼마나 모험적인지 혹은 보수적인지를 파악한다는 것이다. 이처럼 집단의 전반적 성향을 알고 나면 사람들은 자신을 호의적으로 보이기 위해서 집단에서 바람직하다고 여기는 방향으로 자신의 의견을 조정하게 되면서 극화가 이루어진다는 것이 사회비교이론의 핵심이다.

반면, 설득주장이론은 집단토론 동안 구성원들은 해당 문제에 대해서 여러 가지 주장들을 접하게 되는데 대체로 이 주장들은 집단의 전반적 성향과 일치하는 것들일 가능성이 높다. 즉, 토론 전부터 보수적이었던 집단에서는 보수적 결정을 지지하는 주장들이 많고, 모험적 집단은 모험적 결정을 지지하는 주장들이 많이 수집되어 있다는 것이다. 이 상태에서 집단토론을 진행하게 되면 기존의 유사한 성향들의 증거들이 더욱 많이 제시되면서 결과적으로 극단적인 결론에 도달하게 되는 것이다.

6) 집단사고

모든 사람의 의무는 아무의 의무도 아니게 되면서 나타나는 현상이 사회적 태만이라면, 집단사고는 또 다른 형태의 문제적 사회현상이다. 사람들은 함께 의견을 모을수록 더 참신하고 좋은 의견이 나올 것이라고 생각한다. 그러나 여러 뛰어난 사람이 모여서 도출한 의견이 어리석은 결론으로 모아지는 경우가 있는데 이것이 집단사고(group-think)이다.

미국 사회심리학자 Janis(1959)는 집단 구성원들에게 자립적 비판적 사고가 많아질 때 집단사고는 줄어들고, 반대로 일체감이나 친밀도가 높아질수록 비판사고는 줄고 집단사고가 생기기 쉬운 환경이 조성된다고 했다. 한 가지 사례로, 1961년 쿠바의 망명 군인 1,400명이 카스트로를 무너뜨리기 위해 미국의 지원 아래 쿠바의 피그스만을 침공했다. 하지만 작전은 실패했다. 이후 작전을 다시 검토한 결과 시작부터 끝까지 모두 엉터리 작전계획이었던 것이 밝혀졌다. 미국의 가장 유능한 행정부라는 케네디 정권에서 유능한 각료들이 찬성하고 승인한 작전이 엉터리였다는 것은 충격적인 분석 결과였다.

집단사고가 사고로 이어진 또 다른 안타까운 사례 중에 한 가지는 1986년 나사의 챌린저호 폭발사고를 들 수 있다. 발사 당일의 추운 날씨로 우주선 발사에 무리가 있다는 것과 우주선의 기계 결함을 알고도 책임 있는 나사 직원 모두 경고를 받아들이지 않거나 침묵했다(Moorhead, Ference, & Neck, 1991). 이러한 사고와 사건의 저변에는 상당 부분 집단사고가 원인으로 지목된다.

Janis(1972)는 실패한 결정들 중 집단사고가 원인이 되는 것들을 연구했다. 집단사고의 잘못된 선택의 예로는 포드 자동차 회사가 Elsel을 생산하기로 결정했다가 손해를 본 일과 미국이 베트남 전쟁을 발발시키고 점차 확전하기로 결정한 일 등을 꼽았다. 집단사고는 강력한 리더가 있고 높은 응집력이 있는 집단에서 더 잘 일어날 수 있다. 조직 단결력을 유지하거나 강화하기 위해서 응종이나 복종이 강요될 수 있기 때문이다. 이러한 집단사고는 표면적으로 드러날 수도 있지만 암묵적으로 진행될 때 더욱 강력한 압력으로 작용할 수 있다.

Janis(1972)는 집단사고의 피해를 줄이는 방법을 몇 가지 제시했다. 첫째, 리더가 토의에서 발생되는 대안들을 억제하지 말고 공정한 중재자로서 역할을 수행하는 것이다. 둘째, 의사결정 단계마다 결정된 사항에 대해서 비판적으로 평가하고 지지하는 증거와 반박하는 증거를 계속적으로 수집하는 것이다. 집단사고가 쉽게 발생하는 조건은 자신들은 올바르게 평가한다는 과신과 비판적인 정보를 가볍게 여기며 외부 정보에 대해서 신뢰성을 의심할 때이다.

4. 대인지각

사회지각은 물리지각에 대조되는 말로 사회자극을 사람이 어떻게 파악하고 해석하느냐를 다룬다. 우리는 매일 수없이 많은 얼굴을 보고, 사람의 말을 듣고, 사람이 행동하는 모습을 보며, 그때그때 사람의 성격, 능력, 생각, 감정 및 의도 등을 살핀다. 어떤 사람을 보고 그의 성격이 내향적이고 실력이 있고, 그는 지금 자기가 한 일이 잘되어 기뻐하고 있으며, 그의 업적을 뽐내려 하고 있다는 짐작이나 판단을 내렸을 때 그 판단이 맞았는지의 여부를 가려낼 확실한 기준은 없다. 이와는 반대로 물리지각의 경우에는 확실한 기준이 있다. 예컨대 2개의 선 중 어느 한쪽을 길게 보았다면 그것이 사실인지는 직접 선의 길이를 재어 보면 알 수 있다. 사회지각에서는 기준이 모호할 뿐만 아니라 관찰자의 판단을 오도하기 위해 관찰 대상이 되는 표적인물이 자신을 판단하는 데 자료로 쓰이는 단서를 조작할 수 있다. 겁이 많은 사람의 허세도 당사자가 관찰자에게 용감하게 보이기 위해 단서를 조작하는 예로 볼 수 있다.

　사회지각의 가장 중요한 부분은 대인지각이다. 대인지각은 사람에 대한 지각이다. 이것은 두 가지 큰 문제로 나누어진다. 하나는 처음 만난 사람이 성격, 기질, 능력 그리고 감정 상태에 대한 첫인상을 갖는 일이며, 이것을 인상 형성의 문제라고 한다. 다른 문제는 사람이 어떤 행동을 했을 때 왜 그런 행동을 하려 했는지에 관한 지각이며 어떤 사람이 특정한 행동을 한 원인(동기나 이유)을 추리하는 과정을 알아내는 일로 이것을 귀인의 문제라고 한다. 인상 형성이나 귀인이나 대인지각 장면에는 관찰자가 있고 표적인물이 있다. 관찰자는 단서를 근거로 표적인물에 대해 지각상을 갖게 된다.

1) 인상 형성

사람에 대한 첫인상은 그 사람의 얼굴, 목소리, 체격, 옷차림, 몸놀림 등의 단서를 통해 형성하게 된다. 때문에 인상 형성에서 나오는 판단이란 주로 사람의 '됨됨이'에 관한 것이다. 사람이 똑똑하다든지, 지저분하다든지, 성미가 급하다든지, 마음씨가 좋아 보인다든지 하는 인상을 얻게 된다. 우리는 사람의 진정한 성격이나 기질을 말하고 있는 것이 아니다. 진정한 성격이 무엇이든 우리는 다른 사람의 성격에 대해서 인상을 갖는다. 이런 인상이 대인지각의 관심사가 된다. 구체적인 단서에서 시작하여 인상에까지 어떻게 이르게 되느냐가 인상 형성에서 중요한 연구 과제가 된다.

　단서로부터 어떤 인상에 이르는 경로는 두 가지가 있다. 하나는 이미 있는 고정관념을 이용하는 것이다. 곱슬머리는 사납다는 고정관념이 있다고 하자. 따라서 어떤 사람이 곱슬머리를 가졌다는 사실 하나만으로 그 사람은 사나운 사람이라고 생각하게 된다. 이와 같은 인상을 갖게 되는 데는 곱슬머리가 결정적인 단서의 역할을 한 것이며 추리과정에서 곱슬머리는 사납다는 고정관념이 이용된 것이다. 고정관념을 이용한 인상 형성 중에서 특히 위험한 것은 출신 지역이나 국적이 단서로 사용되는 경우이다. 만일 출신 지역이나 국적을 성격과 연결시키는 고정관념이 있으면 일정한 지역이나 국가와 관련된 모든 사람이 같은 인상을 부여받게 된다. 즉, 이렇게 지역이나 국적을 단서로 그리고 이 단서를 성격과 연결하는 어떤 고정관념을 통해서 인상이 형성되면 그 지역이나 국적을 통해서 인상이 주어진다. 바로 이런 천편일률적인 인상 형성이 해당 집단에 속한 모든 사람에게 다 적용될 수 없으므로 고정관념이 틀렸다는 증거도 되지만 어떻든 고정관념을 통해 생기는 인상은 많은 사람 사이에 존재하는 개인차를 무시하는 위험이 있다. 특히 고정관념이 표적인물을 나쁘게 보는 것일 때 우리는 이것을 편견이라고 말한다.

두 번째 인상 형성 경로는 중개경로이다. 곱슬머리는 사납다는 인상에 그치는 것이 아니라 용감하다, 빈틈이 없다 등 여러 가지 다른 인상으로 번져 나간다. 이렇게 한 가지 인상에서 여러 다른 인상으로 확대되어 나가게 해주는 것은 사람들(관찰자)이 "어떤 특성을 가진 사람은 어떤 특성도 가지고 있다." 하는 식으로 특성들 간의 연관에 대한 생각을 가지고 있기 때문이다. 이런 생각을 암묵적 성격이론이라고 한다.

2) 귀인

사람들은 일관성, 독특성, 통합성의 세 가지 정보를 검토하여 내부 또는 외부 귀인에 이르게 된다. 세 가지 물음 모두에 대하여 긍정적인 대답이 나오면 외부(대상) 귀인하게 되며, 일관성에 관해서만 긍정적 대답을 얻고 나머지 두 물음에 관해서는 부정적 대답을 얻으면 내부(행위자) 귀인하게 된다. 그리고 독특성 물음에는 긍정적 대답이고 나머지 두 물음에는 부정적 대답이 나온다면 외부(상황) 귀인하게 된다. 사람의 보다 깊은 측면에 대한 추리는 사람의 말소리나 얼굴 생김새와 같은 단서를 보고 하지는 않는다. 보다 깊은 측면의 추리는 사람의 행동, 그것도 중요한 행동을 보고 판단을 하게 된다. 그의 어떤 사회문제에 대한 견해, 그의 입학시험에서의 성적, 연구업적 등을 보고 그런 추리를 하게 된다.

귀인의 영어 낱말인 attribution에는 두 가지 다른, 그러나 서로 관련된 뜻이 들어 있다. 하나는 어떤 결과를 어떤 원인에 돌린다는 뜻이다. 결과를 원인에 돌린다는 것은 곧 결과에 대한 설명을 찾는다는 말과 통한다. 여기서 결과란 대체로 표적인물의 행동에 해당한다고 보면 된다. 예를 들어 어떤 사람이 어떤 시험에서 우수한 성적을 받았을 때 관찰자가 그의 성공을 그의 우수한 능력 때문이라고 설명하는지 아니면 시험이 쉬웠기 때문이라고 설명하는지의 문제이다. 다른 또 하나의 뜻은 표적인물에 어떤 특성을 부여한다는 뜻이다. 이것은 곧 표적인물에 대한 특성의 추리나 지각, 즉 인상 형성과 같은 의미이다. 어떤 행동을 원인에 돌리고 그 원인이 표적인물의 특성이면 결국 인상 형성이 되는 것이다. 예를 들어 어떤 사람이 어려운 처지에 있는 친구를 도왔다고 하자. 이때 어떤 압력과 같은 외부요인이 전혀 없었다면 우리는 그의 성격이 착한 행동의 원인이라 생각(귀인)한다. 행동이 착한 행동이므로 우리는 그가 무척 인정 있는 사람이라고 보게 된다(인상 형성). 보통 귀인이란 말은 첫 번째 의미로 한정되어 쓰이며 사람이 남이나 자신의 행동을 어떻게 설명하려 하는지, 다시 말해서 행동의 원인에 대한 추리과정을 다룬다. 한편 행동을 어떤 특정한 원인으로 돌리느냐에 따라 대상 인물의 인상이 달라질 수 있다. 그래서 귀인은 인상 형성과도 관계가 있다.

(1) 귀인의 방향

어떤 사람의 행동을 보고 이것을 귀인(이후부터는 행동이나 그 결과를 어떤 원인으로 돌린다는 뜻으로만 쓸 것임)할 때 크게 두 가지 방향으로 원인의 귀착이 일어난다. 하나는 내부 귀인으로 그 행동을 한 사람의 내적 특성, 즉 그 사람의 성격, 능력, 동기 등에 돌리는 것을 말한다. 이와 반대로 외부 귀인은 그 행동이나 그 결과의 원인을 피치 못할 사정, 어려운 환경, 외부로부터의 도움, 너무 쉬운 과제, 운수 등의 원인으로 돌린다. 1950년대 말에 내부 귀인을 다시 두 가지 다른 귀인 방향으로 구분하였는데, 하나는 능력이고 다른 하나는 노력이다.

(2) 귀인이론

귀인이론에서는 세 이론이 가장 널리 알려져 있다. 하나는 귀인의 문제에 처음으로 관심을 보인 Heider의 것이고, 다른 두 입장은 1960년대에 들어와 Heider의 이론을 전개, 발전시킨 Jones와 Davis(1965), Kelley(1971)의 이론들이다.

Jones와 Davis(1965)는 어떤 조건하에서 내부 귀인이 일어나는지에 관해 말했는데, 표적인물이 2개의 가능한 행동 중 하나를 택했을 때, 택한 행동과 택하지 않은 행동이 각각 가져다주는 효과가 다른지, 다르다면 많이 다른지 그리고 그 효과가 남들이 모두 좋아하는 것인지의 여부에 따라 내부 귀인의 여부가 결정된다고 한다. 좀 더 구체적으로 첫째는 실제로 행한 행동의 효과와 포기한 행동의 효과 간에 공통되지 않는 효과, 즉 비공통 효과가 있고, 그런 비공통 효과의 수가 적을 때다. 둘째는 택한 행동에서 얻는 효과가 사회 선호도가 낮을 때, 즉 남들이 좋아하는 것이 아닐 때 그 효과를 내부로 귀인하게 된다고 한다.

Kelley(1971)의 이론도 Heider의 이론을 전개한 것인데 Jones, Davis와는 달리 내부 귀인뿐만 아니라 외부 귀인이 일어나는 조건도 함께 다룬다. 그에 의하면 타인의 행동에서 그 사람에 대한 추리를 하는 데 세 가지 종류의 정보를 사용한다. 그것은 합의 정보, 일관성 정보, 특이성 정보이다. 예를 들어, 어떤 사람이 새로 나온 어떤 영화를 보고 와서 그 영화가 퍽 좋다고 말했다고 하자. 이 행동을 보고 어떤 방향으로 귀인할 것인가는 영화를 볼 때마다 좋다고 했는지, 그리고 그 영화에 대해서만 좋다고 말하고 다른 영화에 대해서는 칭찬한 적이 없는지를 보고 결정된다. 만일 표적인물의 그 행동이 때와 보는 방식에 구애되지 않고 항상 같으며, 그 영화에만 국한되어 있다면 행동에 합의성이 높고, 일관성이 높고, 그리고 특이성이 높으면 관찰자는 '재미있다'라는 특성을 외적으로 귀인하게 된다. 즉, 영화에 대한 표적인물의 반응을 영화가 재미있기 때문에 일어난 것이라고 추리한다. 한편 어떤 사람이 보인 행동이 합의성에서 낮고, 일관성에서 높으면, 특성이 높고, 낮음과는 별로 상관없이 내부 귀인이 일어난다. 만일 특이성이 낮고 일관성도 없으면 내외 어느 쪽이고 귀인이 일어나기 힘들다. 특이성이 높고 그러면서도 일관성이 낮으면 영화가 아닌 외적 요인(상황)에 귀인하게 된다.

　대체로 특이성이 높고 합의성이 높으면 대상물(영화)이든 다른 상황이든 외적 요인에 귀인한다. 그러나 연구 결과들은 사람들이 합의 정보를 제대로 사용하지 못한다는 것을 시사하고 있다. 그렇게 되면 외적 특이성 정보가 내부 귀인이냐 외부 귀인이냐를 결정짓는 데 가장 결정적인 영향을 미친다는 것을 알 수 있다. Jones와 Davis의 이론, Kelley의 이론은 모두 내부와 외부 귀인을 결정하는 데 관심이 있지만 전자는 내, 외 귀인 방향에만 관심을 두는 것이 아니라 더 나아가 어떤 내부 특성이 행동으로부터 추리될 것인가에도 관심을 가지고 있다.

(3) 귀인의 일반적 경향

Kelley의 귀인이론은 행동의 일회적 관찰보다는 반복관찰이 가능한 상황에서 일어나는 귀인에 적용된다. 한편 Jones와 Davis의 이론은 일회적 관찰을 토대로 이루어지는 귀인에 초점을 맞추고 있다. 즉, 전자에서는 한 삶의 행동을 여러 번 관찰한 후 귀인을 하는 경우이고 후자는 사람의 행동을 한 번만 보고 귀인하는 상황을 다룬다. 여기서는 후자의 경우에 일어나는 귀인의 특징에 관해서 연구가 밝힌 것을 요약해 본다.

　귀인의 첫 번째 특징은 어떤 행동이 관찰되었을 때 그 행동이 외부적 압력에 의해 일어났다고 보게 되면 그 행동은 외적 요인에 귀인한다는 것이다. 행동이 외적 요인에 귀인하는 만큼 내부 귀인은 줄어든다. 예를 들어 보수 성향의 연설을 한 사람이 보수주의자들의 강압이나 많은 돈 때문에 그렇게 했다고 하면 그런 강압이나 많은 돈 없이 그런 행동을 한 사람에 비해 덜 보수적인 태도를 가진 것으로 지각된다. 외부 압력의 강도에 반비례하여 내적 요인으로 인해 귀인이 줄어드는 현상을 **절감효과**라고 부른다. 어떤 행동을 액면 그대로 내부 요인을 반영하는 것으로 보지 않고 그 행동을 나오게 했던 압력 요인을 참작해서 내부 요인을 줄인다는 뜻에서 절감이라고 하는 것이다. 이런 절감효과를 **절감원리**로서 설명했는데, 이 원리란 두 가지 원인 중에서 하나가 작용한 것을 알면 다른 원인의 역할을 줄여 보는 경향을 가리킨다. 즉, 원인이 하나만 있을 때보다는 둘이 있을 때 한 원인의 역할은 그만큼 작게 지각된다는 것이다. 절감효과와 절감원리는 구별되어야 한다. 절감원리가 작용하는 귀인장면에서도 절감효과는 나타나지 않을 수 있기 때문이다. 절감원리는 절감효과의 가능한 설명 중 하나에 불과하다.

　귀인의 두 번째 특징은 사람은 자신의 행동이나 타인의 행동을 귀인할 때 외적으로 귀인하기보다는 내부로 귀인하는 경향이 있다. 사람은 좀처럼 행동을 외부 원인으로 귀인하려 하지 않는다. 예를 들어 보수적인 연설을 한 사람은 그가 어떤 상황에 처해 그런 행동을 했는지에 상관없이 보수적인 태도를 가진 것으로 지각되는 경향이 있다. 이렇게 행동을 내부 원인으로 설명하려는 일반적인 경향을 **기본적 귀인오류**라고 부르기도 한다.

　귀인의 세 번째 특징은 자기지각과 타인지각 사이의 귀인의 차이에 관한 것이다. 즉, 내가 어떤 일을 섣불리 처리했으면 여러 가지 사정에 의해 잘못된 것으로 보고 자신은 여전히 똑똑한 사람으로 보지만 같은 잘못을 타인이 저지르면 그 사람은 게으르고 능력이 없는 사람으로 보게 된다. 다시 말하면 사람은 자기의 행동은 외부 원인으로 돌리려 하지 않는다. 사람이 남의 행동과는 달리 자신의 행동은 외부로 귀인한다고 하지만 상대적인 의미에서 그렇지 결코 내부 귀인보다 외부 귀인을 더 많이 한다는 것은 아니다. 귀인의 두 번째 특징에서 보아온 것처럼 사람은 외부보다는 내부로 귀인하려는 경향이 더 강하다.

　귀인의 네 번째 특징은 자신의 행동의 귀인(자기귀인)에서 볼 수 있는 것인데, 자신이 한 행동의 결과가 좋으면 이것을 자신에게 귀인시키지만 행동의 결과가 좋지 않은 것은 외부로 귀인시키는 경향이 있다. 예를 들어 자신이 성공하면 자기가 능력이 뛰어나서 성공한 것이지만 실패하면 노력을 안 해서, 일이 너무 어려워서, 재수가 없어서 실패했다고 말한다. 노력 자체는 내적 요인이지만 노력을 안 했다고 할 때 다른 내적 요인(능력)의 개입을 막는 역할을 한다. 이런 귀인 경향을 **방어적 귀인**이라 한다. 방어적 귀인은 자기지각에 두드러지지만 타인지각에도 나타난다. 그러나 자기지각에서만큼 두드러지지 않는다. 이런 귀인경향을 방어적이라고 하는 것은 그렇게 하는 것이 자신의 자존심을 유지하는 데 도움이 된다고 보기 때문이다.

(4) 귀인경향의 의미

귀인경향은 몇 가지 중요한 시사를 한다. 절감효과가 있다는 사실은 우리가 지나치게 강압적으로 어떤 사람의 행동을 유발시키면 당사자는 자신의 행동이 외부 압력으로 일어난 것으로 생각하고 따라서 자신이 원해서 한 것이 아니라고 생각할 수 있다는 것을 말해준다. 그렇게 생각하면 그는 계속 피동적으로 행동하게 될 것이다. 또 지나치게 아이의 공부를 감독하면 성적이 올라가도 그것이 자신의 실력 때문이라고 지각하지 않으므로 공부하려는 동기는 계속 낮아지리라는 것도 예측할 수 있다. 직장에서 상관이 지나치게 부하를 감독하면 부하가 일을 잘해도 그 성과를 절감하게 되므로 성실한 부하라고 보려고 하지 않을 것이다. 일단 부하를 성실치 못한 사람으로 보게 되면 상관은 계속 감독을 해야 한다고 생각하게 되고, 부하는 부하대로 자신의 성실함을 보일 기회가 없어 사기가 저하된 상태에서 일하게 된다.

타인의 행동을 내적으로 귀인하는 버릇은 이상한 방향으로 번질 수 있다. 타인이 실수를 한다든가 사고를 저지르면 그 사람을 동정하기보다는 그 사람 탓으로 돌려버리고 당연한 것으로 여기게 된다. 그러나 불행한 일을 겪는 사람이 자기와 관계가 있다든가, 자기와 비슷한 사람일 때는 방어적 귀인이 끼어들어 외부 귀인을 하는 경향이 강해진다. 방어적 귀인은 사람의 이기적인 면을 보이는 것으로 비슷한 사람들이 모였을 때는 남의 잘못에 관대한 것처럼 보이게 만드는 원인이 된다.

5. 친교관계

1) 근접성

사람들은 먼 곳에 있는 사람보다 가까운 데 있는 사람과 친해지는 경향이 있다. 가까운 곳에 사는 사람과 친해지는 확률은 먼 곳에 사는 사람과 친해지는 확률보다 월

등히 높다. 우선 먼 곳에 사는 사람과는 만날 기회가 적기 때문이지만 그것만으로 근접성이란 요인이 친교 대상 인물의 선택에 미치는 효과를 설명할 수는 없다. 여러 실험에 따르면 사람은 무슨 자극이든지 여러 번 접하게 되면 그것을 좋아하게 된다. 모르는 사람의 얼굴 사진이나 한자와 같이 미국 학생들이 뜻을 알 수 없는 자극을 어떤 것은 여러 번, 어떤 것은 드물게 보여주면 제시 횟수가 높았던 자극일수록 더 좋게 보게 된다는 것이 밝혀졌다. 근접한 지역에 두 사람이 살면 서로 얼굴을 대할 기회가 많으므로 좋아하게 될 가능성이 많은 것이다. 그러나 근접요인의 효과를 내는 데 더 중요한 역할을 하는 것은 앞에서 든 노출 효과 그 자체보다도 부담 효과일 것이다. 거리가 멀면 사귀는 데 그만큼 심리적 부담이 증가한다. 현대사회에서는 아무리 먼 거리라도 전화로 통화가 되지만 전화만으로 사귄다고 할 수가 없고 전화를 한다는 것 자체가 경제적 부담을 안겨준다. 또 얼굴을 보지 못한 채 목소리만 들을 때 느끼는 답답함 같은 것은 심리적 부담을 만들어낸다. 경제적이든 심리적이든 부담 많은 접촉은 오래 지속되지 못할 것이다.

2) 유사성

사람은 비슷한 사람끼리 친구가 된다는 것이 여러 연구 결과에서 밝혀졌다. 친구들이나 부부들을 조사해보면 짝들이 서로 비슷한 점을 많이 가지고 있다는 것이 발견된다. 여기서 비슷한 것으로 밝혀진 것은 주로 태도이다. 친구나 부부는 여러 문제에 대해 비슷한 견해를 가지고 있다. 그러나 조심할 것은 친구나 부부가 태도나 취미에서 친구나 부부 사이가 아닌 사람에 비해 서로 비슷하다 해도 그런 유사성이 친구나 배우자를 고르게 만든 원인이라고는 말할 수 없다는 것이다. 왜냐하면 친구를 사귀어가는 가운데 태도가 서로 비슷해질 수도 있기 때문이다. 그러나 낯선 사람들을 처음부터 태도가 다른 짝과 비슷한 짝을 만들어 한 방에서 살게 하고 난 뒤 얼마 후에 다시 그들이 얼마나 친해졌는지를 알아본 실험에서 유사성이 친교관계 형성의 원인이 된다는 것이 확증되었다.

　또 다른 연구에서는 피험자의 태도를 조사하기 위한 질문지를 실시했다. 실험자는 이미 기입한 질문지를 토대로 새 질문지 두 장 중 한 장을 피험자가 대답한 것과 비슷한 내용으로 기입하고, 다른 한 장은 다르게 기입했다. 그리고 가짜로 기입한 두 장의 질문지를 두 사람에게서 받은 질문지라고 피험자에게 알려주고 어느 쪽 사람을 더 좋아하는지 평가하도록 요구했다. 이 실험에서 피험자들은 타인의 태도가 자기

태도와 비슷할수록 타인을 좋아한다는 것이 밝혀졌다. 왜 유사한 사람을 좋아하게 되는지는 또 다른 설명이 필요할 것이다. 어떤 학자는 비슷한 상대는 예측하기 쉽기 때문에 서로 원하는 것을 교환하게 될 것이라고 기대하기 때문에 쉽게 친해진다고 설명한다. 혹은 유사한 상대 역시 자신을 좋아할 것이라고 기대하는 경향이 강한데, 이런 기대 발생 자체가 호감을 만들어낸다는 설명도 있다.

3) 보상

아무리 가까운 곳에 살며 늘 접촉하는 사람이라고 해도 모두 친구가 되지는 않는다. 가깝게 자주 접촉하는 사람 가운데서도 태도가 유사한 사람끼리 사귀는 사이가 된다. 이러한 친교행동에 영향을 주는 또 다른 요인은 **보상성**이다. 상대가 항상 나에게 친절히 대해준다든지, 칭찬의 말을 던져준다든지, 도와준다든지 또는 어떤 다른 형태로 보상을 주면 우리는 그런 상대를 좋아하게 된다. 반대로 만날 때마다 야단을 쳐서 공포감을 준다든지, 창피함을 준다든지 또는 물질적인 손해를 끼치게 하는 사람을 기피하게 된다.

4) 외모

한 실험에서 대학생들을 댄스파티에 초청했다. 이 파티에 신청한 남자에게는 우선적으로 짝을 지어주었는데 얼마 동안 춤을 즐긴 뒤에 상대를 얼마나 좋아했으며 앞으로 다시 데이트를 하겠는지를 물어보았다. 데이트 상대를 좋아하는 정도와 데이트 상대의 특성들과의 상관을 보았더니 성격이나 지능과는 상관이 없고, 오직 상대의 용모와 상관이 있었다. 잘생긴 상대를 좋아하는 것은 남자에 국한된 것이 아니고 여자도 마찬가지였다. 이 외모의 중요성은 문화마다 차이가 있겠지만 잘생긴 사람을 좋아하는 것은 보편적인 현상이다.

잘생긴 사람을 좋아하는 이유를 아름다운 것을 좋아하기 때문이라고 한다면 간단히 설명이 되겠지만 또 다른 이유를 붙인다면 후광효과를 생각해볼 수 있다. 아름다운 외모는 머리가 좋거나, 양심적이거나, 마음씨가 좋을 것이라는 후광효과를 만들어낸다. 영화나 연극의 악당 외모와 주인공의 외모가 차이가 나는 것은 우리들이 가지고 있는 이런 강력한 선입견과 외모가 주는 후광효과가 발현된 것이다. 외모가 주는 후광효과'이외에도 간접적인 보상효과도 있다. 아름다운 여자와 같이 다니는 남자는 별로 아름답지 못한 여자와 다니는 남자보다 더 높은 평가를 받는다는 실험 결과가 외모가 주는 보상효과의 증거이다. 상대의 외모가 자신을 높게 평가하도록 하기 때문에 그런 보상을 주는 잘생긴 상대를 좋아한다는 것이다.

5) 친교관계의 형성과 유지

사람이 사람을 사귀어 친교관계가 깊어져 가는 것을 사회적 침투라고 부른다. 깊어졌던 관계가 허물어져 가는 수도 있고 깊은 관계가 그대로 유지될 수도 있다. 친교관계와 호감은 대체로 일치하지만 꼭 그런 것만은 아니다. 친분이 두텁지만 그렇게 좋아하지 않는 상대가 있을 수 있고 또 친분이 없지만 몹시 좋아하는 상대도 있을 수 있다.

(1) 사회적 침투

사회적 침투는 몇 단계를 거쳐 진행된다. 첫째 단계는 첫인상 단계이다. 둘째 단계는 지향단계로서 서로에 관해 피상적인 정보를 교환한다. 셋째 단계는 초보적 애정 교환단계이다. 조금 친근한 태도를 취하고 마음을 놓는다. 오가는 말의 교환도 더 매끄럽게 진행된다. 넷째 단계는 애정 교환단계로서 친해진 단계이다. 서로 자유롭게 상대를 칭찬도 하고 비판도 한다. 그러나 아주 마음속 깊은 것은 털어놓지 않는다. 마지막 단계인 안정적 교환단계에서는 속마음도 터놓고 서로의 소유물에도 마음대로 접근한다.

(2) 자기 공개

친해지는 과정에서 상대에게 자기 자신을 노출시킨다. 한꺼번에 하기보다는 조금씩 자신의 성격, 생활, 바라는 것, 감정 등을 상대에게 보여준다. 친교관계가 깊어진다는 것은 서로 사귀는 생활 범위가 넓어지며 동시에 자기 공개의 정도도 깊어져 간다는 것을 의미한다.

6) 친교관계의 붕괴

친한 관계가 무너져 버리는 이유는 크게 상호작용의 보상성이 줄어드는 것과 두 사람의 관계 외에 좋은 보상을 줄 수 있는 다른 상대 후보자가 있느냐에 달려 있다. 사회교환이론에서는 두 사람 간의 관계가 두 사람의 교제에서 각자에게 돌아가는 결과에 의해 결정된다고 본다. 두 사람의 상호작용은 보상과 부담을 수반하는데 보상과 부담의 합이 결과가 된다. 결과가 비교 수준보다 높으면 그 관계에서 만족감을 느끼고 못 미치면 불만을 느낀다. 비교 수준은 개인이 어떤 관계의 매력도를 평가하는 기준으로서 과거의 관계들에서 경험하여 온 결과 수준에 의해 크게 영향을 받는다. 결과가 비록 비교 수준 아래에 와서 불만이 있다 해도 사람은 그 관계를 떠나지 않는다. 예를 들어 부부들 간의 관계에서 떠나게 하는 데 더 결정적 역할을 하는 것은 비교 수준보다는 대체관계 비교 수준에 의해서 결정된다.

대체관계 비교 수준은 다른 어떤 상대와 관계를 맺을 때 기대되는 수준들 중 가장 높은 수준이다. 가령 연인 중 한 사람을 더 사랑하는 사람이 있을 때 더 사랑을 받는 사람의 비교 수준은 그런 사람이 없을 때에 비해 훨씬 높다. 현재의 관계에서 얻은 결과가 대체관계 비교 수준보다 떨어지면 그때는 새로운 상대를 찾아 현재의 관계를 청산한다. 사회교환이론은 연인관계만이 아니고 회사와 회사원 간의 관계에도 적용된다. 사회교환이론은 일단 대인관계가 성립된 후에는 보상을 포함하는 결과가 관계의 존속에 중요한 영향을 미친다는 것을 시사한다.

6. 사회적 판단착오 : 과신과 편견

1) 과신

인간이 비합리적 의사결정을 하는 이유 중 한 가지는 자기 고양적(self-enhancement) 동기다. 자기 고양적 동기는 자신뿐 아니라 자신과 관련된 것들에 대한 긍정적인 결과와 평가를 편향되게 해서 결과적으로 현실을 왜곡하는 기제로 작용한다.

자신에게 긍정적인 일이 실제보다 더 높은 확률로 일어날 것이라고 생각하는 낙관적 편향과 자신과 관련된 것들의 가치를 실제보다 높게 그리고 긍정적으로만 평가하는 자기 본위적(self-serving) 편향, 그리고 소위 말하는 과신은 복권이나 도박 혹은 위험한 행동을 저지르는 사람들을 설명하는 중요한 방법이다. 자기 고양적 동기는 통제력에 대한 착각으로 연결될 수 있다. 통제력에 대한 착각이 도박과 복권에서의 비합리적 판단을 설명할 수 있다(한성열, 2003).

과신은 전문가 집단에서도 발생한다. Malkiel(1995)은 주식 전문가들을 대상으로 한 연구에서 주식 전문가들에 의해서 선택된 주식들이 주는 장기간의 이익이 무선적으로 선택된 주식들의 수익성을 넘지 못한다는 결과를 내놓기도 했다. 사람들은 자신들이 행동을 통제한다고 믿을 때 더 많이 과신하기도 한다. Langer(1975)는 동전던지기 실험에서 자신이 동전을 던지고 결과를 보지 않고 돈을 걸 때는 더 많은 돈을 걸지만, 다른 사람이 동전을 던지는 것에 돈을 걸 때는 더 적은 돈을 거는 경향이 있다고 보고했다. 즉, 자신이 결과를 만든다고 생각할 때는 더 긍정적인 방향으로 과신을 나타내고 있는 것이다. 이러한 경향은 자신이 로또 번호를 고르거나 자동차를 운전하는 상황에서 사고나 실패보다는 긍정적 결과로 편파적인 판단을 내리고 부정적 정보를 무시하여 위험이 증가되는 상황을 생각해볼 수 있다. 즉, 위험한 행동을 선택하거나 실행하는 주체가 자신인 경우에는 문제가 발생하지 않을 것이라는 근거 없는 과신이 나타날 확률이 높다는 것이다.

2) 편견

편견은 개인이 속한 집단에 근거하여 어떤 집단이나 개인에 대한 부정적 평가를 내리는 것을 말한다. 편견이 가장 큰 사회적 문제가 되는 것은 차별을 만들어내고 그것을 정당화시키고 편견을 일삼는 가해자 집단에 낄 수 있는 강화를 주기 때문이다. Ashmore와 Del Boca(1976)는 편견을 사회적으로 정의된 집단에 대해서 그리고 그 집단에 속한 어떤 사람에 대해서 갖는 부정적 태도라고 정의했다. 이러한 편견은 인종 차별이나 성차별 혹은 지역 차별 그리고 따돌림 등 여러 가지 집단 간 갈등과 불평등을 초래하는 원인으로 작용한다.

(1) 인종 차별

차별은 분노와 갈등을 만들어낸다. 교통수단의 발달과 세계화는 전 지구적으로 인종의 융합을 요구하고 있다. 그러나 물리적 거리는 가까워졌지만 심리적인 융합까지 이루어지는 데는 많은 시간이 필요하기 때문에 인종 간 차별은 또 다른 갈등과 위험의 원인이 되고 있다. 비행기 등 교통수단이 발달하였고 유럽연합의 출현이나 국가 간 무역 경계가 약화되면서 어느 나라나 매우 다양한 국적과 인종의 사람들이 함께 생활하고 일하는 추세가 증가하고 있다. 이러한 상황에서 발생하는 인종 차별은 사회적 갈등비용의 증가는 당연하거니와 개인적으로도 큰 스트레스 요인으로 작용할 수 있다. 인종 차별은 일반적으로 특정 인종에 대해서 비하하고 배제하는 형태로 발생한다. 575명의 히스패닉 남녀를 대상으로 한 연구에서 직장에서 인종에 의한 차별을 받고 있다고 보고했다. 또한 일에서 배재시키거나 욕설이나 비하적인 표현 혹은 자극적인 농담 등으로 차별이 일어날 수도 있다. 언어적 공격의 대상이 된 사람들은 심리적 안녕감이 낮아지고 이것은 그 사회나 조직 자체에도 당연히 부정적인 영향을 미칠 것이며 나아가 개인과 사회의 안전을 해칠 수 있다(Schneider, Hitlan,

& Radhakrishnan, 2000).

(2) 성차별

성차별은 간혹 남성에게도 발생하지만 대다수는 여성에 대해 나타난다. 여성은 신체적 공격에서 언어적 농담까지 다양한 형태의 차별에 시달린다고 보고된다. **성희롱**(sexual harassment)은 원하지 않는 성적 주목이나 위협을 말한다. **성차별**(gender harassment)은 이성에 대한 모욕적, 적대적 그리고 비하하는 태도가 행동으로 나타난 것이다. 성차별은 성희롱을 반드시 포함하는 것은 아니다. 성차별은 모두에게 일어날 수 있지만 성희롱은 특정된 표적이 있다. 성희롱과 성차별은 사회적 비용을 만들어내게 되는데 성차별을 제대로 관리하지 못한 조직은 엄청난 위험을 떠안게 될 것이다. 성희롱 문제 때문에 직장을 고소한 여성 4명이 소송 이후 더 심한 차별을 받았고 이것을 이유로 회사는 총 220만 달러를 지불해야 했다. 미쓰비시 일리노이 공장에서는 성희롱에 대한 불평사항을 개선하지 않았다는 이유로 수백 명의 여성 직원들에게 3,400만 달러를 지불해야 했다. 인종 차별과 같이 성차별도 공포와 불안 그리고 자존감 상실과 같은 심리적 문제를 야기한다. 나아가 신체화 된 질병으로 이어질 수도 있다. 만족감이나 생산성에도 부정적인 영향을 끼친다. 사무직 근로자들을 대상으로 한 연구에서 여성 응답자의 70%가 직무 중 성차별을 경험했다고 보고했고, 백인 여성이나 백인이 아닌 여성 모두에게 성차별의 빈도나 영향은 차이가 없었다(Munson, Hulin, & Drasgow, 2000). 성차별은 기업이나 조직 문화에 의해서도 강화될 수 있다. 미국 군대에서 근무하는 2만 2,372명의 여성들을 대상으로 수행된 조사 결과 응답자의 4%가 실제 강간을 당했거나 강간을 당할 위험에 처했었다고 보고했다. 계급이 낮거나 권력이 없는 여성들의 비율이 가장 높았다(Harned, Ormerod, Palmieri, Collinsworth, & Reed, 2002).

(3) 집단 갈등

집단 간 갈등은 감정적 요소, 인지적 요소, 행동적 요소를 포함한다(김혜숙, 1988). 갈등의 감정적 요소는 대립되는 집단 성원에 대한 느낌, 즉 수용-배척으로 표현되는 태도의 측면이다. 집단 간 갈등의 인지적 요소는 내집단 성원 혹은 외집단 성원의 특성에 대한 신념 측면으로 고정관념이 이에 해당된다. 일반적으로 공동체 안에서의 집단적 갈등은 목표 불일치, 업무 상호의존성, 집단 단위 보상제도, 자원 부족, 불균형적 종속 등으로 지목된다. 부정적 결과로는 지나친 집단의식, 독재적 리더십의 출현으로 상위목표의 설정이나 자원의 확충, 협상, 상급자의 명령, 조직 구조 변화, 외부인력 영입, 경쟁심리 자극 등이 발생할 수 있다.

외집단 성원에 대한 고정관념은 흔히 "그들은 모두 하나같이 나쁜 특성을 가지고 있으며 우리와는 다르다."로 대표될 수 있다(Fiske & Taylor, 1984). 집단 간 갈등의 또 다른 측면은 행동적 측면이다. 보통 외집단 성원에 대해서는 차별적 행위를 보이는데, 기존 연구들에 의하면 우리는 외집단 성원에 대해 내집단 성원에 대해서보다 더 적은 보상을 주고, 돕는 행위를 덜 보이며, 또한 덜 친밀한 비언어적 행동을 보인다. 물론, 이와 같은 집단 간 갈등의 측면들은 개념적 구분일 뿐 상호 연관되어 서로 영향을 미친다. 즉, 부정적 고정관념은 편견을 강하게 만들고 편견은 다른 사람의 특질을 지각하고 기억하는 데 영향을 미친다. 또한 이러한 고정관념과 태도가 행동에 영향을 미치는데 때로는 행동이 태도를 변화시키기도 한다.

이러한 집단 간 갈등의 원인으로는 집단 간 경쟁과 사회적 범주화, 사회적 인지, 사회문화적 학습을 꼽는다. 우선, 집단 간 경쟁은 집단 갈등이 집단 간 부족한 자원이나 가치 있는 물질 획득에 대해 서로 경쟁함으로써 야기될 수 있다는 것이 Bobo(1983)의 현실적 집단 갈등 이론(realistic group conflict theory)에 의해 주장되었다. 현실적 집단 갈등 이론은 미국의 흑백 간 갈등의 경우, 미국 사회에서 흑인 차별 감소 정책의 일환으로 실시되고 있는 '긍정적 행위정책(affirmative action policy : 흑인, 멕시코 출신 미국인이나 여성 등을 고용할 때, 그 고용기준을 다수 집단에 대해서보다 낮추어 고용하도록 하는 정책)'이나 통합학교 정책 등으로 인해 백인들의 고용 가능성이 감소되고 자녀들의 교육 수준이 낮아진다고 지각하므로 자신들의 이익과 복지에 직접적 위협을 준다고 여겨지는 흑인 등과 반목 갈등이 심화된다고 보는 입장이다.

두 번째, 집단 간 갈등의 원인으로 사회적 범주화를 들 수 있다. Tajfel(1982)의 사회정체이론(social identity theory)에 따르면, 집단 갈등은 실제 대립되는 현실적 갈등이 없이도 단순히 '우리'와 '그들'이라는 구분을 짓는 것만으로도 시작될 수 있다. 즉, 어떤 특출한 집단 범주가 존재하면, 우리는 우리가 속한 집단의 결속력을 통해 정체감을 찾고자 한다는 것이다. 그런데 우리는 부정적 정체감보다는 긍정적인 정체감을 갖고자 하는 동기를 가지고 있다. 이러한 동기의 만족은 타 집단에 비해 우리 집단이 보다 바람직하다고 여겨질 때에만 가능하다. 그러므로 우리는 외집단을 비하시키고 내집단은 선호하는 신념이나 태도와 행동을 은연중에 보이게 된다. 간단히 말하면, 사회정체이론은 자아 존경의 동기를 충족시키기 위하여 내집단에 대하여 외집단과는 변별적인 선호를 보인다는 이론이다. 또한 이러한 차별적 지각과 행동은 사회적 범주가 특출하게 되는 상황에서 더욱 두드러지게 된다고 보았다.

사회정체이론의 타당성은 여러 연구에서 입증되고 있다. 예를 들어, 직접적 상호작용 없이 제비뽑기와 같은 임의적인 기준에 의거한 범주화에 의해서 나누어진 집단에서도 내집단 성원에 대해 외집단 성원과는 차별적으로 더 큰 보상을 배정한다. 또한 긍정적 정체감이 손상된 소수집단 성원들은 자신의 집단 성원들 간에는 타 집단 성원들 간보다 더 큰 의견의 일치성이 존재한다고 지각함으로써 자신의 집단 응집성을 높여 긍정적 자아 정체성을 회복하려고 했다(Simon & Brown, 1987).

세 번째, 사회인지에 의한 집단 간 갈등은 앞에서 언급한 사람들이 집단 성원들의 특성에 대해서 가지는 기대나 선입관을 최소한의 노력으로 복잡한 사회정보를 처리하도록 돕는 데서부터 출발한다고 보는 입장이다. 즉, 인간의 인지수용력에는 한계가 있어서 복잡한 사회정보를 일일이 개별적으로 처리할 수 없으므로 이미 형성되어 있는 기대나 틀에 의해서 보다 빠르고 쉽게 처리하도록 돕는 것이 사회인지라고 본다. 그리고 집단 간 갈등이 이러한 사회인지로 인해 발생할 수 있다고 주장한다(Ashmore & Del Boca, 1981).

네 번째는 사회문화적 학습으로 집단 갈등을 설명할 수 있다. 외집단에 대한 편견은 일종의 문화적 규범으로서 사회화과정을 통하여 학습된다. 어렸을 때의 보상경험이나 모방을 통해 부모, 친구, 친척 또는 선생님이 가지는 외집단에 대한 배타적인 태도나 가치를 배울 수 있다. 또한 대중매체도 문화적 규범을 학습하게 하는 중요한 하나의 원천이 된다. 이와 같이 직접 경험이 없어도 자신이 속한 집단이 나타내는 외집단에 대한 배척감정이나 태도를 배우면서 자녀들도 부모와 같은 편견을 갖게 된다. 예를 들어, 상징적 인종주의이론(Kinder & Sears, 1981)은 현재의 미국 사회에서 보이는 인종 간 반목의 형태를 다음과 같이 설명한다. 차별은 백인이 흑인에 대해 가지는 노골적인 부정적 신념(예 : 흑인은 게으르다)과 같은 직접적인 형태가 아니라 인종 통합을 위한 정부 정책에 반대하는 보다 간접적인 형태로 나타난다. 이러한 것은 어렸을 때의 사회화를 통해 습득된 흑인에 대한 일반적인 부정적 감정과 태도에 기인한다. 사회문화적 규범의 학습이 집단 갈등의 원천이 될 수 있음을 보여주는 것이다.

(4) 고정관념

고정관념은 정보 처리 과정—주의, 부호화, 인출, 해석 및 판단—에 영향을 미치는 데 주로 기존의 고정관념을 재확인하는 방향으로 작동한다. 즉, 고정관념은 선택 적으로 정보 처리를 하게 만들어 고정관념과 일치하는 정보가 일치하지 않는 정보 보다 더 빈번하게 일어났다는 착각을 일으키게 한다. 또한 고정관념과 일치하는 사 건을 상상하게 하여 실제로는 발생하지 않았던 사건들도 기억하게 만든다. 고정관 념은 또한 귀인과정에도 영향을 미쳐 고정관념과 일치하지 않는 정보는 외적 · 상황 적 요인에 의한 것으로 귀인하는 반면 일치정보에 대해서는 내적 · 기질적 귀인을 하 게 한다. 따라서 사람들은 고정관념과 일치하는 부정적 행위에 대해서는 일치하지 않는 행위의 경우보다 더 부정적으로 판단하여 더 큰 처벌을 내리게 된다. 마지막으 로 고정관념은 고정관념을 가지고 있는 사람의 행동뿐 아니라 고정관념의 대상이 되 는 사람의 행동에까지도 영향을 미쳐 그 고정관념이 실현되는 방향으로 행동하게 만 든다. 소위 말하는 '자아실현적 예언' 혹은 '피그말리온 효과'가 이와 같은 기대실현 효과를 지칭하는 용어들이다.

사람들의 외집단 성원에 대한 고정관념은 주로 부정적 신념들이므로 이러한 부정 적 신념이 외집단에 대한 정보처리과정과 행동에 부정적인 영향을 미치는 것은 당연 하다. 즉, 사람들은 내집단 성원에 비해 외집단 성원의 부정적 행위를 더 잘 기억하 고, 고정관념과 일치하는 외집단 성원의 부정적 행위에 대해 내집단 성원의 같은 행 위에 대해서보다 더 내적 기질적 특성에 의한 것으로 해석한다. 또한 이러한 기대가 사람들의 행동을 알게 모르게 더 부정적으로 만들어 그런 기대의 대상이 되는 사람 의 행동을 부정적으로 조장할 수 있다. 따라서 이러한 상호작용 관계 때문에 고정관 념은 더욱 수정이 어려워진다(Rothbart & John, 1985).

부정적 고정관념 이외에도 외집단 성원에 대한 인지체계의 또 다른 특성은 드문 접촉의 기회로 인하여 외집단 성원에 대한 개념이 내집단 성원보다 단순하다는 사 실이다. 따라서 외집단 성원을 내집단 성원에 비해 더 극단적으로 판단하고, 한 사 람의 특질 및 행동의 관찰을 전체 집단의 특성인 것으로 일반화시키는 경향이 더 크 다. 또한 외집단 성원에 대한 정보처리는 보다 상위단계의 범주화(예 : 성, 종족 등) 에 의거하여 이루어지는 반면 내집단에 대한 정보처리는 보다 더 세분화된 하위단계 의 범주화에 근거한다. 이와 같이 사람들이 외집단 성원에 대하여 가지는 개념과 기대가 집단 간 갈등을 유발하고 지속시키는 중요한 원인이 된다.

7. 문화심리

북미 대륙을 중심으로 수행된 심리학 연구들을 과연 모든 사회와 문화에 적용할 수 있을지는 점점 더 의문스러워지고 있다. 이러한 의문들은 심리학에 대한 비교문화적 연구를 활발히 진행시켰다. 비교문화적 연구는 심리현상들을 두 문화 이상의 다른 문화권에서 비교하여 연구함으로써 여러 문화권에서 보편성이 입증되는지 알아보는 형태로 이루어진다.

1) 문화심리학

문화심리학에서는 문화에 따라서 인간 심리와 행동이 서로 다르게 형성될 것이라고 가정한다. 또한 각 문화권마다 문화가 형성되고 발전된 역사와 지정학적 배경도 독특하다. 그러므로 각 문화의 배경에서 인간 심리와 행동을 설명하는 심리학 연구가 중요해진다. 문화심리학적 관점을 취하는 심리학자들 가운데 일부는 다양한 문화에서 볼 수 있는 심리 현상들을 이해하고 설명하기 위하여 보편적인 문화개념을 발굴하게 되면 문화심리학 이론을 수립할 수 있다고 주장한다. 이러한 관점에서 수행되는 연구들은 대부분 주로 북미 대륙에서 개발된 심리학 개념들을 사용하여 각 문화권에 적합한 문화심리학 이론들을 제안하고, 연구를 통해서 이 이론들을 검증하고자 한다. 이러한 관점들은 이전 연구들에서 이미 개발한 개념과 이론을 사용하기 때문에 각 문화권에서 볼 수 있는 특수한 심리 현상들도 잘 설명할 수 있는 경우에만 유용하다고 볼 수 있다.

2) 토착심리학

토착심리학적 접근에서는 각 문화마다 인간의 심리와 행동을 설명하는 언어와 개념이 달리 형성되고 학술용어 역시 달리 사용되는 점을 중요하게 본다. 그러므로 이 접근법에서는 특정한 문화에서 흔히 사용하는 심리학 개념들을 발굴하여 그 문화에 적합한 특수한 이론을 제언해야 한다고 주장한다. 한국 문화에서 한국인의 심리와 행동을 잘 이해하고 설명하려면 동양이나 한국 사상 혹은 한국의 문화에서 현대심리학 이론을 기술하고 설명하기에 적합한 학술용어들을 발굴하여 연구해야 한다고 주장한다.

토착심리학자들은 문화의 상대성을 중요하게 본다는 관점에서는 문화심리학자와 유사하지만 연구 방법에서는 이들과 다른 접근법을 가진다. 그러나 이른바 극단적 토착심리학의 관점을 취하게 되면 각 문화마다 고유한 학술용어들을 사용하여 혼란이 가중되고 토착심리학의 한계로 자리 잡을 수 있다.

3) 현대 문화 속의 특수성 : 사이버 공간에서의 사회적 행동

사이버 공간에서 보내는 시간과 사람의 수가 확산됨에 따라 사이버 공간의 부정적인 측면들이 새로운 사회문제가 되고 있다. 앞서 살펴본 익명성은 사이버 공간의 큰 특징 중 하나이다. 익명성은 탈개인화를 가져와 부정적인 영향을 주기도 한다. 왜냐하면 사람들은 집단에서 타인과 함께 행동할 때, 혼자서는 할 수 없는 비이성적인 행동을 저지르기도 하기 때문이다. 따라서 익명성이 가지고 있는 위험성은 사이버 공간에 그대로 적용될 수 있다.

컴퓨터와 통신망 그리고 스마트 기기의 폭발적인 보급 결과로 정보의 내용과 소재에 상관없이 누구나 손쉽게 인터넷상에 방대한 정보를 올리고 내리는 것이 가능해졌고 이것을 일일이 확인하고 관리하는 것은 현실적으로 불가능하다. 이에 따라, 폭력, 외설, 범죄, 지적소유권 침해, 사생활과 개인정보의 침해 등에 대한 우려의 목소리가 커지고 있다. 인터넷 이용자의 문제 행동은 정보통신 기술과 관련된 범죄행위에서부터 사이버상에서 일상적으로 행해지고 있는 욕설과 인신공격, 소수에 의한 통신공간의 지배, 부정확한 정보 및 사실의 유포, 음란물이나 외설물의 노출 등의 행위에 이르기까지 사이버 공간에 들어가는 사람이라면 누구나 접해본 경험이 있을 정도로 만연하다.

이러한 현상의 원인은 사이버 공간의 특성에 기인하는 대인 실제감의 부재에서 찾아볼 수 있다. 개인이 사이버 공간에서 허구적인 자아를 제시할 수 있듯이 이러한 자아를 받아들이는 사람들 역시 상대방을 육체와 인격을 가진 실존 인물로서보다는 문자나 상징으로 표현되는 가상의 인물로서 받아들인다. 즉, 사이버 공간은 실제 인물 대 가상 인물의 상호작용이 이루어지는 곳이다(McKinnon, 1995). 이러한 특징 때문에 사이버 공간에서는 생명과 인격을 가진 인간에 가해지는 다양한 현실 세계의 규제나 제약을 벗어나는 행동이 손쉽게 이루어진다.

사회적 실재감이라는 개념은 '의사소통 과정에서 행위자들이 상호작용에 함께 참여한다는 느낌', 즉 어떤 매체를 이용함에 있어서 의사소통 상대방과 서로 직접 만

나서 대화하는 것과 흡사하게 느껴지는 정도라고 정의된다(Short, Williams, & Christie, 1976). 사회적 실재감은 표정, 몸짓, 옷차림 등이 비언어적 단서로 확보되는데, 사이버 공간에서는 사회 정서적 표현이나 사회적 지위 단서가 결여되어 있고, 익명성 수준이 높다. 따라서 사이버 공간에서 만나는 가상의 인물에 대해서 개인은 죄의식이나 자의식을 느끼지 않은 채, 대면 상황에서는 쉽게 용인되지 않는 무례하거나 난폭한 행동을 쉽게 자행할 수 있다. 이러한 현상은 인터넷의 다양한 게시판에 올라오는 수많은 욕설이나 인신공격에서부터 타인의 죽음을 부추기는 자살 사이트에 이르기까지 광범위하게 나타난다.

사이버 환경의 어두운 측면이 중요한 사회적 문제로 관심을 끌면서, 인터넷에 관련된 뉴스 기사를 접하다 보면, 해킹, 성매매, 자살, 거짓 뉴스, 악성 고발 등 온통 어두운 이야기뿐이다. 그러나 실제로 인터넷에서는 수많은 도움 행동을 포함한 친사회적 행동이 일어나기도 한다. 인터넷의 도움 행동은 평소에 그것이 도움 행동이라고 느끼지 못할 만큼 자연스럽고 사소한 것에서부터 사람의 생명이나 세계 평화에 관련된 거창한 것에 이르기까지 다양하다. 가장 기본적인 것은 수많은 사람들이 인터넷에서 다른 사람들을 위해 자신의 지식이나 정보를 아낌없이 제공하고 있다는 점이다. 인터넷상에 지식이나 정보를 요청하는 질문을 올리고 나서 몇 시간이 지나지 않아 원하는 답을 얻게 되는 것은 한국의 경우에는 그리 어려운 일이 아니다. 사이버 공간에서의 도움 요청은 비단 무형의 정보에만 국한되는 것은 아니다. 희귀한 혈액형의 수혈, 불치병 환자의 수술비 마련, 공공을 위한 자원봉사자 모집이나 정치적 구호를 같이하는 집회 참석자의 모집 등 실제의 물리적이나 금전적인 영역에서 실질적인 희생이 필요한 도움 요청 및 그에 따른 도움 행동을 쉽게 접할 수 있다. 사이버 공간에서 도움 행동을 촉발하는 요인에 대해서는 기존의 도움 행동에 관한 이론을 통해서 설명할 수 있다.

사회심리학에서는 도움 행동에 영향을 미치는 요인으로 상황의 해석, 평가의 고려, 책임의 분산 등을 꼽는다. 즉, 도움이 필요한 상황이 애매모호하고 구체적으로 어떻게 행동해야 할지를 모르기 때문이다. 그리고 주위 사람의 눈에 부적절하거나 어리석은 행동으로 보일까 봐 우려하기 때문이기도 하다. 마지막으로 여러 사람이 주위에 있을 경우 책임감이 분산되기 때문에 도움 행동이 일어나지 않을 수 있다고 지적한다. 이러한 측면에서 첫 번째로 사이버 공간에서는 도움이 필요한 상황이 매우 명백하다는 점을 생각해볼 수 있다. 도움이 필요한 사람이나 주변 사람이 직접 도움을 요청하기 때문에 '도움이 필요한 상황'에 대한 판단이 훨씬 손쉽게 이루어질 수 있다. 또한 사이버 공간에서의 도움 요청은 어떻게 행동해야 할지에 대한 방안을 구체적으로 제시하기 때문에 타인의 눈에 부적절하거나 어리석은 행동으로 보일 가능성이 훨씬 적다. 아울러 익명성이 보장된다는 점에서 타인의 평가에 대한 우려를 최소화할 수 있다. 또한 사이버 공간에서 존재하는 수많은 사람들이 동시에 도움 요청을 보게 되면 책임감이 분산될 것으로 생각할 수 있지만, 인터넷을 이용하는 개인은 대부분 자신만의 독립된 공간에서 각자 따로 떨어져 정보에 접촉하기 때문에 사이버 공간에서는 다른 사람들에 대한 실제감이 적다. 따라서 책임감 분산의 실제 대면 접촉 상황일 때보다는 최소화될 것이다.

13 산업 심리와 직장 속의 인간 심리

현대 사회에서 산업심리학은 인간과 직업을 이해하는 데 있어서 반드시 필요한 학문이다. 심리학이나 관련 학문뿐만 아니라 생존경쟁의 최일선에서 일하고 있는 산업체 현장 실무자들에게 활용될 수 있는 지식을 다루고 있다.

현대 산업심리학은 크게 네 부류로 구성되어 있다. 첫 번째는 인사심리 분야이다. 인사심리학이 연구하는 분야는 종업원 선발 원리 및 배치, 수행평가, 교육 및 훈련에 관한 것, 효과적인 직무 설계, 종업원 훈련과 관련된 영역 등이다. 두 번째 분야는 조직심리학이다. 조직심리학은 조직태도 및 동기, 조직문화와 변화관리, 리더십 등을 연구한다. 산업심리학은 일터에서 종업원의 안녕을 증진시키고, 종업원의 행동을 이해하는 것에 관심을 둔다. 인사심리학은 초기 산업심리학에서 발달했던 분야이며, 산업이 발달하면서 조직심리학 분야가 더욱 거대해지게 되었다. 조직심리학은 조직의 인간관계 운동으로부터 발전했다. 조직심리학 영역은 개별 종업원에 더 초점을 맞춘다. 조직심리학의 주제에는 종업원의 태도와 행동, 직무스트레스 등이 주로 포함된다.

세 번째 분야는 소비자 및 마케팅 심리학 그리고 광고 심리학으로 산업심리학에 포함된다고 볼 수 있으며, 주로 마케팅, 소비자 의사결정, 광고 기법과 원리, 설득 전략 등을 연구한다. 산업체에 의해서 생산된 제품이나 서비스가 소비자에게 공급되는 과정과 절차, 광고의 효과 등을 연구하는 분야이다. 네 번째로 산업심리학에 포함된다고 볼 수 있는 분야는 공학심리학이다. 공학심리학은 인간과 기계 간의 조화, 시간과 동작 연구, 작업장 관리, 산업재해와 오류 감소를 위한 인간 요인 관련 연구들을 진행한다.

1. 산업심리학이란

1) 산업심리학의 정의

Schultz와 Schultz(2008)는 심리학적 방법, 사실, 원리를 직장인들에게 적용하는 것이라는 입장에서 산업심리학을 정의했다. 우리나라의 경우 김원형, 남승규, 이재창(2005)이 산업심리학을 직업 상황에서의 인간 행동에 관해 과학적·체계적으로 연구하는 학문 분야라고 정의 내리고 있다. 이러한 다양한 정의들이 있지만 일반적으로 산업 심리는 일터에서 과학적 원리를 개발하고 적용하는 심리학의 응용분야다. 산업심리학은 과학과 실천의 두 가지 측면을 가진다. 과학적 측면은 일과 인간에 대한 지식을 증진시키고 도움을 주기 위한 유익한 연구 결과들을 도출하고 이것을 일반화하기 위해서 노력하는 것을 말한다. 실천적 측면은 과학적 노력을 통해 얻어진 지식을 실제 장면에 적용하는 것이다.

산업심리학의 정의와 내포하고 있는 측면들을 종합적으로 고려해볼 때, 산업심리학은 산업 및 경제활동으로 발생하는 개인과 조직 내의 심리과정과 인간 행동에 대해 과학적으로 연구하고 적용하는 학문이라고 정의할 수 있을 것이다. 심리과정이란 스트레스, 리더십 유형, 갈등, 의사소통, 소비자의 의사결정 등을 말하고 인간행동이란 생산량, 이직, 구매 여부, 직장 내 사고, 범죄 행위 등 근로나 산업 혹은 조직 차원에서 일어나는 모든 인간 활동들을 말한다.

2) 산업심리학의 태동

산업심리학의 초기 연구는 직무 수행과 조직 효율성에 초점을 맞췄다. 산업심리학 분야의 토대를 마련한 대표적인 공헌자는 뮌스터베르크와 스콧이다.

(1) 브라이언

브라이언(Bryan, 1836~1928)은 1897년에 전보기사의 모스부호 학습능력에 대한 논문(학습심리)을 출판하면서 직업과 심리학을 연관시킨 최초의 연구를 했다. 특정 직업 작업자의 심리과정(학습능력)에 대해 연구를 진행하면서 1903년 심리학회 회장 수록 연설에서는 심리학이 일상생활에서 일어나는 구체적인 활동과 기능들을 연구해야 한다고 주장하기도 했다. 하지만 후속 연구가 없었기 때문에 창시자가 아닌 선각자라고 보는 것이 옳을 것이다. 산업심리학 용어로 'industrial'을 처음 사용하기도 하였는데, 1904년 출판된 논문에서 'individual'의 오타로 'industrial'을 쓰면서 탄생하게 되었다.

(2) 스콧

스콧(Scott, 1869~1955)은 종업원 선발과 심리검사에 대한 흥미와 함께 왓슨이 지평을 연 광고심리학에도 관심을 가지고 있었다. 노스웨스턴대학교의 축구선수였던 스콧은 중국 선교사가 되기 위해 신학과를 졸업하였지만, 당시 인기가 좋았던 중국 선교사로 갈 수 있는 자리가 없었다. 그는 선교사 대신 심리학자의 길을 선택하게 되는데, 20세기의 전환점에서 그는 광고에서 심리학이 적용될 수 있는 분야가 많음을 역설했다. 심리학에 관심을 보이는 기업 리더들의 반응에 힘입어 스콧은 몇 편의 글을 썼고 그것들은 1903년 광고 이론으로 출판된다. 이 책에서 스콧은 사람들에게 영향을 미치기 위한 수단으로

스콧

심리학이 사용되어야 한다는 제안과 주장을 다루었다. 이후 제1차 세계대전 동안 미국 육군의 인사 절차에 기여하기도 했다. 산업심리학을 널리 인식시키고 신임도를 높이는 데 기여하였으며, 주로 인사 선발 분야에서 기업들을 대상으로 서비스를 제공하는 산업심리학 분야의 초기 컨설팅 회사를 설립하기도 했다.

(3) 뮌스터베르크

분트의 제자이기도 한 뮌스터베르크(Münsterberg, 1863~1916)는 주로 종업원 선발과 새로운 심리검사의 사용에 흥미를 가지고 있었다. 제임스의 초청으로 하버드대학교로 옮겨온 뮌스터베르크는 1910년 전차운전수 적성검사법 개발에 대한 논문을 출판했다. 시내전차 운전자 안전운행에 영향을 미치는 요인에 관한 연구는 최초의 안전심리학과 교통심리학 관련 연구이다. 이후 1913년 심리학과 산업효율성(*Psychology and Industrial Efficiency*)이라는 책을 출판하였다.

뮌스터베르크

뮌스터베르크는 주로 종업원 선발, 작업환경 설계, 판매에서의 심리학의 응용에 관심을 가졌으며, 최초의 산업심리학 교과서를 출판하기도 했다. 하지만 안타깝게도 제1차 세계대전에서 독일을 지지하면서 미국에서 추방되게 되는데, 이 때문에 후학 없이 산업심리학 관련 업적이 전승되지 못하는 비운의 심리학자가 되었다. 그럼에도 불구하고 뮌스터베르크의 글과 연구, 자문활동은 산업심리학의 영향을 널리 퍼뜨리는 데 도움을 주었고, 1916년 심장마비로 갑작스럽게 사망하게 되면서 후학들로부터 산업심리학의 아버지라고 불리게 된다.

(4) 테일러

테일러

테일러(Taylor, 1856~1915)는 경영학의 아버지로 불리기도 한다. 주로 시간과 작업효율에 대해서 연구한 시간 연구자이다. 자신의 경험으로 종업원의 생산성을 연구한 공학자이기도 했는데, 강철공장의 작업자, 감독자, 공장장으로 근무하면서 작업환경 재설계가 중요하다는 것을 인식하게 된다. 한 삽의 철광석 운반 최적 하중이 9.8kg이라는 것을 연구를 통해서 밝혀냈는데, 이것을 통해 재료에 따른 삽의 종류를 변화시켜야지만 생산성이 향상될 수 있다고 보았다. 1911년에는 과학적 관리의 원칙을 출판하였으며, 생산량을 증가시키고 동시에 종업원 임금을 상승시키기 위해서 작업환경의 재설계를 강조했다.

테일러가 강조한 과학적 관리(scientific management)의 4원칙은 다음과 같다. 첫째, 효율적인 작업증진 방법은 경험이 아닌 과학적 연구에 의해 이루어지게 된다는 것이다. 과학적 연구는 과학적 방법, 기록, 평가를 말한다. 둘째, 일 표준 작업량을 과학적으로 설정해야 한다. 이것을 통해서 협동심의 고취와 조직효율을 도모할 수 있다고 보았다. 셋째, 신체적 조건과 같은 과학적 방법으로 작업자를 선발해야 한다. 과학적 선발과 교육을 통해서 조직 내 비효율적인 부분(학연이나 지연)을 배재해야 한다고 보았다. 넷째, 노사의 항구적인 협력관계를 강조했다. 이것을 위해서 균등 분배와 동기 고양, 직무 만족 등에 관심을 기울여야 한다고 했다.

그러나 과학적 관리가 작업자 착취, 실직과 과중 노동, 종업원 지위 하락, 작업 의욕 저하를 가져온다는 반론에 직면하기도 했다. 이에 대한 테일러의 재반론은 효율성의 향상이 종업원의 번영을 향상시킬 것이라는 것이었다. 테일러는 실직한 작업자들은 잠재력을 활용할 수 있는 다른 직무에서 일할 수 있다고 반박했다. 테일러를 통해 산업심리학과 경영학의 인사관계론, 조직관계론은 밀접한 관계를 맺게 되었는데, 심리학은 개개인에 보다 관심을 기울이며, 경영은 효율이나 조직 전체에 보다 관심을 가진다는 차이점이 있다.

(5) 길브레스 부부

길브레스(Gilbreth) 부부는 기본적으로 테일러의 아이디어를 바탕으로 연구를 진행했다. 산업심리학 최초의 박사학위는 심리학사에서는 1921년 브루스 V. 무어(Bruce,

V. Moore)가 받았다고 기록되어 있지만, 1915년 길브레스 부부의 아내인 릴리안(Lillian, 1878~1972)이 받은 심리학 박사학위를 최초의 산업심리학 박사학위라고 주장하는 역사가도 있다. 길브레스 부부는 물건 제조의 경제성과 산업체 종업원들의 생산성에 관심을 가지고 산업장면의 생산에 있어서 시간과 동작에 관한 연구를 진행했다. 남편 프랭크(Frank, 1868~1924)는 벽돌 쌓는 동작을 영사기로 녹화하고 정밀 분석했다. 그는 신체 부위에 전구를 붙여서 연구하면서 쓸모없는 동작을 배제하

길브레스 부부

는 방법을 알아내기 위해서 노력했다. 아내 릴리안은 스트레스와 피로가 작업에 미치는 영향을 연구하였는데, 인간이 산업에서 가장 중요한 요소임을 언급하면서 심리학과 산업이 접목되어야 함을 역설했다.

이후 길브레스 부부의 연구는 인간에게 가장 적합한 과학기술 설계방법을 연구하는 인간 요인 분야의 토대가 되었다. 릴리안은 소비재 설계로 관심을 돌리면서 페달식 휴지통과 냉장고 문 안쪽에 달린 선반 등을 개발하기도 했다. 릴리안의 자녀 중 2명은 그녀의 일생에 관하여 12명의 개구쟁이들(*Cheaper by the Dozen*)이라는 책을 저술하여 성공적인 학자이자 성공적인 부모로서 길브레스 부부의 업적을 보여주기도 했다.

3) 제1차 세계대전과 산업심리학의 발달(1917~1918)

제1차 세계대전 기간 중에 미국에서 응용심리학저널(*Journal of Applied Psychology*, 1917)이 창간되면서 최초의 산업심리학 학술지가 나왔다. 2017년 창간호에는 홀의 심리학과 전쟁 간의 실용적 관계에 관한 연구와 마티어의 전쟁에서 정신박약자의 문제, 그리고 브리검의 대학생의 정신능력검사 등에 관한 연구가 소개되었다.

(1) 여키스

제1차 세계대전 당시 미국심리학회장이었던 여키스(Yerkes, 1876~1956)는 1916년 소령으로 임명받게 된다. 심리학이 전쟁 수행에 도움을 주도록 하는 것을 주된 목표로 했던 여키스는 신병 모집에 정신능력이 부족한 사람을 가려내고 선발된 신병들을 군대 내의 적절한 직무에 배치시키는 방법을 연구했다. 이것을 위해서 1917년

여키스

집단지능검사 아미-A와 문맹자를 대상으로 한 아미-B를 개발했다. 여키스가 개발한 집단지능검사는 개인을 적재적소에 배치하기 위해 심리검사를 최초로 적용한 사례라고 할 수 있다. 또한 그는 지능을 구성하는 특정 기능으로 이해, 판단, 논리력을 선정하였으며 지능에 대한 개념 발달에 기여했다. 하지만 집단지능검사를 공식화한 3개월 후 제1차 세계대전이 끝이 나면서 실제적인 사용에는 한계가 있었다. 여키스의 조수이기도 한 칼 브리검(Carl Brigham, 1926)은 아미-A 제작 경험을 살려 학업적성검사(SAT)를 제작하게 된다. 제대 후 여키스는 카네기 공과대학 내 판매기술연구소(The Bureau of Salesmanship Research)를 설립하여 최초의 심리학과 산학협동방식에 기여하게 된다. 이후 산업심리학을 비롯한 응용심리학 연구를 재정적으로 지원하기 위해 27개 회사들이 1년에 500달러씩 기부하도록 하였으며, 판매원 선발을 위한 방법이라는 저서를 간행했다. 몇 년 동안 이 연구소는 판매원들뿐만 아니라 사무원 및 간부사원들의 선발, 분류, 능력 개발에 관한 연구를 집중적으로 실시하는 데기여했다.

(2) 스콧

광고심리학에 주로 기여하던 스콧도 제1차 세계대전에 징집된다. 스콧은 군대 내에서 병사들을 적절히 배치하는 것에 관여하는 연구를 진행하였는데, 주로 장교에 대한 수행평가를 실시했다. 스콧 등의 심리학자들은 제1차 세계대전을 통해서 심리학자들이 사회와 기업에 기여할 수 있음을 확인시켜주는 성과를 내었다.

4) 산업심리학 연구의 활성화

제1차 세계대전 이후 심리학 지식을 응용하는 자문회사와 연구기관이 출현하기 시작한다. 1921년 카네기 공대에 판매기술 연구소인 월터 브리검이 발족하였는데 최초의 심리학 관련 산학협동 기관이라고 할 수 있다. '판매원 선발을 위한 방법' 등에 관한 논문을 간행하기도 하였으며 판매원, 사무원 및 간부사원들의 선발과 분류 및 능력개발에 관한 연구를 수행하기도 했다. 1921년에는 제임스 맥킨 커텔에 의해서 심리학 협회(Psychological Corporation)가 설립되었는데 심리학의 저변이 넓혀지면서 산업과 심리학이 접목되는 것의 유용성을 알리는 데 주력했다. 그리고 믿을 만한 권위 있는 심리학자에 관련한 정보를 제공하면서 심리학자의 자격에 관련한 최초의 작업을 수행하였고 가짜 심리학자의 피해를 막기 위해서 노력했다. 사이비 심리학자들을 색출해서 알리면서 심리학이 과학과 산업계에 받아들여질 수 있도록 공신력을 확보하기 위해서 노력했다. 보수를 받고 조직에 서비스를 제공하는 최초의 심리학 컨설팅 회사라고도 볼 수 있다. 1921년에는 펜실베이니아주립대학교에서 브루스 V. 무어에게 최초의 산업심리학 박사학위를 수여하였으며, 1924년에는 역사적인 호손 연구가 실시되었다. 1932년에는 Viteles에 의해서 최초의 산업심리학 단행본이 출판되었다.

5) 제2차 세계대전과 산업심리학의 발달

브리검

제2차 세계대전은 2,000명이 넘는 심리학자를 전장으로 불러들였다. 제1차 세계대전이 산업심리학의 형성과 인정에 기여한 시기라면, 제2차 세계대전은 산업심리학의 발전과 정교화에 기여한 시기이다. 제2차 세계대전 중의 대표적인 산업심리학 업적은 신병들을 군인의 책임과 의무를 배울 수 있는 능력에 따라 5개 집단으로 분류하는 군대일반분류(army general classification test, AGCT)를 브리검이 개발했다는 것이다. 1,200만 명의 군인이 검사에 응하였고 군대 내의 직무에 배치되었다. 장교 교육에 적합한 사람을 선발하는 방법을 개발하기도 했다. 작업 유능성 검사와 보조적인 적성검사 개발 그리고 군대에서 필요한 상황적 스트레스 검사 개발과 사용에 참여하기도 한다. 공학심리학이 발전하면서 탱크나 전투 비행사의 선발과 훈련에 관여하기도 했다. 대표적인 장교용 선발검사로는 OSS 스트레스 검사가 있는데, 3일간에 걸쳐서 진행되는 검사와 관찰로 이루어져 있다. 검사나 관찰은 예를 들어 나무 막대기, 나무 못, 나무토막을 주고 1.5m 정육면체를 제작하는 것이다. 이때 보조자는 피검사자의 실수를 조롱하거나 비난하는 역할을 한다. 과제를 성공적으로 수행하는 것보다 스트레스와 좌절에 대한 정서적 반응이 주된 평가 대상이 된다.

　제2차 세계대전 중 발전한 산업심리학의 선발 연구들은 산업장면에서 심리학에 기초한 채용검사 사용을 증가시켰다. 면접과정에서 페르미 추정(Fermi Estimate)의 문제는 예를 들어, 골프공 홈의 개수 등을 말하는 것이다. 이러한 추정을 묻는 문제들은 정답을 원하는 것이 아니라 정답을 추정하는 과정과 의욕, 열의, 자세나 태도를 관찰하여 그 사람의 인간적 역량을 살피려고 하는 것이다. 제2차 세계대전이 끝나갈 때쯤에는 산업체에서는 더 적극적으로 산업심리학에 관심을 가지게 되었고 근로자들의 결근을 감소시키는 연구를 의뢰하기도 했다. 1944년에는 미국심리학회에서 산업 및 경영 심리학 분과가 14번째 분과로 개설되었다.

6) 사회 변화와 산업심리학 발달

제2차 세계대전 이후 산업심리학은 폭발적으로 성장하게 된다. 산업심리학의 성장은 미국의 산업 및 기술업체의 성장과 함께 한 것이다. 많은 대학에서 산업심리학 교과목이 개설되었으며 산업심리학 박사학위 수여가 이루어졌다. 1950년대 이후에는 잠수함이나 탱크와 같은 첨단 무기와 항공기 등의 발전으로 실험심리학과 산업심리학이 접목된 공학심리학이 하나의 심리학 분야로 나타나게 되었다. 초창기 공학심리학은 주로 방위산업체들과 제휴하면서 발전하였는데, 첨단 무기와 복잡한 산업기계의 계기판이나 조정에서 인간과 기계의 조화가 중요하다고 인식되었기 때문이다. 1964년에는 여성과 유색인종 등의 소수집단의 권리가 인정되면서 이들의 고용과 차별에 관련한 연구들이 진행되었다. 1970년에는 미국심리학회 내 산업 및 경영심리학회 분과는 산업 및 조직심리학회로 개명하였으며, 1978년에는 고용주들이 고용지침을 만들어 차별이 없음을 증명하도록 법적 의무화가 진행되었다. 산업 및 조직 전반에서 심리학을 통해 평등하고 공정하게 선발과 배치 및 평가가 이루어지고 있음을 증명하도록 압력이 가해졌다. 이러한 정부의 개입은 산업심리학자들에게 선발의 공평성과 공정한 직무수행평가, 그리고 조직문화의 변화와 조직 내 갈등 등에 대한 연구를 진행하도록 했다.

1970년대 이후의 급속한 사회 변화는 적응의 문제, 소수자 문제, 고령자의 증가와 실업, 국제적 기업과 외국 노동자 등에 관한 연구를 산업심리학자들이 수행하도록 했다. 또한 합병과 인수의 빈번한 발생, 실직, 전근, 재배치에 따른 스트레스 관리와 갈등, 고용주의 종업원과 관련된 비용에 대한 책임이 증가하면서 경제적 효율과 종업원의 만족 사이의 균형을 이루는 직무설계에 대한 연구와 종업원의 여가선용, 가족관계, 정서적 지원 등에도 산업심리학자들은 관심을 가지게 되었다. IT의 발달, 정보화의 발달, 인터넷이나 전자 통신기술 등이 현대사회의 상징이 되면서부터는 조직 내 의사소통이나 업무형태의 변화, 인간관계와 직무만족 등에 관한 산업심리학적 연구가 진행되고 있다.

2. 호손 연구

1924년 미국 하버드대학교의 산업연구 학과장인 심리학자 엘턴 메이오는 시카고 교외에 있는 웨스턴 일렉트릭 컴퍼니의 호손공장(The Hawthorne)에서 생산성과 조명의 효과를 규명하기 위한 실험에 착수했다. 최초의 연구는 생산성과 조명이라는 물리적 작업조건과의 관계를 알아보는 것이었지만 결론은 생산성에 대한 영향은 작업의 물리적 측면보다 인간적인 요소가 더욱 중요할 수 있다는 당시로서는 의미심장한 결론에 도달하게 되었다.

실험집단(test group)과 통제집단(control group)으로 분리된 작업자들을 여러 가지 다양한 조건으로 작업을 시켜본 결과 실험집단의 경우 밝은 조명하에 높은 생산을 보였으며, 통제집단에서도 작업 능률이 증가되었다. 더욱이 특이했던 것은 실험집단은 통제집단보다 열악한 조명 상태에서도 지속적으로 생산성이 상승했다는 것이다. 열악한 조명 조건은 생산성이 떨어질 것이라고 가설을 세웠던 연구진들로서는 당황스러운 결과였다.

이러한 가설증명의 난제를 풀기 위해서 메이오는 1927~1932년까지 인간 요인을 주요한 원인으로 다시 실험을 실시했다. 6명의 여공을 대상으로 작업관계 및 면접 조사를 진행한 결과 기온이나 습도 그리고 조명 등의 조건들은 영향을 주지 않았다. 따라서 이러한 일련의 연구 결과들에 대한 종합적인 검토를 통해, 작업장에서 나타나는 효율성은 작업장의 물리적 환경이 아니라 작업장 내의 사회적·인간적 관계의 작용이라는 결론에 도달했다.

이후에 실시된 대단위 조사에서 약 2만 명의 종업원을 면접을 통해서 분석해본 결과, 공식적인 조직의 영향보다는 비공식적인 조직의 영향이 생산성과 관계 있다는 결론을 얻게 되었다. 또 이후의 다른 실험에서는 20~40세에 속하는 14명의 남자 작업자를 실험실에 옮겨놓고 작업을 관찰했다. 작업자들의 기분이 상하지 않도록 각별히 유의하면서 관찰을 진행한 실험을 통해서 다음의 몇 가지 사항들이 발견되었다.

- 임금과 생산성이 비록 비례한다 하더라도 각자의 생산성은 집단 내의 여러 현상에 의해서 규제되었다.
- 작업 집단에서는 회사가 결정한 생산 수준보다는 그 집단이 적당하다고 생각하는 수준을 작업 수준으로 정했다.
- 작업 집단의 생산 수준은 작업자의 비공식조직에 의해 결정되었는데, 이러한

현상은 사회의 다른 직장에서도 마찬가지로 나타난다.
- 경영자와 집단기준 사이에 어떠한 갈등문제가 발생하면 비공식조직에서는 자기들의 결정을 무엇보다 우선했다.
- 집단적 통제의 힘은 개인적인 지능검사 성적과 생산량의 관계에 전혀 상관이 없었다.

그 후 연구자들은 이스트 코스트의 금속공장과 남캘리포니아 항공기 공장에서 조사를 실시했다. 연구 결과는 호손공장에서와 같았다. 물리적 작업조건보다는 비공식집단 내의 승인 및 인정이 생산성에 보다 강하게 관여한다는 결론이 도출되었다. 더불어 응집력 결속을 위해서는 일선 감독자의 역할이 중요하다는 지적을 내놓았다. 이러한 일련의 실험 결과들은 메이오의 동료인 Roethlisberger와 Dickson(1939)의 연구로 확대되고 집약되었다. 특히 회사나 조직의 경영진들은 조직생산성이 인간관계에 크게 영향을 받는다는 것에 주목했다. 그 후로는 인간관계 관리(human relation management)에 적용되는 호손 연구의 결과물들은 종업원 의견 조사, 인사상담, 개인 면접, 제안 구도 등의 구체적인 제도 실현에 모체역할을 담당하였으며 소집단 연구 등에도 많은 공헌을 했다. 또한 능률, 동기, 직무만족에 영향을 주는 리더십, 비공식 집단의 형성, 태도, 의사소통 등 여러 인적 변수에 대해서 심리학이 접근할 수 있는 근거를 마련해주었다.

3. 직장에서의 건강

미국 시카고의 BP 아모코사의 연구 센터에서는 미국 평균치보다 8배나 높은 희귀한 형태의 뇌종양에 걸린 화학자들이 많이 발생했다. 원인은 두 가지 화학물질에 지속적으로 노출되었기 때문으로 밝혀졌다.

미국 환경보호국(Environmental Protection Agency, EPA)은 1만 6,000개 이상의 화학물질을 유독성 물질로 지정했는데, 이 중 150개는 신경독성 물질들로 사용자들의 뇌와 신경계 손상을 유발할 수 있는 것들이다. 미국 천식학회는 천식으로 고생하는 미국 작업자의 15% 정도가 업무 중 라텍스, 니켈, 크롬, 수은 등의 화학물질에 노출되었기 때문이라고 보고했다. 분진으로 인한 호흡성 천식은 가장 흔한 호흡계 질환 중의 하나가 되었다. 광부나 조선소 작업자들은 석면에 노출될 수 있고 폐암에 걸릴 확률이 일곱 배나 높게 나타난다. 직물공장 작업자들은 목면 분진 흡입으로 갈

표 13.1 위험물질과 질병

잠재적 위험	잠재적 질병	노출되는 작업자
비소	폐암, 림프종	제견공, 화학공장이나 정유공장 근로자, 스프레이 제조근로자
석면	백색폐질환(석면폐), 폐와 폐내종의 암, 다른 장기의 암	석탄광부, 광물 미쇄 근로자, 면직이나 절연제 제조 근로자, 조선소 근로자
벤젠	백혈병, 재생불량 빈혈	석유화학공장이나 정유공장 근로자, 염료 사용장, 증류주 제조업자, 페인트공, 재화 근로자
비스클로로메틸에테르	폐암	화학물질 취급 근로자
석탄 분진	진폐증	탄광 광부
목화 분진	갈색폐질환, 면폐증, 만성기관지염, 폐공기종	면직물 취급 근로자
납	신장질환, 빈혈, 중추신경계 손상, 불임, 출산 결함	금속연삭기공, 납 제련 근로자, 납-배터리 제조 근로자
방사능	갑상선, 폐, 폐의 암, 백혈병, 출산 결함(자연유산, 유전자 손상)	의료 기술자, 우라늄 광부, 원자력 발전소 근로자
비닐 클로라이드	간암, 뇌종양	플라스틱 산업 근로자

색폐질환(brown lung disease)에 걸릴 위험이 높았다. 의료 기술자들은 방사능 노출의 위험이 있으며 사무실 작업자들도 실내 공기 오염으로 인한 영향을 받을 수도 있다(Schultz & Schultz, 2008). 이처럼 직장이나 산업체에서 사용하는 재료나 도구들은 조직원들의 건강에 여러 가지 위험으로 작용할 수 있다.

1) 반복 동작과 건강

특정한 일이나 동작을 계속적으로 반복하는 업무는 다른 작업들보다 특정한 위험을 가질 수 있다. 반복적인 행동은 반복 사용 긴장성 증후군(repetitive strain injury) 등을 유발할 수 있다. 예를 들어 컴퓨터 작업을 반복적으로 수행하는 사람의 경우 각종 유해한 전자파에 노출되는 빈도가 높다. 또한 컴퓨터 작업 동작이 반복되면서 눈, 목, 어깨, 팔, 손목 등의 근육 신경계통에 무리가 올 수도 있다. 이것을 VDT(visual display terminal) 증후군이라고 부른다. 컴퓨터 보급과 활용이 보편화되면서 특정 직업군뿐만 아니라 일반인들에게까지 반복적인 컴퓨터 사용으로 인한

VDT 증후군 호소는 늘어나고 있다. 반복 작업이나 활동의 또 다른 질병은 팔목터널 증후군(혹은 수근관 증후군)으로 알려진 CTS(carpal tunnel syndrome) 증후군이다. 팔목터널이란 손목 앞부분에 있는 작은 통로를 말하는데, 뼈와 인대로 형성되어 있고 여러 개의 근육과 손바닥으로 이어지는 신경 통로이다.

손목의 통증과 마비를 동반하는 수근관 증후군이 주로 발생하는 직업군은 육가공 작업자, 목수, 수동착암기 조작자 그리고 생산라인 작업자와 컴퓨터 그래픽 제작자나 프로그래머들이다. 반복적 동작으로 인한 질병은 미국 노동인구 중 200만 명 이상에게서 나타나고 있다. 이들 중 상당수는 손상된 신경을 수술로 치료해야 하는 상태까지 악화되거나 만성화되기도 한다(Schultz & Schultz, 2008).

2) 작업시간

미국에서는 하루 10시간씩 일주일에 6일, 60시간의 작업시간을 표준으로 삼았던 때가 있었다. 그러나 인간 생리작용에 관한 연구를 거듭한 끝에 하루에 8시간 일주일에 5일, 40시간이 최적의 작업시간으로 판정되어 오늘날까지 많은 나라가 이를 따르고 있다. 하지만 이러한 작업시간에 대한 규정은 일의 종류와 성격에 따라서 과연 타당한 것인가 계속적인 의심을 받고 있다. 또한 일의 성과에 앞서서 인간 삶의 질이 노동시간에 우선한다는 가치관의 변화는 효과적인 작업시간이라는 개념 자체를 변경해야 한다는 거센 요구에 직면하게 되었다.

연구실에서 근무하고 있는 성인 남자에 대해서 혈청 굴절률을 측정하여 시간적인 변동을 측정해본 결과, 평균 8시간 이후에는 대부분 떨어지는 현상을 보였다. 비록 육체적으로는 쉬운 작업이라 하더라도 근무시간이 길어지면 질병 휴가로 인한 근로 손실도 비례해서 증가했다. 주당 60시간, 즉 1일 10시간 이상 일하게 되면 질병으로 인한 근로 손실이 급격히 증가하게 된다(Ross, 1980). 이러한 연구 결과들이 축적되면서 세계보건기구(WHO)에서는 야간근무가 암을 유발시키는 원인이라고 결론을 내린 바 있다.

(1) 교대근무

교대로 근무하는 것은 하루 24시간을 보통 세 부분으로 나누어 8시간 작업하는 것을 의미한다. 이러한 교대근무에서 한 명의 작업자가 특정한 시간대에서만 계속 일하는 것은 문제가 있을 수 있다. 보통 주 단위로 교대시간을 변경하여 편성하고 야간에 작업을 하였을 때에는 평소보다 더 긴 휴식시간이 필요하다. 대다수의 사람들이 낮에는 일하고 밤에는 쉬기 때문에 지속적인 야간 작업자는 사회적 관계가 소원해지거나, 물리적으로 관계를 형성하기 어려울 수도 있다. 야간 작업자의 가장 큰 문제는 야간 불면증을 포함하는 면역 체계의 혼란이나 멜라토닌 생성 등의 내분비계통의 문제에서 야기되는 건강상의 문제일 가능성도 높다. 인공조명이 있지만 자연광선과 똑같은 효과를 낼 수 없다.

Barton(1994)의 간호사들에 대한 연구에서 고정적으로 교대시간을 정해놓고 일할 때 심신 기능의 적응도가 가장 좋은 것으로 나타났다. 근무시간대를 순환하면서 근무하는 것이 적응에 가장 힘들다는 것이다. 그러나 고정적인 야간 시간대 근무는 일-가정의 갈등이 커지거나 수면장애 등의 문제가 발생할 수도 있다. 그리고 교대근무자들일수록 욕구 충족이 제대로 안 되고 있다고 느끼며 자신들의 일에 대해서 만족감이 떨어지는 경우도 많다. 교대근무는 조직의 업무에 자발적 지원이나 의욕이 덜 생기도록 만들 수 있다.

(2) 탄력적 근무

작업시간의 가장 일반적인 변형은 근무시간을 작업자가 적절히 조정할 수 있도록 해주는 탄력적 근무제도이다. 탄력적으로 근무시간을 조절할 수 있도록 하는 것은 출퇴근의 러시아워를 피해서 근무효율을 높일 수도 있으며, 일-가정의 갈등적 긴장을 해소할 수도 있다. 혹은 작업자의 자기계발이나 여가시간의 증가를 가져다주어 직무만족이나 행복감 향상에 영향을 미치기도 한다. 좀 더 과감한 탄력적 근무는 요일 자체를 조정할 수 있도록 더 많이 일하는 요일과 출근하지 않아도 되는 요일을 자신이 정하는 것이다. Dalton과 Mesch(1990)는 탄력적 근무제도가 여러 가지 도움을 주지만 근무의 특성에 따라서 전문직보다는 낮은 직급의 작업자에게 더 많은 긍정적 영향을 준다고 보고했다. 또 맞벌이 부부에게는 특히 큰 도움을 주는데, 결근률에서 탄력적 근무제도에 속한 집단이 더 낮은 비율을 나타내기도 했다.

4. 고용

1) 고용형태

고학력자들의 취업을 알선하는 인터넷 사이트에는 하루에도 수십 건의 취업 관련 고용정보가 등재된다. 전문가를 모시겠다는 제목을 읽다가 보면 말미에는 계약직이거나 몇 개월의 임시직인 경우가 다수이다. 전문직 종사자들뿐만 아니라 현대 산업 사회에서는 직원에 대한 고용을 임시적으로 한정해서 경쟁을 시키거나 필요한 업무가 종료되면 고용 계약을 해지하기 편하도록 형태를 다양화시키고 있다. 다양한 이름들로 불리지만 대다수는 임시직 형태의 고용이다. 고용주들은 자신들의 임금에는 후하면서도 고용에 대한 비용 지불은 점점 인색해지고 있다.

Tempositons Group의 대표인 James Essey는 직원으로 지원한 사람들을 확정적으로 고용하기 전에 시험해보는 것이 좋다고 말했다. 임시적인 고용에는 급여를 정규직에 비해서 적게 주어도 되기 때문에 고용주들로서는 일석이조인 셈이다. Avenue Temporary Service의 부회장인 Geogrgia Ellis도 고용을 계약 결혼처럼 실제 경험을 해보는 확인이 필요하다고 주장했다. 임시직으로 고용되어 회사와 개인이 서로를 알아가는 것이 이력서에 나오지 않는 실체를 파악하고 명료하게 만들 수 있다고 보는 것이다.

그러나 고도의 창조적 작업이나 정규적인 고용형태가 꼭 필요한 곳에서의 임시직 증대는 직원들의 불안을 높이고 갈등을 심화시키는 사회적 위험으로 작용할 수 있다. 경쟁사회의 당연한 결과물처럼 인식되는 임시직은 결과물이 아니라 경쟁사회를 심화시켜 사회 불안과 갈등을 증가시키는 원인일 수 있다는 지적이다. 임시직이기 때문에 정규직이 되기 위해서 작업자들은 더 많이 일하면서도 더 적은 월급을 받게 되고, 더 많이 불안하며, 더 많은 불평을 가지게 된다. 불필요한 임시적 고용 형태의 만연은 사회를 더욱 불안하게 만들 수 있다(Ellin, 1999).

고용불안을 해소하기 위해서 극단적인 선택이 일어날 수 있는데, 현재 나이지리아에서는 해적이 가장 안정적인 직업 중 한 가지가 되었다. 몇몇 국가에 자리를 잡고 있는 테러 조직은 높은 급여와 확실한 고용을 광고하며 사람들을 모으기도 한다. 고용불안에 시달리는 사람들은 안정적인 일자리를 원한다. 사람들은 일의 종류와 성격보다는 얼마나 고용불안을 해소해줄 수 있는가에 더욱 집중하게 되는데 해적이 되거나 테러 단체에 가입해서라도 안정을 찾겠다는 것은 고용불안이 만들어낸 흉측한 결과인 것이다. 나아가 고용불안을 해소하지 못하는 사회에 대한 불만은 자신과 사회에 자해적 위해를 가할 수 있는 가능성도 증가시킬 수 있다.

2) 직무만족

일반적으로 직무만족(job satisfaction)은 종업원이 자신의 직무로부터 얻는 즐거움의 정도를 말한다. 자신의 직업에 만족하는 정도는 폭넓은 개인차가 있기 때문에 다양한 반응들이 존재한다. 만족, 특히 직업에서의 만족은 개인의 긍정적 정서와 객관적 직무상황의 향상을 가져다준다. 자신이 다니는 직장을 자랑스러워하고 만족하는 사람과 항상 불만을 가지고 있는 사람들은 업무성과뿐만 아니라 일상생활의 영역에서도 차이가 발생한다(Kinicki, McKee-Ryan, Schriesheim, & Carson, 2002). 직업이나 직무에 만족하느냐의 여부는 직장의 주차공간에서부터 승진과 근무성과의 평가 및 성취감까지 수많은 요인들에 의해서 결정된다. 또한 나이나 건강, 재직기간, 사회적 평가, 근무시간 및 휴가일수 등에 따라 차이가 발생할 수도 있다. 수많은 변수들의 대응이 가능하기 때문에 심리학에서는 직무만족에 대한 연구가 인기가 있는데, 일반적으로 심리학자들이 원하는 것은 직무만족이 얼마나 업무성과에 영향을 미치는지를 알아내는 것이다.

장태연과 장태성(2004)은 직무만족과 택시 교통사고 발생 간의 관계에 대한 연구를 실시했다. 연구에 의하면 공정게임(사회 전반적으로 법을 지키지 않는 태도가 만연하므로 자기만 법을 지키면 손해라는 태도) 및 부적격률(면허 취소 운전자 및 승무 부적격 운전자에 대한 총운전자의 비율)에 관계가 있었다. 또한 택시운전자의 직무만족이 교통사고 발생과 밀접한 관련을 보였다. 부적격률이 높고, 직무만족도가 낮을수록 교통사고 발생률이 증가했다. 시내버스 운전자들에 대한 조사연구를 통해서도 직무만족도와 교통사고 경험 간의 높은 상관관계를 확인했다. 직무만족도에 영향을 미치는 요인으로는 삶의 만족도가 가장 중요하며, 경영진에 대한 인식과 근로조건 만족도 등이 순차적으로 중요한 역할을 하는 것으로 제시되었다(Machin & De Souza, 2004).

Hart(1999)는 479명의 경찰관들을 대상으로 한 연구에서 직무만족이 업무 외적인 것들에 영향을 받는다고 밝혔다. 연구에서 연봉이나 승진의 기회, 외부적 평가와 더불어 얼마나 직무가 안전한지 혹은 그렇지 않은지는 만족도에 큰 영향을 미치는 요인이었다. 높은 급여를 바라는 것처럼 사람들은 안전한 직무를 선호하고, 자신의 직무가 안전하다고 인식할수록 만족도가 높아졌다. 직무의 만족도는 단순히 작업 환경에만 머무는 것이 아니라 삶의 긍정적 만족감과도 밀접하게 연계되어 상호 만족에 영향을 주게 된다.

(1) 급여 형평성

누군 부자이고 누군 가난한 사회보다 모두가 가난한 사회의 만족도가 더 높다는 말이 있다. 공평한 조직이라는 인식에 가장 큰 영향을 미칠 것이라고 생각되는 것이 급여이다. 따라서 급여가 형평성 있게 주어지는 것은 만족도의 중요한 원인이다. 납득할 만한 이유 없이 자신의 급여가 더 적거나, 비슷한 능력의 다른 사람의 급여가 더 높은 것은 만족도를 해치는 요인으로 작용하게 된다. 반대로 동료보다 더 많은 월급을 받는 사람들의 만족도는 더 높다.

미국의 경우도 급여 형평성은 만족도를 결정하는 중요한 요인이다. 일반적으로 여자들은 같은 일을 하는 남자들보다 급여가 적다. 많은 소수 인종의 월급은 같은 일을 하는 백인들보다 적다. 가족으로 구성된 회사의 CEO는 고용된 CEO보다 급여가 높다. 그들이 받는 월급의 많고 적음을 넘어 급여가 공평하지 않다는 인식은 근로의 질이나 만족도를 심각하게 훼손할 수 있다(Gomez-Mejia, Larraza-Kintana, & Makri, 2003).

(2) 성과연봉

많은 직장에서 성과에 따른 차등적인 연봉을 지급하면, 종업원들이 더 많은 생산력을 보일 것이라고 기대한다. 그러나 시간-동작 연구에서부터 전통적으로 주장해 온 것처럼, 더 많은 생산에 더 많은 임금을 주는 제도의 효과는 절대적이지 않다. 호손연구의 결과를 보더라도 직원들은 그들 나름의 생산량에 대한 기준을 가지고 있으며, 더 많은 생산량에 따른 임금의 증가만큼이나 편안하게 일하기를 바란다. 즉, 직업에서 가져가고자 원하는 것이 임금만이 아니라 즐길 수 있는 만큼의 작업량이기도 한 것이다. 이러한 직원들의 성과와 임금에 대한 연구들은 의사에서부터 청소부까지를 포함하는 1,700명의 병원 노동자들을 대상으로 한 8개월간의 연구에서 보다 분명히 밝혀졌다. 연구는 성과급의 효과가 모든 직원에게서 동일하게 나타나는 것이 아니라 성과급을 인정과 평가라고 내면화한 사람들일수록 긍정적으로 작용한다는 결과를 보여주었다. 즉, 성과급의 지급과 평가가 공정하며, 자신에 대한 인정의 표현으로 지급된다고 직원들에게 인식될 때에만 직무만족이나 성과가 연결될 수 있음을 보여준 것이다(Shaw, Duffy, Mitra, Lockhart, & Bowler, 2003).

(3) 상사의 문제

Hogan, Curphy, Hogan(1994)은 75%의 미국 종업원들이 스트레스를 유발하는 주범으로 상사를 지목했다고 보고했다. 직원들의 가장 공통적인 불만은 상사가 책임을 지려 하지 않고, 폭군처럼 군림만 한다는 것이고, 직원들을 바보처럼 대한다는 것이다. 일부러 이른 새벽이나 금요일 저녁에 회의를 잡는 상사들, 회의에서 부하들에게 면박을 주는 상사, 부하가 납득할 만한 의견을 이야기했는데도 자신의 명령에 토를 단다며 서류를 내던지고 고성을 지르는 상사들에 대한 이야기를 들으면 그런 사람들이 어떻게 상사가 되었는지 의문이 든다. 실제로 있었던 어처구니없는 사례들로는 심장마비로 쓰러진 직원을 위해 119에 전화를 못하게 한다든지, 아이를 유산한 직원의 조퇴 신청을 허락하지 않는다든지 하는 것들이다.

Hogan 등(1994)은 직원들이 가지고 있는 상사들의 이미지에 대해 조사했다. 조사결과는 10명 중 7명의 상사는 무능력하고 착취적이며, 지배적이고 짜증스럽고, 믿지 못할 사람들로 인식된다고 보고했다. 그렇다면 왜 리더로 뽑히는 사람들은 하나같이 다들 이 모양일까? 어째서 이런 사람들을 리더로 뽑은 것일까? 아니면 부하일 때는 유능하였지만 리더가 되면 이렇게 변하는 것인가? 10명 중 과반이 훨씬 넘는 상사가 그야말로 '나쁜 사람'이라는 것은 직장이나 조직의 가장 큰 골칫거리가 아닐 수 없다. Goleman(1998)은 이러한 상사의 문제가 리더로 잘못 임명된 문제라기보다는 리더의 자리 자체가 공감능력의 부재를 만들 수 있기 때문이라고 지적했다. Goleman(1998)은 직원이 점점 상위 직급의 리더 자리로 올라갈수록 부하들의 감정을 이해하지 못하게 되고, 점점 더 자기중심적인 세계관 속에 빠져 들 수 있다고 지적했다. 이러한 현상은 간단한 사례를 통해서 증명되었는데, 당신이 직원의 입장이라면 굳이 증명할 필요도 없이 잘 이해할 것이다.

두 통의 이메일을 받았다고 가정해보자. 하나는 부하 직원에게서 온 것이고 하나는 상사로부터 온 것이다. 어떤 이메일에 먼저 답장을 쓸 것인가? 대다수는 상사로부터 온 이메일에 먼저 답장을 쓰기 위해 노력할 것이다. 이것은 조직에서의 서열을 나타내는 가장 기본적인 사례이다. 일반적으로 사람들은 자신보다 권력이 강한 사람들에게는 관심을 더 기울이며 힘이 약한 사람들에게는 관심을 적게 기울인다. 권력과 관심의 관계에는 처음 만난 사이에서도 극명하게 드러난다. 처음 만난 사람들이지만 첫 5분간의 대화만을 관찰해보더라도 사회적으로 높은 지위에 있는 사람은 낮은 지위에 있는 사람들에게 눈을 덜 마주치거나, 고개를 덜 끄덕이는 식으로 관심을 덜 기울였다. Goleman(1998)은 사회생활에서 나타나는 이런 리더의 공감능력 부재나 부하 직원들에게 집중하지 못하는 문제는 조직이나 산업체에서 위험요소가 될 수 있다고 지적했다. 왜냐하면 가장 효과적으로 리더의 역할을 수행하기 위해서는 설득이나 영향력 발휘, 동기부여, 경청, 팀워크, 협업 등과 같은 공감능력이 뒷받침 되어야 하기 때문이다.

Goleman(1998)이 밝힌 공감능력에는 세 가지 종류가 있다. 첫 번째는 인지적 (cognitive) 공감능력이다. 다른 사람들이 어떤 방식으로 생각하는지, 즉 타인의 세계관을 느낄 수 있는 능력이다. 이 능력을 통해 다른 사람들이 이해할 수 있는 방식으로 이야기를 전달할 수 있다. 두 번째는 감정적(emotional) 공감능력이다. 다른 사람들의 감정에 즉시 공명할 수 있는 능력이다. 그리고 세 번째로는 감정이입적인 (empathic concern) 공감능력이다. 사람들이 필요로 하는 것이 무엇인지 이해하고 그것을 도와주는 방식으로 다른 사람에 대한 관심을 표현할 줄 아는 능력을 말한다.

Goleman(1998)은 공감능력 결핍의 징후를 보이는 리더의 특성에 대해서도 세 가지로 요약했다. 첫째는 부하가 보기에 말이 안 되는 지시사항이나 메모는 리더가 직원들의 위치에서 세상을 보지 못하고 직원들이 납득할 만한 수준의 말로 풀어내는 데 실패했다는 것을 보여주는 징후라고 밝혔다. 또 다른 낮은 인지적 공감능력의 징후로는 막상 그 목표를 수행해야 할 직원들에게 납득이 가지도 않고 말도 안 되는 전략이나 계획을 제시하는 것이다. 둘째는 부하들을 당혹스럽게(upset) 하는 공식발표나 명령이다. 이것은 리더가 직원들의 감정적인 현실을 제대로 읽지 못하며 부하들에게 대해서 무지하다는 것을 나타낸다. 셋째는 직원들이 힘들어하는 일에 대해 리더가 차갑게 대하거나 무심한 태도를 보이는 것이다. 이것은 감정이입 능력이 없다는 것을 보여주는 징후인데, 부하들은 자신의 리더가 차갑고 무심한 사람이라는 것을 알게 되면 방어적이 된다. 예를 들어 무심한 리더와 일하는 직원들은 혁신을 위해 모험을 감수하는 것을 꺼리게 될 것이다. 안타깝게도 Goleman(1998)은 높은 지위에 있는 리더일수록 공감결핍증에 빠질 위험이 크다고 밝혔다. 그 이유는 지위가 높아질수록 솔직하게 의견을 밝히는 부하들의 수가 줄어들기 때문이다. 특히 리더가 주위 사람들에게 어떻게 대하는지에 따라서 솔직한 의사표현은 더욱 줄어들 수 있다.

3) 일-가정 갈등

일반적으로 역할 갈등은 두 가지 이상의 욕구가 역할을 수행하는 과정 속에서 동시에 존재하며 해결이 곤란한 상태에서 발생하게 된다. 일과 가정 갈등은 직장과 가정이란 두 영역에 속한 사람이 상호 분리할 수 없는 역할 수행의 압력으로 인해 발생하는 갈등이다. 따라서 일-가정 갈등은 일 때문에 가정에서의 역할을 수행하기 어려운 경우와 가정 때문에 일을 수행하기 어려운 경우로 구분할 수 있다.

Spector, Cooper, Poelmans, Allen, O'Driscoll, Sanchez, Siu, Dewe, Hart, Lu, De Moraes, Ostrognay, Sparks, Wong, Yu(2004)는 일-가정의 갈등이 문화에 따라 차이가 있다고 보고했다. 서구권(호주, 캐나다, 영국, 뉴질랜드, 미국)과 중화권(홍콩, 중국, 타이완), 라틴아메리카권(7개국)은 주당 평균 근로시간이 각 49시간, 47시간, 50시간으로 유사했다. 그러나 집합주의 문화를 가진 중화권과 라틴아메리카권보다 개인주의 문화의 서구권에서 일-가정 갈등이 더 강한 것으로 나타났다. 이것은 초과근무 등으로 직장에서 더 많은 시간을 보내는 것에 대해 근로자가 가정에 더 많은 죄책감을 느끼고 갈등관계를 형성하기 때문으로 보인다. 또 서구권은 생계를 위해 근로시간을 늘릴 필요성이 중화권이나 라틴아메리카권보다 더 적다. 이런 상황에서 직장에서 더 많은 시간을 보내는 것에 대해서 가족 구성원들은 불평할 수 있고, 다른 문화권보다 서구권은 더 많은 일-가정의 긴장관계가 형성될 수 있다.

Greenhaus와 Beutell(1985)은 일-가정 갈등을 유발하는 유형을 세 가지로 구분했다. 세 가지 유형은 시간 갈등, 긴장 갈등, 행동 갈등이다. 시간 갈등은 일과 가정에서의 역할을 수행하기에 시간적 압력이 발생하면서 생기는 갈등이다. 긴장 갈등은 하나의 역할 수행이 다른 역할 수행의 질을 하락시킬 때 발생하는 갈등이다. 행동 갈등은 하나의 역할 수행에 효과적인 행동이 다른 역할 수행에는 효과적이지 않을 때 발생하는 갈등이다.

4) 정서적 탈진

탈진은 주로 사람을 응대하는 직종의 작업자들에게서 나타나는 소진으로 만성적인 스트레스 반응의 하나로 정의된다(Maslach & Jackson, 1986). 정서적 탈진은 주로 소진과 비인격화 그리고 성취감 감소라는 세 가지 주요한 증상으로 나타난다. 구체적으로 소진(exhaustion)은 과도한 심리적 부담이나 요구들로 인해 개인의 정서적 자원들이 고갈되었다고 느끼는 것이다. 비인간화(depersonalization)는 타인에 대해 부정적이고 냉소적인 반응을 보이는 것을 말한다. **성취감의 감소**(reduced personal accomplishment)는 일에서 나타나는 역량이나 생산성이 저하되면서 느끼는 자신에 대한 부정적 평가 경향을 의미한다. 탈진상태의 지속은 이직 의도 및 결근의 증가와 조직 몰입감 감소와 같은 직무태도에 부정적인 영향을 미치게 된다. 여러 선행연구들에서는 탈진의 증상들 중 소진이 가장 먼저 나타난다고 보고하고 있다.

5) 정서노동

현대산업에서 최종적인 평가자는 소비자다. 석유나 제철, 화학제품과 같은 대단위 공장 산업이라고 하더라도 원료를 소비하는 소비자에게 최종적인 평가를 받게 될 것이다. 광범위하게 본다면 모든 인간관계를 기반으로 하는 노동은 정서적 에너지 투여가 필요하다. 흔히들 솔직하게 살고 싶어 하지만 솔직할 수 있는 것은 권력이 있을 때나 가능한 일이다. 인간관계는 권력의 차이를 가지고 있기 때문에 솔직하게 자신의 정서를 표현할 수 없는 경우가 많은데, 자신의 정서를 솔직하게 표현하지 못하는 모든 경우를 일종의 정서노동이라고 볼 수 있다.

　보다 좁은 영역으로 한정한다면, 서비스 산업에서 경쟁의 우위를 차지하기 위해서는 육체적 노동과 같이 정서적 표현을 요구받는 경우가 많은데, 이러한 노동을 정서노동이라고 정의할 수 있다. Hochschild(1993)는 정서노동에 대해서 "교환가치를 위해서 자신의 감정을 의식적으로 조절하는 노력을 하는 노동"이라고 정의했다. 한국의 경우 '손님이 왕'이라는 말로 소비자의 반응이나 평가에 전적인 기준을 설정하고 있는 경우가 많다. 따라서 정서노동의 범위가 거의 모든 대인(對人) 업무로 확장되어 있다고도 볼 수 있다. 아울러 조직 내 상사나 동료 등을 내부 고객으로 파악하게 된다면 정서노동은 모든 직업관계에서 나타난다.

　정서는 사건이나 생각에 대한 평가로 인해서 활성화된 정신적 상태를 말한다. 음성이나 몸짓, 자세나 표정 혹은 생리적 변동 등에 의해서 반영되기도 한다. 정서 억압이나 내적 감정과 외적 감정이 일치하지 않는 정서 부조화는 심리적 고통을 유발할 수 있다. 한국의 경우 이러한 정서적 불일치가 '화병'을 일으키는 주요한 원인으로 지목되고 있다. 화병은 한국만의 독특한 정신의학적 진단명이기 때문에 정서표현의 억제나 불일치가 특히 한국인의 심신건강에 주요하면서도 독특한 영향을 준다고 것을 짐작하게 한다. Hochschild(1979, 1993)는 정서노동에 대해서 두 가지 상황별 구별을 내놓았다. 첫째는 개인이 자신의 정서를 무시하고 조직이 요구하는 정서를 일방적으로 따르게 되는 표면 행위로서의 정서노동이다. 둘째는 표현하도록 조직에서 요구하는 정서를 실제로 자신이 느끼기 위해서 스스로에게 내면화시키는 행위로서의 정서노동이다. 표현으로서의 정서노동은 자신의 실제 정서와 표현해야 하는 정서의 불일치를 경험하게 되면서 스트레스나 소진으로 이어질 수 있다. 내면화로서의 정서노동은 표현해야 하는 정서를 느끼기 위해서 노력하는 과정에서 피로와 스트레스를 경험하게 된다.

지나친 감정 소비와 에너지 낭비는 정서적 소진으로 이어질 수 있다. 정서적 소진은 업무 중 발생하는 스트레스의 가장 일반적인 형태이다. 비슷한 양상으로 냉소나 효능감의 감소가 나타날 수 있다. 냉소는 정서적 소진이 관계적 측면에서 나타나는 것으로 주변 사람들에게 냉담하고 기계적으로 응대하는 태도를 말한다. 효능감의 감소는 자기에 대한 평가에서 성취가 부족하다고 느끼는 것으로 역시나 정서적 소진의 한 형태일 수 있다.

Mann(1999)은 영국의 서비스업 종사자 137명을 대상으로 사람들 간의 상호작용 빈도와 정서노동 정도에 따른 스트레스와의 관계를 연구했다. 연구 결과 정서노동의 강도가 증가될수록 스트레스도 증가했다. 또한 Pugliesi(1999)는 동료나 고객을 만족시키기 위해 감정을 바꾸거나 인지적 노력을 투자하는 것이 스트레스의 정도와 비례한다고 보고했다. 한국의 경우에도 정서노동은 우울 등을 포함한 부정적 정서와 상당한 관련을 보였다. 김효정(2014)의 연구에 따르면 감정 통제와 감정 요구가 적은 직업에 비해서 중간 정도의 강도로 감정 통제와 요구를 수행해야 하는 직업은 우울 위험도가 2.01배 높았다. 감정 통제와 요구가 가장 높은 직업은 낮은 직업에 비해서 3.32배나 높은 우울 위험도를 나타내었다. 이 밖에도 정서노동을 수행하는 사람들은 여러 가지 심리적 외상사건(고객이나 동료 혹은 상사의 부당한 대우를 감내해야 하는 등)을 경험하면서 불안 수준도 높았다. 정서노동의 부정적 영향은 피로나 불면증, 두통과 같은 신체화된 증상으로 나타날 수도 있다. 나아가서는 대인관계나 직장생활을 그만두게 되는 사회적 회피증상이나 태만한 업무 혹은 책임 회피와 같은 조직에 부정적인 영향이 줄 수 있는 행동이 증가하게 된다(이진욱, 2003; Brotheridge & Grandey, 2002).

14 공학 심리

1987년 페르시아만에서 미 해군 순양함 빈센스호는 이란 민간 항공기를 피격했다. 레이더에 잡힌 비행물체의 정보가 모호했기 때문이다. 접근하는 비행체가 하강하는 것이라면 자신들을 공격할 수 있다고 판단한 빈센스호는 미사일을 발사했다. 그러나 비행체는 민간 항공기였고, 하강하는 것이 아니라 상승하는 것이었다. 페르시아만의 안타까운 참사는 기계와 컴퓨터를 기반으로 하는 현대 사회에서 공학적 측면의 접근이 필요한 이유를 보여준다.

1. 오류

1) 실수와 착오 그리고 위반

Ross(1980)의 연구에 따르면 사고와 관련된 인적 원인은 여러 조사에서 60% 이상을 차지하는 것으로 나타나고 있다. 좀 더 구체적으로는 미사일 검사에서 고장의 40%가 인간적인 오류가 원인이라고 지적된다. 선박 충돌과 좌초의 63.5%, 항공기 사고의 70%가 인간이 저지른 오류 때문에 발생한다고 밝히기도 했다. Rasmussen(1983)은 원자력발전소에서 발생하는 200가지의 사고를 분류하여 어떤 실수가 발생하는지 조사했다. 연구 결과, 가장 많은 실수는 작업자가 해야 하는 행위를 생략하는 것(42%)으로 나타났다. 부주의가 원인으로 지목되는 이러한 오류들은 설비 유지와 관련된 숙달된 작업 행동에서도 발생할 수 있다.

위험이 사고에 도달할 수 있도록 하는 인간 행동을 오류라고 정의할 때, 오류는 심리내적 원인에 따라서 실수나 착오 및 위반과 실책 등으로 세분화해서 구분할 수 있다. 착오(laps)는 의도하지 않은 오류를 나타낸다. 의도성이 없는 단순한 실수를 말한다고 보면 된다. 착오는 실제 행동으로 나타나지 않아서 당사자만이 인식하는 경우가 많다. 주로 고의성도 없고 위험성도 없지만 당황하게 하는 행동으로 주의나 기억의 문제로 발생하게 되는 행동을 말한다. 실책(mistake)은 부적절한 주의를 반영하는 것으로 부적절한 의도에서 발생하는 실수를 말한다. 부정확한 정보에서 출발하여 잘못된 판단이나 계획 때문에 어떤 행위가 진행되지만 그 계획에서부터 결과까지 좋지 않은 상태를 말한다. 다음으로 실수(slip)는 고의성이 없는 위험한 행동을 지칭하며, 일반적으로 행위자가 의도하지 않았고 어떤 기준에 맞지 않는 것이다. 시스템이 납득할 수 있는 한계를 넘어서 잘못 작동되는 경우를 말하기도 한다. 의도하지 않았던 말이 튀어나오는 말실수 등이 실수의 대표적인 예이다. 위반(violation)은 고의성이 있는 위험한 행동이다(Parker, Reason, & Manstead, 1995). 오류의 세분화된 형태에 상관없이 시스템이 복잡해질수록 오류 발생의 가능성은 증가되는데, 체르노빌 원전사고는 운전원의 오류가 얼마나 참혹한 사고를 발생시킬 수 있는지 보여주는 단적인 사례이다.

체르노빌 원전사고는 1986년 4월 26일 오전 1시 24분경에 발생했다. 사고 전날인 25일 오전부터 체르노빌 원전 측은 원자로 4호기의 정기 점검을 위해 잠시 가동을 중단할 예정이었다. 4호기에는 원자로의 가동이 중단되면 냉각펌프와 다른 제어장치들을 작동시킬 수 있는 비상용 디젤 발전기 3기가 있었다. 원자로가 정지했을 때 비상용 디젤 발전기들이 전력을 공급해주어야 하는데, 냉각펌프를 작동하는 데 필요한 전력을 제때 공급할 수 있을지 불확실했다. 왜냐하면 디젤 발전기들은 충분한 전력을 생산하기까지 약 1분의 시간이 필요했는데, 이때 발생하는 1분의 시간 차이가 문제를 발생시킬 수 있다고 생각했기 때문이다. 이러한 문제를 보완하기 위해 체르노빌 원전 차석 엔지니어였던 아나톨리 댜틀로프(당시 55세)는 주 전원이 끊어진 상태에서 원자로 터빈의 관성에 의한 에너지가 원자로 냉각펌프 등에 전력을 공급할 수 있는지 알아보는 실험을 실시하기로 결정했다. 주 전원이 끊어질 때까지 전원의 출력을 낮춰보기로 한 것이다. 현장에 있던 알렉산드르 아키모프(당시 33세)와 레오니드 토프투노프(당시 26세) 등 젊은 과학자들은 댜틀로프의 계획에 반대했다. 왜냐하면 주 전원의 출력을 낮추었다가 올리는 작업이 쉽지 않다고 보았기 때문이다. 하지만 실험은 강행되었고 여러 가지 의도적이고 비의도적인 실수들이 겹쳐지면서 원자로 발전 출력을 700MV까지 낮추기로 한 계획은 빗나가 300MV까지 낮아지게 되었다. 예상치 않은 비상상황에 무리하게 작업이 진행되다가 결국 원자로는 26일 새벽 과열로 폭발했다.

2) 오류

인간은 실수하는 존재이다. 인간의 속성에는 오류가 포함된다. Hawkins(1993)의 연구에 따르면 인간은 다이얼식 전화를 사용할 때 20회 중 1회, 단순 반복 작업에서는 100회에 1회 그리고 잘 정비된 환경에서도 1,000회의 활동 중 1회는 오류를 발생시키는 것으로 나타난다.

인간이 발생시키는 오류는 다음의 네 가지 특성을 가진다. 첫째, 오류는 매우 비슷한 상황에서 자동화된 수행을 할 때 주로 발생한다. 둘째, 대다수의 오류(40%)는 진행 중인 행동의 결정적 지점에서 자동화된 행동이 끼어들면서 발생한다. 즉, 강한 습관이 오류를 발생시킨다. 셋째, 모든 상황에서 강한 습관이 끼어들 수 있다. 습관화된 행동이 필요가 없을 때나 습관 행동의 일부 수정이 필요할 때도 습관에 의한 오류가 발생할 수 있다. 넷째, 전체를 이루는 부분들의 순서를 혼동해서 오류가 발생한다. 즉, 부분 동작의 생략이나 착오로 오류가 발생한다.

Swain과 Guttmann(1983)은 주로 원자력 발전소에서 일어나는 오류 유형에 대해서 조사했다. 그들은 연구를 통해 오류를 다섯 가지 종류로 분류했다. 다섯 가지 오류는 다음과 같다. 첫째, 필요한 절차를 수행하지 않아서 생기는 오류(생략 오류). 둘째, 필요한 절차의 수행이 지연되어서 생기는 오류(시간 오류). 셋째, 필요한 절차의 불확실한 수행으로 생기는 오류(실행 오류). 넷째, 필요한 절차의 순서를 잘못 이해해서 생긴 오류(순서 오류). 다섯째, 불필요한 절차를 수행함으로써 생기는 오류(부적절 행동 오류)이다.

大島(1982)는 오류를 행동과정에 따라 구분하였는데, 오류 발생을 정보의 입력(input)-결정(decision making)-출력(output)-피드백(feedback)의 과정으로 분류할 수 있다고 보았다. 좀 더 구체적으로 大島(1982)는 오류의 종류를 여섯 가지로 구분했다. 첫째는 입력과정의 오류이며, 둘째는 정보처리 과정에서의 오류, 셋째는 의사결정 과정에서의 오류, 넷째는 출력 지시 단계에서의 오류, 다섯째는 출력에서의 오류, 여섯째는 피드백 과정에서의 오류이다. Rook(1962)은 제품의 설계단계에서 적용될 수 있는 오류의 종류로 인간공학적 설계 오류, 제작 오류, 검사 오류, 설치 및 보수 오류, 조작 오류, 취급 오류를 제시했다.

(1) 오류에 대한 접근 방법

오류에 대한 과학적 접근은 크게 개연적 접근과 인과적 접근으로 이루어진다. 개연적 접근(probabilistic approach)은 전체 체계의 신뢰성에 대한 추정치를 제공하는 방식으로 인간의 신뢰성을 측정하려고 하는 전문가들에 의해서 제기된 접근 방법이다. 특수한 형태의 작업과 절차에 종사하는 사람들의 실패율을 통해서 위험 정도를 평가하는 방식이다. 즉, 얼마나 오류가 사고에 영향을 주었는가를 살펴봄으로써 오류 속의 위험을 평가한다.

인과적 접근(causal approach)은 오류가 발생하는 원인에 집중하는 접근 방법이다. 인과적 접근은 모든 오류에는 원인이 존재하기 때문에 오류를 발생시키는 상황들을 알 수 있다는 가정에 기초한다.

(2) 오류 발생 요인

오류가 발생하는 이유는 다양하다. 직장에서의 인간 오류는 인간 특성과 교육훈련의 문제, 직장환경의 문제, 작업특성, 설계 문제 등으로 구분된다. 구체적으로 인간 특성은 경험 부족이나 능력 결여, 성격과 습관, 부적절한 신체 조건, 낮은 동기부여 등이 원인이 되는 오류로 분류된다. 교육훈련의 문제는 부족한 교육 및 훈련시간, 부적절한 지침서 및 정보의 부족, 의사소통의 부족 등이 원인이 되는 오류이다. 직장환경의 문제는 무리한 작업시간 운영, 미숙한 작업계획, 낮은 유대감, 부적절한 작업 기준, 신뢰가 낮은 노사관계 등이 원인이 되는 오류이다. 작업특성은 다루기 힘든 기계나 도구, 복잡한 작업 공정, 정보공유 문제에 따른 상황 파악의 어려움, 혼란스러운 신호, 지속적인 긴장 등이 원인이 되는 오류이다. 설계 문제는 난해한 신호, 낮은 적합도 장치, 공간설계의 문제 등이 원인이 되는 오류이다. 오류의 발생을 줄이기 위한 안전 설계 기법은 오류를 범할 수 없도록 하는 배타 설계(exclusion design)와 오류를 범하기 어렵도록 하는 보호 설계(preventive design) 그리고 오류 가능성은 감소시킬 수 없지만 오류의 결과를 감소시킬 수 있도록 하는 안전 설계(fail-safe design) 등이 있다.

(3) 오류를 줄이기 위한 설계

오류를 줄이기 위해서는 제품이나 도구의 설계에서부터 몇 가지 원칙이 필요하다. 이창우, 김영진, 박창호(1996)는 오류를 줄이기 위한 설계 4원칙을 다음과 같이 제시했다.

- 오류의 원인을 파악하고 최소화하도록 설계한다.
- 원 상태로 되돌릴 수 있도록 설계한다. 원 상태로 되돌릴 수 없다면 조작을 어렵게 하라.
- 오류를 발견하고 고치기 쉽게 설계한다.
- 오류의 원인을 사용자가 아니라 설계 단계에서부터 파악하도록 한다.

오류가 사람이 아니라 설계가 원인이라고 볼 수 있는 대표적인 사례로 미국의 자동차 안전띠의 제품 설계를 들 수 있다. 한때 미국에서는 자동차를 탑승할 때 안전

띠를 착용하지 않으면 시동이 걸리지 않도록 장치를 고안한 적이 있었다. 안전띠 착용을 강제하기 위한 설계였지만 사람들은 곧 정비소에서 안전띠와 자동차 시동이 연동되도록 하는 장치들을 떼어내기 시작했다. 안전을 담보하기 위한 너무 강력한 설계가 문제를 만들어 낸 것이다.

　Nielsen(1993)은 사용성에 보다 많은 중점을 두는 설계의 원칙을 10가지로 제시했다. 첫째, 단순하고 자연적인 상호작용이다. 간단할수록 탐색의 부담이 줄어들게 된다. 사용자의 과제와 인터페이스는 가능한 한 자연스럽게 대응되어야 하는데, 이것을 위해서 지각조직화와 주의의 원리를 응용해야 한다. 둘째, 사용자의 언어로 말해야 한다. 시스템이 아닌 사용자의 관점에서 말하고, 사용자의 개념 모형에 잘 대응하는 적절한 비유를 활용해야 한다. 되도록 전문어, 외국어, 비표준어를 사용해서는 안 된다. 셋째, 사용자의 기억 부담을 최소화해야 한다. 회상보다는 재인이 쉬우므로, 가시성을 높여야 한다. 이것을 위해서는 내정값(default value), 범위, 단위 등을 제공하는 것이 좋다. 넷째, 일관성을 가져야 한다. 기호와 의미 지각과 조작의 대응을 일관적으로 해야 한다. 같은 문제가 과제, 기능 구조 등에도 적용된다. 표준에만 의지해서는 안 된다. 다섯째, 피드백을 주어야 한다. 오류가 발생할 때에만 피드백을 주는 것이 아니라, 긍정적 피드백도 필요하다. 피드백은 사용자 인터페이스 변화를 실시간으로 반영하고, 의미 있는 정보적 피드백을 주어야 한다. 여섯째, 출구를 분명히 표시해야 한다. 언제든지 현 상태에서 빠져나가거나 원 위치로 돌아올 수 있다면 탐색이 촉진될 것이다. 그리고 시스템은 사용자의 가장 최근 행동에 우선적으로 반응해야 한다. 일곱째, 지름길을 만들어 두어야 한다. 생략, 기능키, 핫키, 더블클릭, 구조 생성기, 미리 입력하기, 이전 상호작용 재사용, 내정값 등을 활용하는 것이 방법이다. 여덟째, 오류 메시지를 잘 만들어야 한다. 오류를 알려줄 뿐만 아니라 시스템을 더 잘 이해하는 데도 필요하다. 오류 메시지는 사용자의 언어로 정확하고 정중하게 그리고 문제 해결에 도움이 되도록 전달해야 한다. 아홉째, 확인을 최소화해야 한다. 사용자의 조작에 대한 확인을 너무 자주 요구하면 응답이 자동화되는 오류가 생긴다. 열 번째, 도움 기능 및 문서를 만들어야 한다. 사용자는 매뉴얼을 거의 읽지 않는다. 따라서 과제 중심적이고 찾아보기식의 온라인 매뉴얼이 필요하다. 즉, 매뉴얼의 양보다는 질이 중요하다. 사용자 중심의 관점에서 수준에 따라 여러 단계의 매뉴얼을 준비하는 것이 좋다.

　노먼(Norman, 1988; 1990)은 제품, 기계 또는 설비의 설계에 있어서 사용자 중심의 설계라는 개념을 발전시켰다. 인간과 기계 시스템, 즉 설계는 상호작용을 통해서 오류를 줄일 수 있다고 보았으며, 이에 대한 일곱 가지 원칙을 다음과 같이 제시했다. 첫째, 머리 속 지식과 세상 속 지식을 모두 이용해야 한다. 사용자가 시스템에 대해 가지고 있는 심상이 시스템이 드러내는 외적 이미지와 일치할 때 효율적으로 수행할 수 있다. 둘째, 과제의 구조를 단순하게 구성해야 한다. 과제들이 서로 비슷하거나 숨겨져 있는 것을 가시적으로 만들어야 한다. 이것을 위해서는 자동화 하는 것이 좋다. 그러나 자동화를 하더라도 반드시 통제할 수 있는 장치를 마련해야 한다. 셋째, 일이 가시적이게 만들어야 한다. 이것을 위해서 실행 간격과 평가 간격을 좁혀야 한다. 실행 가능한 행동들은 사용자의 의도와 일치하도록 해야 하고, 시스템의 상태는 즉시 지각될 수 있고 해석될 수 있어야 한다. 넷째, 대응관계가 올바르게 만들어야 한다. 의도와 행동, 시스템 반응, 시스템 상태에 대한 사용자의 대응이 쉬워야 한다. 다섯째, 자연스러운 제약 및 인공적 제약의 위력을 활용해야 한다. 물리적, 의미적, 논리적, 문화적 제약들은 가능한 행동들의 수를 줄여준다. 여섯째, 만일의 오류에 대비한 설계를 해야 한다. 이것을 위해서 오류의 발생 원인, 복구 등을 가능하게 하고 비가역적인 행동은 어렵게 만드는 것이 좋다. 일곱째, 이 모든 것이 어렵다면 표준화시키는 것이 대안적 방법이다.

(4) 오류의 영향력 줄이기

오류의 영향력을 감소시키는 것도 오류를 줄이는 한 가지 방법이 될 수 있다. 오류의 영향력을 감소시키기 위해서는 세 가지를 염두에 둘 필요가 있다. 첫째, 시스템이 잠시라도 오류의 효과를 흡수할 수 있도록 장치되어야 한다. 둘째, 작업자가 오류를 저지를 가능성을 알게 하고 또 인정할 수 있도록 훈련해야 한다. 셋째, 오류가 생기면 어떤 식으로든 피드백을 주어서 작업자가 행동을 바꾸도록 해야 한다.

2. 오류 이론

1) 노먼의 스키마-지향성 이론

노먼(1990)은 오류의 스키마-지향성 이론(schema-oriented theory)을 발달시키면서 실책(mistake)을 부적절한 의도에서 발생한 오류로 정의하였고, 착오(lapse)를 예기치 않은 오류로 정의했다. 그리고 실수(slip)에 대해서 연구 주제로 삼았다. 일상생활에서 발생하는 1,000개의 실수를 수집하고 행위와 일차적으로 결합되는 오류를 분석했다. 노먼(1990)의 스키마 이론에서 실수의 기본적 분류는 세 가지 주제에 대한 것이다. 세 가지 주제에 따른 오류의 종류는 첫째, 의도 형성에 따른 오류와 둘째, 잘못된 활성화에 의한 오류 그리고 셋째, 잘못된 촉발에 의한 오류이다. 각각은 오류형성 과정에서 차이를 가진다.

(1) 의도 형성 오류

의도 형성에 의한 오류는 사용방식 오류를 말한다. **사용방식 오류**(mode error)는 적당하지 않은 행위가 뒤따라 발생하면서 나타나는 오류이다. 예를 들어 컴퓨터 자판을 사용하다가 마치 타자기의 캐리지를 옮기려고 시도하는 행동을 하는 것과 같은 오류를 말한다. 또 다른 형태의 사용방식 오류는 기억 정보의 선택에서 불명확성이 높아질 때 발생하기도 한다. 이러한 불명확성은 모양과 색깔이 비슷한 펜 뚜껑을 바꾸어 덮는 경우나 쓰레기통의 모양이 비슷해서 폐휴지통에 병을 버리는 것과 같은 오류를 말한다.

(2) 잘못된 활성화

기존 지식체계의 의도치 않은 활성화는 기대하지 않은 행동이 발생하는 오류의 원인이 된다. 기존 지식체계의 잘못된 활성화를 막기 위해서는 활성화가 촉발되지 못하도록 하는 것이 방법이 될 수 있다. 잘못된 활성화가 만들어낸 오류의 종류에는 표획 오류와 연상 활성화 오류 그리고 연합 실수가 있다.

첫째, **표획 오류**(capture error)는 상황과 부분적으로 결합되는 친근한 정보에 사로잡히면서 발생하는 오류이다. 노먼(1990)은 표획 오류의 예로, 저녁 식사를 위해 옷을 갈아입으려고 침실로 갔다가 침대에 사로잡혀 식탁으로 돌아오지 않고 누워 있는 사람을 들고 있다.

둘째, **연상 활성화**(association activation) 오류는 정보에 사로잡힌 형태로 발생하는 실수를 말한다. 연상 활성화 오류는 외부적인 자극에서부터 시작한다. 예를 들어, 전화를 건다는 외부적인 사건 자극 이후에 컴퓨터 패스워드를 입력할 때 방금 전에 건 전화번호를 입력하는 것이다. 이러한 연상 활성화 오류는 표획 오류와 차이가 있다. 표획 오류에서는 연속적으로 행해지는 행동들 간에 어떠한 형식적인 유사성이 없다. 표획 오류를 일으키는 연속된 행동들 간에는 단순하면서 강한 연합만이 필요하다. 하지만 연상 활성화 오류는 실수를 일으키는 행동이 유사성을 가진다.

셋째, **연합 실수**(associative slip)는 수동기어 변환장치가 되어 있는 자동차를 자동기어 변환장치가 된 자동차처럼 운전하게 되는 실수를 생각해보면 된다. 운전자가 자동기어 변환기를 수동기어 변환기처럼 조작하려고 하는 것은 기억과 자동화된 동작들 간의 연합 실수가 만들어낸 오류이다. 활성화된 기존 지식체계들이 망각되거나 간섭하면서 현재 행동에서 오류가 발생하는 것이다. 다음은 연합 실수의 여러 가지 형태들이다.

- 의도를 망각하기
- 구성 성분의 순서를 바꾸기
- 작업 절차에서 단계를 뛰어넘기
- 일련의 순서에서 단계를 반복하기
- 어떤 초기 단계로 일련의 순서를 다시 시작하기

(3) 잘못된 촉발

잘못된 촉발로 인한 실수는 잘못된 시기에 촉발되는 것이나 촉발되어야 할 때 촉발되지 못하는 것을 나타낸다. 노먼(1990)은 두음전환이라고 불리는 언어적 구성요소들의 순서를 바꾸는 오류를 대표적인 예로 들고 있다. 두음전환은 언어적 오류를 말하는데, 프로이트는 이러한 오류 현상이 무의식적 욕구의 반영이라고 주장했다. 노먼의 이론을 종합해보면, 오류를 의도 자체가 잘못된 오류와 의도는 정확했지만 행동이 잘못된 오류(action slip)로 구분하고 있다. 실책은 행동 자체는 의도에 맞게 이루어졌기 때문에 고의성은 없는 오류이다. 예를 들어 다림질을 하다가 전화기가 울리자 들고 있는 다리미를 귀에 대는 경우라고 볼 수 있다. 하지만 의도가 있었던 없었던 간에 사고의 결과는 심각할 수 있다. 개인 신체 손상만 보더라도 심각할 수 있고, 자칫 화재나 연쇄적인 문제를 초래할 수도 있다.

2) 라스무센의 수행수준이론

라스무센(Rasmussen, 1983)은 인간의 행동을 세 가지 수준으로 분류했다. 첫 번째 수준은 기능에 바탕을 둔 행동이며, 두 번째 수준은 규칙에 바탕을 둔 행동이다. 그리고 세 번째 수준은 지식에 바탕을 둔 행동이다.

첫 번째 수준인 기능에 바탕을 둔 행동(skill-based performance)은 부드럽고 고도로 통합된 행동 패턴을 말하는데, 의식적 통제 없이 발생하는 자동화된 감각-운동 과정이나 인지 수행에서 발생하는 오류를 말한다. 주로 의도치 않은 오류인 실수가 여기에 해당한다. 이러한 오류는 낮은 수준의 인지에서 상당히 빠른 양식으로 자극을 반응과 결합시키기 때문에 발생하게 된다. 환경 정보나 신호가 직접적인 의미를 가지지는 않지만, 적당한 행동을 촉발하게 하는 단서로 기능하기 때문에 기능에 바탕을 둔 오류는 힘이나 공간 또는 시간 좌표의 변화성과 관계가 있다. 기능에 바탕을 둔 행동은 지식체계가 잘못 촉발되거나 기술적이고 자료 주도적인 오류를 발생시킬 수 있다. 예를 들어, 이름을 잘못 부른다거나 휴대용 가스버너를 챙긴다는 것이 공구 상자를 챙기는 등의 실제 행동까지 이루어지는 오류를 말한다.

두 번째 수준인 **규칙에 바탕을 둔 행동**(rule-based performance)은 작업 기억에 있는 규칙들의 계층이 활성화됨으로써 일어나는 것이다. 사람들은 규칙들을 탐색한 후, 적당한 규칙 또는 묶음으로서 규칙들을 수행한다. 친근한 작업 상황에서 자동화된 하위과정들이 순서를 결정하게 되는데, 외부적 자극이나 의사결정의 규칙들에 의해 통제된다. 신호(sign)는 숙련된 하위과정들의 순서를 통제하거나 수정하는 데 사용된다. 예를 들어, 상황판단을 잘못하거나 의사결정 단계에서 오류가 발생하는 것이다. 행위와 계획까지는 정확했지만 부적절한 행동을 계획해서 발생하는 실책이다. 대표적인 규칙에 바탕을 둔 행동이 발생시킨 오류라고 볼 수 있다. 이러한 오류 형태는 주로 친근한 상황에서 발생한다. 잘못된 분류나 잘못된 재인 혹은 과제에 잘못된 연합 또는 절차를 회상하는 데 관련된 기억 오류이다. 규칙에 바탕을 둔 실책으로서의 오류를 줄이기 위해서는 표시나 절차서 등을 정확하게 준비해두는 것이 방법이 될 수 있다. 상황 판단과 행동 결정에 있어서 오류가 생기지 않도록 충분히 교육하거나 훈련하는 것도 규칙에 바탕을 둔 행동이 발생시킨 오류를 줄이는 방법이다.

세 번째 수준인 **지식에 바탕을 둔 행동**(knowledge-based performance)은 전체적으로 새롭고 구조화되지 않은 복잡한 문제들에 직면했을 때 발생한다. 따라서 지식에 바탕을 둔 행동의 오류를 해결하기 위해서는 현재의 상태를 확인하는 것이 아주 중요하다. 개인은 현재 상태를 원하는 목표 상태로 바꾸기 위해서 먼저 현재의 목표 상태를 조사해야 한다. 지식에 바탕을 둔 행동은 주로 과신이나 과소평가로 나타나는 오류라고 보면 된다. 예를 들어, 비가 내린 도로에서 운전 실력을 과신한 나머지 감속하지 않다가 사고가 나는 등의 경우나 마감 시간이 내일이지만 할 수 있을 것이라고 과신하고 업무에 나태해지는 등의 사례이다.

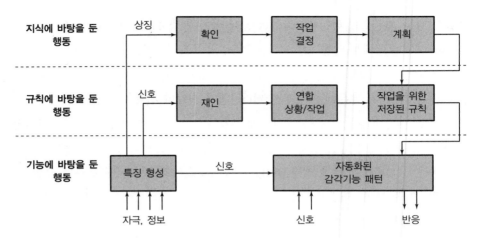

그림 14.1   라스무센의 수행수준 모델

출처 : Rasmussen (1983).

3) SHELL 모델

SHELL 모델은 국제민간항공기구(International Civil Aviation Organization, ICAO)에서 제안한 오류발생 모델이다. 1972년 Edwards에 의해서 개발되었으며 Hawkins(1993)에 의해서 개량되었다. SHELL 모델의 각 철자들은 다음의 의미를 가진다. S는 software로 절차서, 매뉴얼, 지시 및 훈련 방식 등 소프트웨어에 관련한 요소들이다. H는 hardware를 의미하며 기계, 설비, 도구 등 하드웨어에 관련한 요소들이다. E는 environment로 온도, 습도, 소음, 조명, 공간, 풍토, 관습 등 환경에 관련한 요소들이다. L은 liveware로 상사, 동료 등 작업자 주변의 인적인 요소들을 가리킨다. L은 liveware로 작업 당사자를 말한다.

일본은 SHELL 모델에 M 요소를 추가하여 M-SHELL 모델로 보완했다. M은 management로서 조직체계, 방침 등 관리 체계적 요소들이다. M 요소는 전체 SHELL 모델을 조망하면서 조정과 균형을 잡아주는 역할을 한다. 주로 항공업계에서 활용하는 모델이지만 의료업계나 다른 운송업계에서도 널리 사용되는 추세다. SHELL 모델을 실제 사고에 적용해본다면 다음과 같은 분석을 내놓을 수 있다. 2015년 3월 독일의 항공사 저먼윙스 비행기 4U9525편이 알프스 산맥에 추락하여 전원 사망하는 사고가 발생했다. 사고의 원인은 기체 결함이나 기후의 문제가 아니라 조종사의 우울증으로 밝혀졌다. 조종사는 자신의 우울증으로 비행기 사고를 발생시킨 것이다. SHELL 모델을 통해 저먼윙스 비행기 사고를 조망해본다면, 참사의 요인은 마지막 L(당사자)에 의한 사고로 파악될 수 있다. 더불어 비행기 조종사들의 정신건강에 대해서 소홀히 여겼던 M(관리)의 문제로 인해서 발생된 사고이다.

4) 리즌의 오류모델

리즌(Reason, 1984)은 사람들의 오류를 분석하고 심리수준에서 구체적으로 설명할 수 있는 모델을 제시했다. 리즌의 오류모델에 따르면 사람들은 어떤 행위를 하도록 동기를 부여하는 욕구체계(need system)나 지식 혹은 정보를 저장하는 기억체계(memory system), 어떤 행동을 계획하고 진행 중인 행동을 감찰하고 지도하며 앞선 행동을 평가하는 의도체계(intention system), 출력되는 동작을 제어하는 행위도식(action schema)들로 구성된 행위체계(action system), 사건이나 대상을 인식하는 입력기능 체계 및 환경에 대해 다양한 반응을 하는 출력기능 체계가 존재한다고 가정하고 있다. 이러한 생각을 토대로 리즌(1984)은 오류를 네 가지 종류로 분류했다. 의도하지 않은 오류를 실수(slip), 기억의 문제로 발생하는 오류를 착오(lapse), 의도 자체에서부터 오류를 가지는 실책(mistake), 의도적인 오류를 위반(violation)으로 분류했다. 이 중에서 의도적인 오류인 위반은 인간 오류에 포함시키지는 않았다(그림 14.2).

일단 리즌(1984)의 오류를 직장에서 차를 몰고 집으로 퇴근하는 상황에 대입해서 살펴본다면 다음과 같다. 집으로 가려는 의도체계가 활성화되면서 사람은 자신의 소지품과 집으로 가져가야 할 것들에 대해서 체크하고 사무실을 나서게 된다. 건물을 빠져나와 주차된 차량으로 다가가서 열쇠를 꺼내는 등으로 구성된 일련의 행위도식들이 활성화될 것이다. 이러한 행위모델을 통해서 오류를 설명할 때, 제어방식과 의도체계 그리고 행위체계 및 입력기능 등 각각에서 초래하는 실패나 실수로 나누어서 설명할 수 있다는 것이 리즌(1984)의 견해이다.

먼저, 제어방식(control mode)에 기인한 오류는 현재 작업이 요구하는 제어방식 안에 있지 않을 때 발생한다. 예를 들어, 의도체계가 어떤 결정을 내려야 할 때 엉뚱한 생각을 하고 있는 것이다. 엉뚱한 생각에 빠져 있는 것을 리즌(1984)은 공개회로 상태라고 보았다. 공개회로 상태에 있으면 원래 의도와는 다른 습관화된 행동이 자동적으로 일어나기 쉽다.

의도체계는 계획 세우기, 계획과 관련된 정보의 저장 및 인출과 관련된 오류를 범하기 쉽게 한다. 개인이 의도하지 않은 행위도식이 촉발되어 어떤 행동을 해버리면

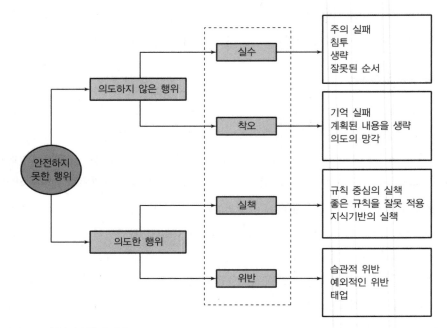

그림 14.2 불안전 행동의 종류
출처 : Reason (1990).

이것은 행위체계의 실패이다. 입력기능의 실패는 환경의 변화를 제대로 파악하지 못했기 때문에 발생한다. 각각의 오류들은 주로 발생되는 원인이 있다. 제어방식 실패와 행위체계의 실패는 부주의 때문에 주로 발생된다. 의도체계 실패는 기억의 망각 때문에 발생하는 오류이다. 입력기능의 실패는 부주의와 망각 때문에 발생한다.

앞서서 라스무센(1983)은 오류들을 내용에 따라 규칙기반, 기술기반, 지식기반으로 구분했다. 규칙기반은 해석이나 이해에서 문제가 발생하는 오류이다. 기술기반은 오류, 착오처럼 감각운동의 수행에서 저지르는 오류를 말한다. 지식기반은 운영자가 시스템에 대해 가지고 있는 지식이 부정확하거나 불완전할 때 생기는 오류이다. 리즌(1990)이 라스무센(1983)의 범주에 따라 오류를 분석한 결과 기술기반 오류가 전체 오류의 61%로 가장 많았다. 그다음이 규칙기반 오류로 27%, 지식기반 오류는 11%로 나타났다. 각각 오류가 실제로 탐지되는 비율은 기술기반이 86%, 규칙기반이 73%, 지식기반이 71%로 나타났다. 대부분의 오류는 잘 탐지되는 편이지만 기술기반 오류는 지식을 바탕으로 하기 때문에 지식을 갖추고 있는 상태라면 가장 잘 탐지되는 것으로 나타났다.

리즌(1984)은 피험자에게 2일 동안 자신이 저지른 오류에 대해서 일기처럼 적어보도록 요구하고 수집된 내용을 분석했다. 이틀 만에 전체 총 433개의 의도하지 않은 오류가 수집되었는데 이것들을 다섯 가지로 분류했다. 첫째는 변별 오류로 전체 오류의 11%에 해당한다. 이것은 정보 입력 당시의 오류로 지각적, 공간적, 기능적, 시간적으로 발생한 혼돈이다. 둘째는 프로그램 결합 실패(program assembly failure)로 전체 오류의 5%에 해당한다. 이것은 행동 프로그램 각 요소 간에 순서적 혼란이 발생한 경우이다. 리즌(1990)이 사용한 프로그램이란 용어는 노먼의 스키마 개념과 유사하다. 셋째는 검출 오류로 전체 오류의 30%에 해당한다. 행동들에는 결정적 지점이 있는데 그 임계치에서 판단을 해야 한다. 검출 오류란 그런 임계치에서 발생한 오류를 나타낸다. 넷째는 세부 행동 실패(sub-routine failure)로 전체 오류의 18%에 해당한다. 행동 중에 불필요한 행동이 끼어들거나 필요한 행동이 생략되어서 발생하는 오류다. 다섯째는 기억 오류로 전체 오류의 40%를 차지한다. 지나간 행동이나 계획을 망각함으로써 발생하는 오류이다. 이상의 리즌(1984, 1990)의 이론들은 인간의 오류 행동을 분류하는 데 커다란 시사점을 주었고, 사고와 재해의 원인이 되는 인간의 불안전 행동을 분류하는 것에서도 후속 연구들에게 기준을 제시해주고 있다.

3. 인간공학 설계 : 감각-반응의 양립성

인간의 동작은 감각기관으로 입력된 정보에 대한 반응이나 행동이다. 감각기관은 주로 시각과 청각이며 반응은 운동이나 음성이다. 입력과 반응의 오류율을 줄이는 것은 위험을 줄이기 위한 중요한 사항인데, 이것을 잘 구현한 것을 양립성이 좋다고 말한다.

양립성(compatibility)은 인간 동작 기능 혹은 인지 기능과 제어 및 표시 장치가 어느 정도 일치하는가를 말한다. 양립성이 좋을수록 오류가 줄고 위험을 줄일 수 있다. 제어장치와 표시장치가 양립관계가 좋으면 학습이 빠르고 반응시간과 오류가 줄어든다. 또한 사용자의 만족도 역시 올라간다(Sanders & McCormick, 1993). 양립성에 대한 개념이 없을 때 항공기 조정석 안의 제어장치들은 일관성이 없었다. 어떤 장치는 위로 올려야 하고, 어떤 장치들은 아래로 내려야 했다. 주의가 분산된 조종사들은 한 번에 수많은 장치들을 제대로 구분하여 작동시키는 데 어려움을 겪었다. 실제로 양립성이 지켜지지 않은 설계는 사고를 일으키기도 했다.

1979년 펜실베이니아 트리 마일 아일랜드에 있는 원자력 발전소 사고가 그 예다. 표시장치와 제어장치가 떨어져 있는 상태에서 표시장치를 보고 제어하는 데 시간이 낭비된 것이 결정적인 사고의 원인이었다. 트리 마일 아일랜드 원자력 발전소 사고

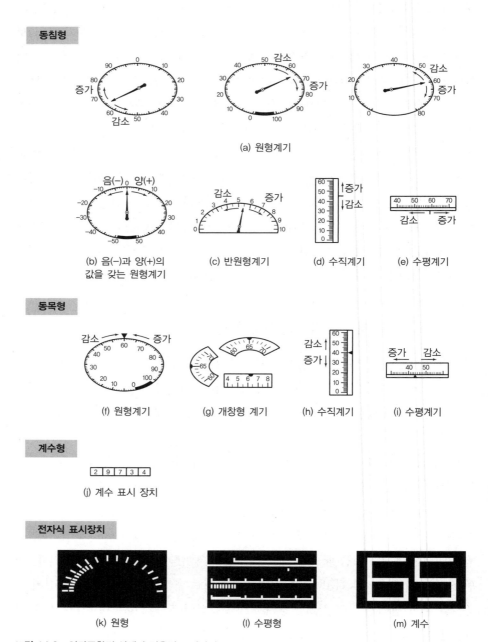

그림 14.3   인간공학적 설계가 적용된 표시장치

는 기계 및 표시 장치에 대한 양립성이 위험과 사고에 얼마나 큰 영향을 미칠 수 있는지를 보여주었다. 실제로 양립성은 사고 위험을 낮춘다. 자동차 뒷 유리에 정지등이 들어오도록 설계한 자동차 8,000여 대를 조사한 결과 추돌사고가 50%까지 감소되었다(Stanton & Baber, 2003). 양립성을 높이기 위해서는 보다 많은 사람이 예상하는, 즉 항상 더 좋은 양립성이 있음을 고려해야 한다. 그리고 양립성은 우선순위가 있어서 우선순위가 높은 양립성을 위해서 우선순위가 낮은 양립성을 희생시켜야 될 수도 있음을 고려해야 한다. 예를 들어, Bergum과 Bergum(1981)의 연구에 의하면 수직 눈금 표시장치에서 바늘이 위로 움직이면 사람들의 93%가 증가를 예상하였고, 71%는 바늘이 아래로 움직일 때 증가를 예상했다. 따라서 좋은 양립성을 위해서는 수직 눈금 표시장치 바늘이 위로 움직이는 것을 증가의 의미로 사용해야 한다.

1) 공간적 양립성

공간적 양립성(spatial compatibility)에서 중요한 것은 표시장치와 제어장치의 물리적 유사성과 배열이다. 표시 및 제어 장치의 물리적 유사성은 물리적 특성과 조작 방식이 대응되어야 한다. 앞서 말한 Bergum과 Bergum(1981)의 연구에서처럼 증가를 나타내는 현상은 주로 물리적으로 상승하는 이미지를 가지는데, 표시나 조작 역시 올라가는 형태를 띠어야 양립성을 높이고 오류나 의미 해석에 필요한 에너지 낭비를 줄일 수 있다. 버너 화구 배열에 있어서도 버너 화구와 제어장치 배열에 대한 연구에서 양립성이 가장 좋은 것으로는 배열 1이었고, 버너 정렬만 고려할 때는 배열 2가 가장 우수한 것으로 나타났다(Osborne & Ellingstad, 1987).

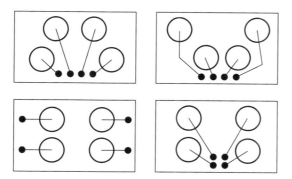

그림 14.4 버너 스토브와 벨브의 양립성
출처 : Osborne & Ellingstad (1987).

2) 운동 양립성

운동 양립성(movement compatibility)은 자연적으로 떠오르는 연상이나 문화적 관행과 일치하는 정도를 의미한다. 표시에 따라 제어하는 경우, 반응 없는 지시동작 등에 중요한 영향을 준다(Sanders & McCormick, 1993). 운동 양립성은 보통 다음의 원리를 따르는데, 첫째는 눈금과 제어장치가 같은 방향으로 움직이도록 하는 원리. 둘째는 눈금 수치는 왼쪽에서 오른쪽으로 혹은 아래에서 위로 증가하게 하는 원리. 셋째는 시계 방향으로 증가하도록 하는 원리 등이다.

　대표적인 사례로 자동차 창문을 수동으로 올리고 닫던 때는 창문 손잡이를 왼쪽으로 회전시키는 것이 창문을 올리는 것인지, 오른쪽으로 회전시키는 것이 창문을 올리는 작동인지 혼동되는 경우가 많았다. 그러나 현재는 대다수 자동차에서는 자동 창문 개폐 장치를 사용하는데 스위치를 위로 당기면 창문이 올라가고, 아래로 누르면 창문이 내려가는 형태로 조작된다. 위로 당기는 것과 창문이 올라가는 것 그리고 아래로 누르는 것과 창문이 내려가는 것에 운동 양립성이 적용된 결과로 혼동이 줄어들게 되었다.

4. 자동화

머지않아 완전 자율주행 자동차가 나오게 될 전망이다. 공장에서는 이미 기계가 인간의 자리를 대신해 나가고 있다. 사람들은 쾌적한 사무실에서 모니터를 통해 기계를 제어하고 위험하거나 정밀한 조작을 버튼 하나로 실행시킨다. 하지만 이러한 자동화가 위험을 줄이는 역할만을 하고 있는가는 면밀히 살펴보아야 한다. 자동화는 사고와 위험을 줄여주는 만능키처럼 보인다. 그러나 여러 연구에서는 최적의 각성상태에서 시스템과 환경에 주의를 기울이며 반응하는 인간보다 자동화된 환경 속에서 과소부하된 사람들의 수행이 더 저조할 수 있음을 보여주고 있다(Walker, Stanton, & Young, 2001). 자동화가 가져다주는 작업자의 과소부하가 수행을 저조하게 하는 것은 가변적 주의 자원 이론(malleable attentional resource theory, MART)으로 설명할 수 있다.

　가변적 주의 자원 이론은 가용한 주의 자원의 양이 과제에 따라 달라진다는 전제에서 출발한다. 과소부하 상태에서 인간의 주의 자원 양은 감소한다. 이렇게 주의 자원 양이 감소한 상태에서 갑작스럽게 발생한 과제가 현재 사용하고 있는 가용 주의 자원의 양을 초과하게 될 때 문제가 발생한다. 자동화된 환경의 과제에 대해서 인간은 작은 주의 자원을 할당하는 데 갑작스럽게 고장이 나거나, 경고 신호가 들어오게 될 때 제어나 통제를 넘겨받게 된 인간은 계속적인 주의와 탐색을 기울이고 있었을 때에 비해서 수행이 저조해질 수밖에 없다. 각성 수준에 따른 수행 함수와 비슷하게 가변적 주의 자원 이론은 가용할 수 있는 주의 자원과 수행의 질이 역 U자 형태로 나타난다고 보고하고 있다(Walker, Stanton, & Young, 2001).

1) 기계화

자동화가 주는 과소부하를 어떻게 다룰 것인가의 문제만큼이나 직접적인 위험은 자동화가 가져다주는 실업이나 경제 상황의 변화이다. 자동화가 직장을 구하기 더 어렵게 만들거나 노동자들의 임금을 줄이는 형태로 작용한다면 사람들은 살기 위해 위험을 감수하고 폭력을 행사하더라도 생계를 유지하려 할 것이다. 1811~1817년까지 산업혁명이란 최초의 기계화 산업 변화에 대한 첫 번째 대응이 기계파괴 운동(Luddite Movement)이었던 것은 자동화나 기계화가 긍정적이기만 한 것이 아님을 앞서서 보여준 사례이다. 수많은 착시와 인간 기능의 한계를 보완하기 위해서 우리는 과학기술의 발달에 의거한 기계장치들에 점점 더 많이 의존하고 있다. 단순히 기계장치의 도움을 받는 것을 넘어 자율주행자동차와 같이 행위의 출발에서 종료까지 전혀 인간의 감각과 지각을 필요로 하지 않는 장치들이 개발되고 있고, 점점 늘어나고 있는 추세다. 그러나 기계장치의 발달이 위험을 완벽히 막지는 못한다.

2002년 7월 1일 밤 11시 40분 화물 항공기와 71명의 승객을 태운 러시아 전세기가 서로 충돌하는 경로로 날아가고 있었다. 두 항공기 모두 자동화된 충돌 경고장치가 있었는데 충돌이 임박해져서야 경고등이 울렸다. 하지만 너무 늦었고 두 비행기의 충돌을 막을 수는 없었다. 이처럼 기계화가 완벽한 안전을 보장하는 것은 아니지만 자동적 기계장치로의 변화는 막을 수 없는 대세가 되었다. 기계화의 변화는 자동차 운전의 경우에는 일반인들에게 다가오는 실제적인 일상의 변화이다. 자율주행 자동차는 가까운 미래에 확실히 다가올 기계화이다. 머지않아 자동차 스스로 주행경로를 제어하면서 운전하게 될 것이다. 자동차의 자율주행 기술단계는 총 5단계로 구분할 수 있다(표 14.1).

표 14.1 자율주행 자동차 기술단계

단계	정의	개요	운전자 역할
단계 0	비자동	운전자가 모든 것을 담당	운전자가 모든 것을 담당
단계 1	운전자 보조	조향과 가·감속 기능 중 어느 하나의 기능으로 운전자를 도움	운전자는 차선 유지, 차간거리 유지 외 다른 운전기능 수행
단계 2	부분 자율주행	도로 정보를 이용하여 조향과 가·감속 기능 모두 도움	운전자는 주행환경 모니터링
단계 3	조건적 자율주행	모든 동적 운전 자동화 (운전자의 적절한 대응 전제)	필요시 제어권을 받아 운전할 수 있도록 대기
단계 4	고도 자율주행	모든 동적 운전 자동화 (운전자의 적절한 대응 불필요)	시스템이 위험 최소화 조치 가능 (운전자 수면 가능)
단계 5	완전 자율주행	완전 자동화 단계	운전자 불필요

2) 트롤리의 딜레마

기계화는 항상 윤리적인 문제를 내포하고 있다. 가치 판단을 배제하는 기계와 항상 가치를 판단하면서 선택하는 인간들과는 궁극적으로 다른 결정 과정을 가지고 있기 때문이다. 이러한 기계화와 인공지능의 개발은 가치 판단의 딜레마 상황을 예견하게 한다.

기계의 가치 판단에 대한 가장 대표적인 질문은 바로 '트롤리의 딜레마' 상황이다. 트롤리는 공사 현장에서 굴착한 흙을 운반하는 트럭을 말한다. 영국 철학자 Philippa(1967)는 기계나 인공지능의 가치 판단이 어떠해야 하는지에 대해서 다음과 같은 트롤리의 딜레마 상황을 제시하면서 질문을 던지고 있다.

당신은 브레이크가 고장 난 트롤리를 운전하고 있다. 그런데 잠시 뒤 다음과 같은 위험 상황을 만나게 된다.

- 직진하면 여러 명의 보행자와 부딪치고, 방향을 바꾼다면 한 명과만 부딪친다. 당신은 어떻게 운전을 하겠는가?

- 직진하면 한 명의 보행자와 부딪치고, 방향을 바꾸면 운전자가 위험하다. 당신은 어떻게 운전을 하겠는가?

- 직진하면 여러 명의 보행자와 부딪치고, 방향을 바꾸면 운전자가 위험하다. 당신은 어떻게 운전을 하겠는가?

"각각의 상황에서 당신은 무엇을 선택할 것인가?"란 Philippa(1967)의 질문은 기계화와 자동화가 가까운 미래로 다가온 현재는 다음과 같은 질문들로 점점 더 확장

되어 갈 수 있다.

- 기계가 어떠한 선택을 하도록 설계되어야 하는가?
- 당신이 운전자가 아니라 상황 속에 놓인 보행자라면 어떻게 결정하기를 원하는가?
- 과연 그 선택이 올바른 것인가?

400여 명을 대상으로 설문 조사를 진행한 결과, 대부분은 희생자를 최소화하도록 자율주행 자동차를 만들어야 한다고 대답했다. 하지만 일관된 선택에도 불구하고 참여자들은 자신이 이런 차량에 탑승하는 것은 거부했다. 이상의 결과들을 볼 때, 사람들은 아직까지 기계에게 가치 판단을 맡겨야 되는 상황에 놓일 준비가 되어 있지 않은 것 같다. 기계화와 자동화가 눈앞에 닥치고 있지만 확실히 어떠한 결론을 내리기 힘든 상황에 놓여 있다. 기계화와 자동화는 인류가 문명을 창조한 후 처음으로 제기되는 문제이기 때문에 더욱 어렵게 느껴질 수 있다. 하지만 어떤 SF 영화에서 나온 대사처럼 우리는 늘 그래왔듯 해답을 찾아 낼 것이다.

참고문헌

구형모, 황순택, 김지혜 (2001). 자아탄력집단의 성격특질, 한국심리학회지: 임상, 20(3), 569-581.

국승희, 손정락(2000). 정신분열병 환자의 삶의 질 평가를 위한 GHQ/QL-12의 타당화: RMSEA및 ECVI지수와 Rasch 모델을 이용하여. 한국심리학회지: 임상. 19(3). 587-602.

김의철, 박영신 (1997). 스트레스 경험, 대처와 적응 결과: 토착심리학적 접근. 한국심리학회: 건강, 2(1), 96-126.

김정규 (1995). 게슈탈트 심리치료. 서울: 학지사.

김원형, 남승규, 이재창(2005). 신산업 및 조직심리학. 서울: 학지사.

김혜숙 (1988). 지역간 고정관념과 편견의 실상: 세대간 전이가 존재하는가? 한국심리학회, 한국심리학회 학술대회 자료집, 37-62.

김효정 (2014). 서비스직 여성 근로자의 감정노동이 우울에 미치는 영향. 연세대학교대학원 석사학위청구논문.

大島正光 (1982). ヒトーその未知へのアプローチ, 東京: 同文書院.

박민용, 박인용 (2015). 안전관리자를 위한 인간공학, 서울: 한언

박선영 (2006). 성격과 음주운전 관계에서 인지 요인의 매개 효과 검증, 이화여자대학교 심리학과 박사학위 논문.

배소심, 조성계 (1996). 에어로빅 댄스에 있어서 음악의 템포에 따른 심박수 반응과 운동강도의 변화, 한국여성체육학회지, 10(1), 31-41.

안귀여루 (2001). 통제 소재에 따른 스트레스 과제에 대한 인지적 평가와 생리적 반응의 차이, 한국심리학회지: 건강, 6, 127-143.

이건효 (2007). 인지공학심리학, 서울: 시그마프레스.

이순열 (2011). 운전스트레스가 교통사고 위험에 미치는 영향: 속도욕구좌절의 조절효과와 속도욕구좌절의 매개효과. 충북대학교 일반대학원 심리학과 박사학위 논문.

이순열, 이순철 (2009a). 운전자의 속도욕구좌절이 운전 스트레스에 미치는 영향, 한국심리학회지: 사회문제, 15, 2, 319-338.

이순열, 이순철, 박길수 (2018). 안전심리학, 서울: 학지사.

이순철 (2000). 교통심리학, 서울:학지사.

이양 (1986). Muller-Lyer 착시에 있어서 거리 크기 수정 모형과 자극관계분석모형. 경성대논문집, 25(2), 97-104.

이은희 (2004). 대학생들이 경험하는 생활스트레스와 우울: 공변량 구조모형을 통한 대처방식의 조절효과 검증, 한국심리학회지: 건강, 9(1), 25-52.

이은희, 이주희 (2001). 교사의 직무스트레스와 심리적 적응과의 관계: 문제 중심적 대처방식, 정서 중심적 대처방식의 조절효과, 한국심리학회지: 건강, 6(1), 145-175.

이재식, 이순철, 조대경 (1990). 도로표지판의 정보전달에 관한 인간공학적 일 고찰: 한글의 글

자체, 굵기, 간격 및 글자의 수에 대한 반응양상을 중심으로, 한국심리학회지: 산업 및 조직, 3(1), 55-71.

이주일, 황석현, 한정원, 민경환 (1997). 정서의 체험 및 표현성이 건강과 심리적 안녕에 미치는 영향. 한국심리학회지: 사회 및 성격 11(1), 117-140.

이진욱 (2003). 직무요구가 정서적 소진과 직무 비관여에 미치는 영향. 개인적 자원과 직무자원의 조절효과를 중심으로. 고려대학교대학원 석사학위청구논문.

이창우, 김영진, 박창호 (1996). 디자인과 인간심리, 서울: 학지사.

이창우, 서봉연(1974). K-WISC 실시요강, 서울: 배영사.

장경문 (2003). 자아탄력성과 스트레스대처방식 및 심리적 성장환경의 관계, 청소년학연구, 10(4), 143-161.

장태연, 장태성 (2004). 택시교통사고발생에 영향을 주는 요인의 한계효과. 한국지역개발학회지, 16(1), 75-88.

전용신, 서봉연, 이창우 (1963). KWIS 실시요강. 서울: 중앙교육연구소.

정찬섭, 유명현 (1989). 착시효과를 통해서 본 심상의 표상특성, 한국심리학회지: 실험 및 인지, 8(2), 345-366.

최인섭, 박철현 (1996). 음주운전의 규제에 관한 연구. 현사정책연구원.

최해연 (2008). 정서표현에 대한 갈등과 억제 연구, 서울대학교 일반대학원 박사학위 청구논문.

한성열 (2003). 자기고양 편파와 심리적 적응의 관계에 대한 비교문화 연구, 한국심리학회지: 사회문제, 9(2), 79-99.

홍성례 (2012). 자아존중감과 자기효능감이 이타성에 미치는 영향, 청소년복지연구, 14(4), 71-92.

Abelson, R. P. (1975). Does a story understander need a point of view? In R. C. Schank and B. Nash-Webber (eds.), Using Knowledge to understand, in proceedings of the conference on theoretical issues in natural langeage processing.

Abramowitz, S. I. (1969). Locus of control and self-reported depression among college student. Psychology Report, 25, 149-150.

Alderfer, C. P. (1972). Existence, relatedness, and growth: Human needs in organizational settings. NY: The Free Press.

Aldwin, C. M., & Revenson, T. A. (1987). Does coping helps? A reexamination of the relation between coping and mental health. Journal of Personality and Social Psychology, 53, 337-348.

Allport, G. W. (1937). Personality: A psychological interpretation. New York: H. Holt and. Company.

Allred, K. D., & Smith, T. W. (1989). The hardy personality; Cognitive physiological response to evaluative threat. Journal of personality and social psychology, 56, 257-266.

Anderson, C. A., & Anderson, D. C. (1984). Ambient temperature and violent crime: test of the linear and curvilinear hypotheses. Journal of personality and social psychology, 46, 1, 91-97.

Asch, S. E. (1955). Opinions and Social Pressure, Scientific American 193 (5), 31-35.

Ashmore, R. D., & Del Boca, F. K. (1976). Psychological approaches to understanding intergroup conflict. In. P. A. Katz(Ed.), Towards the elimination of cacism. New York: Pergamon Press.

Ashmore, R. D., & Del Boca, F. K. (1981). Conceptual approaches to stereotypes and stereotyping. In D. Hamilton(Ed.), Cognitive processes in stereotyping and intergroup behavior(pp. 1-36). Hillsdale: LEA.

Ayres, T. S. & Hughes, P. (1986). Visual acuity with noise & music at 107dB. Journal of Auditory Research, 26, 165-174.

Baddeley, A. D. (1986). Working memory. Oxford: Clarendon Press.

Barclay, A. M., & Haber, R. N. (1965). The relation of aggressive to sexual motivation. Journal of Personality, 33, 462-475.

Bard, P. (1928). A diencephalic mechanism for the expression of rage with special reference to the sympathetic nervous system. American Journal of Physiology. 84, 490-516.

Baron, R. A., & Bell, P. A. (1975). Aggression and heat: Mediating effects of prior provocation and exposure to an aggressive model. Journal of Personality and Social Psychology, 31, 825-832.

Barongan, C. & Hall, G. C. N. (1995). The influence of misogynos rap music sexual aggression against women. Psychology of Women Quarterly, 19, 195-207.

Barry, W. C., Michael, A., & Paradiso, D. (2006). Neuroscience: Exploring the Brain, Lippincott Williams & Wilkins.

Barton, J. (1994). Choosing to work at night: A moderating influence on individual tolerance to shiftwork. Journal of Applied Psychology, 90, 1185-1203.

Beck A. T., Rush A. J., Shaw B. F., & Emery, G. (1979). Cognitive Therapy of Depression. New York: Guilford Press

Bergum, B. D., & Bergum, J. E. (1981). Population stereotypes: An attempt to measure and define. Proceedings of the Human Factors Society 25th Annual Meeting. Santa Monica, CA: Human Factors Society, 662-665.

Block, J., & Kremen, A. M. (1996). IQ and ego-resiliency: Conceptual and empirical connections and separateness. Journal of Personality and Social Psychology, 70(2), 349-361.

Bower, G. H. (1972). Mental imagery and associative learning. In L. Gregg (Ed.), Cogition in learning and memory, New York: Wiley.

Bower, G. H., & Cohen, P. R. (1982). Emotional influences in memory and thinking: Data and theory. In M. S. Clark & S. T. Fiske (Eds.), Affect and cognition: The 17th annual Carnegie Symposium on cognition (pp. 291-331). Hillsdale, NJ: Erlbaum.

Bowlby, J. (1988). A secure base: Parent-child attachment and healthy human development. New York: Basic Books.

Brett, K. D. (2009). 심리학사[History of psychology]. (임성택, 안범희 역). 서울:교육과학사, (원전은 2008년 출판).

Brotheridge, C. M., & Grandey, A. A. (2002). Emotional labor and burnout: Comparing two perspectives of people wok. Journal of vocational behavior, 60(1), 17-39.

Brow, N. M., & Moren, C. R. (2003). Background emotional dynamics of crew resource management: Shame emotions and coping responses. The International Journal of Aviation Psychology, 13(3), 269-286.

Butler, G. K. L., & Montgomery, A. M. J. (2004). Impulsivity, risk taking and recreational 'ectasy'(MDMA) use. Drug and Alcohol Dependence, 76, 55-62.

Button, D. C., Behm, D. G., Holmes, M., & MacKinnon, S. (2004). Vigilance is adversely affected by noise and force maintenance. Occupational Ergonomics, 4, 751-756.

Cannon, W. B. (1931). Again the James-Lange and the thalamic theories of emotion. Psychological Review. 38, 281-295.

Cannon, W. B. (1932). The Wisdom of the Body(2nd ed.). New York: Norton.

Cantor, N., Markus, H., Niedenthal, P. M., & Nurius, P. (1986). On motivation and the self-concept. In R. M. Sorrentino & E. T. Higgins (Eds.), Motivation and cognition: Foundations of social behavior. New York: Guilford Press.

Cattell, R. B. (1946). Description and Measurement of Personality. New York: World Book.

Chase, W. G., & Simon, H. A. (1973). The mind's eye in chess. New York: Academic Press.

Ciechetti, D., Rogosch, F. A., Lynch, M., & Holt, K. (1993). Resilience in maltreated children: Processes leading to adaptive outcome, Development and Psychology, 5, 629-647.

Coleman, J. C., & Hammen, C. L. (1974). Contemporary psychology and effective behavior. Glenview, Ill: Scott, Foresman.

Colt, E. W., Wardlaw, S. L., & Frantz, A. G. (1981). The effect of running on plasma beta-endorphin. Life Science, 28(14), 1637-1640.

Conrad, R. (1964). Acoustic confusion in immediate memory. British Journal of Psychology, 55, 75-84.

Conway, V. J., Terry, D. J. (1992). Appraised controllability as a moderator of the effectiveness of different coping strategies: A test of the goodness of fit hypothesis. Australian Journal of Psychology, 44(1), 1-7.

Cooley, R. C. (2006). Correlational relationship between jealousy, self-esteem, and locus of control in an undergraduate population. Senior Honors Theses, Paper 18. 2006, http://commonse.emich.edu/honors/18.

Coren, S., & Girgus, J. S. (1978). Seeing is deceiving: The Psychology of visual ilusions. Hillsdale, NJ: Lawrence Erlbaum.

Crowder, R. G. (1969). Precategorical acoustic storage, Perception & Psychophysics, 5, 6, 365-373

Dalton, D. R., & Mesch, D. J. (1990). The impact of flexible scheduling on employee attendance and turnover. Administrative Science Quarterly, 35, 370-387.

Darwin, C. (1872). El Origin de las Especies.

DeValois, R. L., Abromov, I., & Jacobs, G. H. (1966). Analysis of response patterns of LGN cells. Journal of the Optical Society of America, 56, 966-977

Domain, M., & Buckhard B. (1986). The Principles of Learning & Behavior. CA: Book/Cole.

Duncker, K. (1945). On problem solving. Psychological Monographs, 58, 1-113. Whole No. 270.

Dutton, D., & Aron, A. (1974). Some evidence for heightened sexual attraction under conditions of high anxiety. Journal of Personality and Social Psychology, 30, 510-517.

Easterbrook, J. A. (1959). The effect of emotion on cue utilization and the organization of behavior, Psychological Review, 66, 183-201.

Ebbinghaus, H. (1908). Psychology: An elementary textbook. New York: Arno Press.

Egan, J. P., Carterette, E. C., & Thwing, E. J. (1954) Some factors affecting meuti-channel listening. Journal of acoust. Soc. Amer. 26, 774-82.

Ekman, P. (1984). Expression and the Nature of Emotion. In Scherer, K. & Ekman, P. (Eds.), Approaches to Emotion (pp. 319-343). Hillsdale, NJ: Lawrence Erlbaum.

Ellin, A. (1999). New York Times, April, 18.

Ellis, A. (1984). The essence of RET. Journal of Rational-Emotive Therapy, 2(1), 19-25.

Eriksen, B. A., & Eriksen, C. W. (1974). Effects of noise letters upon the identification of a target letter in a non search task. Perception & Psychophysics, 16, 143-149.

Eriksen, B. A., & James, J. D. (1986). Visual attention within and around the field of focal attention within and around the field of focal attention: A zoom lens model. Perception & Psychophysics, 40, 225-240.

Eysenck, H. J. (1952). The scientific study of personality.

Fantz, R. L. (1965). Pattern Vision in Newborn Infants. Science, 140, 3564, 296-297.

Fisher, D. L., & Tan, K. C. (1989). Visual display: the highlighting paradox. Human Factors, 31, 17-30.

Fisher, D. L., Coury, B. G., Tengs, T. O., & Duffy, S. A. (1989). Minimizing the time to search visual displays: The role of highlighting. Human Factors, 31, 167-182.

Fiske, S. T., & Taylor, S. E. (1984). Social Cognition. Reading, Massachusetts: Addison-Wesley Publishing company.

Forsythe, C. J., & Compas, B. E. (1987). Interaction of cognitive appraisals of stressful events and coping: Testing the goodness of fit hypothesis. Cognitive Therapy and Research, 11, 473-485.

Friedel, B., & Staak, M. (1993). Benzodiazepines and driving performance. In H.-D. Utselmann, G. Berghaus, & G. Kroj (Eds.), Proceedings of the 12th International Conference on Alcohol, Drugs and Traffic Safety (pp. 539-545). Cologne: Verlag TUV Rheinland.

Gardner, H. (1999). Multiple views of multiple intelligence. New York: Basic Books.

Garmezy, N. (1993). Children in poverty: resilience despite risk, Psychiatry, 56, 127-136.

Gellhorn, E. (1964). Motion and emotion: The role of proprioception in the physiology and pathology of emotions. Psychological Review, 71, 457-472.

Gesell, A. (1925). Pre-school development and education. Article information, 121(1), 148-150.

Gibson, E. J., & Walk, R. D. (1960). The 'visual cliff'. Scientific American, 202, 64-71.

Guilford, J. P. (1967). The nature of human intelligence. NY: McGrow-Hill Book Company.

Goleman, D. (1998). The emotional intelligence of leaders. Leader to leader, 10, 20-26.

Gomez-Mejia, L., Larraza-Kintana, M., & Makri, M. (2003). The determinants of executive compensation in family controlled public corporations. Academy of Management Journal, 46, 226-237.

Greenhaus, J. H., & Beutell, N. J. (1985). Sources of conflict between work and family roles. Academy of Management Review, 10(1), 76-88.

Gross, J. J., & Levenson, R. W. (1997) Hiding feeling the acute affect of inhibiting negative and positive emotion. journal of abnormal psychology, 106, 95-103.

Grosslight, J. H., Fletcher, H. J., Masterton, R. B., & Hagen, R. (1978). Monocular vision and landing performance in general aviation pilots: Cyclops revisited. Human Factors, 20, 27-33.

Harlow, H. F. & Zimmermann, R. R. (1985). The development of affective responsiveness in infant monkeys. Proceedings of the American Philosophical Society, 102, 501-509.

Harned, M., Ormerod, A., Palmieri, P., Collinsworth, L., & Reed, M. (2002). Sexual assault and other types of sexual harassment by workplace personnel: A comparison of antecedents and consequences. Journal of Occupational Health Psychology, 7, 174-188.

Hart, P. M. (1999). Predicting employee life satisfaction. Journal of Applied Psychology, 84, 564-584.

Hawkins, F. H. (1993). Human Factors in Flight, 2nd ed., Routledge.

Herzberg, F., Mausner, B., & Snyderman, B. (1959). The Motivation to Work. (Second Edition) New York: John Wiley and Sons.

Hiroto, D. S., & Seligman, M. E. P. (1975). Generality of Learned Helplessness in Man. Journal of Personality and Social Psychology, 31, 311-327

Hochschild, A. R. (1979). Emotion work, feeling rules, and social structure. American journal of sociology, 85(3), 551-575.

Hochschild, A. R. (1993). The managed heart. Berkeley: University of california press.

Hogan, R., Curphy, G. J., & Hogan, J. (1994). What we know about leadership. American Psychology, 49, 493-504.

Hubel, D. H., & Wiesel, T. N. (1968). Receptive fields and functional architecture of monkey striate cortex. The Journal of physiology, 195(1), 215-243.

James, W. (1984). What is an emotion?. The mind assoication, Volume os-IX, 34, 188-205.

Janis, I. L. (1959). Personality and persuasibility. New Haven: Yale University Press.

Janis, I. L. (1972). Victims of groupthink: a psychological study of foreign-policy decisions and fiascoes, Houghton Mifflin Company.

Jastrow, J. (1900). Fact and Fable in Psychology. Houghton, Mifflin and Co.

Jenkins, J. G., & Dallenbach, K. M. (1924). Obliviscence During Sleep and Waking. American Journal of Psychology, 35, 605-612

Johanson, G. (1975). Visual motion perception. Scientific American, 232, 76-89.

Jones, E. E., & Davis, K. E. (1965) From acts to dispositions. In L. Berkowitz (Ed.), Advances in experimental social psychology. 2. New York: Academic Press.

Julesz, B. (1971). Foundation of cyclopean perception. Article in chicago review, 24(3), 146-147.

Kaada, B. (1967). Brain mechanisms related to aggressive behavior. In UCLA Forum of Medical Sciences, Vol. 7, Aggression and Defense, Neural Mechanisms and Social Pattern. Washington, D.C.: American Institute of Biological Sciences, 95-133.

Kahneman, D. (1973). Attention and Effort. Englewood Cliffs, NJ: Prentice Hall.

Kalant, H. (1989). The nature of addiction: a analysis of the problem. In A. Goldstein (Ed), Modecuuller and Cellular aspects of addictions (pp. 1—28). New York: Springer-Verlag(Chap. 11).

Kelley, H. H. (1971). Attribution in social interaction. New York: General Learning Press.

Kelly, G. A. (1963). A Theory of Personality: The Psychology of Personal Constructs. W.W.

Norton and Company.

Kernberg, O.F. (1975). Borderline conditions and pathological narcissism. . New York: Aronson.

Kinder, D. R., & Sears, D. O. (1981). Prejudice and Politics: Symbolic racism versus racial theats to the good life. Journal of Personality and Social Psychology, 40, 414-431.

King, L. A., & Emmons, R. A. (1990). conflict over Emotional Expression : Psychological and physical correlates, journal of personality and social psychology, 58, 864-877.

Kinicki, A. J., McKee-Ryan, F. M., Schriesheim, C., & Carson, K. (2002). Assessing the construct validity of the Job Descriptive Index: A review and meta-analysis. Journal of Applied Psychology, 87, 14-32.

Kluver H, & Bucy P. C. (1938) An analysis of certain effects of bilateral temporal lobectomy in the rhesus monkey, with special reference to psychic blindness. Journal of Psychology, 5, 33-54.

Köhler, W. (1925). The mentality of apes. New York: Harcourt.

Kosslyn, S. M. (1973). Scanning visual images: Some structural implications. Perception and Psychophysics, 14(1), 90-94.

Laird, J. D. (1974). Self-attribution of emotion: The effects of expressive behavior on the quality of emotional experience. Journal of Personality and Social Psychology, 33, 475-486.

Lange, C. G., & James, W. (1922). The emotion(I.A. Haupt, Trans.) Baltimore: Williams & Wilkins.

Langer, E. (1975). The illusion of control. Journal of Personality and Social Psychology, 32, 311-328.

Lanzetta, J. T., & Kleck, R. E. (1970). Encoding and decoding of nonverbal affect in humans. Journal of Personality and Social Psychology, 16, 12-19.

Lazarus, R., & Folkman, S. (1986). Stress and adaptational outcomes: The problem of confounded measures. American Psychologist, 40(7), 770-779.

Lazarus, R., & Folkman, S. (1991). Coping and emotion. In A. Monat & Lazarus(Eds.), Stress and coping: An anthology (pp. 207-227). New York: Columbia University.

Lewin, K. (1935). A dynamic theory of personality. New York: McGraw Hill.

Machin, M. A., & De Souza, J. M. D. (2004). Predicting health outcomes and safety behavior in taxi drivers. Transportation Research Part F: Traffic Psychology and Behaviour, 7, 257-270.

Maddus, J. E. (1991). Self-efficacy. In C. R. Snyder & D. R. Forsyth(Eds.) Handbook of social and clinical psychology, New York: Pergamon.

Malkiel, B. G. (1995). Returns from investing equity mutual funds 1971 to 1991. Journal of Finance, 50(2), 549-572.

Mandler, G. (1984). Mind and body: Psychology of emotion and stress. New York: Norton.

Mann, S. (1999). Emotion at work: to what extent are we expressing. Suppressing, or faking It? European journal of work and organizational psychology, 8(3), 347-369.

Markus, H., & Zajonc, R. B. (1984). The cognitive perspective in social psychology. In G. Lindzey & E. Aronson (Eds.), The handbook of social psychology (3rd Ed., pp. 137-230). New York: Random House.

Martinez-Urrutia, A. (1975). Anxiety and pain in surgical patients. Journal of Consulting and

Clinical Psychology, 43(4), 437-442.

Maslach, C., & Jackson, S. E. (1986). Maslach burnout inventory manual(2nd ed.). Palo Alto, CA: Consulting Psychologists Press.

Maslow, A. H. (2012). 존재의 심리학[Toward a psychology of being]. (정태연, 노현정 역). 서울: 문예출판사, (원전은 1999년 출판).

Massaro, D. W. (1970). Consolidation and interference in the perceptual memory system. 7, 3, 153-156

Mazur, K. M., & Reising, J. M. (1990). 3D displays for cockpits: where they payoff, in J. O. Merritt, and S. S. Fisher(Eds), Stereoscopic Displays and Applications I, SPIE. 1256, San Jose, CA, 35-43.

McDougall, W. (1908). An introduction to social psychology. London: Methuen.

McFadden, K. L. (2002). DWI convictions linked to a higher risk of alcohol-related aircraft accidents. Human Factors, 44(4), 522-529.

McGregor, D. (1960). The human side of enterprise: Theory X and theory Y. Annotated edition. New York: Mcgraw-Hill.

McKinnon, R. C. (1995). Searching for the Leviathan in Usenet, Cybersociety: Computer-mediated communication and Community, Sage.

McKnight, A. J., Shinar, D., & Hilburn, B. (1991). The visual and driving performance of monocular and binocular heavy-duty truck drivers. Accident Analysis & Prevention, 23, 225-237.

Milgram, S. (1963). Behavioral Study of Obedience. Journal of Abnormal and Social Psychology. 67(4), 371?378.

Miller, G. (1956). The magical number seven, plus or minus two: Some limits on our capacity for processing information. The psychological review, 63, 81-97.

Minuchin, S. (1974). Families and family therapy. Cambridge: Harvard University Press.

Mischel, W. (1973). Toward a cognitive social learning reconceptualization of personality. Psychological Review, 80, 252-283.

Moorhead, G. Ference, R., & Neck, C. P. (1991). Group decision fiascoes continue: Space shuttle Challenger and revised groupthink framework, Human Relations, 44(6), 539-550.

Moscovici, S., Zavalloni, M. (1969). The group as a polarizer of attitudes. Journal of Personality and Social Psychology, 12(2), 125-135.

Munson, L. J., Hulin, C., & Drasgow, F. (2000). Longitudinal analysis of dispositional influences and sexual harassment. Personnel Psychology, 53, 21-46.

Neisser, U. (1976). Cognition and reality. Freeman.

Newell, A., & Simon, H. A. (1971). Human problem solving. Englewood Cliffs, N. J.: Prentice-Hall, in press.

Nielsen, J. (1993). Usability engineering. Academic.

Norman, D. A. (1988). The psychology of everyday things. New York: Basic Books.

Norman, D. A. (1990). The design of everyday things. New york: Doubleday.

Osborne, D. W., & Ellingstad, V. S. (1987). Using sensor lines to show control display linkages on a four burner stove. Human factors and Ergonomics Society, 581-584.

Papez, J. (1937). A proposed mechanism of emotion. Archives of Neurological Psychiatry. 38,

725-743.

Parker, D., Reason, J. T., & Manstead, A. S. R. (1995). Behavioral characteristics and involvement in different types of traffic accident. Accident Analysis and Prevention, 27, 571-581.

Pennebaker, J. W. (1995). Emotion, disclosure, and health, An overview. Washington DC, American Psychological 92, 507-526.

Pennings, E. J. M., Leccese, A. P., & Wolff, F. A. de. (2002). Effects of concurrent use of alcohol and cocaine. Addiction, 97, 773-783.

Perls, F. (1948). Theory and Technique of Personality Integration. In: gestalt is. New York: Bantam.

Philippa, F. (1967). The problem of abortion and the doctrine of the double effect. Oxford Review, 5.

Pugliesi, K. (1999). The consequences of emotional labor: Effects on work stress, job satisfaction and well-being. Motivation and emotion, 23(2), 125-154.

Rasmussen, J. (1983). Skills, rules, and knowledge: signals, signs, and symbols, and other distinction in human performance models. IEEE Transactions on systems, Man, and Cybernetics, SMC-13, 257-266.

Reason, J. (1984). Lapses of attention in everyday life. In R. Parasuraman & D. R. Davies(Eds.), Varieties of attention. (pp. 515-549). New York: Academic Press.

Reason, J. (1990). Human error. New York: Cambridge University Press.

Robins, R. W., John, O. P., Caspi, A., Moffitt, T. E., & Stouthamer-Loeber, M. (1996). Resilient, overcontrolled and undercontrolled boys: Three replicable personality types, Journal of personality and Social Psychology, 70, 157-171.

Rock, I. (1975). Reviewed work: An introduction to perception. The american journal of psychology, 88, 4, 686-688.

Roethlisberger, F. J. & Dickson, W. J. (1939). Management and the worker: an account of a research program conducted by the Western electric company, Hawthorne works, Chicago. Harvard University Press, Cambridge, MA.

Rogers, C. R. (1957). The necessary and sufficient conditions for therapeutic personality change, journal of Counseling Psychology, 21, 95-103.

Rook, L. W. (1962). Reduction of human error in industrial production, Office of Technical Services.

Rosenberg, M. (1979). Conceiving the self. New York: Basic books.

Rosenberg, M., & Pearlin, L. I. (1979). Social class and self-esteem among children and adults. American Journal of Sociology, 84, 1979, 53-77.

Ross. S. S. (1980) product safety management, New York: McGraw Hill Book Co.

Rothbart, M., & John, O. P. (1985). Social Categorization and behavioral episodes: A cognitive analysis of the effects of intergroup contact. Journal of Social Issues, 41, 81-104.

Rotter, J. B. (1966). Generalized expectancies for internal versus external control of reinforcement. Psychological Monographs, 80.

Russell, B. (1938). Power, London: Allen & Unwyn.

Sanders, M. S., & McCormick, E. J. (1993). Human Factors in Engineering and Design(7th ed.). McGraw‑Hill, Inc.

Schachter, Stanley, & Singer, J. (1962). Cognitive, Social, and Physiological Determinants of Emotional State. Psychological Review 69 (5): 379‑399.

Schacter, D. L., Gilbert, D. T., Wegner, D. M., & Nock, M. K. (2016). 심리학개론(제3판, 민경환 외 8인 역). 서울: 시그마프레스(원전은 2014년 출판).

Schaie, K. W. (1965). A general model for the study of developmental problems. Psychological Bulletin, 64, 91‑107.

Schneider, K. T., Hitlan, R. T., & Radhakrishnan, P. (2000). An examination of the nature and correlates of ethnic harassment experiences in multiple contexts. Journal of Applied Psychology, 81, 3‑12.

Schultz, D., & Schultz, S. (2008). 일과 심리학[Psychology and Work Today: An introduction to Industrial and Organizational Psychology]. (양윤, 이재식, 신강현 역). 서울: 시그마프레스, (원전은 2006년 출판).

Selye, H. (1980). The stress concept today. In I. L. Kutash, L. B. Schlesinger, & Associates (Eds.), Handbook on stress and anxiety (pp. 127‑143). San Francisco: Jossey‑Bass.

Shaw, J., Duffy, M., Mitra, A., Lockhart, D., & Bowler, M. (2003). Reactions to merit pay increases: A longitudinal test of a signal sensitivity perspective. Journal of Applied Psychology, 88, 538‑544.

Sheedy, J. E., Bailey, I. L., Burl. M., & Bass, E. (1986). Binocular vs monocular task performance. American Journal of Optometry & Physiological Optics, 63, 839‑846.

Shein, E. H. (2010). Organizational culture and Leadership. Fourth Edition.

Sheldon, W. H. (1940). The varieties of human physique. New York: Harper.

Shepp, B . E ., (1978). From Perceived Similarity to Dimensional Structure: A New Hypothesis about Perceptual Development. Cognition and Categorization, Hillsdale: Lawrence.

Short, J. W., Williams, E., & Christie, B. (1976). The social psychology of telecommuncation, New York: John Wiley & Sons.

Simon, B., & Brown, R. (1987). Perceived intragroup homogeneity in minority majority contexts. Journal of Personality and Social Psychology, 53, 703‑711.

Spector, P. E., Cooper, C. L., Poelmans, S., Allen, T. D., O'Driscoll, M., Sanchez, J. I., Siu, O. L., Dewe, P., Hart, P., Lu, L., De Moraes, L. F., Ostrognay, G. M., Sparks, K., Wong, P., & Yu, S. (2004). A cross‑national comparative study of work‑family stressors, work hours and well‑being. China and Latin America versus the Anglo world. Personnel Psychology, 57, 119‑142.

Spieth, W., Curtis, J. F., & Webster, J. C. (1954). Responding to one of two simultaneous messages. Journal of social america, 26, 391‑396.

Stanton, N. A, & Barber, C. (2003). On the cost‑effectiveness of ergonomics. Applied Ergonomics, 34, 407‑411.

Sternberg, R. J. (1988). The triarchic mind: A new theory of human intelligence. New York: Viking.

Sternberg, S. (1969). The discovery of processing stages: Extensions of Donders' method. Acta Psychological, 30, 276‑315.

Strack, F., Martin, L. L., & Stepper, S. (1988). Inhibiting and facilitating conditions of the human smile: A nonobtrusive test of the facial feedback hypothesis. Journal of Personality and Social Psychology, 54, 768-777.

Swain, A. D., & Guttmann, H. E. (1983). Handbook of Human Reliability Analysis with Emphasis on. Nuclear Power Plant Applications, Nuclear Regulatory Commission Final Report.

Tajfel, H. (1982). Social psychology of intergroup relations. Annual Review of Psychology, 33, 1-39.

Tanck, R. H., & Robbins, P. R. (1979). Assertiveness locus of control and coping behavior used to diminish tension. Journal of Personality Assessment, 43, 396-400.

Tanner, J. M. (1979). Fetus into man: Physical growth from conception to maturity. Cambridge, MA: Harvard University Press.

Taylor, S., McCracken, C. F., Wilson, K. C., & Copeland, J. R. (1998). Extent and appropriateness of benzodiazepine use. Results from an elderly urban community. British Journal of Psychiatry, 173, 433.

Tedstone, D. & Coyle, K. (2004). Cognitive impairments in sober alcoholics: Performance on selective and divided attention tasks. Drug and Alcohol Dependence, 75(3). 277-286.

Tellegen, A. (1985). Structures of mood personality and their relevance to assessing anxiety with an emphasis on self-report, Anxiety and Anxiety disorders, 681-706.

Thurstone, L. L. (1938). Primary mental abilities. Chicago: University of Chicago Press.

Tiplady, B., Franklin, N., & Scholey, A. (2004). Effect of ethanol on judgments of performance. British Journal of Psychology, 95, 105-118.

Tolman, E. C., & Honzik, C. H. (1930). Insight in rats. University of California, Publications in Psychology, 4, 215-232.

Tomkins, S. (1962), Affect Imagery Consciousness: Volume I, The Positive Affects. London: Tavistock.

Treisman, A. M. (1986). Features and objects in visual processing. Scientific American, 255, 114-125.

Treisman, A. M., Sykes, M., & Gelade, G. (1977). Selective attention and stimulus integration. In S. Dormic(ed.), Attention and Performance VI(pp. 333-361). Hillsdale, NJ: Lawrence Erlbaum.

Tugada, M. M., & Fredrickson, B. L. (2004). Resilient individuals use positive emotions to bounce back from negative emotional experiences, Journal of Personality and Social Psychology, 86(2), 320-333.

Vaishnavi, S., Connor, K. M., & Davidson, R. T. (2007). An abbreviated version of the Connor-Davidson resilience scale(CD-RISC), the CD-RISC2: Psychometric properties and applications in psychopharmacological trials, Psychiatry Research, 15(2), 293-297.

Vingilis, E., & Macdonald, S. (2002). Review: drugs and traffic collisions. Traffic Injury Prevention, 3, 1-11.

Vygotsky, L. S. (1986). Thought and language. Cambridge, MA: MIT Press. (Original work published 1934).

Wagnild, G. M., & Young, H. M. (1990). Resilience among older women, Image Journal Nurse Scholar, 22, 252-255.

Walker, G. H., Stanton, N. A., & Young, M. S. (2001). Where is computing driving cars? International Journal of Human Computer Interaction, 13(2), 203-229.

Waller, K. V., & Bates, R. C. (1992). Health locus of control and self-efficacy beliefs in a healthy elderly sample. American journal of health promotion, 6, 302-309.

Wang, L., Kick, E., Fraser, J., & Burns, T. J. (1999). Status attainment in america: The roles of locus of control and self-esteem in educational and occupational outcomes. Sociological Spectrum, 19(3), 281-299.

Warm, J. S. (1984). An introduction to vigilance. In J. S. Warm(ed.), Sustained Attention in Human Performance(pp. 1-14). New York: Wiley.

Watson, D., Clark, L. A., & Tellegen, A. (1988). Development and Validation of Brief Measures of Positive and Negative Affect: The PANAS Scales. Journal of Personality and Social Psychol.

Weiner, B. (1986). An attributional theory of motivation and emotion. New York: Springer Verlag.

Wells, G. L., Lindsay, R. C., & Ferguson, T. I. (1979). Accuracy, confidence and juror perceptions in eyewitness testimony. Journal of Applied Psychology, 64, 440-448.

Weltman, G., & Egstrom, G. H. (1966). Perceptual narrowing in novice drivers. Human Factors, 8, 499-505.

Wickens, C. D., & Hollands, J. G. (2003). 공학심리학[Engineering Psychology and Human Performance, 3rd ed.]. (곽호완, 김영진, 박창호, 남종호, 이재식 역). 서울: 시그마프레스. (원전은 2000년에 출판).

Winton, M. Putnam, C., & Krauss, R. (1984). Facial and automic manifestations of the demensional structure of emotion. Journal of experimental Social Psychology, 20, 195-216.

Witkin, H. A. Dyk, R. B., Faterson, G. E., Goodenough, D. R., and Karp, S. A. (1962). Psychological differentiation. New York: Wiley.

Woodworth, R. S., & Sells, S. B. (1935). An atmosphere effect in formal syllogistic reasoning.

Yalom, I. D. (1985). The Theory and Practice of Group Psychotherapy(3rd ed.). New York: Basic Books.

Yerkes, R. M., & Dodson, J. D. (1908). The relation of strength of stimulus to rapidity of habi-formation. Journal of Comparative Neurology of Psychology, 18, 459-482.

Zillmann, D. (1979). Hostility and aggression, Hillsdale, NJ: Erlbaum.

Zillmann, D. Katcher, A. H., & Milavsky, B. (1972). Excitation transfer from physical exercise to subsequent aggressive behavior. Journal of Experimental Social Psychology, 8, 247-259.

Zimberg, M. D. (1982). Diagnosis and treatment of the elderly alcoholic. Alcoholism clinical & experimental research, 2(1), 27-30.

찾아보기

지은이

이순열

경북대학교 심리학과 졸업

충북대학교 심리학과 산업 및 조직심리학 석·박사 졸업

충북대학교, 충남대학교, 한동대학교 초빙교수